बिहार विद्यालय परीक्षा समिति, पटना

माध्यमिक शिक्षक पात्रता परीक्षा

STET-2019

माध्यमिक वर्ग (TGT)

पेपर- I (कक्षा 9 एवं 10 के लिए)

गणित

15 प्रैक्टिस पेपर्स

जगन सिंह

प्रभात
पेपरबैक्स
www.prabhatexam.com

प्रकाशक

प्रभात पेपरबैक्स

4/19 आसफ अली रोड, नई दिल्ली-110002

फोन— 23289555 • 23289666 • 23289777 • हेल्पलाइन/ 7827007777

इ-मेल : prabhatbooks@gmail.com ❖ वेब ठिकाना : www.prabhatexam.com

संस्करण

2019

मूल्य

दो सौ पचहत्तर रुपए

अ.मा.पु.स. 978-93-5322-826-2

मुद्रक

नक्षत्र आर्ट, दिल्ली

★

BIHAR MADHYAMIK SHIKSHA PATRATA PARIKSHA
TGT (GANIT)
15 PRACTICE PAPERS
Jagan Singh

Published by **PRABHAT PAPERBACKS**
4/19 Asaf Ali Road, New Delhi-110002

ISBN 978-93-5322-826-2

₹ 275.00

विषय-सूची

1 गणित
प्रैक्टिस पेपर

1. एक निश्चित मूलधन पर 4% वार्षिक ब्याज की दर से 5 वर्ष में ₹ 2000 का साधारण ब्याज प्राप्त हुआ। उसी मूलधन पर उसी ब्याज दर से 2 वर्ष में कितना चक्रवृद्धि ब्याज प्राप्त होगा?
(a) ₹ 780 (b) ₹ 670
(c) ₹ 816 (d) ₹ 970

2. एक Δ ABC,C पर समकोणिक है। भुजाओं CA तथा CB पर क्रमशः तथा Q मध्य बिन्दु हैं। ऐसे त्रिभुज में,
(a) $AB^2 = (3/2)(AQ^2 + BP^2)$
(b) $AB^2 = (4/5)(AQ^2 + BP^2)$
(c) $AB^2 = (3/4)(AQ^2 + BP^2)$
(d) $AB^2 = AQ^2 + BP^2$

3. sin 15° का मान होगा–
(a) $\frac{1}{\sqrt{2}}$ (b) $\frac{\sqrt{3}-1}{2\sqrt{2}}$
(c) $\frac{\sqrt{3}}{2\sqrt{2}}$ (d) $\frac{\sqrt{3}+1}{2\sqrt{2}}$

4. व्यंजक $\cos\frac{1\pi}{15}.\cos\frac{2\pi}{15}.\cos\frac{8\pi}{15}.\cos\frac{4\pi}{15}$ का मान क्या होगा?
(a) $\frac{3}{16}$ (b) $\frac{2}{15}$
(c) $-\frac{1}{16}$ (d) $\frac{7}{15}$

5. बिन्दुओं $(a\cos\alpha, a\sin\alpha)$ की मूलबिन्दु से दूरी स्वतन्त्र है–
(a) α (b) a
(c) a, α (d) इनमें से कोई नहीं

6. यदि बिन्दु (x, y) की बिन्दुओं (6 – 1) तथा (2, 3) से दूरी बराबर हो, तब $x - y$ का मान है–
(a) 3 (b) –2
(c) 4 (d) 8

7. $\sqrt{5}+3i$ का गुणात्मक प्रतिलोम है–
(a) $\frac{\sqrt{5}}{14}+\frac{3i}{14}$ (b) $\frac{\sqrt{5}}{14}-\frac{3i}{14}$
(c) $\frac{\sqrt{5}}{13}-\frac{3i}{13}$ (d) $\frac{\sqrt{5}}{13}+\frac{3i}{13}$

8. यदि $\left(\frac{1+i}{1-i}\right)^3-\left(\frac{1-i}{1+i}\right)^3 = x+iy$, तब (x, y) का मान होगा–
(a) (0, –2) (b) (–2, 0)
(c) (0, 2) (d) (2, 0)

9. $\begin{vmatrix} 1 & a & a^2 \\ 1 & b & b^2 \\ 1 & c & c^2 \end{vmatrix}$ के गुणनखण्ड होंगे–
(a) $(b-c)(c-a)(a-b)$
(b) $(a-b)(b-c)$
(c) $(a-b)$
(d) $(b-c)(c-a)$

10. यदि ω इकाई का एक घनमूल है, तो
$\begin{vmatrix} 1 & \omega & \omega^2 \\ \omega & \omega^2 & 1 \\ \omega^2 & 1 & \omega \end{vmatrix}$ का मान होगा–
(a) 5 (b) – 4
(c) 0 (d) 1

11. $\begin{vmatrix} b^2+c^2 & a^2 & a^2 \\ b^2 & c^2+a^2 & b^2 \\ c^2 & c^2 & a^2+b^2 \end{vmatrix}$ का मान होगा–
(a) $4a^2b^2c^2$ (b) a^2b^2
(c) b^2c^2 (d) c^2a^2

12. एक कक्षा के 100 छात्रों में से 55 गणित में तथा 67 भौतिकी में उत्तीर्ण हुए, तब केवल भौतिकी में उत्तीर्ण हुए छात्रों की संख्या होगी–
(a) 10 (b) 22
(c) 33 (d) 45

13. दिए गए चित्र में छायांकित भाग है–

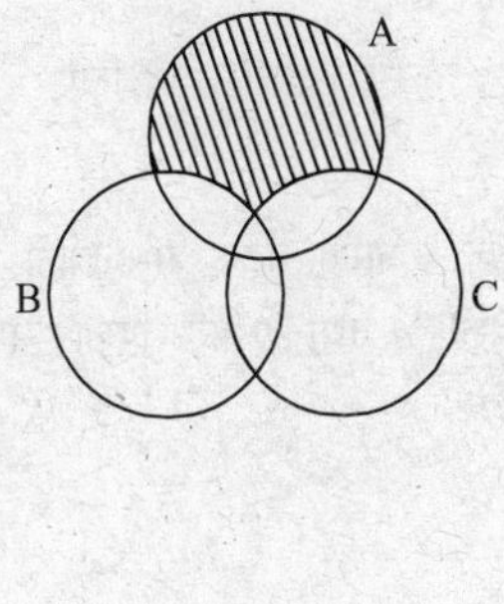

(a) $A \cap (B \cup C)$ (b) $A \cup (B \cap C)$
(c) $A \cap (B - C)$ (d) $A - (B \cup C)$

14. $\frac{d}{dx}\left[\log\left\{e^x\left(\frac{x-2}{x+2}\right)^{3/4}\right\}\right]$ **का मान है–**

(a) 1 (b) $\frac{x^2+1}{x^2-4}$
(c) $\frac{x^2-1}{x^2-4}$ (d) $e^x.\frac{x^2-1}{x^2-4}$

15. $2\sqrt{\cot(x^2)}$ **का x के सापेक्ष अवकलन है–**

(a) $\frac{x\operatorname{cosec}^2(x^2)}{2\sqrt{\cot(x^2)}}$ (b) $\frac{-2x\operatorname{cosec}^2(x^2)}{\sqrt{\cot(x^2)}}$
(c) $\frac{-x\operatorname{cosec}^2(x^2)}{\sqrt{\cot(x^2)}}$ (d) इनमें से कोई नहीं

16. $\sqrt{e^{\sqrt{x}}}$ **का x के सापेक्ष अवकलन है–**

(a) $\frac{e^{\sqrt{x}}}{2\sqrt{xe^{\sqrt{x}}}}$ (b) $\frac{4e^{\sqrt{x}}}{\sqrt{xe^{\sqrt{x}}}}$
(c) $\frac{e^{\sqrt{x}}}{4\sqrt{xe^{\sqrt{x}}}}$ (d) $\frac{e^{\sqrt{x}}}{\sqrt{e^{\sqrt{x}}}}$

17. महत्तम ऊँचाई पर किसी कण का वेग उस वेग का $\sqrt{\left(\frac{2}{5}\right)}$ है जो महत्तम ऊँचाई की आधी ऊँचाई पर कण को प्राप्त था, संक्षेप-कोण है–
(a) 60° (b) 30°
(c) 45° (d) 45°

18. यदि किसी प्रक्षेप्य का परास उतनी दूरी के बराबर हो जितनी कि स्वतन्त्रतापूर्वक गिरकर कोई काण प्रक्षेप-वेग के बराबर वेग प्राप्त कर सके, तो प्रक्षेप कोण होगा–
(a) 60° (b) 75°
(c) 36° (d) 30°

19. एक कण वेग v से इस प्रकार फेंका जाता है कि क्षैतिक धरातल पर उसका परास, प्राप्त की गई महत्तम ऊँचाई का दोगुना है परास होगा–

(a) $\frac{2v^2}{3g}$ (b) $\frac{4v^2}{3g}$
(c) $\frac{4v^2}{5g}$ (d) $\frac{v^2}{7g}$

20. यदि a और b दो संरेख सदिश हैं, तो निम्नलिखित में से कौन-सा कथन सही नहीं है?

(a) $\hat{b} = \lambda\,\hat{a}$, किसी अदिश λ के लिए
(b) $\hat{a} = \pm\,\hat{b}$
(c) a और b के क्रमागत घटक समानुपाती नहीं हैं।
(d) दोनों सदिशों a तथा b की दिशा समान है परन्तु परिणाम विभिन्न हैं।

21. दो सदिशों a तथा b के परिणाम क्रमशः $\sqrt{3}$ एवं 2 हैं और $a \cdot b = \sqrt{6}$ है, तो a तथा b के बीच का कोण ज्ञात कीजिए–

(a) $\frac{\pi}{4}$ (b) $\frac{\pi}{2}$
(c) $\frac{\pi}{6}$ (d) $\frac{\pi}{3}$

22. सदिश $\hat{i}+3\hat{j}+7\hat{k}$ का $7\hat{i}-\hat{j}+8\hat{k}$ पर प्रक्षेप ज्ञात कीजिए–

(a) $\frac{60}{\sqrt{122}}$ (b) $\frac{30}{\sqrt{144}}$
(c) $\frac{60}{\sqrt{144}}$ (d) $\frac{60}{\sqrt{111}}$.

23. एक गुब्बारा, जो सदैव गोलाकार रहता है, का परिवर्तनशील व्यास $\frac{3}{2}(2x+1)$ है। x के सापेक्ष आयतन के परिवर्तन की दर ज्ञात कीजिए।

(a) $\frac{27\pi}{8}(2x+1)^2$ (b) $\frac{8\pi}{27}(2x+1)^2$
(c) $\frac{27\pi}{8}(x+2)^2$ (d) $\frac{8\pi}{27}(x+2)^2$

24. एक पाइप से रेत 12 सेमी^{2}/से की दर से गिर रही है। गिरती रेत जमीन पर एक ऐसा शंकु बनाती है जिसकी ऊँचाई सदैव आधार की त्रिज्या का छठा भाग है। रेत से बने शंकु की ऊँचाई किस दर से बढ़ रही है जबकि ऊँचाई 4 सेमी है?

(a) $\frac{\pi}{48}$ सेमी/से (b) $\frac{1}{48\pi}$ सेमी/से
(c) $\frac{48}{\pi}$ सेमी/से (d) 48 सेमी/से

25. सारणी में से माध्यिका ज्ञात करें-
30, 36, 39, 25, 34, 28, 38
(a) 38 (b) 39
(c) 34 (d) 25

26. समंकों 15, 20, 12, 18, 15 का अंकगणितीय माध्य होगा–
(a) 14 (b) 15
(c) 16 (d) 17

27. 25, 26, 27, 32, 20, 19, 35 की माध्यिका होगी–
(a) 32 (b) 26
(c) 19 (d) 35

28. यदि $x = \sqrt{\frac{\sqrt{5}+1}{\sqrt{5}-1}}$ हो, तो $5x^2 - 5x - 1$ का मान कितना होगा?
(a) 0 (b) 3
(c) 4 (d) 5

29. एक समदण्ड, जो 4 मीटर लम्बा है और जिसका भार 2 किलोग्राम है, अपने एक सिरे से 1 मीटर की दूरी के एक बिन्दु पर बेरोक घूम सकता है, उस सिरे से 10 किलोग्राम का एक भार लटकाया गया है, दूसरे सिरे पर कौन-सा भार रखा जाए कि दण्ड साम्यावस्था में हो जाए?

(a) $\frac{7}{3}$ किलोग्राम भार (b) $\frac{8}{3}$ किलोग्राम भार

(c) 3 किलोग्राम भार (d) $\frac{4}{3}$ किलोग्राम भार

30. 20 सेन्टीमीटर लम्बी एक हल्की छड़ AB, दो खूँटियों पर जिनके बीच की दूरी 10 सेन्टीमीटर है, टिकी हुई है, वह A से कितनी दूरी पर रखी जाए कि खूँटियों पर प्रतिबल बराबर हों, यदि 2W और 3W भार क्रमशः A और पर लटकाए जाते हैं–

(a) 7 सेन्टीमीटर (b) 5 सेन्टीमीटर

(c) 6 सेन्टीमीटर (d) 8 सेन्टीमीटर

31. 20 मीटर लम्बे एक भारहीन दण्ड का नीचे का सिरा एक क्षैतिज समधरातल पर रखा है और ऊपर के सिरे से बँधे हुए एक रस्से द्वारा खींचा जाता है, रस्सा क्षैतिज के साथ 30° का कोण बनाता है और उसका तनाव 30 किलोग्राम भार है, वह क्षैतिज बल क्या होगा, जोकि पृथ्वी से 4 मीटर की ऊँचाई पर लगाया जाए ताकि दण्ड ऊर्ध्वाधर स्थिति में सन्तुलित रह सके–

(a) $15\sqrt{3}$ किलोग्राम भार (b) $45\sqrt{3}$ किलोग्राम भार

(c) $75\sqrt{3}$ किलोग्राम भार (d) $100\sqrt{3}$ किलोग्राम भार

32. x सेमी. त्रिज्या के अर्द्धवृत्त के अन्दर बने बड़े-से-बड़े त्रिभुज का क्षेत्रफल होगा–

(a) $\frac{1}{2}\pi x^2$ सेमी.^{2} (b) x^2 सेमी.^{2}

(c) $\frac{1}{2}x^2$ सेमी.^{2} (d) πx^2 सेमी.^{2}

33. चित्र में, बिन्दु O वृत्त का केन्द्र है, जिसकी AB तथा CD परस्पर E पर प्रतिच्छेद करती हुई दो जीवाएँ हैं। यदि CE = 4 सेमी. तथा CD = 2 सेमी. हो, तो AE × EB का मान होगा–

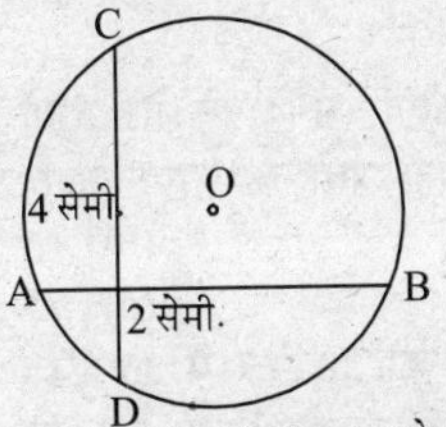

(a) 8 सेमी^{2} (b) 6 सेमी.^{2}

(c) 2 सेमी.^{2} (d) 4 सेमी.^{2}

34. यदि $\tan^{-1} x + \tan^{-1} y + \tan^{-1} z = \pi$ हो, तो–

(a) $x + y + z = xyz$ (b) $x - y - z = xyz$

(c) $x + y + z = 0$ (d) $x + y + z = 1$

35. एक थैली में ₹ 1, 50 पैसे तथा 10 पैसे के सिक्कों का अनुपात 3 : 4 : 8 है। यदि थैली में कुल धन ₹ 116 हो, तो थैली में 10 पैसे के सिक्कों की संख्या होगी–

(a) 160 (b) 180

(c) 120 (d) 140

36. यदि $A = \begin{bmatrix} 1 & 3 \\ 5 & 7 \end{bmatrix}$ $B = \begin{bmatrix} 4 & 5 \\ m & -6 \end{bmatrix}$ तथा $A + B = \begin{bmatrix} 5 & 8 \\ 8 & 1 \end{bmatrix}$ हो, तो A + B का मान होगा–

(a) 6 (b) 3

(c) 0 (d) – 1

37. यदि $A^T = \begin{bmatrix} 2 & 5 \\ 3 & 6 \end{bmatrix}$ और $B = \begin{bmatrix} 1 & 2 \\ 3 & 4 \end{bmatrix}$ हो, तो $(A + 3B)^T$ का मान होगा–

(a) $\begin{bmatrix} 4 & 14 \\ 3 & 18 \end{bmatrix}$ (b) $\begin{bmatrix} 2 & 7 \\ 8 & 9 \end{bmatrix}$

(c) $\begin{bmatrix} 5 & 14 \\ 9 & 18 \end{bmatrix}$ (d) इनमें से कोई नहीं

38. यदि $A = \begin{bmatrix} 2 & 3 \\ 5 & -7 \end{bmatrix}$ हो, तो $(A^2)^1$ का मान होगा–

(a) $\begin{bmatrix} 18 & 14 \\ 23 & 26 \end{bmatrix}$ (b) $\begin{bmatrix} 19 & -25 \\ -15 & 64 \end{bmatrix}$

(c) $\begin{bmatrix} 19 & 20 \\ 64 & 21 \end{bmatrix}$ (d) $\begin{bmatrix} 18 & 62 \\ -15 & -18 \end{bmatrix}$

39. धनात्मक पूर्णांकों का समुच्चय महत्तम निम्न परिबन्ध रखता है–

(a) 1 (b) 0

(c) ∞ (d) इनमें से कोई नहीं

40. यदि S वास्तविक संख्याओं का एक समुच्चय है, c_1 तथा c_2, S की दो महत्तम निम्न परिबन्ध है, तब–

(a) $c_1 > c_2$ (b) $c_1 < c_2$

(c) $c_1 = c_2$ (d) $c_1 \neq c_2$

41. प्रत्येक वास्तविक संख्या x के लिए, एक धनात्मक पूर्णांक n होता है–

(a) $n > x$ (b) $n < x$

(c) $n = x$ (d) इनमें से कोई नहीं

42. नापने वाली तीन छड़ें क्रमशः 64 सेमी, 80 सेमी तथा 96 सेमी लम्बी हैं। इनमें से किसी भी छड़ का प्रयोग करके कम-से-कम किस लम्बाई का कपड़ा पूर्ण रूप से मापा जा सकता है?

(a) 96.0 मीटर (b) 0.96 मीटर

(c) 9.60 मीटर (d) 19.20 मीटर

43. बिन्दुओं (p, q) और $(q, -p)$ को जोड़ने वाली सरल रेखा के खण्ड का मध्य बिन्दु $\left(\frac{r}{2}, \frac{s}{2}\right)$ है। उस रेखाखण्ड की लम्बाई क्या है?

(a) $\frac{\left[(s^2 + r^2)^{\frac{1}{2}}\right]/2}{2}$ (b) $\frac{\left[(s^2 + r^2)^{\frac{1}{2}}\right]/4}{4}$

(c) $(s^2 + r^2)^{\frac{1}{2}}$ (d) $s + r$

44. A तथा B मिलकर एक कार्य $\frac{11}{19}$ भाग कर सकते हैं उतने ही समय में B तथा C मिलकर उसी कार्य का $\frac{14}{19}$ भाग कर सकते हैं। तद्नुसार A, B व C के कार्य करने का अनुपात क्या होगा?

(a) 3 : 4 : 5 (b) 4 : 5 : 7
(c) 5 : 6 : 8 (d) 5 : 7 : 8

45. A कोई काम अकेले 6 दिनों में तथा B अकेले उसे 8 दिनों में पूरा कर सकता है। A और B दोनों ने मिलकर वह काम ₹ 640 में किया। C की मदद लेते हुए, उन्होंने ने उस काम को 3 दिनों में पूरा किया। C को कितनी राशि प्राप्त होगी?

(a) ₹ 60 (b) ₹ 80
(c) ₹ 100 (d) ₹ 120

46. नदी के किनारे पर खड़े स्तम्भ का दूसरे किनारे पर उन्नयन कोण 60° है। किनारे के लम्बवत् 30 मीटर चलने पर 30° हो जाता है। नदी की चौड़ाई है–

(a) 15 मीटर (b) 20 मीटर
(c) 5 मीटर (d) 12 मीटर

47. दो धनात्मक संख्याओं का गुणनफल 11520 है और उनका भागफल 9/5 है। दोनों संख्याओं का अन्तर है–

(a) 60 (b) 64
(c) 74 (d) 70

48. अन्तराल $[0, 2\pi]$ के किन बिन्दुओं पर $\sin 2x$ अपना उच्चतम मान प्राप्त करता है?

(a) $x = \frac{\pi}{4}$ तथा $x = \frac{5\pi}{4}$ (b) $x = \frac{\pi}{4}$ तथा $x = \frac{3\pi}{4}$
(c) $x = \frac{-\pi}{4}$ तथा $x = \frac{-3\pi}{4}$ (d) उपर्युक्त में से कोई नहीं

49. समीकरण $ax^2 + 2hxy + by^2 + 2gx + 2fy + c = 0$ $(abc + 2fgh - af^2 - bg^2 - ch^2 \neq 0)$ एक परवलय निरूपित करेगा, यदि–

(a) $h^2 = ab$ (b) $h^2 > ab$
(c) $h^2 < ab$ (d) इनमें से कोई नहीं

50. समीकरण $(x-2)^2 + (y-3)^3 = \left(\frac{3x+4y-2}{5}\right)^2$ निरूपित करेगा–

(a) एक परवलय (b) सरल रेखायुग्म
(c) एक दीर्घवृत्त (d) एक अतिपरवलय

51. यदि किसी त्रिभुज की भुजाएँ $2:\sqrt{6}:(1+\sqrt{3})$ के अनुपात में हो, तो इस त्रिभुज का लघुतम कोण होगा–

(a) 75° (b) 45°
(c) 30° (d) 60°

52. यदि किसी त्रिभुज में $\Delta = 6$, $r_1 = 2$, $r_2 = 3$ and $r_3 = 6$, तो परित्रिज्या R का मान होगा–

(a) 3.5 (b) 2.5
(c) 1.5 (d) इनमें से कोई नहीं

53. यदि दो संख्याओं के समान्तर माध्य और हरात्मक माध्य क्रमश: 27 और 12 हैं, तो उनका गुणोत्तर माध्य क्या होगा?

(a) 12 (b) 18
(c) 24 (d) 27

54. बाह्य स्पर्श करने वाले दो वृत्तों की उभयनिष्ठ स्पर्श रेखाओं की संख्या होती है–

(a) 1 (b) 2
(c) 3 (d) 4

55. किसी निश्चित दूरी को किसी निश्चित समय में तय किया जाता है। यदि 40% अधिक दूरी को 37% कम समय में तय करना हो, तो दोनों स्थितियों में चालों का अनुपात है–

(a) 3 : 7 (b) 4 : 9
(c) 9 : 10 (d) 9 : 20

56. दो व्यक्ति किसी निश्चित स्थान पर 4 किमी/घण्टा व 3 किमी/घण्टा की गति से चलना प्रारम्भ करते हैं। यदि पहला व्यक्ति, दूसरे व्यक्ति से निश्चित स्थान पर 30 मिनट पहले पहुँच जाता है, तो वह दूरी कितनी है?

(a) 6 किमी (b) 9 किमी
(c) 8 किमी (d) 7 किमी

57. श्रेणी $\frac{3}{1.2.4} + \frac{4}{2.3.5} + \frac{5}{3.4.6} + \ldots\ldots$ का अनन्त पदों तक योगफल होगा–

(a) $\frac{27}{37}$ (b) $\frac{28}{39}$
(c) $\frac{29}{36}$ (d) 1

58. $\int \frac{dx}{\sin^2 x.\cos^2 x}$ किसके बराबर है?

(a) $\tan x + \cot x + C$ (b) $\tan x - \cot x + C$
(c) $(\tan x + \cot x)^2 + C$ (d) $(\tan x - \cot x)^2 + C$

59. यदि समीकरण $(10x-5)^2 + (10y-4)^2 - \lambda^2 (3x+4y-1)$ एक अतिपरवलय निरूपित करती है, तब–

(a) $-2 < \lambda < 2$ (b) $\lambda > 2$
(c) $\lambda < -2$ या $\lambda > 2$ (d) $0 < \lambda > 2$

60. यदि समीकरण $y^2 + 2my + m^2 - 2m + 6 = 0$ के मूल बराबर हों, तो m का मान होगा–

(a) 3 (b) 0
(c) 2 (d) – 1

61. एक समान्तर श्रेणी में 4 पद है। दोनों मध्य पदों का योगफल 110 है और बाह्य पदों का गुणनफल 2125 है। तीसरा पद है–

(a) 55 (b) 45
(c) 65 (d) 75

62. एक जूस सेंटर को 28 दिन में 35 दर्जन अमरुद की आवश्यकता पड़ती है। 36 दिन के लिए इसे कितने दर्जन अमरुदों की आवश्यकता होगी?

(a) 50 (b) 52
(c) 40 (d) 45

63. समीकरण $ax^2 + by^2 + 2hxy + 2gx + 2fy + c = 0$ $(abc + 2fgh - af^2 - bg^2 - ch^2 \neq 0)$ एक दीर्घवृत्त को निरूपित करती है, यदि–

(a) $h^2 = ab$ (b) $h^2 > ab$
(c) $h^2 < ab$ (d) इनमें से कोई नहीं

64. $^nP_5 = 20 \times {^nP_3}$ **हो, तो** n **का मान होगा–**

(a) 7 (b) 8
(c) 6 (d) 5

65. दो वक्रों $y^2 = 4ax$ **एवं** $x^2 = 4ay$ **के बीच घिरे क्षेत्र का क्षेत्रफल होगा–**

(a) $\frac{32}{3}a^2$ (b) $\frac{16}{3}$ वर्ग इकाई
(c) $\frac{32}{3}$ वर्ग इकाई (d) $\frac{16}{3}a^2$ वर्ग इकाई

66. यदि $y+\frac{y^3}{3}+\frac{y^5}{5}+\ldots\ldots = 2\left(x+\frac{x^3}{3}+\frac{x^5}{5}+\ldots\ldots\right)$**, तो** x^2y **का मान होगा–**

(a) $x - y$ (b) $x - 2y$
(c) $2x - y$ (d) $x + y$

67. यदि किसी बिन्दु P(5, 4, 3) से लम्ब zx**-समतल पर डाला जाता हो, तो लम्ब के पाद का निर्देशांक होगा–**

(a) (5, 0, 3) (b) (5, 4, 0)
(c) (0, 4, 3) (d) इनमें से कोई नहीं

68. मूल बिन्दु की दूरी बिन्दू (4, –1, 2) से होगी–

(a) 5 (b) $\sqrt{19}$
(c) 7 (d) $\sqrt{21}$

69. P और Q में से प्रत्येक, दो सिक्के उछालता है। उनके द्वारा समान संख्या में शीर्ष पाने की प्रायिकता क्या है?

(a) $\frac{3}{16}$ (b) $\frac{5}{16}$
(c) $\frac{4}{16}$ (d) $\frac{6}{16}$

70. यदि समुच्चय P व Q की कार्डिनल संख्याएँ क्रमश: 5 व 6 हैं तथा $n(P \cap Q) = 2$ **हो, तब समुच्चय** $P \Delta Q$ **की कार्डिनल संख्या होगी?**

(a) 6 (b) 7
(c) 8 (d) 5

71. दिए गए वेन आरेख से छायांकित भाग प्रदर्शित करता है–

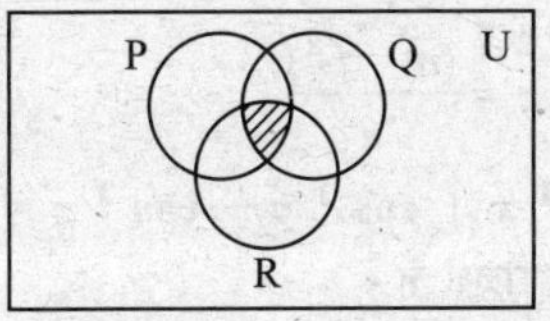

(a) $P \cup (R \cap Q)$ (b) $P \cap Q \cap R$
(c) $P \cup Q \cup R$ (d) $P \cap (Q \cap R)$

72. समिश्र संख्या $-1 + i\sqrt{3}$ **का कोणांक है–**

(a) 60° (b) –120°
(c) 120° (d) –60°

73. किसी समान्तर श्रेणी के m **पदों का योग** r **पदों के योग के बराबर है, तब** $(m + r)$ **पदों का योग होगा–**

(a) 1 (b) 0
(c) –1 (d) mr

74. एक समीकरण जो द्विघात समीकरण $x^2 - 8x - 9$ **के समतुल्य है–**

(a) $8x^2 - 9x + 1 = 0$ (b) $9x^2 - 8x - 1 = 0$
(c) $|x - 4| = 5$ (d) इनमें से कोई नहीं

75. $\lim_{x\to\frac{\pi}{2}} \{(1-\sin x)\tan x\}$ **बराबर है–**

(a) $\frac{\pi}{2}$ (b) 0
(c) 1 (d) ∞

76. वह कौन-सी अनन्त गुणोत्तर श्रेणी होगी जिसका प्रथम पद 1 तथा प्रत्येक पद आगे आने वाले सभी पदों का योग हो?

(a) $1+\frac{1}{2}+\frac{1}{4}+\frac{1}{8}+\ldots\infty$ (b) $1+\frac{1}{3}+\frac{1}{9}+\frac{1}{27}+\ldots\infty$
(c) $1+\frac{1}{4}+\frac{1}{16}+\frac{1}{64}+\ldots\infty$ (d) $1-\frac{1}{2}+\frac{1}{4}-\frac{1}{8}+\ldots\infty$

77. यदि $y = x^{\log x}$**, तब** $\frac{dy}{dx}$ **बराबर होगा–**

(a) $\log x, x^{\log - 1}$ (b) $x^{(\log x - 1)} . 2\log x$
(c) $x\log(\log x)$ (d) $\frac{1}{x}\log x, x^{\log x - 1}$

78. यदि $\lim_{x\to 0}\frac{ae^x - b\cos x + ce^{-x}}{x\sin x} = 2$ **तब,** a, b, c **के मान होंगे–**

(a) 0. 1, 1 (b) 1, 1, 0
(c) 1, 0, –1 (d) इनमें से कोई नहीं

79. यदि $x\sqrt{1+y} + y\sqrt{1+x} = 0$**, तब** $\frac{dy}{dx}$ **का मान बराबर होगा–**

(a) $\frac{-1}{(1+x)^2}$ (b) $x^2 + 1$
(c) $\sqrt{\frac{1+x}{1+y}}$ (d) इनमें से कोई नहीं

80. निम्न का S.D. ज्ञात करो–

व्यय (₹ में)	बकरियों की संख्या
0 – 4	6
4 – 8	10
8 – 12	12
12 – 16	10
16 – 20	8

(a) 5.6 (b) 6.7
(c) 7.2 (d) 5.1

81. 40 विद्यार्थियों के परीक्षा में प्राप्त अंकों का समान्तर माध्य क्या होगा?

अंक	विद्यार्थियों की संख्या
6	6
4	10
3	13
5	11

(a) 0·45 (b) 4·00
(c) 4·25 (d) 4·50

82. **'A' एक 52 पत्तों की ताश की गड्डी से 2 पत्ते पुनर्स्थापित करते हुए खींचे गए और 'B' पाँसे के एक जोड़े को फेंकता है। तब 'A' के दोनों पत्ते समान सूट से और B के 6 का योग प्राप्त करने की प्रायिकता है–**

(a) 1/144 (b) 1/4
(c) 5/144 (d) 7/144

83. **सरल रेखा $y = 2x + 3$ के समानान्तर दीर्घवृत्त $4x^2 + 3y^2 = 6$ पर स्पर्शियों का समीकरण होगा–**

(a) $y = 2x \pm 2\sqrt{2}$ (b) $y = x \pm 2\sqrt{2}$
(c) $y = 2x \pm 3\sqrt{2}$ (d) $y = x \pm \sqrt{2}$

84. $\dfrac{\sqrt{1-\cos^2 60^\circ}}{\tan 45^\circ}$ **का मान बराबर है–**

(a) cos 30° (b) $\cos^2 30^\circ$
(c) $2 \sin^2 30^\circ$ (d) 2 cos 30°

85. **एक रेखा 135° का कोण x-अक्ष से बनाती है, A (3, 4) से होकर जाती है। P और Q दो ऐसे बिन्दु है कि AP = AQ = $2\sqrt{2}$, तो P और Q के निर्देशांक होंगे–**

(a) (–1, – 6) (5, 2) (b) (1, – 6), (– 5, 2)
(c) (1, 6), (5, –2) (d) (1, 6), (5, 2)

86. **यदि** $f(x) = \int_0^x t^3 e^t \, dt$, **तब** $\dfrac{d}{dx} f(x)$ **का मान होगा–**

(a) $e^x (x^3 + 3x^2)$ (b) $x^3 e^x$
(c) $a^3 e^a$ (d) इनमें से कोई नहीं

87. $\int_0^a \dfrac{x^4}{\sqrt{a^2 - x^2}} dx$ **का मान होगा–**

(a) $\dfrac{\pi a^4}{16}$ (b) $\dfrac{3\pi a^4}{16}$
(c) $\dfrac{\pi a^4}{14}$ (d) $\dfrac{\pi a^4}{13}$

88. $4\tan^{-1}\left(\dfrac{1}{5}\right) - \tan^{-1}\left(\dfrac{1}{70}\right) + 4\tan^{-1}\dfrac{1}{99}$ **बराबर है–**

(a) $\dfrac{\pi}{2}$ (b) $\dfrac{\pi}{4}$
(c) 0 (d) इनमें से कोई नहीं

89. $\sin^{-1}\dfrac{1}{\sqrt{5}} + \cot^{-1} 3$ **बराबर है–**

(a) $\dfrac{\pi}{6}$ (b) $\dfrac{\pi}{4}$
(c) $\dfrac{\pi}{3}$ (d) $\dfrac{\pi}{2}$

90. **सरल रेखा $y = 3x + 4$ के समानान्तर अतिपरवलय $2x^2 - 3y^2 = 6$ पर खींची गई स्पर्शियाँ होंगी–**

(a) $y = 3x + 5$
(b) $y = 3x - 5$
(c) $y = 3x + 5$ और $y = 3x - 5$
(d) इनमें से कोई नहीं

91. **$y = Ae^{ax} + Be^{-ax}$ से, A और B विलोपन करने के पश्चात् अवकल समीकरण है–**

(a) $\dfrac{d^2y}{dx} + a^2 y = 0$ (b) $\left(\dfrac{dy}{dx}\right)^2 = a^2 y$
(c) $\dfrac{d^2y}{dx^2} = a^2 y$ (d) इनमें से कोई नहीं

92. **यदि** $\cos x = \dfrac{1}{\sqrt{1+t^2}}$ **और** $\sin y = \dfrac{dy}{dx}$ **है, तो का मान है–**

(a) – 2 (b) – 1
(c) 1 (d) 2

93. **परवलय $9x^2 - 6x + 36y + 19 = 0$ के नाभिलम्ब की लम्बाई होगी–**

(a) 36 (b) 6
(c) 9 (d) 4

94. $\int \dfrac{dx}{(1-x^2)\sqrt{1+x^2}}$ **का मान बराबर है–**

(a) $\dfrac{1}{\sqrt{2}} \cosh^{-1} \sqrt{\dfrac{1+x^2}{1-x^2}}$ (b) $\sqrt{2} \cosh^{-1} \sqrt{\dfrac{1-x^2}{1+x^2}}$
(c) $\dfrac{1}{\sqrt{2}} \cosh^{-1} \sqrt{\dfrac{1-x^2}{1+x^2}}$ (d) इनमें से कोई नहीं

95. **यदि सरल रेखा $lx + my + n = 0$, अतिपरवलय $b^2x^2 - a^2y^2 = a^2b^2$ पर अभिलम्ब हो, तो–**

(a) $\dfrac{l^2}{a^2} - \dfrac{m^2}{b^2} = \dfrac{(a^2+b^2)^2}{n^2}$
(b) $\dfrac{a^2}{l^2} + \dfrac{b^2}{m^2} = \dfrac{(a^2-b^2)^2}{n^2}$
(c) $\dfrac{a^2}{l^2} - \dfrac{b^2}{m^2} = \dfrac{(a^2+b^2)^2}{n^2}$
(d) $\dfrac{l^2}{a^2} - \dfrac{m^2}{b^2} = \dfrac{(a^2-b^2)^2}{n^2}$

96. **यदि $\cos^{-1} x + \cos^{-1} y + \cos^{-1} z = \pi$, तो $x^2 + y^2 + z^2 + 2xyz$ बराबर है–**

(a) 1 (b) –1
(c) $\dfrac{\pi}{2}$ (d) 0

97. **एक कमरे की लम्बाई 30 मीटर, चौड़ाई 16 मीटर और ऊँचाई 12 मीटर है। इसके दीवारों को रंगने में ₹ 1.75 प्रति वर्ग मीटर खर्च आता है। इसके पूरे दीवारों को रंगने का खर्च कितना आएगा?**

(a) ₹ 1732 (b) ₹ 1832
(c) ₹ 1932 (d) ₹ 2032

98. यदि एक अर्द्धवृत्त का परिमाप 36 सेमी है, तो इसका क्षेत्रफल है– $\pi = \frac{22}{7}$

(a) 154 वर्ग सेमी (b) 206 वर्ग सेमी
(c) 77 वर्ग सेमी (d) उपर्युक्त में से कोई नहीं

99. किसी वृत्त के भीतर एक 10.8 सेमी. का जीवा खींचा जाता है। वृत्त के केन्द्र से जीवा की दूरी 7.2 सेमी. है, तो वृत्त का व्यास क्या है?

(a) 17 सेमी. (b) 18 सेमी.
(c) 26 सेमी. (d) 32 सेमी.

100. किसी त्रिभुज के शीर्ष लम्ब *AD* की लम्बाई 6 सेमी. है तथा कोण *A* न्यूनकोण है। यदि *BC* = 18 सेमी. हो तथा *AC* = 10 सेमी. हो तो भुजा *AB* का मान होगा–

(a) 8 सेमी. (b) 9 सेमी.
(c) 11 सेमी. (d) इनमें से कोई नहीं

उत्तर (हल/संकेत)

1. (c) माना निश्चित मूलधन = ₹ P

प्रश्नानुसार,

$$\frac{5 \times P \times 4}{100} = 2000$$

$\Rightarrow$ P = ₹ 10,000

अब, नई अवधि = 2 वर्ष

मूलधन = 10000, दर = 4%

$$\text{चक्रवृद्धि ब्याज} = 100\left[\left(1+\frac{4}{100}\right)^2 - 1\right]$$

$$= 10000\left[\left(\frac{26}{25}\right)^2 - 1\right]$$

$$= 10000\left[\frac{676-625}{625}\right]$$

$$= \left(\frac{51}{625} \times 10000\right) = ₹\ 816$$

2. (b) ΔACQ में, $AQ^2 = AC^2 + QC^2$

ΔBCP में, $BP^2 = BC^2 + CP^2$

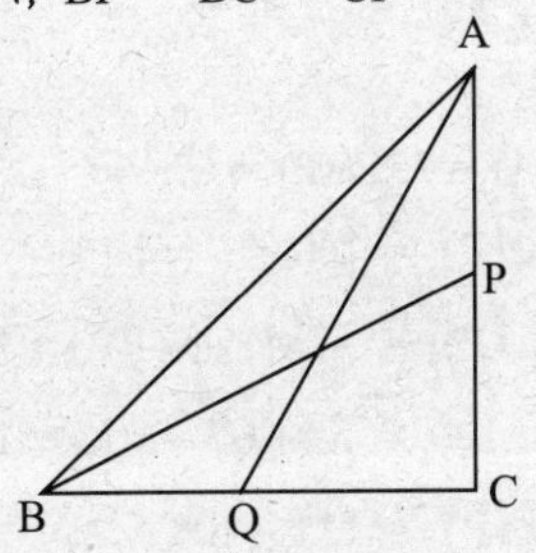

समी. (i) व (ii) को जोड़ने पर,

$$AQ^2 + BP^2 = AC^2 + BC^2 + QC^2 + CP^2$$

$$= AC^2 + BC^2 + \left(\frac{BC}{2}\right)^2 + \left(\frac{AC}{2}\right)^2$$

$$= \frac{5AC^2 + 5BC^2}{4}$$

$$= \frac{5}{4}(AC^2 + BC^2) = \frac{5}{4}(AB^2) \Rightarrow AB^2 = \frac{4}{5}(AQ^2 + BP^2)$$

3. (b) $\sin 15° = \sin(45° - 30°)$

$$= \sin 45° \,.\, \cos 30° - \cos 45° \sin 30°$$

$$= \frac{1}{\sqrt{2}}.\frac{\sqrt{3}}{2} - \frac{1}{\sqrt{2}}.\frac{1}{2}$$

$$= \frac{\sqrt{3}-1}{2\sqrt{2}}$$

4. (c) $\cos\frac{\pi}{15}.\cos\frac{2\pi}{15}.\cos\frac{8\pi}{15}.\cos\frac{4\pi}{15}$

$$\frac{2\frac{\sin\pi}{15}.\cos\frac{\pi}{15}}{2\sin\frac{\pi}{15}}.\cos\frac{2\pi}{15}.\cos\frac{8\pi}{15}.\cos\frac{4\pi}{15}$$

$$\Rightarrow \frac{2\frac{\sin 2\pi}{15}.\cos\frac{2\pi}{15}}{2\times 2\sin\frac{\pi}{15}}.\cos\frac{8\pi}{15}.\cos\frac{4\pi}{15}$$

$$\Rightarrow \frac{2\frac{\sin 4\pi}{15}.\cos\frac{4\pi}{15}}{2\times 4\sin\frac{\pi}{15}}.\cos\frac{8\pi}{15}$$

$$\Rightarrow \frac{2\frac{\sin 8\pi}{15}.\cos\frac{8\pi}{15}}{2\times 8\sin\frac{\pi}{15}}$$

$$= \frac{\frac{\sin 16\pi}{15}}{16.\sin\frac{\pi}{15}} = \frac{\sin\left(\pi+\frac{\pi}{15}\right)}{16.\sin\frac{\pi}{15}}$$

$$= \frac{-\sin\frac{\pi}{15}}{16.\sin\frac{\pi}{15}} = -\frac{1}{16}$$

5. (b) माना $P \equiv (a\cos\alpha, a\sin\alpha)$ तथा $O \equiv (0, 0)$

$$|OP| = \sqrt{(a\cos\alpha - 0)^2 + (a\sin\alpha - 0)^2}$$

$= \sqrt{(a^2 \cos^2 \alpha + a^2 \sin^2 \alpha)}$

$= \sqrt{a^2 (\cos^2 \alpha + \sin^2 \alpha)} = \sqrt{a^2}$

$= | a |$, जोकि α से स्वतंत्र है।

6. (a) माना $P \equiv (x, y)$, $A \equiv (6, -1)$ तथा $B \equiv (2, -3)$ शर्तानुसार, PA = PB

$\Rightarrow \quad \sqrt{(x-6)^2 + (y+1)^2} = \sqrt{(x-2)^2 + (y-3)^2}$

$(x-6)^2 + (y+1)^2 = (x-2)^2 + (y-3)^2$

$\Rightarrow \quad x^2 - 12x + 36 + y^2 + 2y + 1$

$\Rightarrow \quad x^2 - 4x + 4 + y^2 - 6y + 9$

$\Rightarrow \quad 8x - 8y = 24$

$\therefore \quad x - y = 3$

7. (b) माना $z = \sqrt{5} + 3i$

तब, इसका गुणात्मक प्रतिलोम निम्न है

$$\frac{1}{z} = \frac{1}{\sqrt{5}+3i} = \frac{1}{\sqrt{5}+3i} \times \frac{\sqrt{5}-3i}{\sqrt{5}-3i}$$

$$= \frac{\sqrt{5}-3i}{5-9i^2}$$

$$\{\because (a+b)(a-b) = a^2 - b^2\}$$

$$= \frac{\sqrt{5}-3i}{5+9} = \frac{\sqrt{5}-3i}{14} \quad (\because i^2 = -1)$$

$$= \frac{\sqrt{5}}{14} - \frac{3i}{14}$$

8. (a) दिया है, $\left(\frac{1+i}{1-i}\right)^3 - \left(\frac{1-i}{1+i}\right)^3 = x + iy$ ...(i)

अब, $\frac{1+i}{1-i} = \frac{1+i}{1-i} \times \frac{1+i}{1+i}$

$$= \frac{(1+i)^2}{1^2 - (i)^2}$$

$$= \frac{1^2 + (i)^2 + 2i}{1-(-1)}$$

$$= \frac{1-1+2i}{1+1} = \frac{2i}{2} = i$$

$$\therefore \left(\frac{1+i}{1-i}\right)^3 - \left(\frac{1-i}{1+i}\right)^3 = (i)^3 - \left(\frac{1}{i}\right)^3$$

$$= -i - \frac{1}{(-i)}$$

$$= -i + \frac{1}{i} \times \frac{i}{i} = -i + \frac{i}{-1} = -2i$$

$\therefore$ समी. (i) से, $-2i = x + iy$

दोनों पक्षों से वास्तविक तथा काल्पनिक भागों की तुलना करने पर $x = 0, y = -2$

9. (a) दिए गए है सारणिक से,

$$\begin{vmatrix} 1 & a & a^2 \\ 0 & (b-a) & (b^2-a^2) \\ 0 & (c-a) & (c^2-a^2) \end{vmatrix} \begin{matrix} R_2 = R_2 - R_1, \text{ तथा} \\ R_3 = R_3 - R_1 \text{ से} \end{matrix}$$

$$= \begin{vmatrix} b-a & b^2-a^2 \\ c-a & c^2-a^2 \end{vmatrix}$$ C_1 के सापेक्ष विस्तार करने पर

$$= (b-a)(c-a) \begin{vmatrix} 1 & b+a \\ 1 & c+a \end{vmatrix}$$ R_1 से $(b-a)$ तथा R_2 से $(c-a)$ उभयनिष्ठ लेने पर

$= (b-a)(c-a)[c + a - (b-a)]$

$= (b-a)(c-a)(a-b)$

10. (c) दिया गया सारणिक $= \begin{vmatrix} 1+\omega+\omega^2 & \omega & \omega^2 \\ 1+\omega+\omega^2 & \omega^2 & 1 \\ 1+\omega+\omega^2 & 1 & \omega \end{vmatrix}$

$C_1 \to C_1 + C_2 + C_3$

$$= \begin{vmatrix} \phi & \omega & \omega^2 \\ \phi & \omega^2 & 1 \\ \phi & 1 & \omega \end{vmatrix} = 0$$

11. (a) दिया गया सारणिक

$$\Delta = \begin{vmatrix} 0 & -2c^2 & -2b \\ b^2 & c^2+a^2 & b^2 \\ c^2 & c^2 & a^2+b^2 \end{vmatrix} \quad R_1 \to R_1 - (R_2 + R_3)$$

अब C_1 के पदों में विस्तार करने पर

$\Delta = 0 - b^2 [-2c^2 (a^2 + b^2) + 2b^2c^2] + c^2 [-2b^2c^2 + 2b^2 (c^2 + a^2)]$

$= 2b^2c^2 (a^2 + b^2 - b^2 - c^2 + c^2 + a^2)$

$= 2b^2c^2 (2a^2)$

$= 4a^2b^2c^2$

12. (d) यहाँ $n(M) = 55$, $n(P) = 67$,

$n(M \cup P) = 100$

अब, $n(M \cup P) = n(M) + n(P) - n(M \cap P)$

$\Rightarrow \quad 100 = 55 + 67 - n(M \cap P)$

$\therefore \quad n(M \cap P) = 122 - 100 = 22$

अब, n (केवल P) $= n(P) - n(M \cap P) = 67 - 22 = 45$

13. (d) छायांकित भाग

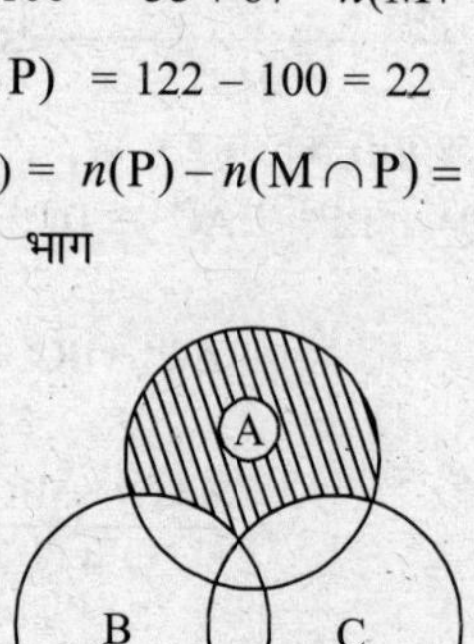

$\Rightarrow$ A का वह भाग हो B तथा C दोनों में निहित न हों।

$\Rightarrow A-(B\cup C)$

14. (c) माना $y = \left[\log\left\{e^x\left(\frac{x-2}{x+2}\right)^{3/4}\right\}\right]$

$$\log e^x + \log\left(\frac{x-2}{x+2}\right)^{3/4}$$

$$\Rightarrow y = x+\frac{3}{4}[\log(x-2)-\log(x+2)]$$

x के सापेक्ष अवकलन करने पर,

$$\frac{dy}{dx} = \frac{d}{dx}\left[x+\frac{3}{4}\{\log(x-2)-\log(x+2)\}\right]$$

$$=1+\frac{3}{4}\left[\frac{1}{x-2}-\frac{1}{x+2}\right] = 1+\frac{3}{(x^2-4)}$$

$$\Rightarrow \frac{dy}{dx} = \frac{x^2-1}{x^2-4}$$

15. (b) माना $y = 2\sqrt{\cot(x^2)}$

दोनों पक्षों का x के सापेक्ष अवकलन करने पर,

$$\frac{dy}{dx} = \frac{d}{dx}2(\cot x^2)^{1/2}$$

$$= 2\frac{1}{2}[\cot(x^2)]^{\frac{1}{2}-1}\frac{d}{dx}\cot(x^2)$$

$\left[\frac{d}{dx}f\{g(x) = f'(x)\frac{d}{dx}g(x)\right.$, श्रृंखला नियम के प्रयोग से]

$$= \frac{1}{\sqrt{\cot(x^2)}}[-(\text{cosec}^2\, x^2)\frac{d}{dx}(x^2)]$$ (श्रृंखला नियम के प्रयोग से)

$$= \frac{\text{cosec}^2(x^2)2x}{\sqrt{\cot(x^2)}} = \frac{-2x\,\text{cosec}^2(x^2)}{\sqrt{\cot(x^2)}}$$

16. (c) माना $y = (e^{\sqrt{x}})^{1/2}$

दोनों पक्षों का x के सापेक्ष अवकलन करने पर,

$$\frac{dy}{dx} = \frac{1}{2}(e^{\sqrt{x}})^{\frac{1}{2}-1}\frac{d}{dx}e^{\sqrt{x}}$$

$$\Rightarrow \frac{dy}{dx} = \frac{1}{2}(e^{\sqrt{x}})^{\frac{1}{2}}e^{\sqrt{x}}.\frac{d}{dx}(\sqrt{x})$$

$$\Rightarrow \frac{dy}{dx} = \frac{1}{2}\frac{e^{\sqrt{x}}}{\sqrt{e^{\sqrt{x}}}}\times\frac{1}{2\sqrt{x}}$$

$$= \frac{e^{\sqrt{x}}}{4\sqrt{x}\sqrt{e^{\sqrt{x}}}} = \frac{e^{\sqrt{x}}}{4\sqrt{xe^{\sqrt{x}}}}$$

17. (a) माना प्रक्षेप-बिन्दु O, प्रक्षेप-वेग u तथा प्रक्षेण-कोण α है, माना महत्तम ऊँचाई h के बिन्दु A पर द्रव्याणु का वेग v तथा उसकी आधी ऊँचाई $\frac{1}{2}h$ के बिन्दु B पर उसका वेग v है।

उसका वेग v है।

$\because$ प्रक्षेप्य का क्षैतिज वेग सदैव अचर रहता है।

$$\therefore \quad v = u\cos\alpha \quad \text{...(i)}$$

और चूँकि ऊँचाई h पर प्रक्षेप्य का वेग

$$= \sqrt{(u^2-2gh)}$$

$\therefore$ $\frac{1}{2}h$ ऊँचाई पर प्रक्षेप्य का वेग v

$$= \sqrt{\left(u^2-2\,g.\frac{1}{2}h\right)}$$

$$\therefore \quad v = t = \sqrt{(u^2-gh)}$$

प्रश्नानुसार, ऊँचाई h पर वेग

$$= \sqrt{\left(\frac{2}{5}\right)} \times \text{ऊँचाई } \frac{1}{2}h \text{ पर वेग}$$

$$= \sqrt{\left(\frac{2}{5}\right)} \times \sqrt{u^2-gh}$$

या $$v^2 = \frac{2}{5}(u^2-gh)$$

परन्तु h = महत्तम ऊँचाई = $(u^2\sin^2\alpha)/2g$

$$\therefore \quad v^2 = \frac{2}{5}\left[u^2-\left\{\frac{g(u^2\sin^2\alpha)}{2g}\right\}\right]$$

$$\Rightarrow \quad u^2\cos^2\alpha = \frac{2}{5}\left[u^2-\frac{1}{2}u^2\sin^2\alpha\right] \quad \text{...(1) से}$$

$\Rightarrow$ $5\cos^2\alpha = 2-\sin^2\alpha$

$\Rightarrow$ $5\cos^2\alpha = 2-(1-\cos^2\alpha)$

$\Rightarrow$ $4\cos^2\alpha = 1$

$$\Rightarrow \quad \cos^2\alpha = \frac{1}{4}$$

$$\Rightarrow \quad \cos\alpha = \frac{1}{4} = \cos 60^\circ$$

$$\Rightarrow \quad \alpha = 60^\circ$$

18. (b) माना प्रक्षेप-वेग u तथा प्रक्षेप-कोण α है, तो

$$\text{क्षैतिज परास} = \frac{u^2\sin 2\alpha}{g}$$

अब यदि विराम से स्वतन्त्रतापूर्वक h दूरी गिरकर कोई कण u वेग प्राप्त कर लेता है, तो

सूत्र $v^2 = u^2 + 2fs$ से

$$u^2 = 0 + 2gh$$

$$\therefore \quad h = \frac{u^2}{2g}$$

प्रश्नानुसार क्षैतिज परास $= h,$

अर्थात् $\frac{u^2 \sin 2\alpha}{g} = \frac{u^2}{2g}$

$\Rightarrow \sin 2\alpha = \frac{1}{2}$

$= \sin 30^\circ$

$\Rightarrow = \sin (180^\circ - 30^\circ)$

$\Rightarrow 2\alpha = 30^\circ \Rightarrow 150^\circ$

$\therefore \alpha = 15^\circ \Rightarrow 75^\circ$

19. (c) माना प्रक्षेप-कोण α है, तो

क्षैतिज परास $= \frac{2v^2 \sin\alpha \cos\alpha}{g}$

तथा महत्तम ऊँचाई $= \frac{v^2 \sin^2 \alpha}{2g}$

प्रश्नानुसार, क्षैतिज परास $= 2 \times$ महत्तम ऊँचाई

अर्थात् $\frac{2v^2 \sin\alpha\cos\alpha}{g} = 2 \times \frac{v^2 \sin^2\alpha}{2g}$

$\Rightarrow 2\sin\alpha\cos\alpha = \sin^2\alpha$

$\Rightarrow 2\cos\alpha = \sin\alpha$

$\Rightarrow \sin\alpha = 2 \;(\because \sin\alpha \neq 0)$

$\therefore \sin\alpha = \frac{2}{\sqrt{5}}$

और $\cos\alpha = \frac{1}{\sqrt{5}}$

अतः परास $= \frac{2v^2 \sin\alpha\cos\alpha}{g}$

$$= \frac{2v^2 \cdot \left(\frac{2}{\sqrt{5}}\right) \cdot \left(\frac{1}{\sqrt{5}}\right)}{g}$$

$$= \frac{2v^2 \frac{2}{5}}{g} = \frac{4v^2}{5g}$$

20. (d) प्रत्येक विकल्प को देखते हैं

(a) (a) $b = \lambda a$ कथन सही है, यह दो सदिशों के संरेख होने की दशा को व्यक्त करता है।

(b) $\hat{a} = \pm \hat{b}$ भी सही है, यह प्रदर्शित करता है कि इकाई सदिश दिए हुए सदिश के अनुदिश है या उनके विपरीत दिशा में है। अतः ये संरेख हैं।

(c) भी गलत कथन है क्योंकि यदि दो सदिश के क्रमागत घटक समानुपाती है, तो उनका परिमाण अवश्य भिन्न हो सकता है पर वह संरेख होते हैं।

(d) कथन असत्य है। क्योंकि यदि सदिश a तथा b सरेख हैं, तो उनकी दिशा या तो एक-दूसरे के अनुदिश या विपरीत हो सकती है। और दोनों ही स्थितियों में वह सरेख होते हैं।

21. (a) दो सदिशों a तथा b के बीच का कोण सूत्र $\cos\theta = \frac{a.b}{|a||b|}$ द्वारा ज्ञात किया जाता है–

दिया गया है कि $|a| = \sqrt{3}\,|b| = 2$ तथा $a \cdot b = \sqrt{6}$ माना θ, a तथा b के बीच को कोण है।

तब, $\cos\theta = \frac{a \cdot b}{|a||b|} = \frac{\sqrt{6}}{\sqrt{3} \times 2} = \frac{1}{2}$

$\Rightarrow \theta = \cos^{-1}\left(\frac{1}{\sqrt{2}}\right) = \cos^{-1}\left(\cos\frac{\pi}{4}\right)$

$= \frac{\pi}{4}$

अतः दिए गए सदिश a तथा b के बीच के कोण का मान $\pi/4$ है।

22. (c) माना $a = \hat{i} + 3\hat{j} + 7\hat{k}$ तथा $b = 7\hat{i} - \hat{j} + 8\hat{k}$ तब b पर a का प्रक्षेप

$$\frac{a \cdot b}{|b|} = \left\{\frac{(\hat{i} + 3\hat{j} + 7\hat{k}) \cdot (7\hat{i} - \hat{j} + 8\hat{k})}{\sqrt{7^2 + (-1)^2 + 8^2}}\right\}$$

$$= \left\{\frac{1 \times 7 + 3 \times (-1) + 7 \times 8}{\sqrt{49 + 1 + 64}}\right\}$$

$$= \frac{7 - 3 + 56}{\sqrt{114}} = \frac{60}{\sqrt{114}}$$

अतः सदिश $(\hat{i} + 3\hat{j} + 7\hat{k})$ का सदिश $(7\hat{i} - \hat{j} + 8\hat{k})$ पर प्रक्षेप $\frac{60}{\sqrt{114}}$ है।

23. (a) गोले का आयतन $= \frac{4}{3}\pi\,(\text{त्रिज्या})^3$ सूत्र का अनुप्रयोग करके

गोले का आयतन $= \frac{4}{3}\pi\left(\frac{\text{व्यास}}{2}\right)^3$ के सापेक्ष अवकलन कीजिए :

दिया है, गुब्बारे का व्यास $= \frac{3}{2}(2x+1)$

$\therefore$ त्रिज्या $= \frac{\text{व्यास}}{2} = \frac{1}{2}\left[\frac{3}{2}(2x+1)\right] = \frac{3}{4}(2x+1)$

$\therefore V = \frac{4}{3}\pi\,(\text{त्रिज्या})^3 = \frac{4}{3}\pi\left[\frac{3}{4}(2x+1)\right]^3$

$V = \frac{9\pi}{16}(2x+1)^3$

आयतन के परिवर्तन की दर के लिए, x के सापेक्ष अवकलन करने पर,

$$\frac{dV}{dx} = \frac{9\pi}{16} \times 3(2x+1)^2 \times 2$$

$$= \frac{27\pi}{8} \times (2x+1)^2$$

अत: आयतन के परिवर्तन की दर $\frac{27\pi}{8}(2x+1)^2$ है।

24. (b) माना त्रिज्या r, ऊँचाई h और आयतन V है। यदि दिया है,

$\frac{dV}{dt} = 12$ सेमी^{3}/से और

$$h = \frac{1}{6}r \Rightarrow r = 6h$$

अब $$V = \frac{1}{3}\pi r^2 h = \frac{1}{3}\pi(6h)^2 h = 12\pi h^3$$

t के सापेक्ष अवकलन करने पर,

$$\frac{dV}{dt} = (12\pi)\left(3h^2\frac{dh}{dt}\right) = 36\pi h^2 \frac{dh}{dt}$$

$$\therefore \quad 12 = 36\pi(4)^2 \frac{dh}{dt}$$

$$\left(\because h = 4 \text{ सेमी और } \frac{dV}{dt} = 12 \text{ सेमी/से}\right)$$

$$\Rightarrow \quad \frac{dh}{dt} = \frac{12}{36\pi \times 16} = \frac{1}{48\pi} \text{ सेमी/से}$$

अत: जब ऊँचाई 4 सेमी है, तो रेत से बने शंकु की ऊँचाई $\frac{1}{14\pi}$ सेमी/से की दर से बढ़ रही है।

25. (c) आरोही क्रम में लिखने पर

25, 28, 30, 34, 36, 38, 39

$M = \frac{n+1}{2}$ वाँ पद $= \frac{7+1}{2}$ वाँ पद $= 34$

26. (c) $\bar{x} = \frac{15+20+12+18+15}{5}$

$$= \frac{80}{5} = 16$$

27. (b) आरोही क्रम में लिखने पर

= 19, 20, 25, 26, 27, 32, 35

$M = \left(\frac{n+1}{2}\right)$ वाँ पद

$= \left(\frac{7+1}{2}\right)$ वाँ पद $= 4$ वाँ पद $= 26$

28. (c) $\because \quad x = \sqrt{\frac{\sqrt{5}+1}{\sqrt{5}-1}}$

$$= \sqrt{\frac{(\sqrt{5}+1)(\sqrt{5}+1)}{(\sqrt{5}-1)(\sqrt{5}+1)}}$$

$$= \sqrt{\frac{(\sqrt{5}+1)^2}{(5-1)}} = \frac{\sqrt{5}+1}{2}$$

$\therefore 5x^2 - 5x - 1$

$$= 5\left(\frac{\sqrt{5}+1}{2}\right)^2 - \frac{5(\sqrt{5}+1)}{2} - 1$$

$$= 5\left(\frac{5+1+2\sqrt{5}}{4}\right) - \frac{5\sqrt{5}-5}{2} - 1$$

$$= 5\left(\frac{6+2\sqrt{5}}{4}\right) - \frac{5\sqrt{5}-5}{2} - 1$$

$$= \frac{30+10\sqrt{5}-10\sqrt{5}-10-4}{4} = \frac{16}{4} = 4$$

29. (b) माना AB, 4 मीटर लम्बा समदण्ड है, जिसका भार 2 किलोग्राम उसके मध्य बिन्दु G पर क्रिया करता है, माना दण्ड, बिन्दु C पर बेरोक घूम सकता है, जबकि AC =1 मीटर, CG = 1 मीटर, CB = 3 मीटर

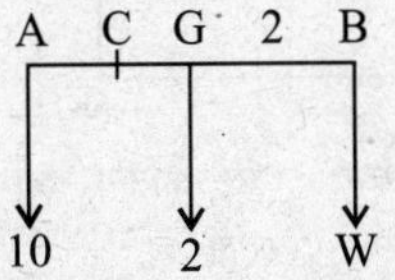

माना दण्ड के सिरे B पर भार W और सिरे A पर भार 10 किलोग्राम रखने पर दण्ड साम्यावस्था में हो जाता है, तो C के सापेक्ष बलों के आघूर्णों का बीजीय योगफल शून्य होगा, बिन्दु C के सापेक्ष घूर्ण लेने पर

$$W.CB + 2.CG - 10.CA = 0$$

$$\Rightarrow \quad W \times 3 + 2 \times 1 - 10 \times 1 = 0$$

$$\Rightarrow \quad 3W = 8$$

$$\therefore \quad W = \frac{8}{3}$$

30. (a) माना 20 सेन्टीमीटर लम्बी छड़ AB, दो खूँटियाँ P और Q पर इस प्रकार रखी हुई है कि प्रत्येक खूँटी पर प्रतिबल R है,

जबकि PQ = 10 सेमी

माना AP = x,

तो AQ = $x + 10$

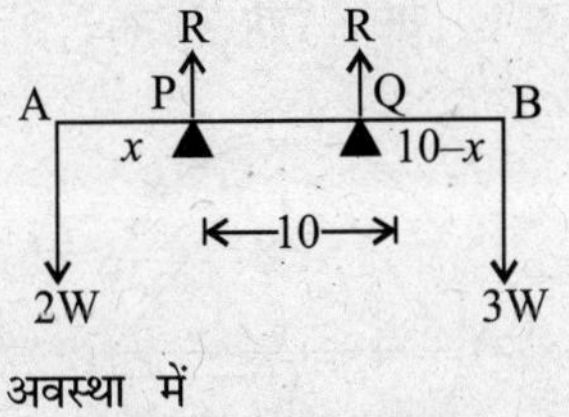

सन्तुलित अवस्था में

$$R + R = 2W + 3W$$

$$\Rightarrow \quad 2R = 5W$$

$$\Rightarrow \quad R = \frac{5}{2}W \qquad \text{...(i)}$$

A के सापेक्ष आघूर्ण लेने पर

R. A P + R.AQ – 3W. AB = 0

$\because$ A के सापेक्ष 3W का आघूर्ण शून्य है।

$\Rightarrow \quad Rx + R.(x+10) - 3W.20 = 0$

$\Rightarrow \quad 2R\ (x+5) = 60W$

$\Rightarrow \quad 2\cdot\dfrac{5}{2}W(x+5) = 60W$ [समी. (i) से]

$\Rightarrow \quad 5(x+5) = 60$

$\Rightarrow \quad x+5 = 12$

$\therefore \quad x = 7$

अतः छड़ को A से 7 सेन्टीमीटर अथवा B से $(10-7) = 3$ सेन्टीमीटर दूर के बिन्दु पर रखना चाहिए।

31. (c) माना धरातल OX पर रखा हुआ 20 मीटर लम्बा दण्ड PN, रस्से OP के द्वारा जिसका तनाव 30 किग्रा भार है, खींचा जाता है,

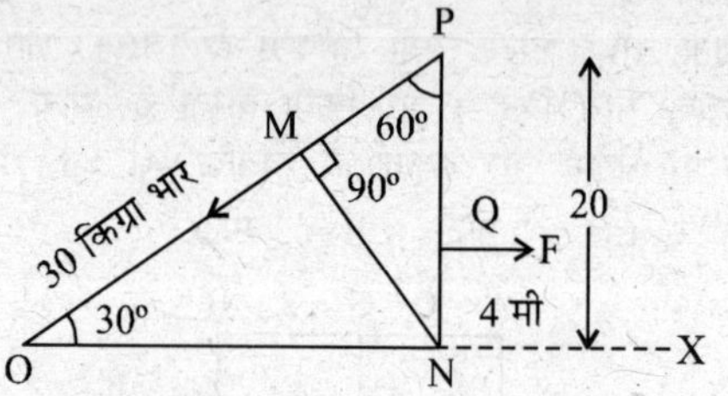

माना दण्ड के बिन्दु O पर क्षैतिज बल F लगाने से वह ऊर्ध्वाधर स्थिति में सन्तुलित रहता है,

जबकि NQ = 4 मीटर और NP = 20 मीटर

N से OP पर लम्ब NM डाला, तो समकोण Δ NMP में

$$NM = NP\ \sin 60°$$

$$= 20.\left(\frac{\sqrt{3}}{2}\right) = 10\sqrt{3}$$

$\therefore$ दण्ड सन्तुलित अवस्था में है,

$\therefore$ आघूर्णों का बीजीय योगफल शून्य होगा

बिन्दु N के सापेक्ष आघूर्ण लेने पर

$30\ .\ NM - F.N.Q = 0$

$\Rightarrow \quad 30\times 10\sqrt{3} = F \times 4$

$\therefore \quad F = \dfrac{30\times 10\sqrt{3}}{4}$

$\quad = 75\sqrt{3}$

32. (b) x सेमी. त्रिज्या के अर्द्धवृत्त के अन्दर बने बड़े-से-बड़े त्रिभुज का क्षेत्रफल x^2 सेमी.^{2} होता है।

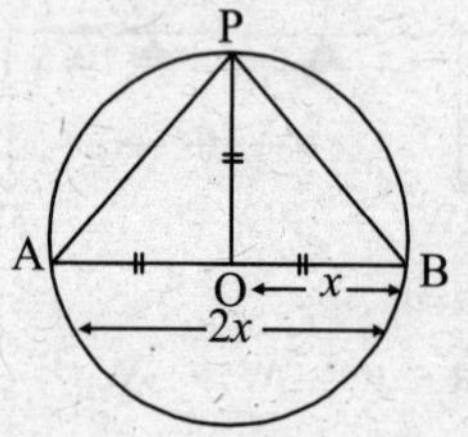

उत्पत्ति

ΔAPB का क्षेत्रफल $= \dfrac{1}{2}\times (AB)\times (PO)$

$= \dfrac{1}{2}\times 2x \times x = x^2$ सेमी.^{2}

33. (a) वृत्त की दो जीवाएँ प्रतिच्छेदित करती हैं, तब–

$$AE \times BE = CE \times DE$$
$$= 4\times 2 = 8 \text{ सेमी.}^2$$

34. (a) $\tan^{-1} x + \tan^{-1} y + \tan^{-1} z = \pi$

$$\tan^{-1}\left[\frac{x+y}{1-xy}\right] + \tan^{-1} z = \pi$$

$$\tan^{-1}\left[\frac{\dfrac{x+y}{1-xy}+z}{1-\dfrac{x+y}{1-xy}.z}\right]$$

$$= \pi \Rightarrow \tan^{-1}\left[\frac{x+y+z-xyz}{1-xy-yz-zx}\right] = \pi$$

$$\Rightarrow \quad \frac{x+y+z-xyz}{1-xy-yz-zx} = \tan^{-1}\pi = 0$$

$$\therefore \quad x+y+z = xyz$$

35. (a) माना थैली में ₹ 1, 50 पैसे तथा 10 पैसे के सिक्कों की संख्या क्रमशः $3x$, $4x$ तथा $8x$ है।

तब, प्रश्नानुसार,

$$3x\times 1 + 4x\times\frac{1}{2} + 8x\times\frac{1}{10} = 116$$

$\Rightarrow \quad 3x + 2x + \dfrac{8}{10}x = 116$

$\Rightarrow \quad 30x + 20x + 8x = 116\times 10$

$\Rightarrow \quad 58x = 116\times 10$

$\Rightarrow \quad x = 20$

$\therefore$ 10 पैसे के सिक्कों की कुल संख्या

$= (8\times 20)$

$= 160$

36. (b) $A = \begin{bmatrix}1 & 3\\5 & 7\end{bmatrix}$ तथा $B = \begin{bmatrix}4 & 5\\m & -6\end{bmatrix}$ और A + B

$$= \begin{bmatrix}5 & 8\\8 & 1\end{bmatrix}$$

$$A+B = \begin{bmatrix}1 & 3\\5 & 7\end{bmatrix} + \begin{bmatrix}4 & 5\\m & -6\end{bmatrix}$$

$$\begin{bmatrix}5 & 8\\8 & 1\end{bmatrix} = \begin{bmatrix}5 & 8\\5+m & 1\end{bmatrix}$$

$$5+m = 8 \Rightarrow m = 8-5 = 3$$

37. (c) $(A^T)^T = \begin{bmatrix}2 & 5\\3 & 6\end{bmatrix}^T$, $B = \begin{bmatrix}1 & 2\\3 & 4\end{bmatrix}$

$$A = \begin{bmatrix}2 & 3\\5 & 6\end{bmatrix},\ 3B = \begin{bmatrix}3 & 6\\9 & 12\end{bmatrix}$$

$$A+3B = \begin{bmatrix}2 & 3\\5 & 6\end{bmatrix} + \begin{bmatrix}3 & 6\\9 & 12\end{bmatrix}$$

$$= \begin{bmatrix} 2+3 & 3+6 \\ 5+6 & 6+12 \end{bmatrix}$$

$$= \begin{bmatrix} 5 & 9 \\ 14 & 18 \end{bmatrix}$$

$$(A + 3B)^1 = \begin{bmatrix} 5 & 14 \\ 9 & 18 \end{bmatrix}$$

38. (b) $A^2 = \begin{bmatrix} 2 & 3 \\ 5 & -7 \end{bmatrix}\begin{bmatrix} 2 & 3 \\ 5 & -7 \end{bmatrix}$

$$= \begin{bmatrix} 4+15 & 6-21 \\ 10-35 & 15-49 \end{bmatrix}$$

$$= \begin{bmatrix} 19 & -15 \\ -25 & 64 \end{bmatrix}$$

$$(A^2)^1 = \begin{bmatrix} 19 & -25 \\ -15 & 64 \end{bmatrix}$$

39. (a) **40.** (c) **41.** (a)

42. (c) छड़ की अभीष्ट लम्बाई

= (64 सेमी, 80 सेमी, 96 सेमी) का ल. स.

$= 960$ सेमी $= \frac{960}{100}$ मीटर $= 9.60$ मीटर

43. (c) बिन्दुओं (p, q) तथा $(q, -p)$ का मध्यमान

$$= \left(\frac{p+q}{2}, \frac{q-p}{2}\right)$$

परन्तु दिया है $\left(\frac{r}{2}, \frac{s}{2}\right)$

$\therefore \quad \frac{p+q}{2} = \frac{r}{2}$

तथा $\quad \frac{q-p}{2} = \frac{s}{2}$ ... (i)

अतः रेखाखण्ड की लम्बाई

$$= \sqrt{(p-q)^2 + (q+p)^2}$$

$$= \sqrt{s^2 + r^2}$$

[समीकरण (i) से]

44. (c) अकेले C कार्य कर सकता है

$= \left(1 - \frac{11}{19}\right) = \frac{8}{19}$ भाग

अकेले A कार्य कर सकता है

$= \left(1 - \frac{14}{19}\right) = \frac{5}{19}$ भाग

अकेले B कार्य कर सकता है

$= \left(\frac{11}{19} - \frac{5}{19}\right) = \frac{6}{19}$ भाग

$\therefore$ A, B व C के कार्य करने का अनुपात

$$= \frac{5}{19} : \frac{6}{19} : \frac{8}{19} = 5 : 6 : 8$$

45. (b) (A + B) का 1 दिन का काम

$$= \left(\frac{1}{6} + \frac{1}{8}\right) = \frac{7}{24}$$

(A + B + C) का 1 दिन का काम $= \frac{1}{3}$

$\therefore$ C का 1 दिन का काम $= \left(\frac{1}{3} - \frac{7}{24}\right) = \frac{1}{24}$

$\therefore$ C का 3 दिनों का काम $= \left(3 \times \frac{1}{24}\right) = \frac{1}{8}$

$\therefore$ C को प्राप्त राशि = ₹ $\left(\frac{1}{8} \times 640\right)$ = ₹ 80

46. (a) चित्र में AC नदी है, बिन्दु C पर उन्नयन कोण ACB = 60° है। किनारे से 30 मीटर चलने पर उन्नयन कोण ADB = 30°, माना नदी की चौड़ाई x मीटर है।

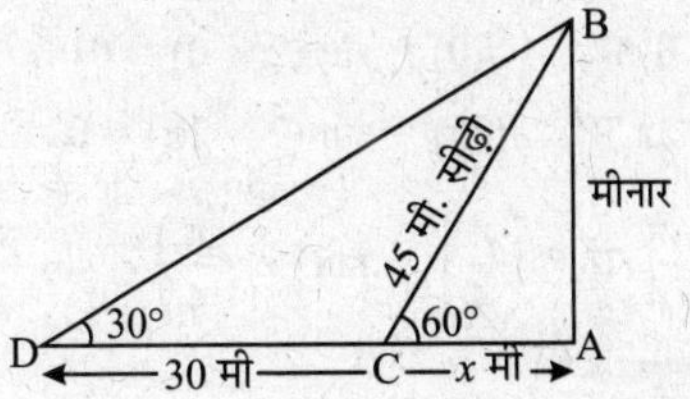

Δ ABC में,

$$\tan 60 = \frac{AB}{AC}$$

$\therefore \quad \frac{\sqrt{3}}{1} = \frac{AB}{x}$

$\Rightarrow \quad AB = \sqrt{3}x$ मीटर

Δ BDC में,

$\therefore \quad \tan 30° = \frac{AB}{AD}$

$\Rightarrow \quad \frac{1}{3} \Rightarrow \frac{\sqrt{3}x}{30+x}$

$\Rightarrow \quad \sqrt{3}.\sqrt{3x} = 30 + x$

$\therefore \quad (3x - x) = 30$

$\Rightarrow \quad 2x = 30$

$\Rightarrow \quad x = 15$ मीटर

47. (b) माना दो संख्याएँ a व b हैं।

तब $\quad ab = 11520$ ...(i)

तथा $\quad \frac{a}{b} = \frac{9}{5}$ ...(ii)

समी (i) में समी (ii) का भाग देने पर

$$\frac{\frac{ab}{a}}{\frac{a}{b}} = \frac{11520}{\frac{9}{5}}$$

$\therefore$ $b^2 = 6400 \Rightarrow b = 80$

$\therefore$ $a = \frac{11520}{80} \Rightarrow a = 144$

अतः अभीष्ट अन्तर $= a - b$

$\Rightarrow$ $= 144 - 80 = 64$

48. (a) माना $f(x) = \sin 2x \Rightarrow f'(x) = 2\cos 2x$ उच्चतम और न्यूनतम मान के लिए $f'(x) = 0$ रखने पर ,

$2\cos 2x = 0 \Rightarrow \cos 2x = 0$

$\Rightarrow$ $2x = \frac{\pi}{2}, \frac{3\pi}{2}, \frac{5\pi}{2}, \frac{7\pi}{2}$

$\Rightarrow$ $x = \frac{\pi}{4}, \frac{3\pi}{4}, \frac{5\pi}{4}, \frac{7\pi}{4}$

इसलिए, हम $x = \frac{\pi}{4}, \frac{3\pi}{4}, \frac{5\pi}{4}, \frac{7\pi}{4}$ और अन्तराल $[0, 2\pi]$ के अन्त बिन्दु पर f का मान ज्ञात करते हैं।

$x = 0$ पर $f(0) = \sin(2 \times 0) = 0$

$x = 2\pi$ पर, $f(2\pi) = \sin(2 \times 2\pi) = 0$

$x = \frac{\pi}{4}$ पर, $f\left(\frac{\pi}{4}\right) = \sin\left(2 \times \frac{\pi}{4}\right) = \sin\frac{\pi}{2} = 1$

$x = \frac{3\pi}{4}$ पर,

$$f\left(\frac{3\pi}{4}\right) = \sin\left(2 \times \frac{3\pi}{4}\right) = \sin\frac{3\pi}{2}$$

$$= \sin\left(\pi + \frac{\pi}{2}\right)$$

$$= -\sin\frac{\pi}{2} = -1 \times = \frac{5\pi}{4}$$ पर,

$$f\left(\frac{5\pi}{4}\right) = \sin\left(2 \times \frac{5\pi}{4}\right) = \sin\frac{5\pi}{2}$$

$$= \sin\left(2\pi + \frac{\pi}{2}\right)$$

$$= \sin\frac{\pi}{2} = 1 \times = \frac{7\pi}{4}$$ पर,

$$f\left(\frac{5\pi}{4}\right) = \sin\left(2 \times \frac{7\pi}{4}\right) = \sin\frac{7\pi}{2}$$

$$= \sin\left(2\pi + \frac{3\pi}{2}\right)$$

$$= \sin\frac{3\pi}{2} = -1$$

इसलिए, हम यह निष्कर्ष निकालते हैं कि अन्तराल $[2, \pi]$ में f का निरपेक्ष उच्चतम मान 1 है, जो $x = \frac{\pi}{4}$ और $x = \frac{5\pi}{4}$ पर घटित होता है।

49. (a) समीकरण $ax^2 + 2hxy + by^2 + 2gx + 2fy + c = 0$ एक परवलय निरूपित करेगी, यदि $h^2 = ab$

50. (a) बिन्दु (2, 3) व सरल रेखा $3x + 4y - 2 = 0$ से बिन्दु (x, y) समदूरस्थ हैं इसलिए दी गई समीकरण एक परवलय निरूपित करती है।

51. (b) दिया है $a : b : c = 2 : \sqrt{6} : (1+\sqrt{3})$

$$\frac{a}{2} = \frac{b}{\sqrt{6}} = \frac{c}{\sqrt{3}+1} = k, \text{ तब}$$

$a = 2k,\ b = \sqrt{6}\,k,\ c = (\sqrt{3}+1)k$

$$\cos A = \frac{b^2 + c^2 - a^2}{2bc} = \frac{[6 + (\sqrt{3}+1)^2 - 4]}{2\sqrt{6}(\sqrt{3}+1)k^2}k^2$$

$$= \frac{6+3+1+2\sqrt{3}-4}{2\sqrt{6}(\sqrt{3}+1)}$$

$$\cos A = \frac{6+2\sqrt{3}}{2\sqrt{6}(\sqrt{3}+1)} = \frac{2\sqrt{3}(\sqrt{3}+1)}{2\sqrt{6}(\sqrt{3}+1)} = \frac{1}{\sqrt{2}}$$

$A = 45^\circ$

52. (b) $R = \frac{abc}{4\Delta} = \frac{3 \times 4 \times 5}{4 \times 6} = 2.5$ सेमी

53. (b) $\because$ समान्तर माध्य = 27 तथा हरात्मक = 12

हम जानते हैं कि :

(गुणोत्तर)^2 = (समान्तर) × (हरात्मक माध्य)

= 27 × 12

(गुणोत्तर माध्य)^2 = 9 × 36

गुणोत्तर माध्य = $\sqrt{9 \times 36} = 3 \times 6 = 18$

54. (c) बाह्य स्पर्श करने वाले दो वृत्तों की उभयनिष्ठ स्पर्श रेखाओं की संख्या तीन होती है।

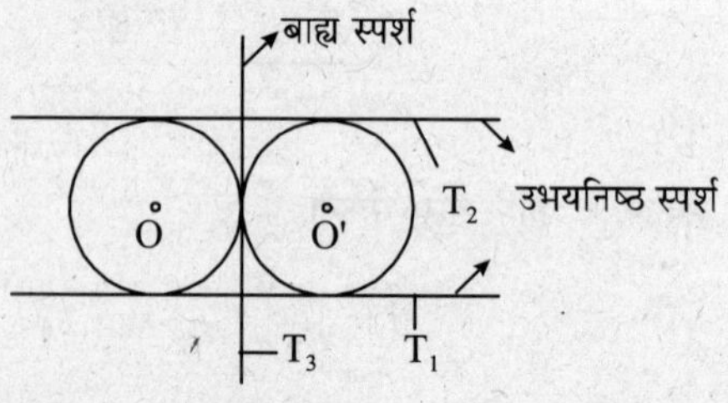

इसमें दो वास्तविक और एक-दसूरे से भिन्न स्पर्श रेखा होती है तथा एक स्पर्श रेखा दोनों वृत्तों की उभयनिष्ठ स्पर्श रेखा होती है।

जहाँ T_1, T_2 तथा T_3 उभयनिष्ठ रेखाएँ हैं।

55. (d) माना निश्चित दूरी D तथा निश्चित समय t घण्टे हैं।

$\therefore$ प्रथम स्थिति में,

$$\text{चाल } (V_1) = \frac{D}{t}$$

द्वितीय स्थिति में,

$$\text{चाल } (V_2) = \frac{\left(D + \frac{40D}{100}\right)}{\left(t - \frac{37}{10}t\right)} = \frac{20D}{9t}$$

$$\therefore \quad V_2 = \frac{20}{9}V_1$$

$$\Rightarrow \quad \frac{V_1}{V_2} = \frac{9}{20} = 9 : 20$$

56. (a) माना यात्रा की कुल दूरी $= x$ किमी
तब, प्रश्नानुसार

$$\frac{x}{3} - \frac{x}{4} = \frac{1}{2}$$

$$\Rightarrow \quad 4x - 3x = \left(12 \times \frac{1}{2}\right)$$

$$\Rightarrow \quad x = 6 \text{ किमी}$$

57. (c) माना दी हुई श्रेणी का n वाँ पद T_n है तब

$$T_n = \frac{n+2}{n(n+1)(n+3)}$$

आंशिक भिन्नों में खण्डित करने पर

$$T_n = \frac{2}{3}.\frac{1}{n} - \frac{1}{2}.\frac{1}{n+1} - \frac{1}{6}.\frac{1}{n+3}$$

अब $n = 1, 2, 3, 4$ .... रखने पर

$$T_1 = \frac{2}{3}(1) - \frac{1}{2}\left(\frac{1}{2}\right) - \frac{1}{6}\left(\frac{1}{4}\right)$$

$$T_2 = \frac{2}{3}\left(\frac{1}{2}\right) - \frac{1}{2}\left(\frac{1}{3}\right) - \frac{1}{6}\left(\frac{1}{5}\right)$$

$$T_3 = \frac{2}{3}\left(\frac{1}{3}\right) - \frac{1}{2}\left(\frac{1}{4}\right) - \frac{1}{6}\left(\frac{1}{6}\right)$$

....

स्तम्भानुसार जोड़ने पर, अभीष्ट योगफल

$$= \frac{2}{3}\left(1 + \frac{1}{2} + \frac{1}{3} + \frac{1}{4} + ...\right) - \frac{1}{2}$$

$$\left(\frac{1}{2} + \frac{1}{3} + \frac{1}{4} + ...\right) - \frac{1}{6}\left(\frac{1}{4} + \frac{1}{5} + \frac{1}{6} + \frac{1}{7} + ...\right)$$

$$= \frac{2}{3}\left(1 + \frac{1}{2} + \frac{1}{3} + \frac{1}{4} + ...\right) - \frac{1}{2}$$

$$= \left[\left(1 + \frac{1}{2} + \frac{1}{3} + \frac{1}{4} + \frac{1}{5} + \right) - 1\right]$$

$$= -\frac{1}{6}\left[\left(1 + \frac{1}{2} + \frac{1}{3} + \frac{1}{4} + ...\right) - 1 - \frac{1}{2} - \frac{1}{3}\right]$$

$$= \frac{2}{3}P - \frac{1}{2}(P - 1) - \frac{1}{6}\left(P - 1 - \frac{1}{2} - \frac{1}{3}\right),$$

जहाँ $\quad P = 1 + \frac{1}{2} + \frac{1}{3} + \frac{1}{4} + ...$

$$= \frac{2}{3}P - \frac{1}{2}P + \frac{1}{2} - \frac{1}{6}\left(P - \frac{11}{6}\right)$$

$$= \left(\frac{2}{3} - \frac{1}{2} - \frac{1}{6}\right)P + \left(\frac{1}{2} + \frac{11}{36}\right)$$

$$= (0)\,P + \frac{29}{36} = \frac{29}{36}$$

58. (b) दिया है $\int \frac{dx}{\sin^2 x \cos^2 x}$

$$= 4\int \frac{dx}{(2\sin x \cos x)^2} = 4\int \frac{dx}{(\sin 2x)^2}$$

$$= 4\int \operatorname{cosec}^2 2x\, dx$$

$$= -4\frac{\cot 2x}{2} + C$$

$$= -2 \cot 2x + C$$

$$= -2\frac{\cos 2x}{\sin 2x}$$

$$= -\frac{2(\cos^2 x - \sin^2 x)}{2\sin x.\cos x} + C$$

$$= -(\cot x - \tan x) + C$$

$$= (\tan x - \cot x) + C$$

59. (c) अतिपरवलय के दिए गए समीकरण को निम्न प्रकार लिखा जा सकता है।

$$\frac{\sqrt{\left(x - \frac{1}{2}\right)^2 + \left(y - \frac{2}{5}\right)^2}}{\left|\frac{3x + 4y - 1}{5}\right|} = \left|\frac{\lambda}{2}\right|$$

इसका रूप $\frac{PS}{PM} = e$ प्रकार का है, जहाँ P कोई बिन्दु अतिपरवलय पर है तथा S अतिपरवलय की नाभि व नियता पर कोई बिन्दु M है।

यहाँ, $\quad \left|\frac{\lambda}{2}\right| > 1 \Rightarrow |\lambda| > 2 \quad (\because e > 1)$

$$\Rightarrow \quad \lambda < -2 \text{ या } \lambda > 2$$

60. (a) दिए हुए समीकरण $4m^2 - 4(m^2 - 2m + 6) = 0$ के मूल बराबर होंगे यदि

$$\Rightarrow \quad 2m - 6 = 0$$

$$m = 3$$

61. (c) माना समान्तर श्रेणी के चार पद क्रमश: $(a - 3d), (a - d), (a + d)$ व $(a + 3d)$

$$\therefore \quad (a - d) + (a + d) = 110$$

$$\Rightarrow \quad 2a = 110$$

$$\Rightarrow \quad a = 55$$

पुन: $\quad (a - 3d)(a + 3d) = 2125$

$$\Rightarrow \quad (55 - 3d)(55 + 3d) = 2125$$

$\Rightarrow \quad 3025 - 9d^2 = 2125$

$\Rightarrow \quad 9d^2 = 900$

$\Rightarrow \quad d^2 = 100$

$\Rightarrow \quad d = 10$

$\therefore$ तीसरा पद $= (a + d) = (55 + 10) = 65$

62. (d) $\because$ 28 दिन में आवश्यक अमरूदों की संख्या = 35 दर्जन

$\therefore$ 36 दिन में आवश्यक अमरूदों की संख्या

$= \left(\frac{35 \times 36}{28}\right)$ दर्जन = 45 दर्जन

63. (c) समीकरण

$$ax^2 + by^2 + 2hxy + 2gx + 2fy + c = 0$$

दीर्घवृत्त को निरूपित करती है, यदि

$\Delta = abc + 2fgh - af^2 - bg^2 - ch^2 \neq 0$

तथा $h^2 < ab$

64. (b) दिया है– ${}^nP_5 = 20 \times {}^nP_3$

$\Rightarrow n(n-1)(n-2)(n-3)(n-4) = 20\, n\,(n-1)(n-2)$

$\Rightarrow \quad (n-3)(n-4) = 20$

$\Rightarrow \quad n^2 - 7n - 8 = 0$

$\Rightarrow \quad (n-8)(n+1) = 0$

अत: $n = 8 \Rightarrow n = 1, n = 8$

65. (d) दिया है कि–

$y^2 = 4ax$

$x^2 = 4ay$

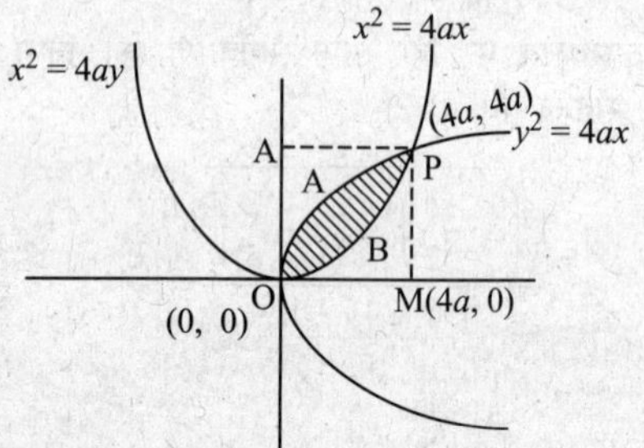

उपरोक्त समीकरण को हल करने पर,

$\Rightarrow \quad x = 0$ एवं $x = 4a$

अत: अभीष्ट क्षेत्रफल,

$$= \int_0^{4a}\left(2\sqrt{a}.\sqrt{x} - \frac{x^2}{4a}\right)dx$$

$$= \left[\frac{4}{3}\sqrt{a}.x^{3/2} - \frac{x^3}{12a}\right]_0^{4a}$$

$= \frac{32}{3}a^2 - \frac{16}{3}a^2 = \frac{16}{3}a^2$ वर्ग इकाई

66. (c) $y + \frac{y^3}{3} + \frac{y^5}{5} + ... \infty = 2\left\{x + \frac{x^3}{3} + \frac{x^5}{5} + ... \infty\right\}$

$\Rightarrow \quad \log_e(1+y) - \log_e(1-y)$

$\Rightarrow \quad = 2\{\text{loge}\,(1+x) - \text{loge}\,(1-x)\}$

$\Rightarrow \quad \log_e \frac{1+y}{1-y} = 2\log_e \frac{1+x}{1-x}$

$\Rightarrow \quad \frac{1+y}{1-y} = \frac{(1+x)^2}{(1-x)^2}$

$\Rightarrow \quad \frac{1+y}{1-y} = \frac{1+x^2+2x}{1+x^2-2x}$

$\Rightarrow \quad \frac{1}{y} = \frac{1+x^2}{2x}$

$\Rightarrow \quad \frac{y}{1} = \frac{2x}{1+x^2}$

$\therefore \quad x^2y = 2x - y$

67. (a) (5, 4, 3) सें zx-समतल पर लम्ब खींचा जा रहा है, तो पाद के निर्देशांक निकालने के लिए y-निर्देशांक को शून्य कर दो। इस प्रकार अभीष्ट पाद का निर्देशांक (5, 0, 3) हुआ।

68. (d) बिन्दुओं (0, 0, 0) और (4 – 1, 2) के बीच की दूरी :

$= \sqrt{(4-0)^2 (-1-2)^2 + (2-0)^2}$

$= \sqrt{16+1+4}$

$= \sqrt{21}$

69. (b) अभीष्ट प्रायिकता

$= \frac{1}{4} \times \frac{1}{4} + \frac{1}{2} \times \frac{1}{2} = \frac{1}{16} + \frac{1}{4} = \frac{5}{16}$

70. (b) $n = (P \Delta Q) = n(P) + n(Q) - 2n(P \cap Q)$

$= 5 + 6 - 2 \times 2$

$= 11 - 4 = 7$

71. (b) $P \cap Q \cap R$

72. (d) कोणांक $= \tan^{-1}\left(\frac{\sqrt{3}}{-1}\right) = \tan^{-1}(-\sqrt{3})$

$= -60°$

73. (b) प्रश्नानुसार,

$\frac{m}{2}(2a + (m-1)d] = \frac{r}{2}[2a + (r-1)d]$

$\Rightarrow \quad 2am + m(m-1)d = 2ar + r(r-1)d$

$\Rightarrow \quad 2am - 2ar = r(r-1)d - m(m-1)d$

$\Rightarrow \quad 2a(m-r) = (r^2 - r - m^2 + m)d$

$\Rightarrow \quad 2a(m-r) = \{r^2 - m^2 + (m-r)\}d$

$\Rightarrow \quad 2a(m-r) = [(r-m)(r+m) + (m-r)d]$

$\Rightarrow \quad 2a(m-r) = (m-r)[-(m+r)+1]d$

$\therefore \quad 2a = -md - rd + d$

$(m + r)$ पदों का योग

$= \frac{m+r}{2}[2a + (m+r-1)d]$

$= \frac{m+r}{2}[-md - rd + d + md + rd - d]$

$= \frac{m+r}{2} \times 0 = 0$

74. (c) $x^2 - 8x - 9$ के मूल $+9$ और -1 हैं
तथा $|x-4| = 5$ के मूल $+9$ एवं $= 1$ है, अत: c विकल्प सत्य है।

75. (b) $\lim_{x\to\pi/2} \{(1-\sin x)\tan x\}$

$$= \lim_{x\to\pi/2} \frac{1-\sin x}{\cot x} \quad \left[\text{form}\frac{0}{0}\right]$$

$$= \lim_{x\to\pi/2} \frac{-\cos x}{-\operatorname{cosec}^2 x}$$

$$= \lim_{x\to\pi/2} \sin^2 x \cos x = 0$$

76. (a) माना अनन्त श्रेणी का सार्व अनुपात r है, तब
श्रेणी $= 1 + r + r^3 + r^3 + ...\infty$
प्रश्नानुसार,
प्रत्येक पद= आने वाले सभी पदों का योग
$\therefore$ प्रथम पद= द्वितीय पद से अनन्त पदों तक का योग
अत: $1 = r + r^2 + r^2 + ...\infty$

$$= \frac{r}{1-r}$$

$$\Rightarrow \quad 1 - r = r$$

$$\Rightarrow \quad 1 = 2r$$

$$\Rightarrow \quad r = \frac{1}{2}$$

$\therefore$ अभीष्ट श्रेणी $= 1 + \frac{1}{2} + \frac{1}{4} + \frac{1}{8} + ...\infty$

77. (b) $y = x^{\log x}$
दोनों तरफ log लेने पर हमें प्राप्त है

$$\log y = \log x . \log x$$

x के सापेक्ष अवकलन करने पर हमें प्राप्त होता है–

$$\frac{1}{y}\frac{dy}{dx} = \frac{1}{x}\log x + \frac{1}{x}\log x$$

$$\frac{dy}{dx} = \frac{2y\log x}{x}$$

$$= \frac{2x^{\log x}.\log x}{x} = 2x^{\log x - 1} . \log x$$

78. (d) $\lim_{x\to0} \frac{ae^x - b\cos x + ce^{-x}}{x\sin x}$

$$\Rightarrow \lim_{x\to0} \frac{a\left(1+x+\frac{x^2}{2!}+....\right) - b\left(1-\frac{x^2}{2!}+\frac{x^4}{4!}\right) + c\left(1-x+\frac{x^2}{2!}-...\right)}{x\left(x-\frac{x^3}{3!}+...\right)}$$

$$\Rightarrow \lim_{x\to0} \frac{(a-b+c)+(a-c)x + \left(\frac{a}{2!}+\frac{b}{2!}+\frac{c}{2!}\right)x^2+....}{x^2-\frac{x^4}{3!}+...}$$

अत: दी हुई सीमा 2 है, यह निश्चित संख्या है, अब हम रखते हैं

$$a - b + c = 0$$

$$a - c = 0$$

$$\frac{1}{2!}(a+b+c) = 2$$

हल करने पर,

$$a = 1, b = 2, c = 1$$

79. (a) $x\sqrt{1+y} + y\sqrt{1+x} = 0$

$$\Rightarrow \quad x\sqrt{1+y} = -y\sqrt{1+x}$$

दोनों तरफ वर्ग करने पर,

$$x^2(1+y) = y^2(1+x)$$

$$\Rightarrow \quad x^2 + x^2y = y^2 + xy^2$$

$$\Rightarrow \quad (x^2 - y^2) = xy^2 - x^2y$$

$$\Rightarrow \quad (x+y)(x-y) = -xy(x-y)$$

$$\Rightarrow \quad (x-y)(x+y+xy) = 0$$

इससे $x - y = 0, x + y + xy = 0$
$y = x$ दी हुई समीकरण को संतुष्ट नहीं करती।

$$\therefore \quad x + y + xy = 0$$

$$\Rightarrow \quad y = \frac{-x}{x+1}$$

$$\therefore \quad \frac{dy}{dx} = -\left[\frac{(x+1).1 - x.1}{(x+1)^2}\right]$$

$$= \frac{-1}{(x+1)^2}$$

80. (d)

वर्ग	मध्यमान	बारंबारता (f)	विचलन (d)	fd	fd^2
0 – 4	2	6	–8	–48	384
4 – 8	6	10	–4	–40	160
8 – 12	10	12	0	0	0
12 – 16	14	10	4	40	160
16 – 20	18	8	8	64	512
कुल				16	1216

$$\text{मानक विलचन} = \frac{\Sigma fd^2}{\Sigma f} - \left(\frac{\Sigma fd}{n}\right)^2$$

$$= \frac{1216}{46} - \left(\frac{16}{46}\right)^2 = \frac{13920}{529} = 5.1$$

81. (c)

अंक (x)	विद्यार्थियों की संख्या (f)	fx
6	6	36
4	10	40
3	13	39
5	11	55
योग	40	170

$\therefore \quad \text{A.M.} = \frac{170}{40} = 4{\cdot}25$

82. (c) दोनों घटनाएं एक-दूसरे के स्वतंत्र है।

$\therefore$ प्रायिकता = एक ही सूट के दोनों पत्तों की आने की प्रायिकता × पाँसे पर 6 आने की प्रायिकता

$$= \frac{1}{4}\times\frac{5}{36} = \frac{5}{144}$$

83. (a) रेखा $y = 2x + 3$ के समानान्तर रेखा होगी, इसे $y = 2x + c$, दीर्घवृत्त $4x^2 + 3(2x + c)^2 = 6$ रखने पर

$\Rightarrow 16x^2 + 12cx + (3c^2 - 6) = 0$

यदि रेखा $y = 2x + c$ दीर्घवृत्त $4x^2 + 3y^2 = 6$ पर स्पर्शी है, तो द्विघात के मूल बराबर होगें। अत: x के दो मान समान होगें।

$\therefore$ शर्तानुसार $b^2 = 4ac$

$$(12c)^2 = 4 \times 16 \times (3c^2 - 6)$$

$$\Rightarrow \quad 144c^2 = 192c^2 - 384$$

$$\therefore \quad c = \pm 2\sqrt{2}$$

$\therefore$ स्पर्शियों के समीकरण होंगे $y = 2x \pm 2\sqrt{2}$

84. (c) $$\frac{\sqrt{1-\cos^2 30°}}{\tan 45°} = \frac{\sqrt{1-\left(\frac{\sqrt{3}}{2}\right)^2}}{1}$$

$$= \frac{\sqrt{1-\frac{3}{4}}}{1} = \frac{1}{2}$$

तथा $2\sin^2 30° = 2\times\left(\frac{1}{2}\right)^2 = \frac{1}{2}$

$$\therefore \quad \frac{\sqrt{1-\cos^2 30°}}{\tan 45°} = 2\sin^2 30°$$

85. (d) $\because \quad AP = AQ = 2\sqrt{2}$

$\therefore \quad PQ = 2\times 2\sqrt{2} = 4\sqrt{2}$

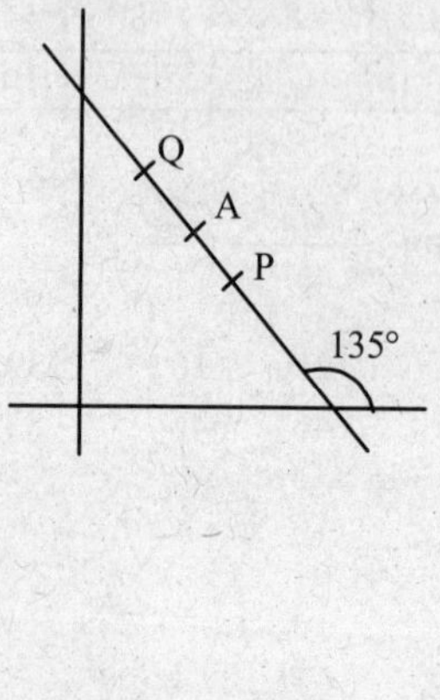

QAP रेखा की प्रवणता $= \tan 135 = -1$

यदि $P = (x_1, y_1)$ और $Q = (x_2, y_2)$, तो PQ का समीकरण होगा

$$y - y_1 = -1\,(x - x_1)$$

$$\Rightarrow \quad x + y = x_1 + y_1$$

इसी प्रकार, $x + y = x_2 + y_2$

$$\therefore \quad x_1 + y_1 = x_2 + y_2$$

अत: यह सम्भव है तभी जब उत्तर (d) हो।

86. (b) $$f(x) = \int_a^x t^3 e^t dt$$

$$= [t^3e^t]_0^x - 3\int_a^x t^2 e^t dt$$

$$= (t^3e^t)_a^x - 3\int_a^x t^2e^t dt$$

$$= (t^3e^t)_a^x - 3(t^2e^t)_a^x + 6\int_a^x te^t dt$$

$$= (t^3e^t)_a^x - 3(t^2e^t)_a^x + 6\left[te^t - \int e^t dt\right]_a^x$$

$$= (t^3e^t)_a^x - 3(t^2e^t)_a^x + 6\,(te^t)_a^x - (6e^t)_a^x$$

$$= [(t^3 - 3t^2 + 6t - 6)\,e^t\,]^x_a$$

$$= (x^3 - 3x^2 + 6x - 6)\,e^x - (a^3 - 3a^2 + 6a - 6)e^a$$

$$\therefore \frac{d}{dx} f(x)$$

$$= (3x^2 - 6x + 6)\,e^x + (x^3 - 3x^2 + 6x - 6)e^x + 0$$

$$= e^x x^3.$$

87. (b) माना $I = \int_0^a \frac{x^4}{\sqrt{a^2 - x^2}} dx$

$x = a\sin\theta$ रखने पर, $dx = a\cos\theta\, d\theta$

जब $x = 0,\ \theta = 0$ और जब $x = a,\ \theta = \frac{\pi}{2}$

$$\therefore \quad I = \int_0^{\pi/2} \frac{a^4\sin^4\theta}{\sqrt{a^2 - a^2\sin^2\theta}}\, a\cos\theta d\theta$$

$$= a^4\int_0^{\pi/2}\sin^4\theta d\theta$$

$$= a^4\,\frac{3}{4}.\frac{1}{2}.\frac{\pi}{2} = \frac{3\pi a^4}{16}$$

88. (b) $$4\tan^{-1}\frac{1}{5} = 2\left[2\tan^{-1}\frac{1}{5}\right]$$

$$= 2\tan^{-1}\left[\frac{2\times\frac{1}{5}}{1-\left(\frac{1}{5}\right)^2}\right] = 2\tan^{-1}\frac{5}{12}$$

$$= \tan^{-1}\left[\frac{2\times\frac{5}{12}}{1-\left(\frac{5}{12}\right)^2}\right] = \tan^{-1}\frac{120}{119}$$

$$\therefore\ 4\tan^{-1}\frac{1}{5}-\tan^{-1}\frac{1}{70}+\tan^{-1}\frac{1}{99}$$

$$= \tan^{-1}\frac{120}{119}-\tan^{-1}\frac{1}{70}+\tan^{-1}\frac{1}{99}$$

$$= \tan^{-1}\left[\frac{\frac{120}{119}-\frac{1}{70}}{1+\frac{120}{119}\times\frac{1}{70}}\right]+\tan^{-1}\frac{1}{99}$$

$$= \tan^{-1}\frac{49}{50}+\tan^{-1}\frac{1}{99}$$

$$= \tan^{-1}\left[\frac{\frac{49}{50}+\frac{1}{99}}{1-\frac{49}{50}\times\frac{1}{99}}\right] = \tan^{-1}(1) = \frac{\pi}{4}$$

89. (b) यदि $\cot^{-1} 3 = \alpha$,

तो $\cot\alpha = 3$

$$\therefore\ \sin\alpha = \frac{1}{\sqrt{10}}$$

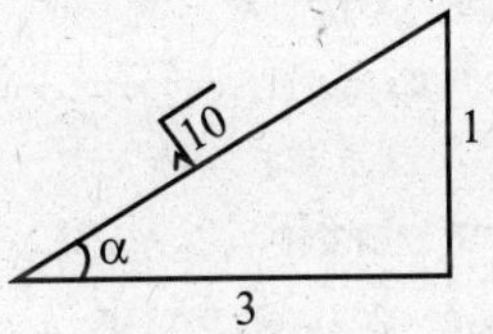

$$\Rightarrow \alpha = \sin^{-1}\frac{1}{\sqrt{10}}$$

$$\therefore\ \sin^{-1}\frac{1}{\sqrt{5}}+\cot^{-1}3$$

$$= \sin^{-1}\frac{1}{\sqrt{5}}+\sin^{-1}\frac{1}{\sqrt{10}}$$

$$= \sin^{-1}\left[\frac{1}{\sqrt{5}}\sqrt{1-\frac{1}{10}}+\frac{1}{\sqrt{10}}\sqrt{1-\frac{1}{5}}\right]$$

$$= \sin^{-1}\left[\frac{1}{\sqrt{5}}\times\sqrt{\frac{9}{10}}+\sqrt{\frac{4}{5}}\times\frac{1}{\sqrt{10}}\right]$$

$$= \sin^{-1}\left[\frac{3}{\sqrt{50}}+\frac{2}{\sqrt{50}}\right]$$

$$= \sin^{-1}\left(\frac{1}{\sqrt{2}}\right) = \frac{\pi}{4}$$

90. (c) अतिपरवलय का समीकरण है $2x^2 - 3y^2 = 6$

$$\Rightarrow \frac{x^2}{3}-\frac{y^2}{2} = 1$$

यहाँ $a^2 = 3$ और $b^2 = 2$

चूँकि दी गई रेखा का समीकरण है

$y = 3x - 5$ अत: $m = 3$

अतएव अभीष्ट रेखा की प्रवणता 3 होगी।

$\because$ अतिपरवलय की स्पर्शी होगी

$$y = mx \pm \sqrt{a^2m^2-b^2}$$

$\therefore$ अभीष्ट स्पर्शी का समीकरण होगा

$$y = 3x \pm \sqrt{3(3)^2-2} \Rightarrow y = 3x \pm 5$$

91. (c) $y = Ae^{ax} + Be^{-ax}$

$$\therefore\ \frac{dy}{dx} = Aae^{ax} - Bae^{-ax}$$

और $$\frac{d^2y}{dx^2} = Aa^2e^{ax} + Ba^2e^{-ax}$$

$$= a^2(Ae^{ax} + Be^{-ax})$$

$$= a^2y$$

92. (c) दिया है, $\cos x = \frac{1}{\sqrt{1+t^2}}$ माना $t = \tan\theta$

तब $$\cos x = \frac{1}{\sqrt{1+\tan^2\theta}}$$

$$\frac{1}{\cos\theta} = \cos\theta$$

$$x = \theta \Rightarrow x = \tan^{-1}t$$

$$\frac{dx}{dt} = \frac{1}{1+t^2} \quad ...(i)$$

और $$\sin y = \frac{t}{\sqrt{1+t^2}} = \frac{\tan\theta}{\sqrt{1+\tan^2\theta}}$$

$$\sin y = \frac{\tan\theta}{\sec\theta} = \sin\theta$$

$$y = \theta \Rightarrow y = \tan^{-1}t$$

$$\frac{dy}{dt} = \frac{1}{1+t^2} \quad ...(ii)$$

अब, $$\frac{dy}{dx} = \frac{dy}{dt}\times\frac{dt}{dx}$$

[समी. (i) व (ii) से]

$$\frac{dy}{dx} = \frac{1}{1+t^2}\times\frac{1+t^2}{1} = 1$$

93. (d) दिया गया परवलय है $9x^2 - 6x + 36y + 19 = 0$

$\Rightarrow \quad (3x-1)^2 = -18(2y+1)$

$\Rightarrow \quad \left(x-\frac{1}{3}\right)^2 = -4\left(y+\frac{1}{2}\right)$

$\Rightarrow \quad X^2 = -4AY$

जहाँ $\quad X = x+\frac{1}{3}$

और $\quad Y = y+\frac{1}{2}$

$\therefore \quad A = 1$

$\therefore$ नाभिलम्ब की लम्बाई $= 4A = 4$

94. (a) माना $I = \int \frac{dx}{(1-x^2)\sqrt{1+x^2}}$

$$t^2 = \frac{1+x^2}{1-x^2} \Rightarrow x^2 = \frac{t^2-1}{t^2+1}$$

$\Rightarrow \quad 2x\ dx = \frac{4t\ dt}{(1+t^2)^2}$

$\therefore \quad I = \int \frac{1}{\left\{1-\left(\frac{t^2-1}{t^2+1}\right)\right\}\sqrt{1+\left(\frac{t^2-1}{t^2+1}\right)}} \cdot \frac{2t\ dt}{x(1+t^2)^2}$

$$= \frac{1}{\sqrt{2}}\int \frac{1}{\sqrt{t^2-1}}dt$$

$$= \frac{1}{\sqrt{2}}\cosh^{-1} t$$

$$= \frac{1}{\sqrt{2}}\cosh^{-1}\sqrt{\frac{1+x^2}{1-x^2}}$$

95. (c) अतिपरवलय का समीकरण है :

$b^2x^2 - a^2y^2 = a^2b^2$

$\Rightarrow \quad \frac{x^2}{a^2} - \frac{y^2}{b^2} = 1$

अतिपरवलय पर अभिलम्ब का समीकरण

$ax \sin\phi + by = (a^2+b^2)\tan\phi$

यदि रेखा $lx + my + n = 0$ अतिपरवलय पर लम्ब है,

तो $\quad \frac{a\sin\phi}{l} = \frac{b}{m} = \frac{(a^2+b^2)\tan\phi}{-n}$

$\therefore \quad \sin\phi = \frac{bl}{am}$

और $\quad (a^2+b^2)\tan\phi = \frac{-an\sin\phi}{l}$

$\Rightarrow \quad \frac{(a^2+b^2)\sin\phi}{\cos\phi} = \frac{-an\sin\phi}{l}$

$\Rightarrow \quad \cos\phi = \frac{-(a^2+b^2)l}{an}$

$\therefore \quad \sin^2\phi + \cos^2\phi = \frac{b^2l^2}{a^2m^2} + \frac{(a^2+b^2)^2l^2}{a^2n^2}$

$\Rightarrow \quad \frac{(a^2+b^2)^2}{n^2} + \frac{b^2}{m^2} = \frac{a^2}{l^2}$

$\Rightarrow \quad \frac{a^2}{l^2} - \frac{b^2}{m^2} = \frac{(a^2+b^2)^2}{n^2}$

96. (a) $\cos^{-1}x + \cos^{-1}y + \cos^{-1}z = \pi$

$\therefore \quad \cos^{-1}x + \cos^{-1}y = \pi - \cos^{-1}z$

$\Rightarrow \quad \cos^{-1}\left[xy - \sqrt{1-x^2}.\sqrt{1-y^2}\right]$

$$= \pi - \cos^{-1}z$$

$\Rightarrow \quad xy - \sqrt{(1-x^2)(1-y^2)}$

$$= \cos(\pi - \cos^{-1}z)$$
$$= -\cos(\cos^{-1}z)$$
$$= -z$$

$\therefore \quad xy + z = \sqrt{(1-x^2)(1-y^2)}$

$\Rightarrow \quad (xy+z)^2 = 1 + x^2y^2 - x^2 - y^2$

$\therefore \quad x^2y^2 + z^2 + 2xyz = 1 - x^2 - y^2 + x^2y^2$

$\therefore \quad x^2 + y^2 + z^2 + 2xyz = 1$

97. (c) कमरे की दीवारों का क्षेत्रफल $= 2 \times h\ (l + b)$

$= 2 \times 12\ (30 + 16) = 24 \times 46$ वर्ग मी.

$\therefore$ दीवारों की रंगाई का अभीष्ट खर्च

$= 24 \times 46 \times 1.75 =$ ₹ 1932

98. (c) अर्द्धवृत्त का परिमाप $= (\pi r + 2r)$

$36 = \frac{22}{7}r + 2r$

$\Rightarrow \quad 36 = r\left(\frac{22}{7} + 2\right)$

$\Rightarrow \quad 36 = \frac{36r}{7}$

$\Rightarrow \quad 36r = 36 \times 7$

$\therefore \quad r = \frac{36 \times 7}{36} = 7$

अर्द्धवृत्त का क्षेत्रफल $= \frac{\pi r^2}{2} = \frac{1}{2} \times \frac{22}{7} \times 7 \times 7$

$= 177$ वर्ग सेमी

99. (b) मान लिया कि प्रश्नोक्त जीवा AB है।

दिया है कि

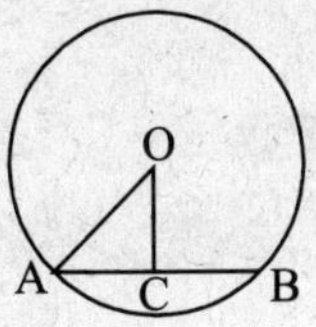

$\therefore \quad AB = 10.8$ सेमी.

$\therefore \quad AC = \frac{10.8}{2}$

$= 5.4$ सेमी.

तथा $OC = 7.2$ सेमी. (दिया हुआ है)

$\therefore \Delta OAC$ में,

पाइथागोरस प्रमेय से

$OA^2 = OC^2 + AC^2$

$= (7.2)^2 + (5.4)^2$

$= 51.84 + 29.16$

$= 81.00$

$\therefore \quad OA = \sqrt{81} = 9$ सेमी. (त्रिज्या)

$\therefore$ अभीष्ट व्यास $= 9 \times 2$

$= 18$ सेमी.।

100. (d)

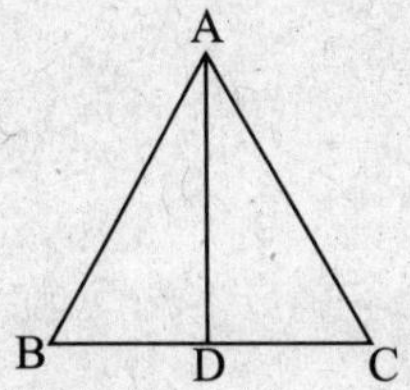

दिया हुआ है,

$AD = 6$ सेमी.

$BC = 18$ सेमी.

$AC = 10$ सेमी.

समकोण ΔADC में

पाइथागोरस की प्रमेय से

$DC^2 = AC^2 - AD^2 = 10^2 - 6^2$

$= 100 - 36 = 64$

$DC = \sqrt{64}$

$\therefore \quad DC = 8$ सेमी.

$\therefore \quad BD = 18 - 8 = 10$ सेमी.

अब ΔABD में,

$AB^2 = AD^2 + BD^2$

$= 6^2 + 10^2 = 136$

$\therefore \quad AB = \sqrt{136}$

$AB = 2\sqrt{34}$ सेमी.।

❑❑❑

2 गणित
प्रैक्टिस पेपर

1. ₹ 2000 पर 2 वर्षों के लिए साधारण ब्याज व चक्रवृद्धि ब्याज का अंतर कितना होगा, यदि चक्रवृद्धि ब्याज 20% और साधारण ब्याज 23% आंकलित किया जाता है?
(a) ₹ 40 (b) ₹ 46
(c) ₹ 44 (d) इनमें से कोई नहीं

2. दो उर्ध्वाधर खम्भे A तथा B जोकि क्रमशः 4 तथा 6 मी. ऊँचे हैं, समतल सतह पर खड़े हैं। दोनों के बीच की दूरी 5 मी. है। एक तार खम्भे A तथा को जमीन से क्रमशः 3 तथा 4 मी. की ऊँचाइयों पर जोड़ता है। एक अ तार इन्हीं खम्भों को क्रम से 4 तथा 5.5 मी. की ऊँचाइयों पर जोड़ता है। दोनों तारों की लम्बाइयों में लगभग अन्तर होगा–
(a) 1.11 मी. (b) 0.13 मी.
(c) 1.80 मी. (d) इनमें से कोई नहीं

3. यदि $\theta = \frac{\pi}{8}$ हो, तो $\cos\theta.\cos 2\theta.\cos 4\theta$ का मान होगा–
(a) 0 (b) 8
(c) $\frac{1}{4}$ (d) 4

4. निम्नलिखित कथनों पर विचार कीजिए–
I. $\sqrt{\sec^2\theta + \text{cosec}^2\theta} = \tan\theta + \cot\theta$
II. $\frac{1+\cos\theta}{1-\cos\theta} = (\text{cosec}\,\theta - \cot\theta)^2$
उपरोक्त कथनों में से कौन-सा विकल्प सही है।
(a) केवल I (b) केवल II
(c) I तथा II दोनों (d) न तो I और न ही II

5. बिन्दुओं $(a\cos\alpha, a\sin\alpha)$ तथा $(a\cos\beta, a\sin\beta)$ के बीच की दूरी है, जहाँ $a > 0$
(a) $2a\left|\sin\left(\frac{\alpha-\beta}{2}\right)\right|$ (b) $a\left|\sin\left(\frac{\alpha-\beta}{2}\right)\right|$
(c) $2\left|\sin\left(\frac{\alpha-\beta}{2}\right)\right|$ (d) इनमें से कोई नहीं

6. बिन्दु P बिन्दूओं A(1, 3), B(–3, 5) व C(5, –1) के समदूरस्थ है, तब PA का मान है।
(a) 5 (b) $5\sqrt{5}$
(c) 25 (d) $5\sqrt{10}$

7. यदि $\frac{(1+i)^2}{2-i} = x + iy$, तब $x + y$ का मान होगा–
(a) $\frac{5}{2}$ (b) $-\frac{2}{5}$
(c) $\frac{2}{5}$ (d) $-\frac{5}{2}$

8. यदि $\frac{1 - i\sin\alpha}{1 + 2i\sin\alpha}$ पूर्णतः वास्तविक हो, तो α का वास्तविक मान होगा–
(a) $(n+1)\frac{\pi}{2}$ (b) $(2n+1)\frac{\pi}{2}$
(c) $n\pi$ (d) इनमें से कोई नहीं

9. यदि सम्मिश्र संख्या z^2 का वास्तविक मान शून्य हो तथा $|z| = 2$, तब–
(a) $z = \pm\sqrt{2} \pm i\sqrt{2}$ (b) $z = \pm\sqrt{3} \pm i\sqrt{3}$
(c) $z = \pm\sqrt{3} \pm i\sqrt{2}$ (d) इनमें से कोई नहीं

10. $\begin{vmatrix} 3 & 1 & 9 \\ 2x & 2 & 6 \\ x^2 & 3 & 5 \end{vmatrix} = 0$ के मूल होंगे–
(a) 1 या 3 (b) 2 या 3
(c) 3 या 4 (d) 5 या 6

11. $\begin{vmatrix} a-b & b-c & c-a \\ x-y & y-z & z-x \\ p-q & q-r & r-p \end{vmatrix}$ का मान है–
(a) $a(x + y + z) + b(p + q + r) + c$
(b) 0
(c) $abc + xyz + pqr$
(d) इनमें से कोई नहीं

12. यदि $x^3 + y^3 + z^3 = 0$ हो, तो $\begin{vmatrix} x & y & z \\ y & z & a \\ z & a & b \end{vmatrix}$ का।
मान क्या है।
(a) xyz (b) $3xyz$
(c) $x + y + z$ (d) $2xyz$

13. यदि A = {2, 4, {5, 6}, 8}, तब निम्नलिखित में से कौन-सा असत्य है?

(a) $\{5,6\} \subset A$ (b) $\{5,6\} \in A$

(c) $\{2,4,8\} \subset A$ (d) $2,4,8 \in A$

14. समुच्चय A = {a, b} के उपसमुच्चयों की संख्या है–

(a) 3 (b) 4

(c) 2 (d) 1

15. यदि $x = 4t, y = \frac{4}{t}$, तब $\frac{dy}{dx}$ का मान है-

(a) t^2 (b) $\frac{1}{t}$

(c) $\frac{-1}{t}$ (d) $\frac{-1}{t^2}$

16. यदि $x = a(\cos\theta + \theta\sin\theta)$ तथा $y = a(\sin\theta - \cos\theta)$, तब $\frac{dy}{dx}$ का मान है-

(a) $\tan\theta$ (b) $\sec\theta$

(c) $-\tan\theta$ (d) $\cot\theta$

17. $\sqrt{\tan\sqrt{x}}$ का x के सापेक्ष अवकलन है-

(a) $\frac{\sec^2\sqrt{x}}{4\sqrt{x}\sqrt{\tan\sqrt{x}}}$ (b) $\frac{\sec^2\sqrt{x}}{4\sqrt{x}.\tan\sqrt{x}}$

(c) $\frac{\sec^2\sqrt{x}}{\sqrt{x}\sqrt{\tan\sqrt{x}}}$ (d) $\frac{4\sec^2\sqrt{x}}{\sqrt{x}\sqrt{\tan\sqrt{x}}}$

18. एक पिण्ड क्षैतिज से α कोण बनाते हुए फेंका जाता है कितने समय बाद पिण्ड का वेग क्षैतिज से $\frac{\alpha}{2}$ कोण बनायेगा, यदि प्रक्षेप-वेग 981 सेमी प्रति सेकण्ड है?

(a) $\sin\frac{\alpha}{2}$ सेकण्ड (b) $\cos\frac{\alpha}{2}$ सेकण्ड

(c) $\tan\frac{\alpha}{2}$ सेकण्ड (d) $\sec\frac{\alpha}{2}$

19. 150 मीटर दूर स्थित और 75 मीटर ऊँची दीवार के ठीक ऊपर से क्षैतिज दिशा में कोई गोली जाती है, प्रक्षेप-वेग होगा–

(a) $\sqrt{327}$ मीटर/सेकण्ड (b) $2\sqrt{327}$ मीटर/सेकण्ड

(c) $3\sqrt{327}$ मीटर/सेकण्ड (d) $5\sqrt{327}$ मीटर/सेकण्ड

20. एक कण क्षितिज से 30° का कोण बनाता हुआ 4g सेमी प्रति सेकण्ड के वेग से फेंका जाता है कितने समय बाद वह प्रक्षेप दिशा से समकोण बनाती हुई दिशा में चलेगा?

(a) 5 सेकण्ड (b) 6 सेकण्ड

(c) 7·5 सेकण्ड (d) 8 सेकण्ड

21. दो सदिशों a और b के परिमाण ज्ञात कीजिए, यदि उनके परिमाण समान हैं और इनके बीच का कोण 60° है तथा इनका अदिश गुणनफल $\frac{1}{2}$ है।

(a) $|a| = \frac{1}{2}, |b| = 1$ (b) $|a| = |b| = 1$

(c) $|a| = 1, |b| = \frac{1}{2}$ (d) इनमें से कोई नहीं

22. यदि $(a + b) \cdot (a - b) = 8$ और $|a| = 8|b|$ हो, तो $|a|$ एवं $|b|$ ज्ञात कीजिए।

(a) $\frac{16}{3}\sqrt{\frac{2}{7}}, \frac{2}{3}\sqrt{\frac{2}{7}}$ (b) $\frac{4}{3}\sqrt{\frac{2}{7}}, \frac{2}{3}\sqrt{\frac{3}{7}}$

(c) $\frac{12}{5}\sqrt{\frac{2}{7}}, \frac{4}{3}\sqrt{\frac{2}{7}}$ (d) इनमें से कोई नहीं

23. यदि ΔABC के शीर्ष A, B व C क्रमशः (1, 2, 3), (–1, 0, 0) व (0, 1, 2) हैं, तो ∠ABC ज्ञात कीजिए, ∠ABC, सादिशों BA तथा BC के बीच का कोण है–

(a) $\frac{\pi}{2}$ (b) $\frac{\pi}{4}$

(c) $\cos^{-1}\left(\frac{10}{\sqrt{102}}\right)$ (d) $\cos^{-1}\left(\frac{1}{3}\right)$

24. एक वस्तु की x इकाइयों के उत्पादन से सम्बन्धित कुल लागत $c(x)$ (₹ में) $c(x) = 0.007x^3 - 0.003x^2 + 15x + 4000$ से प्रदत्त है। सीमान्त लागत ज्ञात कीजिए, जबकि 17 इकाइयों का उत्पादन किया गया है।

(a) ₹ 19.196 (b) ₹ 20.225

(c) ₹ 20.967 (d) ₹ 21.297

25. किसी उत्पाद की x इकाइयों के विक्रय से प्राप्त कुल आय $R(x)$ रुपयों में $R(x) = 13x^2 + 26x + 15$ से प्रदत्त है। सीमान्त आय ज्ञात कीजिए जब $x = 7$ है।

(a) ₹ 197 (b) ₹ 199

(c) ₹ 205 (d) ₹ 208

26. यदि किसी कक्षा के 8 विद्यार्थियों का भार किग्रा. में निम्न हो : 40, 45, 35, 48, 57, 56, 42, 50 तो उनके भारों का माध्य होगा–

(a) 45 (b) 46.62

(c) 47 (d) 47.62

27. 10 दुकानों का मासिक किराया निम्नांकित है-

45, 50, 23, 85, 75, 80, 82, 40, 90, 95

इनका परास क्या होगा ?

(a) 72 (b) 70

(c) 65 (d) 60

28. निम्नांकित आँकड़ों से अंकगणितीय माध्य ज्ञात करो-

x	4	5	6	7	8	10
f	3	4	6	5	2	8

(a) 6 (b) 7.107
(c) 8 (d) 8.107

29. यदि $\sqrt{2} = 1{\cdot}4142$ हो, तो

$2\sqrt{2}+\sqrt{2}+\dfrac{1}{2+\sqrt{2}}+\dfrac{1}{\sqrt{2}-2}$ कितना होगा?

(a) 1·4144 (b) 2·8284
(c) 28·284 (d) 2·4142

30. किसी मीनार के आधार से कितनी ऊँचाई पर, एक नियत लम्बाई की डोरी बाँधना चाहिए ताकि भूमि पर खड़ा हुआ एक आदमी जो दूसरे सिरे को किसी दिए हुए बल से खींचता है, मीनार को गिराने की महत्तम प्रवत्ति उत्पन्न कर सके, डोरी की लम्बाई a मानिए,

(a) $\dfrac{a}{\sqrt{3}}$ (b) $\dfrac{a}{\sqrt{2}}$

(c) $\dfrac{a}{2}$ (d) $\dfrac{a}{4}$

31. बल P, 3P, 2P और 5P वर्ग ABCD की भुजाओं AB, BC, CD, और DA के अनुदिश क्रम से क्रिया करते हैं, उनके परिणामी का परिणाम होगा–

(a) $P\sqrt{14}$ (b) $P\sqrt{7}$
(c) $P\sqrt{5}$ (d) $P\sqrt{8}$

32. ABCD एक वर्ग है, AB, CB, AD और DC के अनुदिश बराबर बल P क्रिया करते हैं। उनका परिणामी क्या होगा?

(a) P (b) 2P
(c) 3P (d) 4P

33. संलग्न चित्र में, AE = 4.5 सेमी., DE = 6 सेमी. और CE = 3 सेमी. हो, तो AB की लम्बाई है–

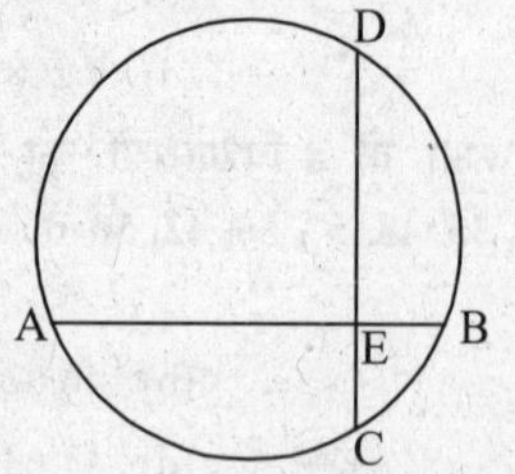

(a) 4 सेमी. (b) 8 सेमी.
(c) 8.5 सेमी. (d) 4.5 सेमी.

34. किसी वृत्त के उसी खण्ड में बने कोई दो कोण होते हैं–

(a) असमान (b) समान
(c) (A) तथा (B) (d) इनमें से कोई नहीं

35. यदि $\tan^{-1}\left(\dfrac{\sqrt{(1+x^2)}-\sqrt{(1-x^2)}}{\sqrt{(1+x^2)}+\sqrt{(1-x)^2}}\right)=\alpha$ तथा x^2 का मान होगा–

(a) $\tan 2\alpha$ (b) $\tan \alpha$
(c) $\cos 2\alpha$ (d) $\sin 2\alpha$

36. यदि $A=\begin{bmatrix}1 & 2\\ 3 & 4\end{bmatrix}$, हो तो A^{-1} का मान होगा–

(a) $\begin{bmatrix}-2 & 1\\ \frac{3}{2} & -\frac{1}{2}\end{bmatrix}$ (b) $\begin{bmatrix}2 & 1\\ -\frac{3}{2} & -\frac{1}{2}\end{bmatrix}$

(c) $\begin{bmatrix}-2 & -1\\ \frac{3}{2} & \frac{1}{2}\end{bmatrix}$ (d) $\begin{bmatrix}2 & -1\\ \frac{3}{2} & \frac{1}{2}\end{bmatrix}$

37. यदि A तथा B विषम सममित हैं तो (A + B) होगा–

(a) सममित (b) विषम सममित
(c) इकाई सममित (d) इनमें से कोई नहीं

38. यदि $A=\begin{bmatrix}\cos\theta & -\sin\theta\\ \sin\theta & \cos\theta\end{bmatrix}$ हो, तो A^{-1} का मान होगा–

(a) $\begin{bmatrix}\cos\theta & \sin\theta\\ \sin\theta & \cos\theta\end{bmatrix}$ (b) $\begin{bmatrix}\cos\theta & \sin\theta\\ -\sin\theta & \cos\theta\end{bmatrix}$

(c) $\begin{bmatrix}-\cos\theta & \sin\theta\\ \sin\theta & \cos\theta\end{bmatrix}$ (d) $\begin{bmatrix}\cos\theta & \sin\theta\\ \sin\theta & -\cos\theta\end{bmatrix}$

39. वास्तविक संख्याओं का अरक्ति समुच्चय नीचे को परिबद्ध है तब यह रखता है–

(a) उच्चक (Supremum)
(b) निम्नक (Infimun)
(c) उपरि परिबन्ध (Upper bound)
(d) कोई निम्न परिबन्ध नहीं

40. ऋणात्मक पूर्णांकों का समुच्चय न्यूनतम उपरि परिबन्ध रखता है–

(a) 1 (b) 2
(c) 0 (d) –1

41. एक अवयव a समुच्चय S का एक अल्पिष्ठ अवयव है, तब–

(a) $a \in S$
(b) $a \notin S$
(d) a, S का निम्न परिबन्ध नहीं है
(d) a, S का उपरि परिबन्ध नहीं है।

42. 42, 70, 98 तथा 126 का महत्तम समापवर्तक है–

(a) 11 (b) 12
(c) 13 (d) 14

43. ऐसा बिन्दु, जिसकी भुज उसकी कोटि के बराबर है और जो दो बिन्दुओं A(– 1, 0) और B (0, 5) से समान दूरी पर है, कौन-सा है ?

(a) (1, 1) (b) (2, 2)
(c) (– 2, 2) (d) (3, 3)

44. A किसी कार्य को $\frac{1}{3}$ भाग 5 दिन में तथा B उसी कार्य का $\frac{2}{5}$ भाग 10 दिन में पूरा करता है। दोनों A तथा B मिलकर उस कार्य को कितने दिन में पूरा करेंगे?

(a) 10 दिन (b) $9\frac{3}{8}$

(c) $8\frac{4}{5}$ दिन (d) $7\frac{1}{2}$ दिन

45. A और B मिलकर एक काम को 12 दिन में पूरा कर सकते हैं। A की कुशलता B से दोगुनी है। B अकेला उस काम को कितने दिन में पूरा कर सकता है?

(a) 36 (b) 12

(c) 18 (d) 9

46. 50 मीटर ऊँची मूर्ति के पाद से गुजरने वाले तल पर स्थित किसी बिन्दु पर मूर्ति के शीर्ष का उन्नयन कोण θ है। मूर्ति की ओर कुछ दूरी चलने पर उन्नयन कोण है–

(a) बढ़ जाता है (b) घट जाता है

(c) उतना ही रहता है (d) इनमें से कोई नहीं

47. एक कक्षा में लड़कों की संख्या लड़कियों की संख्या से तीन गुनी है, निम्नलिखित में से कौन-सी संख्या कक्षा में कुल बच्चों की संख्या को निरूपित नहीं करती?

(a) 40 (b) 42

(c) 44 (d) 48

48. यदि x एक प्राकृतिक संख्या है, तो $x(x+1)(x+2)$ हमेशा किससे विभाजित हो सकती है?

(a) 4 (b) 5

(c) 6 (d) 7

49. यदि अन्तराल [0, 2] में $x = 1$ पर फलन $x^4 - 62x^2 + ax + 9$ उच्चतम मान प्राप्त करता है, तो a का मान ज्ञात कीजिए–

(a) 30 (b) 40

(c) 75 (d) 120

50. एक परवलय की नियता का समीकरण $x + y = 8$ है तथा शीर्ष पर स्पर्श रेखा का समीकरण $x + y = 12$ है, जब नाभिलम्ब की लम्बाई है–

(a) $4\sqrt{2}$ (b) $2\sqrt{2}$

(c) 8 (d) $8\sqrt{2}$

51. परवलय $y^2 = 8ax$ पर एक चर बिन्दु को नाभि से मिलाने वाले रेखाखण्ड के मध्य-बिन्दु का बिन्दुपथ एक-दूसरा परवलय है, जिसकी नियता है–

(a) $x = -a$ (b) $x = -\frac{a}{2}$

(c) $x = 0$ (d) $x = \frac{a}{2}$

52. किसी Δ ABC में, $a = 18, b = 24$, तथा $c = 30$ हो, तो sin C किसके बराबर होगा–

(a) $\frac{1}{4}$ (b) $\frac{1}{3}$

(c) $\frac{\pi}{3}$ (d) 1

53. यदि Δ RST में $r + s = 3(1+\sqrt{3})$ सेमी और $r - s = 3(1-\sqrt{3})$ सेमी है यदि कोण R का मान 30° हो, तो कोण S का मान होगा–

(a) 120° (b) 75°

(c) 90° (d) 60°

54. यदि $\frac{1}{y-x} + \frac{1}{y-z} = \frac{1}{x} + \frac{1}{z}$ हो, तो x, y और z हैं–

(a) समान्तर श्रेणी में (b) गुणोत्तर श्रेणी में

(c) हरात्मक श्रेणी में (d) इनमें से कोई नहीं

55. किसी वृत्त की समान्तर स्पर्शियों की संख्या है–

(a) 1 (b) 2

(c) अनन्त (d) इनमें से कोई नहीं

56. एक विमान 2500 किमी, 1200 किमी तथा 500 किमी की यात्रा क्रमशः 500 किमी/घण्टा, 400 किमी/घण्टा तथा 250 किमी/घण्टा की गति से करता है। तद्नुसार उस विमान की औसत गति कितनी है ?

(a) 420 किमी/घण्टा (b) 410 किमी/घण्टा

(c) 405 किमी/घण्टा (d) 575 किमी/घण्टा

57. हरि अपने घर से 5 किमी/घण्टा की गति से चलकर अपने कार्यालय 3 मिनट देर से पहुँचता है। अगले दिन वह अपनी गति 1 किमी/घण्टा बढ़ा देता है और 3 मिनट पहले पहुँच जाता है। तद्नुसार उसके घर से कार्यालय की दूरी कितनी है ?

(a) 1 किमी (b) 2 किमी

(c) 3 किमी (d) $3\frac{1}{2}$ किमी

58. श्रेणी $\frac{1}{1.2} + \frac{1}{2.3} + \frac{1}{3.4} + ...$ के n पदों तक योगफल होगा-

(a) $\frac{n}{n+1}$ (b) $\frac{n}{(n+1)^2}$

(c) $\frac{1}{n(n+1)}$ (d) $\frac{1}{n(n+2)}$

59. $\int (x^2+1)^{5/2} x\,dx$ किसके बराबर है?

(a) $(x^2+1)^{7/2} + C$ (b) $\frac{2}{7}(x^2+1)^{7/2} + C$

(c) $\frac{1}{7}(x^2+1)^{7/2} + C$ (d) इनमें से कोई नहीं

60. अतिपरवलय जिसकी नाभिलम्ब 8 है तथा संयुग्मी अक्ष, नाभियों की आधी दूरी के बराबर हो, उत्केन्द्रता होगी–

(a) $\frac{4}{3}$ (b) $\frac{4}{\sqrt{3}}$

(c) $\frac{2}{\sqrt{3}}$ (d) इनमें से कोई नहीं

61. यदि समीकरण $7y^2 + 15y + m = 0$ का एक मूल दूसरे का व्युत्क्रम हो, तो m का मान होगा–

(a) 1 (b) 2

(c) 7 (d) 15

62. $\int_{-a}^{a}(x^3 + \sin x)dx$ किसके बराबर है?

(a) a (b) $2a$

(c) 0 (d) 1

63. यदि 2^{33} को 10 से विभाजित किया जाए, तो शेषफल कितना होगा?

(a) 2 (b) 3

(c) 4 (d) 8

64. $(2^{16} - 1)$ निम्नलिखित में से किसके द्वारा विभाज्य है?

(a) 11 (b) 13

(c) 17 (d) 19

65. दीर्घवृत्त जिसकी नाभि (1, –1) नियता $x - y - 3 = 0$ तथा उत्केन्द्रता $\frac{1}{2}$ हो, का समीकरण है–

(a) $7x^2 + 2xy + 7y^2 - 10x + 10y + 7 = 0$

(b) $7x^2 + 2xy + 7y^2 + 7 = 0$

(c) $7x^2 + 2xy + 7y^2 + 10x - 10y - 7 = 0$

(d) उपरोक्त में से कोई नहीं

66. दीर्घवृत्त $3x^2 + y^2 = 12$ के नाभिलम्ब की लम्बाई है।

(a) 4 (b) 3

(c) 8 (d) $\frac{4}{\sqrt{3}}$

67. यदि ${}^{12}P_r = 1320$ हो, तो r का मान होगा–

(a) 3 (b) 4

(c) 2 (d) 1

68. $\left(2y - \frac{1}{y^2}\right)^{25}$ के विस्तार में अन्त से 11वाँ पद होगा–

(a) ${}^{25}C_{15}\frac{2^{15}}{x^5}$ (b) $-{}^{25}C_{15}\frac{2^{10}}{x^{20}}$

(c) $-{}^{25}C_{15}\frac{2^{10}}{11}$ (d) $-{}^{25}C_{15}\frac{2^{15}}{x^{20}}$

69. वक्रों $\{(x, y) : y \geq x^2$ और $y = |x|\}$ के द्वारा घिरा क्षेत्रफल होगा–

(a) $\frac{1}{3}$ वर्ग इकाई (b) $\frac{1}{4}$ वर्ग इकाई

(c) $\frac{2}{3}$ वर्ग इकाई (d) $\frac{4}{5}$ वर्ग इकाई

70. अवकल समीकरण $\sqrt{\frac{dy}{dx}} - 4\frac{dy}{dx} - 7x = 0$ की कोटि घात क्रमशः हैं–

(a) 1 एवं $\frac{1}{2}$ (b) 2 एवं 1

(c) 1 व 1 (d) 1 व 2

71. श्रेणी $\frac{2}{3!} + \frac{4}{5!} + \frac{6}{7!} + ...\infty$ का योगफल होगा–

(a) $\frac{1}{e}$ (b) e

(c) e^2 (d) $\frac{e}{2}$

72. यदि एक बिन्दु P, Y-अक्ष पर स्थित हो, तो इसके निर्देशांक होंगे–

(a) (7, 0, 12) (b) (7, 0, 0)

(c) (0, 19, 0) (d) इनमें से कोई नहीं

73. बिन्दु P(3, 4, 5) की दूरी Y-अक्ष से होगी-

(a) $\sqrt{34}$ (b) $\sqrt{41}$

(c) 4 (d) 5

74. यदि A और B दो ऐसी घटनाएँ हों कि $P(A + B) = \frac{5}{6}$ $P(AB) = \frac{1}{3}$ तथा $P(\bar{A}) = \frac{1}{2}$, तो घटनाएँ A तथा B हैं–

(a) स्वतन्त्र (b) परस्पर अपवर्जी

(c) परस्पर अपवर्जी व स्वतन्त्र (d) इनमें से कोई नहीं

75. यदि एक P = {2 के गुणज हैं}, Q = {3 के गुणज हैं} तथा R = {6 के गुणज हैं} तो $(P \cap Q \cap R)$ का मान बराबर होगा–

(a) 6 के गुणज (b) 4 के गुणज

(c) 2 के गुणज (d) 3 के गुणज

76. यदि R = {1, 2, 3, 4, 5, 6} है, तो घात समुच्चय P (R) की गणन संख्या होगी–

(a) 64 (b) 34

(c) 36 (d) 42

77. यदि $x = \frac{2}{3}$, तब $(4 - 3x)^7$ के प्रसार में आंकिकीय पदों में उच्चतम पद होगा–

(a) $4^4 \times 21$ (b) $4^5 \times 21$

(c) $4^6 \times 21$ (d) $4^7 \times 21$

78. **$(6 + 8i)$ का वर्गमूल है–**

(a) $\pm\left(2\sqrt{2} + i\sqrt{2}\right)$ (b) $\pm\left(-2\sqrt{3} - i\sqrt{2}\right)$

(c) $\pm\left(2\sqrt{2} + i\sqrt{2}\right)$ (d) इनमें से कोई नहीं

79. **2 और 41 के मध्य r समान्तर माध्य पद हैं, यदि 4वें और $(r - 1)$ वें समान्तर माध्य पदों का अनुपात 2 : 5 है, तब r का मान होगा–**

(a) 12 (b) 11

(c) 10 (d) 8

80. **यदि एक समुच्चय A में सम्बन्ध R तुल्य है तब R^{-1} होगा–**

(a) स्वतुल्य (b) सममित

(c) संक्रामक (d) उपर्युक्त सभी

81. **समीकरणों $x^2 - 5x + 6 = 0$ तथा $x^2 - 6x + 8 = 0$ के सर्वनिष्ठ मूल होंगे–**

(a) 3 (b) 2

(c) 4 (d) 5

82. **श्रेणी 8 + 8 + 888 + ... के पदों का योग क्या होगा ?**

(a) $\frac{80}{81}\left(10^n - 1\right) - \frac{8}{9}n$ (b) $\frac{80}{81}\left(10^n - 1\right) - 8n$

(c) $\frac{80}{81}\left(10^n - 1\right) - 9n$ (d) $\frac{80}{81}\left(10^n - 1\right) - \frac{9}{8}n$

83. $\lim\limits_{x\to 0} \frac{\sin x^{o}}{x} = ?$

(a) 1 (b) $\frac{180}{\pi}$

(c) 0 (d) $\frac{\pi}{180}$

84. $\lim\limits_{x\to 8} \frac{\sqrt{x} - 2\sqrt{2}}{x - 8}$ **बराबर है–**

(a) $\frac{0}{0}$ (b) $\frac{1}{2}$

(c) $\frac{1}{4\sqrt{2}}$ (d) $\frac{1}{\sqrt{2}}$

85. **यदि $x^a y^b = (x - y)^{a+b}$, तब $\frac{dy}{dx}$ का मान होगा–**

(a) $\frac{a}{b}$ (b) $\frac{b}{a}$

(c) $\frac{x}{y}$ (d) $\frac{y}{x}$

86. **यदि आँकड़ों के तीन समूह का 6, 4 और 5 परीक्षणों के आधार पर उसका माध्य क्रमश: 15, 22·5 और 24 है, तब इनके तीन समूह का सम्मिलित माध्य है–**

(a) 20·0 (b) 20·5

(c) 22·5 (d) 24·0

87. **निम्नलिखित सारणी में वर्गीकृत बारंबारता बंटन दिया है–**

वर्ग-अन्तराल	बारंबारता
4-6	3
6-8	7
8-10	12
10-12	6
12-14	2

इसकी माध्यिका है–

(a) $\frac{73}{6}$ (b) $\frac{34}{3}$

(c) $\frac{53}{6}$ (d) $\frac{44}{3}$

88. **तीन पत्र तीन अलग-अलग आदमियों को लिखे गए हैं और तीन लिफाफों पर, बिना पत्रों को देखे हुए पते भी लिखे गए हैं। सही पत्र सही लिफाफे में है, इसकी प्रायिकता है–**

(a) 1/27 (b) 1/6

(c) 1/9 (d) इनमें से कोई नहीं

89. **दीर्घवृत्त $4x^2 + 9y^2 - 16x - 54y + 61 = 0$ का केन्द्र क्या होगा?**

(a) (2, 3) (b) (1, 3)

(c) (3, 2) (d) (3, 1)

90. **वृत्त का केन्द्र, जो बिन्दुओं (0, 0), (0, 1) और (1, 0) से होकर जाता है, होगा–**

(a) (1, 1) (b) (–1, –1)

(c) $\left(-\frac{1}{2}, -\frac{1}{2}\right)$ (d) $\left(\frac{1}{2}, \frac{1}{2}\right)$

91. **यदि $\sin\theta = \frac{8}{17}$ और $90^o < \theta < 180^o$, तब $\frac{2\sin\theta + \cos\theta}{3\cos\theta + 5\sin\theta}$ का मान है–**

(a) $\frac{1}{5}$ (b) $-\frac{1}{2}$

(c) $\frac{1}{2}$ (d) $-\frac{1}{5}$

92. **$\sin\theta + \cos\theta$ का महत्तम मान होगा–**

(a) 1 (b) $2\sqrt{2}$

(c) 2 (d) $\sqrt{2}$

93. **सारणिक** $\begin{vmatrix} 2 & 8 & 4 \\ -5 & 6 & -10 \\ 1 & 7 & 2 \end{vmatrix}$ **का मान होगा–**

(a) – 440 (b) 0

(c) 328 (d) 484

94. वृत्त $2x^2 + 2y^2 - x = 0$ का केन्द्र व त्रिज्या है–

(a) $\left(\frac{1}{4}, 0\right)$ और $\frac{1}{4}$ (b) $\left(\frac{-1}{2}, 0\right)$ और $\frac{1}{2}$

(c) $\left(\frac{1}{2}, 0\right)$ और $\frac{1}{2}$ (d) $\left(0, \frac{1}{4}\right)$ और $\frac{1}{4}$

95. $\int_0^{\pi/2} \frac{\sqrt{\cot x}}{\sqrt{\cot x} + \sqrt{\tan x}} dx$ का मान होगा–

(a) π (b) $\pi/3$

(c) $\pi/2$ (d) $\pi/4$

96. $\int_1^{\pi/2} \frac{\cos(\log x)}{x} dx$ का मान होगा–

(a) $2\sin\left(\log\frac{\pi}{2}\right)$ (b) $\cos\left(\log\frac{\pi}{2}\right)$

(c) $\sin\frac{\pi}{2} - \log\frac{\pi}{2}$ (d) $\sin\left(\log\frac{\pi}{2}\right)$

97. $\cos\left[\tan^{-1}\frac{1}{3} + \tan^{-1}\frac{1}{2}\right]$ बराबर है–

(a) $\frac{\sqrt{3}}{2}$ (b) $\frac{1}{\sqrt{2}}$

(c) $\frac{1}{2}$ (d) $\frac{\pi}{4}$

98. अतिपरवलय $9x^2 - y^2 = 1$ की उत्केन्द्रता–

(a) $\sqrt{2}$ (b) 3

(c) $\frac{1}{3}$ (d) $\sqrt{10}$

99. एक समचतुर्भुज के विकर्ण क्रमशः 10 सेंटीमीटर और 20 सेंटीमीटर हैं। उसका क्षेत्रफल (वर्ग सेंमी.) में होगा–

(a) 20 (b) 30

(c) 80 (d) 100

100. 100 भुजाओं वाले बहुभुज में कितने विकर्ण बनाये जा सकते हैं?

(a) 100 (b) 98

(c) 4850 (d) 4950

उत्तर (हल/संकेत)

1. (a) $P = 2{,}000,\ n = 2$ वर्ष

$\because$ $S.I. = \frac{P \times R \times T}{100} = \frac{2000 \times 23 \times 2}{100} = ₹\ 920$

$\therefore$ चक्रवृद्धि ब्याज $(C.I.) = P\left[\left(1+\frac{R}{100}\right)^n - 1\right]$

$= 2000\left[\left(1+\frac{20}{100}\right)^2 - 1\right]$

$= \left(2000 + \frac{11}{25}\right) = ₹\ 880$

$\therefore$ अभीष्ट अंतर = ₹ (920 – 880) = ₹ 40

2. (b) $CD^2 = CE^2 + ED^2 = 1 + 25$

$CD^2 = 26$

$CD = \sqrt{26} = 5.09$ मी.

$EF^2 = ED^2 + DF^2 = 25 + 2.25 = 27.25$

$EF = \sqrt{27.25} = 5.22$ मी.

लम्बाइयों में अन्तर = 5.22 – 5.09 = 0.13 मी.

3. (a) दिया है $\theta = \frac{\pi}{8}$

अतः $\cos\theta.\cos 2\theta.\cos 4\theta = \cos\frac{\pi}{8}.\cos\frac{\pi}{4}.\cos\frac{\pi}{2}$

$= \cos\frac{\pi}{8}.\cos\frac{\pi}{4}.\cos 90^\circ = \frac{\cos\pi}{8}.\cos\frac{\pi}{4} \times 0 = 0$

4. (c) I. $= \sqrt{\sec^2\theta + \text{cosec}^2\theta}$

$= \sqrt{1 + \tan^2\theta + 1 + \cot^2\theta}$

$= \sqrt{\tan^2\theta + \cot^2\theta + 2.\tan\theta.\cot\theta}$

$= \sqrt{(\tan\theta + \cot\theta)^2} = \tan\theta + \cot\theta$

II. $\frac{1+\cos\theta}{1-\cos\theta} = \frac{1+\cos\theta}{1-\cos\theta} \times \frac{1+\cos\theta}{1+\cos\theta}$

$= \frac{(1+\cos\theta)^2}{1-\cos^2\theta} = \frac{(1+\cos\theta)^2}{\sin^2\theta}$

$= \left(\frac{1+\cos\theta^2}{\sin\theta}\right)$

$= (\text{cosec}\theta + \cot\theta)^2$

5. (a) माना $P \equiv (a\cos\alpha, a\sin\alpha)$ तथा $Q \equiv (a\cos\beta, a\sin\beta)$ तब,

$|PQ| = \sqrt{(a\cos\alpha - a\cos\beta)^2 + (a\sin\alpha - a\sin\beta)^2}$

$= \sqrt{a^2\{(\cos\alpha - \cos\beta)^2 + (\sin\alpha - \sin\beta)^2\}}$

$= \sqrt{a^2\{(\cos^2\alpha - \cos^2\beta - 2\cos\alpha\ \cos\beta + \sin^2\alpha + \sin^2\beta - 2\sin\alpha\sin\beta)\}}$

$= \sqrt{a^2[(1+1-2(\cos\alpha\cos\beta+\sin\alpha\sin\beta)]\}}$

$= \sqrt{a^2[2-2\cos(\alpha-\beta)]}$

$= \sqrt{2a^2\{1-\cos(\alpha-\beta)\}}$

$= \sqrt{\left\{2a^2 \cdot 2\sin^2\left(\frac{\alpha-\beta}{2}\right)\right\}}$

$= \sqrt{4a^2\sin^2\left(\frac{\alpha-\beta}{2}\right)}$

$= \sqrt{2a\sin\left(\frac{\alpha-\beta}{2}\right)}$

$= 2a\left|\sin\left(\frac{\alpha-\beta}{2}\right)\right| \qquad (\because \alpha > 0)$

6. (d) AP दूरी को ज्ञात करने के लिए पहले AB व AC के लम्ब समद्विभाजक ज्ञात करने होंगे।

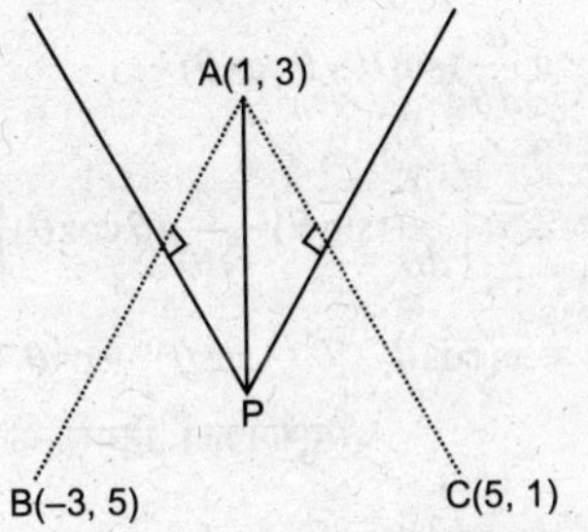

A(1, 3) व B(–3, 5) का लम्ब समद्विभाजक निम्न है,

$2x(x_1 - x_2) + 2y(y_1 - y_2) = (x_1^2 + y_1^2) - (x_2^2 + y_2^2)$

$\Rightarrow 2x(1+3) + 2y(3-5) = (1+9) - (9+25)$

$\Rightarrow \quad 2x - y + 6 + = 0 \qquad ...(i)$

इसी प्रकार, A(1, 3) व C(5, –1) का लम्ब समद्विभाजक, निम्न हैं,

$2x(1-5) + 2y(3+1) = (1+9) - (25+1)$

$\Rightarrow \quad -8x + 8y = -16$

$\Rightarrow \quad x - y - 2 = 0 \qquad ...(ii)$

समी. (i) व (ii) के प्रतिच्छेद बिन्दु के निर्देशांक (– 8, – 10) हैं।

तब, $\quad PA = \sqrt{(1+8)^2 + (3+10)^2}$

$= \sqrt{81+169}$

$\Rightarrow \quad = \sqrt{250} = \sqrt{25\times 10}$

$= 5\sqrt{10}$

7. (c) दिया है, $\frac{(1+i)^2}{2-i} = x + iy$

$\therefore \quad \frac{1^2 + (i)^2 + 2i}{2-i} \times \frac{2+i}{2+i} = x + iy$

$\Rightarrow \quad \frac{(1-1+2i)(2+i)}{2^2-(i)^2} = x + iy$

$\Rightarrow \quad \frac{4i-2}{4+1} = x + iy$

$\Rightarrow \quad \frac{4i}{5} - \frac{2}{5} = x + iy$

वास्तविक तथा काल्पनिक भागों की तुलना करने पर,

$x = -\frac{2}{5}, y = \frac{4}{5}$

$\therefore \quad x + y = -\frac{2}{5} + \frac{4}{5} = \frac{2}{5}$

8. (c) माना $z = \frac{1 - i\sin\alpha}{1 + 2i\sin\alpha} \times \frac{(1-2i\sin\alpha)}{(1-2i\sin\alpha)}$

$= \frac{1 - 2i\sin\alpha - i\sin\alpha + 2(-1)\sin^2\alpha}{1^2 - (2i\sin\alpha)^2}$

$= \frac{1 - 2\sin^2\alpha - 3i\sin\alpha}{1 + 4\sin^2\alpha}$

चूँकि z पूर्णतः वास्तविक है, इसलिए $\text{Im}(z) = 0$

$\Rightarrow \quad \frac{-3\sin\alpha}{1+4\sin^2\alpha} = 0 \Rightarrow \sin\alpha = 0 \Rightarrow \alpha = n\pi$

9. (a) मान $z = x + iy$

$\Rightarrow \quad z^2 = (x+iy)^2$

$\Rightarrow \quad z^2 = x^2 + i^2y^2 + 2ixy$

$\Rightarrow \quad z^2 = (x^2 - y^2) + i(2xy)$

$\text{Re}(z^2) = x^2 - y^2$

दिया है, $\quad \text{Re}(z^2) = 0$

$\Rightarrow \quad x^2 - y^2 = 0$

$\Rightarrow \quad x = \pm y$

$\Rightarrow \quad x = y \qquad ...(i)$

तथा $\quad x = -y \qquad ...(ii)$

पुनः $\quad |z| = 2$

$\Rightarrow \quad |z|^2 = 4$

$\Rightarrow \quad x^2 + y^2 = 4 \qquad ...(iii)$

समी. (i) से x का मान समी. (iii) में रखने पर,

$y^2 + y^2 = 4 \Rightarrow 2y^2 = 4$

$\Rightarrow \quad y^2 = 2 \Rightarrow y = \pm\sqrt{2}$

अतः समी. (i) से, $x = \pm\sqrt{2}$

$\therefore \quad z = x + iy \Rightarrow z = \pm\sqrt{2} \pm i\sqrt{2}$

पुनः x का मान समी. (ii) से समी. (iii) में रखने पर,

$(-y)^2 + y^2 = 4 \Rightarrow 2y^2 = 4 \Rightarrow y^2 = 2$

$\Rightarrow \quad y = \pm\sqrt{2}$

तब, समी. (ii) से, $x = \mp\sqrt{2}$

$\therefore \quad z = x + iy \Rightarrow z = \mp\sqrt{2} \pm i\sqrt{2}$

10. (a) दिया हुआ सारणिक $= 3\begin{vmatrix} 3 & 1 & 3 \\ 2x & 2 & 2 \\ x^2 & 3 & 1 \end{vmatrix} = 0$

$= \begin{vmatrix} 0 & 1 & 3 \\ 2x-2 & 2 & 2 \\ x^2-1 & 3 & 1 \end{vmatrix} = 0$ $(C_1 - C_2)$ से

$= \begin{vmatrix} 0 & 1 & 0 \\ 2x-2 & 2 & -4 \\ x^2-1 & 3 & -8 \end{vmatrix}$ $(C_3 - 3C_2)$ से

$= \begin{vmatrix} 2x-2 & -4 \\ x^2-1 & -8 \end{vmatrix} = 0$

$= [(2x-2)(-8) - (-4)(x^2-1)] = 0$

$= 4(x-1) - (x^2-1) = 0$

$= x^2 - 4x + 3 = 0$

$= (x-1)(x-3) = 0$

$\therefore \quad x = 1$, या 3

11. (b) दिए गए सारणिक से

$\Delta = \begin{vmatrix} 0 & b-c & c-a \\ 0 & y-z & z-x \\ 0 & q-r & r-p \end{vmatrix}$ $(C_1 \to C_1 + C_2 + C_3) = 0$

12. (b) $x^3 + y^3 + z^3 = 0$

$\therefore \begin{vmatrix} x & y & z \\ y & z & x \\ z & x & y \end{vmatrix}$ (R_1 के सापेक्ष प्रसार करने पर)

$= x(yz - x^2) - y(y^2 - xz) + z(xy - z^2)$

$= xyz - x^3 - y^3 + xyz + xyz - z^3$

$= 3xyz - (x^3 + y^3 + z^3) = 3xyz$

13. (a) विकल्प (a) असत्य है चूँकि {5, 6}, A का उपसमुच्चय नहीं है बल्कि पूरे का पूरा समुच्चय A अवयव है अर्थात् $\{5,6\} \in A$

14. (b) समुच्चय A में उपसमुच्चयों की संख्या $= 2^2 = 4$

15. (d) दिया है, $x = 4t, y = \frac{4}{t}$

t के सापेक्ष अवकलन करने पर,

$\frac{dx}{dt} = 4$ तथा $\frac{dy}{dt} = 4(-1)t^{-2}$

$\therefore \quad \frac{dy}{dx} = \frac{\frac{dy}{dt}}{\frac{dx}{dt}} = \frac{-4t^{-2}}{4} = -\frac{1}{t^2} \qquad \left(\because \frac{dy}{dx} = \frac{dy/dt}{dx/dt}\right)$

16. (a) दिया है, $x = a(\cos\theta + \theta\sin\theta)$,

$y = a(\sin\theta - \theta\cos\theta)$

θ के सापेक्ष अवकलन करने पर,

$\frac{dx}{d\theta} = a\frac{d}{d\theta}(\cos\theta + \theta\sin\theta)$

$= a\left\{\frac{d}{d\theta}(\cos\theta) + \frac{d}{d\theta}(\theta\sin\theta)\right\}$

$= a\{-\sin\theta + (\theta\cos\theta + \sin\theta.1)\}$

$= a\theta\cos\theta$

(गुणनफल नियम के प्रयोग से)

तथा $\frac{dy}{d\theta} = a\frac{d}{d\theta}(\sin\theta - \theta\cos\theta)$

$= a\left\{\frac{d}{d\theta}(\sin\theta) - \frac{d}{d\theta}(\theta\cos\theta)\right\}$

$= a[\cos\theta - \{\theta(-\sin\theta) - \cos\theta.1\}] = a\theta\sin\theta$

(गुणनफल नियम के प्रयोग से)

$\Rightarrow \quad \frac{dy}{dx} = \frac{\frac{dy}{d\theta}}{\frac{dx}{d\theta}} = \frac{a\theta\sin\theta}{a\theta\cos\theta} = \tan\theta$

17. (a) माना $y = \sqrt{\tan\sqrt{x}}$ (श्रृंखला नियम के प्रयोग से)

$\frac{dy}{dx} = \frac{1}{2\sqrt{\tan\sqrt{x}}}.\frac{d}{dx}(\tan\sqrt{x})$

$= \frac{1}{2\sqrt{\tan\sqrt{x}}}.\sec\sqrt{x}\frac{d}{dx}(\sqrt{x})$

$= \frac{1}{2\sqrt{\tan\sqrt{x}}}(\sec^2\sqrt{x})\frac{1}{2\sqrt{x}}$

$= \frac{(\sec^2\sqrt{x})}{4\sqrt{x}\sqrt{\tan\sqrt{x}}}$

18. (c) माना फेंकने के T सेकण्ड बाद पिण्ड का वेग क्षैतिज से कोण $\frac{1}{2}\alpha$ बनाता है और तब उसका वेग v सेमी/सेकण्ड है, तो क्षैतिज और ऊर्ध्वाधर दिशाओं में वेग के घटक क्रमश: $v\cos\frac{1}{2}\alpha$ और $v\sin\frac{1}{2}\alpha$ होंगे।

तथा क्षैतिज और ऊर्ध्वाधर दिशाओं में प्रक्षेप-वेग 981सेमी/सेकण्ड के घटक क्रमशः 981 cos α और 981 sin α होंगे।

∵ प्रक्षेप का क्षैतिज वेग सदैव अचर रहता है।

$$v\cos\frac{1}{2}\alpha = 981\cos\alpha \quad ...(i)$$

पुनः मंदन g के अधीन, T सेकण्ड में पिण्ड का ऊर्ध्वाधर वेग 981 sin α से $v\sin\frac{1}{2}\alpha$ हो जाता है।

∴ $v = u + ft$ से,

$$v\sin\frac{1}{2}\alpha = 981\sin\alpha - gT$$

$$= 981\sin\alpha - 981\,T$$

(∵ g = 981 सेमी/से.^{2})

$$\therefore \quad v\sin\frac{1}{2}\alpha = 981(\sin\alpha - T) \quad ...(ii)$$

समी. (ii) को (i) से भाग देने पर,

$$\tan\frac{1}{2}\alpha = \frac{\sin\alpha - T}{\cos\alpha}$$

या, $\cos a\,.\tan\frac{1}{2}\alpha = \sin\alpha - T$

$$\therefore \quad T = \sin\alpha - \cos a\,.\,\tan\frac{1}{2}\alpha$$

$$= \sin\alpha - \cos\alpha\,.\,\frac{\sin\frac{1}{2}\alpha}{\cos\frac{1}{2}\alpha}$$

$$= \frac{\sin\alpha\cos\frac{1}{2}\alpha - \cos\alpha\,.\sin\frac{1}{2}\alpha}{\cos\frac{1}{2}\alpha}$$

$$= \frac{\sin\left(\alpha - \frac{1}{2}\alpha\right)}{\cos\frac{1}{2}\alpha} = \tan\frac{1}{2}\alpha$$

19. (c) माना प्रक्षेप-बिन्दु O, प्रक्षेप-वेग u तथा प्रक्षेप-कोण α है, चूँकि गोली 75 मीटर ऊँची दीवार BC को क्षैतिज दिशा में छूती हुई पार करती है, इसलिए B उच्चतम बिन्दु तथा BC महत्तम ऊँचाई होगी,

∴ महत्तम ऊँचाई = B C

$$= \frac{u^2\sin^2\alpha}{2g}$$

$$= 75 \quad ...(i)$$

और क्षैतिज परास OA = 2 OC

= 2× 150 = 300 मीटर

$$\therefore \quad \frac{2u^2\sin\alpha\cos\alpha}{g} = 300 \quad ...(iii)$$

समी. (i) को (ii) से भाग देने पर

$$\frac{u^2\sin^2\alpha}{2g} \times \frac{g}{2u^2\sin\alpha\cos\alpha} = \frac{75}{300}$$

$$\Rightarrow \quad \frac{\sin\alpha}{4\cos\alpha} = \frac{1}{4}$$

$$\Rightarrow \quad \tan\alpha = 1 = \tan 45^\circ$$

$$\therefore \quad \alpha = 45^\circ$$

समी. (ii) से,

$$2u^2\sin\alpha\cos\alpha = 300\,g$$

$$\Rightarrow \quad u^2\sin\alpha = 300\,g$$

$$\Rightarrow \quad u^2\sin 90^\circ = 300\,g$$

[α का मान रखने पर]

$$\Rightarrow \quad u^2 = 300 \times 9.81$$

$$= 3 \times 981$$

$$= 3 \times 3 \times 327$$

$u = 3\sqrt{327}$ मीटर/सेकण्ड

20. (d) अभीष्ट समय $= \dfrac{v}{g\sin\theta}$

$$= \frac{4g}{g\sin 30^\circ}$$

$= \dfrac{4}{\left(\frac{1}{2}\right)} = 8$ सेकण्ड

21. (b) दिया है, दो सदिशों के परिमाण समान हैं अर्थात् $|a| = |b|$ तथा

इनका अदिश गुणनफल $a\cdot b = \frac{1}{2}$

माना सदिशों a तथा b के बीच का कोण θ है, तब

$$\cos\theta = \frac{a\cdot b}{|a||b|} \Rightarrow \cos 60^\circ = \frac{\frac{1}{2}}{|a||a|} \quad [\because |a| = |b|]$$

$$\Rightarrow \quad \frac{1}{2} = \frac{1}{2|a|^2} \Rightarrow |a|^2 = 1 \Rightarrow |a| = 1$$

अतः $|a| = |b| = 1$

22. (a) दिया है, $(a + b)\cdot(a - b) = 8$ तथा $|a| = 8|b|$

$\Rightarrow a\cdot a - a\cdot b + b\cdot a - b\cdot b = 8$

$\Rightarrow \quad |a|^2 - |b|^2 = 8$

(∵ $a\cdot a = |a|^2$ तथा $a\cdot b = b\cdot a$)

$\Rightarrow \quad (8|b|)^2 - |b|^2 = 8 \Rightarrow 63\,|b|^2 = 8$

(दिया है, $|a| = 8|b|$)

$$\Rightarrow \quad |b| = \sqrt{\frac{8}{63}} = \frac{2}{3}\sqrt{\frac{2}{7}}$$

तथा $|a| = 8|b| = 8\left(\frac{2}{3}\sqrt{\frac{2}{7}}\right) = \frac{16}{3}\sqrt{\frac{2}{7}}$

23. (c) यहाँ, हमें ba तथा bc के बीच का $\angle ABC$ ज्ञात करना है, इसलिए पहले हम इन दोनों सदिशों का मान निकालेंगे तथा इसके बाद इसके बीच का कोण

$\cos\theta = \frac{(ba)\cdot(bc)}{|ba||bc|}$ के द्वारा ज्ञात करेंगे।

दिए गए बिन्दु A (1, 2, 3), B (– 1, 0,0) तथा C (0, 1, 2) हैं तथा $\angle ABC$ सदिश BA तथा BC के बीच का कोण है।

यहाँ, BA= A का स्थिति सदिश – B का स्थिति सदिश

$$= (\hat{i}+2\hat{j}+3\hat{k})-(-\hat{i}+0\hat{j}+0\hat{k})$$

$$= [-\hat{i}-(-\hat{i})+(2\hat{j}-0)+(3\hat{k}-0)]$$

$$= 2\hat{i}+2\hat{j}+3\hat{k}$$

$$|BA| = \sqrt{(2)^2+(2)^2+(3)^2} = \sqrt{4+4+9} = \sqrt{17}$$

B C = C की स्थिति सदिश – B की स्थिति सदिश

$$= (0\hat{i}+1\hat{j}+2\hat{k})-(-\hat{i}+0\hat{j}+0\hat{k})$$

$$= [0-(-\hat{i})+(1\hat{j}-0)+(2\hat{k}-0)] = \hat{i}+\hat{j}+\hat{k}$$

$$|BC| = \sqrt{(1)^2+(1)^2+(2)^2} = \sqrt{1+1+4} = \sqrt{6}$$

अब, $BA\cdot BC = (2\hat{i}+2\hat{j}+3\hat{k})\cdot(\hat{i}+\hat{j}+\hat{k})$

$$= 2\times1+2\times1+3\times2 = 10$$

$$\cos\theta = \frac{BA\cdot BC}{|BA||BC|} \Rightarrow \cos(\angle ABC) = \frac{10}{\sqrt{17}\sqrt{6}}$$

$$\Rightarrow \angle ABC = \cos^{-1}\left(\frac{10}{\sqrt{102}}\right)$$

24. (c) सीमान्त लागत परिणाम के सापेक्ष कुल लागत के परिवर्तन की दर है

$$\text{सीमान्त लागत} = \frac{dc}{dt}$$

$$\frac{dc}{dt} = 0.007\,(3x^2) - (0.003\,(2x) + 15$$

$$= 0.021\,x^2 - 0.006\,x + 15$$

जब $x = 17,$

$$\text{सीमान्त लागत} = 0.021\,(17)^2 - 0.006(17) + 15$$

$$= 0.021\,(289) - (0.006\,(17) + 15$$

$$= 6.069 - 0.102 + 15 = 20.967$$

अत: जब 17 इकाइयों का उत्पादन किया गया है, तो सीमान्त लागत ₹ 20.967 है।

25. (d) सीमान्त आय इकाइयों की संख्या के विक्रय के सापेक्ष कुल आय के परिवर्तन की दर है।

$$\text{सीमान्त आय} = \frac{dR}{dx} = \frac{d}{dx}(13x^2+26x+15)$$

$$= 13\times2x+26 = 26x+26$$

जब $x = 7$

तो सीमान्त आय $= 26\,(7) + 26 = 182 + 26 = 208$

अत: सीमान्त आय ₹ 208 है।

26. (b) $\bar{x} = \frac{40+45+35+48+57+56+42+50}{8}$

$$= \frac{373}{8} = 46.62$$

27. (a) परास = H – L = 95 – 23 = 72

28. (b)

x	f	fx
4	3	12
5	4	20
6	6	36
7	5	35
8	2	16
10	8	80
	$\Sigma f = 28$	$\Sigma fx = 199$

$$\bar{x} = \frac{\Sigma fx}{\Sigma f} = \frac{199}{28} = 7.107$$

29. (b) व्यंजक

$$= 2\sqrt{2}+\sqrt{2}+\frac{1}{(\sqrt{2}+2)}+\frac{1}{(\sqrt{2}-2)}$$

$$= 3\sqrt{2}+\frac{\sqrt{2}-2+(\sqrt{2}+2)}{(2-4)} = 3\sqrt{2}+\frac{2\sqrt{2}}{(-2)}$$

$$= (3\sqrt{2}-\sqrt{2}) = 2\sqrt{2}$$

$$= (2\times1\cdot4142) = 2\cdot8284$$

30. (b) माना PN मीनार और OQ डोरी है, माना बिन्दु O पर खड़ा हुआ आदमी, डोरी को बल F से खींचता है,

N से OQ पर लम्ब NM डाला

माना डोरी OQ का क्षैतिज से झुकाव θ है, तो

$$\angle MNQ = \angle NOQ = \theta$$

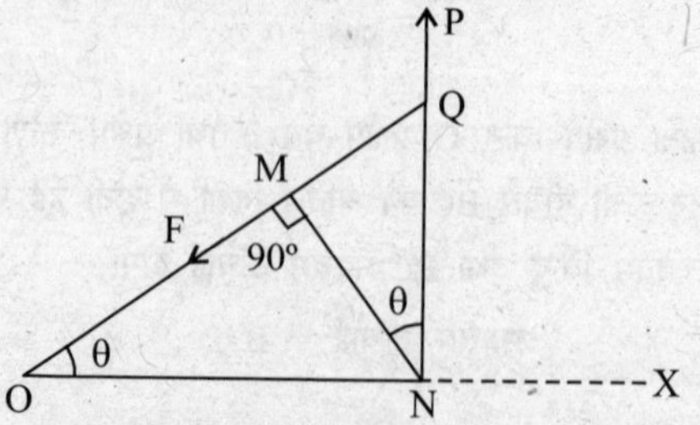

माना डोरी OQ की लम्बाई a है,

अंब Δ ONQ में,

$$NQ = OQ\sin\theta$$

$$= a\sin\theta \qquad \text{...(i)}$$

$\therefore$ Δ NMQ में,

$$NM = NQ \cos\theta$$
$$= (a \sin\theta).\cos\theta$$
$$= \frac{1}{2}(a \sin 2\theta)$$

N के सापेक्ष बल F का आघूर्ण

$$= F.NM$$
$$= F\frac{1}{2}(a \sin 2\theta)$$

$\because$ F और a अचर हैं,

$\therefore$ बल F का आघूर्ण θ के समानुपाती होगा।

अतः बल F, मीनार को गिराने की महत्तम प्रवृत्ति उत्पन्न करेगा। यदि N के सापेक्ष F का आघूर्ण महत्तम है,

अर्थात् यदि $\sin 2\theta$ का मान महत्तम है।

अर्थात् यदि $\sin 2\theta = 1 = \sin 90°$

या, $2\theta = 90°$

या, $\theta = 45°$

$\therefore$ समी. (i) से,

$$NQ = a \sin 45°$$
$$= a\left(\frac{1}{\sqrt{2}}\right) = \frac{a}{\sqrt{2}}$$

31. (c) माना वर्ग की भुजा a है,

दो विपरीत दिशा समान्तर बलों 5P और 3P का परिणामी 2P, बड़े बल की दिशा DA में किसी बिन्दु L पर क्रिया करेगा, जबकि

$$AL = \frac{3}{2}a.$$

इसी प्रकार दो विपरीत दिशा समान्तर बलों 2P और P का परिणामी P, बड़े बल की दिशा CD में किसी बिन्दु M पर क्रिया करेगा, जबकि DM = a

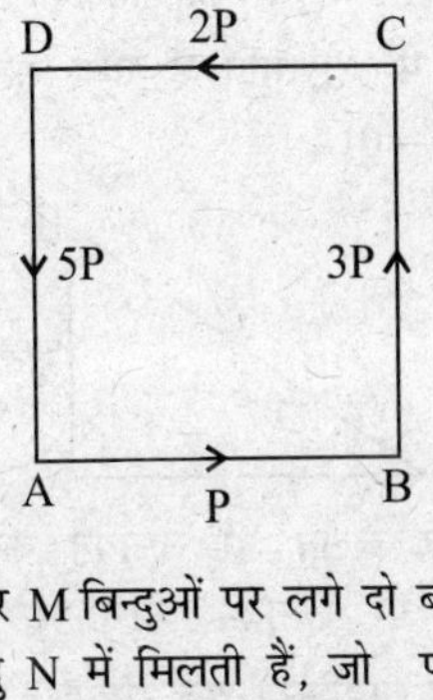

माना L और M बिन्दुओं पर लगे दो बलों 2P और P की क्रिया रेखाएँ बिन्दु N में मिलती हैं, जो परस्पर लम्ब है।

$\therefore$बिन्दु N पर क्रिया करते हुए दो बलों 2P और P का परिणामी

$$R = \sqrt{[(2P)^2 + P^2 + 2.2P.P.\cos 90°]}$$
$$= P\sqrt{5}$$

32. (b)

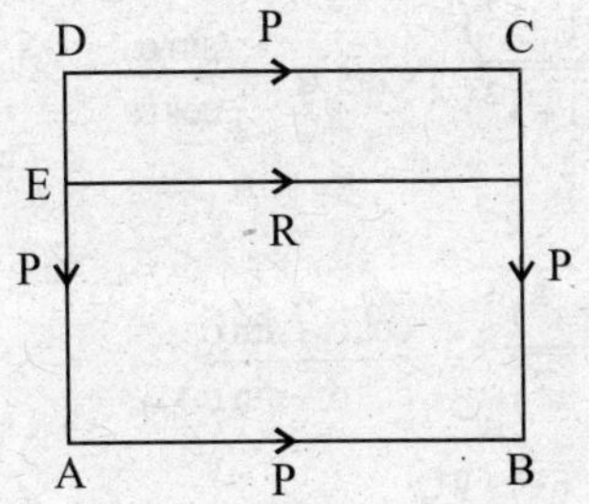

AB और DC के अनुदिश क्रिया करते हुए दो बराबर समदिश समान्तर बलों P और P का परिणामी 2P है, जिसकी क्रिया रेखा AB के समान्तर और AD के किसी बिन्दु E से होकर जाती है तथा AD और CB के अनुदिशा क्रिया करते हुए दो बराबर विपरीत दिशा समान्तर बलों P और P का परिणामी शून्य है। अतः बलों का अभीष्ट परिणामी

$$R = \sqrt{[(2P)^2 + (0)^2]} = 2P$$

जिसकी क्रिया रेखा AB के समान्तर है और AD से बिन्दु E में मिलती है. चूँकि E, परिणामी R की क्रिया रेखा पर है, इसलिए E के सापेक्ष बलों के आघूर्णों का बीजीय योगफल शून्य होगा,

E के सापेक्ष बलों के आघूर्ण लेने पर

$$-P.ED - P.AB + P.AE = 0$$

या, $AE = ED + AB$

या, $AE = (AD - AE) + AD$

या, $2AE = 2AD$ $(\because AB = AD)$

या, $AE = AD$

अतः बलों का अभीष्ट परिणामी 2P है, जो वर्ग की भुजा DC के अनुदिश क्रिया करता है.

33. (c) AE = 4.5 सेमी.

DE = 6 सेमी.

CE = 3 सेमी.

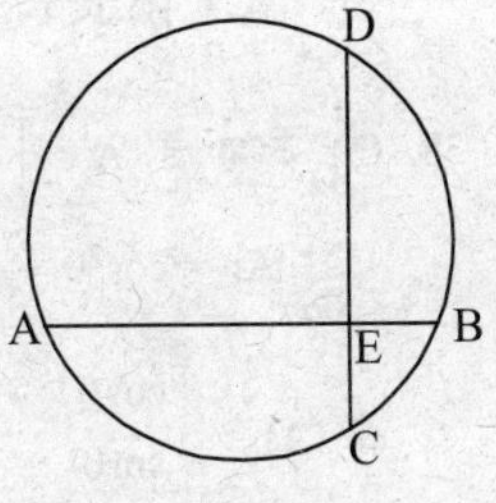

प्रश्नानुसार,

$$DE \times CE = AE \times EB$$
$$6 \times 3 = 4.5 \times EB$$
$$EB = \frac{18}{4.5}$$

EB = 4 सेमी.

AB = AE + EB = 4.5 + 4 = 8.5 सेमी.

34. (b) किसी वृत्त के उसी खण्ड में बने कोई दो कोण सदैव समान होते हैं।

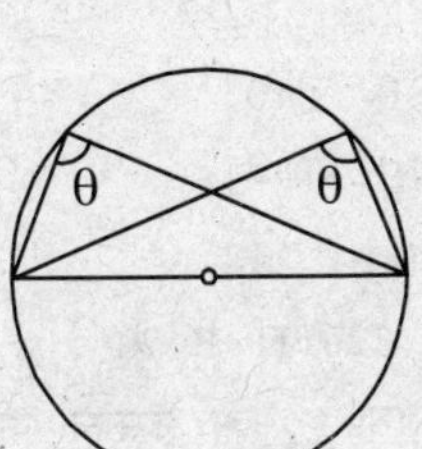

35. (d) $\dfrac{\sqrt{(1+x^2)}-\sqrt{(1-x^2)}}{\sqrt{(1+x^2)}+\sqrt{(1+x^2)}} = \tan\alpha = \dfrac{\sin\alpha}{\cos\alpha}$

योगान्तर नियम से

$$\frac{2\sqrt{(1+x^2)}}{2\sqrt{(1-x^2)}} = \frac{\cos\alpha+\sin\alpha}{\cos\alpha-\sin\alpha}$$

दोनों ओर वर्ग करने पर,

$$\frac{1+x^2}{1-x^2} = \frac{1+\sin 2\alpha}{1-2\sin\alpha}$$

$$\left[\begin{array}{l}\because \cos^2\alpha+\sin^2\alpha=1\\ 25\,m\alpha.\cos a=\sin^2\alpha\end{array}\right]$$

अत: $x^2 = \sin^2\alpha$

36. (a) दिया है, $A = \begin{bmatrix}1 & 2\\ 3 & 4\end{bmatrix}$

$$(A) = \begin{bmatrix}1 & 2\\ 3 & 4\end{bmatrix} = 4-6=-2$$

$$A^{-1} = \frac{adj\ (A)}{|A|} = -\frac{1}{2}\begin{bmatrix}4 & -2\\ -3 & 1\end{bmatrix}$$

$$= \begin{bmatrix}-2 & 1\\ \frac{3}{2} & -\frac{1}{2}\end{bmatrix}$$

37. (b) A और B विषम सममित हैं अत: परिभाषा से,

$A^1 = -A$ और $B^1 = -B$

$\therefore (A+B)^1 = A^1 + B^1 = (-A)+(-B) = -A-B$

$(A+B)^1 = -(A+B)$

$\therefore$ (A + B) विषम सममित है।

38. (b) दिया है $A = \begin{bmatrix}\cos\theta & -\sin\theta\\ \sin\theta & \cos\theta\end{bmatrix}$

$|A| = \cos^2\theta + \sin^2\theta = 1$

$$adj(A) = \begin{bmatrix}\cos\theta & -\sin\theta\\ \sin\theta & \cos\theta\end{bmatrix} = \begin{bmatrix}\cos\theta & \sin\theta\\ -\sin\theta & \cos\theta\end{bmatrix}$$

$$A^{-1} = \frac{1}{|A|}adj(A) = \frac{1}{1}\begin{bmatrix}\cos\theta & \sin\theta\\ -\sin\theta & \cos\theta\end{bmatrix}$$

$$= \begin{bmatrix}\cos\theta & \sin\theta\\ -\sin\theta & \cos\theta\end{bmatrix}$$

39. (b) **40.**(d) **41.** (a)

42. (d) 42, 70, 98 व 126 का म. स . = 14

43. (b) माना बिन्दु, जिसकी भुजा उसकी कोटि के बराबर है। P(x, x) हैं।

चूँकि यह बिन्दु A(– 1, 0) और B(0, 5) से समदूरस्थ हैं। अर्थात्

$PA = P(b)$

$\Rightarrow PA^2 = PB^2$

$\Rightarrow (x+1)^2 + (x-0)^2 = (x-0)^2 + (x-5)^2$

$\Rightarrow x^2 + 1 + 2x + x^2 = x^2 + x^2 + 25 - 10x$

$\Rightarrow 1 + 2x = 25 - 10x$

$\Rightarrow 12x = 24$

$\Rightarrow x = 2$

अत:अभीष्ट बिन्दु = P(x, x)

= P(2, 2)

44. (b) A द्वारा पूरा काम करने में लगा समय

= (5 × 3) = 15 दिन

B द्वारा पूरे काम को करने में लगा समय $\left(10\times\frac{5}{2}\right)$ दिन

= 25 दिन

$\therefore$ A और B द्वारा मिलकर कार्य करने में लगा समय

$\left(\dfrac{15\times 25}{15+25}\right)$ दिन

$= \left(\dfrac{15\times 25}{40}\right)$ दिन में

$= 9\frac{3}{8}$ दिन में

45. (a) माना A काम को x दिन में कर सकता है।

तब, B काम को 2x दिन में कर सकता है।

$\therefore$ (A + B) का 1 दिन का काम

$$= \left(\frac{1}{x}+\frac{1}{2x}\right) = \frac{3}{2x}$$

$\therefore \dfrac{3}{2x} = \dfrac{1}{12}$

$\Rightarrow 2x = 36$

अत: B अकेला काम को 36 दिन में पूरा कर सकता है।

46. (b) सम्मुख चित्र में AB मूर्ति है तथा मूर्ति के शीर्ष का उन्नयन कोण ACB = θ।

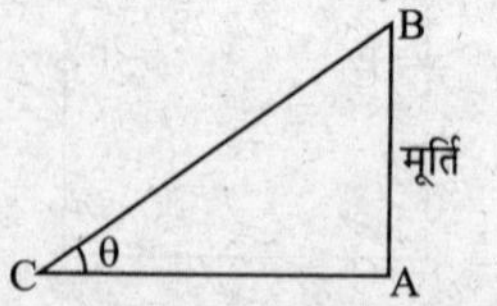

मूर्ति की ओर चलने पर उन्नयन कोण बढ़ेगा जबकि मूर्ति से दूर हटने पर उन्नयन कोण घटेगा।

47. (b) माना कक्षा में लड़कियों की संख्या $= x$

तथा कक्षा में लड़कों की संख्या $= 3x$

कुल बच्चों की संख्या $= x + 3x = 4x$

अत: 42 कुल बच्चों की संख्या नहीं हो सकती क्योंकि यह 4 से विभाज्य नहीं है।

48. (c) दिया गया व्यंजक हमेशा '6' से विभाज्य हो सकता है।

दिया गया व्यंजक $= x(x+1)(x+2)$

$x = 1$ रखने पर,

$1 \times 2 \times 3 = 6$

$x = 2$ रखने पर,

$= 2(2+1)(2\times 2) = 2 \times 3 \times 4 = 24$

49. (d) माना $f(x) = x^4 - 62x^2 + ax + 9$

$\Rightarrow f'(x) = 4x^3 - 124x + a$

यह दिया है कि अन्तराल [0, 2] पर फलन f उच्चतम मान $x = 1$ पर प्राप्त करता है।

$\therefore f'(1) = 0$

$\Rightarrow 4 \times 1^3 - 124 \times 1 + a = 0$

$\Rightarrow 4 - 124 + a = 0 \Rightarrow a = 120$

इसलिए, a का मान 120 है।

50. (d) $\because$ नाभिलम्ब व स्पर्श रेखा के समीकरण परस्पर समान्तर हैं तथा ये मूलबिन्दु के एक ही ओर स्थित हैं।

$$\therefore \quad a = \left|\frac{-8+12}{\sqrt{1^2+1^2}}\right| = \frac{4}{\sqrt{2}} = 2\sqrt{2}$$

$\therefore$ अतः नाभिलम्ब की लम्बाई $= 4a = 4(2\sqrt{2}) = 8\sqrt{2}$

51. (c) माना परवलय पर कोई बिन्दु $(at^2, 2at)$ है।

यदि परवलय का समीकरण $y^2 = 4ax$ है तथा नाभि $(a, 0)$ है माना

जीवा के मध्य-बिन्दु (α, β) है।

$$\Rightarrow \quad \alpha = \frac{at^2+a}{2}, \quad \beta = \frac{2at+0}{2}$$

$\Rightarrow 2\alpha = at^2 + a, \beta = at$

$$\Rightarrow \quad 2\alpha = a\left(\frac{\beta}{a}\right) + a$$

$\Rightarrow 2a\alpha = \beta^2 + a^2$

$\Rightarrow \beta^2 = -a^2 + 2a\alpha$

$$\Rightarrow \quad \beta^2 = \frac{4a}{2}\left(\alpha - \frac{a}{2}\right)$$

$$\therefore \text{ बिन्दुपथ, } \quad y^2 = \frac{4a}{2}\left(x - \frac{a}{2}\right)$$

अब नियता का समीकरण $X = \frac{a}{2}$

$$\Rightarrow \quad x - \frac{a}{2} = -\frac{a}{2} \Rightarrow x = 0$$

52. (d) दिया है $a = 18, b = 24$ तथा $c = 30°$

ज्या नियम से

$$\cos C = \frac{a^2+b^2-c^2}{2ab} = \frac{18^2+24^2-30^2}{2\times 18\times 24}$$

$$= \frac{324+576-900}{864}$$

$$\cos C = \frac{0}{864} = CO = \cos 90°$$

$C = 90°$

$\therefore \sin C = \sin 90° = 1$

53. (d) दिया है $r + s = 3(1+\sqrt{3})$ ...(i)

$r - s = 3(1-\sqrt{3})$

समी. (i) को समी (ii) से हल करने पर

$r = 3, \; s = 3\sqrt{3}$

$$\text{त्रिज्या नियम से} \frac{r}{\sin R} = \frac{r}{\sin S} \Rightarrow \frac{3}{\sin 30°} = \frac{3\sqrt{3}}{\sin 5}$$

$$\Rightarrow \quad \sin B = \frac{\sqrt{3}}{2}$$

$B = 60°$

54. (c) माना x, y तथा z हरात्मक श्रेणी में हैं।

$$\text{तब} \quad y = \frac{2xz}{x+z}$$

$$\text{अब} \quad \frac{1}{y-x} + \frac{1}{y-z}$$

$$= \frac{1}{\frac{2xz}{x+z} - x} + \frac{1}{\frac{2xz}{x+z} - z}$$

$$= \frac{1}{x\left(\frac{2z-x-z}{x+z}\right)} + \frac{1}{z\left(\frac{2x-x-z}{x+z}\right)}$$

$$= \frac{x+z}{x(z-x)} + \frac{x+z}{z(x-z)}$$

$$= \frac{(x+z)}{(z-x)}\left[\frac{1}{x} - \frac{1}{z}\right]$$

$$= \frac{x+z}{z-x} \times \frac{z-x}{zx}$$

$$= \frac{x+z}{zx} = \frac{1}{x} + \frac{1}{z}$$

अतः x, y व z ऋणात्मक श्रेणी में है।

55. (b) एक वृत्त पर समान्तर स्पर्शियों की संख्या 2 होगी।

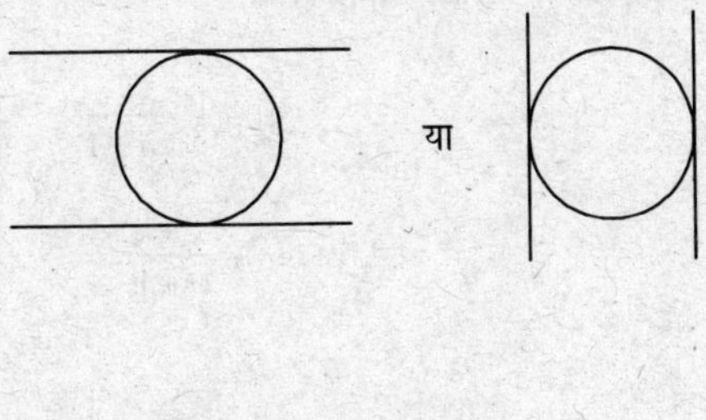

56. (a) कुल तय की गई दूरी

= (2500 + 1200 + 500) किमी

= 4200 किमी

दूरी तय करने में लगा कुल समय

= (5 + 3 + 2) घण्टे

= 10 घण्टे

$\therefore$ औसत चाल = $\frac{4200}{10}$ किमी/घण्टा

= 420 किमी/घण्टा

57. (c) माना हरि के घर से कार्यालय के बीच की दूरी = x किमी।

तब, प्रश्नानुसार

$$\frac{x}{5}-\frac{x}{(5+1)} = \frac{(3+3)}{60}$$

$$\Rightarrow \quad 6x - 5x = \left(30\times\frac{1}{10}\right)$$

$$\Rightarrow \quad x = 3 \text{ किमी}$$

58. (a) हर में विभिन्न पदों के पहले खण्डों से बनी श्रेणी 1, 2, 3, ... का n वाँ पद = n

तथा दूसरे खण्डों में 2, 3, 4 .... से बनी श्रेणी का n वाँ पद = $(n + 1)$

$\therefore$ दी हुई श्रेणी का n वाँ पद $= T_n \frac{1}{n(n+1)}$

$$=\frac{1}{n}-\frac{1}{n+1}$$

$n = 1, 2, 3,$ ....n रखने पर

$$T_1 = 1-\frac{1}{2}$$

$$T_2 = \frac{1}{2}-\frac{1}{3}$$

$$T_3 = \frac{1}{3}-\frac{1}{4}$$

....

....

$$T_n = \frac{1}{n}-\frac{1}{n+1}$$

$\therefore$ श्रेणी के n पदों का योगफल

$$S_n = 1-\frac{1}{n+1}$$

$$=\frac{n}{n+1}$$

59. (c) माना $I = \int (x^2+1)^{5/2} x - dx$

माना $t = x^2 + 1 \Rightarrow dt = 2x\, dx$

$$\therefore \quad I = \frac{1}{2}\int t^{5/2} dt$$

$$= \frac{1}{2}\left[\frac{t^{7/2}}{7/2}\right]+C$$

$$= \frac{1}{7}(x^2+1)^{7/2}+C$$

60. (c) माना अतिपरवलय का समीकरण है, $\frac{x^2}{a^2}-\frac{y^2}{b^2}=1$ दिया है,

$$\frac{2b^2}{a}=8 \Rightarrow \frac{b^2}{a}=8 \text{ तथा } 2b=\frac{1}{2}(2ae)$$

$$\Rightarrow \quad 2b = ae \Rightarrow 4b^2 . a^2e^2$$

$$\Rightarrow \quad 4\left(\frac{b^2}{a^2}\right)=e^2$$

$$\Rightarrow \quad 4(e^2-1)=e^2$$

$$[\because b^2 = a^2(e-1)]$$

$$\Rightarrow \quad 3e^2 = 4$$

$$\Rightarrow \quad e^2 = \frac{4}{3} \Rightarrow e = \frac{2}{\sqrt{3}}$$

61. (c) माना दिए गए समीकरण का एक मूल α है, तब समीकरण का दूसरा मूल $\frac{1}{\alpha}$ होगा।

अतः $\alpha.\frac{1}{\alpha} = \frac{m}{7}$

$$1 = \frac{m}{7}$$

$$\Rightarrow \quad m = 7$$

62. (c) माना, $I = \int_{-a}^{a}(x^3+\sin x)\,dx$

यहाँ, $f(x) = x^3 + \sin x$

$\Rightarrow f(-x) = (-x^3) + \sin(-x)$

$= -x^3 - \sin x$

$= -(x^3 + \sin x)$

$= -f(x)$

अतः $f(x)$ एक विषम फलन है।

$$\therefore \quad \int_{-a}^{a}(x^3+\sin x)\,dx = 0$$

$$\left[\because \int_{-a}^{a} f(x)dx = \begin{cases} 2\int_0^a f(x)dx, & \text{यदि } f(x) \text{ सम फलन है} \\ 0, & \text{यदि } f(x) \text{ विषम फलन है} \end{cases}\right]$$

63. (a) 2^{33} में इकाई का अंक $= 2^{32}.2^1$ में इकाई का अंक

$= (2^4)^{32}.2^1$ में इकाई का अंक

$= 6 \times 2^1$ में इकाई का अंक

$= 12$ में इकाई का अंक $= 2$

$\therefore$ 2^{33} को 10 से विभाजित करने पर शेष 2 बचेगा।

64. (c) $2^{16} - 1 = (2^8)^2 - (1)^2$

$= (2^8 + 1)(2^8 - 1)$

$= (2^8 + 1)(2^4 - 1)(2^4 + 1)$

$= (2^8 + 1) \times 17 \times 15$

अतः दी गई संख्या सदैव 17 से विभाज्य होगी।

65. (a) दीर्घवृत्त की परिभाषा से SP = ePM, जहाँ P कोई बिन्दु है, S नाभि तथा M नियता पर बिन्दु है

$$\sqrt{(x-1)^2+(y+1)^2} = \frac{1}{2}\frac{|x-y-3|}{\sqrt{1^2+1^2}}$$

$$\Rightarrow \quad \sqrt{(x+1)^2+(y+1)^2} = \frac{1}{2\sqrt{2}}|x-y-3|$$

$$\Rightarrow \quad 8(x^2+1-2x+y^2+1+2y)$$

$$\Rightarrow \quad = x^2+y^2+9-2xy+6y-6x$$

$$\Rightarrow \quad = 7x^2+7y^2+2xy-10x+10y+7=0$$

66. (d) दिए गए दीर्घवृत्त के समीकरण को निम्न प्रकार लिखा जा सकता है।

$$\frac{x^2}{4}+\frac{y^2}{12} = 1$$

$\frac{x^2}{a^2}+\frac{y^2}{b^2} = 1$ से तुलना करने पर,

$a^2 + 4, b^2 = 12$

यहाँ, $b > a$

$\therefore$ नाभिलम्ब की लम्बाई$= \frac{2a^2}{b}$

$$= \frac{2\times 4}{2\sqrt{3}} = \frac{4}{\sqrt{3}}$$

67. (a) $\because$ $1320 = 12 \times 11 \times 10 = {}^{12}P_3$

$\therefore$ प्रश्नानुसार,

$${}^{12}P_r = {}^{12}P_3 \Rightarrow r = 3$$

68. (b) अन्त से 11वाँ पद = प्रारंभ से (26 –10) वाँ पद

= प्रारंभ से 16वाँ पद

$$T_{16} = +\ {}^{25}C_{15}(2x)^{10}\left(-\frac{1}{x^2}\right)^{15}$$

$$= -{}^{25}C_{15}\frac{2^{10}}{x^{20}}$$

69. (a) स्पष्टतः $x^2 = y$ एक परवलय को निरूपित करता है। जो बिन्दु (0, 0) से होकर गुजरता है।

$y = |x|$ *i.e.* $y = x$ तथा $y = -x$ जो 45° और 135° का कोण बनाती हैं।

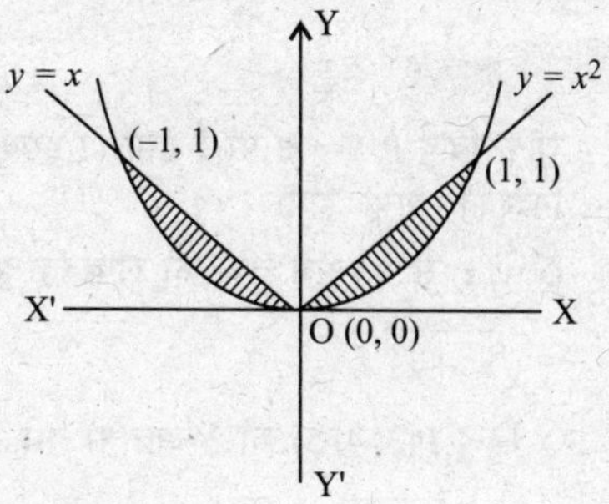

अभीष्ट क्षेत्रफल

$$= 2\int_0^1 (x-x^2)\,dx$$

$$= 2\left[\frac{x^2}{2}-\frac{x^3}{3}\right]_0^1$$

$$= \left[\left(\frac{1}{2}-\frac{1}{3}\right)-0\right] = 2\times\frac{1}{6} = \frac{1}{3} \text{ वर्ग इकाई}$$

70. (d) समीकरण $\sqrt{\frac{dy}{dx}} - 4\frac{dy}{dx} - 7x = 0$

$$\Rightarrow \quad \frac{dy}{dx} = 16\left(\frac{dy}{dx}\right)^2 + 49x^2 + 56x.\frac{dy}{dx}$$

स्पष्टतः यह प्रथम कोटि तथा द्वितीय घात का अवकल समीकरण है।

71. (a) दी हुई श्रेणी का n वाँ पद T_n हो, तो

$$T_n = \frac{2n}{(2n+1)!} = \frac{(2n+1)-1}{(2n+1)!}$$

$$= \frac{2n+1}{(2n+1)!} - \frac{1}{(2n+1)!}$$

या, $T_n = \frac{1}{(2n)!} - \frac{1}{(2n+1)!}, n = 1, 2, 3......$

रखने पर

$$T_1 = \frac{1}{2!} - \frac{1}{3!}$$

$$T_2 = \frac{1}{4!} - \frac{1}{5!}$$

$$T_3 = \frac{1}{6!} - \frac{1}{7!}$$

उपर्युक्त पंक्तियों को जोड़ने पर दी हुई श्रेणी का योगफल

$$= \frac{1}{2!} - \frac{1}{3!} + \frac{1}{4!} - \frac{1}{5!} + \frac{1}{6!} - \frac{1}{7!} + ...$$

$$= \left(1 - \frac{1}{1!} + \frac{1}{2!} - \frac{1}{3!} + \frac{1}{4!} - ....\right)$$

1 जोड़ने और घटाने पर

$$= e^{-1} = \frac{1}{e}$$

72. (c) चूँकि बिन्दु P, Y-अक्ष पर है इसलिए इसके X-निर्देशांक और Z-निर्देशांक शून्य होंगे।

73. (a) (x, y, z) से Y-अक्ष तक की लम्बवत् दूरी

$$= \sqrt{x^2 + z^2}$$

∴ बिन्दु P(3, 4, 5) की Y-अक्ष से दूरी

$$= \sqrt{3^2 + 5^2} = \sqrt{34}$$

74. (a) हम जानते हैं

$$P(A + B) = P(a) + P(b) - P(AB)$$

$$\Rightarrow \quad \frac{5}{6} = \frac{1}{2} + P(B) - \frac{1}{3}$$

$$\Rightarrow \quad P(b) = \frac{6}{4} = \frac{2}{3}$$

इस प्रकार P(a).P(b)

$$= \frac{1}{2} \times \frac{2}{3} = \frac{1}{3} = P(B)$$

अतः घटनाएँ A व B स्वतंत्र हैं।

75. (a)

$$P = \{2, 4, 6, 8, 10, 12, ...\}$$
$$Q = \{3, 6, 9, 12, 15, ...\}$$
$$R = \{6, 12, 18, 24, ...\}$$

तब $(P \cap Q \cap R) = \{6, 12, 18, ...\} = R = \{6$ के गुणज$\}$

76. (a) दिया है $R = \{1, 2, 3, 4, 5, 6\}$

यहाँ $n(R) = 6$

R के उप समुच्चय में अवयवों की संख्या P (R) =

$$2^{n(R)} = 2^6 = 64$$

अतः उपसमुच्चयों की गणन संख्या = 64

77. (c) प्रश्नानुसार

$$(4 - 3x)^7 = 4^7\left(1 - \frac{3}{4}x\right)^7$$

माना $\left(1 - \frac{3}{4}x\right)^7$ के प्रसार में rवाँ पद T_r है तथा $(r + 1)$वाँ पद T_{r+1} है।

$$\therefore \quad \frac{T_{r+1}}{T_r} = \left(\frac{n - r + 1}{r}\right)x$$

यहाँ, $n = 7$ तथा $x = \frac{3}{4}x = \frac{3}{4} \times \frac{2}{3} = \frac{1}{2}$ ∴

$$\frac{T_{r+1}}{T_r} = \left(\frac{7 - r + 1}{r}\right) \times \frac{1}{2} = \frac{8 - r}{2r}$$

माना T_{r+1} प्रसार में महत्तम पद है

$$\therefore \quad T_{r+1} \geq T_r \quad \Rightarrow \frac{T_{r+1}}{T_r} \geq 1$$

$$\Rightarrow \quad \frac{8 - r}{2r} \geq 1 \quad \Rightarrow (8 - r) \geq 2r$$

$$\Rightarrow \quad 3r \leq 8 \quad \Rightarrow r \leq \frac{8}{3}$$

$$\Rightarrow \quad r \leq 2\frac{2}{3}$$

∴ अतः r एक पूर्णांक है और $(2, \frac{8}{3})$ का पूर्ण भाग है।

∴ यहाँ $r = 2$

$\left(1 - \frac{3}{4}x\right)^7$ के प्रसार में महत्तम पद

$$= T_{r+1} = T_3$$

$$= {}^7C_2 \cdot \left(\frac{3}{4}x\right)^2$$

$$= 21 \times \frac{9}{16}x^2$$

(ऋणात्मक चिन्ह को छोड़ करके)

$$= 21 \times \frac{9}{16} \times \left(\frac{2}{3}\right)^2 = \frac{21}{4}$$

अतः $(4 - 3x)^7$ के प्रकार में महत्तम पद

$$= 4^7 \times \frac{21}{4} = 4^6 \times 21$$

78. (c) माना $6 + 8i$ का वर्गमूल $= x + iy$

$$\therefore \quad 6 + 8i = x^2 - y^2 + 2xyi$$

$$\therefore \quad x^2 - y^2 = 6 \quad ...(i)$$

$$\text{तथा} \quad xy = 4$$

$$\because \quad (x^2 + y^2)^2 = (x^2 - y^2)^2 + 4x^2y^2$$

$$= 36 + 64 = 100$$

$$\therefore \quad x^2 + y^2 = 10 \quad ...(ii)$$

समीकरण (i) व (ii) को हल करने पर,

$$\Rightarrow \quad x^2 = 8 \text{ तथा } y^2 = 2$$

$$\therefore \quad x = \pm 2\sqrt{2}$$

$$\Rightarrow \quad y = \pm \sqrt{2}$$

$$\therefore \quad \text{अभीष्ट वर्गमूल} = \pm(2\sqrt{2} + i\sqrt{2})$$

79. (a) पदों की संख्या $= r + 2$

प्रश्नानुसार,

$(r+2)$ वाँ पद $= 41$

$$= 2 + (r + 2 - 1)d$$

$$\Rightarrow \quad 39 = (r+1)d$$

$$\therefore \quad d = \frac{39}{r+1}$$

चतुर्थ समान्तर माध्य पद $= 2 + \frac{4 \times 39}{r+1}$

$(r-1)$वाँ समान्तर माध्य पद

$$= 2 + \frac{(r-1) \times 39}{r+1}$$

प्रश्नानुसार,

$$\frac{2(r+1) \times 156}{r+1} \times \frac{r+1}{41r - 37} = \frac{2}{5}$$

$$\Rightarrow \quad 10r + 790 = 82r - 74$$

$$\Rightarrow \quad 72r = 864$$

$$\therefore \quad r = \frac{864}{72} = 12$$

80. (d) यदि R तुल्य है, तब R^{-1} भी तुल्य होगा।

81. (b) $x^2 - 5x + 6 = 0$ के मूल 2 और 3 तथा

$x^2 - 6x + 8 = 0$ के मूल 2 और 4 हैं।

$\therefore$ उभयनिष्ठ मूल 2 है।

82. (a) $S_n = 8 + 88 + 888 + \ldots\ldots n$ पदों तक

$= 8(1 + 11 + 111 + \ldots\ldots n$ पदों तक)

$= \frac{8}{9}(9 + 99 + 999 + \ldots\ldots n$ पदों तक)

$= \frac{8}{9}[(10+1) - (100-1) + (1000-1)$

$+ \ldots\ldots n$ पदों तक)

$= \frac{8}{9}[(10 + 10^2 + 10^3 + \ldots\ldots n$ पदों तक)

$-(1 + 1 + 1 + \ldots\ldots n$ पदों तक)

$$= \frac{8}{9}\left[\frac{10(10^n - 1)}{10 - 1} - n\right]$$

$$= \frac{80}{81}[10^n - 1] - \frac{8}{9}n$$

83. (d)

$$\lim_{x\to 0}\frac{\sin x^{\circ}}{x} = \lim_{x\to 0}\frac{\sin\frac{\pi}{180}x}{x}$$

$$= \lim_{x\to 0}\frac{\pi}{180}\left(\frac{\sin\frac{\pi}{180}x}{\frac{\pi}{180}x}\right)$$

$$= \frac{\pi}{180} - 1 = \frac{\pi}{180}$$

84. (c) $\lim_{x\to 8}\frac{\sqrt{x} - 2\sqrt{2}}{x - 8}$ $\left[\text{from}\frac{0}{0}\right]$

$$= \lim_{x\to 8}\frac{\frac{1}{2\sqrt{x}}}{1}$$ [By L' Hospita Rule]

$$= \frac{1}{2\sqrt{8}} = \frac{1}{4\sqrt{2}}$$

85. (d) दोनों तरफ log लेने पर

$$a\log x + b\log y = (a+b)\log(x-y)$$

$$\frac{a}{x} + \frac{b}{y}\frac{dy}{dx} = \frac{a+b}{x-y}\left(1 - \frac{dy}{dx}\right)$$

$$\frac{dy}{dx}\left[\frac{b}{y} + \frac{a+b}{x-y}\right] = \frac{a+b}{x-y} - \frac{a}{x}$$

$$\frac{dy}{dx}\left[\frac{bx - by + ay + by}{y(x-y)}\right] = \frac{ax + bx - ax + ay}{(x-y)x}$$

$$\frac{dy}{dx} = \frac{y}{x}$$

86. (a) तीनों समूह का सम्मिलित माध्य

$$= \frac{15 \times 6 + 22{\cdot}5 \times 4 \times 24 \times 5}{6 + 4 + 5}$$

$$= \frac{300}{15} = 20$$

87. (c)

वर्ग अन्तराल	बारम्बारता	संचयी बारंबारता
4–6	3	3
6–8	7	10
8–10	12	22
10–12	6	28
12–14	2	30

$\therefore$ माध्यिका वर्ग $= 8 - 10$

$\therefore$ माध्यिका $= l_1 + \frac{l_2 - l_1}{f}\left(\frac{N}{2} - F\right)$

$$= 8 + \frac{10-8}{12}\left(\frac{30}{2} - 10\right)$$

$$= 8 + \frac{2}{12} \times (15 - 10)$$

$$= 8 + \frac{2 \times 5}{12}$$

$$= \frac{53}{6}$$

88. (b) पत्रों को लिफाफे में रखने की कुल विधियों की संख्या

$$= 3! = 6$$

इनमें केवल एक सही हो सकती है।

$\therefore$ प्रायिकता $= 1/6$

89. (a) $4x^2 + 9y^2 - 16x - 54y + 61 = 0$

$\Rightarrow \quad 4(x^2 - 4x + 4) + 9(y^2 - 6y + 9) = 36$

$\Rightarrow \quad 4(x - 2)^2 + 9(y - 3)^2 = 36$

$\Rightarrow \quad \dfrac{(x-2)^3}{9} + \dfrac{(y-3)^2}{4} = 1$

$\therefore$ दीर्घवृत्त का केन्द्र (2, 3)।

90. (d) मान लो वृत्त के केन्द्र P का निर्देशांक (x, y) है।

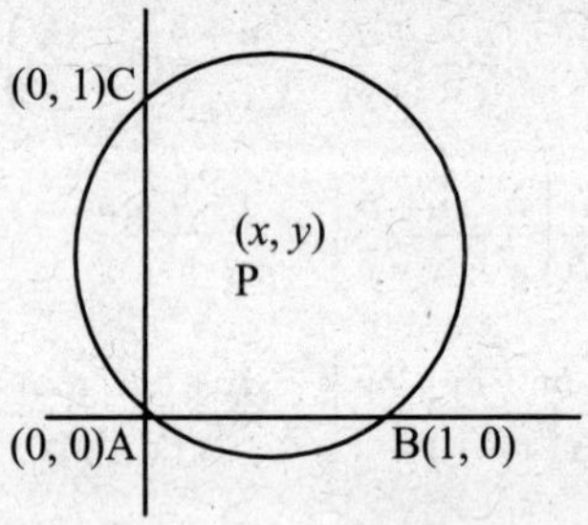

$\therefore \quad PA = PB = PC$

$\Rightarrow \quad (x-0)^2 + (y-0)^2 = (x-1)^2 + (y-0)^2$

$= (x-1)^2 + y^2$

$= (x-0)^2 + (y-1)^2 \quad ...(i)$

$\Rightarrow \quad x^2 + y^2 = (x-1)^2 + y^2$

$= x^2 + (y-1)^2 \quad ...(ii)$

दोनों समीकरणों से,

$x^2 + y^2 = (x-1)^2 + y^2$

$\Rightarrow \quad x^2 = (x-1)^2$

$\Rightarrow \quad x^2 = x^2 - 2x + 1$

$\Rightarrow \quad x = \dfrac{1}{2}$

इसी प्रकार द्वितीय समीकरण से,

$x^2 + y^2 = x^2 + (y-1)^2$

$\Rightarrow \quad y^2 = y^2 - 2y + 1$

$\Rightarrow \quad y = \dfrac{1}{2}$

91. (d) $\sin\theta = \dfrac{8}{17}$ और $90° < \theta < 180°$

$\therefore \quad \cos\theta = -\dfrac{15}{17}$

$\therefore \quad \dfrac{2\sin\theta + \cos\theta}{3\cos\theta + 5\sin\theta} = \dfrac{2 \times \frac{8}{17} - \frac{15}{17}}{3 \times -\frac{15}{17} + 5 \times \frac{8}{17}}$

$\Rightarrow \quad = \dfrac{\frac{16}{17} - \frac{15}{17}}{-\frac{45}{17} + \frac{40}{17}}$

$\Rightarrow \quad = \dfrac{\frac{1}{17}}{-\frac{5}{17}} = -\dfrac{1}{5}$

92. (d) $\sin\theta + \cos\theta = \sqrt{2}\left(\dfrac{1}{\sqrt{2}}\sin\theta + \dfrac{1}{\sqrt{2}}\cos\theta\right)$

$= \sqrt{2}\,(\cos 45° \sin\theta + \sin 45° \cos\theta)$

$= \sqrt{2}\,\sin(\theta + 45°)$

$= \sqrt{2} \times 1$

[क्योंकि $\sin(\theta + 45°)$ का महत्तम मान 1 होता है]

$= \sqrt{2}$

93. (b) दिया गया सारणिक $= \begin{vmatrix} 2 & 8 & 4 \\ -5 & 6 & -10 \\ 1 & 7 & 2 \end{vmatrix}$

$= \begin{vmatrix} 2 & 8 & 2 \\ -5 & 6 & -5 \\ 1 & 7 & 1 \end{vmatrix} = 0$

(क्योंकि I और III स्तम्भ एकसमान हैं)

94. (a) $2x^2 + 2y^2 - x = 0$

$\Rightarrow \quad x^2 + y^2 - \dfrac{1}{2}x = 0$

यहाँ $g = -\dfrac{1}{4}, f = 0$ और $c = 0$

$\therefore$ केन्द्र के निर्देशांक $= (-g, -f) = \left(\dfrac{1}{4}, 0\right)$

और त्रिज्या $= \sqrt{g^2 + f^2 - C}$

$= \sqrt{\dfrac{1}{16} + 0 - 0} = \dfrac{1}{4}$

95. (d) $\because \int_0^a f(x)dx = \int_0^a f(a-x)dx$

$\therefore \quad I = \int_0^{\pi/2} \dfrac{\sqrt{\cot x}}{\sqrt{\cot x} + \sqrt{\tan x}}\,dx$

$= \int_0^{\pi/2} \dfrac{\sqrt{\cot\left(\frac{\pi}{2} - x\right)}}{\sqrt{\cot\left(\frac{\pi}{2} - x\right)} + \sqrt{\tan\left(\frac{\pi}{2} - x\right)}}\,dx$

$$= \int_0^{\pi/2} \frac{\sqrt{\tan x}}{\sqrt{\tan x} + \sqrt{\cot x}} dx$$

$$\therefore \quad 2I = \int_0^{\pi/2} \frac{\sqrt{\cot x} + \sqrt{\tan x}}{\sqrt{\cot x} + \sqrt{\tan x}} dx$$

$$= \int_0^{\pi/2} dx$$

$$= [x]_0^{\pi/2} = \frac{\pi}{2}$$

$$\therefore \quad I = \frac{\pi}{4}$$

96. (d) माना $I = \int_1^{\pi/2} \frac{\cos(\log x)}{x} dx$

$\log x = t$ रखने पर, $\frac{1}{x} dx = dt$

जब $x = 1, t = \log 1 = 0$

जब $x = \frac{\pi}{2}, t = \log \frac{\pi}{2}$

$$\therefore \quad I = \int_0^{\log \pi/2} \cos t \, dt = [\sin t]_0^{\log \pi/2}$$

$$= \left[\sin\left(\log\frac{\pi}{2}\right) - \sin 0\right]$$

$$= \sin\left(\log\frac{\pi}{2}\right)$$

97. (b) $\tan^{-1}\frac{1}{3} + \tan^{-1}\frac{1}{2} = \tan^{-1}\left|\frac{\frac{1}{3}+\frac{1}{2}}{1-\frac{1}{3}\times\frac{1}{2}}\right|$

$$= \tan^{-1}(1) = \frac{\pi}{4}$$

$$\therefore \cos\left(\tan^{-1}\frac{1}{3} + \tan^{-1}\frac{1}{2}\right)$$

$$= \cos\frac{\pi}{4} = \frac{1}{\sqrt{2}}$$

98. (d) $9x^2 - y^2 = 1$

$$\Rightarrow \quad \frac{x^2}{1/9} - \frac{y^2}{1} = 1$$

$\therefore \quad a^2 = \frac{1}{9}$ और $b^2 = 1$

$$\because \quad b^2 = a^2(e^2 - 1)$$

i.e., $\quad 1 = \frac{1}{9}(e^2 - 1)$

$$\therefore \quad e = \sqrt{10}$$

99. (d) समचतुर्भुज का क्षेत्रफल

$= \frac{1}{2} \times$ विकर्णों का गुणनफल $= \frac{1}{2} \times d_1 \times d_2$

$= \frac{1}{2} \times 10 \times 20 = 100$ वर्ग सेमी.33

100. (c) विकर्ण की संख्या $= {}^{100}C_2 - 100$

$$= \frac{\underline{|100}}{\underline{|98}\underline{|2}} - 100$$

$$= \frac{100 \times 99 \underline{|98}}{\underline{|98} \times 2} - 100$$

$$= \frac{100 \times 99}{2} - 100$$

$$= 50 \times 99 - 100$$

$$= 4950 - 100 = 4850$$

❑❑❑

3 गणित
प्रैक्टिस पेपर

1. कोई धनराशि 10 वर्ष में स्वयं की दोगुनी हो जायेगी। कितने वर्ष बाद यह धनराशि स्वयं की 8 गुना हो जायेगी?
(a) 24 वर्ष (b) 21 वर्ष
(c) 30 वर्ष (d) 18 वर्ष

2. यदि समान्तर चतुर्भुज ABCD के विकर्ण E पर काटें, तो Δ BCE क्षेत्रफल समान्तर चतुर्भुज के क्षेत्रफल का होगा–
(a) 3/8 गुना (b) 1/8 गुना
(c) 1/3 गुना (d) 1/4 गुना

3. यदि $4\tan\theta - 3 = 0$, जहाँ $\frac{\pi}{2} < \theta < \theta$ है, तो $3\tan\theta + 5\sin\theta$ का मान होगा–
(a) $5\frac{1}{4}$ (b) $4\frac{1}{3}$
(c) $3\frac{1}{4}$ (d) $6\frac{1}{4}$

4. यदि $a = r\sin x\cos y, b = r\sin x.\sin y$ और $c = r\cos x$ है?, तो $a^2 + b^2 + c^2$ निम्नलिखित में से किससे स्वतन्त्र हैं?
(a) केवल r से (b) r और y
(c) x और y (d) r और x

5. बिन्दुओं $A(b\cos\alpha, b\sin\alpha)$ तथा $B(a\cos\beta, b\sin\beta)$ को मिलाने वाली रेखा को $M(x, y)$ तक इस प्रकार बढ़ाया जाता है कि $AM : MB = b : a$, तब $x\cos\left(\frac{\alpha+\beta}{2}\right) + y\sin\left(\frac{\alpha+\beta}{2}\right)$ का मान है।
(a) –1 (b) 0
(c) 1 (d) $a^2 + b^2$

6. बिन्दुओं (x_1, y_1) तथा (x_2, y_2) को मिलाने वाली रेखा को बिन्दु जिसके निर्देशांक $x = x_1 + t(x_1 - x_1)$ तथा $y = y_1 + t(x_2 - x_1)$ है, किस अनुपात में विभाजित करता है?
(a) $\frac{t}{(1+t)}$ (b) $\frac{(1+t)}{t}$
(c) $\frac{t}{(1-t)}$ (d) $\frac{(1-t)}{t}$

7. $\frac{2-i}{(1-2i)^2}$ का संयुग्मी क्या होगा?
(a) $\frac{2}{25} - \frac{i11}{25}$ (b) $\frac{-2}{25} - \frac{i11}{25}$
(c) $\frac{-2}{25} + \frac{i11}{25}$ (d) $\frac{2}{25} + \frac{i11}{25}$

8. यदि सम्मिश्र संख्याएँ $\sin x + i\cos 2x$ और $\cos x = i\sin 2x$ एक-दूसरे के संयुग्मी हैं, तो–
(a) $x = n\pi$ (b) $x = \left(n + \frac{1}{2}\right)\pi$
(c) $x = 0$ (d) x का कोई मान नहीं

9. $(z+3)(\bar{z}+3)$ का मान है—
(a) $|z+3|^2$ (b) $|z-3|$
(c) $z^2 + 3$ (d) इनमें से कोई नहीं

10. सारणिक $\begin{vmatrix} 1 & 6 & \pi \\ \log_e e & 6 & \sqrt{\pi} \\ \log_{10} 10 & 6 & e \end{vmatrix}$ का मान होगा–
(a) $\sqrt{\pi}$ (b) e
(c) 1 (d) 0

11. यदि a, b, c भिन्न है तथा $\begin{vmatrix} a & a^2 & a^3-1 \\ b & b^2 & b^3-1 \\ c & c^2 & c^3-1 \end{vmatrix} = 0$, तब
(a) $a + b + c = 0$ (b) $abc = 1$
(c) $a + b + c = 1$ (d) $ab + bc + ac = 0$

12. यदि $\begin{vmatrix} x+1 & x+2 & x+3 \\ x+2 & x+3 & x+4 \\ x+a & x+b & x+c \end{vmatrix} = 0$, हो, तो a, b, c हैं
(a) समान्तर श्रेणी (b) गुणोत्तर श्रेणी
(c) हरात्मक श्रेणी (d) इनमें से कोई नहीं

13. एक टीवी सर्वेक्षण, टीवी दर्शकों के निम्नलिखित आँकड़े दर्शाता है। 60% दर्शक कार्यक्रम A देखते हैं, 50% दर्शक कार्यक्रम B देखते हैं तथा 50% दर्शक कार्यक्रम C देखते हैं। 30% कार्यक्रम A तथा C देखते हैं। 10% तीनों कार्यक्रम देखते हैं। जो केवल दो कार्यक्रम देखते हैं ऐसे लोगों का प्रतिशत होगा–
(a) 20 (b) 40
(c) 70 (d) 80

14. यदि $x = a\sec^3\theta$ तथा $y = a\tan^3\theta$, तथा $\left(\frac{dy}{dx}\right)$ का $\theta = \frac{\pi}{3}$ पर मान है

(a) $\frac{2}{\sqrt{3}}$ (b) $\frac{1}{2}$

(c) $\frac{\sqrt{3}}{2}$ (d) $\frac{1}{\sqrt{3}}$

15. $\log[\log(\log x^5)]$ का x के सापेक्ष अवकलन है–

(a) $\frac{1}{x\log x \log(\log x^5)}$ (b) $\frac{1}{x\log(\log x^5)}$

(c) $\frac{5}{x\log(\log x^5)}$ (d) इनमें से कोई नहीं

16. यदि $x = t + \frac{1}{t}$ तथा $y = t - \frac{1}{t}$, तब $\frac{dy}{dx}$ बराबर है–

(a) $\frac{t^2+1}{t^2-1}$ (b) $\frac{1+t^2}{1-t^2}$

(c) $\frac{1-t^2}{1+t^2}$ (d) $\frac{t^2-1}{t^2+1}$

17. टेनिस की एक गेंद 120 सेमी की ऊँचाई से क्षैतिज दिशा में फेंकी जाती है और भूमि पर 1000 सेमी दूर जाकर गिरती है। यदि गेंद, खिलाड़ी से 500 सेमी की दूरी पर स्थित जाल को छूती हुई जाती है, तो जाल की ऊँचाई होगी–

(a) 90 सेमी (b) 100 सेमी

(c) 117 सेमी (d) 120 सेमी

18. दो गेंदें एक ही बिन्दु से क्रमशः 30° और 60° के कोणों पर प्रक्षिप्त की जाती हैं। यदि उनके द्वारा प्राप्त ऊँचाइयाँ एक ही हों, तो प्रक्षेप-वेगों में अनुपात होगा–

(a) 1 : 1 (b) 1 : 2

(c) $1:\sqrt{2}$ (d) $1:\sqrt{3}$

19. एक तोप के गोले का क्षैतिज परास R है। यदि उन दोनों पथों को, जिनके लिए यह सम्भव है महत्तम ऊँचाइयाँ h और h' हों, तो–

(a) $R^2 = 16hh'$ (b) $R^2 = 12hh'$

(c) $R^2 = 64hh'$ (d) $R = 12\sqrt{(hh')}$

20. बिन्दु A(1, 2, 7), B(2, 6, 3) और C(3, 10, –1) है–

(a) समरेखीय (b) एक समतलीय

(c) असमतलीय (d) इनमें से कोई नहीं

21. दिया हुआ है कि, $a \cdot b = 0$ और $a \times b = 0$ सदिश a और b के बारे में आप क्या निष्कर्ष निकाल सकते हैं?

(a) a तथा b लम्बवत् तथा समान्तर हैं

(b) $|a| = 0$ या $|b| = 0$

(c) $|a| = 0$ तथा $|b| = 0$

(d) उपरोक्त में से कोई नहीं

22. XY-तल में X-अक्ष की धनात्मक दिशा के साथ वामावर्त दिशा में 30° का कोण बनाने वाला मात्रक सदिश लिखिए–

(a) $\frac{1}{2}\hat{i} + \frac{3}{2}\hat{j}$ (b) $4\hat{i} + 3\hat{j}$

(c) $\frac{\sqrt{3}}{2}\hat{i} + \hat{j}$ (d) $\frac{\sqrt{3}}{2}\hat{i} + \frac{1}{2}\hat{j}$

23. किसी निश्चित आधार b के एक समद्विबाहु त्रिभुज की समान भुजाएँ 3 सेमी/से की दर से घट रही है। उस समय जब त्रिभुज की समान भुजाएँ आधार के बराबर हैं। इसका क्षेत्रफल कितनी तेजी से घट रहा है?

(a) $3b$ सेमी²/से (b) $\sqrt{2b}$ सेमी²/से

(c) $4b$ सेमी²/से (d) $\sqrt{3b}$ सेमी²/से

24. x-अक्ष के संगत दो बिन्दु $x = 10 + 6t, x = 3 + t^2$ हैं। दोनों के एक-दूसरे की ओर जाते समय, मिलने के समय, चाल (x सेमी तथा t सेकण्ड में है) है–

(a) 16 सेमी/से (b) 20 सेमी/से

(c) 8 सेमी/से (d) 12 सेमी/से

25. इस तालिका में से परास (Range) क्या होगा?
25, 28, 76, 98, 63, 62, 15

(a) 82 (b) 83

(c) 84 (d) 85

26. किसी अस्पताल में एक दिन 260 रोगियों की आयु निम्नांकित थी-

आयु (वर्षों में)	10-20	20-30	30-40	40-50	योग
रोगियों की सं.	90	60	80	30	260

वर्ग-अंतराल 20-30 का वर्ग चिन्ह है-

(a) 10 (b) 15

(c) 20 (d) 25

27. 11 वीं कक्षा के 11 विद्यार्थियों के अर्थशास्त्र में प्राप्त अंक दिए गए हैं। इनकी माध्यिका ज्ञात करें–

अंक : 17, 32, 35, 33, 15, 21, 41, 32, 11, 10, 20

(a) 21 (b) 20

(c) 19 (d) 23

28. यदि $a = (\sqrt{3}+\sqrt{2})^{-3}$ तथा $b = (\sqrt{3}-\sqrt{2})^{-3}$ हो, तो $(a+1)^{-1} + (b+1)^{-1}$ का मान क्या होगा?

(a) $48\sqrt{2}$ (b) $50\sqrt{3}$

(c) 1 (d) 5

29. तीन बल P, 2P और 3P किसी दिए हुए समबाहु त्रिभुज ABC की भुजाओं AB, BC और CA के अनुदिश क्रिया करते हैं, उनके परिणामी का परिमाण होगा–

(a) $P\sqrt{2}$ (b) $P\sqrt{5}$

(c) $P\sqrt{3}$ (d) $P\sqrt{7}$

30. यदि त्रिभुज ABC की भुजाओं पर क्रमशः लगे हुए तीन बलों P, Q और R का परिणामी त्रिभुज के परिकेन्द्र से होकर जाता हो, तो–

(a) $P + Q + R = 0$

(b) $P \sin A + Q \sin B + R \sin C = 0$

(c) $P \cos A + Q \cos B + R \cos C = 0$

(d) $P \tan A + Q \tan B + R \tan C = 0$

31. तीन बल P, Q, R क्रमानुसार त्रिभुज ABC की भुजाओं BC, CA और AB के अनुदिश कार्य करते हैं, यदि उनका परिणामी त्रिभुज के केन्द्रक से होकर जाता है, तो–

(a) $P \sin A + Q \sin B + R \sin C = 0$

(b) $P \cos A + Q \cos B + R \cos C = 0$

(c) $P \sec A + Q \sec B + R \sec C = 0$

(d) $P \operatorname{cosec} A + Q \operatorname{cosec} B + R \operatorname{cosec} C = 0$

32. एक वृत्त की तीन जीवाएँ AB, BC और AC लम्बाई में बराबर हैं। यदि वृत्त का केन्द्र 'O' है, तो ∠AOC का मान होगा–

(a) 120° (b) 60°

(c) 45° (d) 30°

33. किसी वृत्त का केन्द्र O तथा व्यास PQ है। वृत्त पर दो बिन्दु R तथा S ऐसे हैं कि ∠ROS = 36°। यदि PR तथा QS को आगे बढ़ाया जाए, तो वे T पर मिलती हैं। ∠PTQ बराबर है–

(a) 72° (b) 36°

(c) 18° (d) उपरोक्त में से कोई नहीं

34. $\cos\left[\cos^{-1}\left(\frac{\sqrt{3}}{2}\right)+\frac{\pi}{6}\right]$ **का मान होगा–**

(a) $\frac{4}{5}$ (b) $\frac{1}{5}$

(c) $\frac{3}{5}$ (d) $\frac{2}{3}$

35. दो संख्याएँ ऐसी हैं कि एक का वर्ग, दूसरे के वर्ग के 8 गुने से 224 कम है। यदि वे संख्याएँ 3 : 4 के अनुपात में हों, तो उनका मान कितना है?

(a) 12, 16 (b) 6, 8

(c) 9, 12 (d) 12, 9

36. यदि $A = \begin{bmatrix} 4 & 3 \\ 2 & 5 \end{bmatrix}$**, तो A.*adj* (a) का मान क्या है?**

(a) $\begin{bmatrix} 14 & 0 \\ 0 & 14 \end{bmatrix}$ (b) $\begin{bmatrix} 7 & 6 \\ 4 & 4 \end{bmatrix}$

(c) $\begin{bmatrix} 8 & 0 \\ 0 & 8 \end{bmatrix}$ (d) $\begin{bmatrix} -8 & 0 \\ 0 & -7 \end{bmatrix}$

37. यदि $\begin{bmatrix} 6 & 5 \\ 2 & 2 \end{bmatrix} X = \begin{bmatrix} 2 & -1 \\ 2 & 2 \end{bmatrix}$ **है, तो X का मान है?**

(a) $\begin{bmatrix} 2 & -5 \\ 3 & 4 \end{bmatrix}$ (b) $\begin{bmatrix} -2 & 6 \\ -3 & 8 \end{bmatrix}$

(c) $\begin{bmatrix} -6 & -12 \\ 8 & 14 \end{bmatrix}$ (d) $\begin{bmatrix} -4 & 10 \\ 6 & 8 \end{bmatrix}$

38. यदि $B = \begin{bmatrix} 1 & 2 & -2 \\ -1 & 3 & 0 \\ 0 & -2 & 1 \end{bmatrix}$ **हो, तब B^{-1} का मान होगा–**

(a) $\begin{bmatrix} 1 & 2 & 2 \\ 1 & 3 & 0 \\ 0 & -2 & 1 \end{bmatrix}$ (b) $\begin{bmatrix} 3 & 2 & 6 \\ 1 & 1 & 2 \\ 2 & 2 & 5 \end{bmatrix}$

(c) $\begin{bmatrix} 2 & 2 & 1 \\ 3 & 0 & 1 \\ 1 & 1 & 2 \end{bmatrix}$ (d) $\begin{bmatrix} 1 & 1 & 3 \\ 2 & 2 & 5 \\ 3 & 2 & 6 \end{bmatrix}$

39. यदि F एक संवृत समुच्चय का विवृत्त आवरण है और एक परिबद्ध समुच्चय A का भी आवरण है, तब–

(a) F का एक अपरिमित उप संग्रह विद्यमान होता है जो A को आवरित करना है

(b) F का एक अगणनीय उप संग्रह विद्यमान होता है जो A को आवरित करता है।

(c) F का एक परिमित उप संग्रह विद्यमान होता है जो A को आवरित करता है

(d) इनमें से कोई नहीं

40. यदि S एक वास्तविक संख्याओं का समुच्चय है जो नीचे परिबद्ध है, तब Inf S है–

(a) S तक संवरण का एक बिन्दु

(b) S तक संवरण का एक बिन्दु नहीं

(c) अभाज्य संख्या

(d) इनमें से कोई नहीं

41. यदि S एक वास्तविक संख्याओं का समुच्चय है जो उपरि परिबद्ध है, तब Sup S है–

(a) संवरण का एक बिन्द S तक

(b) S तक संवरण का एक बिन्दु नहीं

(c) अभाज्य संख्या

(d) इनमें से कोई नहीं

42. दो संख्याओं का अनुपात 2 : 3 है एवं उनका लघुत्तम समापवर्त्य 72 है, तो संख्याओं का महत्तम समापवर्तक है–

(a) 24 (b) 3

(c) 6 (d) 12

43. दो सरल रेखाएँ $x - 3y - 2 = 0$ और $2x - 6y - 6 = 0$ हो, तो–

(a) दोनों रेखाएँ कभी प्रतिच्छेदी नहीं हैं

(b) दोनों रेखाएँ एक बिन्दु पर प्रतिच्छेदी हैं

(c) अनन्त संख्यात्मक बिन्दुओं पर प्रतिच्छेदी हैं

(d) एक से अधिक बिन्दुओं पर प्रतिच्छेदी हैं

44. A और B मिलकर एक काम को 12 दिन में पूरा कर लेते हैं, जबकि B अकेला उसे 30 दिन में पूरा कर सकता है। तो A अकेला उस काम को कितने दिन में पूरा कर सकता है?

(a) 15 दिन (b) 18 दिन

(c) 20 दिन (d) 25 दिन

45. दस आदमी एक दीवार को बनाने का काम 8 दिन में पूरा कर सकते हैं। इसी काम को आधे दिन में खत्म करने के लिए कितने आदमियों की आवश्यकता है?

(a) 80 (b) 100

(c) 120 (d) 160

46. एक दुर्ग को जाती हुई सीधी सड़क पर दुर्ग से 45 मीटर की दूरी पर उसकी दीवार का उन्नयन कोण, उसी सड़क पर दुर्ग से 120 मीटर की दूरी पर के उन्नयन कोण का दूना है। दीवार की ऊँचाई है–

(a) 50 मीटर (b) 60 मीटर

(c) 70 मीटर (d) 80 मीटर

47. 74 को दो भागों में विभक्त किया गया है ताकि एक भाग का 5 गुना और दूसरे भाग का 11 गुना दोनों मिलकर 454 के तुल्य हों।

(a) 60, 14 (b) 30, 44

(c) 14, 60 (d) इनमें से कोई नहीं

48. दो संख्याओं का गुणनफल 9375 है तथा बड़ी संख्या को छोटी से भाग देने पर भागफल 15 आता है। संख्याओं का योग होगा–

(a) 395 (b) 380

(c) 400 (d) 425

49. $[0, 2\pi]$ पर $x + \sin 2x$ का उच्चतम और निम्नतम मान ज्ञात कीजिए–

(a) 2π तथा 0 (b) π तथा $\frac{1}{2}$

(c) $\frac{\pi}{2}$ तथा -1 (d) इनमें से कोई नहीं

50. परवलय $y^2 = 8x$ के ऊपर बिन्दु के निर्देशांक, जिसकी फोकस दूरी 4 है–

(a) $(-2, -4)$ $(2, -4)$ (b) $(2, 4)$ $(2, -4)$

(c) $(1, 4)$ $(2, -4)$ (d) $(2, -4)$ $(-2, 4)$

51. परवलय $y^2 = 4ax$ के किसी बिन्दु पर प्राचलिक निर्देशांक है–

(a) $(a - at, -2at)$ (b) $(a - at^2, 2at)$

(c) $(2a \sin t, -2a \sin t)$ (d) $(a \sin t, -2a \cos t)$

52. यदि ΔXYZ में, $x : y : z = 4 : 5 : 6$ है तो परिवृत्त को त्रिज्या का अतः वृत्त की त्रिज्या से अनुपात होगा–

(a) $\frac{7}{16}$ (b) $\frac{11}{7}$

(c) $\frac{16}{9}$ (d) $\frac{16}{7}$

53. यदि ΔPQR में, $p = \sqrt{3}+1$, $Q = 30^\circ$ तथा $R = 45^\circ$ है, तब भुजा r का मान होगा–

(a) 1 (b) 2

(c) $\sqrt{2}$ (d) $\frac{\sqrt{3}+1}{2}$

54. $0.9 + 0.09 + 0.009 + ...$ किसके तुल्य हैं?

(a) 1 (b) 1.01

(c) 1.001 (d) 1.1

55. दो वृत्त परस्पर बाह्यतः स्पर्श करते हैं। कुल उभयनिष्ठ स्पर्श रेखाओं की संख्या होगी–

(a) 3 (b) 2

(c) 1 (d) इनमें से कोई नहीं

56. एक जहाज 30 किमी/घण्टा की गति से चल रहा है। यह जानने के लिए कि उसके नीचे का समुद्र कितना गहरा है? उससे एक रेडियो तरंग प्रसारित की जाती है जो 200 मीटर/सेकण्ड की गति से चलती है, तब जहाज को उसका सिग्नल 500 मीटर की दूरी तय कर लेने के बाद मिल जाता है, तदनुसार समुद्र की गहराई कितनी है?

(a) $\frac{\sqrt{143}}{2}$ किमी (b) 12 किमी

(c) $\sqrt{6}$ किमी (d) 8 किमी

57. 40 किमी/घण्टा की गति से एक रेलगाड़ी अपने गन्तव्य स्थल तक समय पर पहुँच जाती है, किन्तु यदि वह 35 किमी/घण्टा की गति से चले, तो 15 मिनट देरी से पहुँचती है, तो उसकी कुल यात्रा की दूरी कितनी है?

(a) 30 किमी (b) 40 किमी

(c) 70 किमी (d) 80 किमी

58. श्रेणी $12 + 16 + 24 + 40 + ...$ का n पदों तक योगफल होगा-

(a) $2(2^n - 1) + 8n$ (b) $2(2^n - 1) + 6n$

(c) $3(2^n - 1) + 8n$ (d) $4(2^n - 1) + 8n$

59. $\int(x\cos x + \sin x)dx$ किसके बराबर है?

(a) $x \sin x + C$ (b) $x \cos x + C$

(c) $-x \sin x + C$ (d) $-x \cos x + C$

60. यदि समीकरण $p(q-r)y^2 + q(r-p)y + r(p-q) = 0$ का एक मूल 1 हो, तो दूसरा मूल होगा–

(a) $\frac{p(q-r)}{q(r-p)}$ (b) $\frac{q(r-p)}{p(q-r)}$

(c) $\frac{r(p-q)}{p(q-r)}$ (d) इनमें से कोई नहीं

61. $\int_0^{\pi/2} \sin 2x \log(\cot x)dx$ किसके बराबर है?

(a) 0 (b) $\pi \log 2$

(c) $-\pi \log 2$ (d) $\frac{\pi \log 2}{2}$

62. तीन संख्याएँ 3 : 4 : 5 के अनुपात में हैं उनमें से सबसे बड़ी व सबसे छोटी संख्या का योग, इसकी संख्या तथा 52 के योग के बराबर है। तद्नुसार सबसे छोटी संख्या कौन-सी है?

(a) 20 (b) 27

(c) 39 (d) 52

63. श्रेणी $[1^2 - 2^2 + 3^2 - 4^2 + ...]$ के $2n$ पदों का योग होगा–

(a) $n^2(2n+1)$ (b) $-n^2(2n+1)$

(c) $n(2n+1)$ (d) $-n(2n+1)$

64. यदि e दीर्घवृत्त $\frac{x^2}{a^2} + \frac{y^2}{b^2} = 1\ (a < b)$ की उत्केन्द्रता हो, तब–

(a) $b^2 = a^2(1-e^2)$ (b) $a^2 = b^2(1-e^2)$

(c) $a^2 = b^2(e^2-1)$ (d) $b^2 = a^2(e^2-1)$

65. यदि P, दीर्घवृत्त $\frac{x^2}{16} + \frac{y^2}{25} = 1$ पर एक बिन्दु है, जिसकी नाभियाँ S तथा S' हों, तब PS + PS' का मान है–

(a) 8 (b) 7

(c) 5 (d) 10

66. यदि $^nP_4 = {}^nP_5 = 1 : 2$ हो, तो n का मान होगा–

(a) 6 (b) 5

(c) 4 (d) 2

67. यदि $|x| < 1$, तब $(1 + x + x^2 + x^3 + x^4 + ...)^2$ के विस्तार में x^m वें पद का गुणांक है–

(a) m (b) $m+1$

(c) $(m+2)$ (d) इनमें से कोई नहीं

68. परवलय $x^2 = y$ तथा रेखा $y = x + 2$ जो x-अक्ष पर घिरे हुए क्षेत्र का क्षेत्रफल होगा–

(a) $\frac{7}{8}$ वर्ग इकाई (b) $\frac{9}{2}$ वर्ग इकाई

(c) $\frac{4}{3}$ वर्ग इकाई (d) $\frac{11}{2}$ वर्ग इकाई

69. अवकल समीकरण $\frac{d^4y}{dx^4} = 4\frac{d^3y}{dx^3} + 8\frac{d^2y}{dx^2} - 8\frac{dy}{dx} + 4y = 0$ की कोटि तथा घात क्रमशः हैं–

(a) 4, 1 (b) 1, 4

(c) 1, 1 (d) इनमें से कोई नहीं

70. $\dfrac{\frac{1}{2!} + \frac{1}{4!} + \frac{1}{6!} + ... \infty}{\frac{1}{1!} + \frac{1}{3!} + \frac{1}{5!} + ...}$ का मान होगा–

(a) $\frac{e+1}{e-1}$ (b) $\frac{e-1}{e+1}$

(c) $e+1$ (d) $\frac{e+1}{e+2}$

71. बिन्दु A(0, 1, 2), B(2 – 1, 3) और C(1, –3, 1) होंगे–

(a) समरेखीय

(b) समद्विबाहु त्रिभुज के शीर्ष

(c) समकोण त्रिभुज के शीर्ष

(d) समकोण समद्विबाहु त्रिभुज के शीर्ष

72. बिन्दु P(1, 2, 3); Q(–1, –1, –1) और R(3, 5, 7) हैं–

(a) समबाहु त्रिभुज के शीर्ष (b) समद्विबाहु त्रिभुज के शीर्ष

(c) समरेखीय (d) इनमें से कोई नहीं

73. 52 ताशों की गड्डी से वापस रखते हुए एक-एक करके दो पत्ते निकाले जाते हैं। दोनों इक्के निकालने की प्रायिकता है–

(a) $\frac{1}{169}$ (b) $\frac{1}{221}$

(c) $\frac{1}{2652}$ (d) $\frac{4}{663}$

74. मान लीजिए $X = \{y \in R / y \geq 0\}$ एक फलन $f : X \to X$, $f(x) = x^2$ द्वारा परिभाषित किया जाता है। निम्नलिखित में से कौन-सा एक सही है?

(a) इस फलन का प्रतिलोम है, किन्तु f स्वयं का प्रतिलोम नहीं है।

(b) इस फलन का प्रतिलोम नहीं है।

(c) f स्वयं का प्रतिलोम है।

(d) उपर्युक्त में से कोई नहीं।

75. यदि P (M), M का घात समुच्चय है। और M शून्य समुच्च है, तो P [P {P (M)}] में कितने अवयव हैं?

(a) 12 (b) 16

(c) 10 (d) 13

76. यदि z_1 व z_2 दो समिश्र संख्याएं हैं, तब $|z_1 - z_2|$ बराबर है–

(a) $\leq |z_1| - |z_2|$ (b) $\geq |z_1| + |z_2|$

(c) $\leq |z_2| - |z_1|$ (d) $\geq |z_1| - |z_2|$

77. यदि किसी समान्तर श्रेणी के n, $2n$ और $3n$ पदों का योग क्रमशः S_1, S_2 व S_3 है, तब–

(a) $S_3 = 3(S_2 - S_1)$ (b) $S_3 = 2(S_2 - S_1)$

(c) $S_3 = (S_2 - S_1)$ (d) $S_3 = \frac{3}{2}(S_2 - S_1)$

78. $\lim_{x \to 2+} \frac{\sqrt{x^2 - 4}}{x - 2}$ बराबर है–

(a) ∞ (b) 2

(c) $2\sqrt{2}$ (d) विद्यमान नहीं है

79. $\lim_{x \to \infty} \left(1 + \frac{1}{x}\right)^x$ का मान होगा–

(a) 1 (b) 0

(c) e (d) ∞

80. $\lim_{x \to 0} \frac{e^{1/x}}{e^{1/x} + 1}$ का मान बताओ–

(a) 1 (b) 0

(c) ∞ (d) विद्यमान नहीं है

81. यदि $x = a(\theta - \sin\theta), y = a(1 - \cos\theta)$, तब $\frac{d^2y}{dx^2}$ होगा–

(a) $-\frac{1}{a \sin^2 \theta/2}$ (b) $-\frac{1}{4a} \text{cosec}^2 \frac{\theta}{2}$

(c) $-\frac{1}{4a} \sec^2 \frac{\theta}{2} \text{cosec}^2 \frac{\theta}{2}$ (d) इनमें से कोई नहीं

82. 10, 13, 22, 25, 8, 11, 19, 18, 31 और 16 की मध्यिका क्या होगी?

(a) 16·5 (b) 17

(c) 16 (d) 19·5

83. आँकड़ों

21, 24, 29, 30, 32, 27, 29, 35, 45, 42, 38 और 33 की माध्यिका है–

(a) 32·5 (b) 31

(c) 29·5 (d) 34

84. बच्चों के तीन समूह में 3 लड़कियाँ, 1 लड़का; 2 लड़कियाँ, 2 लड़के और 1 लड़की, 3 लड़के हैं। एक बच्चे को यदृच्छया रूप से प्रत्येक समूह से चुना जाता है। तीन बच्चों में से 1 लड़की और 2 लड़के चुने जाने की प्रायिकता है–

(a) 13/32 (b) 27/32

(c) 21/61 (d) 9/64

85. एक पात्र में 6 गेंद हैं जिसमें तीन सफेद और तीन काली हैं। वे क्रमानुसार बिना पुनर्स्थापित निकाली जाती हैं, तब रंगों के एकान्तर क्रम में आने की प्रायिकता है–

(a) 1/120 (b) 1/10

(c) 1/5 (d) इनमें से कोई नहीं

86. दीर्घवृत्त का समीकरण क्या होगा, यदि वह मूल बिन्दु से होकर जाये और जिसके ध्रुव (1, 0) और (3, 0) हों–

(a) $x^2 + y^2 - 10x = 0$ (b) $2x^2 + y^2 - 5x = 0$

(c) $3x^2 + 4y^2 - 12x = 0$ (d) $4x^2 + 3y^2 - 10x = 0$

87. सरल रेखा $x \cos\alpha + y \sin\alpha = p$ के दीर्घवृत्त $\frac{x^2}{a^2} + \frac{y^2}{b^2} = 1$ को स्पर्श करने की शर्त होगी–

(a) $p^2 = a^2 \cos^2\alpha + b^2 \sin^2\alpha$

(b) $p^2 = a^2 \sin^2\alpha + b^2 \cos^2\alpha$

(c) $p^2 = a \sin\alpha + b \cos\alpha$

(d) $p = a \cos\alpha + b \sin\alpha$

88. रेखाओं $\frac{x}{4} + \frac{y}{3} = 1$ और $3x + 4y + 8 = 0$ के बीच की दूरी होगी–

(a) 1 (b) 4

(c) $\frac{4}{5}$ (d) 20

89. यदि α और β पूरक कोण हैं; $\alpha < \frac{\pi}{2}$ तथा $\sin\alpha = \frac{1}{2}$, तब $\cos\alpha \sin\beta - \sin\alpha \cos\beta$ का मान है–

(a) 0 (b) $\frac{1}{2}$

(c) 1 (d) 2

90. वृत्त $x^2 + y^2 + 4x - 4y + 4 = 0$ स्पर्श करता है–

(a) x-अक्ष (b) y-अक्ष

(c) x-अक्ष और y-अक्ष (d) इनमें से कोई नहीं

91. यदि A, $n \times n$ कोटि की एक व्युत्क्रमणीय आव्यूह है, तब निम्नलिखित में से कौनसा सत्य है?

(a) $|\text{Adj}(\text{Adj } A)| = |A|^{2(n-1)}$

(b) $|\text{Adj}(\text{Adj } A)| = |A|^{(n-1)^2}$

(c) $\text{Adj}(\text{Adj } A) = |A|^{n-1}$

(d) इनमें से कोई नहीं

92. $x - y + z = 0$, $2x + 4y - z = 3$ और $5x + y + 3z = 2$ का हल है–

(a) $x = 3, y = 5, z = -1$ (b) $x = 2, y = 1, z = -1$

(c) $x = 1, y = 0, z = -1$ (d) $x = 1, y = 1, z = 0$

93. यदि ω, – 1 का घनमूल है, तब $\begin{vmatrix} 1 & -\omega & \omega^2 \\ -\omega & \omega^2 & 1 \\ \omega^2 & 1 & -\omega \end{vmatrix}$ का मान है–

(a) 1 (b) 0

(c) $1 + \omega^2$ (d) इनमें से कोई नहीं

94. $\int_0^{\pi/2} \sqrt{\frac{2 + x}{2 - x}} dx$ का मान होगा–

(a) $\frac{\pi}{2} + 1$ (b) $\pi + \frac{3}{2}$

(c) $\pi + 2$ (d) इनमें से कोई नहीं

95. **परवलय $y = 4x - x^2$ और x-अक्ष के अन्तर्गत घिरे हुए क्षेत्र का क्षेत्रफल वर्ग इकाई होगा–**

(a) $\frac{16}{3}$ (b) $\frac{32}{3}$

(c) 16 (d) इनमें से कोई नहीं

96. **यदि $\cos^{-1}\frac{1}{x} = \theta$, तो $\tan\theta$ बराबर होगा–**

(a) $\frac{1}{\sqrt{x^2-1}}$ (b) $\sqrt{x^2+1}$

(c) $\sqrt{1-x^2}$ (d) $\sqrt{x^2-1}$

97. **यदि $\cot^{-1}\alpha + \cot^{-1}\beta = \cot^{-1}x$, तो x बराबर है–**

(a) $\alpha+\beta$ (b) $\frac{\alpha\beta-1}{\alpha+\beta}$

(c) $\frac{1+\alpha\beta}{\alpha+\beta}$ (d) $\alpha-\beta$

98. **अतिपरवलय जिसके ध्रुव (6, 4) और (–4, 4) और उत्केन्द्रता 2 है, का समीकरण होगा–**

(a) $12x^2 - 4y^2 - 24x + 32y - 127 = 0$

(b) $12x^2 + 4y^2 + 24x - 32y - 127 = 0$

(c) $12x^2 - 4y^2 - 24x - 32y + 127 = 0$

(d) $12x^2 - 4y^2 + 24x + 32y + 127 = 0$

99. **एक रस्सी जिससे एक बछड़ा बँधा हुआ है, 12 मीटर से बढ़ाकर 23 मीटर कर दी गयी है। अतिरिक्त कितने घासयुक्त क्षेत्र को यह चर सकेगा?**

(a) 1200 वर्गमीटर (b) 1210 वर्गमीटर

(c) 1225 वर्गमीटर (d) 1250 वर्गमीटर

100. **A, B तथा C तीन घर एक पंक्ति में नहीं हैं। तीनों घरों के लिए सम्मिलित रूप में तथा तीनों से समान दूरी पर एक कुँआ खोदा जाना है। कुँआ कहाँ पर खोदा जाना चाहिये ?**

(a) ΔABC के अन्त: केन्द्र पर

(b) ΔABC के परिकेन्द्र पर

(c) ΔABC के लम्ब केन्द्र पर

(d) ΔABC के केन्द्रक पर

उत्तर (हल/संकेत)

1. (c) **संक्षिप्त विधि द्वारा–**

$$(A)^{1/t_1} = (B)^{1/t_2}$$

$$\Rightarrow (2)^{1/10} = (8)^{1/t_2}$$

$$\Rightarrow (2)^{1/10} = (2^3)^{1/t_2}$$

$$\Rightarrow \frac{1}{10} = \frac{3}{t_2}$$

$$\Rightarrow t_2 = 30 \text{ वर्ष}$$

2. (d)

3. (a) $4\tan\theta - 3 = 0$

$$\tan\theta = \frac{3}{4}$$

$$3\tan\theta + 5\sin\theta$$

$$\Rightarrow 3\times\frac{3}{4}+5\times\frac{3}{5}$$

$$\Rightarrow \frac{9}{4}+3 = \frac{9+12}{4} = \frac{21}{4}$$

$$= 5\frac{1}{4}$$

4. (c) $a^2 + b^2 + c^2 = r^2\sin^2 x.\cos^2 y + r^2\sin^2 x.\sin^2 y + r^2\cos^2 x$

$$= r^2\sin^2 x(\cos^2 y + \sin^2 y) + r^2\cos^2 x$$

$$= r^2\sin^2 x \times 1 + r^2\cos^2 x$$

$$= r^2(\sin^2 x + \cos^2 x)$$

$$= r^2 \times 1 = r^2$$

5. (b) $\because$ AB को M बाह्यत: अनुपात $b : a$ में विभाजित करता है।

$$\therefore \quad x = \frac{ba\cos\beta - ab\cos\alpha}{b-a}$$

तथा $$y = \frac{ab\sin\beta - ab\sin\alpha}{b-a}$$

$$\therefore \quad \frac{x}{y} = \frac{\cos\beta-\cos\alpha}{\sin\beta-\sin\alpha}$$

$$\Rightarrow \frac{x}{y} = \frac{2\sin\left(\frac{\alpha+\beta}{2}\right)\sin\left(\frac{\alpha-\beta}{2}\right)}{2\cos\left(\frac{\alpha+\beta}{2}\right)\sin\left(\frac{\beta-\alpha}{2}\right)}$$

$$\Rightarrow x\cos\left(\frac{\alpha+\beta}{2}\right) + y\sin\left(\frac{\alpha+\beta}{2}\right) = 0$$

6. (c) चूँकि $x = x_1 + t(x_2 - x_1)$

$$x = x_1 + tx_2 - tx_1$$

$$x = (1-t)x_1 + t x_2$$

$$x = \frac{(1-t)x_1 + tx_2}{(1-t)+t}$$

इसी प्रकार,

$$y = \frac{(1-t)y_1 + ty_2}{(1-t)+t}$$

$\Rightarrow$ बिन्दु (x, y) लाइन $(x_1, y_1), (x_2, y_2)$ को $t : (1-t)$ के अनुपात में विभाजित करता है।

7. (b) माना $z = \dfrac{2-i}{(1-2i)^2}$

z का संयुग्मी $= \bar{z} = \dfrac{2+i}{(1+2i)^2}$

($\because i$ को $-i$ से परिवर्तित करने पर)

$\because \quad \bar{z} = \dfrac{2+i}{1^2-4+4i}$

$$= \frac{2+i}{4i-3} \times \frac{4i+3}{4i+3} = \frac{11i+2}{(4i)^2-(3)^2} = \frac{11i+2}{-16-9}$$

$$= -\frac{2}{25} - i\frac{11}{25}$$

8. (d) माना $z = \sin x + i\cos 2x$

प्रश्नानुसार $z = \cos x - i\sin 2x$

$\therefore \quad \sin x - i\cos x = \cos x - i\sin 2x$

$\Rightarrow \quad (\sin x - \cos x) + i(\sin 2x - \cos 2x) = 0$

काल्पनिक तथा वास्तविक भागों की तुलना करने पर,

$\sin x - \cos x = 0, \quad \sin 2x - \cos 2x = 0$

$\Rightarrow \quad \tan x = 0$ तथा $\tan 2x = 0$

$\Rightarrow \quad x = n\pi$ तथा $2x = n\pi$

$\Rightarrow \quad x = n\pi$ तथा $x = \dfrac{n\pi}{2}$

जोकि सम्भव नहीं है। अतः x का कोई मान नहीं है।

9. (a) $(z+3)(\bar{z}+3) = z\bar{z} + 3z + 3\bar{z} + (3)^2$

$= |z|^2 + 3\left(\dfrac{z+\bar{z}}{2}\right) \times 2 + 3^2 \qquad (\because |z|^2 = z\bar{z})$

$= |z|^2 + 2 \times 3 \times |z| + 3^2$

$= |z+3|^2$

10. (d) $\begin{vmatrix} 1 & 6 & \pi \\ \log_1 & 6 & \sqrt{\pi} \\ \log_{10} 10 & 6 & e \end{vmatrix} = \begin{vmatrix} 1 & 6 & \pi \\ 1 & 6 & \sqrt{\pi} \\ 1 & 6 & e \end{vmatrix}$

$$= 6\begin{vmatrix} 1 & 1 & \pi \\ 1 & 1 & \sqrt{\pi} \\ 1 & 1 & e \end{vmatrix} = 6 \times 0 = 0$$

11. (b) $\Delta = \begin{vmatrix} a & a^2 & a^3-1 \\ b & b^2 & b^3-1 \\ c & c^2 & c^3-1 \end{vmatrix} = 0$

$$= \begin{vmatrix} a & a^2 & a^3 \\ b & b^2 & b^3 \\ c & c^2 & c^3 \end{vmatrix} - \begin{vmatrix} a & a^2 & -1 \\ b & b^2 & -1 \\ c & c^2 & -1 \end{vmatrix}$$

$$= (abc)\begin{vmatrix} 1 & a & a^2 \\ 1 & b & b^2 \\ 1 & c & c^2 \end{vmatrix} - \begin{vmatrix} 1 & a & a^2 \\ 1 & b & b^2 \\ 1 & c & c^2 \end{vmatrix}$$

$$= (abc-1)\begin{vmatrix} 1 & a & a^2 \\ 1 & b & b^2 \\ 1 & c & c^2 \end{vmatrix} = 0 \quad \because \begin{vmatrix} 1 & a & a^2 \\ 1 & b & b^2 \\ 1 & c & c^2 \end{vmatrix} \neq 0$$

$\Rightarrow \therefore abc - 1 = 0 \Rightarrow abc = 1$

12. (a) $\begin{vmatrix} x+1 & x+2 & x+3 \\ x+2 & x+3 & x+4 \\ x+a & x+b & x+c \end{vmatrix} = 0$

$$= \begin{vmatrix} x+1 & 1 & 1 \\ x+2 & 1 & 1 \\ x+a & b-a & c-b \end{vmatrix}$$

($C_2 \to C_2 - C_1$ तथा $C_3 \to C_3 - C_2$ से)

$$= \begin{vmatrix} x+1 & 0 & 1 \\ x+2 & 0 & 1 \\ x+a & 2b-a-c & c-b \end{vmatrix} = 0 \quad C_2 \to C_2 - C_3 \text{ से}$$

$= (2b - a - c)(x + 1 - x - 2) = 0$

$= a + c - 2b = 0 \Rightarrow a + c = 2b$

अतः a, b, c समान्तर श्रेणी में हैं।

13. (b) वेन आरेख बनाने पर,

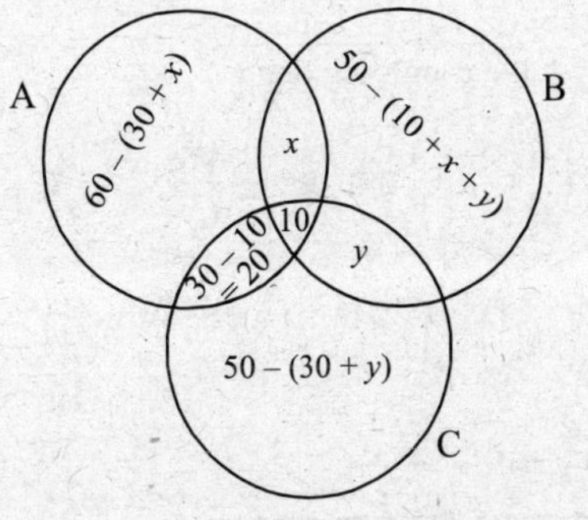

$60 - (30 + x) + x + 10 + 20 + 50 - (10 + x + y) + y + 50 - (30 + y) = 100$

$\Rightarrow \quad 120 - x - y = 100$

$\Rightarrow \quad x + y = 20$

ऐसे व्यक्तियों का प्रतिशत जो केवल दो कार्यक्रम देखते हैं

$x + y + 20 = 20 + 20 = 40$

14. (c) दिया है, $x = a\sec^3\theta$ तथा $y = a\tan^3\theta$

θ के सापेक्ष अवकलन करने पर,

$$\frac{dx}{d\theta} = 3a\sec^2\theta\frac{d}{d\theta}(\sec\theta) = 3a\sec^3\theta\tan\theta$$

तथा

$$\frac{dy}{d\theta} = 3a\tan^2\theta\frac{d}{d\theta}(\tan\theta) = 3a\tan^2\theta\sec^2\theta$$

इस प्रकार, $$\frac{dy}{dx} = \frac{\frac{dy}{d\theta}}{\frac{dx}{d\theta}} = \frac{3a\tan^2\theta\sec^2\theta}{3a\sec^3\theta\tan\theta}$$

$$= \frac{\tan\theta}{\sec\theta} = \sin\theta$$

अतः $$\left(\frac{dy}{dx}\right)_{\theta=\frac{\pi}{3}\text{ पर}} = \sin\frac{\pi}{3} = \frac{\sqrt{3}}{2}$$

15. (a) माना $y = \log[\log(\log x^5]$

x के सापेक्ष अवकलन करने पर,

$$\frac{dy}{dx} = \frac{1}{\log(\log x^5)}.\frac{d}{dx}[\log(\log x^5)]$$

$$= \frac{1}{\log(\log x^5)}.\frac{1}{(\log x^5)}.\frac{d}{dx}(\log x^5)$$

$$= \frac{1}{\log(\log x^5)}.\frac{1}{(\log x^5)}.\frac{1}{x^5}.\frac{d}{dx}(x^5)$$

$$= \frac{5x^4}{x^5.\log x^5.\log(\log x^5)}$$

$$= \frac{5}{x.5\log x.\log(\log x^5)}$$

$$= \frac{1}{x.\log x.\log(\log x^5)}$$

16. (a) दिया है, $x = t + \frac{1}{t}$ तथा $y = t - \frac{1}{t}$

दिया है, $\left(t+\frac{1}{t}\right)^2 - \left(t-\frac{1}{t}\right)^2 = 4$

$\Rightarrow \quad x^2 - y^2 = 4$

अब, x के सापेक्ष अवकलन करने पर,

$$2x - 2y\frac{dy}{dx} = 0$$

$$\Rightarrow \quad \frac{dy}{dx} = \frac{x}{y} = \frac{t^2+1}{t^2-1}$$

17. (a) माना भूमि से 120 सेमी ऊँचे बिन्दु O से, क्षैतिज दिशा में, वेग u से फेंकने पर गेंद भूमि से बिन्दु B पर टकराती है और h सेमी ऊँचे जाल CD को बिन्दु C पर छूती हुई जाती है।

AD = 150 सेमी = EC

AB = 1000 सेमी

OA = 120 सेमी

तथा CD = h – EA,

$\therefore$ OE = $(120 - h)$ सेमी

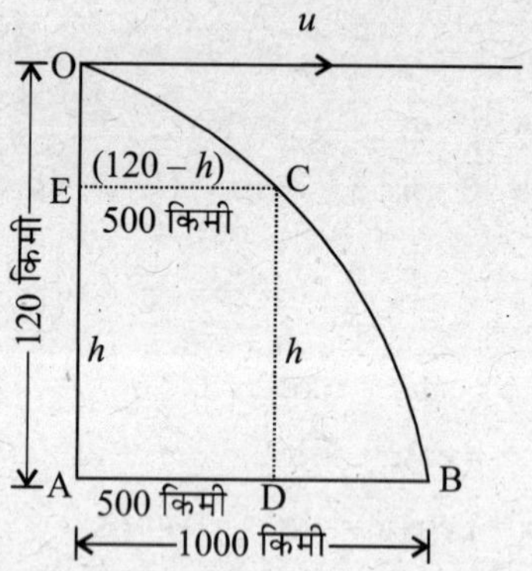

यदि गेंद को O से B तक गिरने में t_1 सेकण्ड लगते हैं, तो इस समय में गेंद विराम से गिरकर 120 सेमी की ऊर्ध्वाधर दूरी तय करती है।

$\therefore \quad s + ut + \frac{1}{2}ft^2$ से,

$$120 = 0 + \frac{1}{2}gt_1^2$$

$\Rightarrow \quad \frac{1}{2}\times 980\, t_1^2 = 120$

$\Rightarrow \quad 49\, t_1^2 = 12$

$\therefore \quad t_1 = \frac{2}{7}\sqrt{3}$ सेकण्ड

$\therefore \quad AB = u \times t_1$

$\Rightarrow \quad 1000 = u \times \frac{2}{7}\sqrt{3}$

$\therefore \quad u = \frac{3500}{\sqrt{3}}$ सेमी/सेकण्ड

पुनः यदि गेंद को O से C तक गिरने में t^2 सेकण्ड लगते हैं, तो इस तो इस समय में गेंद विराम से गिरकर $(120 - h)$ सेमी की ऊर्ध्वाधर दूरी तय करती है।

$\therefore \quad s = ut + \frac{1}{2}ft^2$ से

$$120 - h = 0 + \frac{1}{2}gt_2^2$$

$\Rightarrow \quad \frac{1}{2}\times 980 \times t_2^2 = 120 - h$

$\Rightarrow \quad 490\ t_2^2 = 120 - h$

$\therefore \quad t_2 = \frac{1}{7}\sqrt{\left(\frac{120-h}{10}\right)}$

$\therefore \quad EC = u \times t_2$

$\Rightarrow \quad 500 = \frac{3500}{\sqrt{3}} \times \frac{1}{7}\sqrt{\left(\frac{120-h}{10}\right)}$

$\Rightarrow \quad \sqrt{(30)} = \sqrt{(120-h)}$

$\Rightarrow \quad 30 = 120 - h$

$\therefore \quad h = 90$ सेमी

18. (d) यदि उनके द्वारा प्राप्त महत्तम ऊँचाइयाँ एक ही हैं, तो

$$\frac{v_1^2 \sin^2 30^\circ}{2g} = \frac{v_2^2 \sin^2 60^\circ}{2g}$$

या, $\quad v_1^2\left(\frac{1}{2}\right)^2 = v_1^2 \cdot \left(\frac{\sqrt{3}}{2}\right)^2$

या, $\quad \frac{1}{4}v_1^2 = \frac{3}{4}v_2^2$

या, $\quad \frac{v_2}{v_1} = \frac{1}{\sqrt{3}}$

19. (a) माना गोले का वेग u से क्रमशः α और $90^\circ - \alpha$ कोण पर दागा जाता है, तो

परास $= R$

$$= \frac{u^2 \sin(90^\circ - \alpha)}{g}$$

$$= \frac{u^2 \sin 2\alpha}{g}$$

प्रक्षेप-कोण α के लिए, महत्तम ऊँचाई

$$= \frac{u^2 \sin^2 \alpha}{2g} = h$$

और प्रक्षेप-कोण $(90^\circ - \alpha)$ के लिए, महत्तम ऊँचाई

$$= \frac{u^2 \sin^2(90^\circ - \alpha)}{2g}$$

$$= \frac{u^2 \cos^2 \alpha}{2g} = h'$$

$$\therefore \quad 16\,hh' = 16 \times \frac{u^2 \sin^2 \alpha}{2g} \times \frac{u^2 \cos^2 \alpha}{2g}$$

$$= \frac{4u^4 . \sin^2 \alpha \cos^2 \alpha}{2g}$$

$$= \left(\frac{2u^2 \sin^2 \alpha \cos \alpha}{g}\right)^2$$

$$= \left(\frac{u^2 \sin 2\alpha}{g}\right)^2 = R^2$$

$$R^2 = 16\,hh'$$

20. (a) समरेख बिन्दु को A, B तथा C समरेख सिद्ध करने के लिए हम $|AC| = |AB| + |BC|$

दिए गए बिन्दु A(1, 2, 7), B (2, 6, 3) तथा C (3, 10, – 1) हैं।

$\therefore$ AB = B का स्थिति सदिश – A का स्थिति सदिश

$$= (2\hat{i} + 6\hat{j} + 3\hat{k}) - (\hat{i} + 2\hat{j} + 7\hat{k})$$

$$= (2-1)\hat{i} + (6-2)\hat{j} + (3-7)\hat{k} = \hat{i} + 4\hat{j} - 4\hat{k}$$

AB का परिमाण

$$|AB| = \sqrt{(1)^2 + (4)^2 + (-4)^2} = \sqrt{1+16+16} = \sqrt{33}$$

BC = C का स्थिति सदिश – B का स्थिति सदिश

$$= (3\hat{i} + 10\hat{j} - 1\hat{k}) - (2\hat{i} + 6\hat{i} + 3\hat{k})$$

$$= (3-2)\hat{i} + (10-6)\hat{j} + (-1-3)\hat{k}$$

$$= \hat{i} + 4\hat{J} - 4\hat{k}$$

BC का परिमाण

$$|BC| = \sqrt{(1)^2 + (4)^2 + (-4)^2}$$

$$= \sqrt{1+16+16} = \sqrt{33}$$

AC = C का स्थिति सदिश – A का स्थिति सदिश

$$= (3\hat{i} + 10\hat{j} - 1\hat{k}) - (1\hat{i} + 2\hat{j} + 7\hat{k})$$

$$= (3-1)\hat{i} + (10-2)\hat{j}\ (-1-7)\hat{k}$$

$$= 2\hat{i} + 8\hat{j} - 8\hat{k}$$

AC का परिमाण

$$|AC| = \sqrt{2^2 + 8^2 + (-8)^2}$$

$$= \sqrt{4+64+64}$$

$$= \sqrt{132} = 2\sqrt{33} = \sqrt{33} + \sqrt{33}$$

$\therefore \quad |AC| = |AB| + |BC|$

अतः बिन्दु A, B तथा C समरेख हैं।

21. (b) दिया है, $a \cdot b = 0$

तब, या तो $|a| = 0$ या फिर $|b| = 0$ या $a \perp b$ (इस स्थिति में a तथा b शून्येत्तर सदिश होंगे) तथा यदि $a \times b = 0$, तब या तो $|a| = 0$ या $[b] = 0$ या $a \| b$ (इस स्थिति में a व b शून्येत्तर सदिश होंगे) परन्तु a तथा b एकसाथ परस्पर लम्बवत् या समान्तर नहीं हो सकते हैं।

अतः $|a| = 0$ या $|b| = 0$

22. (d) माना XY- तल में OP, X-अक्ष से 30°, Y-अक्ष से 60° तथा Z-अक्ष से 90° का कोण बनाता है।

अतः OP सदिश की दिक् कोज्याएँ $\cos 30^\circ$, $\cos 60^\circ$ तथा $\cos 90^\circ$ हैं।

अर्थात् $\frac{\sqrt{3}}{2}, \frac{1}{2}, 0$ अतः $OP = \frac{\sqrt{3}}{2}\hat{i} + \frac{1}{2}\hat{j}$

$$|OP| = \sqrt{\left(\frac{\sqrt{3}}{2}\right)^2 + \left(\frac{1}{2}\right)^2} = \sqrt{\frac{3}{4} + \frac{1}{4}} = \sqrt{1} = 1$$

जोकि XY-तल में अभीष्ट मात्रक सदिश है।

23. (d) माना ΔABC एक समद्विबाहु त्रिभुज है, जहाँ BC निश्चित लम्बाई b का आधार है।

पुनः माना ΔABC की दो बराबर भुजा x है।

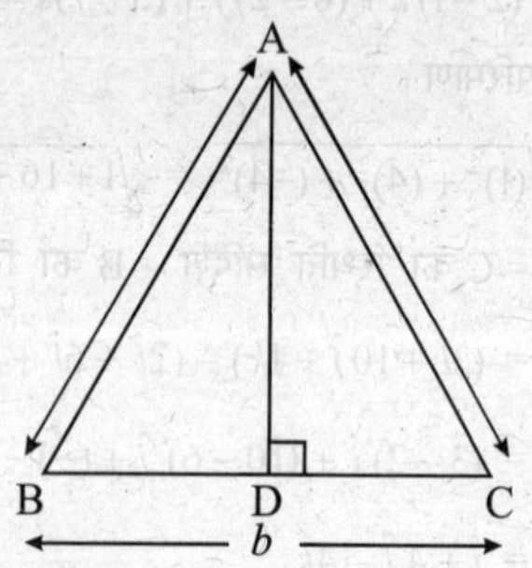

$AD \perp BC$ खींचिए।

अब, ΔADC में पाइथागोरस प्रमेय लागू करने पर,

$$AD = \sqrt{x^2 - \left(\frac{b}{2}\right)^2} = \sqrt{x^2 - \frac{b^2}{4}}$$

$\therefore$ त्रिभुज का क्षेत्रफल

$$(a) = \frac{1}{2} \times \text{आधार} \times \text{लम्बाई}$$

$$= \frac{b}{2}\sqrt{x^2 - \frac{b^2}{4}}$$

t के सापेक्ष क्षेत्रफल A के परिवर्तन की दर,

$$\frac{dA}{dt} = \frac{1}{2}b \times \frac{1}{2}\frac{2x}{\sqrt{x^2 - \frac{b^2}{4}}} \times \frac{dx}{dt}$$

$$= \frac{xb}{\sqrt{4x^2 - b^2}}\frac{dx}{dt}$$

यह दिया गया है कि, त्रिभुज की दो बराबर भुजाएँ 3 सेमी/से की दर से घट रही हैं।

$\therefore$ $\frac{dx}{dt} = -3$ सेमी/से

(ऋणात्मक चिह्न दर्शाता है कि भुजाएँ घट रही हैं)

$\therefore$ $\frac{dA}{dt} = \frac{-3xb}{\sqrt{4x^2 - b^2}}$ सेमी^{2}/से

जब $x = b$, तब $\frac{dA}{dt} = \frac{-3b^2}{\sqrt{3b^2}} = -\sqrt{3}b$ सेमी^{2}/से

अतः त्रिभुज की समान भुजाएँ आधार के बराबर है, तब उसका क्षेत्रफल $\sqrt{3}b$ सेमी^{2}/से की दर से घट रहा है।

24. (c) मिलने का समय,

$$10 + 6t = 3 + t^2$$

$\Rightarrow$ $t^2 - 6t - 7 = 0$

$\Rightarrow$ $t = 7$

$t = 7$ पर प्रथम बिन्दु के लिए,

$$v_1 = \frac{d}{dt}(10 + 6t) = 6 \text{ सेमी/से}$$

$t = 7$ पर द्वितीय बिन्दु के लिए,

$$v_2 = \frac{d}{dt}(3 + t^2)$$

$$= 2t = 2 \times 7 = 14 \text{ सेमी/से}$$

$\therefore$ परिणामी वेग $= v_2 - v_1$

$= 14 - 6 = 8$ सेमी/से

25. (b) परास = H − L = 98 − 15 = 83

26. (d) 20-30 वर्ग-चिह्न $= \frac{20 + 30}{2} = \frac{50}{2} = 25$

27. (a) तालिका को अवरोही क्रम में लिखने से 10, 11, 15, 17, 20, 21, 32, 32, 33, 35, 41

$n = 11$ माध्यिका $= \frac{n+1}{2}$ वाँ पद

$= \frac{11+1}{2}$ वाँ पद

$= 6$ वाँ पद

अतः माध्यिका = 21

28. (c) $\because$ $a = (\sqrt{3} + \sqrt{2})^{-3} = \left(\frac{1}{\sqrt{3} + \sqrt{2}}\right)^3$

$$= (\sqrt{3} - \sqrt{2})^3$$

$$b = (\sqrt{3} - \sqrt{2})^{-3} = \left(\frac{1}{\sqrt{3} - \sqrt{2}}\right)^3$$

$$= (\sqrt{3} + \sqrt{2})^3$$

$\therefore$ $a \times b = (\sqrt{3} - \sqrt{2})^3 \times (\sqrt{3} + \sqrt{2})^3$

$= (3 - 2)^3 = 1$

$\therefore$ व्यंजक $= (a + 1)^{-1} + (b + 1)^{-1}$

$$= \frac{1}{a+1} + \frac{1}{b+1}$$

$$= \frac{(b+1) + (a+1)}{(a+1)(b+1)}$$

$$= \frac{a+b+2}{ab+a+b+1} = \frac{a+b+2}{a+b+2} = 1$$

29. (c) माना दो परस्पर लम्ब दिशाओं में बलों के वियोजित भागों के योगफल क्रमशः X और Y हैं, तो

$X = -P\cos 0° + 2P\cos 0° - 3P\cos 60°$

$$= -P.\frac{1}{2} + 2P.1 - 3P.\frac{1}{2}$$

$$= 2P - 2P = 0$$

और $Y = -P\sin 60° + 2P\sin 0° + 3P\sin 60°$

$$= 2P\left(\frac{\sqrt{3}}{2}\right) = P\sqrt{3}$$

अतः परिणामी

$$R = \sqrt{X^2 + Y^2}$$

$$= \sqrt{(10 + 3P^2)} = P\sqrt{3}$$

30. (c) माना बल P, Q और R क्रम से Δ ABC की भुजाओं BC, CA और AB के अनुदिश कार्य करते हैं,

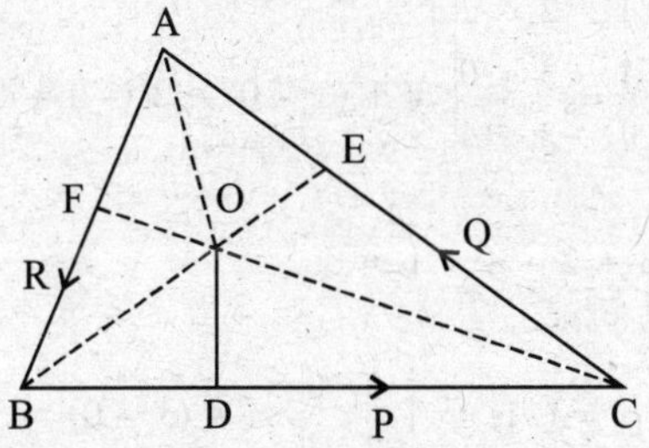

माना O, Δ ABC का परिकेन्द्र है, तो OA = OB = OC = त्रिज्या O से BC, CA और AB पर क्रमशः OD, OE और OF लम्ब डाले,

∵ केन्द्र पर बना कोण = परिधि पर बने कोण का दोगुना

$\therefore \quad \angle BOC = 2\angle BAC = 2A$

$\therefore \quad \angle BOD = \frac{1}{2}\angle BOC = \frac{1}{2}, 2A = A$

Δ ODB में,

$OD = OB . \cos BOD$

$= OB \cos A$

इसी प्रकार,

$OE = OC \cos B$

और $OF = OA \cos C$

चूँकि दिए हुए बलों का परिणामी Δ ABC के परिकेन्द्र O से होकर जाता है, इसलिए O के सापेक्ष बलों के आघूर्ण का बीजीय योगफल शून्य होना चाहिए,

अर्थात् $P.OD + Q.OE + R.OF = 0$

$\Rightarrow \quad P.OB\cos A + Q.OC\cos B + R.OA\cos C = 0$

$\Rightarrow \quad P\cos A + Q\cos B + R\cos C = 0$

31. (d) यदि D, BC का मध्य बिन्दु है, तो Δ ABC का केन्द्रक G, रेखा AD पर होगा, जबकि AD : GD = 3 : 1

A और G से BC पर क्रमशः AL और GM लम्ब डाले, तो समरूप त्रिभुजों ALD और GMD में

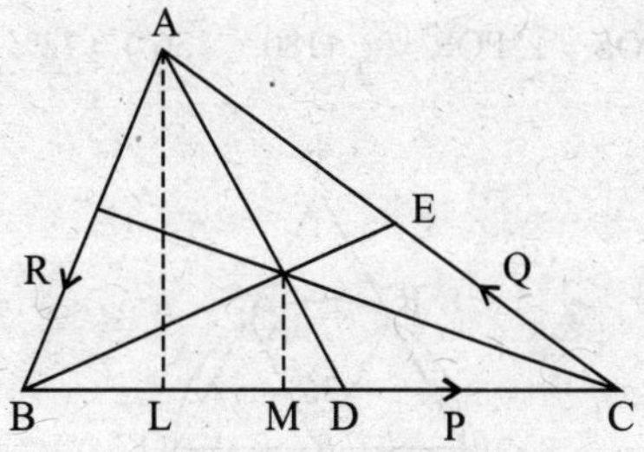

$AL : GM = AD : GD = 3 : 1$

$\therefore \quad GM = \frac{1}{3}AL$

परन्तु Δ ALB में,

$AL = AB\sin B = C\sin B$

$\therefore \quad GM = \frac{1}{3}.C\sin B$

इसी प्रकार AB, से G की दूरी

$$= \frac{1}{3}b\sin A$$

और AC से G की दूरी

$$= \frac{1}{3}a\sin C$$

अब दिए हुए बलों का परिणामी, ΔABC के केन्द्रक G से होकर जाता है, इसलिए G के सापेक्ष बलों के आघूर्णों की बीजीय योगफल शून्य होगा,

अर्थात् $P\frac{1}{3}c\sin B + Q.\frac{1}{3}a\sin C + R.\frac{1}{3}b\sin A = 0$

या, $P.(K\sin C).\sin B + Q(K\sin A).\sin C + R(K\sin B)\sin A = 0$

या, $\frac{P}{\sin A} + \frac{Q}{\sin B} + \frac{R}{\sin C} = 0$

[K sin A sin B sin C से भाग देने पर]

या, $P\operatorname{cosec} A + Q\operatorname{cosec} B + R\operatorname{cosec} C = 0$

32. (a) दिया है,

$$AB = BC = AC$$

∴ ΔABC समबाहु है।

$\therefore \quad \angle ABC = 60°$

$\therefore \quad \angle AOC = 2\times\angle ABC = 2\times 60° = 120°$

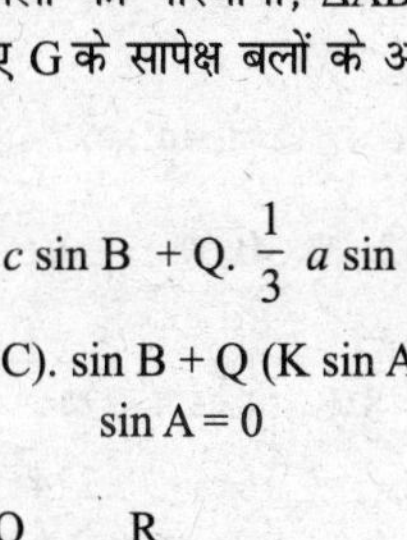

33. (a) $\angle QOS = \angle POR = \frac{1}{2}(180° - 36°) = 72°$

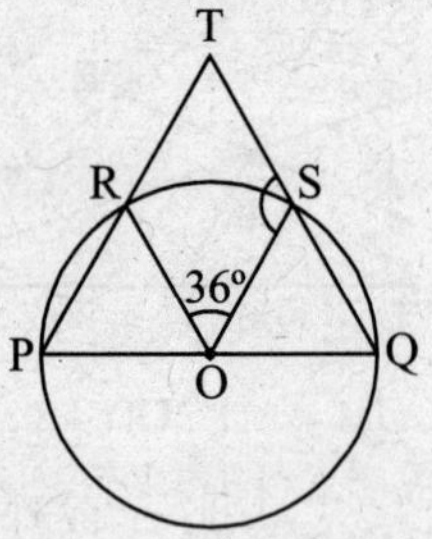

$\angle OSQ = \angle OQS = \frac{1}{2}(180° - 72°) = 54°$

$\angle OST = \angle ORT = 180° - 54° = 126°$

$\angle PTQ = 360° - (36° + 126° + 126°) = 72°$

34. (a) $\sin \cos^{-1}(3/5)$,

$$\left[\because \cos^{-1} x = \sin^{-1}\sqrt{(1-x^2)}\right]$$

$$= \sin \sin^{-1} \sqrt{\left(1-\frac{9}{25}\right)}$$

$$= \sin \sin^{-1} \sqrt{\left(\frac{16}{29}\right)}$$

$$= \sin \sin^{-1} \left(\frac{4}{5}\right) = \frac{4}{5}$$

35. (b) माना संख्याएँ $3x$ व $4x$ हैं।

प्रश्नानुसार,

$$(3x)^2 \times 8 = (4x)^2 + 224$$
$$\Rightarrow 72x^2 = 16x^2 + 224$$
$$\Rightarrow 56x^2 = 224$$
$$\Rightarrow x^2 = 4$$
$$\Rightarrow x = 2$$

$\therefore$ संख्याएँ क्रमशः 6 व 8 होंगी।

36. (a) दिया है $A = \begin{bmatrix} 4 & 3 \\ 2 & 5 \end{bmatrix}$

अतः adj (a) $= \begin{bmatrix} 5 & -3 \\ -2 & 4 \end{bmatrix}$

$$A \text{ adj (a)} = \begin{bmatrix} 4 & 3 \\ 2 & 5 \end{bmatrix}\begin{bmatrix} 5 & -3 \\ -2 & 4 \end{bmatrix}$$

$$= \begin{bmatrix} 20-6 & -12+12 \\ 10-10 & -6+20 \end{bmatrix}$$

$$= \begin{bmatrix} 14 & 0 \\ 0 & 14 \end{bmatrix}$$

37. (c) दिया है $\begin{bmatrix} 6 & 5 \\ 2 & 2 \end{bmatrix} X = \begin{bmatrix} 2 & -1 \\ 2 & +2 \end{bmatrix}$

माना $A = \begin{bmatrix} 6 & 5 \\ 2 & 2 \end{bmatrix}$, तथा $B = \begin{bmatrix} 2 & -1 \\ 2 & +2 \end{bmatrix}$

तब $AX = B$

$X = A^{-1} B$

$A_{11} = 2, A_{21} = -5$

$A_{12} = -2 \; A_{22} = 6$

$$A^{-1} = \begin{bmatrix} 2 & -5 \\ -2 & 6 \end{bmatrix} \text{ तथा } X = \begin{bmatrix} 2 & -5 \\ -2 & 6 \end{bmatrix}\begin{bmatrix} +2 & -1 \\ 2 & +2 \end{bmatrix}$$

$$= \begin{bmatrix} 4-10 & -2-10 \\ -4+12 & +2+12 \end{bmatrix}$$

$$X = \begin{bmatrix} -6 & -12 \\ 8 & 14 \end{bmatrix}$$

38. (b) $= \begin{vmatrix} 1 & 2 & -2 \\ -1 & 3 & 0 \\ 0 & -2 & 1 \end{vmatrix} = 1(3-0) - 2(-1-0) - 2(2-0)$

$= 3 + 2 - 4 = 1 \neq 0$

B^{-1} exists

यहाँ $B_{11} = (-1)^{1+1} \begin{vmatrix} 3 & 0 \\ -2 & 1 \end{vmatrix} = +(3-0) = 3$

$B_{12} = (-1)^{1+2} \begin{vmatrix} -1 & 0 \\ 0 & 1 \end{vmatrix} = -(-1-0) = 1$

$B_{13} = (-1)^{1+3} \begin{vmatrix} -1 & 3 \\ 0 & -2 \end{vmatrix} + 2(2-0) = 2$

$B_{21} = (-1)^{2+1} \begin{vmatrix} 2 & -2 \\ -2 & 1 \end{vmatrix} = -(2-4) = 2$

$B_{22} = (-1)^{2+2} \begin{vmatrix} 1 & -2 \\ 0 & 1 \end{vmatrix} = +(1-0) = 1$

$B_{23} = (-1)^{2+3} \begin{vmatrix} 1 & 2 \\ 0 & -2 \end{vmatrix} = -(-2-0) = 2$

$B_{31} = (-1)^{3+1} \begin{vmatrix} 2 & -2 \\ 3 & 0 \end{vmatrix} = +(0+6) = 6$

$B_{32} = (-1)^{3+2} \begin{vmatrix} 1 & -2 \\ -1 & 0 \end{vmatrix} = -(0-2) = 2$

$B_{33} = (-1)^{3+3} \begin{vmatrix} 1 & 2 \\ -1 & 3 \end{vmatrix} = +(3+2) = 5$

$$B^{-1} = \frac{1}{|B|} \text{ adj (b)} = \frac{1}{1}\begin{bmatrix} 3 & 1 & 2 \\ 2 & 1 & 2 \\ 6 & 2 & 5 \end{bmatrix} = \begin{bmatrix} 3 & 2 & 6 \\ 1 & 1 & 2 \\ 2 & 2 & 5 \end{bmatrix}$$

39. (c) **40.** (a) **41.** (a)

42. (d) माना दोनों संख्याओं का महत्तम समापवर्तक x है।

$\therefore$ पहली संख्या $= 2x$

तथा दूसरी संख्या $= 3x$

$\therefore$ $2x \times 3x$

= महत्तम समापवर्तक × लघुत्तम समापवर्त्य

$\Rightarrow \quad 2x \times 3x = x \times 72$

$\Rightarrow \quad x = \frac{72}{6} = 12$

$\therefore$ महत्तम समापवर्तक = 12

43. (a) दी गई रेखाएँ

$x - 34 - 2 = 0$

तथा $2x - 6y - 6 = 0$

$-3y = -x + 2$

$y = \frac{1}{3}x - \frac{2}{3}$

$m_1 = \frac{1}{3}$

तथा $2x - 6y - 6 = 0$

$-6y = -2x + 6$

$4 = \frac{1}{3}x - 1$

$\therefore \quad m_2 = \frac{1}{3}$

$m_1 = m_2$

अतः दोनों रेखाएँ समान्तर हैं। जो कभी भी प्रतिच्छेदी नहीं हैं।

44. (c) (A + B) का 1 दिन का काम $= \frac{1}{12}$

B का 1 दिन का काम $= \frac{1}{30}$

$\therefore$ A का 1 दिन का काम $= \left(\frac{1}{12} - \frac{1}{30}\right)$

$= \frac{3}{60} = \frac{1}{20}$

अतः A अकेला उस काम को 20 दिन में कर सकता है।

45. (d) **सामान्य सूत्र–**

$M_1D_1 = M_1D_2$ से

$10 \times 8 = M_2 \times \frac{1}{2}$

$\Rightarrow \quad M_2 = (2 \times 80) = 160$

अतः आवश्यक आदमियों की संख्या = **160**

46. (b) चित्र में AB दुर्ग की दीवार है।

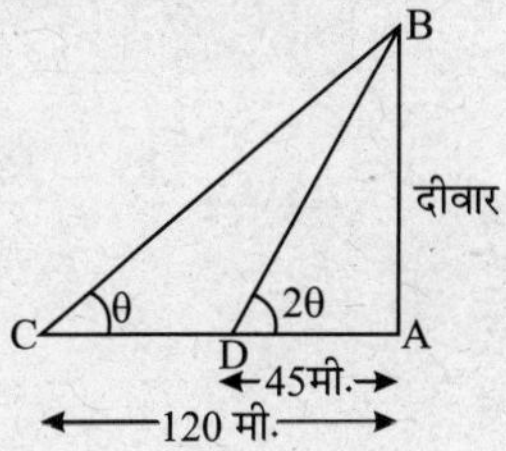

Δ BDC में,

अब $\tan\theta = \frac{AB}{AC} = \frac{AB}{120}$

Δ ABD में,

पुनः $\tan 2\theta = \frac{AB}{AD}$

$\therefore \quad \frac{2\tan\theta}{1-\tan^2\theta} = \frac{AB}{45}$

$\therefore \quad \frac{2 \times \frac{AB}{120}}{1-\left(\frac{AB}{120}\right)^2} = \frac{AB}{45}$

$\Rightarrow \quad \frac{\frac{AB}{60}}{1-\left(\frac{AB}{120}\right)^2} = \frac{AB}{45}$

$\Rightarrow \quad \frac{AB}{60} = \frac{AB}{45} \times \left[1-\left(\frac{AB}{120}\right)^2\right]$

$\therefore \quad \frac{3}{2} = 1-\left(\frac{AB}{120}\right)^2$

$\Rightarrow \quad \left(\frac{AB}{120}\right)^2 = \frac{1}{4}$

$\Rightarrow \quad \frac{AB}{120} = \frac{1}{2}$

$\Rightarrow$ AB = 60 मीटर

47. (a) माना एक भाग x तथा दूसरा भाग $(74 - x)$ है।

$\therefore \quad 5x + (74 - x) \times 11 = 454$

$\Rightarrow \quad 5x + 814 - 11x = 454$

$\Rightarrow \quad 6x = 814 - 454 = 360$

$\Rightarrow \quad x = 60$

पहला भाग = 60

दूसरा भाग = 74 – 60 = 14

48. (c) माना संख्याएँ क्रमशः x व y बड़ी व छोटी हैं।

तब,

$x \times y = 9375$ ...(i)

तथा $\frac{x}{y} = 15$ ...(ii)

समी (i) व (ii) से,

$15y \times y = 9375$

$\Rightarrow \quad y^2 = \frac{9375}{15} = 625$

$\Rightarrow \quad y = 25$

तब, $x = 25 \times 15 = 375$

अतः, $x + y = 375 + 25 = 400$

49. (a) माना $f(x) = x + \sin 2x$

$\Rightarrow \quad f'(x) = 1 + 2\cos 2x$

उच्चतम और न्यूनतम मान के लिए $f'(x) = 0$ रखने पर,

$\Rightarrow \quad 1 + 2\cos 2x = 0$

$\Rightarrow \quad \cos 2x = -\frac{1}{2}$

$\Rightarrow \quad \cos 2x = \cos\frac{\pi}{3} = \cos\frac{2\pi}{3}$

$\Rightarrow \quad \cos 2x = \cos\left(\pi - \frac{\pi}{3}\right), \cos\left(\pi + \frac{\pi}{3}\right),$

$\cos\left(3\pi - \frac{\pi}{3}\right), \cos\left(3\pi + \frac{\pi}{3}\right)$

($\because$ हम जानते है कि $\cos x$ द्वितीय और तृतीय चतुर्थांश में ऋणात्मक होता है।)

तब, $\quad 2x = 2n \pm \frac{2\pi}{3}, n \in Z$

$2x = \frac{2\pi}{3}, \frac{4\pi}{3}, \frac{8\pi}{3}, \frac{10\pi}{3}$

$\Rightarrow \quad x = \frac{\pi}{3}, \frac{2\pi}{3}, \frac{4\pi}{3}, \frac{5\pi}{3} \in [0, 2\pi]$

तब, हम क्रान्तिक बिन्दुओं $x = \frac{\pi}{3}, \frac{2\pi}{3}, \frac{4\pi}{3}, \frac{5\pi}{3}$ और अन्तराल $[0, 2\pi]$ के अन्त बिन्दुओं पर f का मान ज्ञात करते हैं।

x = 0 पर, $\quad f(0) = 0 + \sin 0 = 0$

$x = \frac{\pi}{3}$ पर,

$f\left(\frac{\pi}{3}\right) = \frac{\pi}{3} + \sin\frac{2\pi}{3} = \frac{\pi}{3} + \sin\frac{\pi}{3}$

$= \frac{\pi}{3} + \frac{\sqrt{3}}{2}$

$x = \frac{2\pi}{3}$ पर,

$f\left(\frac{2\pi}{3}\right) = \frac{2\pi}{3} + \sin\frac{4\pi}{3} = \frac{2\pi}{3} - \sin\frac{\pi}{3}$

$= \frac{2\pi}{3} - \frac{\sqrt{3}}{2}$

$x = \frac{4\pi}{3}$ पर,

$f\left(\frac{4\pi}{3}\right) = \frac{4\pi}{3} + \sin\frac{8\pi}{3} = \frac{4\pi}{3} - \sin\frac{2\pi}{3}$

$= \frac{4\pi}{3} + \frac{\sqrt{3}}{2}$

$x = \frac{5\pi}{3}$ पर,

$f\left(\frac{5\pi}{3}\right) = \frac{5\pi}{3} + \sin\frac{10\pi}{3} = \frac{5\pi}{3} - \sin\frac{2\pi}{3}$

$= \frac{5\pi}{3} - \frac{\sqrt{3}}{2}$

$x = 2\pi$ पर,

$f(2\pi) = 2\pi + \sin 4\pi = 2\pi + 0 = 2\pi$

इसलिए $x = 2\pi$ पर f का उच्चतम मान 2π हैं और $x = 0$ पर f का न्यूनतम मान 0 है।

50. (b) दी गई परवलय समीकरण

$y^2 = 8x$

यहाँ, $\quad a = 2$

$\therefore$ नियता का समीकरण $x + 2 = 0$ है

माना परवलय पर बिन्दु P (x_1, y_1) है

$\therefore \quad y_1^2 = 8x_1 \quad$ ...(i)

पुनः SP = 4 = PM, जहाँ S तथा M नियता पर बिन्दु है।

$\therefore \quad x_1 + 2 = 4$

$\Rightarrow \quad x_1 = 2$

x का मान समी. (i) में रखने पर

$y_1^2 = 8 \times 2 = 16$

$\Rightarrow \quad y_1 = \pm 4$

यहाँ, अभीष्ट बिन्दु के निर्देशांक है (2, 4) तथा (2, – 4)

51. (c) यदि, $x = a\sin^2 t \Rightarrow y^2 = 4a\ (a\sin^2 t)$

$\Rightarrow \quad y = \pm 2a\sin t$

52. (d) हम जानते हैं कि

$R = \frac{xyz}{4\Delta}$ और $r = \frac{\Delta}{s}$

$\frac{R}{r} = \frac{xyz}{4\Delta} \times \frac{s}{\Delta} = \frac{xyz}{4\Delta^2} . s$

$\because \quad x : y : z = 4 : 5 : 6 \Rightarrow \frac{x}{4} = \frac{b}{5} = \frac{z}{6} = k$

$\Rightarrow \quad x = 4k, y = 5k, z = 6k$

$s = \frac{4k + 5k + 6k}{2} = \frac{15k}{2}$

$\frac{R}{r} = \frac{4k \times 5k \times 6k}{4\left(\frac{15k}{2} - 4k\right)\left(\frac{15}{2}k - 5k\right)\left(\frac{15k}{2} - 6k\right)}$

$\frac{R}{r} = \frac{120k^3}{4 \times \frac{7}{2} \times \frac{s}{2} \times \frac{3}{2} k^3} \Rightarrow \frac{R}{r} = \frac{16}{7}$

$R : r = 16 : 7$

53. (b) $\angle Q = 30°, \angle R = 45°$

$\angle P = 180° - (30° + 45°) = 105°$

ज्या नियम द्वारा हम पाते हैं कि

$$\frac{\sin P}{p} = \frac{\sin R}{r} \Rightarrow \frac{\sin 105°}{\sqrt{3}+1} = \frac{\sin 45°}{r}$$

$$\Rightarrow \quad r = \frac{\frac{\sqrt{3}+1}{2\sqrt{2}}}{(\sqrt{3}+1)} = \frac{1/\sqrt{2}}{rc} \Rightarrow c = 2$$

54. (a) दी गई श्रेणी निम्न है।

$0.9 + 0.09 + 0.009 + ...$

$= 9\{0.1 + 0.01 + 0.001 + ...\}$

$$= 9\left\{\frac{1}{10} + \frac{1}{100} + \frac{1}{1000} + ...\right\}$$

$= 9\{10^{-1} + 10^{-2} + 10^{-3} + ...\}$

$$= \frac{9}{10}\left\{1 + \left(\frac{1}{10}\right) + \left(\frac{1}{10}\right)^2 + \left(\frac{1}{10}\right)^3 + ...\right\}$$

$$= \frac{9}{10} \times \frac{1}{1-\frac{1}{10}} = \frac{9}{10} \times \frac{10}{9} = 1$$

55. (a) दो वृत्त बाह्य स्पर्श करते हैं, तो उभयनिष्ठ स्पर्श रेखाओं की संख्या तीन होगी।

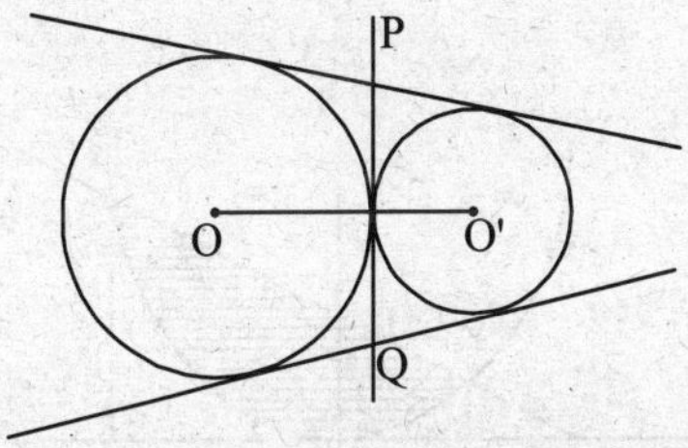

56. (b) जहाज की चाल $= \left(\frac{30 \times 5}{18}\right)$ मीटर/सेकण्ड

$= \frac{25}{3}$ मीटर/सेकण्ड

$\because$ रेडियो तरंग की गति = 200 मीटर/सेकण्ड व जहाज द्वारा तय की गई दूरी = 500 मीटर

$\therefore$ समय $= \left(\frac{500 \times 3}{25}\right)$ सेकण्ड

= 60 सेकण्ड

वुळल चाल = (रेडियो तरंग की चाल + जहाज की चाल)

$= \left(200 + \frac{25}{3}\right)$ मीटर/सेकण्ड

$= \frac{625}{3}$ मीटर/सेकण्ड

माना समुद्र की गहराई = x मीटर

तब, प्रश्नानुसार, $60 = \frac{(x+500) \times 3}{625}$

$\Rightarrow \quad (x + 500) = \left(\frac{60}{3} \times 625\right)$

$= 12500$

$\Rightarrow \quad x = 12000$ मीटर

$\therefore \quad = 12$ किमी

57. (c) माना यात्रा की कुल दूरी = x किमी

$\therefore$ यात्रा में लगा कुल समय $= \frac{x}{40}$ घण्टा

प्रश्नानुसार, $\frac{x}{35} - \frac{x}{40} = \frac{15}{60}$

$\Rightarrow \quad 8x - 7x = \left(\frac{1}{4} \times 280\right)$

$\Rightarrow \quad x = 70$ किमी

58. (d) माना श्रेणी का n वाँ पद Tn है, तब

$S_n = 12 + 16 + 24 + 40 + ...T_n$

पुनः $S_n = 0 + 12 + 16 + 24 + ...+ T_n$

घटाने पर

$0 = (12 + 4 + 8 + 16 + ...n$ पदों तक$)$ T_n

या, $T_n = 12 + [4 + 8 + 16 + ...+ (n-1)$ पदों तक$]$

$$= 12 + \frac{4(2^{n-1} - 1)}{2 - 1} = 2^{n+1} + 8$$

$n = 1, 2, 3, ...$ रखने पर

$T_1 = 2^2 + 8$

$T_2 = 2^3 + 8$

$T_3 = 2^4 + 8,$

....

$T_n = 2^n + 8$

$\therefore \quad S_n = T_1 + T_2 + T_3 + ... T_n$

$= (2^2 + 2^3 + 2^4 + ...n$ पदों तक$)$

$+ (8 + 8 + 8 + ...n$ पदों तक$)$

$$= \frac{2^2(2^n - 1)}{2 - 1} + 8n = 4(2n - 1) + 8n$$

59. (a) माना $I = \int (x \cos x + \sin x)\, dx$

$= \int x \cos x dx + \int \sin x\, dx$

$= \int x \sin x - \int \sin x dx + \int \sin x\, dx + C$

$= x \sin x + C$

60. (c) मानां दिए हुए समीकरण का दूसरा मूल α है, तब एक दिया हुआ मूल 1 है।

मूलों का गुणनफल, $1.\alpha = \dfrac{r(p-q)}{p(q-r)}$

$\Rightarrow \qquad \alpha = \dfrac{r(p-q)}{p(q-r)}$

61. (a) माना, $I = \int_0^{\pi/2} \sin 2x . \log(\cot x)\, dx$

$\because \int_0^a f(x) dx$

$= \int_0^a (a-x) dx$

$= \int_0^{\pi/2} \sin 2\left(\frac{\pi}{2}-x\right).\log\left\{\cot\left(\frac{\pi}{2}-x\right)\right\} dx$

$= \int_0^{\pi/2} \sin(\pi-2x)\log(\tan x) dx$

$= \int_0^{\pi/2} \sin 2x.\log(\cot x)^{-1} dx$

$= -\int_0^{\pi/2} \sin 2x \log(\cot x) dx$

$I = -I$

$2I = 0 \Rightarrow I = 0$

62. (c) माना संख्याएँ क्रमशः $3x$, $4x$ व $5x$ हैं।

तब प्रश्नानुसार, $3x + 5x = 4x + 52$

$\Rightarrow \qquad 8x - 4x = 52$

$\Rightarrow \qquad x = 13$

$\therefore$ सबसे छोटी संख्या = 39

63. (d) माना दी गई श्रेणी के $2n$ पदों का योगफल

$S_n = [(1^2 - 2^2 + 3^2 - 4^2 + ... + (2n-1)^2 - (2n^2)]$

$= -[(2^2 - 1^2) + (4^2 - 3^2) + ... + (2n)^2 - (2n-1)^2]$

$= -[(2+1) + (4+3) + (6+5) + ... + 2n + (2n-1)]$

$= -[1 + 2 + 3 + 4 + ... + (2n-1) + 2n]$

$= -\dfrac{2n}{2}(1 + 2n) = -n(2n+1)$

64. (b) दिए गए दीर्घवृत्त का समीकरण निम्न है,

$$\frac{x^2}{a^2} + \frac{y^2}{b^2} = 1 \ (a < b)$$

$\therefore$ उत्केन्द्रता $e = \sqrt{1 - \dfrac{a^2}{b^2}}$

$\Rightarrow \qquad e^2 = \dfrac{b^2 - a^2}{b^2}$

$\Rightarrow \qquad a^2 = b^2(1 - e^2)$

65. (d) दिए गए दीर्घवृत्त का समीकरण निम्न है :

$$\frac{x^2}{16} + \frac{y^2}{25} = 1$$

यहाँ, $a^2 = 16, b^2 = 25$

अर्थात् $b > a$

$\therefore \qquad PS + PS' = 2b$

($\therefore$ नाभीय त्रिज्या का योग $= 2b$)

$= 2 \times 5 = 10$

66. (a) $\dfrac{{}^nP_4}{{}^nP_5} = \dfrac{\lfloor n}{\lfloor n-4} \times \dfrac{\lfloor n-5}{\lfloor n} = \dfrac{1}{n-4}$

$\dfrac{1}{2} = \dfrac{1}{n-4} \Rightarrow n = 6$

67. (b) $(1 + x + x^2 + x^3 + ...)^2 = \left[\dfrac{1}{1-x}\right]^2 = (1-x)^2$

$= 1 + 2x + 3x^2 + 4x^3 + 5x^4 + ...$
$+ (m+1)x^m + (m+2)x^{m+1} + ...$

अतः x^m का गुणांक $(m+1)$ है।

68. (b) दिया है— $x^2 = y$ ...(i)

तथा $y = x + 2$ ...(ii)

समीकरण (i) व (ii) को हल करने पर,

$x = 2$ तथा $y = 4$

$x = -1$ तथा $y = 1$

अतः बिन्दुओं के निर्देशांक (2, 4) तथा (– 1, 1) हैं

अभीष्ट क्षेत्रफल

$= \int_{-1}^{2}(x + 2 - x^2)\, dx = \left[\dfrac{x^2}{2} + 2x - \dfrac{x^3}{3}\right]_1^2$

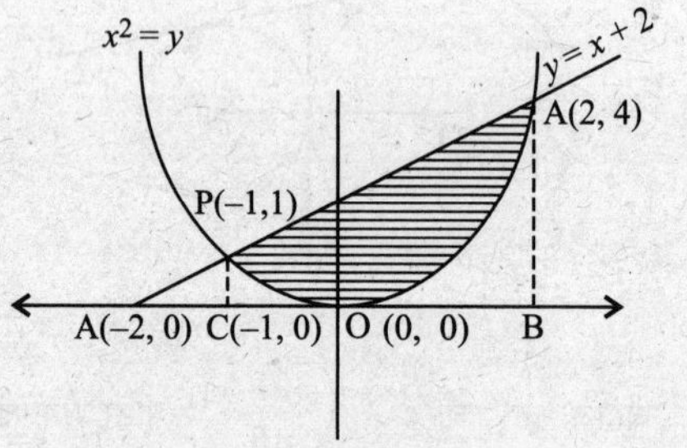

$= \dfrac{1}{2}(4-1) + 2(2+1) - \dfrac{1}{3}(8+1)$

$= \dfrac{3}{2} + 6 - 3 = \dfrac{3}{2} + 3 = \dfrac{9}{2}$ वर्ग इकाई

69. (a) यहाँ कोटि 4 व घात 1 है।

70. (b) अंश $= \dfrac{1}{2}(e + e^{-1}) - 1 = \dfrac{(e^2 - 2e + 1)}{2e}$

$= \dfrac{(e-1)^2}{2e}$

हर $= \dfrac{1}{2}(e - e^{-1}) = \dfrac{(e^2 - 1)}{2e}$

$$= \frac{(e-1)(e+1)}{2e}$$

दायाँ पक्ष $= \frac{(e-1)^2}{(e-1)(e+1)}$

$$= \frac{e-1}{e+1}$$

71. (d) $AB^2 = (2-0)^2 + (-1-1)^2 + (3-2)^2 = 9$
$BC^2 = (2-1)^2 + (-1+3)^2 + (3-1)^2 = 9$
और
$CA^2 = (1-0)^2 + (-3+1)^2 + (1-2)^2 = 18$
$\because$ AB = BC और $AB^2 + BC^2 = CA^2$
$\therefore$ ΔABC समकोण समद्विबाहु त्रिभुज है।

72. (c) $PQ = \sqrt{(1+1)^2 + (2+1)^2 + (3+1)^2}$
$= \sqrt{29}$
$QR = \sqrt{(3+1)^2 + (5+1)^2 + (7+1)^2}$
$= \sqrt{116}$
$= 2\sqrt{29}$
और $RP = \sqrt{(3-1)^2 + (5-2)^2 + (7-3)^2}$
$= \sqrt{29}$
$\because$ PQ + RP = QR
$\therefore$ P, Q और R समरेख बिन्दु हैं।

73. (a) अभीष्ट प्रायिकता $= \left(\frac{4}{52}\right)^2 = \frac{1}{169}$

74. (a) इस फलन का प्रतिलोम है, किन्तु f स्वयं का प्रतिलोम नहीं है।

75. (b) चूँकि M के घात समुच्चय की संख्या 1 है।
$\therefore$ $P\{P(M)\} = 2^1 = 2$
$\Rightarrow$ $P[P\{P(M)\}] = 2^2 = 4$
अतः $P[P\{P\{P(M)\}\}] = 2^4 = 16$

76. (d) यदि $z_1 = r_1(\cos\theta_1 + i\sin\theta_1)$ तथा
$z_2 = r_2(\text{cis}\,\theta_2 + i\sin\theta_2)$ तब
$|z_1 - z_2| = \sqrt{r_1^2 + r_2^2 - 2r_1r_2\cos(\theta_1-\theta_2)}$
$\geq \sqrt{r_1^2 + r_2^2 - 2r_1r_2}$
[क्योंकि $\cos(\theta_1 - \theta_2) \leq 1$]
$\geq r_1 - r_2 \geq |z_1| - |z_2|$

77. (a) माना श्रेणी का प्रथम पद a तथा सार्व अन्तर d है, तब

$$S_1 = \frac{1}{2}n\left[2a+(n-1)d\right] \quad \text{...(i)}$$

$$S_2 = \frac{1}{2}(2n)\left[2a+(2n-1)d\right] \quad \text{...(ii)}$$

$$S_3 = \frac{1}{2}(3n)\left[2a+(3n-1)d\right] \quad \text{...(iii)}$$

$$\therefore\ 3(S_2 - S_1) = 3\left[\frac{1}{2}(2n)\{2a+(2n-1)d\} - \frac{1}{2}n\{2a+(n-1)d\}\right]$$

$$= \frac{1}{2}(3n)\left[4a+2(2n-1)d-2a-(n-1)d\right]$$

$$= \frac{1}{2}(3n)\left[2a+(4n-2-n+1)d\right]$$

$$= \frac{1}{2}(3n)\left[2a+(3n-1)d\right] = S_3$$

78. (d) $\lim_{x\to 2+}\frac{\sqrt{x^2-4}}{x-2} = \lim_{x\to 2+}\frac{\sqrt{(x-2)(x+2)}}{x-2}$

$$= \lim_{x\to 2+}\sqrt{\frac{x+2}{x-2}}$$

$$= \lim_{h\to 0}\sqrt{\frac{(2+h)+2}{(2+h)-2}}$$

$$= \lim_{h\to 0}\sqrt{\frac{4+h}{h}} = \infty$$

79. (c) माना कि $A = \lim_{x\to\infty}\left(1+\frac{1}{x}\right)^x$

दोनों तरफ log लेने पर हमें प्राप्त होता है।

$$\log_e A = \lim_{x\to\infty} x\log\left(1+\frac{1}{x}\right)$$

$$= \lim_{x\to\infty} x\left(\frac{1}{x} - \frac{1}{2x^2} + \frac{1}{3x^3} - ....\right)$$

$$= \lim_{x\to\infty} 1 - \frac{1}{2x} + \frac{1}{3x^2} .... = 1$$

[By L' Hospital Rule]

$\Rightarrow$ $A = e.$

$$\Rightarrow \lim_{x\to\infty}\left(1+\frac{1}{x}\right)^x = e$$

80. (d) Let $f(x) = \lim_{x\to 0}\frac{e^{1/x}}{e^{1/x}+1}$

$$= \lim_{x\to 0}\frac{1}{1+e^{-1/x}}$$

$$\text{L.}\lim_{x\to 0} f(x) = \lim_{k\to 0}\frac{1}{1+e^{-\frac{1}{(0-h)}}}$$

$$= \lim_{h\to 0}\frac{1}{1+e^{1/h}}$$

$$= \frac{1}{1+e^{\infty}} = \frac{1}{1+\infty} = 0$$

$$\text{R.} \lim_{x\to 0} f(x) = \frac{\lim\limits_{h\to 0} 1}{1+e^{-\frac{1}{(0+h)}}}$$

$$= \lim_{h\to 0} \frac{1}{1+e^{-1/h}}$$

$$= \frac{1}{1+e^{-\infty}} = \frac{1}{1+0} = 1$$

$$\text{L.} \lim_{x\to 0} f(x) \neq \text{R.} \lim_{x\to 0} f(x)$$

$\therefore$ दी हुई सीमा विद्यमान नहीं करती।

81. (d) $x = a(\theta - \sin\theta)$

$y = a(1-\cos\theta)$

$$\therefore \quad \frac{dx}{d\theta} = a(1-\cos\theta)$$

$$\frac{dy}{d\theta} = a\sin\theta$$

$$\frac{dy}{dx} = \frac{dy/d\theta}{dx/d\theta} = \frac{a\sin\theta}{a(1-\cos\theta)}$$

$$= \frac{2\sin\theta/2\cos\theta/2}{2\sin^2\theta/2} = \cot\frac{\theta}{2}$$

$$\therefore \quad \frac{d^2y}{dx^2} = \frac{d}{dx}\left(\cot\frac{\theta}{2}\right)$$

$$= -\operatorname{cosec}^2\frac{\theta}{2}\cdot\frac{1}{2}\frac{d\theta}{dx}$$

$$= -\frac{1}{2}\operatorname{cosec}^2\frac{\theta}{2}\cdot\frac{1}{a(1-\cos\theta)}$$

$$= -\frac{1}{2\sin^2\frac{\theta}{2}}\cdot\frac{1}{2a\sin^2\frac{\theta}{2}}$$

$$= -\frac{1}{4a}\operatorname{cosec}^4\frac{\theta}{2}$$

82. (b) आँकड़ों को आरोही क्रम में लिखने पर

8, 10, 11, 13, 16, 18, 19, 22, 25, 31

यहाँ, $n = 10$

$$\therefore \quad \text{माध्यिका} = \frac{1}{2}\left[\frac{10}{2} \text{ वें पद का मान} + \left(\frac{10}{2}+1\right) \text{ वें पद का मान}\right]$$

$$= \frac{1}{2}[\text{5वें पद का मान} + \text{6वें पद का मान}]$$

$$= \frac{1}{2}[16+18] = 17$$

83. (b) चरों को आरोही क्रम में रखने पर

21, 24, 27, 29, 29, 30, 32, 33, 35, 38, 42, 45,

चरों की कुल संख्या = 12

$\therefore$ माध्यिका

$$= \frac{\frac{12}{2} \text{ वें पद का मान} + \left(\frac{12}{2}+1\right)\text{वें पद का मान}}{2}$$

$$= \frac{\text{6वें पद का मान} + \text{7वें पद का मान}}{2}$$

$$= \frac{30+32}{2} = 31$$

84. (a) चयन का ढंग निम्न प्रकार किया जा सकता है।

(i) लड़का, लड़का, लड़की प्रायिकता

$$p_1 = \frac{1}{4}\cdot\frac{2}{4}\cdot\frac{1}{4} = \frac{1}{32}$$

(ii) लड़का, लड़की, लड़का प्रायिकता

$$p_2 = \frac{1}{4}\cdot\frac{2}{4}\cdot\frac{3}{4} = \frac{3}{32}$$

(iii) लड़की, लड़का, लड़का प्रायिकता

$$p_3 = \frac{3}{4}\cdot\frac{2}{4}\cdot\frac{3}{4} = \frac{9}{32}$$

चूँकि ये परस्पर अपवर्जी घटनायें है।

$\therefore$ अभीष्ट प्रायिकता

$$= p_1 + p_2 + p_3$$

$$= 13/32$$

85. (b) हम बाल को काला, सफेद या सफेद काला एकान्तर क्रम में चुन सकते हैं।

$\therefore$ अभीष्ट प्रायिकता

$$= 2\times\left(\frac{3}{6}\times\frac{3}{5}\times\frac{2}{4}\times\frac{2}{3}\times\frac{1}{2}\times 1\right) = \frac{1}{10}$$

86. (c) मान लो बिन्दु (x, y) दीर्घवृत्त पर स्थित है, तब परिभाषा से (x, y) से ध्रुवों तक की दूरियों का योग = दीर्घअक्ष

यदि दीर्घवृत्त का दीर्घ अक्ष 'd' हो, तो उपर्युक्त परिभाषा से

$$\sqrt{\left[(x-1)^2+(y-0)^2\right]} + \sqrt{\left[(x-3)^2+(y-0)^2\right]} = d$$

$$\Rightarrow \quad \sqrt{\left[(x-1)^2+y^2\right]} + \sqrt{\left[(x-3)^2+y^2\right]} = d \quad \text{...(i)}$$

उपर्युक्त समीकरण (i) हल करने पर दीर्घवृत्त का समीकरण होगा। परन्तु अभीष्ट दीर्घवृत्त (0, 0) से होकर जाता है, अतः

$\therefore$ समीकरण (i) से,

$$\sqrt{\left[(0-1)^2+0^2\right]} + \sqrt{\left[(0-3)^2+0^2\right]} = d$$

$\Rightarrow \quad \sqrt{(1)} + \sqrt{(9)} = d \Rightarrow d = 1 + 3 = 4$

$d = 4$ को समीकरण (i) रखने पर

$$\sqrt{\left[(x-1)^2 + y^2\right]} = 4 - \sqrt{\left[(x-3)^2 + y^2\right]}$$

दोनों तरफ वर्ग करने पर

$$(x-1)^2 + y^2 = 16 + [(x-3)^2 + y^2] - 8\sqrt{\left[(x-3)^2 + y^2\right]}$$

$\Rightarrow \quad 8\sqrt{(x^2 + y^2 - 6x + 9)} = 24 - 4x$

$\Rightarrow \quad 2\sqrt{(x^2 + y^2 - 6x + 9)} = 6 - x$

पुन: वर्ग करने पर

$$4(x^2 + y^2 - 6x + 9) = 36 - 12x + x^2$$

$\Rightarrow \quad 3x^2 + 4y^2 - 12x = 0$

87. (a) रेखा का समीकरण है $x \cos \alpha + y \sin \alpha = p$

$\Rightarrow \quad y \sin \alpha = p - x \cos \alpha$

$\Rightarrow \quad y = (-\cot \alpha)x + p \operatorname{cosec} \alpha$

$y = mx + c$ से तुलना करने पर $m = -\cot \alpha$ और $c = p \operatorname{cosec} \alpha$

यदि रेखा $y = mx + c$ दीर्घवृत्त $\frac{x^2}{a^2} + \frac{y^2}{b^2} = 1$ को स्पर्श करे, तो

$$c^2 = a^2m^2 + b^2$$

$\therefore \quad (p \operatorname{cosec} \alpha)^2 = a^2 (-\cot \alpha)^2 + b^2$

$\Rightarrow \quad p^2 \operatorname{cosec}^2\alpha = a^2 \cot^2\alpha + b^2$

$\Rightarrow \quad p^2 = \frac{a^2 \cot^2 \alpha}{\operatorname{cosec}^2 \alpha} + \frac{b^2}{\operatorname{cosec}^2 \alpha}$

$$= a^2 \cos^2\alpha + \beta^2 \sin^2 \alpha$$

88. (b) $\quad \frac{x}{4} + \frac{y}{3} = 1$

$\Rightarrow \quad 3x + 4y - 12 = 0$

$\therefore$ (0, 0) से $3x + 4y - 12 = 0$ पर डाले गए लम्ब की लम्बाई है–

$$\frac{3 \times 0 + 4 \times 0 - 12}{\sqrt{3^2 + 4^2}} \Rightarrow \frac{-12}{5}$$

और (0, 0) से $3x + 4y + 8 = 0$ पर डाले गए लम्ब की

लम्बाई $= \frac{3 \times 0 + 4 \times 0 + 8}{\sqrt{3^2 + 4^2}} \Rightarrow \frac{8}{5}$

$\therefore$ दोनों रेखाओं के बीच की दूरी

$$= \frac{8}{5} - \left(-\frac{12}{5}\right) = 4$$

89. (b) $\quad \sin \alpha = \frac{1}{2}$

$\therefore \quad \alpha = 30^\circ$,

$\therefore$ α तथा β पूरक हैं।

$$\beta = 90^\circ - 30^\circ = 60^\circ$$

$\therefore \quad \cos \alpha \sin \beta - \sin \alpha \cos \beta$

$$= \cos 30^\circ \sin 60^\circ - \sin 30^\circ \cos 60^\circ$$
$$= \sin (60 - 30)$$
$$= \sin 30 = 1/2$$

90. (c) दिए गए वृत्त के केन्द्र के निर्देशांक (– 2, 2) और वृत्त की त्रिज्या $= \sqrt{4 + 4 - 4} = 2$

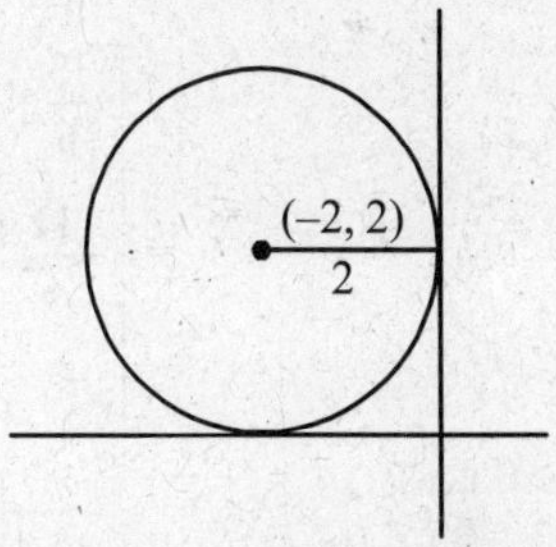

$\because$ केन्द्र की दूरी अक्षों से बराबर है वृत्त की त्रिज्या अत: दिया गया वृत्त दोनों अक्षों को स्पर्श करेगा।

91. (b) हम जानते हैं कि

$$|\text{Adj A}| = |A|^{n-1}$$

यदि $\quad |A| \neq 0 \quad$ ...(i)

समीकरण (i) में A के स्थान पर Adj A रखने पर

$$|\text{Adj (Adj A)}| = |\text{Adj A}|^{n-1}$$
$$= \{|A|^{n-1}\}^{n-1} = |A|^{(n-1)^2}$$

92. (c) दिए गए समीकरणों का आव्यूह समीकरणों के रूप में लिखने पर,

$$\begin{bmatrix} 1 & -1 & 1 \\ 2 & 4 & -1 \\ 5 & 1 & 3 \end{bmatrix} \begin{bmatrix} x \\ y \\ z \end{bmatrix} = \begin{bmatrix} 0 \\ 3 \\ 2 \end{bmatrix}$$

$$\Rightarrow \quad \begin{bmatrix} x \\ y \\ z \end{bmatrix} = \begin{bmatrix} 1 & -1 & 1 \\ 2 & 4 & -1 \\ 5 & 1 & 3 \end{bmatrix}^{-1} \begin{bmatrix} 0 \\ 3 \\ 2 \end{bmatrix}$$

यदि $\quad A = \begin{bmatrix} 1 & -1 & 1 \\ 2 & 4 & -1 \\ 5 & 1 & 3 \end{bmatrix}$, तब

$$|A| = 1(12 + 1) + 1(6 + 5) + 1(2 - 20)$$
$$= (13 + 11 - 18) = 6$$

और $\quad A_{11} = (12 + 1) = 13,$

$A_{12} = -(6 + 5) = -11,$

$A_{13} = (2 - 20) = -18,$

$A_{21} = -(-3 - 1) = 4,$

$A_{22} = (3-5) = -2,$
$A_{23} = -(1+5) = -6,$
$A_{31} = (1-4) = -3,$
$A_{32} = -(-1-2) = 3,$ और
$A_{33} = (4+2) = 6$

$$\therefore \quad A^{-1} = \frac{1}{6}\begin{bmatrix} 13 & 4 & -3 \\ -11 & -2 & 3 \\ -18 & -6 & 6 \end{bmatrix}$$

$$= \begin{bmatrix} \frac{13}{6} & \frac{2}{3} & -\frac{1}{2} \\ -\frac{11}{6} & -\frac{1}{3} & \frac{1}{2} \\ -3 & -1 & 1 \end{bmatrix}$$

$$\therefore \quad \begin{bmatrix} x \\ y \\ z \end{bmatrix} = \begin{bmatrix} \frac{13}{6} & \frac{2}{3} & -\frac{1}{2} \\ -\frac{11}{6} & -\frac{1}{3} & \frac{1}{2} \\ -3 & -1 & 1 \end{bmatrix}\begin{bmatrix} 0 \\ 3 \\ 2 \end{bmatrix}$$

$$= \begin{bmatrix} 1 \\ 0 \\ -1 \end{bmatrix}$$

$\therefore x = 1, y = 0$ और $z = -1.$

93. (b) चूँकि $\omega, -1$ का घनमूल है।

$\therefore \quad \omega^3 = -1$ *i.e.,* $\omega^3 + 1 = 0$

$\Rightarrow \quad (\omega+1)(\omega^2 - \omega + 1) = 0$

अतः या तो $\omega = -1$ या $\omega^2 - \omega + 1 = 0$

माना $$A = \begin{vmatrix} 1 & -\omega & \omega^2 \\ -\omega & \omega^2 & 1 \\ \omega^2 & 1 & -\omega \end{vmatrix}$$

$C_1 + C_2 + C_3$ लगाने पर

$$= \begin{vmatrix} 1-\omega+\omega^2 & -\omega & \omega^2 \\ -\omega+\omega^2+1 & \omega^2 & 1 \\ \omega^2+1-\omega & 1 & -\omega \end{vmatrix}$$

$$= \begin{vmatrix} 0 & -\omega & \omega^2 \\ 0 & \omega^2 & 1 \\ 0 & 1 & -\omega \end{vmatrix} = 0$$

($\because$ दिया है $1 - \omega + \omega^2 = 0$)

94. (c) $$\int_0^2 \sqrt{\frac{2+x}{2-x}}\,dx = \int_0^2 \left(\frac{2+x}{2-x}\right)^{1/2} dx$$

माना $x = 2\cos 2\theta$

$\therefore \quad dx = -4\sin 2\theta\, d\theta$

जब $x = 0$, तब $\theta = \frac{\pi}{4}$

और जब $x = 2$, तब $\theta = 0$

$$\therefore \quad \int_0^2 \sqrt{\frac{2+x}{2-x}}\,dx = -4\int_{\pi/4}^0 \frac{\cos\theta}{\sin\theta}\cdot \sin 2\theta\, d\theta$$

$$= 8\int_0^{\pi/4} \cos^2\theta\, d\theta$$

$$= 4\int_0^{\pi/4} (1 + \cos 2\theta)\, d\theta$$

$$= 4\left[\theta + \frac{\sin 2\theta}{2}\right]_0^{\pi/4}$$

$$= 4\left(\frac{\pi}{4} + \frac{\sin 90^\circ}{2}\right)$$

$$= \pi + 2$$

95. (b) $y = 0$ और $y = 4x - x^2$ हल करने पर, हमें प्राप्त होता है।

$x = 0, 4$ और $y = 0.$

अभीष्ट क्षेत्रफल $= \int_0^4 y\,dx$

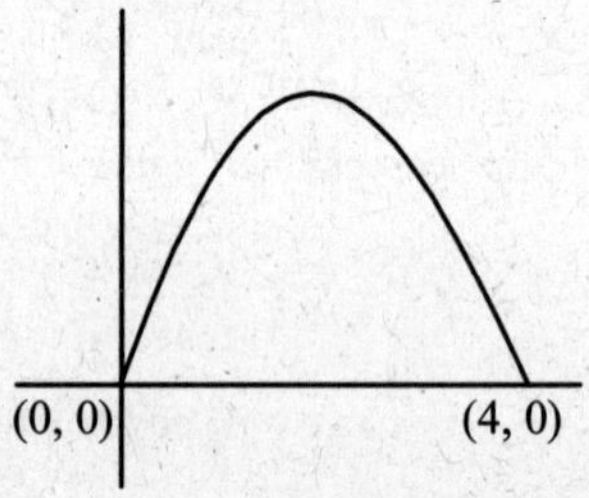

$$= \int_0^4 (4x - x^2)\,dx = \left(2x^2 - \frac{x^3}{3}\right)_0^4$$

$$= 32 - \frac{64}{3} = \frac{32}{3}$$

96. (d) $\because \quad \cos^{-1}\frac{1}{x} = \theta$

$\therefore \quad \cos\theta = \frac{1}{x}$

$\therefore \quad \tan\theta = \sqrt{x^2 - 1}$

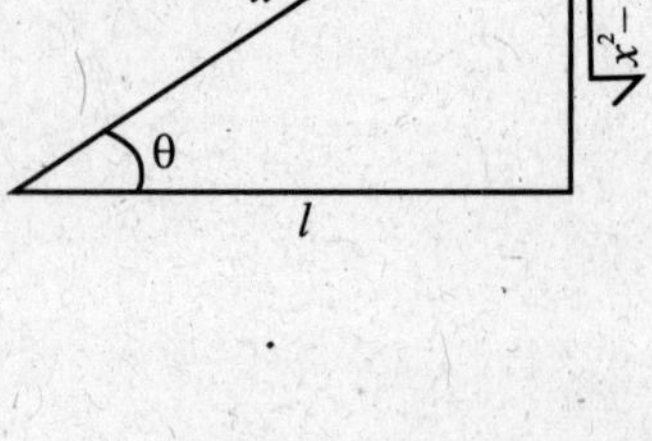

97. (b) $\because$ $\cot^{-1}\alpha + \cot^{-1}\beta = \cot^{-1}x$

$\therefore$ $$\cot^{-1}\left(\frac{\alpha\beta-1}{\alpha+\beta}\right) = \cot^{-1}x$$

$\therefore$ $$x = \frac{\alpha\beta-1}{\alpha+\beta}$$

98. (a) मान लो S और S' ध्रुव व 'C' अतिपरवलय का केन्द्र है, तब

$\therefore$ $$SS' = \sqrt{(6+4)^2+(4-4)^2} = 10$$

$\therefore$ $$CS = \frac{1}{2}SS' = \frac{10}{2} = 5$$

लेकिन $CS = ae$

$\therefore$ $$5 = a \times 2 \Rightarrow a = \frac{5}{2}$$

और $$b^2 = a^2(e^2-1) = \frac{25}{4}(4-1) = \frac{75}{4}$$

चूँकि C, SS' का मध्य बिन्दु है।

$\therefore$ $$C = \left(\frac{6-4}{2}, \frac{4+4}{2}\right) = (1, 4)$$

$\therefore$ अतिपरवलय का समीकरण होगा

$$\frac{(x-1)^2}{\frac{25}{4}} - \frac{(y-4)^2}{\frac{75}{4}} = 1$$

$$\Rightarrow 12x^2 - 4y^2 - 24x + 32y - 127 = 0$$

99. (b) मूलरूप से चरने वाले क्षेत्र का क्षेत्रफल

$$= \pi r^2 = \frac{22}{7} \times 12 \times 12 = \frac{22}{7} \times 144$$

रस्सी की लंबाई में 23 मीटर वृद्धि होने पर

$$\text{क्षेत्रफल} = \pi r^2 = \frac{22}{7} \times 23 \times 23 = \frac{22}{7} \times 529$$

$$\text{क्षेत्रफल में वृद्धि} = \frac{22}{7}(529-144) = \frac{22}{7} \times 385$$

$= 22 \times 55$ वर्गमीटर $= 1210$ वर्गमीटर

100. (a) चूँकि कुँए की दूरी को तीनों घरों से समान दूरी पर रखा जाना है। ΔABC के अन्तः केन्द्र पर कुएँ को खोदा जाना चाहिए।

❑❑❑

4 गणित
प्रैक्टिस पेपर

1. एक धनराशि पर 3 वर्ष के लिए 10% वार्षिक दर पर साधारण ब्याज तथा चक्रवृद्धि ब्याज का अंतर ₹ 31 है। तदनुसार, वह धनराशि कितनी है?
(a) ₹ 500 (b) ₹ 750
(c) ₹ 1000 (d) ₹ 1250

2. यदि किसी समकोण त्रिभुज का क्षेत्रफल A तथा समकोण वाली भुजाओं में से एक की लम्बाई b हो, तो कर्ण पर पड़ने वाले समलम्ब की लम्बाई होगी–
(a) $\frac{2Ab}{\sqrt{b^2+4A^4}}$ (b) $\frac{2Ab}{\sqrt{b^2+4A^2}}$
(c) $\frac{2Ab}{\sqrt{b^4+4A^4}}$ (d) $\frac{2Ab}{\sqrt{b^4+4A^2}}$

3. $0 \le \theta \le 90^o$ के लिए, θ का वह मान जो समीकरण $2\sin^2\theta = 3\cos\theta$ को सन्तुष्ट करता है–
(a) 30° (b) 45°
(c) 60° (d) 90°

4. यदि अक्षों को 60° पर घुमाया जाए, तो नए निकाय के बिन्दु के निर्देशांक $\left(2,-\sqrt{3}\right)$ तब इसके मूल निर्देशांक है।
(a) $\left(\frac{5}{3},-\frac{\sqrt{2}}{3}\right)$ (b) $\left(-\frac{5}{3},\frac{\sqrt{2}}{3}\right)$
(c) $\left(\frac{5}{2},\frac{\sqrt{3}}{2}\right)$ (d) $\left(-\frac{5}{2},\frac{\sqrt{3}}{2}\right)$

5. अक्षों के बदले बिना मूलबिन्दु को (h, k) में परिवर्तित किया जाता है तथा समीकरण $x^2+y^2-4x+6y-7=0$ से रैखिक पदों के गुणांक विलुप्त हैं, तब बिन्दु (h, k) है।
(a) (3, 2) (b) (–3, 2)
(c) (2, –3) (d) (–2, –3)

6. माना z_1, z_2, z_3 किसी त्रिभुज जिसका परिकेन्द्र मूलबिन्दु है, के शीर्षों का आगम हैं। यदि लम्बकेन्द्र का आगम x हो, तो z का मान है–
(a) $\frac{z_1+z_2+z_3}{3}$ (b) $\frac{z_1+z_2+z_3}{2}$
(c) $z_1+z_2+z_3$ (d) इनमें से कोई नहीं

7. एक त्रिभुज का एक कोण 82° है। अन्य दो कोण 2 : 5 के अनुपात में हैं। त्रिभुज का सबसे छोटा कोण है–
(a) 14° (b) 25°
(c) 28° (d) 32

8. दिया है समीकरण $z^2 + (p + iq)z + r + is = 0$, जहाँ p, q, r, s वास्तविक तथा अशून्य मूल है, तब–
(a) $pqr = r^2 + p^2s$ (b) $prs = q^2 + r^2p$
(c) $qrs = p^2 + s^2a$ (d) $pqs = s^2 + q^2r$

9. यदि $n = 3k$ तथा 1, ω, ω^2 इकाई के घनमूल हों, तो–
$$\Delta = \begin{vmatrix} 1 & \omega^n & \omega^{2n} \\ \omega^{2a} & 1 & \omega^n \\ \omega^n & \omega^{2n} & 1 \end{vmatrix}$$ का मान है
(a) 0 (b) 1
(c) –1 (d) इनमें से कोई नहीं

10. सारणिक $\begin{vmatrix} 10! & 11! & 12! \\ 11! & 12! & 13! \\ 12! & 13! & 14! \end{vmatrix}$ का मान है–
(a) 2(10!11!) (b) 2(10!13!)
(c) 2(10!11!12!) (d) 2(11!12!13!)

11. $f(x) = \begin{vmatrix} x & 1+\sin x & \cos x \\ 1 & \log(1+x) & 2 \\ x^2 & 1+x^2 & 0 \end{vmatrix}$, $-1 < x \le 1$ में x का गुणांक है–
(a) 1 (b) –2
(c) –1 (d) 0

12. यदि $f(x) = \cos x, x \in R$, तब $f : R \to R$ (जहाँ R वास्तविक संख्याओं का समुच्चय है) होगा–
(a) एकैकी और आच्छादक
(b) न तो एकैकी और न ही आच्छादक
(c) एकैकी परन्तु आच्छादक नहीं
(d) आच्छादक परन्तु एकैकी नहीं

13. यदि A = {1, 2, 3}, B = {3, 4, 5, 6} तथा C = {4, 5}, तब $(A \cap B) \times (B \cup C)$ है–
(a) {(3, 3), (3, 4), (3, 5), (3, 6)}
(b) {(3, 4), (3, 6)}
(c) {3, 4, 5, 6}
(d) उपरोक्त में से कोई नहीं

14. यदि $f(x) = |x - 2|$ तथा $g(x) = f\{f(x)\}$, तब $x > 20$ के लिए $g'(x)$ का मान है–

(a) –1 (b) 0
(c) 1 (d) 2

15. फलन $|x - 1| + |x - 3|$ का बिन्दु $x = 2$ पर अवकल गुणांक है–

(a) –2 (b) 0
(c) 2 (d) अपरिभाषित

16. $f(x) = 3|2 + x|$ का बिन्दु $x_0 = -3$ पर अवकलन है–

(a) 3 (b) –3
(c) 0 (d) विद्यमान नहीं है

17. M द्रव्यमान की एक बन्दूक से m द्रव्यमान की एक गोली क्षैतिज दिशा में दागी जाती है, यदि विस्फोट से उत्पन्न ऊर्जा गोली को h ऊँचाई तक ऊर्ध्वाधरतः ऊपर फेंक सकती है तो बन्दूक का धक्का खाकर पीछे हटने का वेग होगा–

(a) $\left[\frac{2\,mgh}{M(M+m)}\right]^{\frac{1}{2}}$ (b) $\left[\frac{2\,m^2gh}{M(M-m)}\right]^{\frac{1}{3}}$

(c) $\left[\frac{2\,m^2gh}{M(M+m)}\right]^{\frac{1}{2}}$ (d) $\sqrt{\left[\frac{mgh}{M(M+m)}\right]}$

18. एक तोप का गोला, जो चिकनी क्षैतिज नली में रखा है, एकायक फटकर दो टुकड़ों में विभाजित हो जाता है, जिनके द्रव्यमान m_1 और m_2 हैं, यदि समय t के बाद इन टुकड़ों के बीच की दूरी s हो, तो विस्फोट द्वारा कृत कार्य होगा–

(a) $\frac{1}{2}\cdot\frac{m_1+m_2}{m_1m_2}\frac{s}{t}$ (b) $\frac{1}{2}\frac{m_1+m_2}{m_1m_2}\frac{s^2}{t^2}$

(c) $\frac{1}{2}\frac{m_1m_2}{m_1+m_2}\frac{s}{t}$ (d) $\frac{1}{2}\frac{m_1m_2}{m_1+m_2}\frac{s^2}{t^2}$

19. एक द्रव्यमान M स्वतन्त्रतापूर्वक a दूरी गिरने के पश्चात् अपने से भारी एक -दूसरे द्रव्यमान m को, जो उसके साथ एक स्थिर चिकनी घिरनी के ऊपर जाने वाली अवितान्य डोरी द्वारा बँधा हुआ है, उठाने लगता है, द्रव्यमान m को फिर अपने आरम्भिक स्थान पर लौट आने में समय लगेगा –

(a) $\frac{2M}{m+M}\sqrt{\left(\frac{2a}{g}\right)}$ (b) $\frac{2M}{m-M}\sqrt{\left(\frac{a}{g}\right)}$

(c) $\frac{2M}{m-M}\sqrt{\left(\frac{2a}{g}\right)}$ (d) $\frac{2M}{m-M}\sqrt{\left(\frac{g}{a}\right)}$

20. अशून्य सदिशों a तथा b के लिए, यदि $|a + b| < |a = b|$, तब

(a) संरेखीय (b) एक-दूसरे के लम्बवत्
(c) न्यून कोण पर आनत् (d) अधिक कोण पर आनत्

21. यदि $(a \times b) \times c = -5c + 4b$ तथा $a \cdot b = 3$ तक $a \times (b \times c)$ का मान है–

(a) $5b - 3c$ (b) $3c - 4b$
(c) $3b - 5c$ (d) $4b - 3c$

22. a तथा b के बीच का कोण $\pi/6$ है तब $2a$ तथा $3b$ के बीच का कोण है–

(a) $\pi/3$ (b) $\pi/2$
(c) $\pi/6$ (d) $\frac{3\pi}{4}$

23. निम्न में से सबसे बड़ा कौन है?

(a) cos 1 (b) cos 2
(c) cos 3 (d) cos 4

24. $g(x) = 2f\left(\left|\frac{x^2}{2}\right|\right) + f(6 - x^2), \forall\, x \in R$ तथा $f''(x) > 0, \forall\, x \in R$ हो, तो $g(x)$ ह्रासमान है–

(a) $(-\infty, \sqrt{3}) \cup (0, \sqrt{3})$ (b) R
(c) $(-\sqrt{3}, 0) \cup (\sqrt{3}, \infty)$ (d) $[-\infty, -2] \cup (0, 2)$s

25. क्रमबद्ध श्रेणी की माध्यिका निकालने के लिए, हम सूत्र प्रयोग करते हैं–

माध्यिका = $l + \frac{\frac{N}{2} - c}{f} x_i$, यहाँ c का मतलब है।

(a) वर्ग माध्यिका की संचयी बारम्बारता
(b) वर्ग माध्यिका की बारम्बारता
(c) वर्ग माध्यिका की पहले की संचयी बारम्बारता
(d) वर्ग माध्यिका की पहले की बारम्बारता

26. संख्याएँ 41, 39, 48, 52, 46, 62, 54, 40, 96, 52, 98, 40, 42, 60 की माध्यिका है–

(a) 48 (b) 49
(c) 50 (d) 51

27. बंटन में संख्या 1, 2, 3, ... n का माध्य है –

(a) $\frac{n(n+2)}{2}$ (b) $\frac{n+1}{2}$
(c) $n(n + 2)$ (d) $n(n + 1)$

28. $\sqrt{-\sqrt{3}+\sqrt{3+8\sqrt{7+4\sqrt{3}}}}$ का मान है–

(a) 5 (b) 2
(c) 1 (d) 0

29. एक छड़ जिसकी लम्बाई $5a$ है, इस प्रकार मुड़ी हुई है, कि वह एक समषट्भुज की पाँच भुजाएँ बनाती है, उसके किसी सिरे से गुरुत्व केन्द्र की दूरी होगी–

(a) $\frac{1}{5}a\sqrt{(133)}$ (b) $\frac{1}{7}a\sqrt{(137)}$

(c) $\frac{1}{9}a\sqrt{(135)}$ (d) $\frac{1}{10}a\sqrt{(133)}$

30. यदि किसी शंकु के आधार के व्यास और उसकी ऊँचाई में $1:\sqrt{2}$ का अनुपात हो तथा उसमें से बड़े से बड़ा गोला काट लिया जाए, तो शेष पिण्ड का गुरुत्व केन्द्र पड़ेगा–

(a) शंकु के गुरुत्व केन्द्र पर

(b) शंकु के गुरुत्व केन्द्र से $\frac{1}{2}$ ऊँचाई नीचे

(c) शंकु के गुरुत्व केन्द्र से आधी ऊँचाई ऊपर

(d) शंकु के केन्द्र से शंकु की ऊँचाई के आधे पर

31. एक वृत्त जिसका केन्द्र O है, के दो लम्ब AB तथा CD एक-दूसरे के लम्बवत् हैं। जीवा BC की लम्बाई है–

(a) $\frac{1}{2}AB$ (b) $1\frac{1}{2}AB$

(c) $\frac{1}{\sqrt{2}}AB$ (d) $\sqrt{2}\,AB$

32. AB एक वृत्त का व्यास है तथा इसकी जीवा BC, त्रिज्या के समान है। A तथा C से बनाई गई स्पर्शी एक-दूसरे से x पर मिलती हैं। ΔACX है–

(a) समबाहु (b) समद्विबाहु

(c) विषमबाहु (d) समद्विबाहु तथा समकोणिक

33. $\tan^{-1}\left(\tan\frac{3\pi}{4}\right)$ का मान होगा–

(a) $-\frac{\pi}{4}$ (b) $\frac{\pi}{4}$

(c) $\frac{3}{2}\pi$ (d) $\frac{\pi}{2}$

34. यदि x का 15%, y के 20% के बराबर हो, तो $x : y$ अनुपात क्या होगा?

(a) 4 : 3 (b) 5 : 4

(c) 6 : 5 (d) 3 : 4

35. आव्यूह $\begin{bmatrix}2 & 1\\7 & 4\end{bmatrix}$ का गुणात्मक प्रतिलोम है–

(a) $\begin{bmatrix}4 & -1\\-7 & -2\end{bmatrix}$ (b) $\begin{bmatrix}-4 & -1\\7 & -2\end{bmatrix}$

(c) $\begin{bmatrix}4 & -7\\7 & 2\end{bmatrix}$ (d) $\begin{bmatrix}4 & -1\\-7 & 2\end{bmatrix}$

36. यदि $A=\begin{bmatrix}-1 & 2\\2 & -1\end{bmatrix}$ तथा $B=\begin{bmatrix}3\\1\end{bmatrix}$, AX = B तब X का मान है–

(a) [0 7] (b) $\frac{1}{3}\begin{bmatrix}5\\7\end{bmatrix}$

(c) $\frac{1}{3}[5 \;\; 7]$ (d) $\begin{bmatrix}5\\7\end{bmatrix}$

37. यदि $A=\begin{bmatrix}-1 & -2 & -2\\2 & 1 & -2\\2 & -2 & 1\end{bmatrix}$ तब adj(a) का मान है–

(a) A (b) A'

(c) 3A (d) 3A'

38. यदि R वास्तविक संख्याओं का समुच्चय है, x, ∈R जहाँ $x \in$ R विद्यमान है, तब–

(a) $x + x^{-1} = 0$ (b) $x + x^{-1} = 1$

(c) $x\,(-x) = 0$ (d) $x\,(-x) = 1$

39. यदि R वास्तविक संख्याओं का समुच्चय है, $x, y \in$R तब–

(a) $x + y \neq y + x$ (b) $x + y = y + x$

(c) $xy \neq yx$ (d) $x + y \geq y + z$

40. यदि S वास्तविक संख्याओं का अरिक्त समुच्चय है तथा S नीचे की ओर अपरिबद्ध है, तब–

(a) Inf S = – ∞ (b) Inf S = + ∞

(c) Sup S = ∞ (d) Sup S = – ∞

41. दो संख्याओं का लघुत्तम समापवर्त्य उनके महत्तम समापवर्तक से 15 गुना है तथा महत्तम समापवर्तक व लघुत्तम समापवर्त्य का योग 240 है। यदि पहली संख्या 75 है, तो दूसरी संख्या ज्ञात कीजिए?

(a) 76 (b) 55

(c) 45 (d) 48

42. यदि एक त्रिभुज की भुजाओं के समीकरण क्रमशः $y = m_1x + c_1$, $y = m_2x + c_2$ और $x = 0$ हो, तो, त्रिभुज का क्षेत्रफल होगा–

(a) $\frac{1}{2}\frac{(c_1-c_2)^2}{m_1-m_2}$ (b) $\frac{c_1-c_2}{m_1-m_2}$

(c) $\left(\frac{c_1+c_2}{m_1+m_2}\right)^2$ (d) $\frac{(c_1-c_2)^2}{m_1+m_2}$

43. B किसी काम को जितने समय में करता है उसके $\frac{1}{6}$ समय में A आधा काम करता है। यदि काम को पूरा करने के लिए दोनों को कुल 10 दिन लगते हैं, तो B अकेला उस काम को कितने समय में करेगा ?

(a) 70 दिन (b) 30 दिन

(c) 40 दिन (d) 50 दिन

44. A किसी काम को 9 दिन में समाप्त कर सकता है। B इसे 10 दिन में तथा C इसे 15 दिन में समाप्त कर सकता है। B तथा C ने मिलकर काम प्रारम्भ किया, परन्तु 2 दिन बाद उन्हें काम छोड़ना पड़ा। शेष काम को A कितने दिनों में समाप्त करेगा?

(a) $7\frac{1}{2}$ दिन (b) $6\frac{1}{3}$

(c) 7 दिन (d) 6 दिन

45. यदि सूर्य का उन्नतांश कोण 30° से 45° हो जाए, तो किसी खम्भे की छाया की लम्बाई 20 मीटर कम हो जाती है। तदनुसार, उस खम्भे की ऊँचाई कितनी है?

(a) $20(\sqrt{3}-1)$ मीटर (b) $20(\sqrt{3}+1)$ मीटर

(c) $10(\sqrt{3}-1)$ मीटर (d) $10(\sqrt{3}+1)$ मीटर

46. यदि किसी संख्या में $2\frac{1}{2}$ जोड़ा जाए, योग को $4\frac{1}{2}$ से गुणा करके 3 जोड़ा जाए, शेषफल को $1\frac{1}{5}$ से भाग दिया जाए, तो परिणाम 25 हो जाता है। संख्या क्या है?

(a) $4\frac{1}{2}$ (b) $2\frac{1}{2}$
(c) $3\frac{1}{2}$ (d) $5\frac{1}{2}$

47. यदि दो अंकों की संख्या और उसको उलटने से बनी संख्या का योग 66 है, तो संख्या के अंकों का योग क्या होगा?

(a) 6 (b) 12
(c) 11 (d) 9

48. एक दिए गए गोले में उच्चिष्ठ आयतन का एक शंकु बनाया जाता है, तब शंकु की ऊँचाई का गोले के व्यास से अनुपात है—

(a) $\frac{2}{3}$ (b) $\frac{3}{4}$
(c) $\frac{1}{3}$ (d) $\frac{1}{4}$

49. परवलय $y^2 = 4x$ के उन बिन्दुओं जिन पर रेखा $y = x$ पर मिलती है, पर खींची गई स्पर्श रेखाओं के बीच का कोण है—

(a) $\frac{\pi}{4}$ (b) $\frac{\pi}{3}$
(c) $\frac{\pi}{6}$ (d) $\frac{\pi}{1}$

50. यदि वृत्त $x^2 + y^2 + 2\lambda x = 0, \lambda \in R$ परवलय $y^2 = 4x$ को बाह्यत: स्पर्श करता है, तब—

(a) $\lambda > 0$ (b) $\lambda < 0$
(c) $\lambda > 1$ (d) इनमें से कोई नहीं

51. निम्नलिखित में कौन सत्य है?

(a) $a \cos A + b \cos B + c \cos C = R \sin A \sin B \sin C$
(b) $a \cos A + b \cos B + c \cos C = 2R \sin A \sin B \sin C$
(c) $a \cos A + b \cos B + c \cos C = 4R \sin A \sin B \sin C$
(d) $a \cos A + b \cos B + c \cos C = 8R \sin A \sin B \sin C$

52. यदि x, y, z एक त्रिभुज के शीर्ष बिन्दुओं से सम्मुख भुजाओं a, b, c पर क्रमशः लम्ब हों, तो $\frac{bx}{c} + \frac{cy}{a} + \frac{az}{b}$ बराबर होगा—

(a) $\frac{a^2 + b^2 + c^2}{2R}$ (b) $\frac{a^2 + b^2 + c^2}{R}$
(c) $\frac{a^2 + b^2 + c^2}{4R}$ (d) $\frac{2(a^2 + b^2 + c^2)}{R}$

53. यदि *a, b, c* समान्तर श्रेणी में, *b, c, a* हरात्मक श्रेणी में हों, तो *c, a, b* होंगे—

(a) समान्तर माध्य (b) गुणोत्तर श्रेणी
(c) हरात्मक श्रेणी (d) इनमें से कोई नहीं

54. दिए गए चित्र में, यदि $\angle BAQ = 54°$ हो, तो $\angle ADB$ का मान होगा—

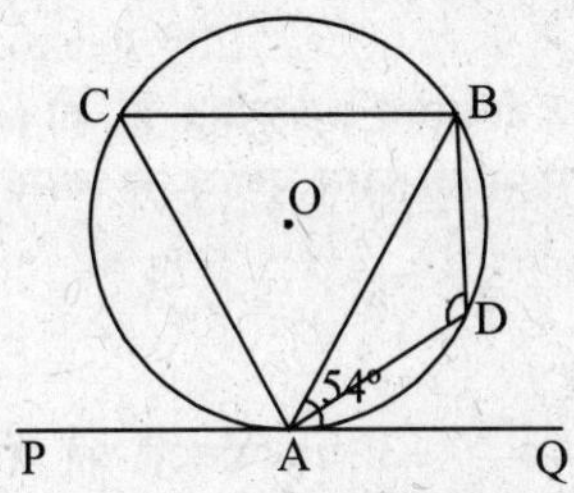

(a) 126° (b) 125°
(c) 120° (d) 130°

55. किसी निश्चित दूरी को किसी निश्चित समय में तय किया जाता है। यदि 40% अधिक दूरी 37% कम समय में तय करना हो, तो दोनों स्थितियों में चालों का अनुपात होगा—

(a) 20 : 9 (b) 3 : 10
(c) 10 : 5 (d) 1 : 2

56. एक व्यक्ति 10 किमी/घण्टा की गति से साइकिल चलाकर अपने कार्यालय 6 मिनट देरी से पहुँचता है। यदि वह अपनी गति 2 किमी/घण्टा बढ़ा दे, तो वह 6 मिनट पहले पहुँच जाता है, तो उस व्यक्ति के कार्यालय और आरम्भिक स्थान के बीच की दूरी कितनी है?

(a) 6 किमी (b) 7 किमी
(c) 12 किमी (d) 16 किमी

57. श्रेणी $1^2 + 2^2x + 3^2x^2 + 4^2x^3 + ...$ का अनन्त तक का योगफल, जबकि $x > 1$, होगा—

(a) $\frac{1+x}{(1-x)^3}$ (b) $\frac{1+x}{(1-x)^2}$
(c) $\frac{1-x}{(1+x)^3}$ (d) $\frac{1+x}{(1-x)^4}$

58. $\int \frac{1}{1-\sin\theta} d\theta$ का मान होगा—

(a) $\tan\theta + \sec\theta + C$ (b) $\tan\theta - \sec\theta + C$
(c) $\sec\theta - \tan x + C$ (d) इनमें से कोई नहीं

59. समकोणीय अतिपरवलय $xy = 18$ के दीर्घ अक्ष की लम्बाई है—

(a) 6 (b) 12
(c) 18 (d) 9

60. समीकरण $(x-p)(x-q) = r^2$ के मूल, जहाँ p, q तथा r वास्तविक संख्याएँ हैं। हमेशा हैं—

(a) सम्मिश्र (b) वास्तविक
(c) शुद्धत: काल्पनिक (d) इनमें से कोई नहीं

61. $\int_0^{\pi} \log \sin x . dx$ का मान है—

(a) $-\frac{\pi}{2}\log 2$ (b) $-\pi \log 2$
(c) $-\frac{\pi^2}{2}\log 2$ (d) इनमें से कोई नहीं

62. यदि किसी समान्तर श्रेणी का p वाँ पद q तथा q वाँ पद p हो, तो समान्तर श्रेणी का n वाँ पद होगा–
(a) $p + q$ (b) $p - q$
(c) $p + q - n$ (d) $p + q + n$

63. यदि a तथा b दो विषम धन पूर्णांक हों, तो $(a^4 - b^4)$ निम्नलिखित पूर्णांकों में से सर्वदा किस पूर्णांक से विभाजित होगा?
(a) 3 (b) 6
(c) 8 (d) 12

64. दीर्घवृत्त $\frac{x^2}{50}+\frac{y^2}{20}=1$ पर बिन्दुओं की संख्या जिसमें दीर्घवृत्त $\frac{x^2}{16}+\frac{y^2}{9}=1$ पर लम्बवत् स्पर्श रेखा युग्म खींची जा सकती है–
(a) 0 (b) 2
(c) 1 (d) 4

65. P, Q, R, S और T समतलीय बिन्दु हैं और उनमें से तीन एक सरल रेखा हैं। इन तीन बिन्दुओं को शीर्ष बनाकर अधिकतम कितने त्रिभुज खींचे जा सकते हैं?
(a) 5 (b) 9
(c) 10 (d) 12

66. $\left(y^2+\frac{2}{y}\right)^{15}$ में y से स्वतन्त्र पद से y^{15} के गुणांक का अनुपात क्या है?
(a) $\frac{1}{64}$ (b) $\frac{1}{32}$
(c) $\frac{1}{16}$ (d) $\frac{1}{4}$

67. वक्र $y^2 = 12x$ और रेखाओं $x = 0$ तथा $y = 6$ के बीच का क्षेत्रफल (वर्ग इकाई में) क्या है?
(a) 2 (b) 4
(c) 6 (d) 8

68. $y = 2\cos x + 3\sin x$ निम्नलिखित अवकलन समीकरणों में से किसे सन्तुष्टि करता है?
I. $\frac{d^2y}{dx^2}+y=0$ II. $\left(\frac{dy}{dx}\right)^2+\frac{dy}{dx}=0$
नीचे दिए गए कूट का प्रयोग कर सही उत्तर चुनिए–
(a) केवल I (b) केवल II
(c) I और II दोनों (d) न तो I और न ही II

69. $\sqrt{e}$ का मान होगा-
(a) 1.648 (b) 1.547
(c) 1.447 (d) 1.348

70. पूर्णांको का समुच्चय, A = {...., –5, –3, –1, 0, 1, 3, 5,.....} जिन संक्रियाओं के सापेक्ष संवृत्त है, वे हैं–
(a) गुणा
(b) योग तथा व्यवकलन
(c) योग, व्यवकलन तथा गुणा
(d) योग, व्यवकलन, गुणा तथा भाग

71. एक डिब्बे में 6 कील तथा 10 नट हैं आधी कीलें तथा आधे नट जंग लगे हैं। एक वस्तु के यादृच्छिक चयन पर इसके जंग लगी अथवा कील होने की प्रायिकता है–
(a) $\frac{3}{16}$ (b) $\frac{5}{16}$
(c) $\frac{11}{16}$ (d) $\frac{14}{16}$

72. यदि फलन $f(x) = 2x + 7$ और $g(x) = x^2 + 7, x \in R$ तब x के किस मान के लिए $fog(x)$ होगा–
(a) –3, 3 (b) –2, 2
(c) $-\sqrt{2}, \sqrt{2}$ (d) $-\sqrt{3}, \sqrt{3}$

73. निम्नलिखित में वह समुच्चय जो समुच्चय {1, 2, 3, 4} के साथ तुलनीय है, है–
(a) {3, 4, 5} (b) {2, 3, 5}
(c) {1, 2, 3} (d) {4, 5, 6}

74. $\left(x-\frac{1}{x}\right)^{3n}$ के प्रसार में अन्त से $(n+1)$वाँ पद होगा–
(a) ${}^{3n}C_{2n}\left(\frac{1}{x^n}\right)$ (b) ${}^{3n}C_n\left(\frac{1}{x^{n-1}}\right)$
(c) ${}^{3n}C_{n+1}\left(\frac{1}{x^n}\right)$ (d) 0

75. यदि $x=\frac{25-23i}{16+17i}$ और $y=\frac{25+23i}{16+17i}$, तब–
(a) x और y एक-दूसरे के लिए संयुग्मी हैं
(b) $|x| = |y|$
(c) x का वास्तविक मान $= y$ का अधिकल्पिक भाग
(d) इनमें से कोई नहीं

76. y और $3y$ के बीच n समान्तर माध्य पदों का योग होगा–
(a) ny (b) $2ny$
(c) $3ny$ (d) $4ny$

77. माना पूर्णांकों I के समुच्चय में R एक सम्बन्ध है, जिसे a R b से परिभाषित किया जाता है। यदि a और b दोनों न तो सम हैं न विषम, तब R है–
(a) स्वतुल्य एवं सममित
(b) सममित एवं संक्रामक
(c) सममित लेकिन न तो स्वतुल्य न संक्रामक
(d) एक तुल्य सम्बन्ध

78. वह द्विघात समीकरण जिसके मूल 3 एवं 5 हैं, होगा–
(a) $x^2 - 8x + 15 = 0$ (b) $x^2 + 8x + 15 = 0$
(c) $x^2 + 8x - 15 = 0$ (d) $x^2 - 8x - 15 = 0$

79. n के किस मान के लिए $\frac{a^{n+1}+b^{n+1}}{a^n+b^n}$, a और b के बीच गुणोत्तर माध्य होगा?

(a) -1 (b) $-\frac{1}{2}$

(c) $\frac{3}{2}$ (d) $-\frac{3}{2}$

80. यदि $y = 1 + x + \frac{x^2}{\lfloor 2} + \frac{x^3}{\lfloor 3} + ...$, तब y_n का मान बराबर होगा–

(a) 0 (b) 1

(c) y (d) इनमें से कोई नहीं

81. $\cos^{-1}\frac{1-x^2}{1+x^2}$ के सापेक्ष $\tan^{-1}\frac{2x}{1-x^2}$ का अवकलन है–

(a) $\frac{1}{2}$ (b) 1

(c) 0 (d) 2

82. 3, 5, 7 और 9 संख्याओं की क्रमशः बारंबारता $x-2, x+2$, $x-3$ और $x+3$ है। यदि समान्तर माध्य 6·5 है, तो x का मान होगा–

(a) 3 (b) 4

(c) 5 (d) 6

83. यदि 7, 3, a और 8 का माध्य 6 है, तो a का मान क्या होगा?

(a) 5 (b) 8

(c) 7 (d) 6

84. एक चार अंको की संख्या अंक 0, 1, 2, 3, 4, 5 से बनी है, संख्या के 5 से विभाजित होने की प्रायिकता है–

(a) 11/25

(b) 9/25

(c) 2/5

(d) इनमें से कोई नहीं

85. एक भलीभाँति फेंटी हुई 52 ताश के पत्तों की गड्डी में से 2 पत्ते, बिना पुनःस्थापन खींचे जाते हैं, इनके दोनों इक्के होने की प्रायिकता–

(a) $\frac{1}{169}$ (b) $\frac{1}{221}$

(c) $\frac{1}{2652}$ (d) $\frac{4}{663}$

86. दीर्घवृत्त का समीकरण जिसका ध्रुव (–1, 1) व नियता $x - y + 3 = 0$ और उत्केन्द्रता $\frac{1}{2}$ है, होगा–

(a) $7x^2 + 2xy + 7y^2 + 10x - 10y + 7 = 0$

(b) $7x^2 - 2xy + 7y^2 - 10x + 10y + 7 = 0$

(c) $7x^2 - 2xy + 7y^2 - 10x - 10y - 7 = 0$

(d) $7x^2 - 2xy + 7y^2 + 10x + 10y - 7 = 0$

87. $\sin\frac{\pi}{4}\cos\frac{\pi}{6}\tan\frac{\pi}{3}\sec\frac{\pi}{4}$ का मान है–

(a) $\frac{3}{2}$ (b) $\frac{1}{2}$

(c) $\frac{4}{3}$ (d) $\frac{2}{3}$

88. $\left(\cos\theta - \sqrt{3}\sin\theta\right)$ का महत्तम मान होगा–

(a) 0 (b) 1

(c) 2 (d) इनमें से कोई नहीं

89. बिन्दुओं A और B का भुज समीकरण $x^2 + 2x - 4 = 0$ के मूल हैं और उनकी कोटि समीकरण $x^2 + 4x - 9 = 0$ के मूल हैं, तब वृत्त का समीकरण जिसका AB व्यास है, होगा–

(a) $x^2 + y^2 + 6x + 10y + 13 = 0$

(b) $x^2 + y^2 + 4x + 4y + 13 = 0$

(c) $x^2 + y^2 + 2x + 4y - 13 = 0$

(d) $x^2 + y^2 + 2x + 2y - 13 = 0$

90. यदि $\begin{vmatrix} 0 & x-a & x-b \\ x+a & 0 & x-c \\ x+b & x+c & 0 \end{vmatrix} = 0$, तब x का मान बराबर है–

(a) 2 (b) 1

(c) 0 (d) 3

91. $\int_0^{\pi/2} \log_e \sin x\, dx$ का मान होगा–

(a) $\frac{\pi}{2}\log_e 2$ (b) $\frac{\pi}{2}\log_e\left(\frac{1}{2}\right)$

(c) $\pi\log_e\left(\frac{1}{2}\right)$ (d) $-\frac{\pi}{2}\log_e\left(\frac{1}{2}\right)$

92. $\int_1^2 \frac{1}{x^2} e^{-1/x} dx$ का मान होगा–

(a) $\frac{1}{\sqrt{e}} + \frac{1}{e}$ (b) $\frac{1}{\sqrt{e}} - \frac{1}{e}$

(c) $\frac{1}{\sqrt{e}} - \frac{1}{4}$ (d) इनमें से कोई नहीं

93. यदि $\sin\left(\sin^{-1}\frac{1}{5} + \cos^{-1}x\right) = 1$, तो x बराबर है–

(a) 1 (b) 0

(c) $\frac{4}{5}$ (d) $\frac{1}{5}$

94. आयताकार अतिपरवलय की उत्केन्द्रता है–

(a) $\sqrt{2}$ (b) 2

(c) $\frac{1}{2}$ (d) $\frac{1}{\sqrt{2}}$

95. यदि एक समबाहु त्रिभुज की प्रत्येक भुजा $2\sqrt{3}$ सेमी है, तब इसके बहिर्वृत्त की त्रिज्या होगी–

(a) 3 (b) 4

(c) 7 (d) 11

96. $y = me^{nx}$ से, अवकल समीकरण ज्ञात करो, जहाँ m और n स्वेच्छ अचर है–

(a) $y\dfrac{d^2y}{dx^2} + \left(\dfrac{dy}{dx}\right)^2 = 0$

(b) $y\dfrac{d^2y}{dx^2} - \left(\dfrac{dy}{dx}\right)^2 = 0$

(c) $\dfrac{d^2y}{dx^2} - y\dfrac{dy}{dx} = 0$

(d) इनमें से कोई नहीं

97. $\cos(\tan^{-1} x)$ का मान है–

(a) $\sqrt{1+x^2}$ (b) $1+x^2$

(c) $\dfrac{1}{\sqrt{1+x^2}}$ (d) इनमें से कोई नहीं

98. 1.2 मीटर लम्बाई और 96 सेमी चौड़ाई के कपड़े से 0.24 मीटर भुजा के कितनें वर्गाकर रूमाल बनाए जा सकते हैं, बिल्कुल कपड़ा बरबाद किए बगैर ?

(a) 20 (b) 24

(c) 28 (d) 48

99. नीचे दिए गए चित्र में यदि AD, $\angle BAC$ का द्विभाजक है, तो AB है।

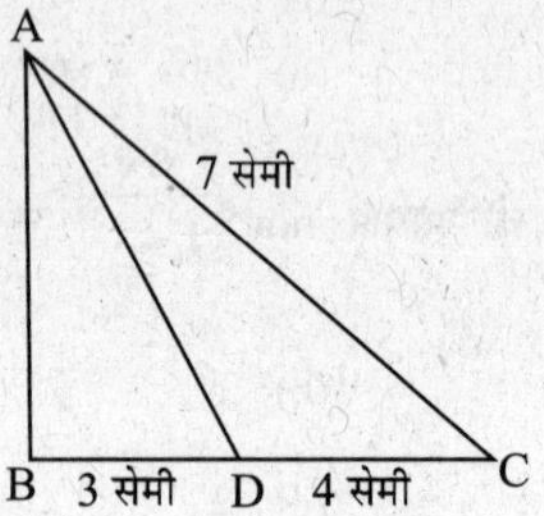

(a) 6 सेमी (b) 5 सेमी

(c) 5·25 सेमी (d) 5·75 सेमी

100. त्रिभुज के बाहरी कोणों का योग है–

(a) 120° (b) 180°

(c) 360° (d) 240°

उत्तर (हल/संकेत)

1. (c) **संक्षिप्त विधि द्वारा–**

$$\text{अभीष्ट अंतर} = \frac{PR^2}{(100)^2}\left(\frac{R}{100}+3\right)$$

$$\Rightarrow \quad 31 = \frac{P \times (10)^2}{(100)^2}\left(\frac{R}{100}+3\right)$$

$$\Rightarrow \quad 31 = \frac{P}{100} \times \frac{31}{10}$$

$$\Rightarrow \quad P = \frac{31000}{31} = ₹\ 1{,}000$$

2. (d) माना समकोण ΔABC की दूसरी भुजा की लम्बाई तथा कर्ण AB पर पड़ने वाले समलम्ब की लम्बाई क्रमश: x तथा p हैं।

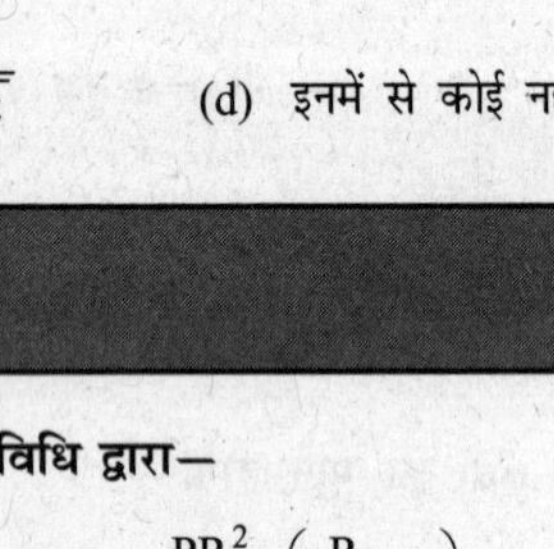

$$\Delta ABC \text{ का क्षेत्रफल} = \frac{1}{2} \times b \times x$$

$$\Rightarrow \quad A = \frac{1}{2} \times b \times x$$

$$\therefore \quad x = \frac{2A}{b}$$

पुन: ΔABC का क्षेत्रफल $= \dfrac{1}{2} \times AB \times p$

$$\Rightarrow \quad A = \frac{1}{2} \times AB \times p$$

$$\therefore \quad p = \frac{2A}{AB}$$

$$\therefore \quad AB = \sqrt{x^2+b^2}$$

$$\therefore \quad p = \frac{2A}{\sqrt{x^2+b^2}} = \frac{2A}{\sqrt{\left(\frac{2A}{b}\right)^2 + b^2}}$$

$$= \frac{2A}{\sqrt{\frac{1}{b^2}(4A^2+b^4)}} = \frac{2Ab}{\sqrt{b^4+4A^2}}$$

3. (c) $2\sin^2\theta = 3\cos\theta$

या, $2(1-\cos^2\theta) = 3\cos\theta$

या, $2 - 2\cos^2\theta = 3\cos\theta$

या, $2\cos^2\theta + 3\cos\theta - 2 = 0$

या, $2\cos^2\theta + 4\cos\theta - \cos\theta - 2 = 0$

या, $2\cos\theta(\cos\theta + 2) - 1(\cos\theta + 2) = 0$

या, $(\cos\theta + 2)(2\cos\theta - 1) = 0$

$\cos\theta = -2$ या $\frac{1}{2}$

लेकिन, $\cos\theta = -2$

सम्भव नहीं है।

$\therefore \cos\theta = \frac{1}{2}$

$\therefore \theta = 60^\circ$

4. (c) माना $P(x', y')$ बिन्दु के निर्देशांक हैं, जोकि 60° अक्ष घुमाव है।

$\therefore$ आव्यूह निम्न है परिवर्तित

$$\begin{bmatrix} x' \\ y' \end{bmatrix} = \begin{bmatrix} \cos\theta & \sin\theta \\ -\sin\theta & \cos\theta \end{bmatrix}\begin{bmatrix} x \\ y \end{bmatrix}$$

$$\begin{bmatrix} 2 \\ -\sqrt{3} \end{bmatrix} = \begin{bmatrix} \frac{1}{2} & \frac{\sqrt{3}}{2} \\ -\frac{\sqrt{3}}{2} & \frac{1}{2} \end{bmatrix}\begin{bmatrix} x \\ y \end{bmatrix}$$

$$\begin{bmatrix} 2 \\ -\sqrt{3} \end{bmatrix} = \begin{bmatrix} \frac{x}{2} & \frac{\sqrt{3}y}{2} \\ -\frac{\sqrt{3}x}{2} & +\frac{y}{2} \end{bmatrix}$$

$\therefore$ $x + \sqrt{3}y = 4$ तथा $\sqrt{3x} - y = 2\sqrt{3}$

उपरोक्त समीकरण को हल करने पर,

$$(x, y) \equiv \left(\frac{5}{2}, \frac{\sqrt{3}}{2}\right)$$

5. (c) माना बिन्दु $P(x, y)$ के निर्देशांक मूलबिन्दु से स्थानान्तरित करने पर (h, k) से $P(x', y')$ हो जाता है।

$\Rightarrow$ $x' = x - h$ तथा $y' = y - k$

$\Rightarrow$ $x = x' + h$ तथा $y = y' + k$

चूँकि (x, y) समीकरण को सन्तुष्ट करता है।

$(x' + h)^2 + (y' + k)^2 - 4(x' + h) + 6(y' + k)^2 - 7 = 0$

$\Rightarrow$ $(x')^2 + (y')^2 + 2(h + 2)x' + 2(k + 3)y' + (h^2 + k^2 - 4h + 6k - 7) = 0$

चूँकि रैखिक घात पदों से विलुप्त है।

$\therefore$ $h - 2 = 0$ तथा $k + 3 = 0$

$\Rightarrow$ $(h, k) \equiv (2, -3)$

6. (b) दिया है, $z_1 = (1, \alpha) = \cos\alpha + i\sin\alpha = e^{i\alpha}$

$z_2 = (1, \beta) = \cos\beta + i\sin\beta = e^{i\beta}$

तथा $z_3 = (1, \gamma) = \cos\gamma + i\sin\gamma = e^{i\gamma}$

पुनः $z_1 + z_2 + z_3 = 0$

$\therefore$ $(\cos\alpha + \cos\beta + \cos\gamma) + i(\sin\alpha + \sin\beta + \sin\gamma) = 0 = +i0$

$\Rightarrow$ $\cos\alpha + \cos\beta + \cos\gamma = 0$

तथा $\sin\alpha + \sin\beta + \sin\gamma = 0$ ...(i)

माना $E = \frac{1}{z_1} + \frac{1}{z_2} + \frac{1}{z_3}$

$= (\cos\alpha + \cos\beta + \cos\gamma) - i(\sin\alpha + \sin\beta + \sin\gamma)$

$= 0 - i0 = 0$ [$\because$ समी. (i) से]

7. (c) माना अन्य दो कोण $2x^\circ$ तथा $5x^\circ$ हैं।

$\therefore$ प्रश्नानुसार,

$(2x + 5x) + 82^\circ = 180^\circ$

$7x = (180^\circ - 82^\circ)$

$= 98^\circ$

$x = \frac{98^\circ}{7} = 14^\circ$

$\therefore$ सबसे छोटा कोण $= 2x = 2 \times 14 = 28^\circ$.

8. (d)

9. (a) दिया है, $\Delta = \begin{vmatrix} 1 & \omega^n & \omega^{2n} \\ \omega^{2n} & 1 & \omega^n \\ \omega^n & \omega^{2n} & 1 \end{vmatrix}$

संक्रिया $C_1 \to C_1 + C_2 + C_3$ लगाने पर,

$$= \begin{vmatrix} 1 + \omega^n + \omega^{2n} & \omega^n & \omega^{2n} \\ 1 + \omega^{2n} + \omega^{2n} & 1 & \omega^n \\ 1 + \omega^n + \omega^n & \omega^{2n} & 1 \end{vmatrix}$$

$$= \begin{vmatrix} 0 & \omega^n & \omega^{2n} \\ 0 & 1 & \omega^n \\ 0 & \omega^{2n} & 1 \end{vmatrix}$$ ($\because$ यदि n का गुणनखण्ड 3 हो, तब $1 + \omega^n + \omega^{2n} = 0$) $= 0$

10. (c) माना $\Delta = \begin{vmatrix} 10! & 11! & 12! \\ 11! & 12! & 13! \\ 12! & 13! & 14! \end{vmatrix}$

$$= 10!\,11!\,12! \begin{vmatrix} 1 & 11 & 11 \times 12 \\ 1 & 12 & 12 \times 13 \\ 1 & 13 & 13 \times 14 \end{vmatrix}$$

संक्रिया $R_2 \to R_2 - R_1$ तथा $R_3 \to R_3 - R_1$ लगाने पर,

$$= 10!\,11!\,12! \begin{vmatrix} 1 & 11 & 11\times 12 \\ 0 & 1 & 24 \\ 0 & 2 & 50 \end{vmatrix}$$

$= (10!\,11!\,12!)(50-48)$

$= 2\cdot(10!\,11!\,12!)$

11. (b) दिया है, $f(x) = \begin{vmatrix} x & 1+\sin x & \cos x \\ 1 & \log(1+x) & 2 \\ x^2 & 1+x^2 & 0 \end{vmatrix}$

$= x\{-2(1+x^2)\} - (1+\sin x)(-2x^2) + \cos x \{1+x^2-x^2\log(1+x)\}$

$= -2x - 2x^3 + 2x^2 + 2x^2 \sin x + \cos x \{1+x^2-x^2\log(1+x)\}$

इस प्रकार $f(x)$ में x का गुणांक $= -2$

12. (b) $f(x) = \cos x$

$x = 0$ रखने पर, $f(0) = \cos 0 = 1$

$x = 2\pi$ रखने पर, $f(2\pi) = \cos 2\pi = 1$

चूँकि डोमेन R के भिन्न-भिन्न अवयवों के लिए परिसर R में f का समान प्रतिबिम्ब है।

$\therefore$ प्रतिचित्रण एकैकी नहीं है।

चूँकि $-1 \le \cos x \le 1 \therefore$ R के केवल वे अवयव जो –1 और +1 के मध्य स्थित हैं, सहप्रान्त R के f प्रतिबिम्ब होंगे तथा शेश अवयव परास के किसी भी अवयव के f प्रतिबिम्ब नहीं होंगे।

$\therefore$ प्रतिचित्रण आच्छादक भी नहीं है।

13. (a) $(A\cap B) = \{3\}$, $(B\cup C) = \{3,4,5,6\}$

$\therefore\ (A\cap B)\times(B\cup C) = \{(3,3), (3,4), (3,5), (3,6)\}$

14. (c) $f\{f(x)\} = f(|x-2|)$ $\{\because f(x) = |x-2|\}$

$= ||x-2|-2|$

$= x-4$ $(\because x > 20)$

$\Rightarrow$ $g(x) = x-4$

$\therefore$ $g'(x) = 1$

15. (b) माना $f(x) = |x-1| + |x-3|$

$$f(x) = \begin{cases} -(x-1)-(x-3), & x<1 \\ (x-1)-(x-3), & 1\le x<3 \\ (x-1)+(x-3), & x\ge 3 \end{cases}$$

$$f(x) = \begin{cases} 4-2x, & x<1 \\ 2, & 1\le x<3 \\ 2x-4, & x\ge 3 \end{cases}$$

$x = 2$ पर,

$f(x) = 2 \Rightarrow f'(x) = 0$

16. (b) दिया है, $f(x) = 3|2+x|$

$$f(x) = \begin{cases} 3(2+x), & x\ge -2 \\ -3(2+x), & x\le -2 \end{cases}$$

x के सापेक्ष अवकलन करने पर

$$f'(x) = \begin{cases} 3, & x\ge 2 \\ -3, & x\le -2 \end{cases}$$

$x = -3$ पर $f'(3) = -3$

17. (c) माना विस्फोट से उत्पन्न ऊर्जा = E

$\because$ यह ऊर्जा गोली को h ऊँचाई तक ऊपर फेंकने के लिए पर्याप्त है,

$\therefore$ विस्फोट से उत्पन्न ऊर्जा $= E = mgh$ ...(i)

यदि गोली का बन्दूक से छूटते समय वेग v_1 तथा बन्दूक का धक्का लगने पर पीछे हटने का वेग v_2 हो, तो संवेग अविनाशिता के सिद्धांत से

$mv_1 = Mv_2$ ...(ii)

अब विस्फोट के कारण, गोली में उत्पन्न गतिज ऊर्जा

$= \frac{1}{2}mv_1^2$

और बन्दूक में उत्पन्न गतिज ऊर्जा

$= \frac{1}{2}Mv_2^2$

$\therefore$ विस्फोट के कारण उत्पन्न सम्पूर्ण गतिज ऊर्जा = E

$= \frac{1}{2}mv_1^2 + \frac{1}{2}Mv_2^2$ ...(ii)

अत: समी. (i) व (ii) से,

$$\frac{1}{2}mv_1^2 + \frac{1}{2}Mv_2^2 = mgh$$

या, $\frac{1}{2}m\left(\frac{Mv^2}{m}\right)^2 + \frac{1}{2}Mv_2^2 = mgh$ [समी. (ii) से]

या, $\frac{1}{2}v_2^2\left[M + \left(\frac{M^2}{m}\right)\right] = mgh$

या, $\frac{1}{2}Mv_2^2\left[\frac{(M+m)}{m}\right] = mgh$

या, $v_2{}^2 = \frac{2m^2gh}{M(M+m)}$

$\therefore$ $v^2 = \left[\frac{2m^2gh}{M(m+m)}\right]^{\frac{1}{2}}$

18. (d) माना विस्फोट के बाद m_1 और m_2 द्रव्यमानों के विपरीत दिशाओं में वेग क्रमश: v_1 और v_2 हैं, तो संवेग अविनाशिता के सिद्धांत से

विस्फोट से पहले संवेग = विस्फोट के बाद संवेग

(एक ही दिशा में)

अर्थात् $(m_1 + m_2).0 = m_1v_1 - m_2(-v_2)$

[$\therefore$ विस्फोट से पहले $v = 0$]

या, $m_1v_1 - m_2v_2 = 0$

या, $m_1v_1 = m_2v_2$ ...(i)

यदि विस्फोट के बाद t समय में m_1 और m_2 द्रव्यमान क्रमशः s_1 और s_2 दूरियाँ चलते हैं, तो प्रश्नानुसार

$$s = s_1 + s_2$$
$$= v_1t + v_2t$$
$$s = (v_1 + v_2)t$$

या, $s = (v_1 + v_2)t$ ...(ii)

समी. (i) व (ii) को हल करने पर,

$$v_1 = \frac{m_2 s}{(m_1 + m_2)}$$

तथा $$v_2 = \frac{m_1 s}{(m_1 + m_2)t}$$

विस्फोट से पहले गतिज ऊर्जा

$$= \frac{1}{2}(m_1 + m_2).(0)^2$$
$$= 0$$

और विस्फोट के बाद गतिज ऊर्जा

$$= \frac{1}{2}m_1v_1^2 + \frac{1}{2}m_2v_2^2$$

$\therefore$ गतिज ऊर्जा में परिवर्तन

$$= \left(\frac{1}{2}m_1v_1^2 + \frac{1}{2}m_2v_2^2\right)$$

अतः विस्फोट द्वारा कृत कार्य

= गतिज कार्य में परिवर्तन

$$= \frac{1}{2}m_1v_1^2 + \frac{1}{2}m_2v_2^2$$

$$= \frac{1}{2}m_1\left[\frac{m_2 s}{(m_1 + m_2)t}\right]^2 + \frac{1}{2}m_2\left[\frac{m_1 s}{(m_1 + m_2)t}\right]^2$$

$$= \frac{1}{2}\frac{m_1m_2(m_1 + m_2)}{(m_1 + m_2)}\cdot\frac{s^2}{t^2} = \frac{1}{2}\frac{m_1m_2}{m_1 + m_2}\cdot\frac{s^2}{t^2}$$

19. (c) यदि विराम से a दूरी तय करने पर, द्रव्यमान M का वेग v हो जाता है, तो

$$v^2 = u^2 + 2fs \text{ से,}$$
$$v^2 = 0 + 2\,g.a$$
$$v = \sqrt{(2\,ag)}$$

माना संघट्ट के तुरन्त बाद दोनों द्रव्यमान उभयनिष्ठ वेग v से गति करते हैं, तो संवेग अविनाशिता के सिद्धांत से,

$$(M + m)\,.\,V = M\sqrt{(2\,ag)} + m\,.\,0$$
$$(M + m)V = M\sqrt{(2\,ag)}$$

$\therefore$ $$V = \frac{M\sqrt{(2\,ag)}}{M + m}$$

स्पष्टतः संघट्ट के पश्चात् द्रव्यमान m वेग V से ऊपर उठेगा

यदि इस अवस्था में डोरी का तनाव T तथा उभयनिष्ठ त्वरण f हो, तो

$$Mg - T = Mf$$

और $$T - Mg = mf$$

हल करने पर

$$f = \frac{(M - m)g}{(M + m)}$$
$$= -\frac{(m - M)g}{(M + m)}$$

यदि द्रव्यमान m को अपने आरम्भिक स्थान तक लौटकर आने में लगा समय T हो, तो इस समय में उसके द्वारा चली दूरी शून्य होगी।

द्रव्यमान m की गति के लिए –

$$u = V,\ s = 0,\ t = T,\ f = \frac{(m - M)g}{(M + m)}$$

$\therefore$ $$s = ut + \frac{1}{2}ft^2 \text{ से,}$$

$$0 = VT - \frac{1}{2}\frac{(m - M)g}{M + m}.T^2$$

या, $$V = \frac{1}{2}\left(\frac{m - M}{M + m}\right)gT$$

या, $$\frac{M\sqrt{(2ag)}}{M + m} = \frac{1}{2}\left(\frac{m - M}{M + m}\right)g\,.\,T$$

$\therefore$ $$T = \frac{2M\sqrt{(2ag)}}{(m - M)g}$$
$$= \frac{2M}{m - M}\sqrt{\left(\frac{2a}{g}\right)}$$

20. (d) चूँकि $|a + b| < |a - b|$

$$|a + b|^2 < |a - b|^2$$

$$\Rightarrow a^2 + b^2 + 2a\cdot b < a^2 + b^2 - 2a\cdot b$$

$$4a\cdot b < 0 \Rightarrow a\cdot b < 0$$

$\Rightarrow$ $\cos\theta < 0 \Rightarrow \theta$ अधिकोण है।

21. (d) $(a \times b) \times c = (c \cdot a)\, b - (c \cdot b)\, a = -5a + 4b$

$$\therefore \quad c \cdot a = 4,\ c \cdot b = 5$$

$$a \times (b \times c) = (a \cdot c)\, b - (a \cdot b)\, c$$

$$4b - 3c$$

22. (c) $a \cdot b = |a||b|\, \dfrac{\sqrt{3}}{2}$

$$(2a) \cdot (3b) = 6\,|a|\,|b| \cos\theta$$

$$\Rightarrow \quad \frac{\sqrt{3}}{2} = \cos\theta \Rightarrow \theta = \frac{\pi}{6}$$

23. (a) cos 1, cos 2, cos 3 में से cos 1 सबसे बड़ा है क्योंकि cos अन्तराल $[0, \pi]$ में ह्रासमान है। क्योंकि $\cos 4 < 0$, $\therefore$ cos 1 सबसे बड़ा है।

24. (d) $g'(x) = 2x\left\{ f'\left(\dfrac{x^2}{2}\right) - f'(6 - x^2) \right\}$

−	+	−	+
−2	0	2	

$$g'(x) = 0 \Rightarrow x = -2, 0, 2$$

25. (c) वर्ग माध्यिका की पहले की संचयी बारम्बारता

26. (c) संख्याओं का घटता हुआ क्रम

98, 96, 62, 60, 54, 52, 52, 48, 46, 42, 41, 40, 40, 39,

N = 14

$$\text{माध्यिका} = \frac{\frac{n}{2}\text{वाँ पद} + \left(\frac{n}{2}+1\right)\text{वाँ पद}}{2}$$

$$= \frac{7\text{वाँ पद} + 8\text{वाँ पद}}{2}$$

$$= \frac{52+48}{2} = \frac{100}{2} = 50$$

27. (b) $\text{माध्य} = \dfrac{1, 2, \ldots n \text{ संख्याओं का योग}}{\text{कुल संख्या}}$

$$= \frac{\frac{n(n+1)}{2}}{n} = \frac{(n+1)}{2}$$

28. (b) व्यंजक $= \sqrt{-\sqrt{13} + \sqrt{3 + 8\sqrt{7 + 4\sqrt{3}}}}$

$$= \sqrt{-\sqrt{3} + \sqrt{3 + 8\sqrt{4 + 3 + 2 \times 2\sqrt{3}}}}$$

$$= \sqrt{-\sqrt{3} + \sqrt{3 + 8\sqrt{(2)^2 + (\sqrt{3})^2 + 2 \times 2\sqrt{3}}}}$$

$$= \sqrt{-\sqrt{3} + \sqrt{3 + 8\sqrt{(2+\sqrt{3})2}}}$$

$$= \sqrt{-\sqrt{3} + \sqrt{3 + 8(2+\sqrt{3})}}$$

$$= \sqrt{-\sqrt{3} + \sqrt{3 + 16 + 8\sqrt{3}}}$$

$$= \sqrt{-\sqrt{3} + \sqrt{(\sqrt{3})^2 + (4)^2 + 2 \times 4\sqrt{3}}}$$

$$= \sqrt{-\sqrt{3} + \sqrt{(4+\sqrt{3})^2}}$$

$$= \sqrt{-\sqrt{3} + 4 + \sqrt{3}} = \sqrt{4} = 2$$

29. (d) माना लम्बाई $5a$ के छड़ ABCDEF को इस प्रकार मोड़ा जाता है कि वह समषट्भुज की पाँच भुजाएँ AB, BC, CD, DE और EF बनाता है।

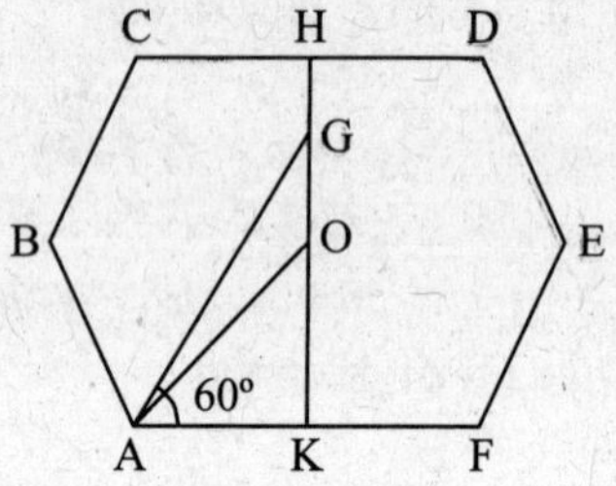

अत: प्रत्येक भुजा की लम्बाई a है। माना प्रत्येक भुजा का भार W है।

माना AB, BC , CD, DE और EF भुजाओं का परिणामी भार 5W, बिन्दु G पर क्रिया करता है।

परन्तु यदि लम्बाई a और भार W की एक अन्य छड़ AF इनमें जोड़ दिया जाए, तो समषट्भुज पूरा हो जाएगा और तब छ: भुजाओं का परिणामी भार 6W समषट्भुज के केन्द्र O पर क्रिया करेगा।

अत: छड़ AF के मध्य बिन्दु K पर उसके भार W और बिन्दु G पर अन्य पाँच भुजाओं के परिणामी भार 5W का परिणामी भार 6 W बिन्दु O पर क्रिया करता है, इसलिए बिन्दु G, O और K एक ही सरल रेखा में होंगे, समकोण ΔAKO में $OK = AK \tan 60° = \dfrac{1}{2} a\sqrt{3}$

$\therefore$ बिन्दु O के सापेक्ष आघूर्ण लेने पर

$$5W.OG = W.OK$$

या
$$OG = \frac{1}{5} OK$$

$$= \frac{1}{10} a\sqrt{3}$$

$$\therefore \quad GK = OG + OK$$

$$= \frac{1}{10} a\sqrt{3} + \frac{1}{2} a\sqrt{3}$$

$$= \frac{3}{4} a\sqrt{3}$$

$\therefore$ शीर्ष A से G की दूरी = AG

$$= \sqrt{(AK^2 + GK^2)}$$

या,
$$AG = \sqrt{\left(\frac{1}{4} a^2 + \frac{27}{25} a^2\right)}$$

$$= \sqrt{\left(\frac{133}{100} a^2\right)} = \frac{1}{10} a\sqrt{(133)}$$

30. (a) माना दिए हुए शंकु ABC के आधार BC का केन्द्र D और अर्ध-शीर्ष कोण α है।

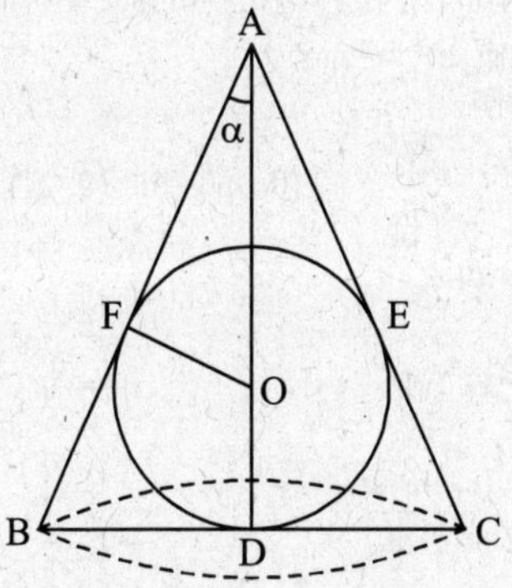

माना शंकु से काटे गए गोले का केन्द्र O है।

प्रश्नानुसार $BC : AD = 1 : \sqrt{2}$

या, $\frac{2BD}{AD} = \frac{1}{\sqrt{2}}$

या, $\frac{BD}{AD} = \frac{1}{2\sqrt{2}}$

या, $AD = 2\sqrt{2}\,BD$

$\therefore$ समकोण Δ AFD में,

$$\frac{OF}{AO} = \sin\alpha = \frac{1}{3}$$

$$AO = 3\,OF$$

या, $AO + OD = 3OF + OD$

$= 3\,OF + OF \quad (\because OF = OD)$

या, $AD = 4\,OF$

या, $OF = \frac{1}{4}AD$

या, $OD = \frac{1}{4}AD$

इससे स्पष्ट है कि O, शंकु का गुरुत्व-केन्द्र है।

परन्तु O शंकु से काटे गए गोले का केन्द्र है, अत: काटे एक गोले का गुरुत्व केन्द्र वही है, जो शंकु का गुरुत्व केन्द्र है।

चूँकि काटे गए गोले का गुरुत्व केन्द्र, शंकु के गुरुत्व-केन्द्र पर पड़ता है, इसलिए शेष पिण्ड का गुरुत्व-केन्द्र भी शंकु के गुरुत्व-केन्द्र पर ही पड़ना चाहिए।

31. (d)

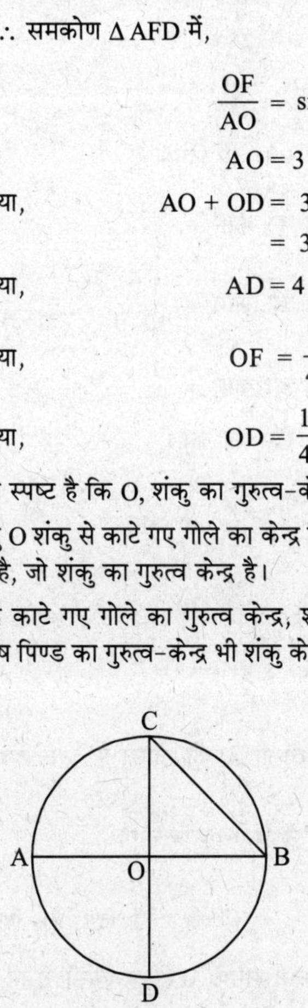

$\angle BOC = 90^\circ$

$BC^2 = OB^2 + OC^2 = OB^2 + OB^2 = 2 \times OB^2$

$BC^2 = 2\times\left(\frac{1}{2}AB\right)^2 = \frac{1}{2}AB^2,\ BC = \frac{AB}{\sqrt{2}}$

32. (a) जहाँ OB = OC = BC = त्रिज्या

$\therefore$ ΔOBC समबाहु त्रिभुज है।

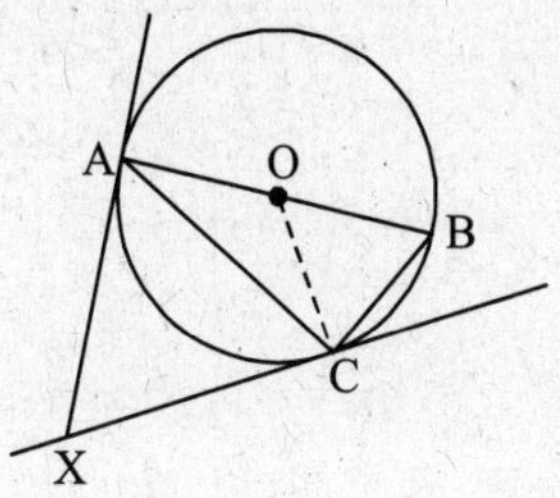

$\Rightarrow \quad \angle BOC = 60^\circ$

हम जानते हैं कि परिधि पर बनाने वाला कोण, केन्द्र पर बनने वाले कोण का आधा होता है।

$$\angle BAC = \frac{\angle BOC}{2} = \frac{60^\circ}{2} = 30^\circ$$

और $\angle BAX = 90^\circ$

$\Rightarrow \angle CAX + \angle BAC = 90^\circ$

$\Rightarrow \quad \angle CAX = 90^\circ - 30^\circ = 60^\circ$

जहाँ, $AX = CX$

$\Rightarrow \quad \angle CAX = \angle ACX = 60^\circ$

ΔACX में, $\angle AXC + \angle ACX + \angle CAX = 180^\circ$

$\Rightarrow \angle AXC + 60^\circ + 60^\circ = 180^\circ \Rightarrow \angle AXC = 60^\circ$

अत: ΔACX समबाहु त्रिभुज है।

33. (a) $\tan^{-1}\left(\tan\frac{3\pi}{4}\right)$ यहाँ x ,का मान $-\frac{\pi}{2}$ और $\frac{\pi}{2}$ के बीच में पड़ता है।

अत: $\tan^{-1}\tan\left(\pi - \frac{\pi}{4}\right) = \tan^{-1}\tan\left(-\frac{\pi}{4}\right)$

$$= -\frac{\pi}{4}$$

34. (a) $\frac{x \times 15}{100} = \frac{y \times 20}{100}$

$\Rightarrow \quad 15x = 20y$

$\Rightarrow \quad \frac{x}{y} = \frac{20}{15} = \frac{4}{3}$

$\Rightarrow \quad x : y = 4 : 3$

35. (d) दिया है, $A = \begin{bmatrix} 2 & 1 \\ 7 & 4 \end{bmatrix}$

माना A का गुणात्मक प्रतिलोम B है, तब

$AB = I \Rightarrow B = A^{-1}$

$$= \frac{1}{8-7}\begin{bmatrix} 4 & -1 \\ -7 & 2 \end{bmatrix}$$

$$= \begin{bmatrix} 4 & -1 \\ -7 & 2 \end{bmatrix}$$

36. (b) दिया है,

$$A = \begin{bmatrix} -1 & 2 \\ 2 & -1 \end{bmatrix} \text{ तथा } B = \begin{bmatrix} 3 \\ 1 \end{bmatrix}$$

$$\therefore \quad A^{-1} = -\frac{1}{3}\begin{bmatrix} -1 & -2 \\ -2 & -1 \end{bmatrix} = \frac{1}{3}\begin{bmatrix} 1 & 2 \\ 2 & 1 \end{bmatrix}$$

साथ ही,

$$AX = B \quad \text{(दिया है)}$$

$$\Rightarrow \quad X = A^{-1}B = \frac{1}{3}\begin{bmatrix} 1 & 2 \\ 2 & 1 \end{bmatrix}\begin{bmatrix} 3 \\ 1 \end{bmatrix}$$

$$= \frac{1}{3}\begin{bmatrix} 3+2 \\ 6+1 \end{bmatrix} = \frac{1}{3}\begin{bmatrix} 5 \\ 7 \end{bmatrix}$$

37. (d) दिया है, $A = \begin{bmatrix} -1 & -2 & -2 \\ 2 & 1 & -2 \\ 2 & -2 & 1 \end{bmatrix}$

$$\therefore \quad B = \begin{bmatrix} C_{11} & C_{12} & C_{13} \\ C_{21} & C_{22} & C_{23} \\ C_{31} & C_{32} & C_{33} \end{bmatrix} = \begin{bmatrix} -3 & -6 & -6 \\ 6 & 3 & -6 \\ 6 & -6 & 3 \end{bmatrix}$$

$$\Rightarrow \quad \text{Adj (a)} = (b)' = \begin{bmatrix} -3 & 6 & 6 \\ -6 & 3 & -6 \\ -6 & -6 & 3 \end{bmatrix}$$

$$= 3\begin{bmatrix} -1 & 2 & 2 \\ -2 & 1 & -2 \\ -2 & -2 & 1 \end{bmatrix} = 3A'$$

38. (a)

39. (b) **40.** (a)

41. (c) माना महत्तम समापवर्तक $= x$

तब, लघुत्तम समापवर्तक $= 15x$

प्रश्नानुसार, $x + 15x = 240$

$\Rightarrow \quad 16x = 240$

$\Rightarrow \quad x = 15$

अत: म.स. = 15 तथा ल.स. = 225

$\therefore$ पहली संख्या = दूसरी संख्या = ल.स. × म.स.

75 × दूसरी संख्या = 225 × 15

$\therefore$ दूसरी संख्या $= \frac{225 \times 15}{75} = 45$

42. (a) समीकरण

$$y = m_1x + c_1 \quad \text{...(i)}$$
$$y = n_2x + c_2 \quad \text{... (ii)}$$
$$x = 0 \quad \text{... (iii)}$$

हो, तो समीकरणों (i), (ii) व (iii) को हल करने पर त्रिभुजों के शीर्षों के निर्देशांक

$\left(\frac{c_1 - c_2}{m_1 - m_4}, \frac{m_2c_1 - m_1c_2}{m_2 - m_1}\right)$, $(0, c_1)$ तथा $(0, c_2)$ हैं।

अत: Δ का क्षेत्रफल

$$= \frac{1}{2}x_1\,(y1 - y_2) \quad [\because x_2 = 0, x_3 = 0]$$

$$= \frac{1}{2}\frac{(c_1 - c_2)}{m_2 - m_1}.(c_1 - c_2)$$

$$= \frac{1}{2}\frac{(c_1 - c_2)}{m_2 + m_1}$$

43. (c) माना B उस काम को x दिन में करता है।

$\therefore$ A उस काम का आधा $\frac{x}{6}$ दिन में करेगा

अत: A पूरा काम $\left(2 \times \frac{x}{6}\right)$ दिन में $= \frac{x}{3}$ दिन में करेगा।

$\therefore$ (A + B) का 1 दिन का काम

$$= \left(\frac{1}{x} + \frac{3}{x}\right) = \frac{4}{x}$$

प्रश्नानुसार, $\frac{4}{x} = \frac{1}{10}$

$\Rightarrow \quad x = 40$ दिन

44. (d) A का 1 दिन का काम $= \frac{1}{9}$

B का 1 दिन का काम $= \frac{1}{10}$

$\therefore$ C का 1 दिन का काम $= \frac{1}{15}$

$\because$ (B + C) का 2 दिन का काम

$$= 2 \times \left(\frac{1}{10} + \frac{1}{15}\right)$$

$$= \left(2 \times \frac{5}{30}\right) = \frac{1}{3}$$

शेष बचा काम $= \left(1 - \frac{1}{3}\right) = \frac{2}{3}$

$\therefore$ $\frac{1}{9}$ भाग काम करने में A को लगता है = 1 दिन

$\therefore$ $\frac{2}{3}$ भाग काम करने में A को लगेगा

$$= \left(1 \times 9 \times \frac{2}{3}\right) \text{ दिन} = 6 \text{ दिन}$$

45. (d) खम्भे AB की छाया किसी समय AC तथा किसी समय AD थी।

छाया AC पर उन्नयन कोण = 30°

छाया AD पर उन्नयन कोण = 45°

छाया AC – छाया AD = 20 मीटर = CD

माना खम्भे की ऊँचाई h मीटर है।

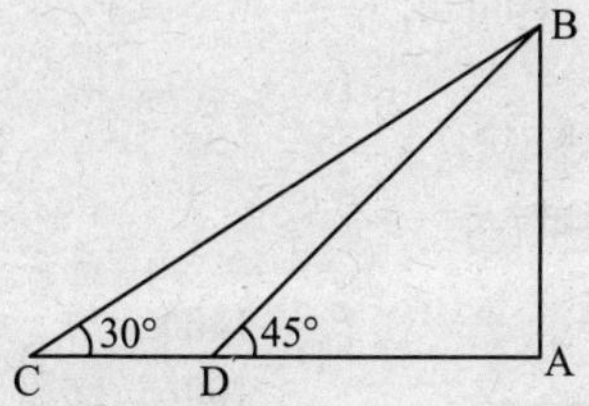

$$\therefore \quad \tan 45 = \frac{h}{AD}$$

$$\therefore \quad 1 - \frac{h}{AD}$$

$$\Rightarrow \quad h = AD$$

अब $\tan 30 = \frac{AB}{AC} = \frac{AB}{CD+AD}$

$$\therefore \quad \frac{1}{\sqrt{3}} = \frac{h}{20+h}$$

$$\Rightarrow \quad \sqrt{3}h = 20 + h$$

$$\Rightarrow \quad \sqrt{3}h - h = 20$$

$$\therefore \quad h(\sqrt{3}-1) = 20$$

$$\Rightarrow \quad h = \frac{20}{\sqrt{3}-1}$$

$$= \frac{20\times(\sqrt{3}+1)}{(\sqrt{3}-1)(\sqrt{3}+1)}$$

$$= \frac{20(\sqrt{3}+1)}{3-1} = 10(\sqrt{3}+1) \text{ मीटर}$$

46. (c) माना संख्या = x

प्रश्नानुसार,

$$\left\{\left(x+2\frac{1}{2}\right)\times 4\frac{1}{2}+3\right\}\div 1\frac{1}{5} = 25$$

$$\Rightarrow \quad \frac{\left(x+\frac{5}{2}\right)\times\frac{9}{2}+3}{6/5} = 25$$

$$\Rightarrow \quad \left(x+\frac{5}{2}\right)\times\frac{9}{2} = \frac{25\times 6}{5} - 3$$

$$\Rightarrow \quad x+\frac{5}{2} = \frac{27\times 2}{9} \Rightarrow x + \frac{5}{2} = 6$$

$$\Rightarrow \quad x = 6 - \frac{5}{2} = \frac{7}{2} = 3\frac{1}{2}$$

47. (a) माना दहाई का अंक x तथा इकाई का अंक y है।

$\therefore$ संख्या $= 10x + y$

अंकों को उलटने पर बनी संख्या = $10y + x$

$\therefore$ प्रश्नानुसार,

$$10x + y + 10y + x = 66$$

$$\Rightarrow \quad 11x + 11y = 66$$

$$\Rightarrow \quad x + y = 6$$

48. (a) माना गोले का व्यास, AE = $2r$

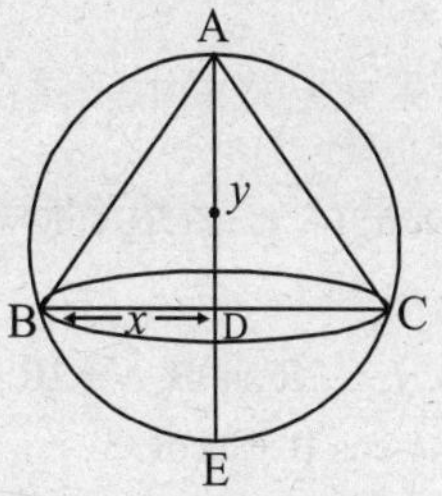

तथा शंकु की त्रिज्या = x

तथा शंकु की ऊँचाई = y

$$\therefore \quad AD = y$$

$$\because \quad BD^2 = AD \,.\, DE$$

$$\Rightarrow \quad x^2 = y(2r-y) \qquad \text{...(i)}$$

शंकु का आयतन,

$$V = \frac{1}{3}\pi x^2 y = \frac{1}{3}\pi x(2r-y)y$$

$$= \frac{1}{3}\pi(2ry^2 - y^3)$$

y के सापेक्ष अवकलन करने पर,

$$\frac{dV}{dy} = \frac{1}{3}\pi(4ry - 3y^2)$$

उच्चिष्ठ या निम्निष्ठ मान के लिए $\frac{dV}{dy} = 0$ रखने पर,

$$\frac{1}{3}\pi(4ry - 3y^2) = 0$$

$$\Rightarrow \quad y(4r - 3y) = 0 = y = \frac{4}{3}r; 0$$

पुन: अवकलन करने पर,

$$\frac{d^2V}{dy^2} = \frac{1}{3}\pi(4r - 6y)$$

$$y = \frac{4}{3}r \text{ पर}$$

$$\frac{d^2V}{dy^2} = \frac{1}{3}\pi(4r - 8y) \text{ ऋणात्मक}$$

शंकु का आयतन, $y = \frac{4}{3}r$ उच्चिष्ठ है।

अतः अनुपात $= \frac{\text{शंकु का आयतन}}{\text{गोले का व्यास}}$

$= \frac{y}{2r} = \frac{2}{3}$

49. (d)∵ रेखा $y = x - 1$ परवलय की नाभि $(1, 0)$ से होकर जाती है।

⇒ $y = x - 1$ परवलय की नाभीय जीवा है।

स्पर्श रेखाओं के बीच का कोण $\frac{\pi}{1}$ है।

50. (a) वृत्त का केन्द्र ऋणात्मक x-अक्ष पर होना चाहिए ताकि λ धनात्मक हो क्योंकि वृत्त का केन्द्र $(-\lambda, 0)$ है।

51. (c) $a = 2R \sin A$, $b = 2R \sin B$, $c = 2R \sin C$

$a \cos A + b \cos B + c \cos C$

$= R[(2 \sin A \cos A) + (2 \sin B \cos B) + (2 \sin C \cos C)]$

$= R(\sin 2A + \sin 2B + \sin 2C)$

$= 4R \sin A \sin B \sin C$

52. (a) माना त्रिभुज का क्षेत्रफल Δ है, तब प्रश्नानुसार

$\Delta = \frac{1}{2}ax = \frac{1}{2}by = \frac{1}{2}cz$

$\therefore \frac{bx}{c} + \frac{cy}{a} + \frac{az}{b}$

$= \frac{b}{c}\left(\frac{2\Delta}{a}\right) + \frac{c}{a}\left(\frac{2\Delta}{b}\right) + \frac{a}{b}\left(\frac{2\Delta}{c}\right)$

$= \frac{2\Delta(a^2 + b^2 + c^2)}{abc}$

$= \frac{2(a^2 + b^2 + c^2)}{abc} \cdot \frac{abc}{4R}$

$= \frac{a^2 + b^2 + c^2}{2R}$

53. (b) $2b = a + c$ ...(i)

[∵ a, b, c समान्तर श्रेणी में हैं।]

$c = \frac{2ab}{a + b}$ ...(ii)

[∵ b, c, a हरात्मक श्रेणी में हैं।]

$c(a + b) = a(a + c)$

समीकरण (i) व (ii) से,

$ac + bc = a^2 + ac$

या $a^2 = bc$

∴ c, a, b गुणोत्तर श्रेणी में हैं।

54. (a)

55. (a) माना निश्चित दूरी D किमी तथा निश्चित समय t घण्टे है।

∴ प्रथम स्थिति में,

p ky $(S_1) = \frac{D}{t}$

द्वितीय स्थिति में,

चाल $(S_2) = \frac{\left(D \times \frac{140}{100}\right)}{\left(t - \frac{37}{100}t\right)} = \frac{\frac{7}{5}D}{\frac{63}{100}t}$

$= \left(\frac{7}{5} \times \frac{100D}{63t}\right) = \frac{20}{9}\frac{D}{t}$

⇒ $S_2 = \frac{20}{9}S_1$

⇒ $\frac{S_1}{S_2} = \frac{20}{9}$

⇒ $S_1 : S_2 = 20 : 9$

56. (c) माना आरम्भिक स्थान से कार्यालय के बीच की दूरी $= x$ किमी। तब प्रश्नानुसार

$\frac{x}{10} - \frac{x}{(10 + 2)} = \frac{(6 + 6)}{60}$

⇒ $\frac{x}{10} - \frac{x}{12} = \frac{1}{5}$

⇒ $6x - 5x = \left(\frac{1}{5} \times 60\right)$

⇒ $x = 12$ किमी

57. (a) माना $S_\infty = 1^2 + 2^2 . x + 3^2 . x^2 + 4^2 . x^3 + ...$

या, $S_\infty = 1 + 4x + 9x^2 + 16x^3 + ...$

दोनों ओर गुणोत्तर श्रेणी के सार्वानुपात x से गुणा करके पुनः लिखने पर,

$x S_\infty = x + 4x^2 + 9x^3 + ...$

घटाने पर $(1 - x) S_\infty = 1 + 3x + 5x^2 + 7x^3 + ...$

दाईं ओर की श्रेणी पुनः समान्तरीय-गुणोत्तर श्रेणी है,

∴ दोनों ओर x से गुणा करके पुनः लिखने पर

$x(1 - x)S_\infty = x + 3x^2 + 5x^3 + ...$

पुनः घटाने पर $(1 - x)(1 - x)S_\infty = 1 + [2x + 2x^2 + 2x^3 + ...]$

या, $(1 - x)^2 S_\infty = 1 + 2\frac{x}{1 - x} = \frac{1 + x}{1 - x}$

$\therefore S_\infty = \frac{1 + x}{(1 - x)^3}$

58. (a) $\int \frac{1}{1 - \sin\theta} d\theta$

$= \int \frac{1 + \sin\theta}{(1 - \sin\theta)(1 + \sin\theta)} d\theta$

$$= \int \frac{1+\sin\theta}{\cos^2\theta} d\theta$$

$$= \int \left(\frac{1}{\cos^2\theta} d\theta + \sec\theta.\tan\theta d\theta \right)$$

$$= \int \sec^2 d\theta + \int \sec\theta \cdot \tan d\theta$$

$$= \tan\theta + \sec\theta + C$$

59. (b) $xy = 18$ की $xy = \frac{a^2}{2}$ से तुलना करने पर,

$$\frac{a^2}{2} = 18 \Rightarrow a^2 = 36$$

$\Rightarrow$ $a = 6$

$\therefore$ दीर्घ अक्ष की लम्बाई $= 2a = 2 \times 6 = 12$

60. (b) दिया गया है, कि $(x+p)(x-q) = r^2$

$\Rightarrow$ $x^2 - (p+q)x + pq = r^2 = 0$

अब, $D = \sqrt{(p+q)^2 - 4(pq - r^2)}$

$= \sqrt{(p-q)^2 + 4r^2} = 0$

अतः मूल हमेशा वास्तविक हैं।

61. (a) माना $I = \int_0^a \log\sin x dx$

$$= 2\int_0^{\pi/2} \log\sin x.dx$$

$$I = 2\int_0^{\pi/2} \log\sin x\, dx = 2I_1$$

Let, $I_1 = \int_0^{\pi/2} \log\sin x\, dx$ ...(1)

$$I_1 = \int_0^{\pi/2} \log\sin\left(\frac{\pi}{2} - x\right) dx$$

$= \int_0^{\pi/2} \log\cos x\, dx$ ...(2)

समीकरण (i) व (ii) को जोड़ने पर,

$$2I_1 = \int_0^{\pi/2} \log\sin x \cos x$$

$$= \int_0^{\pi/2} \log\frac{2\sin x\cos x}{2} dx$$

$$= \int_0^{\pi/2} \log\frac{\sin 2x}{2} dx$$

$$= \int_0^{\pi/2} \log\sin 2x\, dx - \int_0^{\pi/2} \log 2.dx$$

$$= \int_0^{\pi/2} \log\sin 2x\, dx - \log 2\left[\frac{\pi}{2} - 0\right]$$

$= I_2 - \frac{\pi}{2}\log 2$ ...(3)

जहाँ, $I_2 = \int_0^{\pi/2} \log\sin 2x\, dx$

माना, $2x = t$

$$2dx = dt \Rightarrow dx = \frac{1}{2}dt$$

$$I_2 = \int_0^{\pi} \log\sin t.\frac{1}{2}dt$$

$$= \frac{1}{2}\int_0^{\pi} \log\sin t$$

$$= \frac{1}{2} \times 2\int_0^{\pi/2} \log\sin t$$

$$= \int_0^{\pi/2} \log\sin t$$

$$= I_1$$

समीकरण (3) से,

$$2I_1 = I_1 - \frac{\pi}{2}\log 2$$

$I_1 = -\frac{\pi}{2}\log 2$ समीकरण (ii) से,

$$I = 2I_1 = 2 \times \left(-\frac{\pi}{2}\log 2\right)$$

62. (c) माना समान्तर श्रेणी का पहला पद a तथा सर्वान्तर d है।

तब प्रश्नानुसार, $q = a + (p-1)d$ ...(i)

$p = a + (q-1)d$ ...(ii)

समी. (i) व (ii) को हल करने पर,

$a = p + q - 1,\ d = -1$

$\therefore$ श्रेणी का nवाँ पद, $T_n = a + (n-1)d$

$T_n = p + q - 1 + (n-1) \times -1$

$T_n = p + q - 1 - n + 1$

$= (p + q - n)$

63. (c) $\because$ $(a^4 - b^4) = (a-b)(a+b)(a^2+b^2)$

यदि a तथा b दो विषम धन पूर्णांक हैं तो दिया गया व्यंजक का प्रत्येक गुणनखण्ड एक सम संख्या होगी। अतः तीन सम संख्याओं का गुणनफल सदैव $(2 \times 2 \times 2) = 8$ से पूर्णतः विभाज्य होगा।

64. (d) दीर्घवृत्त $\frac{x^2}{16} + \frac{y^2}{9} = 1$ निमायक वृत्त का समीकरण $x^2 + y^2 = 25$ है। नियामक वृत्त दीर्घवृत्त $\frac{x^2}{50} + \frac{y^2}{20} = 1$ को चार बिन्दु पर काटेगा।

अतः बिन्दुओं की संख्या 4 है।

65. (b) अभीष्ट त्रिभुजों की संख्या $= {}^5C_3 - {}^3C_3 = {}^5C_2 - {}^3C_3$

$$= \frac{5 \times 4}{2} - 1$$

$$= (10 - 1) = 9$$

66. (b) द्विपद व्यंजक $= \left(y^2 + \frac{2}{y}\right)^{15}$

व्यापक पद $T_{r+1} = {}^{15}C_r\, (y^2)^{15-r} . \left(\frac{2}{y}\right)^r$

$= {}^{15}C_r\, y^{30-2r}\, (+1)^r\, y^r\, .\, 2^r$

$= {}^{15}C_r\, 2^r\, y^{30-3r}$

$\therefore$ $30 - 3r = 15$ रखने पर,

$3_r = 15 \Rightarrow r = 5$

अत: $T_{5+1} = {}^{15}C_5\; 2^5 . y^{30-3\times5} = {}^{15}C_5\, .2^5 . y^{15}$

$\left(y^2 + \frac{2}{y}\right)^{15}$ के प्रसार में y^{15} का गुणांक $= {}^{15}C_5 . 2^5$

अत: माना $30 - 3r = 0 \Rightarrow r = 10$

$T_{10+1} = {}^{15}C_{10}\; 2^{10}\; .\; y^{30-3\times10} = {}^{15}C_{10} \times 2^{10} .\; y^0$

y से स्वतन्त्र पद से, y^{15} के गुणांकों का अनुपात

$$= \frac{{}^{15}C_5 . 2^5}{{}^{15}C_{10}\, 2^{10}} = \frac{{}^{15}C_{10}}{{}^{15}C_{10}} . \frac{2^5}{2^{10}} = \frac{1}{25} = \frac{1}{32}$$

67. (c) वक्र का समीकरण इस प्रकार है

$$y^2 = 12x$$

समीकरण (i) में $y = 6$ रखने पर,

अभीष्ट क्षेत्रफल

$$= \int_0^6 x\, dy = \int_0^6 \frac{y^2}{12} dy$$

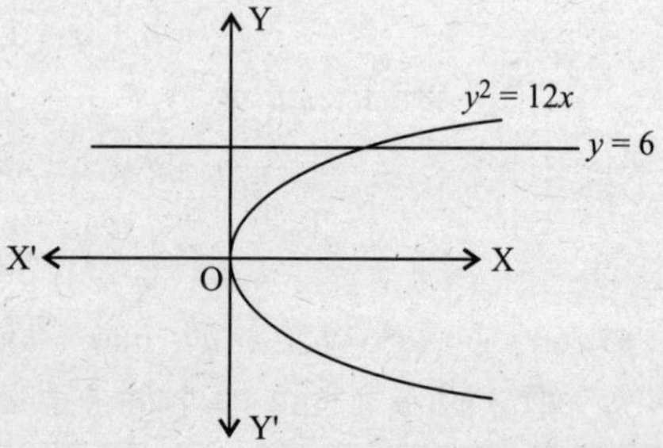

$$= \frac{1}{36}\left[y^3\right]_0^6$$

$$= \frac{216}{36} = 6 \text{ वर्ग इकाई}$$

68. (a) दिया गया समीकरण

$$y = 2\cos x + 3\sin x$$

x के सापेक्ष अवकलन करने पर,

$$\frac{dy}{dx} = -2\sin x + 3\cos x$$

पुन:, अवकलन करने पर,

$$\frac{d^2y}{dx^2} = -2\cos x - 3\sin x$$

$$\frac{d^2y}{dx^2} = -(2\cos x + 3\sin x) = -y$$

$$\therefore \quad \frac{d^2y}{dx^2} = -y$$

$$\Rightarrow \quad \frac{d^2y}{dx^2} + y = 0$$

अत: कथन I ही सही है।

69. (a) $\because$ $e^x = 1 + x + \frac{x^2}{2!} + \frac{x^3}{3!} + ...$

दोनों पक्षों में $x = \frac{1}{2}$ रखने पर

$$\sqrt{e} = e^{1/2} = 1 + \frac{1}{2} + \frac{\left(\frac{1}{2}\right)^2}{2!} + \frac{\left(\frac{1}{2}\right)^3}{3!} + \frac{\left(\frac{1}{2}\right)^4}{4!} + ...$$

$$= 1 + \frac{1}{2} + \frac{1}{2^2.2} + \frac{1}{2^3.6} + \frac{1}{2^4.24} + ...$$

$= 1 + 0.5 + 0.1250 + 0.0208 + 0.0026 +$ ......

$= 1.648$ लगभग

70. (a) दो विषम संख्याओं का योग सम होता है। अत: योग के सापेक्ष संवृत नहीं है। दो विषम संख्याओं का व्यवकलन सम होता है। अत: व्यवकलन के सापेक्ष सवृत्त नहीं हैं। दो विषम संख्याओं का भागफल कोई भी संख्या हो सकती हैं। अत: भाग के सापेक्ष संवृत्त नहीं हैं। दो विषम संख्याओं का गुणनफल विषम संख्या होती है। अत: गुणा के लिए संवृत्त है।

71. (c) कुल नट नग $= 3 + 5 = 8$, सही कीलें $= 3$

अभीष्ट प्रायिकता $=$ P (नट या कील)

$$= P(R) + P(W) - P(R \cap W)$$

$$= \frac{8}{16} + \frac{6}{16} - \frac{3}{16} = \frac{11}{16}$$

72. (c) $f(x) = 2x + 7$ और $g(x) = x^2 + 7$

$\therefore fog(x) = f\{g(x)\} = 2(x^2 + 7) + 7 = 2x^2 + 14 + 7$

परन्तु $fog(x) = 25 \Rightarrow 2x^2 + 21 = 25$

$\Rightarrow \quad 2x^2 = 2 \times 2$

$\Rightarrow \quad x^2 = 2$

$\Rightarrow \quad x = \pm\sqrt{2}$

73. (c) $\because \{1, 2, 3\}, \subset \{1, 2, 3, 4\}$,

अत: $\{1, 2, 3\}$ और $\{1, 2, 3, 4\}$ तुलनीय हैं,

74. (a) यदि अन्त से हमें किसी पद को प्राप्त करना होता है, तब हम उस पद को ज्ञात करते हैं, जो प्रारम्भ से होता है। इसके लिए प्राप्त पद को हम कुल पदों में से घटा देते हैं और उसमें 1 जोड़ देते हैं।

$\therefore$ प्रसार में पदों की संख्या = $(3n + 1)$

$\therefore$ $(n + 1)$ वाँ पद, अन्त से

= $[(3n + 1) - (n + 1) + 1]$ वाँ प्रारम्भ से पद

= $(2n + 1)$वाँ प्रारम्भ से पद

$$= {}^{3n}C_{2n}\, x^n \left(-\frac{1}{x}\right)^{2n}$$

$$= (-1)^{2n.3n} C_{2n}\left(\frac{1}{x^n}\right) = {}^{3n}C_{2n}\left(\frac{1}{x^n}\right)$$

75. (d) $x = \dfrac{25-23i}{16+17i}$

$$= \frac{(25-23i)(16-17i)}{(16+17i)(16-17i)} = \frac{400-368i-425i+391i}{256-289i}$$

$$= \frac{9-793i}{545} \quad y = \frac{25+23i}{16+17i}$$

$$= \frac{(25+23i)(16-17i)}{(16+17i)(16-17i)} = \frac{791-57i}{545}$$

$\therefore$ दिए गए विकल्पों में से x व y का कोई भी मान इस सम्बन्ध को सन्तुष्ट नहीं करता है.

76. (b) प्रश्नानुसार

$(n + 2)$वाँ पद $= 3y$

$\therefore$ $3y = y + (n + 1)d$

$\therefore$ $d = \dfrac{2y}{n+1}$

अत: प्रथम समान्तर माध्य पद $= y + \dfrac{2y}{n+1}$

y और $3y$ के मध्य n समान्तर माध्य पदों का योग

$$= \left[\frac{n}{2}\cdot 2\left(y + \frac{2y}{n+1}\right) + (n-1)\cdot\frac{2y}{n+1}\right]$$

$$= ny\left[1 + \frac{2}{n+1} + \frac{(n-1)}{n+1}\right] = ny\left[\frac{n+1+2+n-1}{n+1}\right]$$

$$= ny\left[\frac{2(n+1)}{(n+1)}\right] = 2ny$$

77. (c) $a \,R\, b \leftrightarrow$ दोनों a और b न तो सम हैं और न विषम।

माना a विषम है, तब $a \not R a$ और माना a सम है तब $a \not R a$.

अत: R स्वतुल्य नहीं है।

माना a विषम तथा b सम है, तब $a \,R\, b \Rightarrow b \,R\, a$.

अत: R सममित है।

माना a, b क्रमश: विषम और सम हैं, तब यदि R सममित है, तो

$$a\,R\,b,\; b\,R\,a \Rightarrow a\,R\,a$$

लेकिन $a\,R\,a$ सत्य नहीं है, क्योंकि a विषम है। अत: R संक्रामक नहीं है।

78. (a) द्विघात समीकरण जिसके मूल 3 और 5 हों–

$$x^2 - 8x + 15 = 0$$

79. (b) माना दिया गया व्यंजक a और b के मध्य गुणोत्तर माध्य है, तब

$$\frac{a^{n+1} + b^{n+1}}{a^n + b^n} = \sqrt{ab}$$

$$\Rightarrow \left(\frac{a^{n+1} + b^{n+1}}{a^n + b^n}\right)^2 = ab$$

$$\Rightarrow a^{2(n+1)} + b^{2(n+1)} + 2a^{n+1}\,.\,b^{n+1}$$
$$= ab(a^{2n} + b^{2n} + 2a^n\cdot b^n)$$

$$\Rightarrow a^{2n}.a^2 + b^{2n}.b^2 - ab\cdot a^{2n} - ab\cdot b^{2n} = 0$$

$$\Rightarrow a^{2n+1}(a-b) = b^{2n+1}(a-b)$$

$$\Rightarrow a^{2n+1} = b^{2n+1}$$

यह तभी सम्भव है, जब

$$2n + 1 = 0$$

$$\Rightarrow n = -\frac{1}{2}$$

80. (c) $y = 1 + x + \dfrac{x^2}{\lfloor 2} + \dfrac{x^3}{\lfloor 3} + \ldots\ldots$

$= e^x$

$\therefore$ $y_n = e^x = y$

81. (b) माना $u = \tan^{-1}\dfrac{2x}{1-x^2}$

$x = \tan\theta$ रखने पर $u = \tan^{-1}\left(\dfrac{2\tan\theta}{1-\tan^2\theta}\right) = \tan^{-1}(\tan 2\theta)$

$$u = 2\theta = 2\tan^{-1}x$$

$$\frac{du}{dx} = 2.\frac{1}{1+x^2}$$

और माना $v = \cos^{-1}\dfrac{1-x^2}{1+x^2}$

$x = \tan\theta$ रखने पर

$\therefore$ $v = \cos^{-1}\dfrac{1-\tan^2\theta}{1+\tan^2\theta} = \cos^{-1}(\cos 2\theta)$

$$v = 2\theta = 2\tan^{-1}x$$

$\therefore$ $\dfrac{dv}{dx} = 2\cdot\dfrac{1}{1+x^2}$

$\therefore$ $\cos^{-1}\dfrac{1-x^2}{1+x^2}$ के सापेक्ष $\tan^{-1}\dfrac{2x}{1-x^2}$ का अवकलन करने पर

$$= \frac{du/dx}{dv/dx} = \frac{2/(1+x^2)}{2/(1+x^2)} = 1$$

82. (c) $6\cdot 5 = \dfrac{3(x-2)+5(x+2)+7(x-3)+9(x+3)}{(x-2)+(x+2)+(x-3)+(x+3)}$

$$= \frac{24x+10}{4x}$$

$\therefore$ $x = 5$

83. (d) $\frac{7+3+a+8}{4} = 6$

$\therefore \quad 18 + a = 24$

$\therefore \quad a = 24 - 18 = 6$

84. (b) चार अंकों वाली संख्या का पहला अंक जीरो नहीं हो सकता, अतः पहले अंक को 5 विधियों से चुना जा सकता (1, 2, 3, 4 या 5) है और दूसरा अंक 5 विधियों से, तीसरा अंक 4 विधियों से और चौथा अंक 3 विधियों से।

$\therefore$ 0, 1, 2, 3, 4 और 5 से बनी 4 अंकों की संख्या की कुल विधियाँ $= 5 \times 5 \times 4 \times 3 = 300$

वह संख्या 5 से विभाजित होगी यदि संख्या या आखिरी का अंक या तो 0 या 5 हो।

यदि संख्या का आखिरी अंक 0 हो तो पहले अंक को 5 विधियों से, दूसरे अंक को 4 विधियों से, तीसरे अंक को 3 विधियों से चुना जा सकता है।

4 अंक की संख्या, जिसमें आखिरी अंक 0 हो, की कुल विधियाँ $= 5 \times 4 \times 3 = 60$

यदि आखिरी अंक 5 हो, तो पहले अंक को 4 तरह से चुना जा सकता है (क्योंकि पहला अंक 0 नहीं हो सकता) दूसरा 4 तरह से और तीसरा 3 तरह से।

$\therefore$ 4 अंकों की संख्या, जिसमें आखिरी अंक 5 हो, की कुल विधियाँ $= 4 \times 4 \times 3 = 48$

$\therefore$ 4 अंको की संख्या जो 5 से विभाजित होती है, की कुल विधियाँ $= 60 + 48 = 108$

$\therefore$ अभीष्ट प्रायिकता $= \frac{108}{300} = \frac{9}{25}$

85. (b) दो पत्तों को एक-एक करके बिना पुनर्स्थापन किए खींचने की कुल विधियों की संख्या $= {}^{52}C_1 \times {}^{51}C_1 = 52 \times 51$ इस गड्डी में 4 इक्के हैं।

$\therefore$ दो इक्कों को खींचने की अनुकूल विधियाँ $= {}^4C_1 \times {}^3C_1 = 4 \times 3$

$\therefore$ प्रायिकता $= \frac{4\times3}{52\times51} = \frac{1}{13\times17} = \frac{1}{221}$

86. (a) माना बिन्दु $P(x, y)$ दीर्घवृत्त पर हो,

$\therefore$ P की ध्रुव (–1, 1) से दूरी $= \sqrt{(x+1)^2+(y-1)^2}$

और नियता पर लम्ब $PM = \frac{x-y+3}{\sqrt{2}}$

$\therefore \quad \sqrt{(x+1)^2+(y-1)^2} = e\frac{(x-y+3)}{\sqrt{2}} = \frac{1}{2}\frac{(x-y+3)}{\sqrt{2}}$

$\Rightarrow \quad (x+1)^2 + (y-1)^2 = \frac{1}{8}(x-y+3)^2$

$\Rightarrow 8x^2 + 16x + 8 + 8y^2 - 16y + 8$

$= x^2 + y^2 + 9 - 2xy + 6x - 6y$

$\Rightarrow 7x^2 + 2xy + 7y^2 + 10x - 10y + 7 = 0$

87. (a) $\sin\frac{\pi}{4}\cos\frac{\pi}{6}\tan\frac{\pi}{3}\sec\frac{\pi}{4} = \sin 45^\circ \cos 30^\circ \tan 60^\circ \sec 45^\circ$

$= \frac{1}{\sqrt{2}} \times \frac{\sqrt{3}}{2} \times \frac{\sqrt{3}}{1} \times \sqrt{2} = \frac{3}{2}$

88. (c) $\cos\theta - \sqrt{3}\sin\theta = 2\left(\frac{1}{2}\cos\theta - \frac{\sqrt{3}}{2}\sin\theta\right)$

$= 2(\sin 30^\circ \cos\theta - \cos 30^\circ \sin\theta)$

$= 2\sin(30^\circ - \theta) = 2 \times 1$

[क्योंकि $\sin(30^\circ - \theta)$ का महत्तम मान 1 होता है] = 2

89. (c) यदि समीकरण $x^2 + 2x - 4 = 0$ के मूल α और β, तो $\alpha + \beta = 2$ और $\alpha\beta = -4$

इसी प्रकार यदि समीकरण $x^2 + 4x - 9 = 0$ के मूल γ और δ हों, तो $\gamma + \delta = -4$ और $\gamma\delta = -9$.

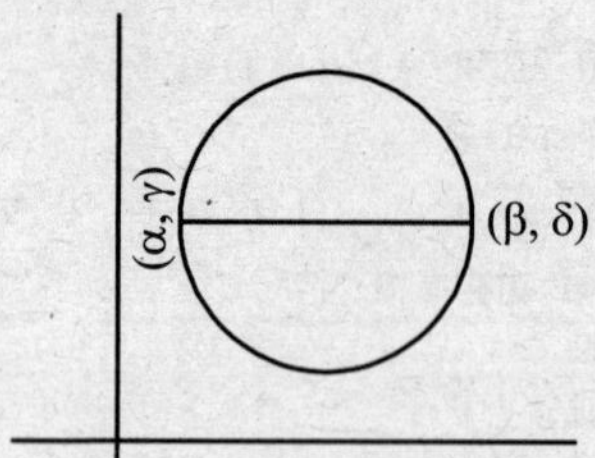

$\therefore$ वृत्त का समीकरण होगा–

$(x-\alpha)(x-\beta) + (y-\gamma)(y-\delta) = 0$

$\Rightarrow \quad x^2 - (\alpha+\beta)x + \alpha\beta + y^2 - (\gamma+\delta)y + \gamma\cdot\delta = 0$

$\Rightarrow \quad x^2 + 2x - 4 + y^2 + 4y - 9 = 0$

$\Rightarrow \quad x^2 + y^2 + 2x + 4y - 13 = 0$

90. (c) $\Delta = (x+a)(x-b)(x+c)$

$+ (x+b)(x-a)(x-c)$ (विस्तार करने पर)

$\Rightarrow 0 = (x-b)(x^2 + ac + ax + cx)$

$+ (x+b)(x^2 - ax - cx + ac)$

$= x^3 + acx + ax^2 + cx^2 - bx^2 - abc$

$- abx - bcx + x^3 - ax^2 - cx^2 + acx$

$+ bx^2 - abx - bcx + abc$

$= 2x(x^2 - ab - bc + ca)$

$\therefore \quad x = 0.$

91. (b) $I = \int_0^{\pi/2} \log_e \sin x\, dx$

और $I = \int_0^{\pi/2} \log_e \sin\left(\frac{\pi}{2} - x\right)dx = \int_0^{\pi/2} \log_e \cos x\, dx$

$\therefore \quad 2I = \int_0^{\pi/2} (\log_e \sin x + \log_e \cos x)dx$

$= \int_0^{\pi/2} \log_e(\sin x \cos x)\,dx = \int_0^{\pi/2} \log_e\left(\frac{\sin 2x}{2}\right)dx$

$= \int_0^{\pi/2} \log_e \sin 2x - \int_0^{\pi/2} \log_e 2\, dx$

$2x = t$ रखने पर, अतः $2\,dx = dt \Rightarrow dx = \frac{1}{2}dt$

और $x = 0$ पर, $t = 0$ और $x = \frac{\pi}{2}$ पर, $t = \pi$.

$\therefore \quad 2I = \frac{1}{2}\int_0^{\pi} \log_e \sin t\,dt - (x\log_e 2)_0^{\pi/2}$

$= \frac{1}{2} \times 2\int_0^{\pi/2} \log_e \sin x\, dx - \frac{\pi}{2}\log_e 2 = I - \frac{\pi}{2}\log_e 2$

$\therefore \quad I = -\frac{\pi}{2}\log_e 2 = \frac{\pi}{2}\left(\log_e \frac{1}{2}\right)$

92. (b) माना $I = \int_1^2 \frac{1}{x^2} e^{-1/x} dx \quad -\frac{1}{x} = t$ रखने पर, $\frac{1}{x^2}dx = dt$

$\therefore \quad I = \int_{-1}^{-1/2} e^t\, dt = \left[e^t\right]_{-1}^{-1/2}$

$= e^{-1/2} - e^{-1} = \frac{1}{\sqrt{e}} - \frac{1}{e}$

93. (d) $\because$ $\sin\left(\sin^{-1}\frac{1}{5}+\cos^{-1}x\right)=1$

$\therefore$ $\sin^{-1}\frac{1}{5}+\cos^{-1}x=\sin^{-1}(1)$

$\Rightarrow$ $\sin^{-1}\frac{1}{5}+\cos^{-1}x=\frac{\pi}{2}$

लेकिन हम जानते हैं कि

$$\sin^{-1}x+\cos^{-1}x=\frac{\pi}{2}$$

$\therefore$ $x=\frac{1}{5}$

94. (a) आयताकार अतिपरवलय में $a = b$

$\because$ $b^2 = a^2(e^2 - 1)$

$\Rightarrow$ $b^2 = b^2(e^2 - 1)$

$\Rightarrow$ $1 = e^2 - 1$

$\Rightarrow$ $e^2 = 2$

$\Rightarrow$ $e = \sqrt{2}$

95. (a) $2s = a + b + c$

$= 2\sqrt{3}+2\sqrt{3}+2\sqrt{3}=6\sqrt{3}$

$\therefore$ $s = 3\sqrt{3}$

समबाहु त्रिभुज ABC में,

$A = B = C = 60°$,

$r_1 = s\tan\frac{A}{2}=3\sqrt{3}\tan\frac{60°}{2}$

$=3\sqrt{3}\times\frac{1}{\sqrt{3}}=3$

इसी प्रकार,

$r_2 = s\tan\frac{B}{2}=3\sqrt{3}\tan 30°=3,$

$r_3 = s\tan\frac{C}{2}=3\sqrt{3}\times\frac{1}{\sqrt{3}}=3$

96. (b) $y = me^{nx}$

$\therefore$ $\frac{dy}{dx}=mne^{nx}$

और $\frac{d^2y}{dx^2}=mn^2e^{nx}$

$\therefore$ $y\frac{d^2y}{dx^2}=me^{nx}\cdot mn^2e^{nx}$

$=m^2n^2e^{2nx}$

$=\left(\frac{dy}{dx}\right)^2$

$\therefore$ $y\frac{d^2y}{dx^2}-\left(\frac{dy}{dx}\right)^2=0.$

97. (c) मान लो $\tan^{-1}x=\theta$

$\therefore$ $\tan\theta = x$

$\therefore$ $\cos\theta=\frac{1}{\sqrt{1+x^2}}$

$\therefore$ $\cos(\tan^{-1})x=\frac{1}{\sqrt{1+x^2}}$

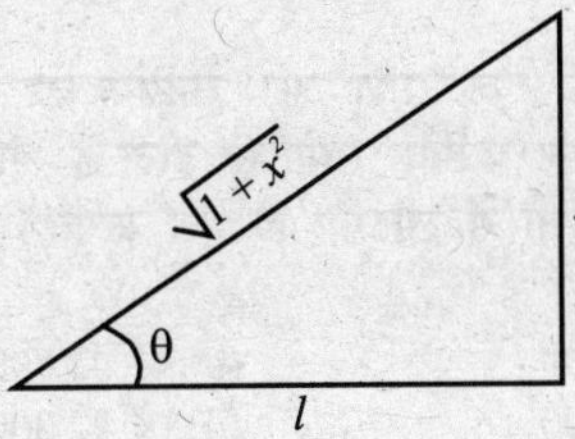

98. (a) रुमालों की कुल संख्या

$$=\frac{\text{कपड़े का कुल क्षेत्रफल}}{\text{रुमाल का क्षेत्रफल}}=\frac{1.2\times\frac{96}{100}}{0.24\times0.24}$$

$$=\frac{120\times96}{24\times24}=20$$

99. (c)

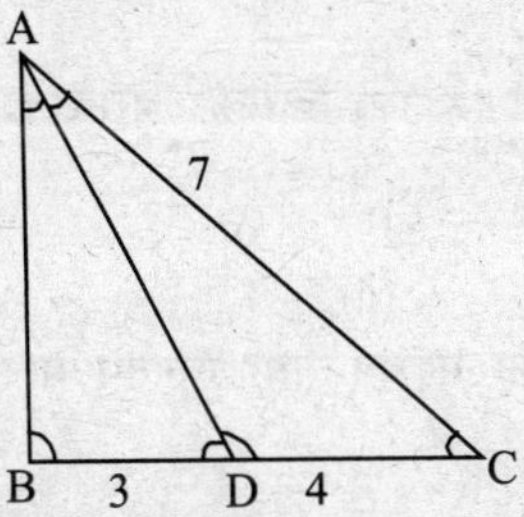

$\therefore$ $\frac{AB}{AC}=\frac{BD}{DC}$

$\therefore$ $AB=\frac{3}{4}\times7=5\cdot25$ सेमी.

100. (c)

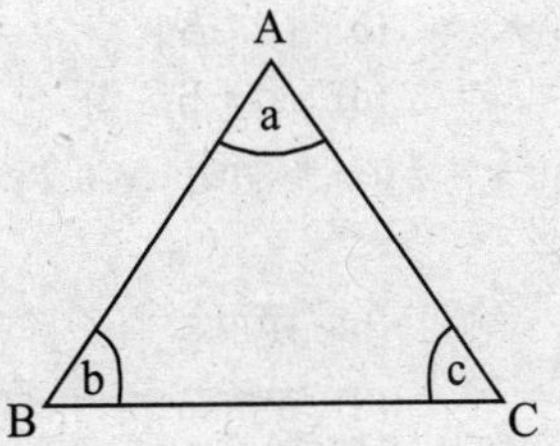

हम जानते हैं कि त्रिभुज के आंतरिक कोणों का योग 180° के बराबर होता है।

त्रिभुज के बाहरी कोणों का योग

$= (180° - a) + (180° - b) + (180° - c)$

$= 3 \times 180° - (a + b + c)$

$= 540° - 180° = 360°.$

❑❑❑

5 गणित
प्रैक्टिस पेपर

1. ₹ 91,000 की एक राशि 20% वार्षिक दर से उधार ली जाती है। यदि ब्याज वार्षिक संयोजित होता है और ऋण तीन समान वार्षिक किश्तों में लौटाना हो, तो प्रत्येक वार्षिक किश्त क्या होगी?
(a) ₹ 43,200 (b) ₹ 42,800
(c) ₹ 42,500 (d) ₹ 42,300

2. Δ ABC में, $\angle B = 70^0$, $\angle C = 40^0$। BC पर बिन्दु P तथा Q इस प्रकार हैं, कि AP, $\angle BAC$ का आन्तरिक अर्द्धक है तथा $AQ \perp BC$ है। ऐसी स्थिति में $\angle QAP$ बराबर है–
(a) 0° (b) 15°
(c) 30° (d) इनमें से कोई नहीं

3. यदि $a = x \sec\theta \cos\phi$, $b = y \sec\theta \sin\phi$ तथा $c = z \tan\theta$ हो, तो $\frac{a^2}{x^2}+\frac{b^2}{y^2}-\frac{c^2}{z^2}$ किसके बराबर है?
(a) – 3 (b) – 2
(c) 1 (d) – 1

4. $5 \sin\theta + 12 \cos\theta$ का महत्तम तथा न्यूनतम मान का युग्म होगा–
(a) (–13, –13) (b) (13, –13)
(c) (–13, 5) (d) (5, 12)

5. यदि A(6, –3), B(–3, 5), C(4, –2), P(α, β) हों, तब ΔPBC तथा ΔABC के क्षेत्रफल का अनुपात होगा–
(a) $|\alpha+\beta|$ (b) $|\alpha-\beta|$
(c) $|\alpha+\beta+2|$ (d) $|\alpha+\beta-2|$

6. सरल रेखाओं $x = y, x - 2y = 3$ तथा $x + 2y = -3$ से बनने वाला त्रिभुज है–
(a) समद्विबाहु (b) समबाहु
(c) समकोणीय (d) उपरोक्त में से कोई नहीं

7. यदि $\frac{z-1}{z+1}$ एक पूर्णतः काल्पनिक संख्या हो, तो $|z|$ का मान क्या होगा? जबकि $z \neq -1$
(a) –1 (b) 1
(c) 2 (d) –2

8. यदि $|z_1| = |z_2| = ... = |z_n| = 1$, तब $|z_1 + z_2 + z_3 + ... + z_n|$ का मान है–
(a) 1 (b) $|z_1|+|z_2|+.....+|z_n|$
(c) $\left|\frac{1}{z_1}+\frac{1}{z_2}+.....+\frac{1}{z_n}\right|$ (d) इनमें से कोई नहीं

9. यदि ω इकाई का एक घनमूल हो, तो $\begin{vmatrix} 2 & 2\omega & -\omega^2 \\ 1 & 1 & 1 \\ 1 & -1 & 0 \end{vmatrix}$ का मान होगा–
(a) 3 (b) 0
(c) 2 (d) 4

10. यदि A = {1, 3, 5, 7, 8} और B = {5, 7, 9, 11}, तो $A \cup B$ का मान होगा–
(a) {1, 3, 7, 9} (b) {1, 3, 5, 7, 8, 9, 11}
(c) {5, 7} (d) {1, 3, 8, 11}

11. यदि $U = I^+$, A = {2, 4, 5, 8,......}, तो A' का मान होगा–
(a) {1, 3, 5, 7,.........} (b) {1, 2, 3, 4,.......}
(c) {2, 3, 4, 5,........} (d) इनमें से कोई नहीं

12. यदि $x = \frac{1+\log t}{t^2}$ तथा $y = \frac{3+2\log t}{t}$, तब $\frac{dy}{dx}$ बराबर है-
(a) $\frac{1}{t}$ (b) –1
(c) 1 (d) $-t$

13. $\frac{d}{dx}\left[\left(\frac{\tan^2 2x - 2\tan^2 x}{1-\tan^2 2x \tan^2 x}\right)\cot 3x\right]$ का मान है
(a) $\tan 2x \tan x$ (b) $\tan 3x \tan x$
(c) $\sec x^2$ (d) $\sec x \tan x$

14. यदि $y = \log^n x$, जहाँ $\log^n$ का अर्थ है log log log....(*n* बार), तब $x \log x \log^2 x \log^3 x.....\log^{n-1} x \log^n x \frac{dy}{dx}$ का मान है-
(a) $\log x$ (b) $\log^n x$
(c) $\frac{1}{\log x}$ (d) 1

15. यदि किसी प्रक्षेप्य को अपने पथ के एक बिन्दु P तक पहुँचने में t समय लगता हो और उसको P से चलकर प्रक्षेप–बिन्दु से होकर जाने वाले क्षैतिज तल से टकराने में t समय लगे, तो तल से P की ऊँचाई होगी–
(a) $\frac{1}{4}gtt'$ (b) $\frac{1}{3}gtt'$
(c) $\frac{1}{2}gtt'$ (d) $\sqrt{gtt'}$

16. यदि प्रक्षेप–बिन्दु से होकर जाने वाले क्षैतिज समतल से प्रक्षेप्य की महत्तम ऊँचाई h और प्रक्षेप्य–कोण α हो, तो उन दो क्षणों के बीच का समयांतराल क्या होगा जिन पर प्रक्षेप्य की ऊँचाई $h \sin^2 \alpha$ है?

(a) $2\sin\alpha\sqrt{\left(\frac{2h}{g}\right)}$ (b) $2\cos\alpha\sqrt{\left(\frac{2h}{g}\right)}$

(c) $\sin\alpha\sqrt{\left(\frac{14h}{g}\right)}$ (d) $2\cos\alpha\sqrt{\left(\frac{h}{g}\right)}$

17. दो कण एक ही बिन्दु से एक ही साथ एक ही ऊर्ध्वाधर समतल में क्रमशः u और v वेगों से, क्षितिज के साथ α और β बनाते हुए फेंके जाते हैं, कितने समय उपरान्त उनके वेगों की दिशाएँ समान्तर होगी?

(a) $\frac{uv\sin(\alpha-\beta)}{g(v\cos\beta-u\cos\alpha)}$ (b) $\frac{uv\sin(\alpha+\beta)}{g(v\cos\beta-u\cos\alpha)}$

(c) $\frac{uv\cos(\alpha-\beta)}{g(v\cos\beta-u\cos\alpha)}$ (d) $\frac{uv\cos(\alpha+\beta)}{g(v\cos\beta-u\cos\alpha)}$

18. यदि $a = b + c$ हो, तो निम्नलिखित में से कौन-सा कथन सत्य है?

(a) $|a|=|b|=|c|$ (b) $|a|+|b|=|c|$

(c) $|a|=|b|+|c|$ (d) इनमें से कोई नहीं

19. सदिश $\hat{i}+\hat{j}+\hat{k}$ का सदिशों $2\hat{i}+4\hat{j}-5\hat{k}$ और $\lambda\hat{i}+2\hat{j}+3\hat{k}$ के योगफल की दिशा में मात्रक सदिश के साथ अदिश गुणनफल 1 बराबर हैं, तो λ का मान ज्ञात कीजिए–

(a) 1 (b) 2

(c) 3 (d) 4

20. यदि $(a+b)\cdot(a+b)=|a|^2+|b|^2$, $a \neq 0$, $b \neq 0$ हो, तो निम्न में सत्य है–

(a) (=) $a \parallel b$ (b) (=) $a \perp b$

(c) (=) a तथा b समरेखीय है (d) उपरोक्त में से कोई नहीं

21. गोलीय गुब्बारे में 30 मी^{3}/मिनट की दर से गैस भरी जाती है। जब इसका मान 15 फीट है, तब वह दर जिस पर त्रिज्या बढ़ती है, है–

(a) $\frac{1}{30\pi}$ फीट/मिनट (b) $\frac{1}{15\pi}$ फीट/मिनट

(c) $\frac{1}{20}$ फीट/मिनट (d) $\frac{1}{15}$ फीट/मिनट

22. एक पिण्ड एक इकाई वृत्त $x^2+y^2=1$ के चारों ओर घड़ी की सुई की दिशा के अनुदिश गति कर रही है। यह पिण्ड बिन्दु $\left(\frac{1}{2},\frac{\sqrt{3}}{2}\right)$ से होकर जाता है। इसका y-निर्देशांक 3 इकाई/सेकण्ड की दर से घट रहा है। इस बिन्दु पर x निर्देशांक किस गति से परिवर्तित हो रहा है?

(a) 2 इकाई/सेकण्ड (b) $3\sqrt{3}$ इकाई/सेकण्ड

(c) $\sqrt{3}$ इकाई/सेकण्ड (d) $2\sqrt{3}$ इकाई/सेकण्ड

23. 6.5, 8.2, 9.4, 4.6, 7.8 और 4.9 का औसत पता करें–

(a) 7.9 (b) 5.9

(c) 4.9 (d) 6.9

24. 5 विद्यार्थियों का जेब खर्च नीचे दिया गया है। उनका समांतर माध्य है-

125, 75, 150, 175, 200

(a) 145 (b) 150

(c) 155 (d) 160

25. वर्ग-आमाप ज्ञात करें-

(a) 15 (b) 10

(c) 05 (d) 20

26. $3\sqrt{2}, 3\sqrt{7}, 6\sqrt{5}, 2\sqrt{20}$ संख्याओं में सबसे बड़ी संख्या कौन-सी है?

(a) $3\sqrt{2}$ (b) $3\sqrt{7}$

(c) $6\sqrt{5}$ (d) $2\sqrt{20}$

27. बल P, Q, R क्रमानुसार समबाहु त्रिभुज ABC की भुजाओं BC, AC और BA के अनुदिश क्रिया करते हैं, यदि बलों का परिणामी BC के समान्तर एक बल हो, जो त्रिभुज के केन्द्रक से होकर जाता है, तो–

(a) $Q=R=\frac{P}{2}$ (b) $Q=\frac{R}{2}=P$

(c) $\frac{Q}{2}=R=P$ (d) $\frac{Q}{2}=\frac{R}{2}=\frac{P}{4}$

28. विषमकोण समचतुर्भुज ABCD की भुजा AB, BC, CD तथा DA के अनुदिश 3, 7, 3 तथा 7 किलोग्राम भार के बल लगे हैं, यदि कोण A, 60° का हो और उसकी भुजा की लम्बाई a मीटर हो, तो परिणामी बल युग्म का आघूर्ण होगा–
(चतुर्भुज की भुजा a मानिए)

(a) $(2\sqrt{3})a$ (b) $(5\sqrt{3})a$

(c) $(6\sqrt{3})a$ (d) $(7\sqrt{3})a$

29. ABCD एक वर्ग है जिसकी भुजा 2 सेमी है, AB, BC, CD और CD और DA के ऊपर 1, 2, 8 और 5 ग्राम भार के बल और AC तथा DB के ऊपर $5\sqrt{2}$ और $2\sqrt{2}$ ग्राम भार के बल क्रिया करते हैं, तो वे एक बल-युग्म के बराबर हैं, जिसका आघूर्ण होगा–

(a) 16 सेमी ग्राम-भार

(b) 7 सेमी ग्राम-भार

(c) 12 सेमी ग्राम-भार

(d) 15 सेमी ग्राम-भार

30. निम्न चित्र में $\angle OAC$ का मान होगा–

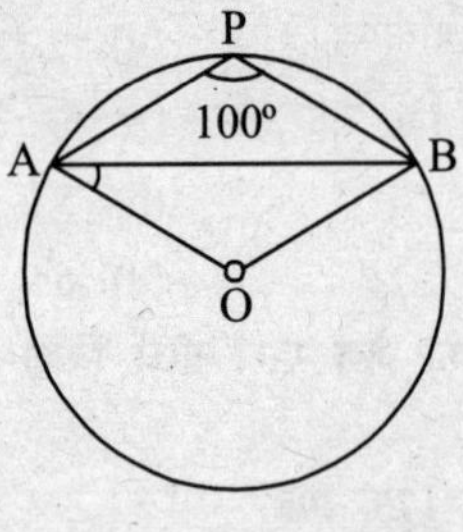

(a) 20° (b) 40°
(c) 10° (d) 50°

31. वृत्त, जिसका केन्द्र O है, (आकृति दर्शाई गई है) की जीवा AB, केन्द्र से 80° का कोण बनाती है। $\angle APB$ होगा–

(a) 100° (b) 140°
(c) 90° (d) इनमें से कोई नहीं

32. यदि $\tan^{-1} m + 2\cot^{-1} m = \frac{2\pi}{3}$ हो, तो m का मान होगा–

(a) $\sqrt{2}$ (b) $\sqrt{3}$
(c) $\sqrt{5}$ (d) 1

33. कागज के बंडलों से भरे हुए बक्से का भार 36 किग्रा है। यदि बक्से का भार और कागज के बंडलों के भार का अनुपात 3 : 22 हो, तो उन कागजों का भार कितने ग्राम होगा?

(a) 30680 (b) 30710
(c) 31500 (d) 31680

34. यदि $A = \begin{bmatrix} 2 & -1 \\ 3 & 4 \end{bmatrix}$, $X = \begin{bmatrix} x \\ y \end{bmatrix}$ तथा $B = \begin{bmatrix} -2 \\ 3 \end{bmatrix}$ हो, तो x तथा y के मान होंगे–

(a) $x = \frac{-4}{11}, y = \frac{3}{11}$ (b) $x = \frac{-5}{11}, y = \frac{12}{11}$
(c) $x = \frac{1}{11}, y = \frac{2}{11}$ (d) इनमें से कोई नहीं

35. यदि
$$2x + 5y - z = 9$$
$$3x - 3y + 2z = 7$$
$$2x - 4y + 3z = 1$$
हो, तो $x, y\ z$ के मान होंगे–

(a) $x = \frac{1}{5}, y = \frac{17}{8}\ z = 0$
(b) $x = 2, y = 3, z = 6$
(c) $x = \frac{79}{21}, y = \frac{21}{-4}, z = 4$
(d) $x = \frac{79}{21}, y = \frac{-4}{21}, z = \frac{-17}{7}$

36. यदि $x + y = -1$ तथा $2x - 3y = 8$ हो, तो x तथा y के मान होंगे–

(a) $x = 1, y = -2$ (b) $x = 3, y = 4$
(c) $x = 4, y = 3$ (d) $x = 2, y = 2$

37. एकल समुच्चय (Singleton set) $\{x_0\}$ है–

(a) संवृत तथा विवृत समुच्चय दोनों
(b) केवल विवृत समुच्चय
(c) केवल संवृत समुच्चय
(d) अगणनीय

38. समुच्चयों का संग्रह C, समुच्चय A का एक विवृत आवरण होता है यदि–

(a) प्रत्येक $B \in$ विवृत है (b) प्रत्येक $B \in$ संवृत है
(c) कुछ $B \in$ विवृत है (d) इनमें से कोई नहीं

39. यदि E दूरीक समष्टि का एक अरिक्त संवृत समुच्चय है, तब E का संवरण $\overline{E}$ है–

(a) $\overline{E} \subset E$ (b) $E \subset \overline{E}$
(c) $\overline{E} = \phi$ (d) इनमें से कोई नहीं

40. यदि $\log_{10} 3 = 0.477$ है, तो 3^{50} में अंकों की संख्या बताइए।

(a) 23 (b) 24
(c) 50 (d) 150

41. यदि रेखाएँ $x - 2y = 0$ और $mx + y = 1$ बिन्दु $\left(1, \frac{1}{2}\right)$ पर काटती हैं, तो m का मान क्या है?

(a) 1 (b) 2
(c) $\frac{1}{2}$ (d) $-\frac{1}{2}$

42. दो पुरुष और तीन लड़के एक कार्य 10 दिनों में कर सकते हैं, जबकि 3 पुरुष और 2 लड़के वही कार्य 8 दिनों में कर सकते हैं। तद्नुसार 2 पुरुष तथा 1 लड़का वही कार्य कितने दिनों में कर सकते हैं?

(a) $11\frac{1}{2}$ दिन (b) $12\frac{1}{2}$ दिन
(c) 11 दिन (d) $10\frac{1}{2}$ दिन

43. $(x - 1)$ व्यक्तियों द्वारा $(x + 1)$ दिनों में किया गया कार्य और $(x + 1)$ व्यक्तियों द्वारा $(x + 2)$ दिनों में किया गया कार्य 5 : 6 के अनुपात में है, तो x का मान क्या होगा?

(a) 16 (b) 10
(c) 8 (d) 6

44. 8 मीटर लम्बी सीढ़ी एक बिजली के खम्भे की चोटी से 8 मीटर नीचे तक पहुँचती है। यदि सीढ़ी के निचले सिरे पर खम्भे के शिखर का उन्नयन कोण 60° हो, तो खम्भे की ऊँचाई है–

(a) 10 मीटर (b) 12 मीटर
(c) 14 मीटर (d) 16 मीटर

45. वह सबसे छोटी संख्या, जिसे 6709 में जोड़ने पर योगफल 9 से विभाजित होता हो, होगी–

(a) 5 (b) 4
(c) 7 (d) 2

46. दो अंकों की संख्या, अंकों के योग से तीन गुना है तथा संख्या में 45 जोड़ने पर प्राप्त संख्या में अंकों के स्थान का क्रम पलट जाता है, संख्या क्या है?

(a) 72 (b) 32
(c) 27 (d) 23

47. वह संख्याएँ x और y ज्ञात कीजिए जिनका योग 35 हो और गुणनफल x^2y^2 उच्चतम हो–

(a) 15 तथा 20 (b) 10 तथा 25
(c) 5 तथा 30 (d) इनमें से कोई नहीं

48. परवलय की प्राचलिक समीकरण $x = t^2 + 1, y = 2t + 1$ इसकी नियता का कार्तीय समीकरण है–

(a) $x = 0$ (b) $x + 1 = 0$
(c) $y = 0$ (d) इनमें से कोई नहीं

49. परवलय $y^2 = 4ax$ जिसकी नाभीय जीवा PSQ इस प्रकार है कि SP = 3 व SQ = 2 के नाभिलम्ब की लम्बाई है–

(a) $\frac{24}{5}$ (b) $\frac{15}{5}$
(c) $\frac{6}{5}$ (d) $\frac{1}{5}$

50. यदि किसी Δ PQR में, $\cos Q = \frac{\sin P}{2\sin P}$ है, तो त्रिभुज किस प्रकार का प्राप्त होगा?

(a) समद्विबाहु त्रिभुज (b) समबाहु त्रिभुज
(c) समकोणीय त्रिभुज (d) विषमबाहु त्रिभुज

51. यदि किसी त्रिभुज की भुजाएँ $\sqrt{3}+1$ और $\sqrt{3}-1$ हैं तथ्य उनके बीच का कोण 60° है, तब उसके अन्य कोण हैं–

(a) 90°, 30° (b) 105°, 15°
(c) 75°, 45° (d) 90, 75°

52. यदि समान्तर श्रेणी के प्रथम पाँच पदों का योगफल और प्रथम दस पदों का योगफल समान है, तब निम्नलिखित में से कौन-सा एक कथन सही है?

(a) प्रथम पद ऋणात्मक होना चाहिए
(b) सार्वन्तर ऋणात्मक होना चाहिए
(c) या तो प्रथम पद अथवा सार्वान्तर ऋणात्मक है, परन्तु दोनों नहीं
(d) प्रथम पद और सार्वान्तर दोनों ऋणात्मक हैं

53. चित्र में केन्द्र O वाले वृत्त की छेदक रेखा ACD, वृत्त को बिन्दुओं C तथा D पर काटती है। यदि OA = 5 सेमी., AC = 2 सेमी. तथा AD = 8 सेमी. है, तो वृत्त की त्रिज्या होगी–

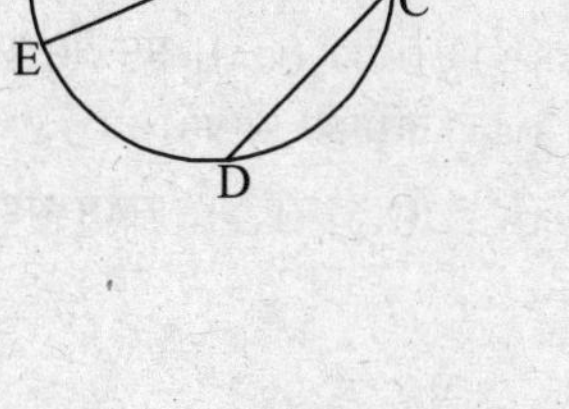

(a) 6 सेमी. (b) 4 सेमी.
(c) 3 सेमी. (d) 8 सेमी.

54. एक व्यक्ति 10 किमी/घण्टा की गति से साइकिल चलाकर अपने कार्यालय 6 मिनट देरी से पहुँचता है। यदि वह अपनी गति 2 किमी/घण्टा बढ़ा दे, तो वह कार्यालय 6 मिनट पहले पहुँच जाता है, तो उस व्यक्ति के कार्यालय और उसके आरम्भिक स्थान के बीच की दूरी क्या है?

(a) 12 किमी (b) 15 किमी
(c) 17 किमी (d) 10 किमी

55. एक बस, अपनी यात्रा 60 किमी/घण्टा की गति से चलकर 6 घण्टें में पूरी कर लेती है। तद्नुसार उस बस को वह यात्रा 9 घण्टें में पूरी करने के लिए कितने (किमी/घण्टा) की गति से चलना होगा?

(a) 30 (b) 35
(c) 60 (d) 40

56. श्रेणी $1 + 2.2 + 3.2^2 + 4.2^3 + ...100.2^{99}$ का योगफल होगा–

(a) $1 + 100.2^{99}$ (b) $1 + 99.2^{100}$
(c) $2 + 99.2^{100}$ (d) $2 + 100.2^{99}$

57. $\int \sin^2 x\,dx + \int \cos^2 x\,dx$ किसके बराबर है?

(a) $x + C$ (b) $\frac{x^2}{2} + C$
(c) $x^2 + C$ (d) इनमें से कोई नहीं

58. यदि अतिपरवलय का समीकरण $9y^2 - 4x^2 = 36$ हो, तब शीर्ष तथा नाभिलम्ब की लम्बाई है-

(a) (0, +2), 9 (b) (0, ± 2), 9
(c) (0, –2), 9 (d) इनमें से कोई नहीं

59. यदि α, β समीकरण $4y^2 - 70y + 4 = 0$ के मूल हों, तो $(2\alpha - 35)^3$ $(2\beta - 35)^3$ का मान होगा–

(a) 1 (b) 64
(c) 32 (d) 16

60. $\int_0^{\pi/2} \frac{\sin^3 x}{\sin^3 x + \cos^3 x} dx$ का मान होगा–

(a) π (b) $\frac{\pi}{2}$
(c) $\frac{\pi}{4}$ (d) 0

61. किसी संख्या को 136 से भाग देने पर, शेष 36 बचता है। यदि उसी संख्या को 17 से भाग दिया जाए, तो शेष कितना बचेगा?

(a) 15 (b) 7
(c) 2 (d) 1

62. $(48^4 \times 5^{12})$ में अंकों की संख्या होगी-

(a) 18 (b) 16
(c) 14 (d) 12

63. दीर्घवृत्त के शीर्ष तथा नाभियाँ क्रमशः $(0, \pm 13)$ तथा $(0, \pm 5)$ हों, तब दीर्घवृत्त का समीकरण है-

(a) $\frac{x^2}{144}+\frac{y^2}{169}=1$ (b) $\frac{x^2}{169}+\frac{y^2}{144}=1$

(c) $\frac{x^2}{12}+\frac{y^2}{13}=1$ (d) इनमें से कोई नहीं

64. यदि दीर्घ अक्ष, x-अक्ष पर है और यह बिन्दुओं (4, 3) और (6, 2) से होकर जाती हैं, तो दीर्घवृत्त की समीकरण है–

(a) $\frac{x^2}{13}+\frac{y^2}{52}=1$ (b) $\frac{x^2}{40}+\frac{y^2}{10}=1$

(c) $\frac{x^2}{52}+\frac{y^2}{13}=1$ (d) इनमें से कोई नहीं

65. यदि एक बहुभुज में $4n$ विकर्ण हैं, तो इसकी भुजाओं की संख्या होगी–

(a) 9 (b) 10

(c) 11 (d) 12

66. यदि $(1 + y)^n$ के प्रसार में $C_0, C_1, C_2 \ldots C_n$ द्विपद गुणांक दर्शाते हैं, तो $\sum_{m=0}^{n} (m + 1)$ का मान है–

(a) $n\,2^n$ (b) $(n + 1)2^{n-1}$

(c) $(n + 2)2^{n-1}$ (d) $(n + 1)2^{n-2}$

67. वक्र $y^2 = x$, रेखाओं $y = 4$ एवं y-अक्ष से घिरे क्षेत्र का क्षेत्रफल है–

(a) $\frac{16}{3}$ वर्ग इकाई (b) $\frac{64}{3}$ वर्ग इकाई

(c) $7\sqrt{2}$ वर्ग इकाई (d) इनमें से कोई नहीं

68. अवकल समीकरण $3e^x \tan y\, dx + (1 - e^x) \sec^2 y\, dy = 0$ का हल है—

(a) $\tan y = C(1 - e^x)^3$ (b) $(1 - e^x)^3 \tan y = C$

(c) $\tan y = C(1 - e^x)$ (d) $(1 - e^x) \tan y = C$

69. श्रेणी $1+\frac{2^3}{2!}+\frac{3^3}{3!}+\frac{4^3}{4!}+.....$ का मान होगा–

(a) $3e$ (b) e

(c) $2e$ (d) $5e$

70. बिन्दुओं (4, 3, –5) और (–2, 1, – 8) को मिलाने वाली रेखा की दिक्कोज्या होगी-

(a) $\left(\frac{6}{7},\frac{2}{7},\frac{3}{7}\right)$ (b) $\left(\frac{6}{7},-\frac{2}{7},\frac{3}{7}\right)$

(c) $\left(\frac{6}{7},\frac{2}{7},-\frac{3}{7}\right)$ (d) $\left(-\frac{6}{7},\frac{2}{7},\frac{3}{7}\right)$

71. उस रेखा की दिक्कोज्यायें जो निर्देशांक अक्षों से बराबर का कोण बनाती हों, होंगी-

(a) $\frac{1}{\sqrt{3}},-\frac{2}{\sqrt{3}},\frac{1}{\sqrt{3}}$ (b) $\frac{1}{\sqrt{3}},\frac{1}{\sqrt{3}},-\frac{2}{\sqrt{3}}$

(c) $\pm\frac{1}{\sqrt{3}},\pm\frac{1}{\sqrt{3}},\pm\frac{1}{\sqrt{3}}$ (d) $\frac{2}{\sqrt{3}},\frac{1}{\sqrt{3}},\frac{1}{\sqrt{3}}$

72. A तथा B क्रमशः एक सिक्का उछालते हैं; जो पहले शीर्ष प्राप्त करता है वही जीतता है। यदि A प्रारंभ करता है, तो उसके जीतने की प्रायिकता है–

(a) $\frac{5}{8}$ (b) $\frac{1}{2}$

(c) $\frac{1}{3}$ (d) $\frac{2}{3}$

73. यदि $M = P[\{1, 2, 3\}]$ जहाँ P घात समुच्चय को घोषित करता है, तो निम्नलिखित में से कौन-सा सही है?

(a) $\{1, 2\} \subset M$ (b) $\{1, 2, 3\} \not\subset M$

(c) $\{1\} \in M$ (d) $\{1, 2, 3\} \in M$

74. किसी परीक्षा में 85% परीक्षार्थी अंग्रेजी में पास हुए गणित में 90% पास होते हैं और 80% अंग्रेजी तथा गणित दोनों में पास होते हैं। यदि 27 परीक्षार्थी अंग्रेजी तथा गणित दोनों में फेल होते हैं, तो कुल परीक्षार्थियों की संख्या है–

(a) 540 (b) 440

(c) 730 (d) 370

75. अवकल समीकरण

$$\left(\frac{d^3y}{dx^3}\right)^2+\left(\frac{d^2y}{dx^2}\right)^4+x^2y=0$$

की कोटि और घात क्या होगी?

(a) 2 और 4 (b) 3 और 4

(c) 4 और 2 (d) 3 और 2

76. यदि $X = \{4^n - 3n - 1; n \in N\}$, $Y = \{9(n - 1); n \in N\}$ तब–

(a) $X \subset Y$ (b) $X \subseteq Y$

(c) $X = Y$ (d) $X \supseteq Y$

77. $\left(x-\frac{1}{x}\right)^{10}$ के प्रसार में मध्य पद होगा–

(a) –252 (b) –232

(c) –208 (d) –224

78. संख्या $\frac{1}{1+i}+\frac{1}{i-1}$, जब $i=\sqrt{-1}$; है–

(a) शुद्ध अधिकल्पित (b) एक धनात्मक परिमेय

(c) एक अपरिमेय (d) एक पूर्ण संख्या

79. एक समान्तर श्रेणी के p पदों का योग $(3p^2 + 2p)$ है, तब इसका l वाँ पद होगा–

(a) $2l - 1$ (b) $6l + 1$

(c) $6l - 1$ (d) $4l - 1$

80. $A = (x, y)$ के लिए, निम्नलिखित में से कौन-सा सम्बन्ध सत्य नहीं है?

(a) रिक्त सम्बन्ध ϕ है।

(b) $\{(x, x), (x, y), (y, y), (y, x)\}$ समष्टीय सम्बन्ध है।

(c) $\{(x, x), (y, y)$ तत्समक सम्बन्ध है।

(d) $\{(x, x), (x, y), (y, x), (y, y)\}$ सबसे बड़ा सम्बन्ध है।

81. $\frac{x+4}{x-4}-\frac{x-4}{x+4}=\frac{80}{9}$ का एक मूल है–

(a) 5 (b) 4
(c) -4 (d) 1

82. यदि S_1, S_2, S_3 ....S_p उन अनन्त गुणोत्तर श्रेणी के योग है, जिनके प्रथम पद क्रमशः 1, 2, 3, ...p हैं और सार्व अनुपात क्रमशः $\frac{1}{2},\frac{1}{3},\frac{1}{4},\ldots\frac{1}{p+1}$ हैं। तब $S_1 + S_2 + S_3$ +.....+ S_p का मान होगा–

(a) $p(p+1)$ (b) $\frac{1}{2}p(p+1)$
(c) $\frac{1}{2}p(p+3)$ (d) $\frac{1}{2}p(p+5)$

83. दो फलन-

$$f(x)=\begin{cases} x\sin\frac{1}{x}, & x\neq 0\\ 0, & x=0\end{cases}$$

$g(x) = |x|$ दिए हैं। तब $x = 0$ पर –

(a) f और g दोनों संतत (b) f संतत और g असंतत
(c) f असंतत और g संतत (d) f और g दोनों असंतत

84. जहाँ $[x]$ महत्तम पूर्णांक को प्रदर्शित करता है, जो x से अधिक नहीं है तब $\lim_{x\to 2}[x]$ है–

(a) 0 (b) 1
(c) 2 (d) $-\infty$

85. यदि $y=\sqrt{[\tan x+\sqrt{\tan x+\ldots\infty}]}$, तब $\frac{dy}{dx}$ है–

(a) $\frac{\tan x}{2y-1}$ (b) $\frac{\sqrt{\tan x}}{2y-1}$
(c) $\frac{\sec x}{2y-1}$ (d) $\frac{\sec^2 x}{2y-1}$

86. पाँच प्रेक्षणों $x, x+2, x+4, x+6, x+8$ का माध्य 11 है, तब पहले तीन प्रेक्षणों का माध्य है–

(a) 9 (b) 11
(c) 13 (d) इनमें से कोई नहीं

87. गणित का एक प्रश्न तीन विद्यार्थियों A, B, C को दिया गया, जिसको हल करने की इनकी प्रायिकताएँ क्रमशः $\frac{1}{2},\frac{1}{3},\frac{1}{4}$ हैं। इस बात की प्रायिकता कितनी है कि प्रश्न हल हो जाएगा–

(a) $\frac{1}{4}$ (b) $\frac{1}{24}$
(c) $\frac{23}{24}$ (d) $\frac{3}{4}$

88. यदि दीर्घवृत्त का नाभिलम्ब बराबर हो लघु अक्ष, तो उत्केन्द्रता होगी–

(a) $\frac{1}{2}$ (b) $\frac{1}{4}$
(c) $\frac{\sqrt{3}}{2}$ (d) $\frac{\sqrt{3}}{4}$

89. बिन्दु (4, 3) और (– 2, –1) किसी समान्तर चतुर्भुज के विपरीत शीर्ष हैं। यदि तीसरा शीर्ष (1, 0) हो, तो चौथा शीर्ष होगा–

(a) (1, 2) (b) (2, 2)
(c) (1, 1) (d) (2, 1)

90. रेखाओं $a_1x + b_1y + c_1 = 0$ और $a_2x + b_2y + c_2 = 0$ बीच का कोण होगा–

(a) $\tan^{-1}\frac{a_1b_2+a_2b_1}{a_1a_2-b_1b_2}$ (b) $\tan^{-1}\frac{a_1b_1-a_2b_2}{a_1a_2+b_1b_2}$
(c) $\cot^{-1}\frac{a_1b_1-a_2b_2}{a_1a_2+b_1b_2}$ (d) $\cot^{-1}\frac{a_1a_2+b_1b_2}{a_1b_2-a_2b_1}$

91. $\tan\frac{13\pi}{12}$ बराबर है–

(a) 1 (b) $\sqrt{3}$
(c) $2+\sqrt{3}$ (d) $2-\sqrt{3}$

92. यदि $A + B + C = 180^\circ$, तब $\sin A + \sin B + \sin C$ है–

(a) $4\sin\frac{A}{2}\sin\frac{B}{2}\sin\frac{C}{2}$ (b) $4\sin\frac{A}{2}\sin\frac{B}{2}\cos\frac{C}{2}$
(c) $4\tan\frac{A}{2}\tan\frac{B}{2}\tan\frac{C}{2}$ (d) उपर्युक्त में से कोई नहीं

93. वृत्तों $x^2 + y^2 = 25$ और $x^2 + y^2 - 8x + 7 = 0$ के प्रतिच्छेद बिन्दु–

(a) (4, –3) और (– 4, –3) (b) (– 4, 3) और (4, 3)
(c) (4, 3) और (3, 4) (d) (4, 3) और (4, –3)

94. यदि $A=\begin{bmatrix}0&0&1\\1&0&0\\0&1&0\end{bmatrix}$, तब–

(a) $A^{-1}=\begin{bmatrix}0&1&1\\0&0&1\\1&0&0\end{bmatrix}$ (b) $A^{-1}=\begin{bmatrix}1&0&1\\0&1&0\\0&0&1\end{bmatrix}$

(c) $A^{-1}=\begin{bmatrix}0&1&0\\0&0&1\\1&0&0\end{bmatrix}$ (d) $A^{-1}=\begin{bmatrix}0&1&0\\1&1&1\\0&1&0\end{bmatrix}$

95. $\int_{-\pi/2}^{\pi/2} \cos x\, dx$ का मान होगा–

(a) 1 (b) 2

(c) $\sqrt{2}$ (d) 0

96. $\int_{0}^{\pi/3} \sin 5x \cos x\, dx$ का मान होगा–

(a) $\frac{1}{16}$ (b) $\frac{2}{15}$

(c) $\frac{5}{18}$ (d) $\frac{3}{16}$

97. यदि $A = \tan^{-1} x$, तो $\sin 2A$ बराबर है–

(a) $\frac{2x}{1-x^2}$ (b) $\frac{2x}{\sqrt{1-x^2}}$

(c) $\frac{2x}{1+x^2}$ (d) इनमें से कोई नहीं

98. अतिपरवलय $9x^2 - y^2 - 54x + 77 = 0$ के ध्रुव के निर्देशांक हैं–

(a) $\left(3 \pm \frac{2\sqrt{10}}{3}, 0\right)$ (b) $\left(\pm \frac{2\sqrt{10}}{3}, 0\right)$

(c) $\left(\pm \frac{2\sqrt{10}}{3}, 3\right)$ (d) इनमें से कोई नहीं

99. 9 सेमी. आन्तरिक अर्द्धव्यास के एक अर्द्धगोलाकार कटोरे में द्रव भरा हुआ है। यह द्रव बेलनाकृत आकृति वाली 3 सेमी. व्यास तथा 4 सेमी. ऊँचाई वाली छोटी बोतलों (शीशियों) में भरा जाता है। कटोरा खाली करने के लिए कितनी छोटी बोतलों की आवश्यकता होगी?

(a) 27 (b) 35

(c) 54 (d) 63

100. किसी त्रिभुज के कोण आरोही क्रम में x, y और z हैं। आगे $y - x = z - y = 10$ हैं। सबसे छोटा कोण है–

(a) 50° (b) 60°

(c) 40° (d) 70°

उत्तर (हल/संकेत)

1. (a) प्रत्येक वार्षिक किश्त

$$= \frac{P}{\left(\frac{100}{100+R}\right) + \left(\frac{100}{100+R}\right)^2 + \left(\frac{100}{100+R}\right)^3}$$

$$= \frac{91000}{\left(\frac{100}{120}\right) + \left(\frac{100}{120}\right)^2 + \left(\frac{100}{120}\right)^3}$$

$$= \frac{91000}{\left(\frac{5}{6} + \frac{25}{36} + \frac{125}{216}\right)} = \left(\frac{91000 \times 216}{455}\right) = ₹\ 43,200$$

2. (b)

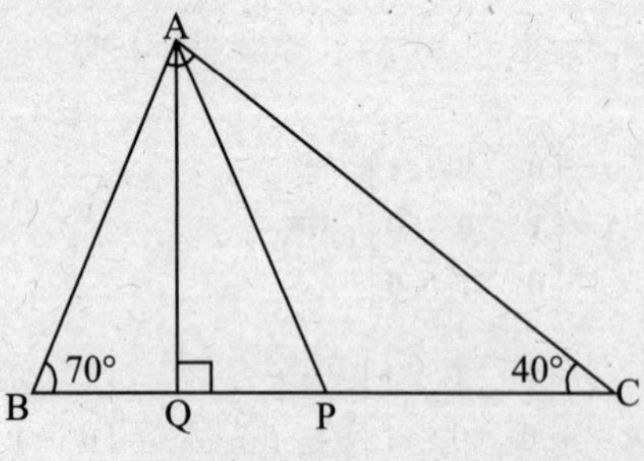

$$\angle BAC = 180° - 70° - 40° = 70°$$

$$\therefore \quad \angle BAP = \frac{70°}{2} = 35°$$

$$\angle BAQ = 180° - 70° - 90° = 20°$$

$$\therefore \quad \angle QAP = 35° - 20° = 15°$$

3. (c) दिया है कि $a = x \sec\theta.\cos\phi$, $b = y \sec\theta.\sin\phi$ तथा $c = z \tan\theta$

$$\therefore \quad \frac{a^2}{x^2} + \frac{b^2}{y^2} - \frac{c^3}{z^2}$$

$$= \frac{x^2 \sec^2\theta.\cos^2\phi}{x^2} + \frac{y^2 \sec^2\theta.\sin^2\phi}{x^2} - \frac{z^2 \tan^2\theta}{z^2}$$

$= \sec^2\theta - \cos^2\phi + \sec^2\theta \sin^2\phi - \tan^2\theta$

$= \sec^2\theta (\cos^2\phi + \sin^2\phi) - \tan^2\theta$

$= \sec^2\theta - \tan^2\theta = 1$

4. (b) $5 \sin\theta + 12\cos\theta$ का महत्तम मान

$= \sqrt{5^2 + 12^2}$

$= \sqrt{25+144} = \sqrt{169} = 13$

तथा न्यूनतम मान

$= -\sqrt{5^2+12^2} = \sqrt{169} = -13$

5. (d) $\because \Delta PBC$ का क्षेत्रफल $= \frac{1}{2}\begin{Vmatrix} \alpha & \beta & 1 \\ -3 & 5 & 1 \\ 4 & -2 & 1 \end{Vmatrix}$

$$= \frac{1}{2}|7\alpha + 7\beta - 14|$$

पुन: ΔABC का क्षेत्रफल $= \frac{1}{2}\begin{Vmatrix} 6 & -3 & 1 \\ -3 & 5 & 1 \\ 4 & -2 & 1 \end{Vmatrix}$

$$= \frac{1}{2}|42-21-14| = \frac{7}{2}$$

$$\therefore \quad \frac{\Delta PBC \text{ का क्षेत्रफल}}{\Delta ABC \text{ का क्षेत्रफल}} = \frac{\frac{7}{2}|\alpha+\beta-2|}{\frac{7}{2}}$$

$$= |\alpha+\beta-2|$$

6. (d) $\because$ त्रिभुज रेखाओं $x = y, x-2y = 3$ तथा $x+2y = -3$ द्वारा बनता है। इसलिए शीर्षों के निर्देशांक A(– 3, –3), B(–1–1) तथा $C\left(0, -\frac{3}{2}\right)$ हैं।

$$\therefore \quad AB = \sqrt{4+4} = 2\sqrt{2}$$

$$AC = \sqrt{9+\frac{9}{4}} = \frac{3\sqrt{5}}{2}$$

तथा $$BC = \sqrt{1+\frac{1}{4}} = \frac{\sqrt{5}}{2}$$

7. (b) माना $z = x+iy$

तब,

$$\frac{z-1}{z+1} = \frac{x+iy-1}{x+iy+1} = \frac{(x-1)+iy}{(x+1)+iy} \times \frac{(x+1)-iy}{(x+1)-iy}$$

$$= \frac{(x-1)(x+1)-iy(x-1)+iy(x+1)-i^2y^2}{(x+1)^2-i^2y^2}$$

$$= \frac{x^2-1+iy(x+1-x+1)+y^2}{(x+1)^2+y^2}$$

$$\Rightarrow \quad \frac{z-1}{z+1} = \frac{(x^2+y^2-1)}{(x+1)^2+y^2} + \frac{i(2y)}{(x+1)^2+y^2}$$

$\because \frac{z-1}{z+1}$ पूर्णतः काल्पनिक है

$$\therefore \quad Re\left(\frac{z-1}{z+1}\right) = 0 \Rightarrow \frac{x^2+y^2-1}{(x+1)^2+y^2} = 0$$

$$\therefore \quad |z_1+z_2+....+z_n| = |z_1+z_2+...+z_n|$$

$(\because |z| = |\overline{z}|)$

8. (c) **9.** (b)

10. (b) दिया है, A = {1, 3, 5, 7, 8} तथा B = {5, 7, 9, 11}

$\therefore A \cup B$ = {1, 3, 5, 7, 8, 9, 11}

11. (a) U = I^+ = {1, 2, 3, 4, 5, 6, 7, 8,......}

A = {2, 4, 6, 8..........}

A' = I^+, A' = {1, 3, 5, 7, 9......}

12. (d) दिया है, $x = \frac{1+\log t}{t}$

तथा $y = \frac{3+2\log t}{t}$

t के सापेक्ष अवकलन करने पर,

$$\frac{dx}{dt} = \frac{t^2.\frac{1}{t} - 2t.(1+\log t)}{t^4}$$

तथा $$\frac{dy}{dt} = \frac{t.\frac{2}{t} - (3+2\log t)}{t^2}$$

$$\Rightarrow \quad \frac{dx}{dt} = \frac{t-2t-2t\log t}{t^4}$$

तथा $$\frac{dy}{dt} = \frac{2-3-2\log t}{t^2}$$

$$\Rightarrow \quad \frac{dx}{dt} = \frac{-t-2t\log t}{t^4}$$

तथा $$\frac{dy}{dt} = \frac{-1-2\log t}{t^2}$$

$$\Rightarrow \quad \frac{dx}{dt} = \frac{(1+2\log t)}{t^3}$$

तथा $$\frac{dy}{dt} = -\frac{(1+2\log t)}{t^2}$$

$$\therefore \quad \frac{dy}{dx} = \frac{dy}{dt}.\frac{dt}{dx}$$

$$= -\frac{(1+2\log t)}{t^2} \times \frac{-t^3}{(1+2\log t)}$$

$$\Rightarrow \quad \frac{dy}{dx} = -t$$

13. (c) माना $y = \frac{\tan^2 2x - \tan^2 x}{1-\tan^2 2x \tan^2 x}$

$$= \frac{(\tan 2x - \tan x)}{(1+\tan 2x \tan x)}.\frac{(\tan 2x + \tan x)}{(1-\tan 2x \tan x)}$$

$$= \tan(2x-x)\tan(2x+x)$$
$$= \tan x \tan 3x$$

x के सापेक्ष अवकलन करने पर,

$$\frac{d}{dx}(y.\cot 3x) = \frac{d}{dx}(\tan x \tan 3x \cot 3x)$$

$$= \frac{d}{dx}(\tan x) = \sec^2 x$$

14. (b) $\because y = \log^n x$

x के सापेक्ष अवकलन करने पर,

$$x \log x \log^2 x \log^3 x .....\log^{n-1} x \log^n x \frac{dy}{dx}$$

$$= \frac{x \log x \log^2 x \log^3 x.....\log^{n-1} x \log^n x.1}{x \log x \log^2 x \log^3 x....\log^{n-1} x}$$

$$= \log^n x$$

15. (c) माना प्रक्षेप-बिन्दु O, प्रक्षेप-वेग u तथा प्रक्षेप-कोण α है। यदि प्रक्षेप्य को O से P तक पहुँचने में t समय और P से A तक पहुँचने में t' समय लगता है, तो

उड्डयन काल $= t + t'$

$$= \frac{2u \sin a}{g}$$

$$\Rightarrow \quad u \sin \alpha = \frac{1}{2} g(t + t') \quad ...(ii)$$

यदि P की क्षैतिज तल से ऊँचाई h हो, तो स्पष्टत: प्रक्षेप्य, ऊर्ध्वाधर वेग $u \sin \alpha$ से t समय में h दूरी तय करेगा।

अत:

$$s = ut + \frac{1}{2} ft^2 \text{ से}$$

$$h = u \sin \alpha \, . \, t - \frac{1}{2} gt^2$$

$$= \frac{1}{2} g(t + t') - \frac{1}{2} gt^2$$

[समी. (i) से]

$$= \frac{1}{2} gt(t + t' - t)$$

$$= \frac{1}{2} gtt'$$

16. (b) माना प्रक्षेप-वेग u तथा ऊँचाई $h \sin^2 \alpha$ तक पहुँचने में लगा समय t है।

$$\text{महत्तम ऊँचाई} = \frac{u^2 \sin^2 \alpha}{2g} = h$$

$$\Rightarrow \quad u^2 \sin^2 \alpha = 2\, gh \quad ...(1)$$

चूँकि प्रक्षेप-वेग के ऊर्ध्वाधर घटक $u \sin \alpha$ से, प्रक्षेप्य को $h \sin^2 \alpha$ ऊँचाई तक पहुँचने में t समय लगता है,

इसलिए $\quad s = \quad ut + \frac{1}{2} ft^2$ से,

$$h \sin^2 \alpha = u \sin \alpha \, . \, t - \frac{1}{2} gt^2$$

तो, $\quad gt^2 - (2u \sin \alpha)\, t + 2h \sin^2 \alpha = 0$

यदि उपर्युक्त द्विघात समीकरण के मूल t_1 और t_2 हों, तो,

$$t_1 + t_2 = \frac{2u \sin \alpha}{g}$$

और $\quad t_1 t_2 = \dfrac{2h \sin^2 \alpha}{g}$

$\therefore$ अभीष्ट समयान्तराल $= t_2 - t_1$

$$= \sqrt{[(t_1 + t_2)^2 - 4t_1 t_2}$$

$$= \sqrt{\left[\left(\frac{2u \sin \alpha}{g}\right)^2 - 4\left(\frac{2h \sin^2 \alpha}{g}\right)\right]}$$

$$= \sqrt{\left[\frac{4u^2 \sin^2 \alpha}{g^2} - \frac{8h \sin^2 \alpha}{g}\right]}$$

$$= \sqrt{\left[\frac{4.2\, gh}{g^2} - \frac{8h \sin^2 \alpha}{g}\right]}$$

$$= 2\sqrt{\left[\frac{2h}{g}(1 - \sin^2 \alpha)\right]}$$

$$= 2\sqrt{\left[\frac{2h}{g} \cos^2 \alpha\right]}$$

$$= 2 \cos \alpha \sqrt{\left(\frac{2h}{g}\right)}$$

17. (a) माना फेंकने के t समय बाद कणों के वेगों की दिशाएँ क्षितिज के साथ क्रमश: θ_1 और $A\theta_2$ कोण बनाती हैं,

=

$$\tan \theta_1 = \frac{t \text{ समय बाद वेग का ऊर्ध्वाधर घटक}}{\text{वेग का क्षैतिज घटक}}$$

$$= \frac{u \sin \alpha - gt}{u \cos \alpha}$$

इसी प्रकार

$$\tan \theta_2 = \frac{v \sin \beta - gt}{v \cos \beta}$$

वेगों की दिशाएँ तब समान्तर होंगी, जब $\theta_1 - \theta_2$ या, $\tan \theta_1 = \tan \theta_2$

अत:

$$\frac{u \sin \alpha - gt}{u \cos \alpha} = \frac{v \sin \beta - gt}{v \cos \beta}$$

$$\Rightarrow \quad uv\,(\sin \alpha \cos \beta) - \cos \alpha \sin \beta)$$

$$= gt(v \cos \beta - u \cos \alpha)$$

$$\Rightarrow \quad gt\,(v \cos \beta - u \cos \alpha) = uv \sin (\alpha - \beta)$$

$$\therefore \quad t = \frac{uv \sin (\alpha - \beta)}{g(v \cos \beta - u \cos \alpha)}$$

18. (c) ΔABC में, माना $CB = a$, $CA = b$ तथा $AB = c$ (जैसा कि चित्र में दर्शाया गया है।)

अब, योग के त्रिभुज नियम से

$$a = b + c$$

स्पष्टतया यह ज्ञात है, कि $|a|, |b|$ तथा $|c|$ ΔABC की भुजाएँ हैं तथा हम यह भी जानते हैं, कि किसी त्रिभुज की किन्हीं दो भुजाओं का योग तीसरी भुजा से बड़ा होता है।

$\therefore \quad |a| < |b| + |c|$

अतः यह सत्य नहीं है कि $|a| = |b| + |c|$

19. (a) माना $a = \hat{i} + \hat{j} + \hat{k}, b = 2\hat{i} + 4\hat{j} - 5\hat{k}$

तथा $c = \lambda\hat{i} + 2\hat{j} + 3\hat{k}$

अब, $b + c = 2\hat{i} + 4\hat{j} - 5\hat{k} + \lambda\hat{i} + 2\hat{j} + 3\hat{k}$

$= (2+\lambda)\hat{i} \; 6\hat{j} - 2\hat{k}$

$\therefore \quad |b + c| = \sqrt{(2+\lambda)^2 + (6)^2 + (-2)^2}$

$= \sqrt{4 + \lambda^2 + 4\lambda + 36 + 4}$

$= \sqrt{\lambda^2 + 4\lambda + 44}$

$(b + c)$ के अनुदिश मात्रक सदिश

अर्थात् $\dfrac{b+c}{|b+c|} = \dfrac{(2+\lambda)\hat{i} + 6\hat{j} - 2\hat{k}}{\sqrt{\lambda^2 + 4\lambda + 44}}$

उपरोक्त मात्रक सदिश का सदिश $(\hat{i} + \hat{j} + \hat{k})$ से अदिश गुणनफल 1 है।

$\therefore \quad (\hat{i} + \hat{j} + \hat{k}).\dfrac{b+c}{|b+c|} = 1$

$\Rightarrow \quad (\hat{i} + \hat{j} + \hat{k}).\dfrac{(2+\lambda)\hat{i} + 6\hat{j} - 2\hat{k}}{\sqrt{\lambda^2 + 4r + 44}} = 1$

$\Rightarrow \quad \dfrac{1(2+\lambda) + 1(6) + 1(-2)}{\sqrt{\lambda^2 + 4\lambda + 44}} = 1$

$\Rightarrow \quad \dfrac{(2+\lambda) + 6 - 2}{\sqrt{\lambda^2 + 4\lambda + 44}} = 1$

$\Rightarrow \quad \lambda + 6 = \sqrt{\lambda^2 + 4\lambda + 44}$

$\Rightarrow \quad (\lambda + 6)^2 = \lambda^2 + 4\lambda + 44$

$\Rightarrow \quad \lambda^2 + 12\lambda + 36 = \lambda^2 + 4\lambda + 44$

$\Rightarrow \quad 8\lambda = 8 \Rightarrow \lambda = 1$

अतः λ का मान 1 है।

20. (b) $(a+b)\cdot(a+b)$ का विस्तार करने के लिए $a \cdot a = |a|^2, b \cdot b = |b|^2$ तथा $a \cdot b = b \cdot a$ का प्रयोग करते हैं।

दिया है, $(a+b)\cdot(a+b) = |a|^2 + |b|^2$

$\Rightarrow \quad a\cdot(a+b) + b\cdot(a+b) = |a|^2 + |b|^2$

$\Rightarrow \quad a\cdot a + a\cdot b + b\cdot a + b\cdot b = |a|^2 + |b|^2$

$\Rightarrow \quad |a|^2 + 2a\cdot b + |b|^2 = |a|^2 + |b|^2$

$2a\cdot b = 0$ ($\because a \cdot b = b \cdot a$]

($\because$ अदिश गुणन क्रमविनिमय है)

$\Rightarrow \quad a\cdot b = 0$

$\therefore$ a तथा b लम्बवत् हैं।

(दिया गया है, $a \neq 0, b \neq 0$)

21. (a) $\therefore \dfrac{dV}{dt} = 30$ फीट/मिनट व $r = 15$ फीट

तथा $V = \dfrac{4}{3}\pi r^3$

$\Rightarrow \quad \dfrac{dV}{dt} = 4\pi r^2 \dfrac{dr}{dt}$

$\Rightarrow \quad 30 = 4\pi r^2 \dfrac{dr}{dt}$

$\Rightarrow \quad \dfrac{dr}{dt} = \dfrac{30}{4 \times \pi \times 15 \times 15}$

$= \dfrac{1}{30\pi}$ फीट/मिनट

22. (b) $x^2 + y^2 = 1$

t के सापेक्ष अवकलन करने पर,

$2x\dfrac{dx}{dt} + 2y\dfrac{dy}{dt} = 0$

परन्तु $x = \dfrac{1}{2}, y = \dfrac{\sqrt{3}}{2}$ व $\dfrac{dy}{dt} = -3$ तब

$\dfrac{1}{2}\dfrac{dx}{dt} + \dfrac{\sqrt{3}}{2}(-3) = 0$

$\Rightarrow \quad \dfrac{dx}{dt} = 3\sqrt{3}$

23. (d) $\bar{x} = \dfrac{6.5 + 8.2 + 9.4 + 4.6 + 7.8 + 4.9}{6}$

$= \dfrac{41.4}{6} = 6.9$

24. (a) $\bar{X} = \dfrac{125 + 75 + 150 + 175 + 200}{5}$

$= \dfrac{725}{5} = 145$

25. (b) वर्ग-आमाप = 10

26. (c) $3\sqrt{2}, 3\sqrt{7}, 6\sqrt{5}, 2\sqrt{20}$

$3\sqrt{2} = \sqrt{2 \times 3 \times 3} = \sqrt{18}$

$3\sqrt{7} = \sqrt{7 \times 3 \times 3} = \sqrt{63}$

$6\sqrt{5} = \sqrt{5 \times 6 \times 6} = \sqrt{180}$

$2\sqrt{20} = \sqrt{20 \times 2 \times 2} = \sqrt{80}$

अतः स्पष्ट है, सबसे बड़ी संख्या $= 6\sqrt{5}$

27. (a) माना G, Δ ABC का केन्द्रक है,

$\therefore$ Δ ABC समबाहु है

$\therefore GD = GE = GF$

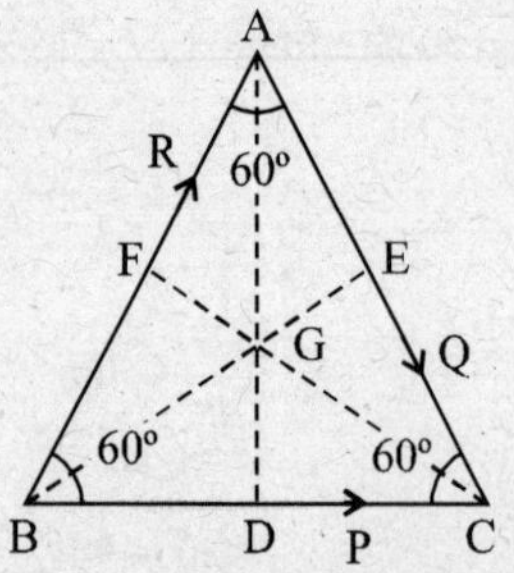

यदि दिए हुए बलों का परिणामी G से होकर जाता है, तो बिन्दु G के सापेक्ष बलों के आघूर्णों का बीजीय योगफल शून्य होगा,

अर्थात् P, GD – Q , GE – R.GF = 0

$\Rightarrow \quad P - Q - R = 0$

$\Rightarrow \quad P = Q + R$ ....(i)

[$\because$ GD = G E = GF]

पुनः बलों का परिणामी BC के समान्तर है, अतएव BC की लम्ब दिशा में परिणामी का वियोजित भाग (Resolved part) शून्य होगा, अतः BC की लम्ब दिशा में दिए हुए बलों को वियोजित भागों (Resolved parts) योगफल शून्य होगा।

$\therefore \quad P \cos 90° - Q . \cos 30° + R.\cos 30° = 0$

$\Rightarrow \quad Q. \cos 30° = R.\cos 30°$

$\Rightarrow \quad Q = R$ ...(ii)

$\therefore$ समी, (i) से, $P = Q + R = 2Q$

$\Rightarrow \quad Q = \frac{1}{2} P$

अतः $\quad Q = R = \frac{1}{2} P$

28. (b) ABCD दिया हुआ समचतुर्भुज है, जिसकी प्रत्येक भुजा a मीटर है,

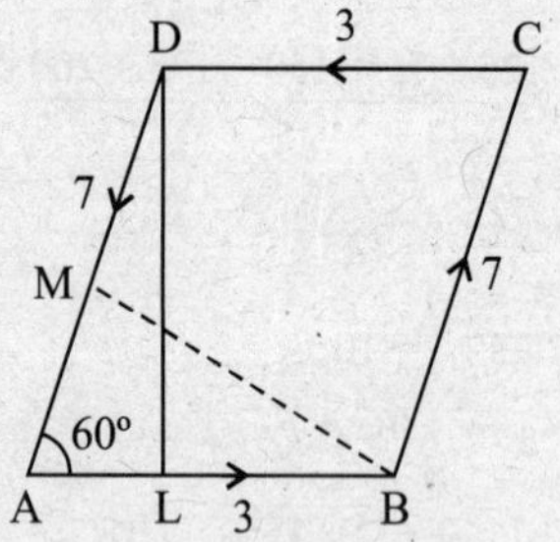

$\therefore$ AB = BC = CD = DA = a मीटर

तथा $\quad \angle BAD = 60°$

B और D से सम्मुख भुजाओं पर क्रमशः BM और DL लम्ब डाले, तो

Δ ALD में, $\sin 60° = \frac{DL}{AD} = \frac{DL}{a}$

$\Rightarrow \quad \frac{\sqrt{3}}{2} = \frac{DL}{a}$

$\therefore \quad DL = \left(\frac{\sqrt{3}}{2}\right)a$

इसी प्रकार $\quad BM = \left(\frac{\sqrt{3}}{2}\right)a$

अब AB और CD के अनुदिश लगे 3, 3 किग्रा भार के बल एक बल-युग्म बनाते हैं, जिसका आघूर्ण

$= 3 \times DL$

$= 3 \times \left(\frac{\sqrt{3}}{2}\right)a$

$= \frac{1}{2}(3\sqrt{3}).a$

इसी प्रकार BC और DA के अनुदिश लगे 7, 7 किग्रा भार के बल एक बल-युग्म बनाते हैं, जिसका आघूर्ण

$= 7 \times BM$

$= 7 \times \left(\frac{\sqrt{3}}{2}\right)a$

$= \frac{1}{2}(7\sqrt{3})a$

इन दोनों बल-युग्मों का परिणामी एक बल-युग्म है, जिसका आघूर्ण = दोनों बल-युग्मों के आघूर्णों का बीजीय योगफल

$= \frac{1}{2}.(3\sqrt{3})a + \frac{1}{2}(7\sqrt{3})a$

$= \frac{1}{2}(10\sqrt{3})a$

$= (5\sqrt{3})\ a$ मात्रक

29. (a) दिए हुए वर्ग ABCD के विकर्ण AC और BD, भुजा AB से 45° का कोण बनाते हैं, विकर्ण AC के ऊपर लगे $5\sqrt{2}$ ग्राम भार बल के AB और AD दिशाओं में वियोजित भाग (Resolved parts) क्रमशः $5\sqrt{2}$ cos 45° और $5\sqrt{2}$ sin 45°] अर्थात् 5 और 5 ग्राम भार है, इसी प्रकार विकर्ण DB के ऊपर लगे $2\sqrt{2}$ ग्राम भार बल के DC और DA दिशाओं में वियोजित भाग क्रमशः $2\sqrt{2}$ cos 45° और $2\sqrt{2}$ sin 45° अर्थात् 2 और 2 ग्राम भार है

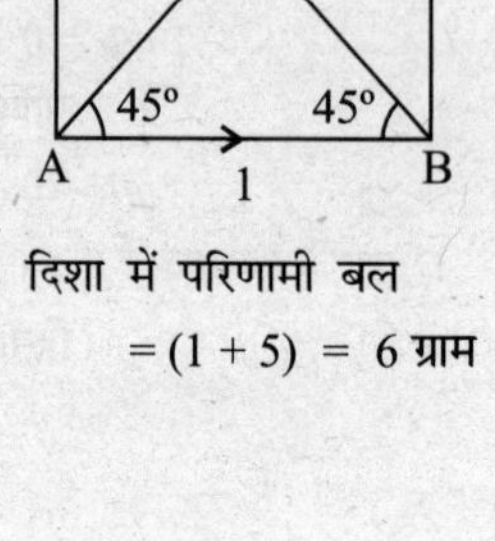

अतः AB दिशा में परिणामी बल

$= (1 + 5) = 6$ ग्राम भार

BC दिशा में परिणामी बल

= 2 ग्राम भार

CD दिशा में परिणामी बल

= (8 – 2) = 6 ग्राम भार

DA दिशा में परिणामी बल

= (5 + 2 – 5) = 2 ग्राम भार

अब AB और CD दिशाओं में लगे 6 ग्राम भार के दो बराबर विपरीत दिशा-समान्तर बल एक बल-युग्म बनाते हैं, जिसका आघूर्ण

= 6 × AD

= 6 × 2 = 12 सेमी ग्राम भार

इसी प्रकार BC और DA दिशाओं में लगे 2 ग्राम भार के दो बराबर विपरीत दिशा-समान्तर बल एक बल-युग्म बनाते हैं।

जिसका आघूर्ण = 2 × AB = 2 × 2

= 4 सेमी ग्राम भार

अत: दिए हुए बलों का परिणामी एक बल-युग्म है, जिसका आघूर्ण = दोनों बल-युग्मों के आघूर्णों का बीजीय योगफल

= 12 + 4

= 16 सेमी ग्राम भार

30. (c) वृहत कोण $\angle AOC = 100 \times 2 = 200°$

$\therefore$ अधिकोण $\angle AOC = 360° - 200° = 160°$

$$\therefore \quad \angle OAC = \frac{180° - 160°}{2} = 10°$$

31. (b)

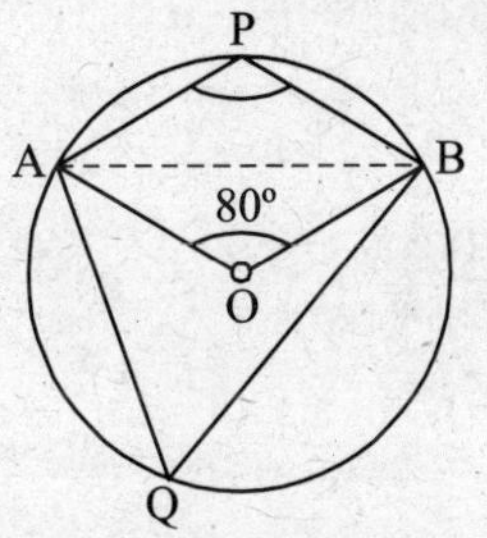

माना A और B बिन्दु Q पर मिलते हैं, जो P के विपरीत दिशा में है।

अब $\angle AOB = \frac{1}{2} \angle AOB$

($\because$ चाप द्वारा परिधि पर बना कोण, केन्द्र पर अन्तरित कोण का आधा होता है।)

$$\Rightarrow \quad AQB = \frac{1}{2} \times 80 = 40°$$

अब चूँकि APBQ एक चक्रीय चतुर्भुज है।

$$\therefore \quad \angle P + \angle Q = 180°$$

$$\angle P + 40° = 180°$$

$$\angle P = 140°$$

32. (b) $\tan^{-1} m + 2\tan^{-1}\frac{1}{m} = \frac{2\pi}{3}$

$$\left[\because \tan^{-1} m = \cot^{-1}\frac{1}{m}\right]$$

$$\tan^{-1} m + \tan^{-1}\frac{\frac{2}{m}}{1-\frac{1}{m^2}} = \frac{2\pi}{3}$$

$$\Rightarrow \quad \tan^{-1} m + \tan^{-1}\frac{2m}{m^2-1} = \frac{2\pi}{3}$$

$$\Rightarrow \quad \tan^{-1}\frac{m+\frac{2m}{m^2-1}}{1-\frac{2m^2}{m^2-1}} = \frac{2\pi}{3}$$

$$\Rightarrow \quad \frac{m^3+m}{-1-m^2} = \tan\left(\frac{2\pi}{3}\right) = \tan 60^{o}$$

$$\Rightarrow \quad \frac{-m\left(m^2+1\right)}{m^2+1} = -\sqrt{3} \Rightarrow m = +\sqrt{3}$$

33. (d) कागजों का भार

$$= \left[\frac{22}{(22+3)} \times 36\right] \text{ किग्रा}$$

$$= \left(\frac{22}{25} \times 36\right) \text{ किग्रा}$$

$$= \left(\frac{22}{25} \times 36 \times 1000\right) \text{ ग्राम}$$

= 31680 ग्राम

34. (b) $|A| = \begin{vmatrix} 2 & -1 \\ 3 & 4 \end{vmatrix} = 8 + 3 = 11 \neq 0$

$\Rightarrow A^{-1}$ उत्पन्न होता है। तब

$A_{11} = (-1)^{1+1}\ (4) = 4 \quad A_{12} = (-1)^{1+2}\ (3) = -3$

$A_{21} = (-1)^{2+1}\ (-1) = 1 \quad A_{22} = (-1)^{2+1}\ (2) = 2$

$$\text{adj (a)} = \begin{bmatrix} 4 & -3 \\ 1 & 2 \end{bmatrix} = \begin{bmatrix} 4 & 1 \\ -3 & 2 \end{bmatrix}$$

और $A^{-1} = \frac{1}{(A)}\ \text{adj (a)} = \frac{1}{11}\begin{bmatrix} 4 & 1 \\ -3 & 2 \end{bmatrix}$

तथा $X = A^{-1}B$ से समीकरण का हल ज्ञात किया जा सकता है।

$$\begin{bmatrix} x \\ y \end{bmatrix} = \frac{1}{11}\begin{bmatrix} 4 & 1 \\ -3 & 2 \end{bmatrix}\begin{bmatrix} -2 \\ 3 \end{bmatrix} = \frac{1}{11}\begin{bmatrix} -8+3 \\ 6+6 \end{bmatrix}$$

$$= \frac{1}{11}\begin{bmatrix} -5 \\ 12 \end{bmatrix}$$

$$= \begin{bmatrix} \frac{-5}{11} \\ \frac{12}{11} \end{bmatrix}$$

$\Rightarrow \quad x = \frac{-5}{11}, y = \frac{12}{11}$

35. (d) $D = \begin{vmatrix} 2 & 5 & -1 \\ 3 & -3 & 2 \\ 2 & -4 & 3 \end{vmatrix} = 2(-9+8) - 5(9-4) - 1(-12+6)$

$= -2 - 25 + 6$
$= -21 \neq 0$

$\therefore D_1 = \begin{vmatrix} 9 & 5 & -1 \\ 7 & -3 & 2 \\ 1 & -4 & 3 \end{vmatrix} = 9(-9+8) - 5(21-2) - 1(-28+3)$

$= -9 - 95 + 25 = -79$

$D_2 = \begin{vmatrix} 2 & 9 & -1 \\ 3 & 7 & 2 \\ 2 & 1 & 3 \end{vmatrix} = 2(21-2) - 9(9-4) - 1(3-14)$

$= 38 - 45 + 11 = 4$

$D_3 = \begin{vmatrix} 2 & 5 & 9 \\ 3 & -3 & 7 \\ 2 & -4 & 1 \end{vmatrix} = 2(-3+28) - 5(3-14) + 9(-12+6)$

$= 50 + 55 - 54 = 51$

$x = \frac{D_1}{D} = \frac{-79}{-21}, y = \frac{4}{-21}$ and $z = \frac{51}{-21}$

Hence, $x = \frac{79}{21}, y = -\frac{4}{21}, z = \frac{-17}{7}$

36. (a) हम जानते हैं कि $D = \begin{vmatrix} -1 & 1 \\ 2 & -3 \end{vmatrix} = 3 - 2 = -5 \neq 0$

तब $D_1 = \begin{vmatrix} -1 & 1 \\ 8 & -3 \end{vmatrix} = 3 - 8 = -5$

$D_2 = \begin{vmatrix} 1 & -1 \\ 2 & 8 \end{vmatrix} = 8 + 2 = 10$

केमर्स के सिद्धान्त से,

$x = \frac{D_1}{D} = \frac{-5}{-5} = 1, y = \frac{D_2}{D} = \frac{10}{-5} = -2$

37. (c) **38.** (a) **39.** (a)

40. (b) माना y = 350

दोनों तरफ log लेने पर, $\log y = \log 3^{50} = 50 \log 3$

परन्तु $\log 3 = 0.477$

$\therefore \log y = 50 \times (0.477) = 23.85$

अत: अंकों की संख्या = 24 (लगभग)

41. (c) दी गई सरल रेखाएँ

$x - 2y = 0$

तथा $mx + y = 1$

एक दूसरे को बिन्दु $\left(1, \frac{1}{2}\right)$ पर प्रतिच्छेद करती हैं।

अत: बिन्दु $\left(1, \frac{1}{2}\right)$ रेखा

$mx + y = 1$

को सन्तुष्ट करता है।

$m\,1 + \frac{1}{2} = 1$

$\Rightarrow \quad m = \frac{1}{2}$

42. (b) ∴ (2 पुरुष + 3 लड़के × 10

= (3 पुरुष + 2 लड़के) × 8

⇒ 20 पुरुष + 30 लड़के = 24 पुरुष + 16 लड़के

⇒ 4 पुरुष = 14 लड़के

⇒ 2 पुरुष = 7 लड़के

∴ 10 लड़के एक कार्य को पूरा कर सकते हैं

= 10 दिनों में

∴ (2 पुरुष + 1 लड़का) = 8 लड़के

$= \left(\frac{10 \times 10}{8}\right)$

$= 12\frac{1}{2}$ दिन में

43. (a) प्रश्नानुसार,

$\frac{(x-1)(x+1)}{(x+1)(x+2)} = \frac{5}{6}$

$\Rightarrow \quad 6x - 6 = 5x + 10$

$\Rightarrow \quad x = 16$

44. (b) चित्र में AB खम्भा और CD सीढ़ी है।

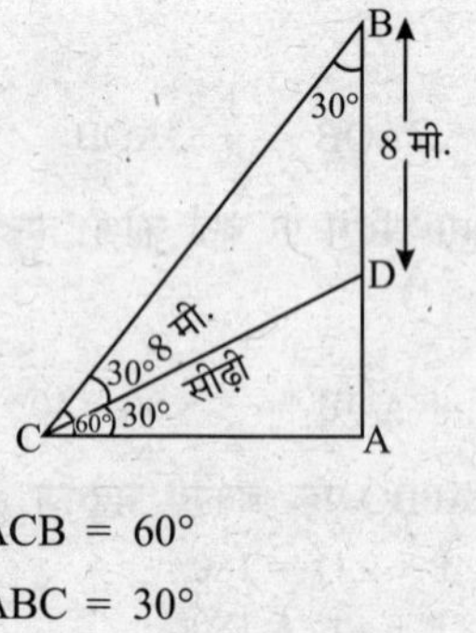

$\angle ACB = 60°$

अत: $\angle ABC = 30°$

$\therefore \angle ACD = 60 - 30 = 30°$

$\therefore \angle ACD$ में,

$\sin 30 = \frac{AD}{CD}$

$\therefore \quad \frac{1}{2} = \frac{AD}{8}$

$\Rightarrow$ AD = 4 मीटर

$\therefore$ खम्भे की ऊँचाई

= (AD + DB)

= (4 + 8) मीटर

= 12 मीटर

45. (a) प्रश्नानुसार, 9) 6709 (745

63

40

36

49

45

4

$\therefore$ जोड़ी जाने वाली संख्या $= 9 - 4 = 5$

46. (c) माना संख्या में दहाई का अंक x तथा इकाई का अंक y है।

$\therefore$ संख्या $= 10x + y$

तब $10x + y = (x + y) \times 3$

$\Rightarrow 10x + y = 3x + 3y$

$\Rightarrow 7x = 2y$ ...(i)

पुनः $10x + y = 45 = 10y + x$

$\Rightarrow 9x - 9y = -45$

$\Rightarrow x - y = -5$ ...(ii)

समी (i) व (ii) से,

$x = 2$ व $y = 7$

तब, संख्या $= 10x + y = 10 \times 2 + 7 = 27$

47. (b) माना संख्याएँ x तथा y हैं और $P = x^2y^2$,

तब $x + y = 35$

$\Rightarrow x = 35 - y$

$\therefore P = (35 - y)^2 y^5$

y के सापेक्ष दो बार अवकलन करने पर,

$$\frac{dP}{dy} = (35 - y)^2 5y^4 + y^5 2(35 - y)(-1)$$

$= y^4 (35 - y)[5(35 - y) - 2y]$

$= y^4 (35 - y)(175 - 5y - 2y)$

$= y^4 (35 - y)(175 - 7y)$

$= (35y^4 - y^5)(175 - 7y)$ और

$$\frac{d^2P}{dy^2} = (35y^4 - y^5)(-7) + (175 - 7y)(4 \times 35 \times y^3 - 5y^4)$$

$= -7y^4 (35 - y) + 7(25 - y) \times 5y^3 (28 - y)$

$= -7y^4 (35 - y) + 35y^3 (25 - y)(28 - y)$

उच्चतम मान के लिए $\frac{dP}{dy} = 0$ रखने पर,

$y^4 (35 - y)(175 - 7y) = 0$

$\Rightarrow y = 0, 35 - y = 0,$

$175 - 7y = 0 \Rightarrow y = 0, y = 25, y = 35$

जब $y = 0, x = 35 - 0 = 35$ और गुणनफल x^2y^5 शून्य हो जाएगा।

जब $y = 35$ और $x = 35 - 35 = 0$, तो पुनः गुणनफल x^2y^5 शून्य हो जाएगा।

$\therefore y = 0$ और $y = 35$, y के असम्भव मान है।

जब $y = 25$, तो

$$\left(\frac{d^2P}{dy^2}\right)_{y=25} = -7 \times (25)^4 \times (35 - 25) + 35 \times (25)^3 \times (25 - 25)(28 - 25)$$

$= -7 \times 390625 \times 10 + 35 \times 15625 \times 0 \times 3$

$= -27343750 + 0$

$= -27343750 < 0$

$\therefore$ द्वितीय अवकलन परीक्षण द्वारा P उच्चतम होगा

जब $y = 25$ और $x = 35 - 25 = 10$

इसलिए, आवश्यक संख्याएँ 10 और 25 हैं।

48. (a) परवलय का प्राचलिक समीकरण निम्न है–

$x = t^2 + 1, y = 2t + 1$

$$\Rightarrow x = \left(\frac{y-1}{2}\right)^2 + 1$$

$\Rightarrow (y - 1)^2 = 4(x - 1)$

$\Rightarrow Y^2 = 4X$

शीर्ष (1, 1) व नाभिलम्ब की लम्बाई = 4

तथा नियता का समीकरण

$X = -1 \Rightarrow x = -1 \Rightarrow x = 0$

49. (a) परवलय का अर्द्ध-नाभिलम्ब, नाभीय जीवा के अण्डों का हरात्मक माध्य होता है।

$$\therefore \text{अर्द्ध-नाभिलम्ब} = \frac{2\,SP \cdot SQ}{SP + SQ} = \frac{2 \times 3 \times 2}{3 + 2} = \frac{12}{5}$$

$$\text{नाभिलम्ब की लम्बाई} = \frac{2 \times 12}{6} = \frac{24}{5}$$

50. (a) $$\because \cos Q = \frac{\sin P}{2 \sin R} = \frac{p^2 + r^2 - q^2}{2pr} = \frac{p}{2r}$$

$\Rightarrow p^2 + r^2 - q^2 = p^2 \Rightarrow r^2 = q^2$

$\Rightarrow r = q$

51. (b) माना $b = \sqrt{+1}$, $C = \sqrt{-1}$ और $\angle A = 60^\circ$ दिया है।

$$\tan \frac{B - C}{2} = \frac{b - c}{b + c} \cot \frac{A}{2}$$

(नैपियर प्रमेय से)

$$= \frac{(\sqrt{3}+1) - (\sqrt{3}-1)}{(\sqrt{3}+1) + (\sqrt{3}-1)} \cot 30^\circ$$

$$\tan \frac{B - C}{2} = \frac{2}{2\sqrt{3}} \times \sqrt{3} = 1 = \tan 45^\circ$$

$$\frac{B - C}{2} = 45^\circ \Rightarrow B - C = 90^\circ \quad ...(i)$$

पुनः, $B + C = 180^\circ - A$

$= 180 - 60^\circ = 120^\circ$ ....(ii)

अतः समीकरण (i) व (ii) को हल करने पर

$\angle B = 105^\circ$ और $\angle C = 15^\circ$

52. (c) माना प्रथम पद $= a$ तथा सार्वान्तर d है। तब,

$$S_5 = S_{10}$$

$$\Rightarrow \quad \frac{5}{2}[2a + 4d] = \frac{10}{2}[2a + 9d]$$

$$\Rightarrow \quad a + 2d = 2a + 9d$$

$$\Rightarrow \quad a = -7d$$

53. (c)

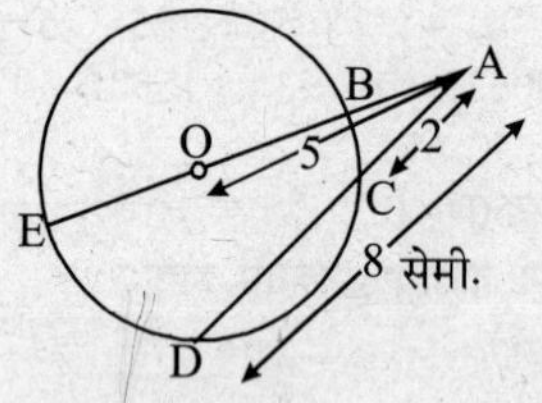

चित्र से,

चूँकि $\quad AB \times BE = AC \times CD$

या $\quad AC \times AD = AB \times AE$

$$2 \times 8 = (AO - OB)(OB + OE)$$

$$16 = (AO - OB)(AO + OB)$$

$$16 = (AO)^2 - (OB)^2$$

$$16 = (5)^2 - (OB)^2$$

$$(OB)^2 = 25 - 16 = 9$$

$\therefore \quad OB = 3$ सेमी.

54. (a) माना व्यक्ति के आरम्भिक स्थान से कार्यालय के बीच की दूरी $= x$ किमी

प्रश्नानुसार, $\quad \frac{x}{10} - \frac{x}{(10+2)} = \frac{(6+6)}{60}$

$$\Rightarrow \quad \frac{x}{10} - \frac{x}{12} = \frac{1}{5}$$

$$\Rightarrow \quad 6x - 5x = \left(\frac{1}{5} \times 60\right)$$

$\Rightarrow \quad x = 12$ किमी

55. (d) माना अभीष्ट गति $= x$ किमी/घण्टा

$\therefore$ यात्रा की दूरी $= (x \times 9)$ किमी

प्रश्नानुसार, $\quad x \times 9 = 60 \times 6$

$\Rightarrow \quad x = \left(\frac{60 \times 6}{9}\right)$ किमी/घण्टा

$= 40$ किमी/घण्टा

56. (b) दी हुई श्रेणी में 100 पद हैं, अत: हमें श्रेणी के 100 पदों का योगफल ज्ञात करना है।

माना अभीष्ट योगफल S है।

$$\therefore \quad S = 1 + 2.2 + 3.2^2 + 4.2^3 + \ldots\ldots + 100.2^{99}$$

दोनों पक्षों को 2 से गुणा करने पर,

$$2S = 1.2 + 2.2^2 + 3.2^3 + \ldots\ldots + 100.2^{100}$$

घटाने पर

$-S = (1 + 2 + 2^2 + 2^3 + \ldots\ldots 100$ पदों तक$)$ -100.2^{100}

$$= \frac{1.(2^{100} - 1)}{2 - 1} - 100.2^{100}$$

$$= 2^{100 - 1} - 100.2^{100} = -1 - 99.2^{100}$$

$$\therefore \quad S = 1 + 99.2^{100}$$

57. (a) माना $I = \int \sin^2 x dx + \int \cos^2 x dx$

$$= \int (\sin^2 x + \cos^2 x) dx$$

$= \int 1 dx \quad$ [जहाँ, $\sin^2\theta + \cos^2\theta = 1$]

$$= x + C$$

58. (b) दिया है, समीकरण $9y^2 - 4x^2 = 36$ को जब 36 से विभाजित किया जाता है, तो हम पाते हैं

$$\frac{9y^2}{36} - \frac{4x^2}{36} = \frac{36}{36} \Rightarrow \frac{y^2}{4} - \frac{x^2}{9} = 1$$

तुलना करने पर, $\frac{y^2}{4} - \frac{x^2}{9} = 1$ से $\frac{y^2}{a^2} - \frac{x^2}{b^2} = 1$, हम पाते हैं

$a = 2$ तथा $b = 3$

यहाँ अतिपरवलय के y^2 के गुणांक धनात्मक हैं, इसलिए अनुप्रस्थ अक्ष के सापेक्ष y-अक्ष

शीर्ष $= (0, \pm a) = (0, \pm 2)$

नाभिलम्ब $= \frac{2b^2}{a} = \frac{2 \times 9}{2} = 9$

59. (b) α और β समीकरण $4y^2 - 70y + 4 = 0$ के मूल हैं, तो

$$\therefore \quad 4\alpha^2 - 70\alpha + 4 = 0$$

$$\Rightarrow \quad 2\alpha^2 - 35\alpha + 2 = 0$$

$$\Rightarrow \quad \alpha(2\alpha - 35) = -2$$

$$\Rightarrow \quad 2\alpha - 35 = \frac{-2}{\alpha}$$

तथा $\quad 4\beta^2 - 70\beta + 4 = 0$

$$\Rightarrow \quad 2\beta^2 - 35\beta + 2 = 0$$

$$\Rightarrow \quad \beta(2\beta - 35) = -2$$

$$\Rightarrow \quad (2\beta - 35) = \frac{-2}{\beta}$$

$$\therefore \quad (2\alpha - 35)^3.(2\beta - 35)^3$$

$$= [(2\alpha - 35)(2\beta - 35)]^3$$

$$\Rightarrow \quad \left[\left(\frac{-2}{a}\right)\left(\frac{-2}{\beta}\right)\right]^3 = \left(\frac{4}{\alpha\beta}\right)^3 = \left(\frac{64}{1}\right) = 64$$

60. (c) माना $I = \int_0^{\pi/2} \frac{\sin^3 x}{\sin^3 x + \cos^3 x} dx \quad \ldots(i)$

$$I = \int_0^{\pi/2} \frac{\sin^3\left(\frac{\pi}{2} - x\right)}{\sin^3\left(\frac{\pi}{2} - x\right) + \cos^3\left(\frac{\pi}{2} - x\right)}$$

$$I = \int_0^{\pi/2} \frac{\cos^3 x}{\cos^3 x + \sin^3 x} \quad \ldots(ii)$$

समीकरण (i) तथा (ii) को जोड़ने पर,

$$2I = \int_0^{\pi/2} \frac{(\sin^3 x + \cos^3 x)}{(\sin^3 x + \cos^3 x)} dx$$

$$= \int_0^{\pi/2} 1 dx = [x]_0^{\pi/2} = \frac{\pi}{2}$$

$$2I = \frac{\pi}{2}$$

$$\Rightarrow \quad I = \frac{\pi}{4}$$

61. (c) माना किसी संख्या को 136 से भाग देने पर,

भागफल $= k$

$\therefore$ संख्या $= 136 \times k + 36$
$= 17 \times 8 \times k + 17 \times 2 + 2$
$= 17(8k + 2) + 2$

$\therefore$ अभीष्ट शेषफल $= 2$

62. (b) संख्या $= 48^4 \times 5^{12}$
$= (3 \times 16)^4 \times 5^{12}$
$= (3 \times 2^4)^4 \times 5^{12}$
$= 3^4 \times 2^{16} \times 5^{12}$
$= (3^4 \times 2^4) \times 2^{12} \times 5^{12}$
$= 6^4 \times 10^{12}$
$= 1296000000000000$

$\therefore$ अंकों की संख्या $= 16$

63. (a) दिया है, शीर्ष $= (0, \pm 13)$ तथा नाभि है, कि $(0, \pm 5)$ यहाँ हम देखते हैं, कि x निर्देशांक 0 हैं, इसका अर्थ है, कि दीर्घ अक्ष y-अक्ष पर स्थित है। माना

$$\frac{x^2}{a^2} + \frac{y^2}{b^2} = 1, b > a \quad ...(i)$$

$b = 13$

तथा $b = 5$

$$\Rightarrow \quad 13e = 5 \Rightarrow e = \frac{5}{13}$$

$$\therefore \quad a^2 = b^2(1 - e^2) = 169\left(1 - \frac{25}{169}\right) = 144$$

$$\Rightarrow \quad a = 12$$

समी. (i) में a, b का मान रखने पर, $\frac{x^2}{144} + \frac{y^2}{169} = 1$

64. (c) चूँकि दीर्घ अक्ष, x-अक्ष के अनुदिश है। अतः दीर्घवृत्त की समीकरण निम्न रूप की होगी,

$$\frac{x^2}{a^2} + \frac{y^2}{b^2} = 1 \quad ...(i)$$

दिया है समी. (i) बिन्दुओं (4, 3) तथा (6, 2) से होकर जाती है अर्थात् ये समीकरण को सन्तुष्ट करेंगे।

$$\therefore \quad \frac{(4)^2}{a^2} + \frac{(3)^2}{b^2} = 1 \Rightarrow \frac{16}{a^2} + \frac{9}{b^2} = 1 \quad ...(ii)$$

तथा
$$\frac{(6)^2}{a^2} + \frac{(2)^2}{b^2} = 1 \Rightarrow \frac{36}{a^2} + \frac{4}{b^2} = 1 \quad ...(iii)$$

समी. (ii) को 4 से तथा समी (iii) को 9 से गुणा करके घटाने पर,

$$\frac{64}{a^2} - \frac{324}{a^2} = 4 - 9 \Rightarrow -\frac{260}{a^2} = -5$$

$$\Rightarrow \quad a^2 = \frac{260}{5} \Rightarrow a^2 = 52$$

समी. (ii) से,

$$\frac{9}{b^2} = 1 - \frac{16}{52}$$

$$\Rightarrow \quad \frac{9}{b^2} = \frac{52 - 16}{52}$$

$$\Rightarrow \quad \frac{9}{b^2} = \frac{36}{52} \Rightarrow b^2 = \frac{9 \times 52}{36} = 13$$

$a^2 = 52$ तथा $b^2 = 13$ समी (i) में रखने पर,

$$\frac{x^2}{52} + \frac{y^2}{13} = 1$$

65. (c) माना बहुभुजों की संख्या m है, तब विकर्णों की संख्या

$$= {}^mC_2 - m = \frac{m(m-1)}{2} - m = \frac{m(m-3)}{2}$$

$$\therefore \quad \frac{m(m-3)}{2} = 44 \Rightarrow m^2 - 3m - 88 = 0$$

$$m^2 - 11m + 8n - 88 = 0$$
$$(n - 11)(n + 8) = 0$$
$$n = 11$$

66. (c) $\sum_{m=0}^{n} (m + 1) C_m = C_0 + 2C_1 + 3C_2 + 4C_3 + ... (n + 1) C_n$

$= (C_0 + C_1 + C_2 + C_3 + C_n) + (C_0 + 2C_1 + 3C_3 + 4C_4 + ... {}^nC_n)$

$= 2^n + n2^{n-1} = (n + 2)2^{n-1}$

67. (b) अभीष्ट क्षेत्रफल = क्षेत्र. (OPQR) – क्षेत्र. (OQR)

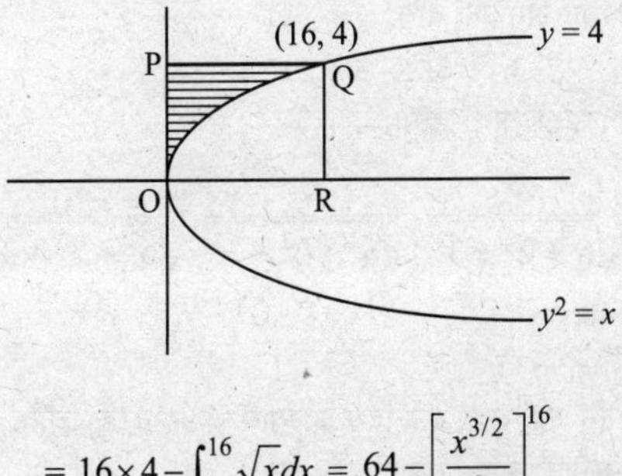

$$= 16 \times 4 - \int_0^{16} \sqrt{x} dx = 64 - \left[\frac{x^{3/2}}{\frac{3}{2}}\right]_0^{16}$$

$$= 64 - \frac{128}{3} = 64\left(\frac{3-2}{3}\right) = \frac{64}{3} \text{ वर्ग इकाई}$$

68. (a) दिया गया समीकरण निम्न प्रकार लिखा जा सकता है—

$$\frac{\sec^2 y}{\tan y} dy = -3\frac{e^x}{1 - e^x} dx$$

$$\int \frac{\sec^2 y}{\tan y} dy = -3\int \frac{e^x}{1-e^x} dy$$

$\Rightarrow$ $\log(\tan y) = 3\log(1-e^x) + \log C$

$\Rightarrow$ $\tan y = C(1-e^x)^3$

69. (d) यहाँ

$$T_n = \frac{n^3}{n!} = \frac{n^2}{(n-1)!}$$

$$= \frac{(n-1)(n-2)+(3n-2)}{(n-1)!}$$

$$= \frac{(n-1)(n-2)+3(3-1)+1}{(n-1)!}$$

$$= \frac{(n-1)(n-2)}{(n-1)!} + \frac{3(n-1)}{(n-1)!} + \frac{1}{(n-1)!}$$

या, $$T_n = \frac{1}{(n-3)!} + \frac{3}{(n-2)!} + \frac{1}{(n-1)!}$$

$n = 1, 2, 3$ .... इत्यादि रखने पर

$$T_1 = \frac{1}{(-2)!} + \frac{3}{(-1)!} + \frac{1}{0!} = 0+0+1$$

$$T_2 = \frac{1}{(-1)!} + \frac{3}{0!} + \frac{1}{1!} = 0+3+\frac{1}{1!}$$

$$T_3 = \frac{1}{0!} + \frac{3}{1!} + \frac{1}{2!} = 1+\frac{3}{1!}+\frac{1}{2!}$$

....

स्तम्भानुसार जोड़ने पर, दी हुई श्रेणी का योगफल

$$= \left[1+\frac{1}{1!}+\frac{1}{2!}+\ldots\ldots\right] + 3\left[1+\frac{1}{1!}+\frac{1}{2!}+\ldots\right] + \left[1+\frac{1}{1!}+\frac{1}{2!}+\ldots\ldots\right]$$

70. (a) दिक् अनुपात होंगे :

$4+2, 3-1$ और $-5+8 = 6, 2, 3$

$\therefore$ दिक्कोज्यायें होंगी।

$$\frac{6}{\sqrt{6^2+2^2+3^2}}, \frac{2}{\sqrt{6^2+2^2+3^2}}, \frac{3}{\sqrt{6^2+2^2+3^2}}$$

$$= \frac{6}{7}, \frac{2}{7}, \frac{3}{7}$$

71. (c) मान लो रेखा की दिक्कोज्यायें l, m, n, हैं, चूँकि रेखा अक्षों से सम्मान कोण बनाती हैं, अत:

$\therefore$ $\alpha = \beta = y$

$\Rightarrow$ $\cos\alpha = \cos\gamma = \cos\gamma$

$\Rightarrow$ $l = m = n$

लेकिन $l^2 + m^2 + n^2 = 1$

$\therefore$ $l^2 + l^2 + l^2 = 1$

$\Rightarrow$ $3l^2 = 1$

$\Rightarrow$ $l = \pm\frac{1}{\sqrt{3}}$

$\therefore$ अभीष्ट दिक्कोज्यायें हैं –

$$\left(\pm\frac{1}{\sqrt{3}}, \pm\frac{1}{\sqrt{3}}, \pm\frac{1}{\sqrt{3}}\right)$$

72. (d) शीर्ष आने की प्रायिकता $= \frac{1}{2}$ एवं शीर्ष न आने की प्रायिकता $= \frac{1}{2}$ चूँकि पहली बार A फेंकता है। अत: वह पहली, तीसरी, पाँचवीं ...... बार में जीत सकता है।

A के जीतने की प्रायिकता

$$= \frac{1}{2} + \left(\frac{1}{2}\right)^2 \cdot \frac{1}{2} + \left(\frac{1}{2}\right)^4 \cdot \frac{1}{2} + \left(\frac{1}{2}\right)^6 \cdot \frac{1}{2}$$

$$= \frac{1}{2} + \left(\frac{1}{2}\right)^3 + \left(\frac{1}{2}\right)^5 + \ldots\ldots$$

$$= \frac{2}{3} \qquad \left[\because \text{गुणोत्तर श्रेणी का योग } S_\infty = \frac{a}{1-r}\right]$$

73. (d) $M = P\{1, 2, 3\} = \{\phi\} \{1\}, \{2\}, \{1, 2\}, \{2, 3\} \{3, 1\}, \{1, 2, 3\}$

अत: स्पष्ट है कि $\{1, 2, 3\} \in M$

74. (a) $n(E \cup M) = n(E) + n(M) - n(E \cap M)$

$= (85 + 90 - 80)\% = 95\%$

फेल होने वाले विद्यार्थियों का प्रतिशत $= 100 - 95 = 5\%$

विद्यार्थियों की कुल संख्या $= \frac{100\times 27}{5} = 540$

75. (d) $\left(\frac{d^2y}{dx^3}\right)^2 + \left(\frac{d^2y}{dx^3}\right)^4 + x^2y = 0$ में उच्चतम अवकलन $\frac{dy}{dx^3}$ है, अत: इसकी कोटि और घात क्रमश: 3 और 2 हैं।

76. (a) $X = \{0, 9, 54, \ldots\ldots\ldots\}$ और

$Y = \{0, 9, 18, 27, 36, 45, 54\ldots\}$

अत: $X \subset Y$.

77. (a) $\because$ $n = 10$

$\therefore$ प्रसार में पदों की संख्या $= (10 + 1) = 11$

अत: प्रसार का मध्य पद $= \frac{1}{2}(11+1)$ वाँ पद

$= 6$वाँ पद

$= (5 + 1)$वाँ पद

$$= {}^{10}c_5 x^5 \left(-\frac{1}{x}\right)^5 = -252$$

78. (a) $$\frac{1}{1+i} + \frac{1}{i+1} = \frac{i-1+1+i}{(1+i)(i-1)}$$

$$= \frac{2i}{i^2-1} = \frac{2i}{-2}$$

$$= -1$$

79. (c) p पदों का योग $= 3p^2 + 2p$

प्रथम पद $a = 3.1^2 + 2.1 = 5$

दो पदों तक योग $= 3.2^2 + 2.2 = 16$

$\therefore$ द्वितीय पद $= 16 - 5 = 11$

$\therefore$ $d = 11 - 5 = 6$

l वाँ पद $= a + (l-1).d$

$= 5 + (l-1) \times 6$

$= 6l - 1$

80. (d) हम जानते हैं, कि समष्टीय सम्बन्ध सबसे बड़ा (वृहद्) सम्बन्ध है और $\{(x, x), (x, y), (y, x), (y, y)\}$ समष्टीय सम्बन्ध है, जो सबसे वृहद् सम्बन्ध है।

81. (a) $$\frac{x+4}{x-4} - \frac{x-4}{x+4} = \frac{80}{9} \quad ...(i)$$

चूँकि $x = 5$ समीकरण (i) को सन्तुष्ट करता है। अतः 5 एक मूल है।

82. (c) $S_\infty = \dfrac{a}{1-r}$ से,

$$S_1 = \frac{1}{1-\frac{1}{2}} = 2$$

$$S_2 = \frac{2}{1-\frac{1}{3}} = 3$$

$$S_3 = \frac{3}{1-\frac{1}{4}} = 4$$

$\therefore$ $S_1 + S_2 + S_3 + ... S_p$

$= 2 + 3 + 4 + ...S_p.$

$= \dfrac{p}{2}[2 \times 2 + (p-1).1]$

$= \dfrac{p}{2}(p+3)$

83. (a) दिए हुए फलन

$$f(x) = \begin{cases} x \sin\frac{1}{x}, & x \neq 0 \\ 0 & , x = 0 \end{cases}$$

$g(x) = |x|$

$\text{L.}\lim_{x\to 0} f(x) = \lim_{h\to 0} f(0-h)$

$= \lim_{h\to 0} -h \sin\left(-\dfrac{1}{h}\right)$

$= \lim_{h\to 0} h \sin\dfrac{1}{h} = 0$

$\text{R.}\lim_{x\to 0} f(x) = \lim_{h\to 0} f(0+h)$

$= \lim_{h\to 0} h \sin\dfrac{1}{h} = 0$

और भी, $f(0) = 0$

$\because$ $\text{L.} \lim_{x\to 0} f(x) = \text{R.} \lim_{x\to 0} f(x) = f(0) = 0$

$\therefore$ $f(x)$ पर संतत् है।

$x = 0$

अब, $\text{L.} \lim_{x\to 0} g(x) = \lim_{x\to 0} g(0-h)$

$= \lim_{h\to 0} |-h|$

$= \lim_{h\to 0} h = 0$

$\text{R.} \lim_{x\to 0} g(x) = \lim_{h\to 0} g(0+h)$

$= \lim_{h\to 0} |h|$

$= \lim_{h\to 0} h = 0$

$g(0) = |0| = 0$

$\therefore$ $\text{L.} \lim_{x\to 0} g(x) = \text{R.} \lim_{x\to 0} g(x) = g(0) = 0$

$\therefore$ $g(x), x = 0$ पर भी संतत है।

84. (d) $\text{L.} \lim_{x\to 2} [x] = \lim_{h\to 0} [2-h], h > 0$

$= \lim_{h\to 0} 1 = 1$

$\text{R.} \lim_{x\to 2} [x] = \lim_{h\to 0} [2+h]$

$= \lim_{h\to 0} 2 = 2$

$\therefore$ $\text{L.} \lim_{x\to 2} [x] \neq \text{R} \lim_{h\to 2} [x]$

85. (d) $y = \sqrt{\tan x + \sqrt{\tan x + ... \infty}}$

$y = \sqrt{\tan x + y}$

$\Rightarrow$ $y^2 = \tan x + y$

x के सापेक्ष अवकलन करने पर हमें प्राप्त है–

$$2y\frac{dy}{dx} = \sec^2 x + \frac{dy}{dx}$$

$$\frac{dy}{dx} = \frac{\sec^2 x}{2y-1}$$

86. (a) $$l_1 = \frac{x + x + 2 + x + 4 + x + 6 + x + 8}{5}$$

$\Rightarrow$ $5x + 20 = 55$

$\Rightarrow$ $x = 7$

$\therefore$ पहले तीन प्रेक्षणों में

$$= \frac{7+9+11}{3} = 9$$

87. (d) A विद्यार्थी की प्रश्न हल करने की प्रायिकता = P(a)

$\therefore$ A विद्यार्थी की प्रश्न हल न करने की प्रायिकता $= P(\bar{A})$

इसी प्रकार B और C के लिए $P(B), P(\bar{B})$, और $P(C), P(\bar{C})$ है।

दिया है $P(a) = \dfrac{1}{2}, P(B) = \dfrac{1}{3}$ और $P(C) = \dfrac{1}{4}$

$\therefore$ अभीष्ट प्रायिकता

= कम-से-कम एक विद्यार्थी द्वारा प्रश्न हल करने की प्रायिकता

= 1 – किसी भी विद्यार्थी से प्रश्न हल न करने की प्रायिकता है।

$= 1 - P(\bar{A}).P(\bar{B}).P(\bar{C})$

$= 1 - \dfrac{1}{2}.\dfrac{2}{3}.\dfrac{3}{4} = 1 - \dfrac{1}{4} = \dfrac{3}{4}$

88. (c) $\because$ नाभिलम्ब $= \dfrac{2b^2}{a}$

और लघु अक्ष $= 2b$

$\therefore$ $\dfrac{2b^2}{a} = b$

$\Rightarrow$ $2b = a$

लेकिन $b^2 = a^2(1 - e^2)$

$\therefore$ $b^2 = 4b^2(1 - e^2)$

$\Rightarrow$ $e = \frac{\sqrt{3}}{2}$

89. (a) मान लो D का निर्देशांक (x, y) है,

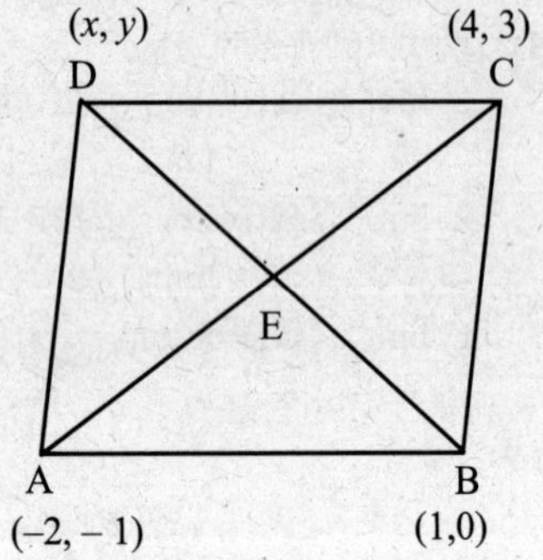

यदि E, AC का मध्य बिन्दु है, तो

$$E = \left(\frac{-2+4}{2}, \frac{-1+3}{2}\right) = (1, 1)$$

यदि B D का मध्य बिन्दु

$$E = \left(\frac{x+1}{2}, \frac{y+0}{2}\right)$$

चूँकि समान्तर चतुर्भुज के विकर्ण एक-दूसरे को समद्विभाजित करते हैं।

$\therefore$ AC का मध्य बिन्दु भी E ही होगा।

अत: $\frac{x+1}{2} = 1$

और $\frac{y+0}{2} = 1$

$\Rightarrow$ $x = 1$

और $y = 2$

90. (d) प्रवणता m_1 रेखा $a_1x + b_1y + c_1 = 0$ की $-\frac{a_1}{b_1}$ होगी और रेखा $a_2x + b_2y + c_2 = 0$ की प्रवणता m_2 बराबर $-\frac{a_2}{b_2}$ होगी।

यदि θ दोनों रेखाओं के बीच का कोण हो, तो

$$\tan\theta = \frac{m_2 - m_1}{1 + m_1m_2}$$

$$= \frac{\left(-\frac{a_2}{b_2}\right) - \left(-\frac{a_1}{a_1}\right)}{1 + \left(-\frac{a_2}{b_2}\right)\left(-\frac{a_1}{b_1}\right)} = \frac{\frac{a_1}{b_1} - \frac{a_2}{b_2}}{1 + \frac{a_1a_2}{b_1b_2}}$$

$$= \frac{a_1b_2 - a_2b_1}{b_1b_2 + a_1a_2}$$

$\therefore$ $\cot\theta = \frac{b_1b_2 + a_1a_2}{a_1b_2 - a_2b_1} = \frac{a_1a_2 + b_1b_2}{a_1b_2 - a_2b_1}$

$\therefore$ $\theta = \cot^{-1}\frac{a_1a_2 + b_1b_2}{a_1b_2 - a_2b_1}$

91. (d) $\tan\frac{13\pi}{12} = \frac{\tan 13 \times 180^\circ}{12}$

$= \tan 195^\circ$

$= \tan(180^\circ + 15^\circ)$

$= \tan 15^\circ = 2 - \sqrt{3}$

92. (d) $A + B + C = 180^\circ$

$\therefore$ $\frac{A}{2} + \frac{B}{2} + \frac{C}{2} = 90^\circ$

$\frac{A+B}{2} = 90^\circ - \frac{C}{2}$

$\therefore$ $\sin\frac{A+B}{2} = \cos\frac{C}{2}$

तथा $\cos\frac{A+B}{2} = \sin\frac{C}{2}$

$\therefore$ $\sin A + \sin B + \sin C$

$= 2\sin\frac{A+B}{2}\cos\frac{A-B}{2} + 2\sin\frac{C}{2}\cos\frac{C}{2}$

$= 2\cos\frac{C}{2}\cos\frac{A-B}{2} + 2\sin\frac{C}{2}\cos\frac{C}{2}$

$= 2\cos\frac{C}{2}\left[\cos\frac{A-B}{2} + \sin\frac{C}{2}\right]$

$= 2\cos\frac{C}{2}\left[\cos\frac{A-B}{2} + \cos\frac{A+B}{2}\right]$

$= 2\cos\frac{C}{2}\, 2\cos\frac{A}{2}\cos\frac{B}{2}$

$4\cos\frac{A}{2}\cos\frac{B}{2}\cos\frac{C}{2}$

93. (d) $x^2 + y^2 - 8x + 7 = 0$

$x^2 + y^2 - 25 = 0$

$-8x + 32 = 0$

$\Rightarrow$ $x = 4$

$\therefore$ $16 + y^2 = 25$

$\Rightarrow$ $y = \pm 3$

$\therefore$ वृत्तों के प्रतिच्छेद बिन्दु हैं (4, 3) और (4, –3).

94. (c)

$$A = \begin{bmatrix} 0 & 0 & 1 \\ 1 & 0 & 0 \\ 0 & 1 & 0 \end{bmatrix}$$

$$|A| = \begin{bmatrix} 0 & 0 & 1 \\ 1 & 0 & 0 \\ 0 & 1 & 0 \end{bmatrix}$$

$= 1(1 - 0) = 1$

$A_{11} = 0, A_{12} = 0, A_{13} = 1, A_{21} = -(0-1) = 1, A_{22} = 0,$
$A_{23} = 0, A_{31} = 0, A_{32} = -(0-1) = 1$ और $A_{33} = 0$

$$\therefore \quad \text{Adj. A} = \begin{bmatrix} 0 & 1 & 0 \\ 0 & 0 & 1 \\ 1 & 0 & 0 \end{bmatrix}$$

$$\therefore \quad A^{-1} = \frac{1}{|A|}\begin{bmatrix} 0 & 1 & 0 \\ 0 & 0 & 1 \\ 1 & 0 & 0 \end{bmatrix}$$

$$= \begin{bmatrix} 0 & 1 & 0 \\ 0 & 0 & 1 \\ 1 & 0 & 0 \end{bmatrix}$$

95. (b) $\int_{-\pi/2}^{\pi/2} \cos x\, dx = 2\int_0^{\pi/2} \cos x\, dx$

क्योंकि $\cos x$ एक समफलन है।

$$= 2(\sin x)_0^{\pi/2}$$
$$= 2(\sin \pi/2 - \sin 0)$$
$$= 2(1-0) = 2$$

96. (d) माना

$$I = \int_0^{\pi/3} \sin 5 \cos x\, dx$$

$$= \frac{1}{2}\int_0^{\pi/3} [\sin 6x + \sin 4x] dx$$

$$= \frac{1}{2}\left[-\frac{1}{6}\cos 6x - \frac{1}{4}\cos 4x\right]_0^{\pi/3}$$

$$= \frac{1}{2}\left[\left(\frac{1}{6}\cos 2\pi + \frac{1}{4}\cos\frac{4\pi}{3}\right) - \left(\frac{1}{6}\cos 0 + \frac{1}{4}\cos 0\right)\right]$$

$$= \frac{1}{2}\left[\left(\frac{1}{6} - \frac{1}{4}.\frac{1}{2}\right) - \left(\frac{1}{6} + \frac{1}{4}\right)\right] = \frac{3}{16}$$

97. (c) $\because \quad A = \tan^{-1} x$

$\therefore \quad \tan A = x$

$$\therefore \quad \sin A = \frac{x}{\sqrt{1+x^2}}$$

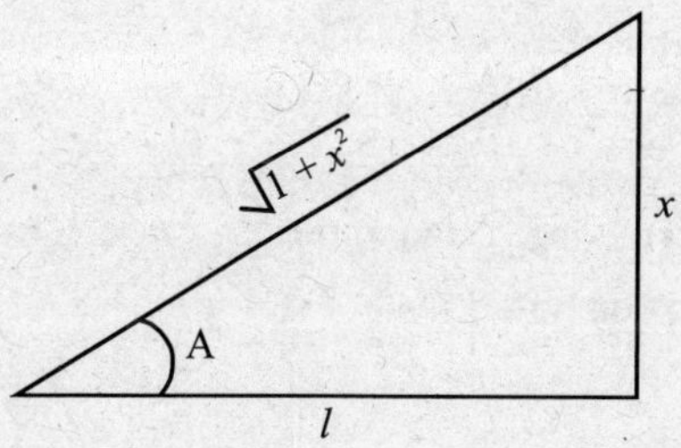

और $\cos A = \frac{x}{\sqrt{1+x^2}}$

$\therefore \quad \sin 2A = 2 \sin A \cos A$

$$= \frac{2x}{\sqrt{1+x^2}} \cdot \frac{1}{\sqrt{1+x^2}}$$

$$= \frac{2x}{1+x^2}$$

98. (a) $9x^2 - y^2 - 54x + 77 = 0$

$\Rightarrow \quad 9(x^2 - 6x + 9) - y^2 = -77 + 81$

$\Rightarrow \quad 9(x-3)^2 - y^2 = 4$

$$\Rightarrow \quad \frac{(x-3)^2}{4/9} - \frac{y^2}{4} = 1$$

मूल बिन्दु को (3, 0) पर स्थानान्तरित करने पर

$$\frac{x^2}{4/9} - \frac{y^2}{4} = 1$$

यहाँ $a^2 = \frac{4}{9}$ और $b^2 = 4$

$$b^2 = a^2(e^2 - 1)$$

$$4 = \frac{4}{9}(e^2 - 1) \Rightarrow e = \sqrt{10}.$$

अतः ध्रुव के लिए $X = \pm\frac{2\sqrt{10}}{3}$ और $Y = 0$

$\therefore$ ध्रुव के निर्देशांक होंगे

$$x = 3 \pm \frac{2\sqrt{10}}{3}$$

$y = 0$ या $\left(3 \pm \frac{2\sqrt{10}}{3}, 0\right)$

99. (c) अर्द्ध गोलाकार कटोरे में भरे द्रव का आयतन

$$= \frac{2}{3} \times \pi \times (r)^3$$

$\therefore$ एक छोटी बोतल का आयतन $= \pi r^2 h = \pi (1.5)^2 \times 4$

$\therefore$ छोटी बोतलों की अभीष्ट संख्या $= \dfrac{\frac{2}{3} \times \pi \times (9)^3}{\pi \times (1.5)^2 \times 4} = 54$

100. (a) हम जानते हैं, कि

$$x + y + z = 180°$$

तथा प्रश्नानुसार,

$$y - x = z - y = 10$$

उपर्युक्त समीकरण को हल करने पर सबसे छोटे कोण का मान = 50°.

❑❑❑

6 गणित
प्रैक्टिस पेपर

1. सोनिया ने 2 वर्ष के लिए ₹ 5,800 का निवेश किया। दो वर्ष के अंत में ₹ 594.5 की राशि उसे चक्रवृद्धि ब्याज की किस दर पर मिलेगी?
(a) 5% (b) 4%
(c) 6% (d) 8%

2. ΔABC में, लम्ब AD की लम्बाई 10 सेमी. है। यदि BD = $10\sqrt{3}$ सेमी., तथा CD = $10\sqrt{3}$ सेमी., तो $\angle$BAC बराबर है–
(a) 75° (b) 120°
(c) 105° (d) 90°

3. तीसरे चतुर्थांश में निम्नलिखित में से कौन-सा एक धनात्मक है?
(a) $\sin\theta$ (b) $\cos\theta$
(c) $\tan\theta$ (d) $\sec\theta$

4. शीर्ष B से AC पर डाली गई माध्यिका की लम्बाई है, जहाँ A(–1, 3), B(1, –1), C(5, 1) हैं।
(a) $\sqrt{10}$ (b) $\sqrt{18}$
(c) $2\sqrt{3}$ (d) 4

5. बिन्दु (1, 1), (2, 3) तथा (–2, 2) से गुजरने वाले वृत्त का केन्द्र होगा–
(a) (3, 4) (b) $\left(-\frac{1}{14}, -\frac{39}{14}\right)$
(c) $\left(-\frac{1}{14}, \frac{39}{14}\right)$ (d) $\left(-\frac{39}{14}, \frac{1}{14}\right)$

6. यदि $|z-2| = \min\{|z-1|, |z-5|\}$, जहाँ z एक सम्मिश्र संख्या है, तब–
(a) $\text{Re}(z) = \frac{3}{2}$ (b) $\text{Re}(z) = \frac{7}{2}$
(c) $\text{Re}(z) \in \left\{\frac{3}{2}, \frac{7}{2}\right\}$ (d) इनमें से कोई नहीं

7. $\int e^x \left(\sqrt{x} + \frac{1}{2\sqrt{x}}\right) dx$ किसके बराबर हैं?
(a) $xe^x + C$ (b) $e^x\left(\sqrt{x}\right) + C$
(c) $2e^x\left(\sqrt{x}\right) + C$ (d) $2xe^x + C$

8. सम्मिश्र तल का वह क्षेत्र जिसके लिए $\left|\frac{z-a}{z+\bar{a}}\right| = 1$, [Re($a$) ≠ 0], है–
(a) वास्तविक अक्ष (b) काल्पनिक अक्ष
(c) सरल रेखा $x = a$ (d) इनमें से कोई नहीं

9. यदि $x + iy = \begin{vmatrix} 6i & -3i & 1 \\ 4 & 3i & -1 \\ 20 & 3 & i \end{vmatrix}$ है, तो $x + iy$ का मान क्या है?
(a) $3 + i$ (b) $1 + 3i$
(c) $3i$ (d) 0

10. यदि $\begin{vmatrix} a & b & c \\ l & m & n \\ p & q & r \end{vmatrix} = 2$ है, तो सारणिक $\begin{vmatrix} 6a & 3b & 15c \\ 2l & m & 5n \\ 2p & q & 5r \end{vmatrix}$ का मान होगा–
(a) 10 (b) 20
(c) 40 (d) 60

11. यदि $\begin{vmatrix} 8 & -5 & 1 \\ 5 & m & 1 \\ 6 & 3 & 1 \end{vmatrix} = 2$ है, तो m का मान होगा–
(a) 4 (b) 5
(c) 6 (d) 8

12. यदि A = {a, b, c, d}, B = {a, c, e, f}, C = {b, d, e, f}, तो $A \cap B \cap C$ का मान है–
(a) {a, c} (b) {c, f}
(c) {b, d} (d) ϕ

13. यदि A समस्त समबहुभुजों का समुच्चय हो एवं B समस्त चतुर्भुजों का समुच्चय हो, तब $A \cap B$ समुच्चय होगा, समस्त–
(a) वर्गों का (b) आयतों का
(c) समचतुर्भुजों का (d) समान्तर चतुर्भुजों का

14. यदि $f(x) = \sqrt{1 + \cos^2(x^2)}$, तब $f'\left(\frac{\sqrt{\pi}}{2}\right)$ का मान है–
(a) $\frac{\sqrt{\pi}}{6}$ (b) $-\sqrt{\frac{\pi}{6}}$
(c) $\frac{1}{\sqrt{6}}$ (d) $\frac{\pi}{\sqrt{6}}$

15. यदि $f(x) = (\log_{\cot x} \tan x)(\log_{\tan x} \cot x)^{-1} + \tan^{-1}\frac{4x}{4-x^2}$, तब $f'(2)$ का मान है–
(a) $\frac{1}{2}$ (b) $-\frac{1}{2}$
(c) 1 (d) –1

16. यदि $f(x) = \log_x(\log_e x)$, तब $f'(x)$ का $x = e$ पर मान है–
(a) 1 (b) 2
(c) 0 (d) $\frac{1}{e}$

17. किसी क्षण प्रक्षेप्य की गति दिशा क्षैतिज से α कोण बनाती है और t समय बाद वह β कोण बनाती है । प्रक्षेप्य के वेग का क्षैतिज घटक है–

(a) $\frac{gt}{(\tan\alpha + \tan\beta)}$ (b) $\frac{gt}{(\tan\alpha - \tan\beta)}$

(c) $\frac{gt}{\left(\tan\frac{\alpha}{2} - \tan\frac{\beta}{2}\right)}$ (d) $\frac{\tan\alpha - \tan\beta}{2gt}$

18. एक कण O बिन्दु से α उन्नयन कोण पर फेंका गया। t सेकण्ड बाद O से देखने पर उसका उन्नयन कोण β प्रतीत होता है। उसका आरम्भिक वेग था–

(a) $\frac{gt\sin\beta}{\sin(\alpha-\beta)}$ (b) $\frac{gt\sin\beta}{2\sin(\alpha-\beta)}$

(c) $\frac{gt\cos\beta}{\sin(\alpha-\beta)}$ (d) $\frac{gt\cos\beta}{2\sin(\alpha-\beta)}$

19. यदि किसी प्रक्षेप्य का क्षैतिज परास R तथा महत्तम ऊँचाई H हो, तो प्रारम्भिक प्रक्षेप वेग होगा–

(a) $\sqrt{\left[2g\left(H+\frac{R^2}{8H}\right)\right]}$ (b) $\sqrt{\left[2g\left(H+\frac{R^2}{6H}\right)\right]}$

(c) $\sqrt{\left[2g\left(H+\frac{R^2}{3H}\right)\right]}$ (d) $\sqrt{\left[2g\left(H+\frac{R^2}{16H}\right)\right]}$

20. यदि दो सदिशों a और b के बीच का कोण θ है, तो $a \cdot b \geq 0$ होगा, यदि–

(a) $0 < \theta < \frac{\pi}{2}$ (b) $0 \leq \theta \leq \frac{\pi}{2}$

(c) $0 < \theta < \pi$ (d) $0 \leq \theta \leq \pi$

21. माना a और b दो मात्रक सदिश हैं और उनके बीच का कोण θ है, तो $a + b$ एक मात्रक सदिश है, यदि–

(a) $\theta = \frac{\pi}{4}$ (b) $\theta = \frac{\pi}{3}$

(c) $\theta = \frac{\pi}{2}$ (d) $\theta = \frac{2\pi}{3}$

22. यदि दो सदिशों a और b के बीच का कोण θ है, तो $|a \cdot b| = |a \times b|$ जब θ बराबर है–

(a) 0 (b) $\pi/4$

(c) $\pi/2$ (d) π

23. किसी समय t पर बिन्दु की स्थिति $x = a + bt - ct^2$, $y = at + bt^2$ द्वारा निरूपित है। समय t पर इसका त्वरण है–

(a) $b - c$ (b) $b + c$

(c) $2b - 2c$ (d) $2\sqrt{b^2 + c^2}$

24. $\frac{\pi}{4}$ अर्धशीर्ष कोण वाले एक शांकवीय कीप (funnel) से, जिसका शीर्ष नीचे की ओर है, कीप के पृष्ठ के क्षेत्रफल में 2 सेमी^{2}/से की समान दर से उसके शीर्ष के एक छिद्र से पानी बह रहा है। पानी के सतह की तिर्यक ऊँचाई के घटने की दर उस समय ज्ञात कीजिए, जब उसकी तिर्यक ऊँचाई 4 सेमी है।

(a) $\frac{\sqrt{2}}{4\pi}$ सेमी/से (b) $\frac{1}{4\pi}$ सेमी/से

(c) $\frac{1}{\pi\sqrt{2}}$ सेमी/से (d) इनमें से कोई नहीं

25. एक मोहल्ले के आठ परिवारों की मासिक आय ₹ में निम्नलिखित है :

70, 10, 500, 75, 13, 250, 8, 42, तो समांतर माध्य ज्ञात करें।

(a) ₹ 120 (b) ₹ 135

(c) ₹ 121 (d) ₹ 125

26. निम्न सारणी का समान्तर माध्य क्या होगा?

वर्ग	आवृत्ति
0–10	5
10–20	9
20–30	17
30–40	12
40–50	2

(a) 25·3 (b) 24·2

(c) 24·3 (d) 23·3

27. निम्नलिखित आँकड़ों की माध्यिका होगी–

10, 13, 22, 25, 8, 11, 19, 18, 31 और 16

(a) 19·3 (b) 17

(c) 16 (d) 18·5

28. $\sqrt{\sqrt[3]{0{\cdot}000729}}$ का मान कितना है?

(a) 0·9 (b) 0·3

(c) 0·03 (d) 0·09

29. ABC एक समबाहु त्रिभुज है जिसकी भुजा a है और D, E, F क्रमशः BC, CA तथा AB को 2 : 1 की निष्पत्ति में विभाजित करते हैं, P परिमाण के तीन बल D,E, F, पर भुजाओं के लम्बवत् दिशाओं में बाहर की ओर लगे हैं, इन बलों का परिणामी एक बल-युग्म है। जिसका आघूर्ण तुल्य है–

(a) a.P (b) $\frac{1}{2}a$.P

(c) $\frac{3}{2}a$. P (d) 5 a.P

30. ABCD एक आयत है, जिसमें AB = CD = a और BC = DA = b है, AD तथा CB के अनुदिश बराबर बल P और AB तथा CD के अनुदिश बराबर बल Q क्रिया करते है, बिन्दु A पर क्रिया करते हुए P और Q बलों के परिणामों तथा बिन्दु C पर क्रिया करते हुए बलों P और A के परिणामी के बीच की लाम्बिक दूरी होगी–

(a) $\frac{Pa + Qb}{(a+b)}$ (b) $\frac{Pa - Qb}{(a-b)}$

(c) $\frac{Pa + Qb}{\sqrt{(P^2 + Q^2)}}$ (d) $\frac{Pa - Qb}{\sqrt{(P^2 + Q^2)}}$

31. 3 मीटर लम्बे एक छड़ पर एक सिरे से 75 सेमी की दूरी पर और दूसरे पर और दूसरे सिरे से 125 सेमी की दूरी पर दो बराबर भार लटके हुए हैं, यदि छड़ को उसके सिरों पर बँधी

हुई दो ऊर्ध्वाधर डोरियों से टिकाया जाए और यदि डोरियाँ एक क्विंटल से अधिक तनाव नहीं सँभाल सकती हों, तो बराबर भागों का परिणाम अधिक-से-अधिक होगा–

(a) $\frac{6}{7}$ क्विण्टल (b) $\frac{5}{7}$ क्विण्टल
(c) $\frac{4}{7}$ क्विण्टल (d) $\frac{1}{3}$ क्विण्टल

32. दो वृत्त, जिनकी त्रिज्याएँ 6 सेमी. तथा 3 सेमी. हैं, के केन्द्र P तथा Q हैं। उन पर एक, उभयनिष्ठ तिर्यक स्पर्श रेखा वृत्तों से क्रमशः A तथा C पर मिलती हैं और PQ को B पर इसी प्रकार काटती है, कि AB = 10 सेमी.। केन्द्रों के बीच की दूरी PQ है–

(a) 17.49 सेमी. (b) 32.32 सेमी.
(c) 13 सेमी. (d) 12 सेमी.

33. संलग्न चित्र से, $\angle DBC = 70°$ तथा $\angle BAC = 30°$, तो $\angle BCD$ का मान होगा–

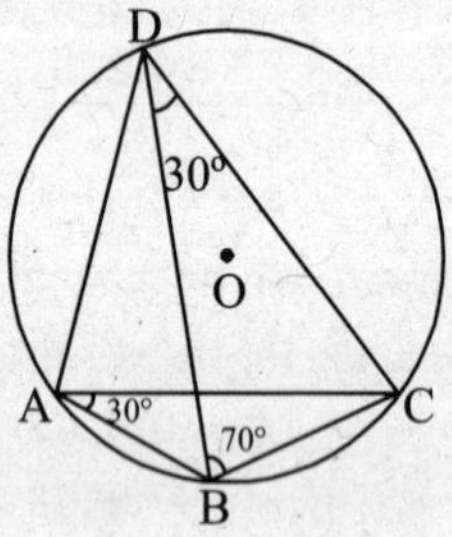

(a) 100° (b) 60°
(c) 80° (d) 90°

34. $\tan^{-1}\left(\frac{x-y}{1+xy}\right) + \tan^{-1}\left(\frac{y-x}{1+yz}\right) + \tan^{-1}\left(\frac{z-x}{1+zx}\right)$ का मान होगा–

(a) 0 (b) 1
(c) 2 (d) –1

35. यदि दो शंकुओं के आयतनों का अनुपात 2 : 3 है और उनके आधारों की त्रिज्याओं का अनुपात 1 : 2 है, तो उनकी ऊँचाइयों का अनुपात क्रमशः होगा–

(a) 8 : 3 (b) 3 : 8
(c) 4 : 3 (d) 3 : 4

36. दिए गए समीकरण निम्न हैं–

$6x + y - 3z = 5$
$x + 3y - 2z = 5$
$2x + y + 4z = 8$

हो, तो x, y तथा z के मान होंगे–

(a) $x = 4, y = 3, z = 4$ (b) $x = 1, y = 2; z = 1$
(c) $x = 2, y = 3, z = 2$ (d) $x = 5, y = 6, z = 5$

37. यदि $P = \begin{bmatrix} 0 & 1 & 0 \\ 0 & 0 & 1 \\ 0 & 0 & 0 \end{bmatrix}, Q = \begin{bmatrix} 0 & 0 & 0 \\ 1 & 0 & 0 \\ 0 & 1 & 0 \end{bmatrix}$ हो, तो $P^2Q + QP^2$ का मान होगा–

(a) P (b) Q
(c) P^2 (d) P^2Q

38. यदि P तथा Q विषम सममित हैं, तो (P + Q) होगा–

(a) सममित (b) विषम सममित
(c) इकाई सममित (d) इनमें से कोई नहीं

39. एक दूरीक समष्टि का अरिक्त समुच्चय E का संवरण होता है–

(a) संवृत समुच्चय (b) विवृत समुच्चय
(c) रिक्त समुच्चय (d) इनमें से कोई नहीं

40. यदि दूरीक समष्टि X में प्रत्येक अनुक्रम $\langle x_b \rangle$ अभिसारी है, जब प्रत्येक कौशी अनुक्रम (x_n) भी है–

(a) अभिसारी (b) अपसारी
(c) स्थिरांक (d) इनमें से कोई नहीं

41. यदि A पूर्ण दूरीक समिष्टि का संवृत उपसमुच्चय है, तब–

(a) A एक पूर्ण दूरीक समिष्ट है
(b) A एक अपूर्ण दूरीक समष्टि है
(c) अनिर्णीत
(d) इनमें से कोई नहीं

42. इनमें से सबसे छोटी संख्या कौन-सी है, जिसे 6, 7, 8, 9 और 12 से भाग देने पर हर बार '2' शेष रहता है?

(a) 756 (b) 504
(c) 754 (d) 506

43. उस रेखा की प्रवणता क्या है, जो रेखा $\frac{x}{4} + \frac{y}{3} = 1$ के लम्बवत् है–

(a) $\frac{3}{4}$ (b) $-\frac{3}{4}$
(c) $-\frac{4}{3}$ (d) $\frac{4}{3}$

44. 300 पुरुष एक काम को 16 दिनों में करते हैं, तो इसी काम के एक चौथाई भाग को 15 दिनों में करने के लिए कितने पुरुषों की आवश्यकता होगी?

(a) 80 पुरुष (b) 75 पुरुष
(c) 60 पुरुष (d) 45 पुरुष

45. A, B के तीन चौथाई समय की तुलना में आधा काम कर पाता है। यदि वे दोनों एक साथ उस कार्य को 18 दिनों में पूरा कर लें, तो अकेला B उसे कितने दिनों में कर पाएगा?

(a) 30 दिन (b) 35 दिन
(c) 40 दिन (d) 45 दिन

46. किसी मीनार के चोटी का बिन्दु A से उन्नयन कोण की स्पर्शज्या 5/12 है। बिन्दु A से मीनार की ओर 192 मीटर चलने पर उन्नयन कोण की स्पर्शज्या 3/4 हो जाती है, तो मीनार की ऊँचाई होगी–

(a) 120 मीटर (b) 160 मीटर
(c) 180 मीटर (d) 200 मीटर

47. दो संख्याओं का योग 40 है और उनका गुणनफल 375 है। उनके व्युत्क्रमों का योग क्या होगा?

(a) $\frac{8}{75}$ (b) $\frac{75}{8}$
(c) $\frac{1}{40}$ (d) $\frac{75}{4}$

48. यदि किसी संख्या का $\frac{1}{3}$,75 हो, तो निम्नलिखित में उसका कौन-सा हिस्सा 45 है?

(a) $\frac{2}{3}$ (b) $\frac{1}{5}$

(c) $\frac{6}{7}$ (d) $\frac{3}{8}$

49. फलन $f(x) = |x|(x-1)(x-2)(x-3)$ के क्रान्तिक बिन्दु है–

(a) 1 (b) 2

(c) 3 (d) 4

50. यदि परवलय $y^2 = ax$ की नाभिकीय जीवा $2x - y - 8 = 0$ है, तब परवलय की नियता का समीकरण है–

(a) $x + 4 = 0$ (b) $x - 4 = 0$

(c) $y - 4 = 0$ (d) $y + 4 = 0$

51. परवलय $y^2 - 4y + 9y + 13 = 0$ के समीक्षा बिन्दु $(-2, 2)$ की स्थिति होगी–

(a) अन्दर की ओर (b) बाहर की ओर

(c) ऊपर (d) इनमें से कोई नहीं

52. यदि एक ΔPQR का परिमाप 30 सेमी है, तो

$$p\cos^2\left(\frac{C}{2}\right) + r\cos^2\left(\frac{P}{2}\right)$$ **का मान होगा?**

(a) 15 सेमी (b) 10 सेमी

(c) 18 सेमी (d) 12 सेमी

53. यदि $\theta = 3, r = 4$ तथा $Q = \frac{\pi}{3}$, तो बने हुए त्रिभुजों की संख्या होगी–

(a) दो (b) एक

(c) शून्य (d) अनन्त

54. यदि a, b, c, d तथा e, समान्तर श्रेणी में हैं, तो $a - 4b + 6c - 4d + e$ का मान होगा–

(a) 1 (b) 2

(c) 0 (d) इनमें से कोई नहीं

55. एक वृत्त की त्रिज्या 3 सेमी. है। केन्द्र से 5 सेमी. दूर बाह्य बिन्दु से खींची गई स्पर्श रेखा की लम्बाई होगी–

(a) 6 सेमी. (b) 4 सेमी.

(c) 3 सेमी. (d) 8 सेमी.

56. एक बैलगाड़ी को 120 किमी की दूरी 15 घण्टें में तय करनी है। यदि वह आधी यात्रा $\frac{3}{5}$ समय में पूरी कर ले, तो शेष यात्रा शेष समय में पूरी करने के लिए बैलगाड़ी को किस गति से चलना होगा?

(a) 6·4 किमी/घण्टा (b) 6·67 किमी/घण्टा

(c) 10 किमी/घण्टा (d) 15 किमी/घण्टा

57. 5 किमी/घण्टा की गति से चलकर एक छात्र विद्यालय 15 मिनट पहले पहुँच जाता है और 3 किमी/घण्टा की गति से चलने पर वह 9 मिनट देरी से पहुँचता है। तद्नुसार उस छात्र के घर से विद्यालय के बीच की दूरी क्या है?

(a) 5 किमी (b) 8 किमी

(c) 3 किमी (d) 2 किमी

58. श्रेणी 3.8 + 6.11 + 9.14 + ... के n पदों तक योगफल होगा–

(a) $3n(n+1)(n+3)$ (b) $n(n+1)(n+3)$

(c) $2n(n+1)(n+3)$ (d) $4n(n+1)(n+2)$

59. $\int \frac{dx}{x \log x}$ किसके बराबर है?

(a) $\log(\log x) + C$ (b) $\log x + C$

(c) $(\log x)^2 + C$ (d) इनमें से कोई नहीं

60. अतिपरवलय $\frac{x^2}{a^2} - \frac{y^2}{b^2} = 1$ पर व्यापक बिन्दु है–

(a) $(a\sin\theta, b\cos\theta)$ जहाँ θ एक प्राचल है

(b) $(a\tan\theta, b\sec\theta)$ जहाँ θ एक प्राचल है

(c) $\left(a\frac{e^t + e^{-t}}{2}, \frac{e^t - e^{-t}}{2}\right)$ जहाँ t एक प्राचल है

(d) उपरोक्त में से कोई नहीं

61. समीकरण $y^2 - 5y + 4 = 0$ के मूलों के वर्गों का योग होगा–

(a) 15 (b) 16

(c) 17 (d) 18

62. यदि $f(x) = a + bx + cx^2$ है, तो $\int_0^1 f(x)dx$ किसके बराबर है?

(a) $\frac{\left[f(0) + 4f\left(\frac{1}{2}\right) + f(1)\right]}{6}$

(b) $\frac{\left[f(0) + 4f\left(\frac{1}{2}\right) + f(1)\right]}{3}$

(c) $\left[f(a) + 4f\left(\frac{1}{2}\right) + f(1)\right]$

(d) $\frac{\left[f(0) + 2f\left(\frac{1}{2}\right) + f(1)\right]}{6}$

63. भाग के एक प्रश्न में यदि भाज्य में भाजक का 4 गुना जोड़ दिया जाए, तो नया शेष मूल शेष की तुलना मे–

(a) 4 कम हो जाएगा (b) अपरिवर्तित रहेगा

(c) 4 अधिक हो जायेगा (d) 4 गुना हो जायेगा

64. $\frac{3}{4}$ और $\frac{3}{8}$ के बीच एक परिमेय संख्या है–

(a) $\frac{9}{16}$ (b) $\frac{12}{7}$

(c) $\frac{7}{3}$ (d) $\frac{16}{9}$

65. वक्र जिसकी प्राचलिक समीकरण $x = \alpha + 5\cos\theta$ व $y = \beta + 4\sin\theta$ (जहाँ, θ एक प्राचल है) है–

(a) एक परवलय (b) एक दीर्घवृत्त
(c) एक अतिपरवलय (d) इनमें से कोई नहीं

66. समीकरण $4x^2 + 16y^2 - 24x - 32y + 12 = 0$ एक वक्र निरूपित करती है, जो है–

(a) एक परवलय
(b) एक सरल रेखायुग्म
(c) उत्केन्द्रता $\frac{1}{2}$ वाला दीर्घवृत्त
(d) उत्केन्द्रता $\frac{\sqrt{3}}{2}$ वाला दीर्घवृत्त

67. एक थैला, जिसमें 10 लाल और 8 सफेद गेंदें हैं, में से 5 लाल, 4 सफेद गेंदों का चयन कितने प्रकार से किया जा सकता है?

(a) ${}^8C_5 \times {}^{10}C_4$ (b) ${}^{10}C_5 \times {}^8C_4$
(c) ${}^{28}C_9$ (d) इनमें से कोई नहीं

68. यदि P, Q क्रमशः $(1+y)^{2m}$ और $(1+y)^{2m-1}$ के प्रसार में y^m के गुणांक हैं, तो–

(a) P = Q (b) 2P = Q
(c) P = 2Q (d) इनमें से कोई नहीं

69. वक्र $y = x|x|$, x-अक्ष और भुज $x = -2$ तथा $x = 1$ पर घिरे हुए क्षेत्र का क्षेत्रफल होगा–

(a) 0 (b) $\frac{1}{3}$
(c) $\frac{2}{3}$ (d) $\frac{4}{3}$

70. एक त्रिभुज की तीन भुजाओं की लम्बाई नीचे दी गई हैं। किस स्थिति में त्रिभुज बनाना संभव नहीं है?

(a) 15 सेमी., 12 सेमी., 10 सेमी.
(b) 3.6 सेमी., 4.3 सेमी., 5.7 सेमी.
(c) 17 सेमी., 12 सेमी., 6 सेमी.
(d) 2.3 सेमी., 4.4 सेमी., 6.8 सेमी.

71. अनन्त श्रेणी $\frac{1}{2} - \frac{1}{2.2^2} + \frac{1}{3.2^3} - \frac{1}{4.2^4} + \ldots\ldots$ का योग होगा–

(a) $\log\frac{3}{2}$ (b) $\log\frac{1}{2}$
(c) $\log\frac{5}{2}$ (d) $\log 2$

72. निर्देशांक अक्षों के समान कोण पर झुकी रेखाओं की संख्या होगी–

(a) 2 (b) 4
(c) 6 (d) 8

73. रेखाओं में क्या सम्बन्ध होगा जो क्रमशः A(5, 2, –3) को B(6, 1, 4) को मिलाने पर और C(–3, –2, –1) को D(–1, – 4, 13) से मिलाने पर बनती हैं?

(a) 60° पर झुकी हैं (b). 45° पर झुकी हैं
(c) लम्बवत् हैं (d) समान्तर हैं

74. एक टोकरी के अन्दर 4 लाल, 5 नीली तथा 3 हरी गेंदें रखी जाती हैं। तब ये तीनों गेंदें यादृच्छिक निकाली जाती हैं, तो उनमें से कम-से-कम एक के नीले होने की प्रायिकता क्या होगी?

(a) $\frac{7}{12}$ (b) $\frac{37}{44}$
(c) $\frac{5}{12}$ (d) $\frac{7}{44}$

75. यदि X = {5, 6, 8, 9, 10}
Y = {5, 7, 11, 12, 13} और
Z = {6, 8, 10, 12, 14} हो,
तो $(X - Y) \cap (Y - Z)$ का मान होगा–

(a) {5, 6, 7} (b) {6, 8, 10}
(c) {5, 6, 7, 8, 10} (d) {5, 6, 7, 8, 9, 10}

76. यदि n (R) = 215, n (S) = 332,
n (R – 5) = 57, तो n $(R \cup S)$ किसके बराबर है?

(a) 389 (b) 489
(c) 298 (d) 289

77. 2. $(1+x)^3(1-x)^6$ के प्रसार में x^5 का गुणांक होगा–

(a) –4 (b) –6
(c) –8 (d) –2

78. x का $\left(\frac{1+i}{1-i}\right)^n = 1$ के लिए सबसे छोटा पूर्णांक मान है–

(a) 9 (b) 8
(c) 16 (d) इनमें से कोई नहीं

79. समीकरण $x^2 - 6x + k = 0$ के मूल वास्तविक होंगे, यदि–

(a) $k \leq 9$ (b) $k \geq 9$
(c) $k = 9$ (d) $k = 0$

80. यदि किसी समान्तर श्रेणी का m वाँ और n वाँ पद m है, तब $(m + n)$ वाँ पद होगा–

(a) 1 (b) –1
(c) 0 (d) $(m + n - 1)$

81. माना अन्तरिक्ष में सभी बिन्दुओं का समुच्चय A है, माना A में R सम्बन्ध इस प्रकार है कि $a_1 R a_2$, यदि a_1 व a_2 के बीच दूरी इकाई मात्र से कम है तो निम्नलिखित में से कौन-सा गलत है?

(a) R स्वतुल्य है
(b) R सममित है
(c) R संक्रामक है
(d) R एक तुल्यता सम्बन्ध नहीं है

82. यदि $z = y + y^2 + y^3 + \ldots\infty$ तथा y धनात्मक है और 1 से कम है, तब y का मान होगा–

(a) $\frac{z}{1+z}$ (b) $\frac{1+z}{z}$
(c) $\frac{z}{1-z}$ (d) $\frac{1-z}{z}$

83. $\lim_{n\to\infty}\left(\frac{e^n}{\pi}\right)^{1/n}$ का मान होगा–

(a) 1 (b) $\frac{1}{\pi}$

(c) e (d) ∞

84. $\lim_{x\to 0}\frac{\sqrt{1+x}-\sqrt{1-x}}{x}$ का मान होगा–

(a) 0 (b) –1

(c) 1 (d) $\frac{1}{2}$

85. यदि $y = e^{\tan^{-1}x}$, तब $(1 + x^2)\,y_2$ का मान होगा–

(a) xy_1 (b) $(1-2x)\,y_1$

(c) $(2x-1)y_1$ (d) $(1-2x)\,y$

86. 100 परिवार का व्यय निम्न है–

व्यय	परिवार की संख्या
0 – 10	14
10 – 20	x_1
20 – 30	27
30 – 40	x_2
40 – 50	15

इस बंटन का बहुलक 25 है, तब अज्ञात बारंबारता होगी–

(a) 22 और 22 (b) 23 और 21

(c) 24 और 20 (d) इनमें से कोई नहीं

87. एक सारणी में पूरे पदों का माध्य और माध्यिका क्रमशः 5 और 6 है। इस श्रेणी का बहुलक क्या है?

(a) 8 (b) 30

(c) 9 (d) 11

88. A और B एक वृत्त में अन्य 10 आदमियों के साथ यदृच्छया रूप में खड़े हैं, A और B के बीच में केवल 3 आदमियों के बैठने की प्रायिकता है–

(a) 2/11 (b) 9/11

(c) 1/11 (d) इनमें से कोई नहीं

89. यदि घटनाएँ A, B परस्पर अपवर्जी है, तब P (A + B) बराबर होगी–

(a) P (a) + P (b) (b) P (a) – P (b)

(c) ℙ (a) P (b) (d) P (a) / P (b)

90. किसी बिन्दु का दीर्घवृत्त $\frac{x^2}{16}+\frac{y^2}{9}=1$ के ध्रुवों से दूरियों का योग है–

(a) 9 (b) 4

(c) 8 (d) 6

91. $\sin^2\frac{\pi}{6}+\sin^2\frac{\pi}{4}+\sin^2\frac{\pi}{3}$ बराबर है–

(a) $\frac{2}{3}$ (b) $\frac{3}{2}$

(c) $\frac{1}{2}$ (d) 2

92. $\frac{\cos(90°+\theta)\sec(-\theta)\tan(180°-\theta)}{\sec\theta\sin(180°+\theta)\cot(90-\theta)}$ का मान बराबर है–

(a) 1 (b) ± 1

(c) – 1 (d) इनमें से कोई नहीं

93. वृत्त का समीकरण यदि केन्द्र (1, –2) हो और रेखाओं $3x + y = 14$, और $2x + 5y = 18$ के प्रतिच्छेद से जाता है, होगा–

(a) $x^2 + y^2 - 2x - 4y - 20 = 0$

(b) $x^2 + y^2 - 2x + 4y - 20 = 0$

(c) $x^2 + y^2 + 2x - 4y - 20 = 0$

(d) $x^2 + y^2 + 2x + 4y - 20 = 0$

94. $A = \begin{bmatrix}\cos^2\theta & \cos\theta\sin\theta\\ \cos\theta\sin\theta & \sin^2\theta\end{bmatrix}$

तथा $B = \begin{bmatrix}\cos^2\phi & \cos\phi\sin\phi\\ \cos\phi\sin\phi & \sin^2\phi\end{bmatrix}$ एक रिक्त आव्यूह है, तब θ एवं ϕ में अन्तर है–

(a) $\frac{\pi}{2}$ के एक सम गुणनफल का

(b) $\frac{\pi}{2}$ के विषम गुणनफल का

(c) π के सम गुणनफल का

(d) π के विषम गुणनफल का

95. $\int_0^{\pi/2}\left(\frac{x+\sin x}{1+\cos x}\right)dx$ का मान होगा–

(a) $-\log_e 2$ (b) 0

(c) $\log_e 2$ (d) $\frac{\pi}{2}$

96. $\int_0^4 \frac{1}{\sqrt{x}}\sin\sqrt{x}\,dx$ का मान होगा–

(a) 2 (b) 2 cos 2

(c) 0 (d) इनमें से कोई नहीं

97. यदि $\tan^{-1}x + \tan^{-1}y + \tan^{-1}z = \pi$, तब $\frac{1}{xy}+\frac{1}{yz}+\frac{1}{zx}$ बराबर है–

(a) xyz (b) 0

(c) 1 (d) $\frac{1}{xyz}$

98. अतिपरवलय का समीकरण जिसके उत्केन्द्रता $\sqrt{2}$ और ध्रुवों के बीच की दूरी 16 है, होगा–

(a) $3x^2 - 4y^2 = 5$ (b) $x^2 - y^2 = 1$

(c) $x^2 - y^2 = 32$ (d) $4x^2 - 5y^2 = 0$

99. एक आयताकार मैदान 12 मी. × 16 मी. है। इसके विकर्ण की लंबाई क्या है?

(a) 25 मीटर (b) 30 मीटर

(c) 20 मीटर (d) 35 मीटर

100. 6 सेमी., 8 सेमी. और R सेमी. त्रिज्या की तीन गोलाकार गेंदें 12 सेमी. त्रिज्या के गोलक में पिघलाई गई हैं। R का मान क्या है?

(a) 6 सेमी. (b) 8 सेमी.

(c) 10 सेमी. (d) 12 सेमी.

उत्तर (हल/संकेत)

1. (a) चक्रवृद्धि ब्याज $= P\left[\left(1+\frac{R}{100}\right)^n - 1\right]$

$$\Rightarrow \quad 594.5 = 5800\left[\left(1+\frac{R}{100}\right) - 1\right]$$

$$\Rightarrow \quad \left(1+\frac{R}{100}\right)^2 = \frac{594.5}{5800} + 1$$

$$\Rightarrow \quad \left(1+\frac{R}{100}\right)^2 = \frac{6394.5}{5800}$$

$$\Rightarrow \quad \left(1+\frac{R}{100}\right) = \sqrt{\frac{6394.5}{5800}} = 1.05$$

$$\Rightarrow \quad \frac{R}{100} = 0.05 \Rightarrow R = 5\%$$

2. (d) समकोण ΔADB में,

$$\tan\theta_1 = \frac{10}{10\sqrt{3}} = \frac{1}{\sqrt{3}} = \tan 30^\circ$$

$$\Rightarrow \quad \theta_1 = 30^\circ$$

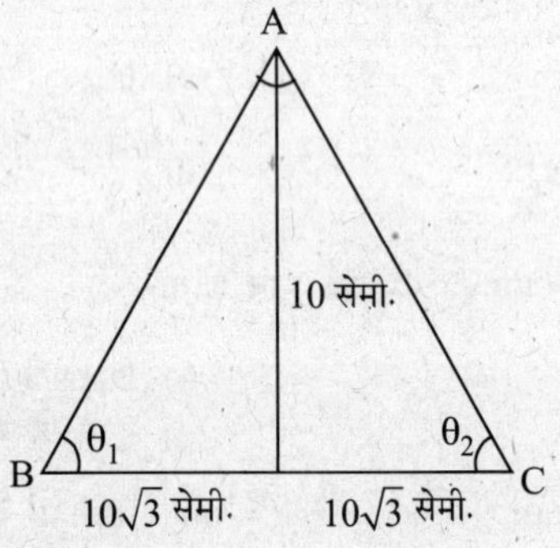

समकोण ΔADC में, $\tan\theta_2 = \frac{10}{\frac{10}{\sqrt{3}}} = \sqrt{3} = \tan 60^\circ$

$$\Rightarrow \quad \theta_2 = 60^\circ$$

$$\therefore \quad \angle BAC = 180^\circ - 30^\circ - 60^\circ = 90^\circ$$

3. (c)

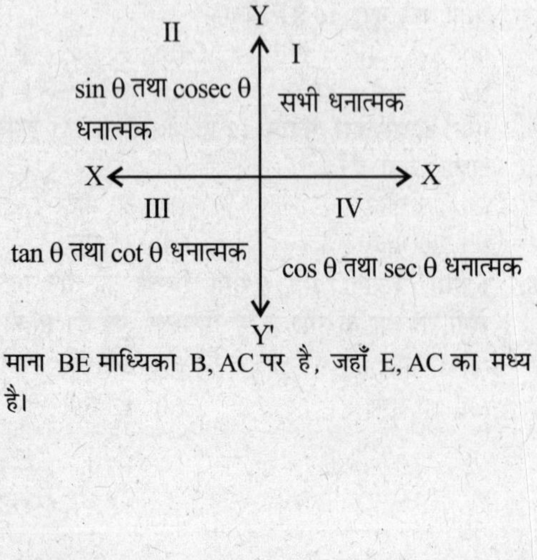

4. (a) माना BE माध्यिका B, AC पर है, जहाँ E, AC का मध्य बिन्दु है।

मध्य-बिन्दु के सूत्र से, E के निर्देशांक $\left(\frac{5-1}{2}, \frac{1+3}{2}\right)$

अर्थात् (2, 2)

$\therefore$ B से माध्यिका की लम्बाई B = |BE|

$$\Rightarrow \quad |BE| = \sqrt{(2-1)^2 + (2+1)^2} = \sqrt{10}$$

5. (c) माना $C(x, y)$ वृत्त का केन्द्र है, जोकि बिन्दु P(1, 1), Q(2, 3), R(–2, 2) से होकर जाता है।

$\therefore \quad |PC| = |QC| = |RC|$

स्थिति I $\quad |PC| = |QC|$

$$(x-1)^2 + (y-1)^2 = (x-2)^2 + (y-3)^2$$

$$\Rightarrow \quad 2x + 4y = 11 \quad \text{...(i)}$$

स्थिति II $\quad |QC| = |RC|$

$$(x-2)^2 + (y-3)^2 = (x-2)^2 + (y-2)^2 \quad \text{...(ii)}$$

$$8x + 2y = 5$$

समी. (i) व (ii) को हल करने पर हम पाते हैं वृत्त के केन्द्र के निर्देशांक

$$C(x, y) = \left(-\frac{1}{14}, \frac{39}{14}\right) \text{ हैं}$$

अत: त्रिभुज एक समबाहु त्रिभुज यद्यपि यह एक न्यून कोणीय त्रिभुज है।

6. (c) $|z-2| = \min\{|z-1|, |z-5|\}$

अर्थात् $|z-2| = |z-1|$, जहाँ $|z-1| < |z-5|$

$\Rightarrow \quad Re(z) = \frac{3}{2}$, जोकि $|z-1| < |z-5|$ को सन्तुष्ट करता है

इसी प्रकार, $|z-2| = |z-5|$

जहाँ $\quad |z-5| < |z-1|$

$$\Rightarrow \quad Re(z) = \frac{7}{2}$$

जोकि $|z-5| < |z-1|$ को सन्तुष्ट करता है

7. (b) $\int e^x\left(\sqrt{x} + \frac{1}{2\sqrt{x}}\right)dx$

$$= \int e^x \sqrt{x}\, dx + \frac{1}{2}\int \frac{e^x}{\sqrt{x}} dx$$

$$= e^x\sqrt{x} - \int \frac{1}{2\sqrt{x}} e^x\, dx + \frac{1}{2}\int \frac{e^x}{\sqrt{x}} dx + C = e^x\sqrt{x} + C$$

8. (b) दिया है, $\left|\frac{z-a}{z+\bar{a}}\right| = 1$

$$\Rightarrow \quad |z-a| = |z+\bar{a}| \Rightarrow |z-a|^2 = |z+\bar{a}|^2$$

$\Rightarrow\ (z-a)\overline{(z-a)} = (z+\overline{a})\,\overline{(z+\overline{a})}$

$\Rightarrow\ (z-a)(\overline{z}-\overline{a}) = (z+\overline{a})(\overline{z}+a)$ $\quad [\because (\overline{\overline{a}}) = a]$

$\Rightarrow\ z\overline{z} - z\overline{a} - a\overline{z} + a\overline{a} = z\overline{z} + za + \overline{a}\,\overline{z} + \overline{a}a$

$\Rightarrow\ za + z\overline{a} + a\overline{z} + a\overline{z} = 0$

$\Rightarrow\ (a+\overline{a})(z+\overline{z}) = 0$

$\Rightarrow z+\overline{z} = 0$ $\quad [\because a+\overline{a} = 2\,\text{Re}(a) \neq 0]$

$\Rightarrow\ 2\,\text{Re}(z) = 0 \Rightarrow 2x = 0$

$\Rightarrow\ x = 0 \Rightarrow y$-अक्ष

9. (d) $x + iy = \begin{vmatrix} 6i & -3i & 1 \\ 4 & 3i & -1 \\ 20 & 3 & i \end{vmatrix}$

$\Rightarrow x + iy = 6i\,(3i^2 + 3) + 3i\,(4i + 20) + 1\,(12 - 60i)$
$= -18i + 18i - 12 + 60i + 12 - 60i = 0$

$\therefore\ x - iy = 0$

10. (d) $\because \begin{vmatrix} a & b & c \\ l & m & n \\ p & q & r \end{vmatrix} = 2$

$\therefore \begin{vmatrix} 6a & 3b & 15c \\ 2l & m & 5n \\ 2p & q & 5r \end{vmatrix} = 30 \begin{vmatrix} a & b & c \\ l & m & n \\ p & q & r \end{vmatrix} = 30 \times 2 = 60$

11. (d) दिया है $\begin{vmatrix} 8 & -5 & 1 \\ 5 & m & 1 \\ 6 & 3 & 1 \end{vmatrix}$

$R_2 \to R_2 - R_1,\ R_3 \to R_3 - R_1$ संक्रिया लगाने पर

$$\begin{vmatrix} 8 & -5 & 1 \\ -3 & m+5 & 0 \\ 2 & 8 & 0 \end{vmatrix} = 2$$

$\Rightarrow\ 1\,(-24 + 2m + 10) = 2$

$2m - 14 = 2 \Rightarrow 2m = 16$

$\Rightarrow\ m = 8$

12. (d) $A = \{a, b, c, d\}$, $B = \{a, c, e, f\}$, $C = \{b, d, e, f\}$

$A \cap B \cap C = \phi$ अर्थात् समुच्चय A, B व C में कोई भी अवयव उभयनिष्ठ नहीं है।

13. (a) $A = \{x : x$ एक समबहुभुज है$\}$, $B = \{x : x$ एक चतुर्भुज है$\}$

$\because$ समबहुभुज की सभी भुजाएँ बराबर तथा सभी कोण भी बराबर होते हैं ओर वर्ग की चारों भुजाएँ बराबर तथा चारों कोण बराबर होते हैं। अत:

$A \cap B =$ वर्गों का समुच्चय है।

14. (b) दिया है, $f(x) = \sqrt{1+\cos^2(x^2)}$ ...(i)

x के सापेक्ष अवकलन करने पर,

$$f'(x) = \frac{-2\sin x^2 \cos x^2}{\sqrt{1+\cos^2 x^2}}(x) \text{ (श्रृंखला नियम से)}$$

$$\Rightarrow\ f'(x) = \frac{-\sin 2x^2}{\sqrt{1+\cos^2 x^2}}(x)$$

समी. (ii) में, $x = \frac{\sqrt{\pi}}{2}$ रखने पर

$$f'\left(\frac{\sqrt{\pi}}{2}\right) = -\frac{\sqrt{\pi}}{2}\cdot\frac{\sin 2\left(\frac{\pi}{4}\right)}{\sqrt{1+\frac{1}{2}}}$$

$$= -\frac{\sqrt{\pi}}{2}\cdot\frac{\sin\frac{\pi}{2}}{\sqrt{\frac{3}{2}}} = -\sqrt{\frac{\pi}{6}}$$

15. (a) $f(x) = (\log_{\cot x} \tan x)(\log_{\tan x} \cot x)^{-1} + \tan^{-1}\frac{4x}{4-x^2}$

$$= \frac{\log\tan x}{\log\cot x}\cdot\frac{\log\tan x}{\log\cot x} + \tan^{-1}\left(\frac{4x}{4-x^2}\right)$$

$$= \frac{(\log\tan x)^2}{(-\log\tan x)^2} + \tan^{-1}\left(\frac{4x}{4-x^2}\right)$$

$$= 1 + \tan^{-1}\left(\frac{4x}{4-x^2}\right)$$

$$\therefore\ f'(x) = \frac{1}{1+\left(\frac{4x}{4-x^2}\right)^2}\cdot\frac{(4-x^2)4 - 4x\,(-2x)}{(4-x^2)^2}$$

$$= \frac{16-4x^2+8x^2}{(4-x)^2+16x^2} = \frac{4(4+x^2)}{(4-x^2)^2+(4x)^2}$$

अत: $f'(2) = \frac{4(4+4)}{0+(8)^2} = \frac{32}{64} = \frac{1}{2}$

16. (d) दिया है, $f(x) = \log_x(\log_e x) = \frac{\log_e \log_e x}{\log_e x}$

x के सापेक्ष अवकलन करने पर,

$$f'(x) = \frac{\log_e x\cdot\frac{1}{\log_e x}\cdot\frac{1}{x} - \log_e \log_e x\cdot\frac{1}{x}}{(\log_e x)^2}$$

$$\Rightarrow\ f'(x) = \frac{1-\log_e \log_e x}{x\,(\log_e x)^2}$$

$$\Rightarrow\ f'(e) = \frac{1-\log_e \log_e e}{e\,(\log_e e)^2} = \frac{1-\log_e 1}{e} = \frac{1}{e}$$

17. (b) माना जब प्रक्षेप्य की गति दिशा क्षैतिज से कोण α बनाती है, तब उसका वेग u तथा जब कोण β बनाती है, तब वेग v है।

स्पष्टत: वेगों के क्षैतिज घटक क्रमश: $u\cos\alpha$ और $v\cos\beta$ हैं तथा ऊर्ध्वाधर घटक क्रमश: $u\sin\alpha$ और $v\sin\beta$ होंगे।

$\because$ प्रक्षेप्य का क्षैतिज वेग सदैव अचर रहता है।

$\therefore$ $v \cos \beta = u \cos \alpha$ ...(1)

पुन: मंदन g के अधीन t समय में प्रक्षेप्य के वेग का ऊर्ध्वाधर घटक $u \sin \alpha$ से $v \sin \beta$ हो जाता है।

$\therefore$ $v = u + ft$ से,

$v \sin \beta = u \sin \alpha - gt$ ...(ii)

समी. (ii) को (i) से भाग देने पर,

$$\tan \beta = \frac{u \sin \alpha - gt}{u \cos \alpha}$$

$$= \frac{u \sin \alpha}{u \cos \alpha} - \frac{gt}{u \cos \alpha}$$

$$= \tan \alpha - \frac{gt}{u \cos \alpha}$$

$$\Rightarrow \frac{gt}{u \cos \alpha} = \tan \alpha - \tan \beta$$

$$\therefore u \cos \alpha = \frac{gt}{\tan \alpha - \tan \beta}$$

18. (d) माना प्रक्षेप वेग u तथा t सेकण्ड बाद कण की स्थिति P है। P से क्षैतिज समतल पर लम्ब PQ डाला, तो t सेकण्ड में कण द्वारा तय की हुई क्षैतिज दूरी OQ तथा ऊर्ध्वाधर दूरी QP है, माना OP = a

Δ OPQ में OQ = a cos β तथा QP = a sin β

कण द्वारा t सेकण्ड में चली क्षैतिज़ दूरी

$= OQ = u \cos \alpha \,.\, t$

$\Rightarrow$ $a \cos \beta = u \cos \alpha \,.\, t$ ...(i)

O से P तक कण की ऊर्ध्वाधर गति के लिए

$u = u \sin \alpha, f = -g, t = t, s = QP = a \sin \beta$

$s = ut + \frac{1}{2} ft^2$ से,

$$a \sin \beta = u \sin \alpha \,.\, t - \frac{1}{2} gt^2$$

$$\Rightarrow a \sin \beta = \frac{1}{2} t\,(2u \sin \alpha - gt) \quad ...(ii)$$

समी. (ii) को (i) से भाग देने पर

$$\frac{\sin \beta}{\cos \beta} = \frac{\frac{1}{2} t\,(2u \sin \alpha - gt)}{u \cos \alpha \,.\, t}$$

$$= \frac{2u \sin \alpha - gt}{2u \cos \alpha}$$

$$\Rightarrow 2u\,(\sin \alpha \cos \beta - \cos \alpha \sin \beta) = gt.\cos \beta$$

$$\Rightarrow 2u \sin (\alpha - \beta) = gt \cos \beta$$

$$\therefore u = \frac{gt \cos \beta}{2 \sin (\alpha - \beta)}$$

19. (d) माना प्रक्षेप वेग u तथा प्रक्षेप कोण α है, तो

$$R = \frac{2u^2 \sin \alpha \cos \alpha}{g} \quad ...(i)$$

$$\text{और } H = \frac{u^2 \sin^2 \alpha}{2g} \quad ...(ii)$$

समी. (i) से,

$$R^2 g^2 = 4u^4 \sin^2 \alpha \cos^2 \alpha$$

$$= 4(u^4 \sin^2 \alpha) . u^2 (1 - \sin^2 \alpha)$$

$$= 4(u^4 \sin^2 \alpha) . (u^2 - u^2 - \sin^2 \alpha)$$

$$= 4\left(2gH\right)(u^2 - 2gH)$$

$$\Rightarrow u^2 - 2gH = R^2 \frac{g}{8H}$$

$$\Rightarrow u^2 = g\left[2H + \left(\frac{R^2}{8H}\right)\right]$$

$$\Rightarrow u^2 = 2g\left[H + \left(\frac{R^2}{16H}\right)\right]$$

$$u = \sqrt{\left[2g\left(H + \frac{R^2}{16H}\right)\right]}$$

20. (b) यह दिया गया है कि, $a \cdot b \geq 0$

हम जानते हैं कि $a \cdot b = |a||b| \cos \theta \geq 0 \Rightarrow \cos \theta \geq 0.$

[$|a|$ तथा $|b|$ धनात्मक हैं।]

$$\Rightarrow 0 \leq \theta \leq \frac{\pi}{2}$$

21. (d) माना a तथा b दो मात्रक सदिश हैं तथा θ उनके बीच का कोण है। तब, $|a| = |b| = 1$

अब, $(a + b)$ एक मात्रक सदिश है, यदि

$|a + b| = 1 \Rightarrow (a + b)^2 = 1$

$\Rightarrow$ $(a + b) \cdot (a + b) = 1$

$\Rightarrow$ $a \cdot a + a \cdot b + b\, a \cdot + b \cdot b = 1$

$\Rightarrow$ $|a|^2 + |b|^2 + 2a \cdot b = 1 \quad (\because a \cdot b = b \cdot a)$

$\Rightarrow$ $1^2 + 1^2 + 2a \cdot b = 1 \Rightarrow a \cdot b = -\frac{1}{2}$

$\Rightarrow$ $|a||b| \cos \theta = -\frac{1}{2}$

$\Rightarrow$ $1 \times 1 \times \cos \theta = -\frac{1}{2} \Rightarrow \cos \theta = -\frac{1}{2}$

$\Rightarrow$ $\theta = \frac{2\pi}{3}$

22. (b) हमें ज्ञात है, $|a \cdot b| = |a \times b| \Rightarrow |a||b| \cos \theta = |a||b| \sin \theta$

$\Rightarrow$ $\cos \theta = \sin \theta$

[$\because |a|$ तथा $|b|$ धनात्मक है]

$\Rightarrow$ $\tan \theta = 1 \Rightarrow \theta = \frac{\pi}{4}$

23. (d) $\because x = a + bt - ct^2$

x-अक्ष की दिशा में त्वरण $= \frac{d^2x}{dt^2} = -2c$

तथा y-अक्ष की दिशा में त्वरण $= \frac{d^2y}{dt^2} = 2b$

$\therefore$ परिणामी त्वरण $= \sqrt{\left(\frac{d^2x}{dt^2}\right)^2 + \left(\frac{d^2y}{dt^2}\right)^2}$

$= \sqrt{(-2c)^2 + (2b)^2}$

$= 2\sqrt{b^2 + c^2}$

24. (a) यदि s वक्र पृष्ठ के क्षेत्रफल को निरूपित करता है, तो

$\frac{ds}{dt} = 2$ सेमी²/से

$$s = \pi rl = \pi\left(l\sin\frac{\pi}{4}\right)l = \frac{\pi}{\sqrt{2}}l^2$$

$$\therefore \quad \frac{ds}{dt} = \frac{2\pi}{\sqrt{2}}l\frac{dl}{dt} = \sqrt{2}\pi l\frac{dl}{dt}$$

जब $l = 4$ सेमी,

$$\frac{dl}{dt} = \frac{1}{\sqrt{2}\pi.4}.2$$

$$= \frac{1}{2\sqrt{2}\pi} = \frac{\sqrt{2}}{4\pi} \text{ सेमी/से}$$

25. (c) समांतर माध्य

$$= \frac{70 + 10 + 500 + 75 + 13 + 250 + 8 + 42}{8}$$

$$= \frac{968}{8} = ₹\ 121$$

26. (c) **27.** (b)

28. (b) व्यंजक $= \sqrt{\sqrt[3]{0.000729}}$

$$= \sqrt{\sqrt[3]{0.09 \times 0.09 \times 0.9}} = \sqrt{0.09} = 0.3$$

29. (b) चूँकि समबाहु Δ ABC की भुजा a है और बिन्दु D, E, F उन्हें 2 : 1 के अनुपात में विभाजित करते हैं,

$\therefore$ BD = CE

$= \text{AF} = \frac{2}{3}a$

तथा AE = BF

$= \text{CD} = \frac{1}{3}a$

पुन: ΔABC समबाहु है,

$\therefore \quad \angle \text{ACB} = \angle \text{BAC} = \angle \text{ABC} = 60°$

$$\because \quad \frac{\text{BF}}{\text{BD}} = \frac{\frac{1}{3}a}{\frac{2}{3}a}$$

$$= \frac{1}{2} = \cos 60°$$

$\therefore$ बिन्दु F पर, AB के लम्बवत् लगे बल P की क्रिया रेखा बिन्दु D से होकर जाएगी,

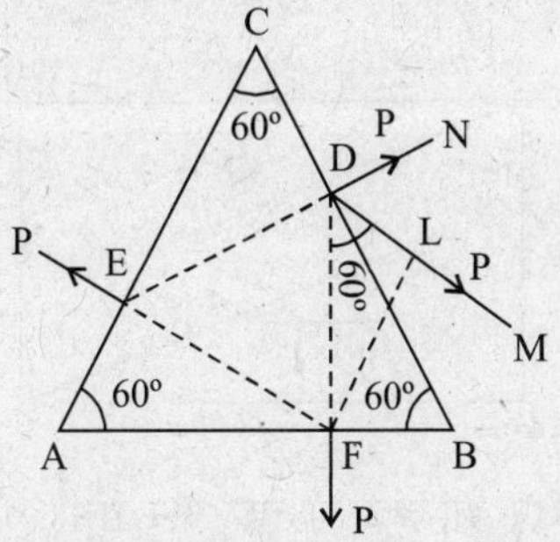

इसी प्रकार D और E पर लगे बलों की क्रिया रेखाएँ क्रमश: E और F बिन्दुओं से होकर जाएगी,

अब बिन्दु D पर लगे दो बराबर बलों P और P का परिणामी

$$= 2\text{P}.\cos\left(\frac{1}{2}\angle \text{FDN}\right)$$

$$= 2\text{P}.\cos s\left(\frac{1}{2}\times 120°\right)$$

$$= 2\text{P}\cos 60° = \text{P}$$

($\because \angle \text{FDN} = \angle \text{FDB} + \angle \text{BDN} = 30° + 90° = 120°$)

जिसकी क्रिया रेखा DM, $\angle$ FDN को समद्विभाजित करती है। और बिन्दु E पर लगे बल P की क्रिया-रेखा के समान्तर है,

$$\therefore \quad \angle \text{FDM} = \frac{1}{2}\angle \text{FDN}$$

$$= \frac{1}{2}.120°$$

$$= 60°$$

बिन्दु F से DM पर लम्ब FL डाला,

ΔBFD में, $\quad \text{FB} = \text{BF}\tan 60°$

$$= \frac{1}{3}a.\sqrt{3}$$

$$= \frac{a}{\sqrt{3}}$$

$\therefore$ ΔDLF में, $\quad \text{FL} = \text{FD}\sin 60°$

$$= \left(\frac{a}{\sqrt{3}}\right).\left(\frac{\sqrt{3}}{2}\right) = \frac{a}{2}$$

अत: बिन्दुओं D और E पर लगे दो बराबर, विपरीत-दिशा समान्तर बल P एक बल-युग्म बनाएंगे, जिसका आघूर्ण

$$= \text{P} \times \text{EL}$$

$$= \text{P}.\frac{1}{2}a$$

$$= \frac{1}{2}a.\text{P}$$

30. (d) AB और CD के अनुदिश लगे दो बराबर, विपरीत दिशा समान्तर बल Q, ,एक बल-युग्म बनाते हैं जिसका आघूर्ण

$$= -\text{Q BC} = -\text{Q}b$$

इसी प्रकार AD और CB के अनुदिश लगे दो बराबर, विपरीत दिशा समान्तर बल P, एक बल-युग्म बनाते हैं जिसका आघूर्ण = P, AB = P.a

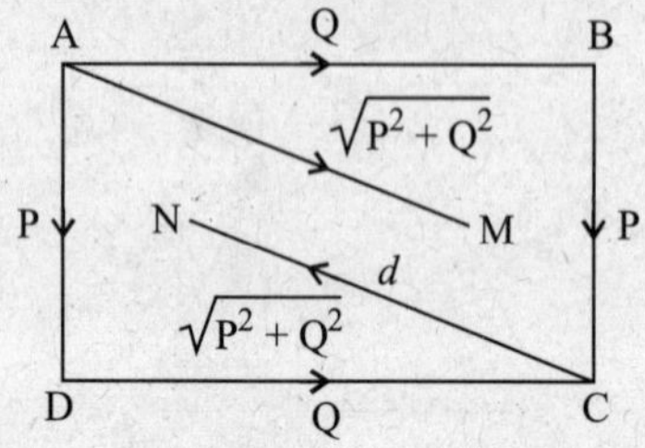

अतएव दिए हुए बल दो बल-युग्म बनाते हैं, जो एकमात्र बल-युग्म के बराबर हैं जिसका आघूर्ण = दोनों बल-युग्मों के आघूर्णों का बीजीय योगफल = Pa – Qb पुन: बिन्दु A पर लगे बलों P और Q का परिणामी $\sqrt{(P^2+Q^2)}$ है जो भुजा AB से $\tan^{-1}\left(\frac{Q}{P}\right)$ का कोण बनाती हुई दिशा AM में क्रिया करता है,

इसी प्रकार बिन्दु C पर लगे बलों P और Q का परिणामी $\sqrt{(P^2+Q^2)}$ है, जो भुजा CD से $\tan^{-1}\left(\frac{Q}{P}\right)$ को कोण बनाती हुई दिशा CN की क्रिया करता है।

∵ AM और CN, आयत की समान्तर भुजाओं AB और CD से बराबर कोण बनाते हैं,

∴ AM और CN एक-दूसरे के समान्तर होंगी और इनके अनुदिश लग बराबर बल $\sqrt{(P^2+Q^2)}$ एक बल-युग्म बनाएंगे जिसका आघूर्ण दिए हुए बलों के आघूर्ण (Pa – Qb) के तुल्य होगा।

माना AM और CN के बीच की दूरी, अर्थात् नए बल युग्म की भुजा d है, तो

$$\sqrt{(P^2+Q^2)} \times d = Pa - QP$$

$$\Rightarrow \quad d = \frac{Pa - Qb}{\sqrt{(P^2+Q^2)}}$$

31. (a) माना AB, 3 मीटर लम्बा छड़ है, और C और D बिन्दुओं पर बराबर भार लटके हुए हैं, जबकि AC = 75 सेमी, BC = 125 सेमी

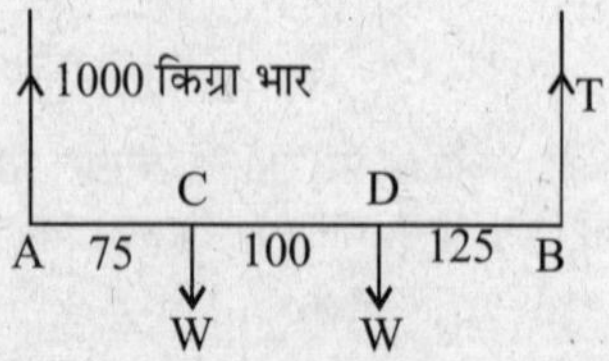

माना C और D बिन्दुओं से लटके हुए बराबर भारों का महत्तम परिमाण W है

∵ AC < BD

∴ बिन्दु A से बँधी हुई डोर में तनाव महत्तम और 1000 किलोग्राम भार के बराबर होगा।

माना बिन्दु B पर बँधी हुई डोर में तनाव sLT है।

∵ छड़ सन्तुलित अवस्था में है

∴ बलों का बीजीय योगफल शून्य होगा।

∴ बिन्दु B के सापेक्ष बलों के आघूर्ण लेने पर

$$-\ 1000.BA + W.BC + W.BD = 0$$

$$\Rightarrow \quad 1000 \times 300 = W\,(BC + BD)$$

$$= W\,(225 + 125) \quad [\because BA = 300 \text{ सेमी}]$$

$$\Rightarrow \quad 1000 \times 300 = 350\,W$$

$$\therefore \quad W = 1000 \times \frac{6}{7} \text{ किलोग्राम}$$

$$= \frac{6}{7} \text{ क्विण्टल}$$

32. (a) ΔPAB व ΔQCB समरूप हैं।

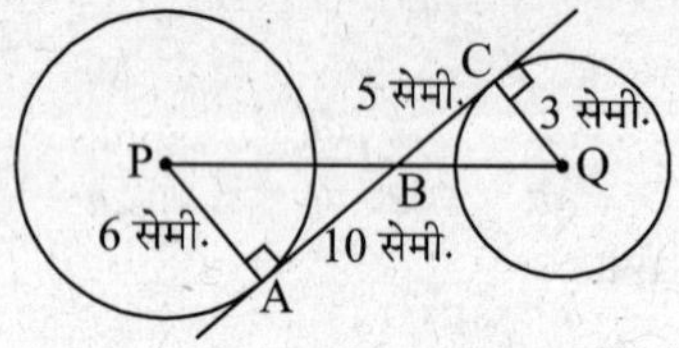

$$\therefore \quad \frac{PA}{CQ} = \frac{AB}{CB} \Rightarrow \frac{6}{3} = \frac{10}{BC}$$

$$\Rightarrow \quad BC = 5 \text{ सेमी.}$$

$$\therefore PB = \sqrt{6^2+10^2} = \sqrt{136} = 11.66 \text{ सेमी.}$$

$$BQ = \sqrt{3^2+5^2} = \sqrt{34} = 5.83 \text{ सेमी.}$$

तथा PQ = PB + BQ = 11.66 + 5.83 = 17.49 सेमी.

33. (c) ∠BDC = ∠BAC = 30°

(एक ही वृत्तखण्ड के कोण हैं)

∠ DBC से, ∠ BCD = 180° – (30° + 70°)

$$\Rightarrow \quad \angle BCD = 80°$$

34. (a) $\tan^{-1}\left(\frac{x-y}{1+xy}\right) + \tan^{-1}\left(\frac{y-z}{1+yz}\right) + \tan^{-1}\left(\frac{z-x}{1+yz}\right)$

$$= \tan^{-1} x - \tan^{-1} y + \tan^{-1} y - \tan^{-1} z + \tan^{-1} z - \tan^{-1} x$$

$$= 0$$

35. (a) ट्रिकी सूत्र से,

$$\frac{V_1}{V_2} = \left(\frac{r_1}{r_2}\right)^2 \times \frac{h_1}{h_2}$$

$$\Rightarrow \quad \frac{2}{3} = \left(\frac{1}{2}\right)^2 \times \frac{h_1}{h_2}$$

$$\Rightarrow \quad \frac{2}{3} = \frac{1}{4} \times \frac{h_1}{h_2}$$

$$\Rightarrow \quad \frac{h_1}{h_2} = \frac{8}{3}$$

$$\Rightarrow \quad h_1 : h_2 = 8 : 3$$

36. (b) $(d) = \begin{vmatrix} 6 & 1 & -3 \\ 1 & 3 & -2 \\ 2 & 1 & 4 \end{vmatrix} = 6(12+2) - 1(4+4) - 3(1-6)$

$= 84 - 8 + 15 = 91$

$D_1 = \begin{vmatrix} 5 & 1 & -3 \\ 5 & 3 & -2 \\ 8 & 1 & 4 \end{vmatrix}$

$= 5(12+2) - 1(20+16) - 3(5-24)$
$= 70 - 36 + 57 = 91$

$D_2 = \begin{vmatrix} 6 & 5 & -3 \\ 1 & 5 & -2 \\ 2 & 8 & 4 \end{vmatrix}$

$= 6(20+16) - 5(4+4) - 3(8-10)$
$= 216 - 40 + 6 = 182$

$D_3 = \begin{vmatrix} 6 & 1 & 5 \\ 1 & 3 & 5 \\ 2 & 1 & 8 \end{vmatrix}$

$= 6(24-5) - 1(8-10) + 5(1-6)$
$= 114 + 2 - 25 = 91$

केमर्स के सिद्धान्त से,

$x = \frac{D_1}{D} = \frac{91}{91} = 1,\ y = \frac{D_2}{D} = \frac{182}{91} = 2,$

$z = \frac{D_3}{D} = \frac{91}{91} = 1$

37. (a) $P^2 = \begin{bmatrix} 0 & 1 & 0 \\ 0 & 0 & 1 \\ 0 & 0 & 0 \end{bmatrix}\begin{bmatrix} 0 & 1 & 0 \\ 0 & 0 & 1 \\ 0 & 0 & 0 \end{bmatrix} = \begin{bmatrix} 0 & 0 & 1 \\ 0 & 0 & 0 \\ 0 & 0 & 0 \end{bmatrix}$

$P^2Q = \begin{bmatrix} 0 & 0 & 1 \\ 0 & 0 & 0 \\ 0 & 0 & 0 \end{bmatrix}\begin{bmatrix} 0 & 0 & 0 \\ 1 & 0 & 0 \\ 0 & 1 & 0 \end{bmatrix} = \begin{bmatrix} 0 & 1 & 0 \\ 0 & 0 & 0 \\ 0 & 0 & 0 \end{bmatrix}$

पुन: $QP^2 = \begin{bmatrix} 0 & 0 & 0 \\ 1 & 0 & 0 \\ 0 & 1 & 0 \end{bmatrix}\begin{bmatrix} 0 & 0 & 1 \\ 0 & 0 & 0 \\ 0 & 0 & 0 \end{bmatrix} = \begin{bmatrix} 0 & 0 & 0 \\ 0 & 0 & 1 \\ 0 & 0 & 0 \end{bmatrix}$

$\therefore\ P^2Q + QP^2 = \begin{bmatrix} 0 & 1 & 0 \\ 0 & 0 & 0 \\ 0 & 0 & 0 \end{bmatrix} + \begin{bmatrix} 0 & 0 & 0 \\ 0 & 0 & 1 \\ 0 & 0 & 0 \end{bmatrix}$

$= \begin{bmatrix} 0 & 1 & 0 \\ 0 & 0 & 1 \\ 0 & 0 & 0 \end{bmatrix} = P$

38. (b) चूँकि P और Q विषम सममित हैं। अत: परिभाषा से
$P^1 = -Q$ और $Q^1 = -Q$
$(P+Q)^1 = P^1 + Q^1 = (-P) + (-Q) = -P - Q$
$\therefore\ (P+Q)^1 = -(P+Q)$
अत: (P + Q) विषम सममित हैं।

39. (a) **40.** (a) **41.** (a)

42. (d) अभीष्ट संख्या 6, 7, 8, 9 तथा 12 के लघुत्तम समापवर्त्य से 2 अधिक होगी–

6, 7, 8, 9 और 12 का लघुत्तम समापवर्त्य

$= 2 \times 2 \times 3 \times 7 \times 2 \times 3 = 504$

अत: अभीष्ट संख्या = 504 + 2 = 506

43. (d) $\frac{x}{4} + \frac{y}{3} = 1$

$3x + 4y = 12$

$4y = -3x + 12$

$y = -\frac{3}{4}x + \frac{12}{4}$

रेखा की प्रवणता $= -\frac{3}{4}$

लम्बवत् रेखा की प्रवणता

$m_1m_2 = -1$

$-\frac{3}{4} \times m_2 = -1$

$\Rightarrow\ m_2 = \frac{4}{3}$

44. (a) **सामान्य सूत्र–**

$M_1D_1W_2 = M_2D_2W_1$ से

$300 \times 16 \times \frac{1}{4} = M_2 \times 15 \times 1$

$\Rightarrow\ M_2 = \left(\frac{300 \times 4}{15}\right)$

= 80 व्यक्ति

45. (a) माना B उस कार्य को x दिन में कर सकता है

$\therefore$ A को कार्य करने में लगा समय

$= \left(x \times \frac{3}{4} \times 2\right)$ दिन

$= \frac{3x}{2}$ दिन

$\therefore$ (A + B) द्वारा किया गया 1 दिन का कार्य

$= \left(\frac{1}{x} + \frac{2}{3x}\right)$ दिन

$= \frac{5}{3x}$ दिन

$\because\ \frac{5}{3x} = \frac{1}{18} \Rightarrow x$

$= \left(\frac{18 \times 5}{3}\right) = 30$ दिन

46. (c) माना चित्रानुसार BC मीनार है।

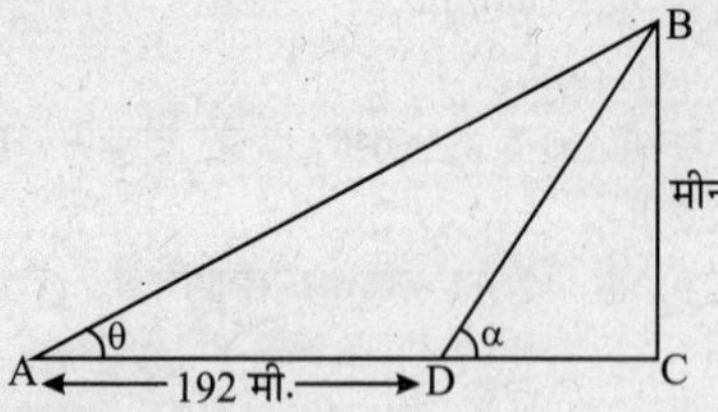

Δ ABD में,

$\therefore \quad \tan\theta = \dfrac{5}{12}$

$\therefore \quad \dfrac{BC}{AC} = \dfrac{5}{12}$

$\therefore \quad 5AC = 12\,BC$

$\therefore \quad 5(192 + DC) = 12\,BC$

$\Rightarrow \quad 960 + 5\,DC = 12\,BC \qquad \ldots \text{(i)}$

पुनः Δ DBC में,

$\tan\alpha = \dfrac{BC}{DC}$

$\Rightarrow \quad \dfrac{3}{4} = \dfrac{BC}{DC}$

$\Rightarrow \quad DC = \dfrac{4BC}{3}$

$\therefore$ समी (i) में DC का मान रखने पर,

$12BC = 960 + 5 \times \dfrac{4BC}{3}$

$\therefore \quad 12BC - \dfrac{20BC}{3} = 960$

$\Rightarrow \quad \dfrac{16BC}{3} = \dfrac{960}{1}$

$\Rightarrow \quad BC = 180$ मीटर

47. (a) माना दो संख्याएँ क्रमशः x व y हैं।

$x + y = 40$ और $xy = 375$

$\therefore \quad \dfrac{1}{x} + \dfrac{1}{y} = \dfrac{x+y}{xy} = \dfrac{40}{375} = \dfrac{8}{75}$

48. (b) दिया है, संख्या का $\dfrac{1}{3} = 75$

तब, संख्या $= 75 \times 3 = 225$

$\therefore$ अभीष्ट हिस्सा $= \dfrac{45}{225} = \dfrac{1}{5}$

49. (d) $f(x) = |x|(x-1)(x-2)(x-3)$

$$= \begin{cases} x(x-1)(x-2)(x-3), & x \geq 0 \\ -x(x-1)(x-2)(x-3), & x < 0 \end{cases}$$

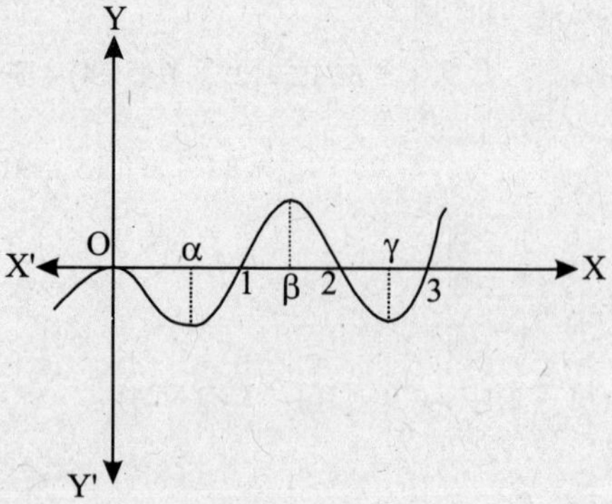

ग्राफ से स्पष्ट है कि चार क्रान्तिक बिन्दु 0, α, β, γ हैं।

50. (a) परवलय $y^2 = ax$ की नाभीय जीवा $2x + y - 8 = 0$ है

$\because$ यह जीवा नाभि $\left(\dfrac{a}{4}, 0\right)$ से होकर जाएगी।

$\therefore \quad 2 \cdot \dfrac{a}{4} - 0 - 8 = 0 \Rightarrow a = 16$

$\therefore$ नियता का समीकरण $x = -4 \Rightarrow x + 4 = 0$

51. (a) माना $S = Y^2 - 4y + 9x + 13 = 0$

बिन्दु $(-2, 2)$ पर,

$S_1 = (2)^2 - 4(2) + 9(-2) + 13$

$= 4 - 8 - 18 + 13 = -9 < 0$

अतः दिया गया बिन्दु परवलय वक्र के अन्दर स्थित है।

52. (a) $\cos\dfrac{p}{2} = \sqrt{\dfrac{s(s-p)}{qr}}$ तथा $\cos R = \sqrt{\dfrac{s(s-r)}{pq}}$

$p\cos^2\dfrac{R}{2} + r\cos^2\dfrac{P}{2} = p\left(\dfrac{s(s-r)}{qp}\right) + r\left(\dfrac{s(s-p)}{qr}\right)$

$= \dfrac{s(s-r+s-p)}{q} = \dfrac{(2s-p-r)s}{q}$

$= \dfrac{s \times 2}{q} = s = \dfrac{30}{2} = 15$ सेमी

53. (c) यहाँ $q = 3$, $v = 4$, $\sin Q = \sin\dfrac{\pi}{3} = \dfrac{\sqrt{3}}{2}$

$\therefore \; r\sin\theta = 4 \times \dfrac{\sqrt{3}}{2} = 2\sqrt{3} > q$

$\Rightarrow \quad q < r\sin\theta \quad \left[\sin R = \dfrac{r\sin\theta}{q} > 1\right]$

$\Rightarrow \quad \angle Q$ का कोई वास्तविक मान सम्भव नहीं है। अर्थात् बने त्रिभुजों की संख्या शून्य है।

54. (c) प्रश्नानुसार दिया है

$a - 4b + 6c - 4d + e$

$= (e-d) - 3(d-c) + 3(c-b) - (b-a)$

$= D - 3D + 3D - D = 0$

55. (b) स्पर्श रेखा की लम्बाई–

$= \sqrt{(\text{केन्द्र से बाह्य बिन्दु की दूरी})^2 - (\text{त्रिज्या})^2}$

$= \sqrt{(5)^2 - (3)^2}$

$= \sqrt{25-9} = \sqrt{16} = 4$ सेमी.

56. (c) यात्रा का शेष समय $= \left(\frac{2}{5} \times 15\right)$ घण्टे

$= 6$ घण्टे

$\therefore$ अभीष्ट चाल $= \frac{60}{6}$ किमी/घण्टा

$= 10$ किमी/घण्टा

57. (c) माना घर से विद्यालय के बीच की दूरी $= x$ किमी तब, प्रश्नानुसार,

$$\frac{x}{3} - \frac{x}{5} = \frac{(15+9)}{60}$$

$\Rightarrow$ $5x - 3x = \left(\frac{24}{60} \times 15\right)$

$\Rightarrow$ $2x = 6$

$\Rightarrow$ $x = 3$ किमी

58. (a) माना श्रेणी का n वाँ पद T_n है।

$\therefore$ $T_n = (3, 6, 9, \ldots\ldots\ldots\ldots$ का n वाँ पद) $(8, 11, 14, \ldots\ldots\ldots$का n वाँ पद)

$= [3 + (n-1).3]\ [8 + (n-1).3]$

$= (3n)\ (3n+5) = 9n^2 + 15n$

अत: श्रेणी के n पदों का योगफल

$$= \sum_{n+1}^{n} T_n = \sum_{n+1}^{n} (9n^2 + 15n)$$

$$= 9\sum_{n+1}^{n} n^2 + 15\sum_{n+1}^{n} n$$

$$= 9 . \frac{1}{6} n(n+1)\ (2n+1) + 15 . \frac{1}{2} n(n+1)$$

$$= \frac{3}{2} n\ (n+1)\ [(2n+1)+5]$$

$$= 3n(n+1)\ (n+3)$$

59. (a) $I = \int \frac{dx}{x \log x}$

माना $t = \log x \Rightarrow dt = \frac{1}{x} dx$

$I = \int \frac{1}{t} dt$

$= \log |t| + C$

$= \log |\log x| + C$

60. (c) विकल्प (c) से,

माना, $x = a\frac{e^t + e^{-t}}{2} \Rightarrow \frac{2x}{a} = e^t + e^{-t}$ ...(i)

तथा $\frac{2y}{b} = e^t + e^{-t}$ ...(ii)

समी. (i) तथा (ii) को वर्ग करके घटाने पर,

$$\left(\frac{2x}{a}\right)^2 - \left(\frac{2y}{b}\right)^2 = (e^t + e^{-t}) - (e^t - e^{-t})^2$$

$\Rightarrow$ $\frac{4x^2}{a^2} - \frac{4y^2}{b^2} = 4 \Rightarrow \frac{x^2}{a^2} - \frac{y^2}{b^2} = 1$

61. (c) माना α और β दिए गए समीकरण $y^2 - 5y + 4 = 0$ के मूल हैं, तब

$$\alpha + \beta = \frac{5}{1} = 5$$

$$\alpha\beta = \frac{4}{1} = 4$$

$\therefore$ $\alpha^2 + \beta^2 = (\alpha + \beta)^2 - 2\alpha\beta$

$= (5)^2 - 2 \times 4$

$= 25 - 8 = 17$

62. (a) दिया है–$f(x) = a + bx + cx^2$

$$\int_0^1 f(x)dx = \int_0^1 (a + bx + cx^2)\, dx$$

$$= \left[ax + \frac{bx^2}{2} + \frac{cx^3}{3}\right]_0^1$$

$$= a + \frac{b}{2} + \frac{c}{3} \quad \ldots(i)$$

यहाँ, $f(0) = a$

$f\left(\frac{1}{2}\right) = a + \frac{b}{2} + \frac{c}{4}$

तथा $f(1) = a + b + c$

अब, $\frac{f(0) + 4f\left(\frac{1}{2}\right) + f(1)}{6}$

$$= \frac{a + 4\left(a + \frac{b}{2} + \frac{c}{4}\right) + a + b + c}{6}$$

$$= a + \frac{b}{2} + \frac{c}{3} \quad \ldots(ii)$$

समीकरण (i) तथा (ii) से

$$\int_0^1 f(x)dx = \frac{f(0) + 4f\left(\frac{1}{2}\right) + f(1)}{6}$$

63. (b) भाज्य = भाजक × भागफल + शेषफल

परन्तु प्रश्नानुसार,

भाजक + 4 भाजक = भाजक × (भागफल + 4) + शेषफल

अत: शेषफल में कोई प्रभाव नहीं पड़ेगा।

64. (a) $\frac{3}{4}$ और $\frac{3}{8}$ के बीच की परिमेय संख्या

$$= \frac{1}{2}\left(\frac{3}{4}+\frac{3}{8}\right) = \left(\frac{1}{2}\times\frac{9}{8}\right) = \frac{9}{16}$$

65. (b) दिए गए वक्र का समीकरण निम्न है,

$$x = \alpha + 5\cos\theta,\ y = \beta + 4\sin\theta$$

या $\cos\theta = \frac{x-\alpha}{5}, \sin\theta = \frac{y-\beta}{4}$

$\therefore$ $\cos^2\theta + \sin^2\theta = 1$

$\Rightarrow$ $\left(\frac{x-\alpha}{5}\right)^2 + \left(\frac{y-\beta}{4}\right)^2 = 1$

यह एक दीर्घवृत्त का समीकरण है।

66. (d) दी गई समीकरण को निम्न प्रकार लिखा जा सकता है।

$4x^2 - 24x + 36 + 16y^2 - 32y + 16 - 36 - 16 - 12 = 0$

$(2x-6)^2 + (4y-4)^2 = 64$

$\frac{(x-3)^2}{16} + \frac{(y-1)^2}{4} = 1$

यह समीकरण एक दीर्घवृत्त निरूपित करेगी तथा यहाँ

$$a^2 = 16, b^2 = 4$$

$\therefore$ $e = \sqrt{1-\frac{4}{16}} = \frac{\sqrt{3}}{2}$

67. (b) अभीष्ट तरीकों की संख्या $= {}^{10}C_5 \times {}^8C_4$

68. (c) $P = (1+y)^{2m}$ के प्रसार में x^m का गुणांक $= {}^{2m}C_m$

$Q = (1+y)^{2m-1}$ के प्रसार में x^m का गुणांक $= {}^{2m-1}C_m$

$\therefore \frac{P}{Q} = \frac{{}^{2m}C_m}{{}^{2m-1}C_m} = \frac{\lfloor(2_m)}{\lfloor m \lfloor m} \cdot \frac{\lfloor m \lfloor m-1}{\lfloor(2m-1)} = 2$

$\Rightarrow P = 2\,Q$

69. (c) दिया है,जब $x > 0$, तब

$|x| = x$ तथा $y = x^2$

और जब $x < 0$ तथा $x = -1$

तथा $y = -x^2$

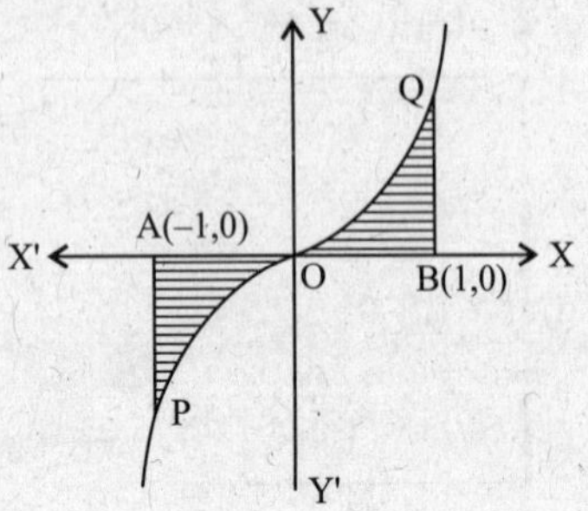

छायांकित भाग का क्षेत्रफल

= POA का क्षेत्रफल + Δ BQO का क्षेत्रफल

= 2 × Δ BCQ का क्षेत्रफल

$= 2\times\int_0^1 y\,dx$

$= 2\times\int_0^1 y\,dx = 2\times\int_0^1 x^2\,dx$

$= 2\left[\frac{x^3}{3}\right]_0^1 = \frac{2}{3}$ वर्ग इकाई

70. (d) किसी त्रिभुज में दो भुजाओं का योग तीसरी भुजा से सदैव बड़ा होता है।

यह कथन विकल्प (d) को संतुष्ट नहीं करता है।

71. (a) $\frac{1}{2} = x$ रखने पर, दी हुई श्रेणी

$= x - \frac{1}{2}x^2 + \frac{1}{3}x^3 - \frac{1}{4}x^4 + ...$

$= \log(1+x) = \log\left(1+\frac{1}{2}\right) = \log\frac{3}{2}$

72. (d) प्रश्न संख्या (8) के अनुसार, वह रेखा जो OXYZ में आने वाले अक्षों के साथ समान कोण बनाती है, की दिक्कोज्यायें $\left(\frac{1}{\sqrt{3}}, \frac{1}{\sqrt{3}}, \frac{1}{\sqrt{3}}\right)$ होती हैं। इसी प्रकार OXYZ में आने वाले अक्षों के साथ यदि समान कोण बनाये तो दिक्कोज्यायें $\left(-\frac{1}{\sqrt{3}}, \frac{1}{\sqrt{3}}, \frac{1}{\sqrt{3}}\right)$ होंगी। इस प्रकार प्रत्येक ऑक्टैन्ट में एक रेखा हुई। अतः कुल ऐसी रेखायें 8 सम्भव हैं।

73. (d) AB की दिक् अनुपात हैं–

$(6-5), (1-2), (4-3)$

$\Rightarrow 1, -1, 7$

और CD के दिक् अनुपात

$(-1, +3), (-4+2), (13+1)$

$\Rightarrow 2, -2, 14$

$\because \frac{2}{1} = \frac{-2}{-1} = \frac{14}{7}$

$\therefore$ AB और CD समान्तर हैं।

74. (b) अभीष्ट प्रायिकता

= 1 – P (निकाली गई गेंदे नीली नहीं हैं)

$= 1 - \frac{{}^7C_3}{{}^{12}C_3} = 1 - \frac{35}{220} = 1 - \frac{7}{44} = \frac{37}{44}$

75. (b) $X - Y = \{6, 8, 9, 10\}$

$Y - Z = \{6, 8, 10, 14\}$

$(X - Y) \cap (Y - Z) = \{6, 8, 10\}$

76. (a) अब दिया है कि $n(R - S) = n(R) - n(R \cap S)$

$57 = 2^{15} - n(R \cap S)$

$\Rightarrow$ $n(R \cap S) = 215 - 57 = 158$

$n(R \cup S) = n(R) + n(S) - n(R \cap S)$

$= 215 + 332 - 158 = 389$

77. (b) प्रसार करने पर

$(1+x)^3 = 1 + 3x + 3x^2 + x^2$ तथा

$(1-x)^6 = 1 - {}^6c_1\,x + {}^6c_2\,x^2 - {}^6c_3\,x^3 + {}^6c_4\,x^4 - {}^6c_5\,x^5 + x^3$

दोनों के गुणनफल में x^5 के पदों को $(1-x)^6$ के प्रसार में वे पद जिनमें x^5, x^4, x^3, x^2 क्रमश निहित हों, का $(1+x)^3$ के प्रचार में संगत पदों से गुणा करके प्राप्त किया जा सकता है।

$\therefore$ x^5 के गुणांक

$= 1 \times (-{}^6c_3) + 3 \times {}^6c_4 + 3 \times (-{}^6c_3) + 1 \times {}^6c_2$

$= -6 + 45 - 60 + 15 = -6$

78. (d) $\frac{1+i}{1-i} = \frac{(1+i)(1+i)}{(1-i)(1+i)} = \frac{1+i^2+2i}{1-i^2}$

$= \frac{1-1+2i}{1+1} = \frac{2i}{2} = i$

$\therefore \left(\frac{1+i}{1-i}\right)^n = i^n$

$\Rightarrow$ चूँकि दिया है

$\left(\frac{1+i}{1-i}\right)^n = 1$

$\Rightarrow \quad i^n = 1$

$\therefore$ $n = 4$ के लिए सबसे छोटी पूर्णांक संख्या होगी, क्योंकि $i^4 = 1 = i^n$

79. (a) वास्तविक मूलों के लिए $D \geq 0 \Rightarrow 36 - 4k \geq 0$ या $9 - k \geq 0 \Rightarrow k \leq 9$

80. (c) प्रश्नानुसार

$n = a + (m-1)d$ ...(i)

$m = a + (n-1)d$ ... (ii)

घटाने पर

$n - m = (m - n)d$

$\therefore \quad d = \frac{n-m}{m-n} = -1$

तथा $\quad n = a + (m-1)(-1)$

$\therefore \quad a = m + n - 1$

$(m+n)$ वाँ पद

$= a + (m+n-1)d$

$= (m+n-1) + (m+n-1)(-1)$

$= m + n - 1 - m - n + 1 = 0$

81. (a) (i) किसी समुच्चय में किसी भी बिन्दु की स्वयं से दूरी शून्य (0) होती है अर्थात् 1 से कम होती है।

$\therefore$ R स्वतुल्य है।

(ii) माना $a_1 R a_2 \Rightarrow a_1$ व a_2 के बीच की दूरी एक से कम होती है, अत: R सममित है।

(iii) माना $a_1 R a_2$ और $a_2 R a_3 \Rightarrow a_1$ व a_2 के बीच दूरी 1 से कम है। लेकिन यह आवश्यक नहीं कि a_1 व a_3 के बीच दूरी 1 से कम हो।

$\therefore$ R संक्रामक नहीं है।

82. (a) $S_\infty = \frac{y}{1-y}$

$\Rightarrow \quad z = \frac{y}{1-y}$

$\Rightarrow \quad z - zy = y$

$\therefore \quad y = \frac{z}{1+z}$

83. (c) माना कि $A = \lim_{n\to\infty} \left(\frac{e^n}{\pi}\right)^{1/n}$

$\therefore \quad \log A = \lim_{n\to\infty} \frac{1}{n} \log\left(\frac{e^n}{\pi}\right)$

$= \lim_{n\to\infty} \frac{1}{n}[n \log e - \log \pi)$

$= \lim_{n\to\infty} \left[1 - \frac{\log \pi}{n}\right]$

$= 1 - 0 = 1$

$\therefore \quad A = e$

84. (c) $\lim_{x\to 0} \frac{\sqrt{1+x} - \sqrt{1-x}}{x}$

$= \lim_{x\to 0} \frac{\sqrt{1+x} - \sqrt{1-x}}{x} \times \left(\frac{\sqrt{1+x} + \sqrt{1-x}}{\sqrt{1+x} + \sqrt{1-x}}\right)$

$= \lim_{x\to 0} \frac{(1+x) - (1-x)}{x\left(\sqrt{1+x} + \sqrt{1-x}\right)}$

$= \lim_{x\to 0} \frac{2x}{x\left(\sqrt{1+x} + \sqrt{1-x}\right)} = \frac{2}{\sqrt{1+0} + \sqrt{1-0}}$

$= \frac{2}{1+1} = 1$

85. (b) $y = e^{\tan^{-1}} x$ के सापेक्ष अवकलन करने पर

$\frac{dy}{dx} = e^{\tan^{-1}} \cdot \frac{1}{1+x^2}$

$(1+x^2)y_1 = y$

पुन: अवकलन करने पर

$(1+x^2)\, y_2 + y_1, 2x = y_1$

$(1+x^2)\, y_2 = (1-2x)\, y_1$

86. (a) अधिकतम बारंबारता 27 है।

अत: बहुलक वर्ग = (20 – 30)

$\therefore$ बहुलक $= l_1 + \frac{f - f_1}{2f - f_1 - f_2}(l_2 - l_1)$

यहाँ, $l_1 = 20$, $l_2 = 30$,

$f = 27, f_1 = x_1, f_2 = x_2$

$\therefore \quad 25 = 20 + \frac{27 - x_1}{2 \times 27 - x_1 - x_2}(30 - 20)$

$25 = 20 + \frac{27 - x_1}{54 - x_1 - x_2} \times 10$

$\therefore \quad x_1 = x_2$

लेकिन $14 + x_1 + 27 + x_2 + 15 = 100$

$x_1 + x_2 = 44 \quad ?\ (x_1 = x_2)$

$\therefore \ x_1 = x_2 = 22$

87. (a) बहुलक = माध्य – 3 (माध्य – माध्यिका)

$= 5 - 3\ (5 - 6)$
$= 5 - 3 \times (-1)$
$= 5 + 3 = 8$

88. (a) यहाँ, व्यक्तियों की कुल संख्या = 10 + 2 = 12

∴ वृत्त में खड़े 12 व्यक्तियों की विधियों की संख्या

$= (12 - 1)\,! = 11!$

हम 10 व्यक्तियों में से 3 व्यक्तियों की $^{10}C_3$ विधियों से चुन सकते हैं। ये तीन व्यक्ति A और B के बीच 3! विधियों से बैठ सकते हैं और A और B 2! विधियों से बैठ सकते हैं। यदि हम (3 + 2) अर्थात 5 व्यक्तियों को 1 व्यक्ति माने तो इनमें 8 व्यक्ति होंगे। ये 8 व्यक्ति वृत्त में (8 – 1)! अर्थात् 7! विधियों से बैठ सकते हैं।

∴ अभीष्ट प्रायिकता $= \dfrac{^{10}C_3 \times 3! \times 2! \times 7!}{11!} = \dfrac{2}{11}$

89. (a) परस्पर अपवर्जी घटना A और B के लिए

$P(A \cap B) = 0 \Rightarrow P(A \cup B) = P(a) + P(b)$

$\Rightarrow \quad P(A + B) = P(a) + P(b)$

90. (c) दीर्घवृत्त $\dfrac{x^2}{16} + \dfrac{y^2}{9} = 1$ में

$a = 4,$

और $b = 3$

चूँकि किसी बिन्दु की ध्रुवों से दूरियों का योग = दीर्घ अक्ष

अत: $= 2 \times 4 = 8$

91. (b) $\sin^2 \dfrac{\pi}{6} + \sin^2 \dfrac{\pi}{4} + \sin^2 \dfrac{\pi}{3}$

$= \sin^2 30° + \sin^2 45° + \sin^2 60°$

$= \left(\dfrac{1}{2}\right)^2 + \left(\dfrac{1}{\sqrt{2}}\right)^2 + \left(\dfrac{\sqrt{3}}{2}\right)^2$

$= \dfrac{1}{4} + \dfrac{1}{2} + \dfrac{3}{4} = \dfrac{3}{2}$

92. (c) $\dfrac{\cos(90+\theta)\sec(-\theta)\tan(180-\theta)}{\sec\theta\sin(180+\theta)\cot(90-\theta)}$

$= \dfrac{-\sin\theta \dfrac{1}{\cos\theta} \times \dfrac{\sin(180-\theta)}{\cos(180-\theta)}}{\dfrac{1}{\cos\theta} \times -\sin\theta \times \dfrac{\cos(90-\theta)}{\sin(90-\theta)}}$

$= \dfrac{-\sin\theta \dfrac{1}{\cos\theta} \times \dfrac{\sin\theta}{-\cos\theta}}{\dfrac{1}{\cos\theta} \times -\sin\theta \times \dfrac{\sin\theta}{\cos\theta}} = -1$

93. (b) $3x + y = 14$ और $2x + 5y = 18$ को हल करने पर, हम पाते हैं $x = 4$ और $y = 2$

∴ वृत्त की त्रिज्या

$= \sqrt{(1-4)^2 + (-2-2)^2} = 5$

∴ वृत्त का समीकरण

$(x-1)^2 + (y+2)^2 = 25$

$\Rightarrow \quad x^2 + y^2 - 2x + 4y - 20 = 0$

94. (b) $AB = \begin{bmatrix} \cos\theta\cos\phi\cos(\theta-\phi) & \cos\theta\sin\phi\cos(\theta-\phi) \\ \cos\phi\sin\theta\cos(\theta-\phi) & \sin\theta\sin\phi\cos(\theta-\phi) \end{bmatrix}$

$= \begin{bmatrix} 0 & 0 \\ 0 & 0 \end{bmatrix}$, अब $\cos(\theta - \phi) = 0$

$\cos(\theta - \phi) = 0$

$\Rightarrow (\theta - \phi) = (2n - 1)\,\pi/2$

$\Rightarrow (\theta - \phi)$ ($\pi/2$ का एक विषम गुणक है।)

95. (d) $\int_0^{\pi/2} \left(\dfrac{x + \sin x}{1 + \cos x}\right) dx$

$= \int_0^{\pi/2} \dfrac{x + 2\sin\dfrac{x}{2}\cos\dfrac{x}{2}}{1 + 2\cos^2\dfrac{x}{2} - 1} dx$

$= \int_0^{\pi/2} \dfrac{x}{2\cos^2\dfrac{x}{2}} dx + \int_0^{\pi/2} \dfrac{\sin(x/2)\cos(x/2)}{\cos^2(x/2)} dx$

$= \dfrac{1}{2}\int_0^{\pi/2} x\sec^2\dfrac{x}{2}\,dx + \int_0^{\pi/2} \tan\dfrac{x}{2}\,dx$

$= \dfrac{1}{2}\left[2x\tan\dfrac{x}{2}\right]_0^{\pi/2} - \dfrac{2}{2}\int_0^{\pi/2} \tan\dfrac{x}{2}\,dx$

$+ \int_0^{\pi/2} \tan\dfrac{x}{2}\,dx$

$= \left[x\tan\dfrac{x}{2}\right]_0^{\pi/2} = \left[\dfrac{\pi}{2}\tan\dfrac{\pi}{4} - 0\right]$

$= \dfrac{\pi}{2}\tan\dfrac{\pi}{4} = \dfrac{\pi}{2}$

96. (d) माना $\quad 1 = \int_0^4 \dfrac{1}{\sqrt{x}}\sin\sqrt{x}\,dx$

$\sqrt{x} = t$ रखने पर, $\dfrac{1}{2\sqrt{x}}dx = dt$

जब $\quad x = 0,\ t = 0$

जब $\quad x = 4,\ t = \sqrt{4} = 2$

$\therefore \quad I = \int_0^2 2\sin t\,dt$

$= 2[-\cos t]_0^2$

$= 2[-(\cos 2 - \cos 0)]$

$= 2(1 - \cos 2)$

97. (c) $\tan^{-1} x + \tan^{-1} y + \tan^{-1} z = \pi$

$\therefore$ $$\tan^{-1}\left[\frac{x+y+z-xyz}{1-xy-yz-zx}\right] = \pi$$

$\Rightarrow$ $$\frac{x+y+z-xyz}{1-xy-yz-zy} = \tan \pi = 0$$

$$x + y + z = xyz$$

$\Rightarrow$ $$\frac{1}{yz}+\frac{1}{zx}+\frac{1}{xy} = 1$$

98. (c) दोनों ध्रुवों के बीच की दूरी $= 2ae$ और $e = \sqrt{2}$

$\therefore$ $2a\sqrt{2} = 16 \Rightarrow a = 4\sqrt{2}$

$\therefore$ $a^2 = 32$

$\because$ $b^2 = a^2 (e^2 - 1)$

$= 32 (2 - 1) = 32$

$\therefore$ अतिपरवलय का समीकरण होगा

$$\frac{x^2}{32} - \frac{y^2}{32} = 1$$

$\Rightarrow$ $x^2 - y^2 = 32$

99. (c)

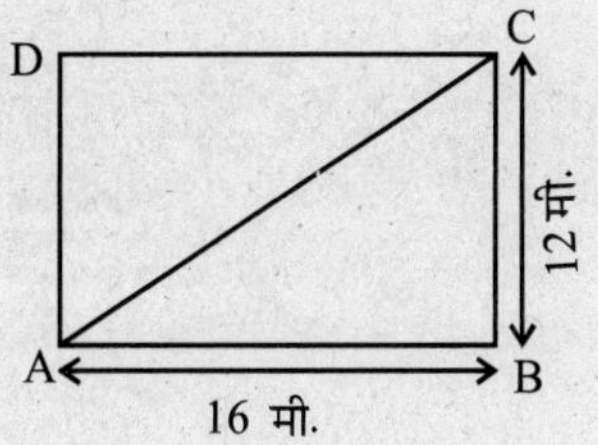

यहाँ समकोण ΔABC में,

$AC^2 = AB^2 + BC^2$ (पाईथागोरस प्रमेय)

$\therefore$ $AC^2 = 16^2 + 12^2 = 256 + 144 = 400$

$\therefore$ $AC = \sqrt{400} = 20$ मी.

100. (c) प्रश्नानुसार,

$(12)^3 = 6^3 + 8^3 + R^3$

$R^3 = (12)^3 - (6^3 + 8^3) = 1000$

$\Rightarrow$ $R = 10$ सेमी.।

❑❑❑

7 गणित
प्रैक्टिस पेपर

1. अर्द्धवार्षिक रूप से संयोजित चक्रवृद्धि ब्याज की 10% वार्षिक दर से ₹ 800 की धनराशि कितने वर्ष में ₹ 926.10 होगी?

(a) $1\frac{1}{2}$ वर्ष (b) $1\frac{2}{3}$ वर्ष
(c) $2\frac{1}{3}$ वर्ष (d) $2\frac{1}{2}$ वर्ष

2. एक समकोणीय ΔABC, B पर समकोणिक है। बिन्दु A से दो रेखाएँ खींची गई हैं जो रेखा BC को क्रमशः D तथा E पर मिलती हैं। बिन्दु D तथा बिन्दु E रेखा BC को तीन समान भागों में विभक्त करते हैं, तो–

(a) $7AE^2 = 4AD^2 + 3AC^2$
(b) $8AE^2 = 5AD^2 + 3AC^2$
(c) $2AE = AD + DC$
(d) $AE^2 = AC^2 + AD^2 + AD.DC$

3. यदि $\operatorname{cosec}\phi + \cot\phi = m$ हो, तो $\cos\phi$ किसके बराबर होगा?

(a) $\frac{m}{m^2+1}$ (b) $\frac{m^2-1}{m^2+1}$
(c) $\frac{2m}{m^2+1}$ (d) $\frac{m}{m^2 1}$

4. यदि $\phi = 18°$ है, तो $4\sin^2\phi + 2\sin\phi$ का मान होगा–

(a) –1 (b) 1
(c) 0 (d) 2

5. यदि त्रिभुज जिसके शीर्ष बिन्दु (0, 0), (0, 6) तथा (α, β) हैं, का क्षेत्रफल 15 वर्ग इकाई, तब–

(a) $\alpha = \pm 5, \beta = 5$
(b) $\alpha = \pm 10, \beta = 5$
(c) $\alpha = \pm 5, \beta = 2$
(d) $\alpha = \pm 5, \beta$ कोई भी वास्तविक मान रख सकता है।

6. यदि त्रिभुज जिसके शीर्ष बिन्दु $(x, 0)$, (1, 1) तथा (0, 2) हैं, का क्षेत्रफल 4 वर्ग इकाई हो, तब x का मान होगा–

(a) – 2 (b) – 4
(c) – 6 (d) 8

7. यदि $|a_k 7< 1, \lambda_k \geq 0$, जहाँ $k = 1, 2, ..., n$ तथा $\lambda_1 + \lambda_2 + ... + \lambda_n = 1$, तब $|\lambda_1 a_1 + \lambda_2 a_2 + ... + \lambda_n a_n|$ का मान है–

(a) 1 (b) 1 से ज्यादा
(c) 0 (d) 1 से कम

8. $\arg(\bar{z})$ बराबर है–

(a) $\pi - \arg(z)$ (b) $2\pi - \arg(z)$
(c) $\pi + \arg(z)$ (d) $2\pi + \arg(z)$

9. यदि सारणिक $\begin{vmatrix} m & 4 & 5 \\ 7 & m & 7 \\ 5 & 8 & m \end{vmatrix} = 0$ के मूल 5 और 7 हैं, तो तीसरा मूल क्या है?

(a) –12 (b) 9
(c) 13 (d) 14

10. सारणिक $\begin{vmatrix} x & \sin\theta & \cos\theta \\ -\sin\theta & -x & 1 \\ \cos\theta & 1 & x \end{vmatrix}$ का मान है–

(a) θ से स्वतन्त्र (b) θ से परतन्त्र
(c) θ तथा x से स्वतन्त्र (d) इनमें से कोई नहीं

11. $\begin{vmatrix} \cos\alpha\cos\beta & \cos\alpha\sin\beta & -\sin\alpha \\ -\sin\beta & \cos\beta & 0 \\ \sin\alpha\cos\beta & \sin\alpha\sin\beta & \cos\alpha \end{vmatrix}$ का मान है–

(a) $\sin(\alpha + \beta)$ (b) $\cos(\alpha + \beta)$
(c) 0 (d) 1

12. यदि A = {3, 4, 7, 8}, B = {1, 5, 6, 4; 3}, C = {4, 5, 9, 3, 8, 6}, तो $A \cap B \cap C$ है–

(a) {1, 3, 4, 5, 6, 7, 8, 9} (b) {3, 4, 5, 6, 8}
(c) {3, 4} (d) इनमें से कोई नहीं

13. समुच्चयों A तथा B में क्रमशः 5 तथा 10 अवयव हैं। $(A \cup B)$ में अवयवों की न्यूनतम संख्या होगी–

(a) 15 (b) 8
(c) 10 (d) 5

14. यदि $y = \frac{a + bx^{3/2}}{x^{5/4}}$ तथा $y' = 0$ तब $x = 5$ पर $a : b$ का मान है–

(a) $\sqrt{5} : 1$ (b) 5 : 2
(c) 3 : 5 (d) 1 : 2

15. यदि $f(x) = \cos x . \cos 2x . \cos 4x . \cos 8x . \cos 16x$, तब $f'\left(\frac{\pi}{4}\right)$ का मान है–

(a) 1 (b) $\sqrt{2}$
(c) $\frac{1}{\sqrt{2}}$ (d) 0

16. यदि $xy + y^2 = \tan x + y$, तब $\frac{dy}{dx}$ का मान है–

(a) $\frac{\sec^2 x}{x+2y}$ (b) $\frac{y-\sec^2 y}{x+2y}$

(c) $\frac{\sec^2 x - y}{x+2y-1}$ (d) इनमें से कोई नहीं

17. किसी नत समतल से कोई कण, क्षैतिज से $60°$ का कोण बनाने वाली दिशा में फेंका जाता है, यदि नत समतल पर परास उतनी दूरी के बराबर हो, जितनी कि कोई दूसरा कण, पहले कण के उड्डयन काल के बराबर समय में, स्वतन्त्रतापूर्वक गिरता है, तो नत समतल का क्षैतिज से झुकाव होगा–

(a) $30°$ (b) $45°$

(c) $54°$ (d) $60°$

18. क्षितिज से कोण β बनाने वाले समतल पर किसी गोले का परास R है, जिन दो पथों में यह परास सम्भव है। उनमें अधिकतम ऊँचाइयाँ नत समतल से h और h' हैं, तो–

(a) $R = 2\sqrt{(hh')}\sec\beta$ (b) $R = \sqrt{(hh')}\sec\beta$

(c) $R = 4\sqrt{(hh')}\sec\beta$ (d) $R = 3\sqrt{(hh')}\sec\beta$

19. क्षितिज से कोण β पर नत किसी पहाड़ी की जड़ से एक गोली, क्षैतिज से कोण α पर दागी जाती है, गोली पहाड़ी से क्षैतिज दिशा में टकरायेगी यदि–

(a) $\tan\alpha = 2\tan\beta$

(b) $\tan\alpha = \tan\frac{\beta}{2}$

(c) $\tan\alpha = 2\tan\beta + \cot\beta$

(d) $\tan\alpha = 2\tan\beta + 3\tan\beta$

20. सदिश $a = 2i - j + k$ का सदिश $b = \hat{i} + 2\hat{j} + 2\hat{k}$ के अनुदिश प्रक्षेप बराबर है–

(a) $\frac{2}{3}$ (b) $\frac{1}{3}$

(c) 2 (d) $\sqrt{6}$

21. यदि a और b मात्रक सदिश हैं, तो $\sqrt{3}a - b$ के मात्रक सदिश होने के लिए a और b के बीच क्या कोण होगा ?

(a) $30°$ (b) $60°$

(c) $45°$ (d) $90°$

22. एक मात्रक सदिश जो सदिशों $\hat{i} - \hat{j}$ और $\hat{i} + \hat{j}$ दोनों के लम्बवत् है तथा दक्षिणावर्ती पद्धति को निर्मित करने वाला सदिश है–

(a) $\hat{k}$ (b) $-\hat{k}$

(c) $\hat{i} - \hat{j}/\sqrt{2}$ (d) $\frac{\hat{i}+\hat{j}}{\sqrt{2}}$

23. वक्र $xy = c^2$ के लिए किसी बिन्दु पर अभिलम्ब अनुक्रमानुपाती है?

(a) x^2 के (b) x^3 के

(c) y^2 के (d) y^3 के

24. वक्र $y = x^3 - 3x^2 - 9x + 5$ की स्पर्श रेखा x-अक्ष के समान्तर है, स्पर्श बिन्दु का भुजा है?

(a) $x = 0$ व 0 (b) $x = 1$ व -1

(c) $x = 1$ व -3 (d) $x = -1$ व 3

25. लगातार 13 दिन अधिकतम तापमान निम्नवत् था– 58, 61, 68, 57, 62, 50, 55, 63, 53, 54, 51, 59, 52 तापमानों की माध्यिका है–

(a) 57 (b) 61

(c) 52 (d) 55

26. कुछ मजदूरों की मजदूरी निम्नलिखित है। इस सारणी में माध्यिका ज्ञात कीजिए–

मजदूरी ₹ में	मजदूरों की संख्या
20–30	5
30–40	8
40–50	15
50–60	12
60–70	3

(a) 49 (b) 46·75

(c) 45·67 (d) 45

27. n संख्याओं $x_1, x_2, x_3, \ldots\ldots, x_n$ का समान्तर माध्य M है। यदि x_4 के स्थान पर x^1 रखा जाए, तो नया समान्तर माध्य क्या होगा ?

(a) $\frac{M - x_1 + x^1}{n}$ (b) $\frac{nM - x_4 + x^1}{n}$

(c) $M - x + x^1$ (d) $\frac{(n-1)M + x^1}{n}$

28. $\sqrt[3]{333 + \sqrt[3]{987 + \sqrt[3]{2197}}}$ बराबर है–

(a) 21 (b) 18

(c) 7 (d) 3

29. एक समदण्ड AB की, जो A पर कब्जे द्वारा लगा हुआ है, एक डोरी BC जो दण्ड से $45°$ का कोण बनाती है, क्षैतिज अवस्था में रखे हुए है और दण्ड के सिरे B से 10 किलोग्राम का भार लटका हुआ है, यदि दण्ड भार रहित है, तो डोरी का तनाव होगा–

(a) $10\sqrt{2}$ किलोग्राम भार (b) 10 किलोग्राम भार

(c) $5\sqrt{2}$ किलोग्राम भार (d) $15\sqrt{2}$ किलोग्राम भार

30. एक समदण्ड AB, जो सिरे A पर लगे कब्जे के चारों ओर बेरोक घूम सकता है, दूसरे सिरे से एक चिकनी दीवार के सहारे टिका हुआ है, यदि छड़ का क्षैतिज से झुकाव α हो, तो कब्जे की प्रतिक्रिया होगी–

(a) $W\sqrt{(2 + \operatorname{cosec}^2\alpha)}$

(b) $2W\sqrt{(1 + \operatorname{cosec}^2\alpha)}$

(c) $3W\sqrt{(1 + \operatorname{cosec}^2\alpha)}$

(d) $\frac{W}{2}\sqrt{(3 + \operatorname{cosec}^2\alpha)}$

31. एक चिकना गोला एक चिकनी ऊर्ध्वाधर दीवार से स्पर्श करता हुआ एक डोरी से टिका हुआ है जो उसके पृष्ठ के एक बिन्दु से बँधी हुई है और जिसका दूसरा सिरा दीवार के एक बिन्दु से बँधा हुआ है, यदि डोरी की लम्बाई गोले की त्रिज्या के बराबर है, तो दीवार की प्रतिक्रिया होगी–

(a) $W\sqrt{3}$ (b) $\frac{1}{2}W\sqrt{3}$

(c) $\frac{1}{3}W\sqrt{3}$ (d) $\frac{2}{3}W\sqrt{3}$

32. दी गई आकृति में **ΔABD** एक समद्विबाहु त्रिभुज है जिसमें **AD = BD** है तथा **∠DAB = 36°** है। **∠BCA** होगा–

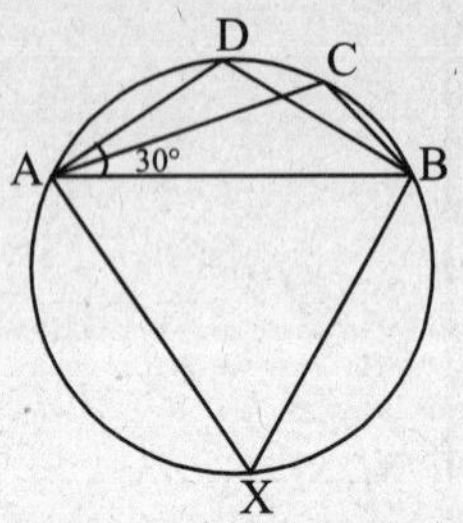

(a) 72° (b) 108°

(c) 144° (d) इनमें से कोई नहीं

33. **ABCD** एक चक्रीय चतुर्भुज है जिसकी भुजा **AB** वृत्त का व्यास है। यदि **∠ADC = 150°** हो, तो **∠BAC** का मान होगा–

(a) 60° (b) 100°

(c) 50° (d) 130°

34. $\sec^2 \tan^{-1}\left(\frac{3}{11}\right)$ का मान होगा–

(a) $\frac{125}{11}$ (b) $\frac{138}{11}$

(c) $\frac{131}{11}$ (d) $\frac{130}{121}$

35. अनुपात 11 : 15 की दोनों मदों में कौन-सी संख्या घटाई जाए, ताकि यह 2 : 3 बन जाए?

(a) 2 (b) 3

(c) 4 (d) 5

36. यदि एक आव्यूह A ऐसा है कि $3A^3 + 2A^2 + 5A + I = 0$ हो, तो A^{-1} कितने के बराबर है?

(a) $-(3A^2 + 2A + 5)$ (b) $3A^2 + 2A + 5I$

(c) $3A^2 - 2A - 5I$ (d) $-(3A^2 + 2A + 5I)$

37. यदि आव्यूह $A = \begin{bmatrix} 2-x & 1 & 1 \\ 1 & 3-x & 0 \\ -1 & -3 & -x \end{bmatrix}$ अव्युत्क्रमणीय है, तो हल समुच्चय S क्या है?

(a) S = {0, 2, 3} (b) S = {–1, 2, 3}

(c) S = {1, 2, 3} (d) S = {2, 3}

38. एक 2 × 2 क्रम का आव्यूह $A = [a_{ij}]$ जिनके अवयवों को निम्न प्रकार परिभाषित किया गया है $a_{i_j} = \frac{(i+2j)^2}{2}$ का मान है–

(a) $\begin{bmatrix} 1 & \frac{1}{2} \\ 2 & 1 \end{bmatrix}_{2\times2}$ (b) $\begin{bmatrix} \frac{9}{2} & \frac{25}{2} \\ 8 & 8 \end{bmatrix}_{2\times2}$

(c) $\begin{bmatrix} 8 & \frac{9}{2} \\ \frac{25}{2} & 8 \end{bmatrix}_{2\times2}$ (d) इनमें से कोई नहीं

39. एक दूरी समष्टि X बोल्जैनों विस्ट्रास प्रगुण को सन्तुष्ट करता है, तब–

(a) X में, प्रत्येक अपरिमित अनुक्रम $\langle x_b \rangle$ कोई गुच्छ बिन्दु नहीं रखता है

(b) X में, प्रत्येक अपरिमित अनुक्रम $\langle x_b \rangle$ कम-से-कम एक गुच्छ बिन्दु रखता है।

(c) X अनुक्रमित संहत (Sequentially compact) नहीं है

(d) X संहत नहीं है

40. दूरी समष्टि का एक संहत उपसमुच्चय है–

(a) विवृत (b) संवृत

(c) अपरिबद्ध (d) इनमें से कोई नहीं

41. यदि A एक अरिक्त विवृत समुच्चय है, तब–

(a) इसका पूरक विवृत समुच्चय होता है

(b) इसका पूरक संवृत समुच्चय होता है

(c) इसका पूरक रिक्त समुच्चय होता है

(d) इनमें से कोई नहीं

42. $8(x^3 - x)$ और $4(x^3 - 1)$ का लघुत्तम समापवर्त्य है–

(a) $4(x^2 - 1)(x - 1)$

(b) $8x(x^2 - 1)(x^2 + x + 1)$

(c) $4(x + 1)$

(d) $8(x^2 - 1)(x^2 - x + 3)$

43. यदि रेखाएँ $3y + 4x = 1$, $y = x + 5$ और $5y + mx = 3$ संगामी हैं, तो m का मान क्या है?

(a) 1 (b) 3

(c) 6 (d) 0

44. A तथा B एक साथ मिलकर एक कार्य 10 दिनों में कर सकते हैं। वही कार्य B तथा C मिलकर 6 दिनों में कर सकते हैं और A तथा C उसे 12 दिन में कर सकते हैं। तदनुसार A, B तथा C तीनों मिलकर उस कार्य को कितने दिनों में कर सकते हैं?

(a) 28 दिन (b) 14 दिन

(c) $5\frac{5}{7}$ दिन (d) $8\frac{2}{7}$ दिन

45. A तथा B अलग-अलग काम करते हुए एक कार्य क्रमशः 9 तथा 12 दिनों में पूरा कर सकते हैं। यदि A काम आरम्भ करे और उसके बाद दोनों बारी-बारी से एक-एक दिन काम करते रहें, तो वह कार्य कितने दिनों में पूरा हो जायेगा?

(a) $10\frac{2}{3}$ दिन (b) $10\frac{1}{2}$ दिन

(c) $10\frac{1}{4}$ दिन (d) $10\frac{1}{3}$ दिन

46. किसी मीनार की चोटी पर एक झण्डा लगा है। मीनार के आधार से 20 मीटर की दूरी से मीनार और झण्डे के शिखर के उन्नयन कोण क्रमशः 45°, 60° है झण्डे की ऊँचाई है–

(a) $20(\sqrt{3}-1)$ मीटर (b) $(\sqrt{3}-1)$ मीटर

(c) $20\left(\frac{\sqrt{3}}{2}-1\right)$ मीटर (d) $\left(\frac{\sqrt{3}}{2}-1\right)$ मीटर

47. सेमी में मान कितना होगा, यदि 1 मी, 1 सेमी तथा 1 मिमी को जोड़ा जाए तथा कुल योग में से 1 इंच घटा दिया जाए?

(a) 1000 (b) –1.43

(c) 98.56 (d) 998.56

48. दो संख्याओं का योगफल और गुणनफल क्रमशः 5 तथा 6 है। तदनुसार उनके वर्गों के व्युत्क्रमों का योगफल होगा–

(a) $\frac{13}{36}$ (b) $\frac{36}{13}$

(c) $\frac{61}{900}$ (d) $\frac{5}{6}$

49. वक्र $x^2 = 2y$ पर (0, 5) से न्यूनतम दूरी पर स्थित बिन्दु है–

(a) $(2\sqrt{2}, 4)$ (b) $(2\sqrt{2}, 0)$

(c) (0, 0) (d) (2, 2)

50. परवलय का समीकरण जिसके शीर्ष (0, 0) है बिन्दु (2, 3) से होकर गुजरता है तथा x-अक्ष के संगत है–

(a) $x^2 = \frac{9}{2}y$ (b) $y^2 = \frac{9}{2}x$

(c) $y^2 = -\frac{9}{2}x$ (d) $x^2 = -\frac{9}{2}y$

51. यदि $p(n)$ एक कथन इस प्रकार है कि $p(3)$ सत्य है। मान लीजिए $p(k)$ सत्य है $\Rightarrow p(k+1)$ सत्य है, $\forall\ k \geq 3$ तब $p(n)$ सत्य है–

(a) सभी n के लिए (b) $n \geq 3$ के लिए

(c) $n > 4$ के लिए (d) इनमें से कोई नहीं

52. त्रिभुज PQR की संदिग्ध स्थिति में, यदि p, q और p ज्ञात हों, तथा $r_1^2 + r_1 r_2 + r_2^2 = p^2$ हो, तो कोण p का मान होगा–

(a) 60°, 35° (b) 60, 120°

(c) 60° 90° (d) 120°, 30°

53. यदि त्रिभुज PQR में $p : q : r = 15 : 7 : 13$ हो, तो ∠R बराबर है–

(a) 45° (b) 30°

(c) 60° (d) 120°

54. यदि किसी बहुभुज के आन्तरिक कोण समान्तर श्रेणी में हैं तथा छोटा कोण 120° और सार्वान्तर 5 है, तो बहुभुज में भुजाओं की संख्या होगी–

(a) 7 (b) 9

(c) 11 (d) 16

55. बिन्दु P से, दो वृत्तों पर जिनके केन्द्र एक ही हैं, स्पर्श रेखाएँ खींची जाती हैं जो वृत्तों को A तथा B पर स्पर्श करती हैं। वृत्तों की त्रिज्याएँ क्रमशः 4 सेमी. तथा 2 सेमी. हैं। 4 सेमी. त्रिज्या वाले वृत्त पर मिलने वाली स्पर्श रेखा PA की लम्बाई 9 सेमी. हो, तो PB की लम्बाई होगी–

(a) 9.6 सेमी. (b) 8.5 सेमी.

(c) 8.4 सेमी. (d) 9.3 सेमी.

56. अपनी सामान्य गति की तुलना में उसकी $\frac{6}{7}$ गति से चलने पर एक व्यक्ति 25 मिनट देरी से पहुँचता है, तो उतनी ही दूरी चलने के लिए व्यक्ति का सामान्य समय क्या है?

(a) 2 घण्टे 30 मिनट (b) 2 घण्टे 15 मिनट

(c) 2 घण्टे 25 मिनट (d) 2 घण्टे 10 मिनट

57. एक व्यक्ति अपनी 50 किमी की यात्रा साइकिल द्वारा तय करना चाहता है। वह अपनी यात्रा 12·5 किमी/घण्टा की गति से करता है और प्रत्येक 12·5 किमी के बाद वह 20 मिनट विश्राम करता है, तदनुसार वह व्यक्ति यात्रा की पूरी दूरी कितने समय में तय कर पाएगा?

(a) 4 घण्टे 20 मिनट (b) 5 घण्टे 20 मिनट

(c) 5 घण्टे (d) 6 घण्टे

58. श्रेणी $\frac{1^3}{1} + \frac{1^3+2^3}{1+3} + \frac{1^3+2^3+3^3}{1+3+5} + \ldots\ldots$ के प्रथम 16 पदों का योगफल होगा–

(a) 444 (b) 448

(c) 446 (d) 382

59. यदि बिन्दु $(x, y) = (\tan\theta + \sin\theta, \tan\theta - \sin\theta)$ तब (x, y) का बिन्दुपथ है–

(a) $(x^2y)^{2/3} + (xy^2)^{2/3} = 1$ (b) $x^2 - y^2 = 4xy$

(c) $(x^2 - y^2)^2 = 16xy$ (d) $x^2 - y^2 = 6xy$

60. यदि किसी द्विघात समीकरण के मूल $p+q$ और $p-q$ हों, तो वह द्विघात समीकरण होगा–

(a) $y^2 + 2py + p^2 - pq + q^2 = 0$

(b) $y^2 + 2py + (p-q)^2 = 0$

(c) $y^2 - 2py + p^2 - q^2 = 0$

(d) $y^2 + 2py + p^2 - q^2 = 0$

61. $\int_{-4}^{4}|4x+2|\,dx$ का मान होगा–

(a) 28 (b) 48
(c) 18 (d) 8

62. x वस्तुएँ $(x \geq 0)$ प्रति सप्ताह विक्रय करने वाले एक प्रतिष्ठान का लाभ फलन (₹ में), $P(x) = -3500 + (400 - x)x$ द्वारा दिया जाता है। प्रतिष्ठान को कितनी वस्तुओं का विक्रय करना चाहिए, ताकि उसे अधिकतम लाभ हो?

(a) 400 (b) 300
(c) 200 (d) 100

63. $\left(b \times \frac{1}{a}\right)$ में किससे गुणा किया जाए, ताकि गुणनफल $\left(b + \frac{1}{a}\right)$ प्राप्त हो?

(a) $\left(a + \frac{1}{b}\right)$ (b) $\left(b + \frac{1}{a}\right)$
(c) $\frac{a}{b}$ (d) ab

64. माना दीर्घवृत्त E, $\frac{x^2}{9} + \frac{y^2}{4} = 1$ है तथा C एक वृत्त $x^2 + y^2 = 9$ है माना P तथा Q के निर्देशांक क्रमशः (1, 2) व (2, 1) हैं, तब

(a) Q, C के अन्दर व E के बाहर स्थित है
(b) Q दोनों C व E के बाहर स्थित है
(c) P, E व C के अन्दर स्थित है
(d) P, C के अन्दर व E के बाहर स्थित है

65. यदि दो दीर्घवृत्तों $\frac{x^2}{169} + \frac{y}{25} = 1$ व $\frac{x^2}{a^2} + \frac{y^2}{b^2} = 1$ की उत्केन्द्रताएँ समान हैं, तब $\frac{a}{b}$ का मान है–

(a) $\frac{5}{13}$ (b) $\frac{6}{13}$
(c) $\frac{13}{5}$ (d) $\frac{13}{6}$

66. यदि $^nC_r + {^nC_{r+1}} = {^{n+1}C_m}$ हो, तो m का मान होगा–

(a) r (b) $r - 1$
(c) n (d) $r + 1$

67. $^{15}C_1 + {^{15}C_2} + {^{15}C_3} + \ldots {^{15}C_{15}}$ बराबर हैं–

(a) 2^{15} (b) $2^{15} - 1$
(c) 2^{14} (d) $2^{14} - 1$

68. यदि रेखाओं $y = 0, x = k$ तथा $y = kx$ से घिरे त्रिभुज का क्षेत्रफल 4 वर्ग मात्रक है तब, k (जहाँ $k > 0$) का मान है–

(a) 1 (b) 2
(c) 3 (d) 4

69. अवकल समीकरण $(1+x^2)\frac{dy}{dx} = x$ का हल है–

(a) $y = \tan^{-1} x + C$
(b) $y = -\tan^{-1} x + C$
(c) $y = \frac{1}{2}\log(1+x^2) + C$
(d) $y = -\frac{1}{2}\log_e(1+x^2) + C$

70. श्रेणी $\left(\frac{a-b}{a}\right) + \frac{1}{2}\left(\frac{a-b}{a}\right)^2 + \frac{1}{3}\left(\frac{a-b}{a}\right)^3 + \ldots$ का योगफल होगा–

(a) $\log a - \log b$ (b) $\log(a-b)$
(c) $\log ab$ (d) $\log a^b$

71. यदि A(–11, 8, 4), B(–1, –7, –1), और C(9, –2, 4) तीन बिन्दु हैं, तो AB और AC हैं–

(a) अधिककोण पर झुकी (b) न्यूनकोण पर झुकी
(c) लम्बवत् (d) समान्तर

72. किसी रेखा की दिक्कोज्याओं के वर्गों का योग है–

(a) एक स्थिरांक (b) 0
(c) एक चर संख्या (d) 1

73. A तथा B दो घटनाएँ इस प्रकार हैं कि $P(A) = \frac{3}{4}$ एवं $P(B) = \frac{5}{8}$ निम्न में से कौन-सा कथन सत्य नहीं है?

(a) $P(A+B) \leq \frac{3}{4}$ (b) $\frac{1}{8} \leq P(AB) \leq \frac{3}{8}$
(c) $\frac{3}{8} \leq P(AB) \leq \frac{5}{8}$ (d) $P(A+B) \geq \frac{3}{4}$

74. यदि $n(x) = 5$ और $n(y) = 6$ हो, तो $X \times Y$ के अवयवों की संख्या है–

(a) 24 (b) 30
(c) 11 (d) 1

75. यदि X और Y दो समुच्चय इस प्रकार हैं कि $n(X) = 21$ $n(Y) = 25$, $n(X \cup Y) = 39$ हो, तो $n(X \cap Y)$ का मान है–

(a) 7 (b) 8
(c) 6 (d) 5

76. यदि z_1 व z_2 दो समिश्र संख्याएँ हैं, तब $|z_1 + z_2|^2 + |z_1 - z_2|^2$ का मान होगा–

(a) $2|z_1|^2 + |z_2|^2$ (b) $2|z_1|^2 + 2|z_2|^2$
(c) $|z_1|^2 + |z_2|^2$ (d) $2|z_1|\,|z_2|$

77. किसी समान्तर श्रेणी का pवाँ पद $\frac{1}{q}$ तथा qवाँ पद $\frac{1}{q}$ है, तब इस श्रेणी के (pq) पदों का योग होगा–

(a) $\frac{1}{2}(pq+1)$ (b) $\frac{1}{2}(pq-1)$
(c) $\frac{1}{2}(p+q)$ (d) $\frac{1}{2}(pq+3)$

78. $\lim_{x \to \pi/2} \frac{\cos x}{\frac{\pi}{2} - x}$ बराबर है–

(a) 1 (b) 0
(c) ∞ (d) विद्यमान नहीं है

79. उस गुणोत्तर श्रेणी का, जिसका अन्तिम पद 512 तथा सार्वअन्तर 2 है, अन्त से चौथा पद क्या होगा?

(a) 16 (b) 32
(c) 64 (d) 144

80. फलन f, $f(x) = (x+1)^{\cot x}$ के द्वारा परिभाषित है जोकि $x = 0$ पर संतत है, $f(0)$ पर कैसे परिभाषित होगी–

(a) $f(0) = 0$

(b) $f(0) = 1/e$

(c) $f(0) = e$

(d) $f(0)$ पर परिभाषित नहीं हो सकती जोकि $x = 0$ पर, f को संतत बने।

81. यदि $y = \cot^{-1}(\operatorname{cosec} x)$, तब $\frac{dy}{dx}$ बराबर होगा–

(a) $\frac{\cos x}{1+\sin x}$ (b) $\frac{-\cos x}{1+\sin x}$

(c) $\frac{\sin x}{1+\cos^2 x}$ (d) $\frac{\cos x}{1+\sin^2 x}$

82. $\frac{d}{dx}\left\{\sin\sqrt{\frac{x-\beta}{\alpha-\beta}}\right\}, \alpha > x > \beta$ का मान बराबर है–

(a) $\frac{1}{\sqrt{(\alpha-x)(\alpha-\beta)}}$ (b) $\frac{1}{2(\alpha-x)(\alpha-\beta)}$

(c) $\frac{1}{(\alpha-x)(\alpha-\beta)}$ (d) $\frac{1}{2\sqrt{(\alpha-x)(\alpha-\beta)}}$

83. यदि $y = a\cos(\log x) + b\sin(\log x)$, तब $x^2\frac{d^2y}{dx^2} + x\frac{dy}{dx}$ का मान होगा–

(a) $-y$ (b) y

(c) 0 (d) $2y \log x$

84. ताश की एक गड्डी में 4 इक्के, 4 बादशाह, 4 बेगम और 4 गुलाम हैं, दो पत्ते यदृच्छता खींचे गए, कम-से-कम इनमें से एक इक्के होने की प्रायिकता–

(a) $\frac{1}{5}$ (b) $\frac{1}{6}$

(c) $\frac{3}{16}$ (d) इनमें से कोई नहीं

85. $\tan^{-1}\frac{2x}{1-x^2}$ के सापेक्ष $\sin^{-1}\frac{2x}{1+x^2}$ का अवकलन है–

(a) 0 (b) 1

(c) $\frac{2x}{1-x^2}$ (d) इनमें से कोई नहीं

86. जनगणना 1991 के अनुसार, 10 शहरों की जनसंख्या (हजारों में) है–

2000, 1180, 1785, 1500, 560, 782, 1200, 385, 1123और 222. तब माध्यिका है–

(a) 1123 (b) 1151.5

(c) 560 (d) 1210.6

87. यदि दीर्घवृत्त $\frac{x^2}{a^2}+\frac{y^2}{b^2}=1$ का कोई स्पर्शी अक्षों से h और k का अंत:खण्ड काटता हो, तो $\left(\frac{a^2}{h^2}+\frac{b^2}{k^2}\right)$ का मान होगा–

(a) 0 (b) 1

(c) 2 (d) 4

88. मूल बिन्दु से सबसे निकट रेखा $3x - 4y = 25$ पर स्थित बिन्दु होगा–

(a) $(3, -4)$ (b) $(-2, 1)$

(c) $(3, 4)$ (d) $(4, 3)$

89. बिन्दुओं (2, 3) और (4, 5) से जाने वाले तथा केन्द्र $y - 4x + 3 = 0$ पर स्थित रहने वाले वृत्त का समीकरण है–

(a) $x^2 + y^2 + 4x - 10y + 25 = 0$

(b) $x^2 + y^2 - 4x - 10y + 25 = 0$

(c) $x^2 + y^2 - 4x - 10y + 16 = 0$

(d) $x^2 + y^2 - 14x + 8 = 0$

90. $\begin{vmatrix} 1+x & 1 & 1 \\ 1 & 1+x & 1 \\ 1 & 1 & 1+x \end{vmatrix} = 0$ समीकरण के मूल हैं–

(a) 0, –3 (b) 0, 0, –3

(c) 0, 1, –3 (d) इनमें से कोई नहीं

91. यदि $A = \begin{bmatrix} 0 & 2 & 0 & 0 \\ 0 & 0 & 5 & 0 \\ 2 & 0 & 0 & -1 \\ 0 & 5 & 0 & 2 \end{bmatrix}$ और $B = \begin{bmatrix} 2 & 1 & 2 \\ 0 & 5 & 1 \\ 3 & 0 & 1 \\ 5 & 3 & -2 \end{bmatrix}$

तब गुणनफल $C = AB$ में अवयव c_{23} बराबर है–

(a) –1 (b) 0

(c) 5 (d) इनमें से कोई नहीं

92. यदि $A_\alpha = \begin{bmatrix} \cos\alpha & \sin\alpha \\ -\sin\alpha & \cos\alpha \end{bmatrix}$, तब $A_{\alpha+\beta}$ बराबर है–

(a) $A_\alpha + A_\beta$ (b) $A_\alpha - A_\beta$

(c) $A_\alpha . A_\beta$ (d) इनमें से कोई नहीं

93. $\int_0^\pi e^{\cos^2 x}.\cos^3(2n+1)x\,dx$ का मान होगा–

(a) 1 (b) e

(c) 0 (d) e^2

94. $\int_0^1 \frac{3x\,dx}{(x+1)(x-2)}$ का मान होगा–

(a) $\log 2$ (b) $\frac{1}{3}\log 2$

(c) $\frac{1}{2}\log 2$ (d) $\log\frac{1}{2}$

95. यदि $\tan^{-1} x - \tan^{-1} y = \tan^{-1} A$, तो A का मान होगा–

(a) $x-y$ (b) $x+y$

(c) $\frac{x-y}{1+xy}$ (d) $\frac{x-y}{1-xy}$

96. $\sec^{-1}[\sec(-30^\circ)]$ बराबर है–

(a) 150º (b) – 30º

(c) 30º (d) – 60º

97. यदि चर बिन्दु P इस प्रकार गति करे कि इस बिन्दु से ध्रुवों तक की दूरियों का अंतर स्थिरांक K, K ≠ 0 हो, तो वक्र होगा–

(a) परवलय (b) दीर्घवृत्त

(c) रेखा युग्म (d) अतिपरवलय

98. अवकल समीकरण

$$\frac{dy}{dx}=\frac{1}{y^2+\sin y}$$ **का हल है–**

(a) $x=\frac{y^3}{3}-\sin y+C$

(b) $x=\frac{y^3}{3}+\cos y+C$

(c) $x=\frac{y^3}{2}-\cos y+C$

(d) $x=\frac{y^3}{3}-\cos y+C$

99. उस वृत्त का अर्द्धव्यास ज्ञात कीजिये जिसका क्षेत्रफल उन तीन वृत्तों के क्षेत्रफल के योग के बराबर है जिनके अर्द्धव्यास क्रमशः 12 सेमी, 8 सेमी तथा 9 सेमी हैं।

(a) 29 सेमी (b) 19 सेमी

(c) 17 सेमी (d) 15 सेमी

100. चतुष्कोण का सबसे बड़ा कोण सबसे छोटे कोण का दुगुना है। यदि कोण एक शृंखला निर्मित करते हैं ($a, a+d, a+2d, a+3d$), तो दो अन्य कोण होंगे–

(a) 60°, 120° (b) 80°, 100°

(c) 90°, 110° (d) 70°, 90°

उत्तर (हल/संकेत)

1. (a) ब्याज प्रति छमाही संयोजित किया जाता है।

$$\therefore \quad \text{दर} = \frac{10}{2}\% = 5\%$$

$$\therefore \quad \text{मिश्रधन (a)} = P\left(1+\frac{R}{100}\right)^n$$

$$926.10 = 800\left(1+\frac{5}{100}\right)^n$$

$$\frac{92610}{80000} = \left(1+\frac{5}{100}\right)^n$$

$$\Rightarrow \left(\frac{21}{20}\right)^3 = \left(\frac{21}{20}\right)^n$$

$$\Rightarrow n = 3 \text{ छमाही} = 1\frac{1}{2} \text{ वर्ष}$$

2. (b) ∴ AE, △ADC की माध्यिका है।

∴ $AC^2 + AD^2 = 2(AE^2 + DE^2)$

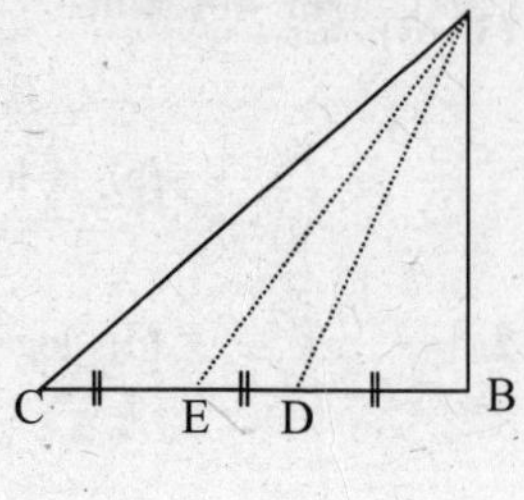

△ADE में, ∠ADE अधिक कोण है।

$$\therefore \quad AE^2 = AD^2 + DE^2 + 2DE \cdot DB$$
$$= AD^2 + DE^2 + 2\,DE \cdot DE$$
$$\Rightarrow AE^2 = AD^2 + DE^2 + 2DE^2$$
$$\Rightarrow AE^2 = AD^2 + 3DE^2$$
$$\Rightarrow DE^2 = \left(\frac{AE^2 - AD^2}{3}\right)$$

DE^2 का मान समी. (i) में रखने पर,

$$AC^2 + AD^2 = 2\left(AE^2 + \frac{AE^2 - AD^2}{3}\right)$$
$$\Rightarrow 3AC^2 + 3AD^2 = 8\,AE^2 - 2\,AD^2$$
$$\Rightarrow 8AE^2 = 5\,AD^2 + 3AC^2$$

3. (b) $\text{coses}\phi + \cos\phi = m$

$$\frac{1}{\sin\phi}+\frac{\cos\phi}{\sin\phi} = m$$

$$\Rightarrow \frac{1+\cos\phi}{\sin\phi} = m$$

$$\Rightarrow \frac{2\cos^2\frac{\phi}{2}}{2\sin\frac{\phi}{2}.\cos\frac{\phi}{2}} = m$$

$$\cot\frac{\phi}{2} = m$$

$$\frac{1}{\tan\frac{\phi}{2}} = m$$

$$\Rightarrow \quad \tan\frac{\phi}{2} = \frac{1}{m}$$

अतः $\cos\phi = \dfrac{1-\tan^2\frac{\phi}{2}}{1+\tan^2\frac{\phi}{2}} = \dfrac{1-\frac{1}{m^2}}{1+\frac{1}{m^2}} = \dfrac{m^2-1}{m^2+1}$

4. (b) दिया है $\phi = 18$

अब $4\sin^2\phi + 2\sin\phi = 4\sin^2(18^\circ) + 2\sin(18^\circ)$

$$= 4\left\{\frac{\sqrt{5}-1}{4}\right\}^2 + 2\left\{\frac{\sqrt{5}-1}{4}\right\}$$

$$\left\{\because \sin 18^\circ = \frac{\sqrt{5}-1}{4}\right\}$$

$$= \frac{4\left[5+1-2\sqrt{5}\right]}{16} + \frac{\left(\sqrt{5}-1\right)}{2}$$

$$= \frac{3-\sqrt{5}}{2} + \frac{\sqrt{5}-1}{2} = 1$$

5. (d) त्रिभुज का क्षेत्रफल

$$\frac{1}{2}\times 6\times|\alpha| = 15$$

$\Rightarrow \quad |\alpha| = 5 \Rightarrow \alpha = \pm 5$

तथा $\beta \in R$

6. (c) दिया है, $x_1 = x, x_2 = 1, x_3 = 0$

तथा $y_1 = 0, y_2 = 1, y_3 = 2$

$\therefore$ त्रिभुज का क्षेत्रफल

$$= \frac{1}{2}[x_1(y_2-y_3) + x_2(y_3-y_1) + x_3(y_1-y_2)]$$

$$= \frac{1}{2}[x(1-2) + 1(2-0) + 0(0-1)]$$

$$= \frac{1}{2}[-x+2+0] = \frac{1}{2}(2-x)$$

परन्तु त्रिभुज का क्षेत्रफल 4 वर्ग इकाई है।

$\Rightarrow \quad \frac{1}{2}(2-x) = 4$

$\Rightarrow \quad (2-x) = 8$

$\therefore \quad x = -6$

7. (d) $|\lambda_1 a_1 + \lambda_2 a_2 + ... + \lambda_n a_n|$

$\le |\lambda_1 a_1| + |\lambda_2 a_2| + ... + |\lambda_n a_n|$

$= |\lambda_1||a_1| + ... + |\lambda_n||a_n|$

$= \lambda_1|a_1| + ... + \lambda_n|a_n|$

($\because$ प्रत्येक $\lambda_k \ge 0$) $< \lambda_1 + ... + \lambda_n$)

($\because |a_k| < 1,$ तब $\lambda_k|a_k| < \lambda_k$

सभी $k = 1, 2, ..., n$)

अतः $|\lambda_1 a_1 + \lambda_2 a_2 + ... + \lambda_n a_n| < 1$

8. (b) माना $z = x + iy$

$\therefore \quad \arg(z) = \tan^{-1}\left(\frac{y}{x}\right)$

तब, $\quad \arg(\bar{z}) = \tan^{-1}\left(-\frac{y}{x}\right)$

$= 2\pi - \tan^{-1}\frac{y}{x}$

$= 2\pi - \arg(z)$

चूँकि सम्मिश्र संख्या के संयुग्मी के कोणांक में वास्तविक अक्ष पर अपरिवर्तित रहता है परन्तु काल्पनिक अक्ष पर बदलता रहता है। अतः यह $2\pi - \arg(z)$ होगा।

9. (a) दिया है $\begin{vmatrix} m & 4 & 5 \\ 7 & m & 7 \\ 5 & 8 & m \end{vmatrix} = 0$

R_1 के सापेक्ष प्रसार करने पर

$m(m^2 - 56) - 4(7m - 35) + 5(56 - 5m) = 0$

$m^3 - 56 - 28m + 140 + 280 - 25m = 0$

$m^3 - 109m + 420 = 0$

चूँकि 5 और 7 इसके मूल हैं

$\Rightarrow m^2(m-5) + 5m(m-5) - 84(m-5) = 0$

$\Rightarrow (m-5)(m^2 + 5m - 84) = 0$

$\Rightarrow (m-5)\, m(m-7) + 12(m-7) = 0$

$\Rightarrow (m-5)(m-7)(m+12) = 0$

$\Rightarrow m = 5, 7, -12$

10. (a) माना $A = \begin{vmatrix} x & \sin\theta & \cos\theta \\ -\sin\theta & -x & 1 \\ \cos\theta & 1 & x \end{vmatrix}$ प्रथम पंक्ति के संगत विस्तार करने पर,

$$A = x\begin{vmatrix} -x & 1 \\ 1 & x \end{vmatrix} - \sin\theta\begin{vmatrix} -\sin\theta & 1 \\ \cos\theta & x \end{vmatrix} + \cos\theta\begin{vmatrix} -\sin\theta & -x \\ \cos\theta & 1 \end{vmatrix}$$

$= x(-x^2 - 1) - \sin\theta(-x\sin\theta - \cos\theta) + \cos\theta(-\sin\theta + x\cos\theta)$

$= -x^3 - x + x\sin^2\theta + \sin\theta\cos\theta - \sin\theta\cos\theta + x\cos^2\theta$

$= -x^3 - x + x(\sin^2\theta + \cos^2\theta)$

$= -x^3 - x + x \quad (\because \sin^2\theta + \cos^2\theta = 1)$

$= -x^3$

अतः A, θ से स्वतंत्र है।

11. (d) माना सारणिक

$$A = \begin{vmatrix} \cos\alpha\cos\beta & \cos\alpha\sin\beta & -\sin\alpha \\ -\sin\beta & \cos\beta & 0 \\ \sin\alpha\cos\beta & \sin\alpha\sin\beta & \cos\alpha \end{vmatrix}$$

प्रथम पंक्ति के अवयवों के संगत विस्तार करने पर,

$$A = \cos\alpha\cos\beta(\cos\alpha\cos\beta - 0) - \cos\alpha\sin\beta(-\cos\alpha\sin\beta - 0) - \sin\alpha(-\sin^2\beta\sin\alpha - \cos^2\beta\sin\alpha)$$

$$= \cos^2\alpha\cos^2\beta + \cos^2\alpha\sin^2\beta + \sin^2\alpha(\sin^2\beta + \cos^2\beta) = \cos^2\alpha(\cos^2\beta + \sin^2\beta) + \sin^2\alpha(\sin^2\beta + \cos^2\beta)$$

$$= \cos^2\alpha(1) + \sin^2\alpha(1)$$

$$= \cos^2\alpha + \sin^2\alpha = 1 \qquad (\because \sin^2\theta + \cos^2\theta = 1)$$

12. (b) दिया है, $A = \{3, 4, 7, 8\}$, $B = \{1, 5, 6, 4, 3\}$, $C = \{4, 5, 9, 3, 8, 6\}$

$$A \cup B = \{3,4,7,8\} \cup \{1,5,6,4,3\} = \{1, 3, 4, 5, 6, 7, 8\}$$

$$\therefore A \cup B \cap C = \{1, 3, 4, 5, 6, 7, 8\} \cap \{4, 5, 9, 3, 8, 6\} = \{3, 4, 5, 6, 8\}$$

13. (c) यदि $A \subset B$, तो $n(A \cup B) = 10$

यदि $A \not\subset B$, तो $n(A \cup B) \geq 10$

14. (a) $\because y = \dfrac{a + bx^{3/2}}{x^{5/4}}$

x के सापेक्ष अवकलन करने पर

$$y' = \frac{\frac{3}{2}bx^{7/4} - \frac{5}{4}(a + bx^{3/2})x^{1/4}}{(x^{5/4})^2}$$

$\because$ $y' = 0, x = 5$ पर,

$$\frac{3}{2}bx^{7/4} - \frac{5}{4}(a + bx^{3/2})x^{1/4} = 0, x = 5 \text{ पर}$$

$$\Rightarrow 6bx^{3/2} - 5(a + bx^{3/2}) = 0, x = 5 \text{ पर}$$

$$\Rightarrow bx^{3/2} = 5a, x = 5 \text{ पर}$$

$$\Rightarrow b(5)^{3/2} = 5a$$

$$\Rightarrow \frac{a}{b} = \frac{5^{3/2}}{5}$$

$$\Rightarrow a : b = \sqrt{5} : 1$$

15. (b) हम जानते हैं कि,

$$\cos x \cos 2x \cos 2^2 x ...... \cos 2^{n-1} x = \frac{\sin(2^n x)}{2^n \sin x} \qquad ...(i)$$

$n = 5$ समी (i) को सन्तुष्ट करता है तथा $n = 5$ रखने पर,

$$\cos x \cos 2x \cos 4x \cos 8x \cos 16x = \frac{\sin 32x}{32 \sin x}$$

$$\Rightarrow f(x) = \frac{1}{32} \cdot \frac{\sin 32x}{\sin x}$$

x के सापेक्ष अवकलन करने पर,

$$f'(x) = \frac{1}{32} \times \frac{\sin x(32\cos 32x) - \sin 32x \cos x}{\sin^2 x}$$

$$\Rightarrow f'\left(\frac{\pi}{4}\right) = \frac{1}{32} \cdot \frac{\left(32 \cdot \frac{1}{\sqrt{2}} \cos 8\pi - \sin 8\pi \cdot \frac{1}{\sqrt{2}}\right)}{\frac{1}{2}}$$

$$= \frac{1}{16\sqrt{2}}(32 \times 1 - 0) = \frac{2}{\sqrt{2}} = \sqrt{2}$$

16. (c) दिया है, $xy + y^2 = \tan x + y$

दोनों पक्षों का x के सापेक्ष अवकलन करने पर,

$$\frac{d}{dx}(xy + y^2) = \frac{d}{dx}(\tan x + y)$$

$$\frac{d}{dx}(xy) + \frac{d}{dx}(y^2) = \sec^2 x + \frac{dy}{dx}$$

$$x\frac{dy}{dx} + y.1 + 2y\frac{dy}{dx} = \sec^2 x + \frac{dy}{dx}$$

$\left[\frac{d}{dx}(u.v) = u\frac{d}{dx}v + v\frac{d}{dx}u, \text{ गुणनफल नियम के प्रयोग से}\right]$

$$\Rightarrow x\frac{dy}{dx} + 2y\frac{dy}{dx} - \frac{dy}{dx} = \sec^2 x - y$$

$$\Rightarrow (x + 2y - 1)\frac{dy}{dx} = \sec^2 x - y$$

$$\Rightarrow \frac{dy}{dx} = \frac{\sec^2 x - y}{x + 2y - 1}$$

17. (a) माना नत समतल का क्षैतिज से झुकाव β तथा प्रक्षेप वेग u है, तो नत समतल पर परास

$$= \frac{2u^2 \sin(60^\circ - \beta)\cos 60^\circ}{g\cos^2\beta}$$

$$= \frac{u^2 . \sin(60^\circ - \beta)}{g\cos^2\beta} \quad (\because \alpha = 60^\circ)$$

तथा उड्डयन काल $= \dfrac{2u\sin(\alpha - \beta)}{g\cos\beta}$

$$= \frac{2u\sin(60^\circ - \beta)}{g\cos\beta} = T \text{ (माना)}$$

यदि T समय में कण स्वतन्त्रतापूर्वक x दूरी गिरता है, तो

$$s = ut + \frac{1}{2}ft^2 \text{ से}$$

$$x = 0 + \frac{1}{2}gT^2$$

या, $x = \frac{1}{2} g\, T^2$

परन्तु नत समतल पर परास = T समय में गिरने पर प्राप्त दूरी = x

$$\therefore \quad \frac{u^2 \sin(60^\circ - \beta)}{g \cos^2 \beta} = \frac{1}{2} g\, T^2$$

$$= \frac{1}{2} g \left[\frac{2u \sin(60^\circ - B)}{g \cos \beta}\right]^2$$

$\Rightarrow \quad \sin(60^\circ - \beta) = 2 . \sin^2(60^\circ - \beta)$

$\Rightarrow \quad 1 = 2 \sin(60^\circ - \beta)$

$\Rightarrow \quad \sin(60^\circ - \beta) = \frac{1}{2} = \sin 30^\circ$

$\Rightarrow \quad 60^\circ - \beta = 30^\circ, \beta = 30^\circ$

अत: नत समतल का क्षैतिज से झुकाव 30° है।

18. (c) वेग u से, क्षैतिज से कोण α पर फेंके गये गोले का, क्षैतिज से कोण β पर झुके नत समतल पर परास

$$= \frac{2u^2 \sin(\alpha - \beta) \cos \alpha}{g \cos^2 \beta}$$

$= R$

उपर्युक्त परास में α के स्थान पर $90^\circ - (\alpha - \beta)$ रखने पर,

$$\frac{2u^2 \sin[90^\circ - (\alpha - \beta) - \beta] \cos[90^\circ - (\alpha - \beta)]}{g \cos^2 \beta}$$

$$= \frac{2u^2 \sin(90^\circ - \alpha) \sin(\alpha - \beta)}{g \cos^2 \beta}$$

$$= \frac{2u^2 \cos \alpha \sin(\alpha - \beta)}{g \cos^2 \beta} = R$$

अतएव क्षैतिज से α और $90^\circ - (\alpha - \beta)$ कोण बनाने वाली दिशाओं में, निश्चित वेग से प्रक्षिप्त करने पर, क्षैतिज से कोण β बनाने वाले सतमल पर एक ही परास R प्राप्त होता है।

नत समतल से प्रक्षेप्य की महत्तम ऊँचाई –

प्रक्षेप-कोण α के लिए $\frac{u^2 \sin^2(\alpha - \beta)}{2g \cos \beta} = h$

प्रक्षेप-कोण $90^\circ - (\alpha - \beta)$ के लिए

$$= \frac{u^2 \sin^2[90^\circ - (d - \beta) - \beta]}{2\, g \cos \beta}$$

$$= \frac{u^2 \sin^2(90^\circ - \alpha)}{2\, g \cos \beta}$$

$$= \frac{u^2 \cos^2 \alpha}{2g \cos \beta} = h'$$

$\therefore\ 4\sqrt{(hh')} \sec \beta$

$$= 4\sqrt{\left[\frac{u^2 \sin^2(\alpha - \beta)}{2g \cos \beta} \times \frac{u^2 \cos^2 \alpha}{2g \cos \beta}\right]} \times \frac{1}{\cos \beta}$$

$$= \frac{4u^2 \sin(\alpha - \beta) \cos \alpha}{2g \cos^2 \beta}$$

$$= \frac{2u^2 \sin(\alpha - \beta) . \cos \alpha}{g \cos^2 \beta} = R$$

अत: $R = 4\sqrt{(hh')} . \sec \beta$

19. (a) माना प्रक्षेप-वेग u तथा उड्डयन काल T है, तो

$$R = \frac{2u \sin(\alpha - \beta)}{g \cos \beta} \qquad ...(i)$$

प्रक्षेप-वेग u के क्षैतिज तथा ऊर्ध्वाधर घटक क्रमश: $u \cos \alpha$ और $u \sin \alpha$ हैं।

यदि गोली पहाड़ी से क्षैतिज दिशा में टकराती है, तो T समय बाद, ऊर्ध्वाधर दिशा में, उसका वेग शून्य होगा।

ऊर्ध्वाधर दिशा में गोली की गति के लिए,

$u = u \sin \alpha, v = 0, f - g, t = T$

$\therefore \quad v = u + ft$ से,

$0 = u \sin \alpha - g\, T$

$\Rightarrow \quad u \sin \alpha = g\, T$

$\Rightarrow \quad u \sin \alpha = g \left[\frac{2u \sin(\alpha - \beta)}{g \cos \beta}\right]$

$\Rightarrow \quad \sin \alpha \cos \beta = 2 \sin(\alpha - \beta)$

(समी. (i) से T का मान रखने पर)

$\Rightarrow$

$\sin \alpha \cos \beta = 2(\sin \alpha . \cos \beta - \cos \alpha \sin \beta)$

$\Rightarrow \quad 2 \cos \alpha \sin \beta$

$= \sin \alpha . \cos \beta$

$\Rightarrow \quad \tan \alpha = 2 \tan \beta$

20. (a) सदिश a पर b का प्रक्षेप

$$\frac{a \cdot b}{|b|} = \frac{(2\hat{i} - \hat{j} + \hat{k}) \cdot (\hat{i} + 2\hat{j} + 2\hat{k})}{\sqrt{1+4+4}} = \frac{2}{3}$$

21. (a) दिया है,

$$(\sqrt{3}a - b)^2 = 3a^2 + b^2 - 2\sqrt{3}\, a \cdot b$$

$$\Rightarrow \quad a \cdot b = \frac{\sqrt{3}}{2} \Rightarrow \cos \theta = \frac{\sqrt{3}}{2} \Rightarrow \theta = 30^\circ$$

22. (a) अभीष्ट इकाई सदिश

$$\frac{(\hat{i} - \hat{j}) \times (\hat{i} + \hat{j})}{|(\hat{i} - \hat{j}) \times (\hat{i} + \hat{j})|} = \frac{2\hat{k}}{2} = \hat{k}$$

23. (d) $\because \quad xy = c^2 \qquad ...(i)$

$$\frac{dy}{dx} = \frac{-c^2}{x^2}$$

अधोलम्ब की लम्बाई $= y \frac{dy}{dx}$

$$= \frac{y\,x - c^2}{x^2} = \frac{-yc^2}{\left(\frac{c^2}{y}\right)^2} \qquad \text{[समी (i) से]}$$

$$= \frac{-yc^2y^2}{c^4} = \frac{-y^3}{c^2}$$

$\therefore$ अधोलम्ब y^3 के अनुक्रमानुपाती है।

24. (d) $\because\ y = x^3 - 3x^2 - 9x + 5$

अवकलन करने पर,

$$\frac{dy}{dx} = 3x^2 - 6x - 9$$

$\therefore$ स्पर्श रेखा x-अक्ष के समान्तर है।

$$\therefore \quad \frac{dy}{dx} = 0$$

$$\Rightarrow \quad 3x^2 - 6x - 9 = 0$$

$$\Rightarrow \quad (x+1)(x-3) = 0 \Rightarrow x = -1, 3$$

25. (a)

26. (c)

मजदूरी (₹ में)	बारम्बारता	संचयी बारम्बारता
20–30	5	5
30–40	8	13
40–50	15	28
50–60	12	40
60–70	3	43

यहाँ $n = 43$

$\therefore$ मध्य पद $= \frac{1}{2}(43+1) = 22$वाँ

$$\therefore \text{ माध्यिका } = 40 + \frac{50-40}{15}\left(\frac{43}{2} - 13\right)$$

$$= 40 + \frac{10}{15} \times \frac{17}{2} = 45{\cdot}67$$

27. (b) $\because$ संख्याओं $x_1 + x_2 + x_3 + x_4 + \ldots\ldots + x_n$ का समान्तर माध्य M है।

$$\therefore \quad nM = x_1 + x_2 + x_3 + x_4 + \ldots\ldots + x_n$$

यदि नया समान्तर माध्य M^1 हो, तो

$$nM^1 = x_1 + x_2 + x_3 + x^1 + \ldots\ldots + x_n$$

$$\therefore \quad nM - nM^1 = x_4 - x^1$$

$$\therefore \quad M^1 = \frac{nM + x^1 - x_4}{n}$$

28. (c) व्यंजक $= \sqrt[3]{333 + \sqrt[3]{987 + \sqrt[3]{2197}}}$

$$= \sqrt[3]{333 + \sqrt[3]{987 + \sqrt[3]{(13)^3}}}$$

$$= \sqrt[3]{333 + \sqrt[3]{987 + 13}}$$

$$= \sqrt[3]{333 + \sqrt[3]{1000}}$$

$$= \sqrt[3]{333 + 10} = \sqrt[3]{343} = \mathbf{7}$$

29. (a) माना डोरी BC में तनाव T है।

$\because$ डोरी के तनाव T और 10 किलोग्राम भार की क्रिया रेखा बिन्दु B से होकर जाती है।

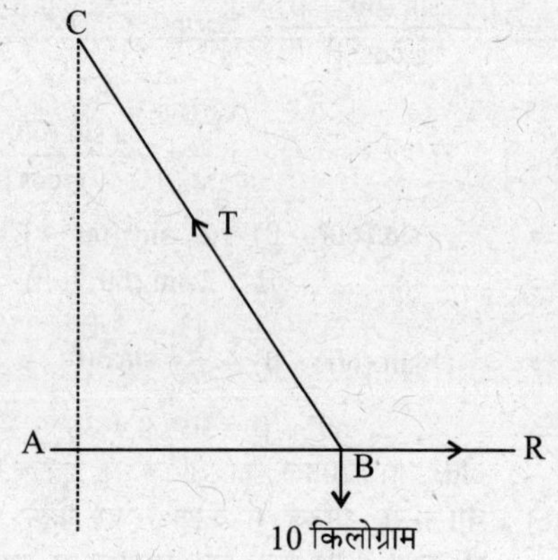

इसलिए सन्तुलित अवस्था में A पर कब्जे की प्रतिक्रिया R की क्रिया रेखा भी बिन्दु B से होकर जाएगी, अर्थात् AB के अनुदिश होगी। अब चूँकि B पर लगे तीनों बल सन्तुलन में हैं।

$\therefore$ लामी के प्रमेय से,

$$\frac{T}{\sin 90^\circ} = \frac{R}{\sin(90^\circ + 45^\circ)} = \frac{10}{\sin(180^\circ - 45^\circ)}$$

या $$\frac{T}{I} = \frac{R}{\cos 45^\circ} = \frac{10}{\sin 45^\circ}$$

$$\therefore \quad T = \frac{10}{\sin 45^\circ}$$

$$= 10\sqrt{2} \text{ किलोग्राम भार}$$

30. (d) माना दण्ड AB का सिरा B, दीवार पर टिका हुआ है, तो B पर दीवार की प्रतिक्रिया R दीवार के लम्बवत् अर्थात् क्षैतिज दिशा में होगी।

दण्ड का भार W उसके मध्य बिन्दु G पर कार्य करता है। यदि R और W की क्रिया-रेखाएँ बिन्दु O पर मिलती हैं, तो सन्तुलित अवस्था में A पर कब्जे की प्रतिक्रिया S की क्रिया-रेखा भी O से होकर जाएगी,

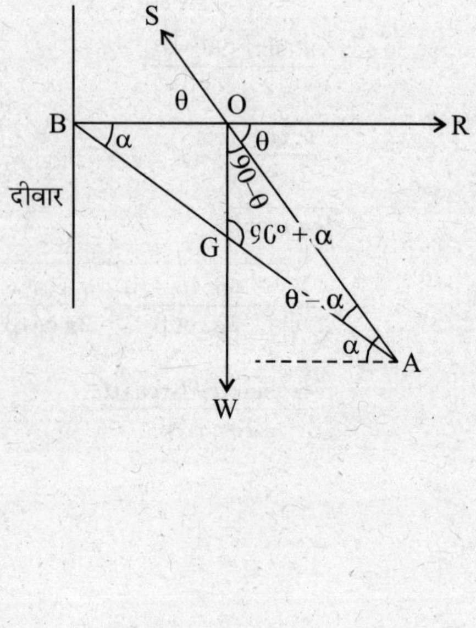

मान S की क्रिया रेखा क्षैतिज से कोण θ बनाती है, तो

$\angle AOR = \theta$

$\therefore$ $\angle AOG = 90° - \theta$

और $\angle ABO = \alpha$ (दिया में)

$\therefore$ $\angle OAB = \angle AOR - \angle ABO = \theta - \alpha$

और $\angle AGO = 180° - (90° - \theta) - (\theta - \alpha) = 90° + \alpha$

Δ AOB में, m, n प्रमेय से,

$(m + n)\cot\theta = m\cot\alpha - n\cot\beta$

अर्थात् $(BG + GA)\cot(90° + \alpha) = BG\cot 90° - GA\cot(90° - \theta)$

या, $-AB\tan\alpha = \frac{1}{2}AB\tan\theta$

$\because$ $\cot 90° = 0$

और $GA = \frac{1}{2}AB$

या, $\tan\theta = 2\tan\alpha$

$\therefore$ $\theta = \tan^{-1}(\tan\alpha)$

$\because$ O पर लगे तीनों बल सन्तुलन में हैं।

$\because$ लामी के प्रमेय से,

$$\frac{R}{\sin(90° + \theta)} = \frac{S}{\sin 90°} = \frac{W}{\sin 180° - \theta}$$

$$\Rightarrow \frac{R}{\cos\theta} = \frac{S}{I} = \frac{W}{\sin\theta}$$

$$\therefore S = \frac{W}{\sin\theta} = W\ \text{cosec}\ \theta$$

$$= W\sqrt{(1+\cot^2\theta)}$$

$$= W\sqrt{\left[1+\left(\frac{1}{2}\cot\alpha\right)^2\right]}$$

$$= \frac{1}{2}W\sqrt{(4+\cot^2\alpha)}$$

$$= \frac{1}{2}W\sqrt{(3+\text{cosec}^2\alpha)}$$

31. (c) माना AC ऊर्ध्वाधर दीवार और O गोले का केन्द्र है तो गोले का भार W बिन्दु O पर कार्य करेगा।

माना गोला दीवार को बिन्दु A पर स्पर्श करता है, तो A पर दीवार की प्रतिक्रिया R, दीवार के लम्बवत् अर्थात् क्षैतिज दिशा में होगी और गोले के केन्द्र O से होकर जाएगी।

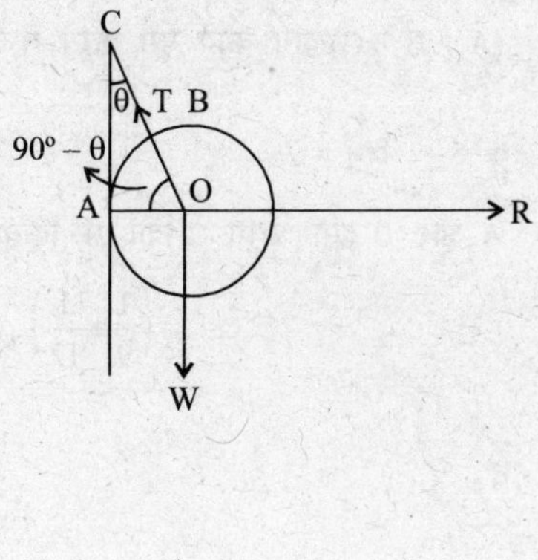

माना डोरी BC में तनाव T और ऊर्ध्वाधर से उसका झुकाव θ है। चूँकि R और W की क्रिया रेखाएँ बिन्दु O से होकर जाती हैं, इसलिए सन्तुलित अवस्था में T की क्रिया रेखा भी O से होकर जाएगी।

$\because$ $BC = OB = OA$ (दिया है)

$\therefore$ $OC = OB + BC = 2.OB = 2.OA$

और $\angle OCA = \theta$

$\therefore$ $\angle AOC = 90° - \angle OCA = 90° - \theta$

Δ OAC में, $\sin\theta = \frac{OA}{OC} = \frac{OA}{2.OA} = \frac{1}{2} = \sin 30°$

$\therefore$ $\theta = 30°$

$\because$ O पर लगे तीनों बल सन्तुलन में हैं,

$\because$ लामी के प्रमेय से,

$$\frac{R}{\sin WOC} = \frac{T}{\sin WOR} = \frac{W}{\sin COR}$$

$$\Rightarrow \frac{R}{\sin[90° + (90° - \theta)]} = \frac{T}{\sin 90°} = \frac{W}{\sin[180° - (90° - \theta)]}$$

$$\Rightarrow \frac{R}{\sin\theta} = \frac{T}{I} = \frac{W}{\cos\theta}$$

$\therefore$ $R = W\tan\theta = W.\tan 30° = \frac{W}{\sqrt{3}} = \frac{1}{3}W\sqrt{3}$

32. (b)

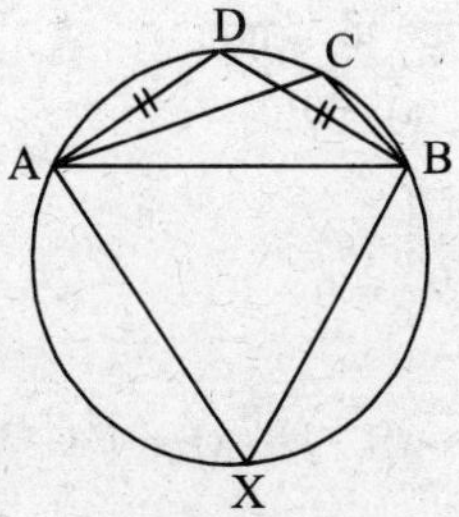

$\because$ $AD = BD$

$\therefore$ $\angle DAB = \angle DBA \Rightarrow \angle DBA = 36°$

Δ ABD में,

$\angle ABD = \angle ADB + \angle BAD = 180°$

$36° + \angle ADB + 36° = 180°$

$\angle ADB = 180° - 72° = 108° \Rightarrow \angle ACB = 108°$

($\because$ $\angle ADB$ व $\angle ACB$ दोनों एक ही वृत्तखण्ड के कोण हैं।)

33. (a) $\angle ABC = 180° - 150° = 30°$ (चक्रीय चतुर्भुज के सम्मुख कोण)

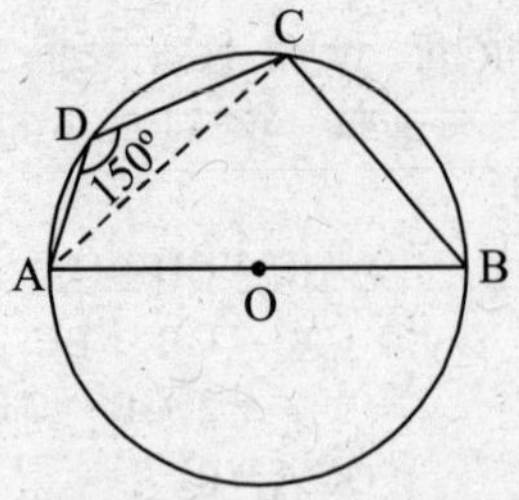

$\angle ACB = 90°$ (अर्द्धवृत्त का कोण)

$\therefore \quad \angle BAC = 180° - (90° + 30°) = 60°$

34. (d) $\sec^2 \tan^{-1}\left(\frac{3}{11}\right) = 1 + \tan^2 \tan^{-1}\left(\frac{3}{11}\right)$

$$= 1 + \left(\tan \tan^{-1}\left(\frac{3}{11}\right)\right)^2$$

$$= 1 + \left(\frac{3}{11}\right)^2$$

$$= 1 + \frac{9}{121} = \frac{130}{121}$$

35. (b) माना घटाई जाने वाली अभीष्ट संख्या $= x$

तब, प्रश्नानुसार,

$$\frac{11-x}{15-x} = \frac{2}{5}$$

$\Rightarrow \quad 30 - 2x = 33 - 3x$

$\Rightarrow \quad x = 3$

36. (d) $\because 3A^3 + 2A^2 + 5A + I = 0$

$\Rightarrow \quad 3A^3 A^{-1} + 2A^2 A^{-1} + 5A \cdot A^{-1} + IA^{-1} = 0$

$3A^2.I + 2AI + 5I + A^{-1} = 0$

$A^{-1} = -(3A^2 + 2A + 5I)$

37. (a) व्युत्क्रमणीय आव्यूह के लिए,

(a) = 0

$$\begin{vmatrix} 2-x & 1 & +1 \\ 1 & 3-x & 0 \\ -1 & -3 & -x \end{vmatrix} = 0$$

$\Rightarrow (2-x)\{-x(3-x)\} - 1\{-x\} + 1\{-3 + (3 - x)\} = 0$

$\Rightarrow (2-x)(-3x + x^2) + x - x = 0$

$x(x-3)(x-2) = 0$

$x = 0, 2, 3$

अत: S का हल समुच्चय $S = \{0, 2, 3\}$

38. (b) यहाँ, $A = \begin{bmatrix} a_{11} & a_{12} \\ a_{21} & a_{22} \end{bmatrix}_{2\times2}$ जहाँ $a_{ij} = \frac{(i+2j)^2}{2}$

$\therefore \quad a_{11} = \frac{(1+2)^2}{2} = \frac{9}{2}, \; a_{12} = \frac{(1+4)^2}{2} = \frac{25}{2},$

$$a_{21} = \frac{(2+2)^2}{2} = 8$$

तथा $a_{22} = \frac{(2+4)^2}{2} = 18$

अत: अभीष्ट आव्यूह, $A = \begin{bmatrix} \frac{9}{2} & \frac{25}{2} \\ 8 & 8 \end{bmatrix}_{2\times2}$

39. (b) **40.** (b) **41.** (b)

42. (b) $8(x^3 - x) = 8 \cdot x(x^2 - 1)$

$= 2 \times 2 \times 2 \cdot x[(x)^2 - (1)^2]$

$= 2.2.2 \cdot x(x-1)(x+1)$

पुन: $4(x^3 - 1) = 4[(x)^3 - (1)^3]$

$\Rightarrow 2 \times 2(x-1)(x^2 + x + 1)$

$\therefore$ लघुत्तम समापवर्त्य

$= 2 \times 2 \times 2 \times x(x+1)(x-1)(x^2 + x + 1)$

$= 8x(x^2 - 1)(x^2 + x + 1)$

43. (c) दी गई रेखाओं के समीकरण निम्न हैं–

$3y + 4x = 1$ ... (i)

$y = x + 5$ ...(ii)

$5y + mx = 3$ ... (iii)

समीकरण (i) व (ii) को हल करने पर

$x = -2$

तथा $y = 3$

यदि रेखायें संगामी हैं तब ये मान समीकरण (iii) को सन्तुष्ट करेंगे।

$15 - 2m = 3$

$\Rightarrow \quad 2m = 12$

$\Rightarrow \quad m = 6$

44. (c) (A + B) का 1 दिन का कार्य $= \frac{1}{10}$ ...(i)

(B + C) का 1 दिन का कार्य $= \frac{1}{6}$ ...(ii)

(C + A) का 1 दिन का कार्य $= \frac{1}{12}$ ...(iii)

समी. (i), (ii) व (iii) को जोड़ने पर

(A + B + C) का 1 दिन का कार्य

$$= \frac{1}{2}\left(\frac{1}{10} + \frac{1}{6} + \frac{1}{12}\right)$$

$$= \left(\frac{1}{2} \times \frac{21}{60}\right) = \frac{21}{120} = \frac{7}{40}$$

$\therefore$ (A + B + C) द्वारा कार्य पूरा करने में लगा समय $= \frac{40}{7}$ दिन

$= 5\frac{5}{7}$ दिन

45. (c) A और B द्वारा प्रथम 2 दिन में किया गया काम

$$= \left(\frac{1}{9} + \frac{1}{12}\right) = \frac{7}{36}$$

$\therefore$ 10 दिन में A और B द्वारा किया गया काम

$$= \left(\frac{5\times 7}{36}\right) = \frac{35}{36}$$

$\therefore$ 10 दिन बाद बचा काम $= \left(1-\frac{35}{36}\right) = \frac{1}{36}$

$\therefore \frac{1}{36}$ काम करने में A को लगा समय

$$= \left(\frac{9}{36}\right) \text{ दिन}$$

$$= \frac{1}{4} \text{ दिन}$$

$\therefore$ काम करने में लगा कुल समय $= 10\frac{1}{4}$ दिन

46. (a) चित्रानुसार AB मीनार और BC झण्डा है।

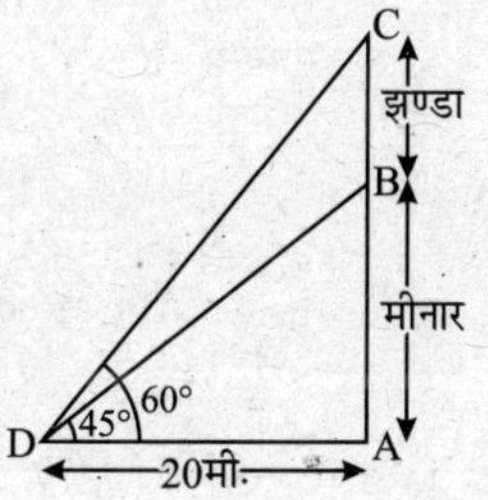

Δ ABD में,

$$\tan 45° = \frac{AB}{AD}$$

$$1 = \frac{AB}{AD}$$

$\Rightarrow$ AB = AD = 20 मीटर

अब $\tan 60 = \frac{AC}{AD}$

$$\frac{\sqrt{3}}{1} = \frac{AB+BC}{AD}$$

$$= \frac{20+BC}{20}$$

$\therefore$ $20 + BC = 20\sqrt{3}$

$\Rightarrow$ $BC = 20\sqrt{3}-20$

$$= 20\left(\sqrt{3}-1\right)$$

$\therefore$ झण्डे की ऊँचाई = BC

$$= 20\left(\sqrt{3}-1\right) \text{ मीटर}$$

47. (c) 1 मी + 1 सेमी + 1 मिमी – 1इंच

= 100 सेमी + 1 सेमी

+ 0.1 सेमी – 2.54 सेमी

= 101.1 – 2.54 = 98.56 सेमी

48. (a) माना संख्याएँ x और y हैं।

$x + y = 5$ ...(i)

तथा $xy = 6$ ...(ii)

$\therefore$ $x = \frac{6}{y}$

x का मान समी (i) में रखने पर,

$$\frac{6}{y} + y = 5, 6 + y^2 = 5y$$

$\Rightarrow$ $y^2 - 5y + 6 = 0$

$\Rightarrow$ $y^2 - 3y - 2y + 6 = 0$

$\Rightarrow$ $y(y-3) - 2(y-3) = 0$

$\Rightarrow$ $(y-3)(y-2) = 0$

यदि $y - 3 = 0$ या $y - 2 = 0$

तो $y = 3$ व 2

y का मान समी (i) में रखने पर,

$\Rightarrow$ $x + 3 = 5x = 2$

इसलिए संख्या के वर्गों के व्युत्क्रमों का योग

$$= \frac{1}{2^2} + \frac{1}{3^2}$$

$$= \frac{1}{4} + \frac{1}{9} = \frac{13}{36}$$

49. (a) सबसे पहले वक्र पर कोई बिन्दु (x, y) मानते हैं और तब दो बिन्दुओं के बीच की दूरी के सूत्र का अनुप्रयोग करते हैं। माना $x^2 = 2y$ पर बिन्दु (x, y) से बिन्दु $(0, 5)$ के बीच की दूरी d

$$d = \sqrt{(x-0)^2 + (y-5)^2}$$

$$= \sqrt{x^2 + (y-5)^2} \quad ....(i)$$

$$= \sqrt{2y + (y-5)^2} \quad (x^2 = 2y \text{ रखने पर})$$

$$d = \sqrt{2y + y^2 - 10y + 25}$$

$$= \sqrt{y^2 - 8y + 4^2 + 9}$$

$$= \sqrt{(y-4)^2 + 9}$$

न्यूनतम होगा जब $(y-4)^2 = 0 \Rightarrow y = 4$

जब $y = 4$, तब $x^2 = 2 \times 4$

$\Rightarrow$ $x = \pm\sqrt{8} = \pm 2\sqrt{2}$

$\therefore$ बिन्दुओं $(2\sqrt{2}, 4)$ और $(-2\sqrt{2}, 4)$ दिए गए वक्र पर बिन्दु $(0, 5)$ से न्यूनतम दूरी पर हैं।

50. (b) दिया है शीर्ष = (0,0) बिन्दु = (2, 3) तथा अक्ष

= x – अक्ष

चूँकि बिन्दु (2, 3) प्रथम चतुर्थांश में स्थित है तथा अक्ष x-अक्ष है।

अतः परवलय का समीकरण $y^2 = 4ax$ होगा जोकि बिन्दु (2, 3) से गुजरती है

अर्थात् $(3)^2 = 4a \times (2) \Rightarrow a = \frac{9}{8}$

∴ अभीष्ट परवलय का समीकरण है–

$$y^2 = 4\left(\frac{9}{8}\right) x \Rightarrow y^2 = \frac{9}{2} x$$

51. (b) P(3) सत्य है। मान लीजिए P(k) सत्य है।

⇒ P(k + 1) भी सत्य हैं।

∵ P(3) सत्य है, ∴ P(4) भी सत्य है।

⇒ P(4) सत्य है।

⇒ P(5) सत्य है।

अत: दिया गया कथन $n \geq 3$ के लिए सत्य है।

52. (b) हमें ज्ञात है कि

$r_1 + r_2 = 2q \cos p$ और $r_1 r_2 = q^2 - p2$

$$\because \quad r_1^2 + r_1 r_2 + r_2^2 = p^2$$

$$\Rightarrow \quad (r_1 + r_2)^2 - r_1 r_2 = p_2$$

$$\Rightarrow \quad 4q^2 \cos^2 p - (q^2 - p^2) = p^2$$

$$\Rightarrow \quad 4q^2 \cos^2 p - q^2 = 0$$

$$\Rightarrow \quad \cos^2 p = \frac{1}{4}$$

$$\cos p = \pm \frac{1}{2}$$

$$\angle P = 60^\circ, 120^\circ$$

53. (c) माना Δ PQ R में, $\pi = 15k$, $\theta = 7k$, तथा $r = 12k$

$$\cos R = \frac{(15k)^2 (7k)^2 - (13k)^2}{2 \times 15k \times 7k}$$

$$= \frac{225 + 49 - 169}{210}$$

$$\cos R = \frac{105}{210} = \frac{1}{2} = \cos 60^\circ$$

$$\angle R = 60^\circ$$

54. (d) बहुभुज के आन्तरिक कोणों का योग,

$$S_n = (2n - 4)\frac{n}{2}$$

$$= (n - 2) \times 180^\circ$$

यहाँ $a = 120^\circ$ तथा $d = 5$

$$\therefore \quad S_n = \frac{n}{2}[2a + (n-1)d]$$

$$= (n - 2) \times 180^\circ$$

$$\Rightarrow \quad n^2 - 25n + 144 = 0$$

$$\Rightarrow \quad n = 9, 16$$

अत: $n = 16$

55. (a) OA = 4 सेमी., OB = 2 सेमी. एवं AP = 9 सेमी.

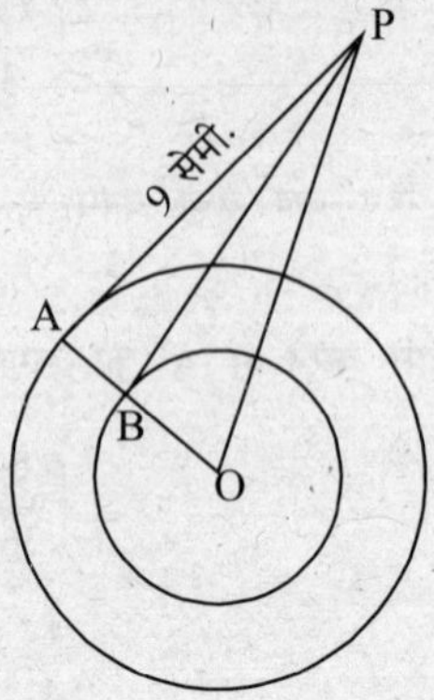

$$OP^2 = OA^2 + AP^2 = 16 + 81 = 97$$

$$PB^2 = OP^2 - OB^2 = 97 - 4 = 93$$

$$\therefore \quad PB = \sqrt{93} = 9.6 \text{ सेमी.}$$

56. (a) माना सामान्य समय = x घण्टे

$$\because \quad x \times \text{सामान्य गति} = \left(x + \frac{25}{60}\right) \times \frac{6}{7} \text{ सामान्य गति}$$

$$\Rightarrow \quad x = \frac{60x + 25}{70}$$

$$\Rightarrow \quad 70x = 60x + 25$$

$$\Rightarrow \quad x = 2{\cdot}5 \text{ घण्टे}$$

= 2 घण्टे 30 मिनट

57. (b) बिना विश्राम के 50 किमी की दूरी तय करने में लगा समय

$$= \frac{50}{12{\cdot}5} \text{ घण्टे} = 4 \text{ घण्टे}$$

$$\text{विश्राम में लगा समय} = \left(\frac{50}{12{\cdot}5} \times 20\right) \text{मिनट}$$

= 80 मिनट

= 1 घण्टा 20 मिनट

∴ विश्राम सहित कुल समय

= (4 घण्टे + 1 घण्टा 20 मिनट)

= 5 घण्टे 20 मिनट

58. (c) दी हुई श्रेणी का n वाँ पद

$$= \frac{\text{श्रेणी } 1^3 + 2^3 + 3^3 + \ldots\ldots \text{ का } n \text{ पदों तक योग}}{\text{श्रेणी } 1 + 3 + 5 + \ldots\ldots \text{ का } n \text{ पदों तक योग}}$$

$$= \frac{\left[\frac{1}{2} n(n+1)\right]^2}{\frac{1}{2} n [2.1 + (n-1).2]}$$

$$= \frac{n^2 (n+1)^2}{4n^2} = \frac{1}{4}(n+1)^2$$

$$= \frac{1}{4}(n^2 + 2n + 1) = \frac{1}{4}n^2 + \frac{1}{2}n + \frac{1}{4}$$

$\therefore$ श्रेणी के n पदों का योग

$$=\frac{1}{4}\Sigma n^2+\frac{1}{2}\Sigma n+\frac{1}{4}n$$

$$=\frac{1}{4}\cdot\frac{1}{6}n(n+1)(2n+1)+\frac{1}{2}\cdot\frac{1}{2}n(n+1)+\frac{1}{4}n$$

$$=\frac{1}{24}n[(n+1)(2n+1)+6(n+1)+6]$$

$$=\frac{1}{24}n[2n^2+1+3n+6n+6+6]$$

$=\frac{1}{24}n(2n^2+9n+13)$, अब $n=16$ रखने पर श्रेणी के प्रथम 16 पदों का योगफल

$$=\frac{1}{24}.16[2(16)^2+9(16)+13]=446$$

59. (c) $(x, y) = (\tan\theta + \sin\theta, \tan\theta - \sin\theta)$

x तथा y का नाम विकल्प (c) में रखने पर,

$$[(\tan\theta+\sin\theta)^2-(\tan\theta-\sin\theta)^2]^2$$

$$=16(\tan\theta+\sin\theta)\times(\tan\theta-\sin\theta)$$

$$\Rightarrow [\tan^2\theta+\sin^2\theta-\tan^2\theta-\sin^2\theta+4\tan\theta\sin\theta]^2 = 16(\tan^2\theta-\sin^2\theta)$$

$$\Rightarrow (4\tan\theta.\sin\theta)^2=16(\tan^2\theta-\sin^2\theta)$$

$$\Rightarrow 16\tan^2\theta-\sin^2\theta=16\tan^2\theta(1-\cos^2\theta)$$

$$\Rightarrow 16\tan^2\theta\sin^2\theta=16\tan^2\theta\sin^2\theta$$

अत: विकल्प (c) सन्तुष्ट करता है।

60. (c) $\because$ मूलों का योग $=(p+q)+(p-q)=2p$

मूलों का गुणनफल $=(p+q)(p-q)=p^2-q^2$

द्विघात समीकरण

y^2- (मूलों का योग)$y+$ मूलों का गुणनफल $=0$

$y^2-2py+p^2-q^2=0$

61. (b) $\int_{-4}^{4}|4x+2|\,dx$

$$=\int_{-4}^{2}-(4x+2)dx+\int_{-2}^{4}(4x+2)\,dx$$

$$=-\left[4.\frac{x^2}{2}+2x\right]_{-4}^{2}+\left[4\frac{x^2}{2}+2x\right]_{-2}^{4}$$

$$=[2x^2+2x]_{-4}^{2}+[2x^2+2x]_{-2}^{4}$$

$$=[8+4-32+8]+[32+8-8+4]$$

$$=-[-12]+36$$

$$=12+36=48$$

62. (c) $\because P(x)=-3500+(400-x)x$

x के सापेक्ष अवकलन करने पर,

$$P'(x)=400-2x$$

$P'(x)=0$ रखने पर,

$$400-2x=0\Rightarrow x=200$$

अब, $P''(x)=-2\Rightarrow P''(200)=-2<0$

$x=200$ पर $P(x)$ उच्चिष्ठ है।

अत: अभीष्ट वस्तुओं की संख्या $=200$

63. (a) माना संख्या $=x$

तब प्रश्नानुसार,

$$\left(b\times\frac{1}{a}\right)\times x=\left(b+\frac{1}{a}\right)$$

$$\Rightarrow \frac{b}{a}x=b+\frac{1}{a}$$

$$\Rightarrow \frac{b}{a}x=\frac{ab+1}{a}$$

$$\Rightarrow x=\frac{(ab+1)}{b}=\left(a+\frac{1}{b}\right)$$

64. (d) वृत्त $x^2+y^2=9$ के सापेक्ष बिन्दुओं $(1, 2)$ व $(2, 1)$ की स्थिति वृत्त के अन्दर है। ($\therefore 1^2+2^2=5<9$ तथा? $2^2+1^2=5<9$)

दीर्घवृत्त $\frac{x^2}{9}+\frac{y^2}{4}=1$ पर $P(1, 2)$ के लिए

$$\frac{1^2}{9}+\frac{2^2}{4}=\frac{1}{9}+1>1$$

तथा $Q(2, 1)$ के लिए $\frac{2^2}{9}+\frac{1}{4}=\frac{16+9}{36}=\frac{25}{36}<1$

$\therefore$ P, E के बाहर तथा Q, E के अन्दर है।

अत: बिन्दु P वृत्त C के अन्दर तथा दीर्घवृत्त E के बाहर है।

65. (c) दीर्घवृत्तों के समीकरण $\frac{x^2}{13^2}+\frac{y^2}{5^2}=1$ तथा $\frac{x^2}{a^2}+\frac{y^2}{b^2}=1$ हैं।

इनकी उत्केन्द्रताएँ क्रमश:

$$e=\sqrt{1-\frac{25}{169}}=\frac{5}{13}$$

तथा $e'=\sqrt{1-\frac{b^2}{a^2}}$ हैं।

प्रश्नानुसार, $e'=e$

$$\Rightarrow \sqrt{1-\left(\frac{b^2}{a^2}\right)}=\sqrt{1-\left(\frac{25}{169}\right)}$$

$$\Rightarrow \frac{b}{a}=\frac{5}{13} \qquad (\therefore a>0, b>0)$$

$$\Rightarrow \frac{a}{b}=\frac{13}{5}$$

66. (d)

$$^nC_r+{}^nC_{r+1}={}^{n+1}C_m$$

$$\Rightarrow {}^{n+1}C_{r+1}={}^{n+1}C_m$$

$$\Rightarrow m=r+1$$

67. (b) हमें ज्ञात है कि

$^mC_0 + {}^mC_1 + {}^mC_2 + ... + {}^mC_m = 2^m$

उपरोक्त में $m = 15$ रखने पर,

$^{15}C_0 + {}^{15}C_1 + {}^{15}C_2 + ... + {}^{15}C_{15} = 2^{15}$

$\Rightarrow \quad {}^{15}C_1 + {}^{15}C_2 + {}^{15}C_3 + ... + {}^{15}C_{15} = 2^{15} - 1$

68. (b) यहाँ दिए गए रेखाओं के समीकरण क्रमशः $y = 0, x = k$ और $y = kx$ है।

रेखाओं द्वारा घिरे क्षेत्र का क्षेत्रफल

$$= \int_0^k y.dx$$

$$4 = \int_0^k kx\,dx$$

$$= k\left[\frac{x^2}{2}\right]_0^k$$

$$\Rightarrow \quad 4 = k\frac{k^2}{2}$$

$$\Rightarrow \quad k^3 = 8$$

$$k = 2$$

69. (c) $(1+x^2)\dfrac{dy}{dx} = x$

$$\Rightarrow \quad dy = \frac{x}{1+x^2}dx$$

दोनों तरफ समाकलन लेने पर,

$$\int dy = \int \frac{x}{1+x^2}dx + C$$

$$y = \frac{1}{2}\log(1+x^2) + C$$

70. (a) $\left(\dfrac{a-b}{a}\right)$ = रखने पर दी हुई श्रेणी

$$= x + \frac{1}{2}x^2 + \frac{1}{3}x^3 + ...$$

$$= -\log(1-x) = -\log\left(1 - \frac{a-b}{a}\right)$$

$$= -\log\left(\frac{b}{a}\right)$$

$$= \log\left(\frac{a}{b}\right) = \log a - \log b$$

71. (c) AB के दिक् अनुपात हैं–

$(-1 + 11), (-7 - 8), (-1 - 4)$

$\Rightarrow \quad 10, -15, -5$

$\Rightarrow \quad 2, -3, -1$

$\Rightarrow \quad a_1 = 2, b_1 = -3$ और $c_1 = -1$

और BC के दिक् अनुपात

$(9 + 1), (-2 + 7), (4 + 1)$

$\Rightarrow \quad 10, 5, 5$

$\Rightarrow \quad 2, 1, 1$

$\Rightarrow \quad a_2 = 2, b_2 = 1, c_2 = 1$

$\therefore \quad a_1a_2 + b_1b_2 + c_1c_2$

$= 2 \times 2 + (-3) \times 1 + (-1) \times 1$

$= 4 - 3 - 1$

$= 0.$

$\therefore$ AB और BC लम्बवत् हैं।

72. (d) यदि l, m, n एक रेखा के दिक् अनुपात हों, तो

$$l^2 + m^2\ n^2 = 1$$

73. (c) हम जानते हैं कि $P(AB) \le P(b).P(AB) \le \dfrac{S}{8}$

साथ ही $P(AB) \ge P(a) + P(b) - 1$

$$P(AB) \ge \frac{3}{4} + \frac{5}{8} - 1 = \frac{3}{8}$$

$$\therefore \frac{3}{8} \le P(AB) \le \frac{5}{8}$$

74. (b) $n(X \times Y) = n(X) \times n(Y) = 5 \times 6 = 30$

75. (a) $n(X \cup Y) = n(X) + n(Y) - n(X \cap Y)$

$39 = 21 + 25 - n(X \cap Y)$

$n(X \cap Y) = 46 - 39 = 7$

76. (b) मान लो

$$z_1 = r_1(\cos\theta_1 + i\sin\theta_1)$$

तथा $z_2 = r_2(\cos\theta_2 + i\sin\theta_2)$

$\therefore \quad |z_1 + z_2|^2 = r_1^2 + r_2^2 + 2r_1r_2\cos(\theta_1 - \theta_2)$

और $|z_1 - z_2|^2 = r_1^2 + r_2^2 - 2r_1r_2\cos(\theta_1 - \theta_2)$

$\therefore \quad |z_1 + z_2|^2 + |z_1 - z_2|^2$

$= 2r_1^2 + 2r_2^2$

$= 2|z_1|^2 + 2|z_2|^2$

77. (a) प्रश्नानुसार,

$$\frac{1}{q} = a + (p-1)d \qquad ...(i)$$

$$\frac{1}{p} = a + (q-1)d \qquad ...(ii)$$

समीकरण (i) और (ii) को हल करने पर

$$a = d = \frac{1}{pq}$$

$$S_{pq} = \frac{pq}{2}\left[2 \times \frac{1}{pq} + (pq-1) \times \frac{1}{pq}\right]$$

$$= \frac{pq}{2} \times \frac{pp+1}{pq}$$

$$= \frac{1}{2}(pq+1)$$

78. (a) $\lim_{x\to\pi/2} \dfrac{\cos x}{\frac{\pi}{2} - x} \qquad \left[\text{form } \frac{0}{0}\right]$

$= \lim_{x\to\pi/2} \dfrac{-\sin x}{-1}$ (एल हॉस्पिटल नियम से)

$= \lim_{x\to\pi/2} \sin x$
$= \sin \pi/2 = 1$

79. (c) अन्त से श्रेणी का सार्व अनुपात $= \frac{1}{r}$

अन्त से चौथा पद $= 512\left(\frac{1}{2}\right)^{4-1}$

$= 64$

80. (c) माना $A = \lim_{x\to 0}(x+1)^{\cot x}$

$\log A = \lim_{x\to 0}\cot x \log(1+x)$

$= \lim_{x\to 0}\frac{\log(1+x)}{\tan x} \qquad \left[\text{form}\ \frac{0}{0}\right]$

$= \lim_{x\to 0}\frac{1/(1+x)}{\sec^2 x} = 1$

(एल हॉस्पिटल नियम से)

$\Rightarrow \quad A = e$

सांतत्य के लिए $\lim_{x\to 0} f(x) = f(0)$

$\Rightarrow \quad f(0) = e$

81. (d) $\frac{d}{dx}\{\cot^{-1}(\operatorname{cosec} x)\}$

$= \left(\frac{-1}{1+\operatorname{cosec}^2 x}\right)(-\operatorname{cosec} x \cot x)$

$= \frac{\cos x}{1+\sin^2 x}$

82. (d) $\frac{d}{dx}\left\{\sin^{-1}\sqrt{\frac{x-\beta}{\alpha-\beta}}\right\} = \frac{1}{\sqrt{1-\left(\frac{x-\beta}{\alpha-\beta}\right)}}\cdot\frac{\frac{1}{2}(x-\beta)^{-1/2}}{\sqrt{\alpha-\beta}}$

$= \frac{1}{2\sqrt{(\alpha-x)(x-\beta)}}$

83. (a) $y = a\cos(\log x) + b\sin(\log x)$ ...(i)

$\therefore \quad \frac{dy}{dx} = -a\sin(\log x)\cdot\frac{1}{x} + b\cos(\log x)\cdot\frac{1}{x}$

$\therefore \quad x\frac{dy}{dx} = -a\sin(\log x) + b\cos(\log x)$

$x\frac{d^2y}{dx^2} + \frac{dy}{dx}\cdot 1$

$= -a\cos(\log x)\cdot\frac{1}{x} - b\sin(\log x)\cdot\frac{1}{x}$

$= -\frac{1}{x}[a\cos(\log x) + b\sin(\log x)]$

$\Rightarrow \quad x^2\frac{d^2y}{dx^2} + x\frac{dy}{dx} = -y$ [समीकरण (i) से]

84. (d) दो पत्तों को खींचने की विधियाँ $= {}^{16}C_2 = 120$

विधियों की संख्या जिसमें केवल एक इक्का हो

$= {}^4C_1 \cdot {}^{12}C_1 = 48$

विधियों की संख्या जिसमें दो इक्के हों

$= {}^4C_2 = 6$

$\therefore$ इनमें कम-से-कम एक इक्के होने की अनुकुल विधियाँ

$= 48 + 6 = 54$

$\therefore$ प्रायिकता $= \frac{54}{120} = \frac{9}{20}$

85. (b) माना $u = \sin^{-1}\frac{2x}{1+x^2}$

$x = \tan\theta$ रखने पर

$\therefore \quad u = \sin^{-1}\frac{2\tan\theta}{1+\tan^2\theta}$

$= \sin^{-1}(\sin 2\theta)$

$= 2\theta = 2\tan^{-1}x$

$\therefore \quad \frac{du}{dx} = \frac{2}{1+x^2}$

और माना $v = \tan^{-1}\frac{2x}{1-x^2}$

$x = \tan\theta$ रखने पर

$v = \tan^{-1}\left(\frac{2\tan\theta}{1-\tan^2\theta}\right)$

$= \tan^{-1}(\tan 2\theta)$

$= 2\theta = 2\tan^{-1}x$

$\frac{dv}{dx} = \frac{2}{1+x^2}$

$\therefore \quad \frac{du}{dv} = \frac{du/dx}{dv/dx}$

$= \frac{2/(1+x^2)}{2/(1+x^2)} = 1$

86. (b) चरों को आरोही क्रम में रखने पर

222, 385, 560, 782, 1123, 1180, 1200, 1500, 1785 और 2000

यहाँ, $n = 10$

$\therefore$ माध्यिका $= \frac{5 \text{ वें पद का मान} + 6 \text{ वें पद का मान}}{2}$

$= \frac{1123+1180}{2}$

$= \frac{2303}{2} = 1151.5$

87. (b) मान लो दीर्घवृत्त के स्पर्शी का समीकरण

$y = mx + \sqrt{(a^2m^2+b^2)}$ ...(i)

$\therefore h = x$ अक्ष पर रेखा द्वारा कटा अंत:खण्ड

$= -\frac{\sqrt{(a^2m^2+b^2)}}{m}$

और $k = y$-अक्ष पर रेखा द्वारा कटा अंत:खण्ड

$$= \sqrt{(a^2m^2 + b^2)}$$

$$\therefore \quad \frac{a^2}{h^2} + \frac{b^2}{k^2} = \frac{a^2m^2}{a^2m^2 + b^2} + \frac{b^2}{a^2m^2 + b^2}$$

$$= \frac{a^2m^2 + b^2}{a^2m^2 + b^2} = 1$$

88. (a) मूल बिन्दु से निकटस्थ बिन्दु जो रेखा $3x - 4y = 25$ पर है। वही बिन्दु होगा जो मूल बिन्दु से रेखा $3x - 4y = 25$ पर डाले गए लम्ब व रेखा $3x - 4y = 25$ के कटने से बनता है।

उदाहरणार्थ P, O से डाले गए लम्ब व AB के कटने से P बिन्दु प्राप्त होता है, यही अभीष्ट बिन्दु है।

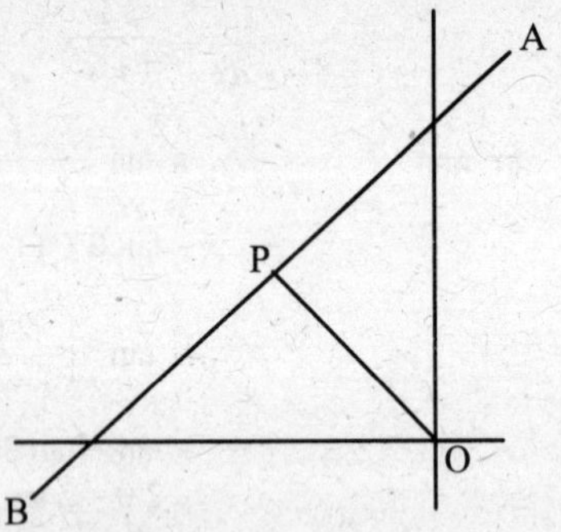

$\therefore$ रेखा $3x - 4y = 25$ की प्रवणता $\frac{3}{4}$ होगी।

$\therefore$ इस रेखा पर डाले गए लम्ब की प्रवणता $= -\frac{4}{3}$

और लम्ब (0, 0) से डाला गया है।

$\therefore$ लम्ब का समीकरण होगा–

$$y - 0 = -\frac{4}{3}(x - 0)$$

$$\Rightarrow \quad 4x + 3y = 0$$

अब $3x - 4y = 25$ और $4x + 3y = 0$ को हल करने पर $x = 3$ और $y = -4$ मिलेगा।

$\therefore$ (3, –4) ही अभीष्ट बिन्दु है।

89. (b) माना केन्द्र O के निर्देशांक (h, k) हैं।

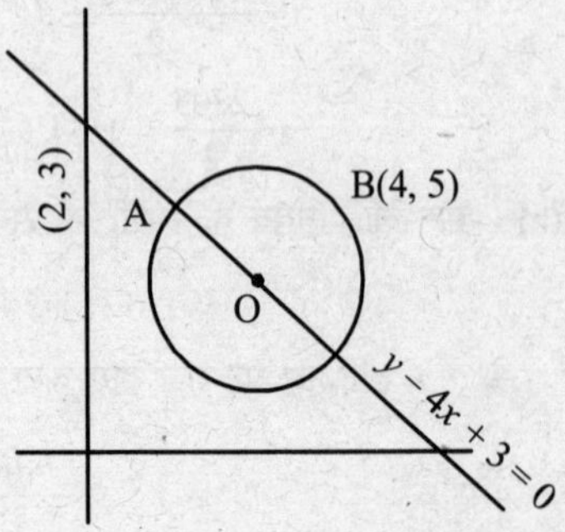

$$\therefore \quad k - 4h + 3 = 0 \quad \text{...(i)}$$

और $\quad (h-2)^2 + (k-3)^2 = (h-4)^2 + (k-5)^2$

$$\Rightarrow \quad -4h + 4 - 6k + 9 = -8h + 16 - 10k + 25$$

$$\Rightarrow \quad k + h - 7 = 0 \quad \text{...(ii)}$$

समीकरण (i) और (ii) को हल करने पर, हम पाते हैं, $h = 2$ और $k = 5$ और त्रिज्या = 2

$\therefore$ वृत्त का समीकरण होगा–

$$(x-2)^2 + (y-5)^2 = 4$$

$$\Rightarrow \quad x^2 + y^2 - 4x - 10y + 25 = 0$$

90. (b) $\begin{vmatrix} 1+x & 1 & 1 \\ 1 & 1+x & 1 \\ 1 & 1 & 1+x \end{vmatrix} = 0$

$$\Rightarrow (1+x)[(1+x)^2 - 1] - 1[1 + x - 1) + 1[1 - (1+x)] = 0$$

$$\Rightarrow \quad x^3 + 3x^2 = 0$$

$$\Rightarrow \quad x^3(x+3) = 0$$

अर्थात् $x = (0, 0, -3)$

91. (c) दिया है कि C = AB

C_{23} = (A की द्वितीय पंक्ति) . (B का तृतीय स्तम्भ)

$$= \begin{bmatrix} 0 & 0 & 5 & 0 \end{bmatrix} \begin{bmatrix} 2 \\ 1 \\ 1 \\ -2 \end{bmatrix}$$

$$= [0.2 + 0.1 + 5.1 + 0\,(-2)] = 5$$

92. (c) $A_{\alpha+\beta} = \begin{bmatrix} \cos(\alpha+\beta) & \sin(\alpha+\beta) \\ -\sin(\alpha+\beta) & \cos(\alpha+\beta) \end{bmatrix}$

$$= \begin{bmatrix} \cos\alpha\cos\beta - \sin\alpha\sin\beta & \sin\alpha\cos\beta - \cos\alpha\sin\beta \\ -(\sin\alpha\cos\beta + \cos\alpha\sin\beta) & \cos\alpha\cos\beta - \sin\alpha\sin\beta \end{bmatrix}$$

$$= \begin{bmatrix} \cos\alpha & \sin\alpha \\ -\sin\alpha & \cos\alpha \end{bmatrix} . \begin{bmatrix} \cos\beta & \sin\beta \\ -\sin\beta & \cos\beta \end{bmatrix}$$

$$= A_\alpha \cdot A_\beta$$

93. (c) $\quad I = \int_0^\pi e^{\cos^2 x} \cdot \cos^3(2n+1)x\, dx$

$$\therefore \quad f(x) = e^{\cos^2 x} . \cos^3(2n+1)x$$

$$f(\pi - x) = e^{\cos^2(\pi - x)} . \cos^3[(2n+1)\pi - (2n+1)x]$$

$$= e^{\cos^2 x} \cos^3[\pi - (2n+1)x]$$

$$= e^{\cos^2 x}[-\cos(2n+1)x]$$

$$= -f(x)$$

$\therefore \quad f(x)$ एक विषम फलन है।

$$\therefore \quad I = \int_0^\pi e^{\cos^2 x} . \cos^3(2n+1)x\, dx = 0$$

94. (d) $\int_0^1 \frac{3x}{(x+1)(x-2)}dx$

$$= \int_0^1 \left[\frac{2}{x-2} + \frac{1}{x+1}\right]dx$$

$$= [2\log(x-2) + \log(x+1)]_0^1$$

$$= [\log(x-2)^2(x+1)]_0^1$$

$$= \log 2 - \log 4$$

$$= \log\frac{1}{2}$$

95. (c) $\tan^{-1}x - \tan^{-1}y = \tan^{-1}A$

$$\therefore \quad \tan^{-1}\left(\frac{x-y}{1+xy}\right) = \tan^{-1}A$$

$$\therefore \quad A = \frac{x-y}{1+xy}$$

96. (b) $\sec^{-1}[\sec(-30^\circ)] = -30^\circ$

97. (d) चूँकि अतिपरवलय में

$S'P - SP = 2a$ (एक स्थिरांक)

जहाँ S और S' अतिपरवलय के ध्रुव हैं और $2a$ ट्रांसवर्स अक्ष की लम्बाई है। तब P का बिन्दुपथ ऐसा है कि

$PA - PB = K$

∴ अतः P का बिन्दुपथ अतिपरवलय है।

98. (d) हमें दिया है

$$\frac{dy}{dx} = \frac{1}{y^2 + \sin y}$$

$$\Rightarrow \quad \frac{dx}{dy} = y^2 + \sin y$$

$$\Rightarrow \quad dx = (y^2 + \sin y)dy$$

दोनों तरफ समाकलन करने पर हमें प्राप्त होता है।

$$\int dx = \int (y^2 + \sin y)dy$$

$$\Rightarrow \quad x = \frac{y^2}{3} - \cos y + C$$

99. (c) माना बड़े वृत्त का अर्द्धव्यास = R

प्रश्नानुसार,

तीन लघु वृत्तों के क्षेत्रफलों का योगफल = बड़े वृत्त का क्षेत्रफल

$$= \pi R_1^2 + \pi R_2^2 + \pi R_3^2 + \pi R^2$$

$= \frac{22}{7}(144 + 64 + 81) = \frac{22}{7} \times 289$ वर्ग सेमी. $= \pi R^2$

$$\Rightarrow \quad \frac{22}{7} \times 289 = \frac{22}{7}R^2$$

$\Rightarrow \quad R^2 = 289 \qquad \therefore R = 17$ सेमी.

100. (b) प्रश्नानुसार,

$$\frac{a+3d}{a} = 2$$

$$\Rightarrow \quad a = 3d \quad \text{...(i)}$$

चतुर्भुज के चारों कोणों का योग = 360°

$$\because a + a + d + a + 2d + a + 3d = 360^\circ$$

$$\Rightarrow \quad 4a + 6d = 360^\circ$$

$$\Rightarrow \quad 4 \times 3d + 6d = 360^\circ$$

$$18d = 360^\circ$$

$$d = 20$$

d का मान समीकरण (i) में रखने पर

दो अन्य कोण,

$$a + d = (20^\circ + 60^\circ) = 80^\circ$$

तथा $a + 2d = (60^\circ + 40^\circ) = 100^\circ.$

❑❑❑

8 गणित
प्रैक्टिस पेपर

1. चक्रवृद्धि ब्याज पर जमा की गई ₹ 12,000 की धनराशि 5 वर्ष में दोगुनी हो जाती है। 20 वर्ष के बाद यह धनराशि कितनी हो जायेगी?
(a) ₹ 1,44,000 (b) ₹ 1,20,000
(c) ₹ 1,50,000 (d) ₹ 1,92,000

2. एक समकोण ΔABC, B पर इस प्रकार समकोणिक है कि AB = 12 सेमी. तथा BC = 16 सेमी.। बिन्दु B से कर्ण AC पर लम्ब बनाया जाता है, जोकि D पर मिलता है। लम्ब BD की लगभग लम्बाई है–
(a) 15 सेमी. (b) 7.5 सेमी.
(c) 9.6 सेमी. (d) इनमें से कोई नहीं

3. tan 75° का मान क्या है?
(a) $\sqrt{3}-1$ (b) $\sqrt{3}+1$
(c) $\frac{\sqrt{3}+1}{\sqrt{3}-1}$ (d) $\frac{\sqrt{3}-1}{\sqrt{3}+1}$

4. यदि $\sin x = \frac{2}{\sqrt{5}}$ तथा $\cos y = \frac{1}{\sqrt{10}}$ जहाँ x और y न्यून कोण हैं तब $x + y$ का मान होगा–
(a) 45° व 135° (b) 60° व 150°
(c) 30° व 90° (d) इनमें से कोई नहीं

5. यदि किसी समबाहु त्रिभुज के शीर्ष बिन्दु (0, 0) तथा दूसरा $(3, \sqrt{3})$ हो, तब तीसरे शीर्ष बिन्दु के निर्देशांक होंगे–
(a) $(0, 2\sqrt{3})$ (b) $(0, -2\sqrt{3})$
(c) $(2, \sqrt{3})$ (d) $(3, \sqrt{3})$

6. माना एक वर्ग के विपरीत कोणीय बिन्दु (3, 4) तथा (1, –1) हैं। तब, शेष कोणीय बिन्दुओं के निर्देशांक है–
(a) $\left(\frac{9}{2}, \frac{1}{2}\right)$ तथा $\left(-\frac{1}{2}, \frac{5}{2}\right)$
(b) $\left(\frac{9}{2}, -\frac{1}{2}\right)$ तथा $\left(-\frac{1}{2}, -\frac{5}{2}\right)$
(c) $\left(-\frac{9}{2}, \frac{1}{2}\right)$ तथा $\left(-\frac{1}{2}, \frac{5}{2}\right)$
(d) इनमें से कोई नहीं

7. यदि $\begin{vmatrix} 2x & 5 \\ 8 & x \end{vmatrix} = \begin{vmatrix} 6 & -2 \\ 7 & 3 \end{vmatrix}$ तब x का मान होगा–
(a) 3 (b) ± 3
(c) ± 6 (d) 6

8. यदि $\begin{vmatrix} a & b & 0 \\ 0 & a & b \\ b & 0 & a \end{vmatrix} = 0$, तब–
(a) a इकाई का एक घनमूल है
(b) b इकाई का एक घनमूल है
(c) $\left(\frac{a}{b}\right)$ इकाई का एक घनमूल है
(d) $\left(\frac{a}{b}\right), -1$ का एक घनमूल है

9. यदि $A = \begin{vmatrix} 1 & 0 & 1 \\ 0 & 1 & 2 \\ 0 & 0 & 4 \end{vmatrix}$, तब–
(a) $|3A| = 3|A|$ (b) $|3A| = 9|A|$
(c) $|3A| = 27|A|$ (d) इनमें से कोई नहीं

10. यदि $A = \{x : x^2 + 6x - 7 = 0\}$ तथा $B = \{x : x^2 + 9x + 14 = 0\}$, तो (A – B) बराबर है–
(a) {1, –7} (b) {1}
(c) {–7} (d) {–2}

11. एक कक्षा के 45 छात्र विज्ञान अथवा गणित अथवा दोनों विषय पढ़ने के लिए चुनते हैं। 10 छात्र दोनों विषय चुनते हैं तथा 20 छात्र गणित चुनते हैं। विज्ञान चुनने वालों की संख्या है–
(a) 35 (b) 15
(c) 25 (d) इनमें से कोई नहीं

12. यदि $\sin^2 x + \cos^2 y = 1$, तब $\frac{dy}{dx}$ का मान है–
(a) $\frac{\sin 2x}{\sin 2y}$ (b) $\frac{\sin 2y}{\sin 2x}$
(c) $\frac{\sin^2 x}{\sin^2 y}$ (d) $\frac{\sin^2 y}{\sin^2 x}$

13. यदि $x\sqrt{1+y} + y\sqrt{1+x} = 0$, $-1 < x < 1$ के लिए, तब dy/dx है–
(a) $\frac{1}{(1+x)}$ (b) $\frac{1}{(1+x)^2}$
(c) $\frac{1}{1+x^2}$ (d) $\frac{-1}{(1+x)^2}$

14. यदि $(x-a)^2+(y-b)^2=c^2, c>0$ के लिए, तब $\dfrac{\left[1+\left(\dfrac{dy}{dx}\right)^2\right]^{3/2}}{d^2y/dx^2}$ है–

(a) $-c$ (b) $\dfrac{-c}{a}$

(c) $\dfrac{-a}{c}$ (d) $-abc$

15. एक कण किसी त्रिभुज के क्षैतिज आधार के एक सिरे से फेंका जाता है, जो त्रिभुज के शीर्ष से होकर आधार के दूसरे सिरे पर गिरता है, यदि त्रिभुज के आधार कोण α और β हों तथा θ प्रक्षेप-कोण है, तो–

(a) $\tan\theta = \tan\alpha + \tan\beta$
(b) $\tan\theta = \tan\alpha + 2\tan\beta$
(c) $\tan\theta = 2\tan\alpha + \tan\beta$
(d) $\tan\theta = 2\tan\alpha + 3\tan\beta$

16. प्रक्षेप-कण α पर फेंका गया एक कण, ऊँचाई b की दीवार को छूता हुआ जाता है, यदि दीवार का पाद और प्रक्षेप-बिन्दु एक ही क्षैतिज समतल में हों और उनके बीच की दूरी a हो, तो प्रक्षेप्य की महत्तम ऊँचाई है–

(a) $\dfrac{1}{2}\dfrac{a^2\tan^2\alpha}{a\tan\alpha-\beta}$ (b) $\dfrac{1}{4}\dfrac{a^2\tan^2\alpha}{(a\tan\alpha-b)}$

(c) $\dfrac{1}{4}\dfrac{b^2\tan^2\alpha}{a\tan\alpha-b}$ (d) $\dfrac{1}{4}\dfrac{b^2\tan^2\alpha}{b\tan\alpha-a}$

17. कोई कण $2\sqrt{(ag)}$ वेग से इस प्रकार प्रक्षेपित किया जाता है, कि वह, $2a$ मीटर दूरस्थ प्रत्येक a मीटर ऊँची दो दीवारों के ठीक ऊपर से होकर जाता है, एक दीवार से दूसरी दीवार तक जाने में उसे समय लगता है–

(a) $\sqrt{\left(\dfrac{a}{g}\right)}$ (b) $4\sqrt{\left(\dfrac{a}{g}\right)}$

(c) $2\sqrt{\left(\dfrac{a}{g}\right)}$ (d) $8\sqrt{\left(\dfrac{a}{g}\right)}$

18. यदि $|a| = 3$ और $-1k2$ है, तो $|ka|$ निम्नलिखित में से किस अन्तराल में है?

(a) [0, 6] (b) [–3, 6]

(c) [3, 6] (d) [1, 2]

19. यदि a और b बिन्दु A और B के क्रमशः स्थिति सदिश हैं तथा बढ़ाई गई BA में एक बिन्दु C इस प्रकार है, कि BC = 1.5 BA, तो C का स्थिति सदिश ज्ञात कीजिए–

(a) $3a-b$ (b) $a-3b$

(c) $0.5(a-3b)$ (d) $0.5(3a-b)$

20. यदि सदिश $3\hat{i}-6\hat{j}+\hat{k}$ और $2\hat{i}-4\hat{j}+\lambda\hat{k}$ समान्तर हैं, तो λ का मान है–

(a) $\dfrac{2}{3}$ (b) $\dfrac{3}{2}$

(c) $\dfrac{5}{2}$ (d) $\dfrac{5}{2}$

21. वक्र $x=3t^2+1, y=t^3-1$ की $x=1$ पर स्पर्श रेखा की प्रवणता है–

(a) 0 (b) $\dfrac{1}{2}$

(c) ∞ (d) –2

22. यदि वक्र $x=at^2, y=2at$ खींची गई स्पर्श रेखा x-अक्ष के लम्बवत् है, जब स्पर्श बिन्दु के निर्देशांक हैं–

(a) (a, a) (b) $(0, a)$
(c) $(0, 0)$ (d) $(a, 0)$

23. दी हुई संख्याओं–
94, 33, 58, 33, 61, 72, 58, 33, 72, 71, 80 के लिए–

(a) बहुलक = 94 (b) माध्यिका = 33
(c) माध्यिका = 72 (d) बहुलक = 33

24. निम्न बंटन का बहुलक क्या है?

x:	23	25	27	29	31	33
f:	2	7	10	8	6	1

(a) 29 (b) 31
(c) 27 (d) 33

25. सारणी 3.5, 4.5, 6.5, 3.5, 7.5, 3.5, 8.5 में बहुलक होगा–

(a) 4.5 (b) 3.5
(c) 6.5 (d) 8.5

26. $\sqrt[6]{24-16\sqrt{2}}\times\sqrt[3]{4+2\sqrt{2}}$ का मान है–

(a) $\sqrt[3]{2}$ (b) $\sqrt[6]{2}$

(c) $\sqrt{2}$ (d) 2

27. दो बराबर भार के गोले एक अर्द्धगोल प्याले के भीतर साम्यावस्था में रखे हुए हैं, गोलों की त्रिज्या 1 सेमी और प्याले की त्रिज्या 3 सेमी है, प्याले और एक गोले के बीच की प्रतिक्रिया दोनों गोलों के बीच की प्रतिक्रिया से–

(a) दोगुनी है (b) तीन गुनी है
(c) चार गुनी है (d) आधी है

28. एक दण्ड किसी चिकनी अर्द्धगोले प्याले के भीतर पूरा रखा हुआ है, प्याले की त्रिज्या r है, और छड़ का गुरुत्व उसे a और b दो भागों में विभाजित करता है, यदि सन्तुलन की अवस्था में दण्ड क्षैतिज से θ से कोण बनाता है, तो–

(a) $\sin\theta = \dfrac{a-b}{2\sqrt{ab+r^2)}}$ (b) $\sin\theta = \dfrac{b-a}{2\sqrt{(r^2-ab)}}$

(c) $\cos\theta = \dfrac{b-a}{2\sqrt{(r^2-ab)}}$ (d) $\tan\theta = \dfrac{a-b}{2\sqrt{(r^2-ab)}}$

29. एक छड़, जिसका गुरुत्व केन्द्र उसे a और b दो भागों में विभाजित करता है, एक चिकने गोले के भीतर रखी हुई है, यदि सन्तुलन की अवस्था में क्षैतिज से उसका झुकाव θ है और गोले के केन्द्र पर छड़ 2α कोण बनाती है, तो–

(a) $\tan\theta = \frac{b-a}{b+a}\tan\alpha$ (b) $\tan\theta = \frac{b+a}{b-a}\tan\alpha$

(c) $\cot\theta = \frac{b-a}{b+a}\tan\alpha$ (d) $\sin\theta = \frac{b-a}{b+a}\tan\alpha$

30. किसी वृत्त की दो समान्तर जीवाएँ, जो केन्द्र के एक ही ओर हैं, उनके बीच की दूरी 7 सेमी. है। यदि उनकी लम्बाईयाँ 24 मी. तथा 10 मी हों, तो वृत्त की त्रिज्या होगी–

(a) 10 मी. (b) 12 मी.
(c) 13 मी. (d) 14 मी.

31. AB और CD एक वृत्त के व्यास हैं। यदि $\angle OBD = 50°$ हो, तब $\angle AOC$ की माप है–

(a) 80° (b) 40°
(c) 100° (d) 25°

32. यदि किसी त्रिभुज के दो कोण क्रमशः $\tan^{-1} 2$ तथा $\tan^{-1} 3$ हो, तो तीसरा कोण क्या होगा?

(a) $\frac{\pi}{3}$ (b) $\frac{\pi}{4}$
(c) $\tan^{-4}$ (d) $\tan^{-1} 2$

33. एक विद्यालय में लड़कों का 10% लड़कियों की संख्या के $\frac{1}{4}$ के बराबर है, तद्नुसार, उस विद्यालय में लड़कों तथा लड़कियों का अनुपात क्या है?

(a) 3 : 2 (b) 5 : 2
(c) 2 : 1 (d) 4 : 3

34. x तथा y के किस मान के लिए आव्यूह $\begin{bmatrix} 3x+7 & 5 \\ y+1 & 2-3x \end{bmatrix}$ तथा $\begin{bmatrix} 0 & y-2 \\ 8 & 4 \end{bmatrix}$ के युग्म समान हैं?

(a) $x = \frac{-1}{3}, y = 7$ (b) ज्ञात करना सम्भव नहीं है।

(c) $y = 7, x = \frac{-2}{3}$ (d) $x = \frac{-1}{3}, y = \frac{-2}{3}$

35. यदि $A = \begin{bmatrix} 0 & 0 & 1 \\ 0 & 1 & 0 \\ 1 & 0 & 0 \end{bmatrix}$, तो–

(a) *adj* (a) एक शून्य आव्यूह है

(b) $adj\,(A) = \begin{bmatrix} 0 & 0 & -1 \\ 0 & -1 & 0 \\ -1 & 0 & 0 \end{bmatrix}$

(c) $A^{-1} = A$

(d) $A^2 = I$

36. आव्यूह $P = \begin{bmatrix} 0 & 0 & 4 \\ 0 & 4 & 0 \\ 4 & 0 & 0 \end{bmatrix}$ है–

(a) वर्ग आव्यूह (b) विकर्ण आव्यूह
(c) ऐकिक आव्यूह (d) इनमें से कोई नहीं

37. एक दूरी समष्टि X संहत होती है, यदि–

(a) एक अनुक्रमित संहत है
(b) सह अनुक्रमित संहत नहीं है
(c) यह बोल्जौनो विस्ट्रास प्रगुण को सन्तुष्ट नहीं करती है।
(d) इनमें से कोई नहीं

38. दूरीक समष्टि (X,ρ) पूर्ण होती है यदि–

(a) X में प्रत्येक अनुक्रम अभिसारी है
(b) X में प्रत्येक अनुक्रम अपसारी है
(c) X में प्रत्येक कौशी अनुक्रम अभिसारी है
(d) X में प्रत्येक कौशी अनुक्रम अभिसारी है

39. यदि प्रत्येक कौशी अनुक्रम $\langle x_n \rangle$ दूरीक समिष्ट में अभिसारी है, तब दूरीक समिष्ट में प्रत्येक अनुक्रम है–

(a) अभिसारी (b) अपसारी
(c) अभिसारी नहीं (d) इनमें से कोई नहीं

40. 36 और 84 का महत्तम समापवर्तक (H.C.F.) ज्ञात कीजिए।

(a) 12 (b) 6
(c) 4 (d) 18

41. वृत्त $x^2 + y^2 = m^2$ (जहाँ, m त्रिज्या की लम्बाई है) में एक समबाहु त्रिभुज अर्न्तलिखित है, जिसका एक शीर्ष बिन्दु $(m, 0)$ पर है। इस शीर्ष बिन्दु के सामने वाली भुजा का समीकरण क्या है?

(a) $2x - m = 0$ (b) $x + m = 0$
(c) $2x + m = 0$ (d) $3x - 2m = 0$

42. यदि 10 आदमी या 18 लड़के एक काम को 15 दिन में पूरा कर सकते हैं, तो 15 आदमी और 33 लड़के उससे दोगुना काम करने में कितने समय लगाएँगें?

(a) 9 (b) 36
(c) $4\frac{1}{2}$ (d) 8

43. एक दुर्ग में, 200 सैनिकों के लिए 31 दिन के लिए पर्याप्त आहार था। 27 दिन के बाद, 120 सैनिक दुर्ग को छोड़कर चले गए। शेष सैनिकों के लिए बाकी आहार कितने और अधिक दिन तक चलेगा?

(a) 4 दिन (b) 12 दिन
(c) 10 दिन (d) 6 दिन

44. वक्र $f(x) = xe^x$ के अन्तर्गत, x-अक्ष के ऊपर और रेखाओं $x = 0$ तथा $x = 1$ के बीच का क्षेत्रफल कितना हैं?

(a) 1/2 वर्ग इकाई (b) 1 वर्ग इकाई
(c) 3/2 वर्ग इकाई (d) 2 वर्ग इकाई

45. एक सूक्ष्म जीव प्रत्येक 24 घण्टे में अपनी संख्या का दोगुना कर लेता है। 30 दिन के अन्त में इसकी संख्या 84 लाख है। इसकी संख्या 21 लाख कब थी?

(a) 14वें दिन (b) 20वें दिन
(c) 28वें दिन (d) 29वें दिन

46. यदि किसी दो अंकों की संख्या में इकाई का अंक दहाई के अंक से 2 अधिक है तथा संख्या और अंकों के योग का गुणनफल 144 है, तो संख्या है–

(a) 46 (b) 42
(c) 26 (d) 24

47. $[x(x-1)+1]^{1/3}, 0 \le x \le 1$ का उच्चतम मान है—

(a) $\left(\frac{1}{3}\right)^{1/3}$ (b) $\frac{1}{2}$
(c) 1 (d) 0

48. वक्रो $x^2 = 4(y+1)$ व $x^2 = -4(y+1)$ के बीच का कोण है–

(a) $\pi/6$ (b) $\pi/4$
(c) 0 (d) $\pi/2$

49. यदि A, B तथा C एक त्रिभुज के कोण हों, तो सर्वसमिका $\tan\frac{A}{2}\tan\frac{B}{2}+\tan\frac{B}{2}.\tan\frac{C}{2}+\tan\frac{C}{2}.\tan\frac{A}{2}$ का मान होगा–

(a) 0 (b) –1
(c) 1 (d) –3

50. दो वृत्तों को स्पर्श करने वाली अनुस्पर्शी की लम्बाई क्या होगी, जबकि वृत्तों की त्रिज्याएँ 12 सेमी. तथा 3 सेमी. हैं तथा उनके केन्द्रों के बीच की दूरी 15 सेमी. है?

(a) 11 सेमी. (b) 12 सेमी.
(c) 13 सेमी. (d) 14 सेमी.

51. एक बस 3 किमी लम्बे 4 खण्ड क्रमशः 10 किमी/घण्टा, 20 किमी/घण्टा, 30 किमी/घण्टा व 60 किमी/घण्टा की गति से तय करती है। तद्नुसार, उस बस की उस दूरी के लिए औसत गति कितनी थी ?

(a) 25 किमी/घण्टा (b) 18 किमी/घण्टा
(c) 20 किमी/घण्टा (d) 21 किमी/घण्टा

52. श्रेणी $1^2 + (1^2 + 2^2) + (1^2 + 2^2 + 3^2) + (1^2 + 2^2 + 3^2 + 4^2)$ +............. के n पदों का योगफल होगा–

(a) $\frac{1}{4}n(n+1)^2(n+2)$ (b) $\frac{1}{3}n(n+1)^2(n+2)$
(c) $\frac{1}{12}n(n+1)(n+2)^2$ (d) $\frac{1}{12}n(n+1)^2(n+2)$

53. $\int \sec x^\circ dx$ के तुल्य क्या है?

(a) $4\log(\sec x^\circ + \tan x^\circ + C)$ (b) $7\pi\frac{\log\tan\left(\frac{\pi}{4}+\frac{x}{2}\right)}{180^\circ}+C$
(c) $\frac{380^\circ\log\tan\left(\frac{\pi}{4}+\frac{x^2}{2}\right)}{\pi}+C$ (d) $\frac{180^\circ\log\tan\left(\frac{\pi}{4}+\frac{\pi x}{360}\right)}{\pi}+C$

54. अतिपरवलय $\frac{x^2}{a^2}-\frac{y^2}{b^2}=1$ के किसी स्पर्श रेखा पर लम्बवत् दो नाभियों का गुणनफल है–

(a) a^2 (b) b^2
(c) $-a^2$ (d) $-b^2$

55. यदि $y^2 + by + c = 0$ के मूल α तथा β हैं, तो $\alpha^{-1} + \beta^{-1}$ का मान क्या होगा?

(a) $\frac{-b}{c}$ (b) $\frac{b}{c}$
(c) $\frac{c}{b}$ (d) $-\frac{c}{b}$

56. $\int_0^{\pi/4} x\tan^2 x\,dx$ का मान है–

(a) $\frac{\pi}{4}-\frac{1}{2}\log 2$ (b) $\frac{\pi}{4}+\frac{1}{2}\log 2$
(c) $\frac{\pi}{4}-\frac{1}{2}\log 2-\frac{\pi^2}{32}$ (d) इनमें से कोई नहीं

57. एक संख्या अपने 20% से 40 ज्यादा है। तद्नुसार वह संख्या कितनी है?

(a) 50 (b) 60
(c) 80 (d) 48

58. 10^{10} को 1001 से भाग देने पर शेषफल है-

(a) 1 (b) 10
(c) 100 (d) 999

59. यदि दीर्घवृत्त $b^2x^2 + a^2y^2 = a^2b^2$ की नाभीय जीवा के शीर्ष $(a\cos\alpha, b\sin\alpha), (a\cos\beta, b\sin\beta)$ हैं, तब

(a) $e=\frac{\sin\alpha-\sin\beta}{\sin(\alpha-\beta)}$ (b) $e=\frac{\cos\left(\frac{\alpha-\beta}{2}\right)}{\cos\left(\frac{\alpha+\beta}{2}\right)}$
(c) $\frac{e-1}{e+1}=\tan\frac{\alpha}{2}\tan\frac{\beta}{2}$ (d) इनमें से कोई नहीं

60. बिना पुनरावृत्ति के 1, 2, 3, 4, 5, 6 सभी छः अंकों को लेकर उनसे बनने वाली संख्याओं के इकाई के स्थान के अंकों का योग कितना है?

(a) 1280 (b) 1640
(c) 2520 (d) 5080

61. $\left(\sqrt{\frac{y}{3}}+\frac{3}{2y^2}\right)^{10}$ के प्रसार में y से स्वतन्त्र पद है–

(a) $\frac{3}{2}$ (b) $\frac{5}{4}$
(c) $\frac{5}{2}$ (d) इनमें से कोई नहीं

62. यदि $x = 0$ और $x = 1$ के बीच वक्र $y = |x| + |x-1|$ के बीच का क्षेत्रफल होगा–

(a) 3 वर्ग इकाई (b) 1 वर्ग इकाई
(c) 5 वर्ग इकाई (d) 6 वर्ग इकाई

63. अवकल समीकरण $\frac{dy}{dx}=\frac{(1+y^2)}{xy(1+x^2)}$ का व्यापक हल है—

(a) $(1+x^2)(1+y^2)=C$ (b) $(1+x^2)(1+y^2)=Cx^2$
(c) $(1-x^2)(1-y^2)=C$ (d) $(1+x^2)(1+y^2)=Cy^2$

64. $\frac{1}{3}+\frac{1}{3.3^3}+\frac{1}{5.3^5}+\frac{1}{7.3^7}$....... का मान होगा-

(a) $\log 2$ (b) $\frac{1}{2}\log 2$
(c) $\log\frac{3}{2}$ (d) $\log\frac{3}{5}$

65. उस रेखा के दिक् अनुपात जो बिन्दुओं (4, 3, –5) (–2, 1, –8) को मिलाने से बनते हैं–

(a) $\frac{6}{7}, \frac{2}{6}, \frac{3}{7}$ (b) 2, 4, 2–13

(c) 6, 2, 3 (d) इनमें से कोई नहीं

66. यदि $\cos\theta, \cos\phi$ और $\cos\delta$ किसी रेखा की दिक्कोज्यायें हों, तो $\sin^2\theta + \sin^2\gamma + \delta$ बराबर होगा–

(a) 1 (b) 2

(c) A (d) –1

67. माना A = {1, 3, 5, 7, 9}, B = {2, 4, 6, 8} यदि एक कार्तीय गुणन A × B का यादृच्छिक चयन किया जाता है, तब $a + b = 9$ होने की प्रायिकता है–

(a) $\frac{3}{2}$ (b) $\frac{3}{4}$

(c) 1 (d) $\frac{1}{5}$

68. यदि X और Y दो समुच्चय हैं, तो $X \cap (X \cup Y)$ का मान बराबर है–

(a) Y (b) X

(c) ϕ (d) इनमें से कोई नहीं

69. $\frac{x + 1 - 2x^2}{(1 - x)^3}$ के प्रसार में x^n का गुणांक होगा–

(a) $n + 1$ (b) $2n + 1$

(c) $3n + 1$ (d) $3n + 2$

70. यदि $x + iy = \sqrt{\frac{a + ib}{c + id}}$, तब $(x^2 + y^2)^2$ बराबर है–

(a) $\frac{a^2 - b^2}{c^2 + d^2}$ (b) $\frac{a^2 + b^2}{c^2 + d^2}$

(c) $\frac{a^2 + b^2}{c^2 - d^2}$ (d) $\frac{a^2 - b^2}{c^2 - d^2}$

71. समिश्र संख्या $\left(\frac{2 + 5i}{4 - 3i}\right)$ का संयुग्मी होगा–

(a) $\frac{-7 - 26i}{25}$ (b) $\frac{7 - 26i}{25}$

(c) $\frac{7 + 26i}{25}$ (d) $\frac{-7 + 26i}{25}$

72. यदि एक समान्तर श्रेणी का p वाँ पद $\frac{1}{q}$ तथा qवाँ पद $\frac{1}{p}$ है, तब इसका (pq) वाँ पद होगा–

(a) 1 (b) 0

(c) $pq - 1$ (d) –1

73. माना A, एक समतल में रेखाओं का समुच्चय है, A में एक सम्बन्ध R इस प्रकार परिभाषित है कि l_1 R l_2 यदि l_1, l_2 पर लम्ब है, तो निम्नलिखित में से कौन सत्य है?

(a) R संक्रामक है (b) R स्वतुल्य है

(c) R सममित है (d) R तुल्य है

74. $x = 1$ के लिए व्यंजक का मान है–

(a) 17 (b) 1

(c) 18 (d) 19

75. यदि दो पदों के बीच एक गुणोत्तर माध्य G तथा दो समान्तर माध्य p और q हैं, तब–

(a) $G^2 = (2p - q)(q - p)$ (b) $G^2 = (2p - q)(q - 2p)$

(c) $G^2 = (2p - q)(q + 2p)$ (d) $G^2 = (2p - q)(2q - p)$

76. $\lim_{x \to 0} \sin\frac{1}{x}$ बराबर है–

(a) 0 (b) 1

(c) ∞ (d) विद्यमान नहीं है

77. यदि $y = \log_e e^x \left(\frac{x - 2}{x + 2}\right)^{3/4}$, तब $\frac{dy}{dx}$ है–

(a) $\frac{x - 2}{x + 2}$ (b) $\frac{x^2 - 1}{x^2 - 4}$

(c) $\frac{3}{4}\left[\frac{x^2 - 2}{x^2 + 2}\right]$ (d) $\frac{x^2 - 3}{x^2 - 4}$

78. यदि $y = \tan^{-1}\frac{2x}{1 + 4x^2} + \tan^{-1}\frac{1 + 4x^2}{2x}$, तब $\frac{dy}{dx}$ का मान बराबर होगा–

(a) 0 (b) 1

(c) $\frac{4x^2}{(1 + 4x^2)^2}$ (d) $\sec^2\frac{2x}{1 + 4x^2}$

79. यदि दो कारखानों में काम करने वाले कर्मचारियों की औसत दैनिक आमदनी निम्न है–

	कारखाना A	कारखाना B
कर्मचारियों की संख्या	250	200
औसत दैनिक आमदनी	₹ 2.00	₹ 2.50

तब दोनों कारखानों के कर्मचारियों की सम्मिलित औसत दैनिक आमदनी होगी–

(a) 2.25 (b) 2.24

(c) 2.22 (d) 2.20

80. निम्नलिखित बंटन का माध्य 50 है, लेकिन 20-40 और 60-80 की बारंबारता अज्ञात है, जिनको क्रमशः f_2 और f_4 से निरूपित करते हैं–

वर्ग	बारंबारता
0-20	17
20-40	f_2
40-60	32
60-80	f_4
80-100	19
कुल	120

f_2 और f_4 बराबर हैं–

(a) 18, 14 (b) 28, 24

(c) 20, 24 (d) 22, 28

81. एक प्रयास में एक घटना के घटित होने की प्रायिकता 0.6 है। यदि तीन स्वतंत्र प्रयास किए जाएं तब घटना के एक बार घटित होने की प्रायिकता है–

(a) 0.936 (b) 0.064
(c) 0.288 (d) 0.784

82. एक आदमी का एक लक्ष्य को प्राप्त करने की प्रायिकता $\frac{3}{4}$ है। उसने पाँच बार कोशिश की। वह कम-से-कम 3 बार लक्ष्य को प्राप्त करेगा, प्रायिकता है–

(a) $\frac{291}{364}$ (b) $\frac{371}{464}$
(c) $\frac{471}{502}$ (d) $\frac{459}{512}$

83. बिन्दु (1, 3) से दीर्घवृत्त $3x^2 + 2y^2 = 5$ पर डाले गए स्पर्शियों के बीच का कोण है–

(a) $\tan^{-1}\left(\frac{12}{5}\right)$ (b) $\tan^{-1}\left(6\sqrt{5}\right)$
(c) $\tan^{-1}\left(12\sqrt{5}\right)$ (d) $\tan^{-1}\left(\frac{12}{\sqrt{5}}\right)$

84. यदि बिन्दुओं $(\alpha, 2)$ और (3, 4) के बीच की दूरी 8 हो, तो α का मान होगा–

(a) 4 (b) $3 \pm \sqrt{15}$
(c) $3 \pm \sqrt{60}$ (d) 6

85. $0 \le \theta \le 90^\circ$ के लिए, θ का वह मान जो समीकरण $2\sin^2\theta = 3\cos\theta$ को सन्तुष्ट करता हो–

(a) 30° (b) 45°
(c) 60° (d) 90°

86. यदि $x + \frac{1}{x} = 2\cos\theta$, तब $x^3 + \frac{1}{x^3}$ बराबर है–

(a) $\cos 3\theta$ (b) $2\cos 3\theta$
(c) $\frac{1}{2}\cos 3\theta$ (d) $\frac{1}{3}\cos 3\theta$

87. वृत्त का समीकरण $x^2 + y^2 + 3x - 3y + 2 = 0$ है। वृत्त के अन्दर स्थित बिन्दु का निर्देशांक है–

(a) (–1, 3) (b) (–3, 2)
(c) (–2, 1) (d) (2, 1)

88. यदि $\Delta_1 = \begin{vmatrix} x & b & b \\ a & x & b \\ a & a & x \end{vmatrix}$ और $\Delta_2 = \begin{vmatrix} x & b \\ a & x \end{vmatrix}$, तब–

(a) $\Delta_1 = 3(\Delta_2)^2$ (b) $\frac{d}{dx}\Delta_1 = 3(\Delta_2)^2$
(c) $\frac{d}{dx}\Delta_1 = 3\Delta_2$ (d) $\Delta_1 = 3(\Delta_2)^{3/2}$

89. $\int_{-\infty}^{\infty} \frac{1}{x^2+1} dx$ का मान होगा–

(a) ∞ (b) $\pi/2$
(c) 0 (d) π

90. $\sin(\cot^{-1} x)$ का मान बराबर होगा–

(a) $\sqrt{1+x^2}$ (b) x
(c) $(1 + x^2)^{-32}$ (d) $\frac{1}{\sqrt{1+x^2}}$

91. किसी बिन्दु का दीर्घवृत्त $4x^2 - 9y^2 = 36$ के ध्रुवों के बीच में–

(a) 9 (b) 6
(c) 4 (d) 36

92. यदि एक त्रिभुज ABC में, कोण C समकोण है, तब $R + r$ का मान होगा–

(a) $(a + b)$ (b) $\frac{1}{2}(a+b)$
(c) $\frac{1}{3}(a+b)$ (d) $\frac{1}{4}(a+b)$

93. अवकलन समीकरण

$$3\frac{d^2y}{dx^2} = \left[1 + \left(\frac{dy}{dx}\right)^2\right]^{3/2}$$

की घात होगी–

(a) 1 (b) 2
(c) 3 (d) 6

94. यदि $\angle A = 90^\circ$, तब $\frac{rr_1}{r_2r_3}$ का मान होगा–

(a) 2 (b) 3
(c) 4 (d) 1

95. वक्र परिवार $y = q\cos(x + p)$ का अवकल समीकरण है, जहाँ p और q स्वेच्छ अचर हैं–

(a) $\frac{d^2y}{dx^2} + y = 0$ (b) $\frac{d^3y}{dx^3} = 0$
(c) $\frac{d^2y}{dx^2} + \cos(x+p) = 0$ (d) $\frac{dy}{dx} - y\tan(x+p) = 0$

96. एक शंकु, अर्द्धगोला तथा बेलन के आधार समान क्षेत्रफल के हैं तथा ऊँचाई भी समान हैं, तो आयतनों का अनुपात क्या होगा?

(a) 2 : 3 : 4 (b) 1 : 3 : 2
(c) 1 : 2 : 3 (d) 4 : 3 : 1

97. एक वर्ग के क्षेत्रफल और उसके विकर्ण पर खींचे गए एक वर्ग के क्षेत्रफल का अनुपात क्या होगा?

(a) 1 : 1 (b) 1 : 2
(c) 1 : 3 (d) 1 : 4

98. ΔABC में, $AB = AC = 2.5$ सेमी., $BC = 4$ सेमी. है। इसकी ऊँचाई AD ज्ञात कीजिए–

(a) 1.5 सेमी. (b) 1 सेमी.
(c) 2 सेमी. (d) 3 सेमी.

99. किसी कोण की माप, जो उसके सम्पूरक कोण से चार गुना है, तो वह माप क्या होगी?

(a) 30° (b) 36°
(c) 150° (d) 144°

100. एक त्रिभुज के आन्तरिक कोणों को x, y, z से अंकित किया गया। यदि $\angle x = 40°, \angle y = 70°$, तो $\angle z$ क्या होगा?

(a) 40° (b) 70°
(c) 60° (d) 50°

उत्तर (हल/संकेत)

1. (d) प्रश्नानुसार,

$$2P = P\left[\left(1+\frac{R}{100}\right)^5\right]$$

$$\Rightarrow \quad 2 = \left(1+\frac{R}{100}\right)^5$$

तथा $$x = \left(1+\frac{R}{100}\right)^{5\times 4} = (2)^4 = 16$$

$\therefore$ अभीष्ट धनराशि = ₹ (16 × 12000) = ₹ 192000

2. (c) $AC = \sqrt{12^2+16^2} = 20$ सेमी.

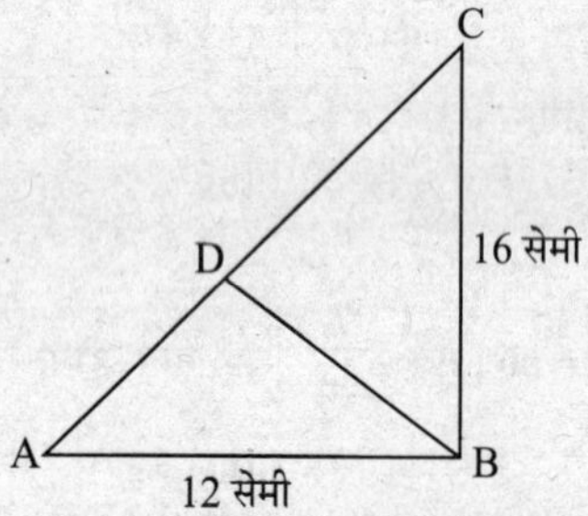

$$\Delta ABC \text{ का क्षेत्रफल } = \frac{1}{2}\times AC\times BD$$

$$= = \frac{1}{2}\times AC\times BD$$

$$\Rightarrow \quad 20 \times BD = 12 \times 16$$

$$\Rightarrow \quad BD = \frac{12\times 16}{20} = 9.60 \text{ सेमी.}$$

3. (c) $\tan 75° = \tan(45° + 30°)$

$$= \frac{\tan 45° + \tan 30°}{1-\tan 45°.\tan 30°}$$

$$= \frac{1+\frac{1}{\sqrt{3}}}{1-\frac{1}{\sqrt{3}}} = \frac{\frac{\sqrt{3}+1}{\sqrt{3}}}{\frac{\sqrt{3}-1}{\sqrt{3}}} = \frac{\sqrt{3}+1}{\sqrt{3}-1}$$

4. (a) $\sin x = \frac{2}{\sqrt{5}}, \cos y = \frac{1}{\sqrt{10}}$

$$\cos x = \sqrt{1-\sin^2 x} = \sqrt{1-\frac{4}{5}} = \frac{1}{\sqrt{5}}$$

$$\sin y = \sqrt{1-\cos^2 y} = \sqrt{1-\frac{1}{10}} = \sqrt{\frac{9}{10}} = \frac{3}{\sqrt{10}}$$

$$\sin(x+y) = \sin x \cos y + \cos x . \sin y$$

$$= \frac{2}{\sqrt{5}}\times\frac{1}{\sqrt{10}} + \frac{1}{\sqrt{5}}\times\frac{3}{\sqrt{10}}$$

$$= \frac{2}{\sqrt{50}} + \frac{3}{\sqrt{50}} = \frac{5}{\sqrt{50}}$$

$$\sin(x+y) = \frac{\sqrt{25}}{\sqrt{50}} = \sqrt{\frac{25}{50}} = \frac{1}{\sqrt{2}}$$

$$= \sin 45° \text{ व } \sin 135°$$

$$\therefore \quad x + y = 45° \text{ व } 135°$$

5. (a) महत्वपूर्ण तथ्यों के अनुसार,

$$\left(\frac{x_1+x_2+\sqrt{3}(y_2-y_1)}{2}, \frac{y_1+y_2+\sqrt{3}(x_2-x_1)}{2}\right)$$

अर्थात्

$$\left(\frac{0+3\mp\sqrt{3}(\sqrt{3}-0)}{2}, \frac{0+\sqrt{3}\pm\sqrt{3}(3-0)}{2}\right)$$

$$\Rightarrow \left(\frac{3\mp 3}{2}, \frac{\sqrt{3}\pm 3\sqrt{3}}{2}\right)$$

$$\Rightarrow (0, 2\sqrt{3}) \text{ या } (3, -\sqrt{3})$$

6. (a) माना A(3, 4) तथा C(1, –1) वर्ग ABCD के कोणीय बिन्दु हैं तथा माना $B(x, y)$ अज्ञात शीर्ष हैं।

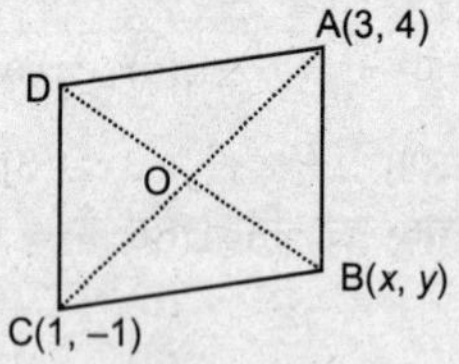

तब,

$$AB = BC$$

$$\Rightarrow \quad (AB)^2 = (BC)^2$$

$$\Rightarrow \quad (x-3)^2 + (y-4)^2 = (x-1)^2 + (y+1)^2$$

$$\Rightarrow \quad 4x + 10y - 23 = 0$$

$$\Rightarrow \quad x = \left(\frac{23-10y}{4}\right) \quad ...(i)$$

पुन: ΔABC में,

$$(AB)^2 + (BC)^2 = (AC)^2$$

$$\Rightarrow \quad (x-3)^2 + (y-4)^2 + (x-1)^2 + (y+1)^2$$

$$\Rightarrow \quad (3-1)^2 + (4+1)^2$$

$$\Rightarrow \quad x^2 + y^2 - 4x - 3y - 1 = 0$$

x का मान समी. (i) से समी. (ii) में रखने पर,

$$\left(\frac{23-10y}{4}\right)^2 + y^2 - 4\left(\frac{23-10y}{4}\right) - 3y - 1 = 0$$

$\Rightarrow \quad 4x^2 - 12y + 5 = 0$

$(2y-1)(2y-5) = 0$

$\therefore \quad y = \frac{1}{2}$ या $\frac{5}{2}$

$y = \frac{1}{2}$ रखने पर, $x = \frac{9}{2}$

तथा $y = \frac{5}{2}$ रखने पर, $x = -\frac{9}{2}$

अतः वर्ग के शीर्ष हैं $\left(\frac{9}{2}, \frac{1}{2}\right)$ तथा $\left(-\frac{1}{2}, \frac{5}{2}\right)$

7. (c) दिया है, $\begin{vmatrix} 2x & 5 \\ 8 & x \end{vmatrix} = \begin{vmatrix} 6 & -2 \\ 7 & 3 \end{vmatrix}$

सारणिक का प्रसार करने पर,

$2x^2 - 40 = 18 + 14$

$\Rightarrow \quad 2x^2 = 40 + 32 = 72$

$\Rightarrow \quad x^2 = 36$

$\therefore \quad x = \pm 6$

8. (d) दिया है, $\Delta \equiv \begin{vmatrix} a & b & 0 \\ 0 & a & b \\ b & 0 & a \end{vmatrix} = 0$

$\Rightarrow \Delta \equiv a\ (a^2 - 0) - b\ (0 - b^2) = a^3 + b^3$

$\Rightarrow a^3 + b^3 = 0 \Rightarrow \left(\frac{a}{b}\right)^3 = -1$

-1 की घनमूल इकाइयों के मानों में से एक मान $\left(\frac{a}{b}\right)$ है।

9. (c) दिया है, $A = \begin{vmatrix} 1 & 0 & 1 \\ 0 & 1 & 2 \\ 0 & 0 & 4 \end{vmatrix}$

चूँकि प्रथम स्तम्भ में दो अवयव शून्य है। अतः सारणिक का विस्तार प्रथम स्तम्भ के अवयवों के संगत करने पर,

$$|A| = 1\begin{vmatrix} 1 & 2 \\ 0 & 4 \end{vmatrix} - 0\begin{vmatrix} 0 & 1 \\ 0 & 4 \end{vmatrix} + 0\begin{vmatrix} 0 & 1 \\ 1 & 2 \end{vmatrix}$$

$= 1\ (1 \times 4 - 0 \times 2) = 4$

$\therefore \quad 27\,|A| = 27 \times 4 = 108$ ...(i)

अब, $3A = 3\begin{vmatrix} 1 & 0 & 1 \\ 0 & 1 & 2 \\ 0 & 0 & 4 \end{vmatrix} = \begin{vmatrix} 3 & 0 & 3 \\ 0 & 3 & 6 \\ 0 & 0 & 12 \end{vmatrix}$

$\therefore \quad |3A| = \begin{vmatrix} 3 & 0 & 3 \\ 0 & 3 & 6 \\ 0 & 0 & 12 \end{vmatrix}$

चूँकि प्रथम स्तम्भ के दो अवयव शून्य है। अतः सारणिक का विस्तार प्रथम अवयव के संगत करने पर,

$$|3A| = 3\begin{vmatrix} 3 & 6 \\ 0 & 12 \end{vmatrix} - 0\begin{vmatrix} 0 & 3 \\ 0 & 12 \end{vmatrix} + 0\begin{vmatrix} 0 & 3 \\ 3 & 6 \end{vmatrix}$$

$= 3\ (3 \times 12 - 0 \times 6)$

$\Rightarrow |3A| = 3(36) = 108$ ...(ii)

समी. (i) तथा (ii) से, $|3A| = 27\,|A|$

10. (b) दिया है, $A = \{x : x^2 + 6x - 7 = 0\}$

$= \{x : (x+7)(x-1) = 0\} = \{-7, 1\}$

तथा $B = \{x : x^2 + 9x + 14 = 0\}$

$= \{x : (x+7)(x+2) = 0\} = \{-7, -2\}$

$A - B = \{1\}$

11. (a) n(कुल छात्र) $= n(S \cup M) = 45, n(S \cap M) = 10$

$n(M) = 20$

$\therefore \quad n(S \cup M) = n(S) + n(M) - n(S \cap M)$

$\Rightarrow \quad 45 = n(S) + 20 - 10$

$\Rightarrow \quad n(S) = 35$

12. (a) दिया है, $\sin^2 x + \cos^2 y = 1$

दोनों पक्षों का x के सापेक्ष अवकलन करने पर,

$$\frac{d}{dx}(\sin^2 x . \cos^2 y) = \frac{d}{dx}(1)$$

$$2\sin x \cos x + 2\cos y\left(-\sin y \frac{dy}{dx}\right) = 0$$

$\left[\frac{d}{dx} f\{g(x)\} = f'(x)\frac{d}{dx} g(x),\right.$ श्रृंखला नियम के प्रयोग से $\left.\right]$

$\Rightarrow \quad -2\sin y \cos y \frac{dy}{dx} = -2\sin x \cos x$

$\Rightarrow \quad \frac{dy}{dx} = \frac{-\sin 2x}{-\sin 2y} = \frac{\sin 2x}{\sin 2y}$

$(\because \sin 2x = 2\sin x . \cos x)$

13. (d) दिया गया है, $x\sqrt{1+y} + y\sqrt{1+x} = 0$

$\Rightarrow \quad x\sqrt{1+y} = -y\sqrt{1+x}$ ...(i)

समी (i) के दोनों पक्षों का वर्ग करने पर,

$x^2(1+y) = y^2(1+x)$

$\Rightarrow \quad x^2 - y^2 + x^2y - y^2x = 0$

$\Rightarrow \quad (x-y)(x+y) + xy(x-y) = 0$

$\Rightarrow \quad (x-y)\{x+y+xy\} = 0$

$\Rightarrow \quad x - y = 0$

$\Rightarrow \quad x + y + xy = 0$

$\Rightarrow \quad y = x$

$\Rightarrow \quad y(1+x) = -x$

$\Rightarrow \quad y = x$

$\Rightarrow \quad y = \frac{-x}{1+x}$

परन्तु $y = x$ दी गई समीकरण को सन्तुष्ट नहीं करता

अतः $\quad y = -\frac{x}{1+x}$

x के सापेक्ष अवकलन करने पर,

$$\frac{dy}{dx} = \frac{d}{dx}\left(\frac{-x}{1+x}\right)$$

$$= -\frac{(1+x)\frac{d}{dx}(x) - x\frac{d}{dx}(1+x)}{(1+x)^2} = -\frac{(1+x).1 - x(0+1)}{(1+x)^2}$$

$$= -\frac{1}{(1+x)^2}$$

14. (a) दिया है, $(x-a)^2 + (y-b)^2 = c^2$ ...(i)

x के सापेक्ष अवकलन करने पर,

$$2(x-a) + 2(y-b)\frac{dy}{dx} = 0$$

$$\Rightarrow \quad \frac{dy}{dx} = -\frac{x-a}{y-b} \quad ...(ii)$$

x के सापेक्ष पुन: अवकलन करने पर,

$$\frac{d^2y}{dx^2} = -\frac{(y-b).1 - (x-a)\frac{dy}{dx}}{(y-b)^2}$$

$$\left\{\because \frac{d}{dx}\left(\frac{u}{v}\right) = \frac{v\frac{du}{dx} - u\frac{dv}{dx}}{v^2}\right\}$$

$$= -\frac{(y-b).1 - (x-a)\left(-\frac{x-a}{y-b}\right)}{(y-b)^2} \text{ (समी. (ii) से)}$$

$$= -\frac{(y-b)^2 + (x-a)^2}{(y-b)^3} = -\frac{c^2}{(y-b)^3} \quad \text{(समी. (i) से)}$$

अब, $$\frac{\left[1+\left(\frac{dy}{dx}\right)^2\right]^{3/2}}{\frac{d^2y}{dx^2}} = \frac{\left[1+\left(\frac{x-a}{y-b}\right)^2\right]^{3/2}}{-\frac{c^2}{(y-b)^3}}$$

$$= \frac{\{(y-b)^2 + (x-a)^2\}^{3/2}}{\{(y-b)^2\}^{3/2}\frac{(-c^2)}{(y-b)^3}} = \frac{(c^2)^{3/2}}{-c^2} = \frac{c^3}{-c^2} = -c,$$

जोकि a तथा b से स्वतन्त्र है।

15. (a)

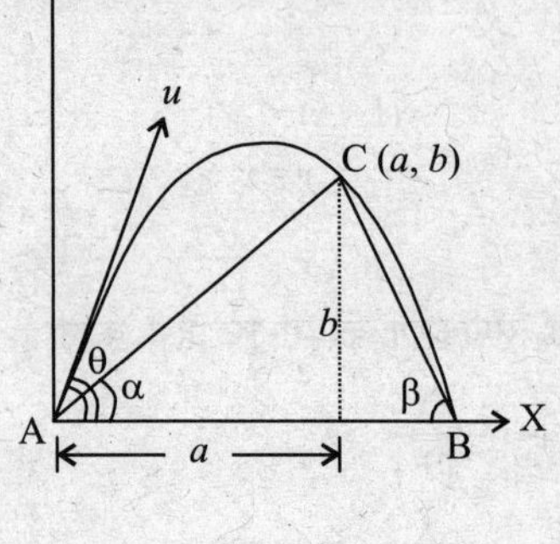

माना प्रक्षेप-बिन्दु A तथा प्रक्षेप-वेग u है, तो क्षैतिज समतल पर

$$\text{परास} = AB = \frac{u^2 \sin 2\theta}{g} = R \text{ (माना)}$$

A को मूलबिन्दु, AX तथा AY को क्रमशः x-अक्ष और y- अक्ष मानने पर, माना कि शीर्ष C के निर्देशांक (a, b) हैं। C से AB पर लम्ब CL डाला, तो

$$AL = a,$$
$$BL = AB - AL = R - a, \; LC = b$$

$$\therefore \quad \tan\alpha + \tan\beta = \frac{b}{a} + \frac{b}{R-a} = \frac{b}{a}.\frac{R}{(R-a)} \quad ...(i)$$

$\because$ बिन्दु (a, b) प्रक्षेप-पथ पर स्थित है।

$$\therefore \quad b = a\tan\theta - \frac{ga^2}{2u^2\cos^2\theta}$$

$$\Rightarrow \quad \frac{b}{a} = \tan\theta - \frac{ga}{2u^2\cos^2\theta}$$

$$\Rightarrow \quad \frac{b}{a} = \tan\theta\left[1 - \frac{ga}{2u^2\cos^2\theta}\,\frac{a}{\tan\theta}\right]$$

$$= \tan\theta\left[1 - \left(\frac{g}{2u^2\sin\theta\cos\theta}\right).a\right]$$

$$= \tan\theta\left[1 - \frac{g}{u^2\sin 2\theta}.a\right]$$

$$= \tan\theta\left[1 - \frac{1}{R}.a\right]$$

$$= \tan\theta\left[\frac{R-a}{R}\right]$$

$\frac{b}{a}$ का मान समी. (i) में रखने पर

$$\tan\alpha + \tan\beta = \tan\theta\left[\frac{R-a}{R}\right]\frac{R}{(R-a)}$$
$$= \tan\theta$$

अत: $\tan\theta = \tan\alpha + \tan\beta$

16. (b) माना प्रक्षेप-वेग u और प्रक्षेप्य की महत्तम ऊँचाई H है। चूँकि कण, दीवार के शीर्ष को छूता हुआ जाता है, इसलिए शीर्ष के निर्देशांक (a, b) प्रक्षेप-पथ के समीकरण को सन्तुष्ट करेंगे।

$$\therefore \quad b = a\tan\alpha - \frac{ga^2}{2u^2.\cos^2\alpha}$$

या, $$u^2\cos^2\alpha = \frac{ga^2}{2(a\tan\alpha - b)} \quad ...(i)$$

अत: प्रक्षेप्य की महत्तम ऊँचाई = H

$$= \frac{u^2\sin^2\alpha}{2g}$$

$$= \frac{u^2\sin^2\alpha\cos^2\alpha}{2g.\cos^2\alpha}$$

$$= \frac{\tan^2 \alpha}{2g} . u^2 \cos^2 \alpha$$

$$= \frac{\tan^2 \alpha}{2g} . \frac{ga^2}{2(a \tan \alpha - b)}$$

$$= \frac{1}{4} \frac{a^2 \tan^2 \alpha}{(a \tan \alpha - b)}$$ [समी. (i) से]

17. (c)

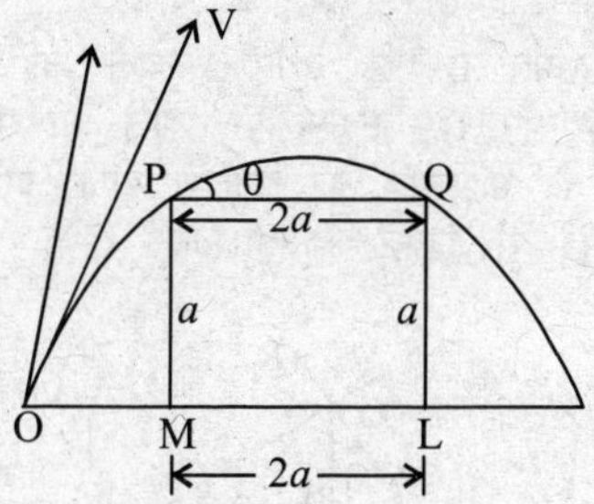

माना प्रक्षेप बिन्दु O, प्रक्षेप कोण α तथा PM और QL बराबर ऊँचाई a की दो दीवारें हैं।

यदि बिन्दु P पर कण का वेग v, क्षैतिज से कोण θ की दिशा में हो, तो

$$v^2 = u^2 - 2gh = 4ag - 2ga = 2ag$$

$\therefore$ $v = \sqrt{2(ag)}$

अब यदि यह मान लिया जाय कि कण वेग v से, क्षैतिज से कोण θ पर फेंका जाता है, तो

क्षैतिज परास $= \frac{v^2 \sin 2\theta}{g}$

$= PQ = 2a$

$\Rightarrow$ $2\ ag . \sin 2\theta = 2\ ag$

$\Rightarrow$ $\sin 2\theta = 1 = \sin 90°$

$\therefore$ $\theta = 45°$

अत: नाभिलम्ब जीवा $= \frac{2}{g}$

(आदि क्षैतिज वेग)^2 $= \frac{2}{g}(v \cos\theta)^2 = \frac{2}{g} v^2 \cos^2\theta$

$= \frac{2}{g} 2ag \cos^2 45°$

$= 4a . \frac{1}{2} = 2a$

यदि P से Q तक जाने में कण को T समय लगता हो, तो एक दीवार से दूसरी दीवार तक जाने में लगा समय = T

$= \frac{2v \sin\theta}{g}$

$= \frac{2}{g}\sqrt{(2ag)} . \sin 45°$

$= 2\sqrt{\left(\frac{a}{g}\right)}$

18. (a) $|k\,a|$ का निम्नतम मान, k के निम्नतम मान विद्यमान होंगे अर्थात् $k = 0$, जोकि $|ka| = |k||a| = 0 \times 3 = 0$

संख्यात्मक महत्तम मान $k = 2$ है जोकि $|ka| = 6$

19. (d) दिया है, OA = a तथा OB = b

माना c पर स्थिति सदिश है

पुन: दिया है, BC = 1.5 BA

$\Rightarrow$ OC – OB = 1.5 (OA – OB)

$\Rightarrow$ $c - b = 1.5\ (a - b)$

$\Rightarrow$ $c = 1.5a - 1.5b + b \Rightarrow c = 1.5a - 0.5b$

$\therefore$ $c = 0.5\ (3a - b)$

20. (a) माना $a = 3\hat{i} - 6\hat{j} + \hat{k}$

तथा $b = 2\hat{i} - 4\hat{j} + \lambda\hat{k}$

चूँकि a तथा b समान्तर है, तब

$a = \mu\, b$

$\Rightarrow$ $(3\hat{i} - 6\hat{j} + \hat{k}) = \mu(2\hat{i} - 4\hat{j} + \lambda\hat{k})$

$\Rightarrow$ $3\hat{i} - 6\hat{j} + \hat{k} = 2\mu\,\hat{i} - 4\mu j + \lambda\mu\hat{k}$

तुलना करने पर हम पाते हैं,

$2\mu = 3 \Rightarrow \mu = \frac{3}{2}$

तथा $\lambda\mu = 1$

$\Rightarrow$ $\lambda . \frac{3}{2} = 1 \Rightarrow \lambda = \frac{2}{3}$

21. (a) $\because$ $x = 3t^2 + 1, y = t^3 - 1$

$x = 1$ के लिए,

$3t^2 + 1 = 1 \Rightarrow t = 0$

$\therefore$ $\frac{dx}{dt} = 6t$

$\frac{dy}{dx} = 3t^2$

अब, $\frac{dy}{dx} = \left(\frac{\frac{dy}{dt}}{\frac{dx}{dt}}\right) = \frac{3t^2}{6t} = \frac{t}{2}$

$\therefore$ $\left(\frac{dy}{dx}\right)_{(t=0)} = \frac{0}{2} = 0$

22. (c) $\because$ $x = at^2$

$\Rightarrow$ $\frac{dx}{dt} = 2$ पर व $y = 2$ पर

$\Rightarrow$ $\frac{dy}{dt} = 2a$

$\therefore$ $= \frac{dy}{dt} = \frac{2a}{2at} = \frac{1}{t}$

$\Rightarrow$ $\frac{1}{t} = \infty \Rightarrow t = 0$

$\therefore$ स्पर्श बिन्दु (0, 0) है।

23. (d) संख्याएँ 33, 33, 33, 58, 58, 61, 71, 72, 72, 80, 94 दी हुई संख्याओं में 33 सबसे अधिक बार आया है। अतः बहुलक 33 होगा।

24. (c) 27 की बारम्बारता (*f*) 10 है, जोकि सबसे अधिक है। अतः बहुलक 27 होगा।

25. (b) बहुलक = 3.5

26. (d) व्यंजक $= \sqrt[6]{24-16\sqrt{2}} \times \sqrt[3]{4+2\sqrt{2}}$

$$= \sqrt[6]{16+8-4\times\sqrt[2]{2}\times 2} \times \sqrt[3]{4+2\sqrt{2}}$$

$$= \sqrt[6]{(4-2\sqrt{2})^2} \times \sqrt[3]{(4+2\sqrt{2})}$$

$$= \left(4-2\sqrt{2}\right)^{1/3} \times \left(4+2\sqrt{2}\right)^{1/3}$$

$$= \left[(4)^2 - \left(2\sqrt{2}\right)^2\right]^{1/3}$$

$$= (16-8)^{1/3} = (8)^{1/3} = 2$$

27. (a) माना साम्यावस्था में O और O' केन्द्र के गोले, केन्द्र C के प्याले को A और B बिन्दुओं पर स्पर्श करते हैं, तो इन बिन्दुओं पर प्याले की प्रतिक्रिया R,अभिलम्ब के अनुदिश होगी।
अर्थात् गोले और प्याले के केन्द्रों से होकर जाएगी।

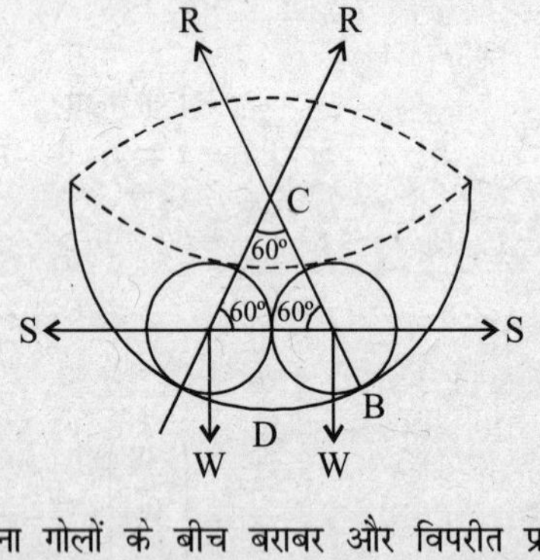

माना गोलों के बीच बराबर और विपरीत प्रतिबल S हैं, जो उनके स्पर्श बिन्दु D पर खींचे गए अभिलम्ब के अनुदिश होंगे, अर्थात् गोलों के केन्द्रों से होकर जाएँगे। माना प्रत्येक गोले का भार W है, जो उसके केन्द्र पर कार्य करता है।
प्रश्नानुसार, AC = BC = 3 सेमी

और AO = OD = BO' = O'D = 1 सेमी

∴ OC = O'C = OO' = 3 – 1= 2सेमी

∵ OC = O'C = OO'

∴ ΔCOO' समबाहु हुआ।

अतः∠ OCO' = ∠ O' OC = ∠ OCO' = 60°

∵ बिन्दु O पर लगे तीनों बल सन्तुलन में हैं।

∴ लामी की प्रमेय से,

$$\frac{R}{\sin WOS} = \frac{S}{\sin WOR} = \frac{S}{\sin ROS}$$

$$\Rightarrow \quad \frac{R}{\sin 90^\circ} = \frac{S}{\sin(90^\circ+60^\circ)}$$

$$= \frac{W}{\sin(180^\circ - 60^\circ)}$$

जिससे $\dfrac{R}{I} = \dfrac{S}{\cos 60^\circ}$

$$\Rightarrow \quad R = \frac{S}{\left(\frac{1}{2}\right)} = 2S$$

28. (b) माना A और B दण्ड तथा O प्याले का केन्द्र हैं। माना A और B बिन्दुओं पर प्याले की प्रतिक्रियाएँ R और S हैं, जो अभिलम्ब के अनुदिश होंगी, अर्थात् प्याले के केन्द्र O से होकर जाएगी।

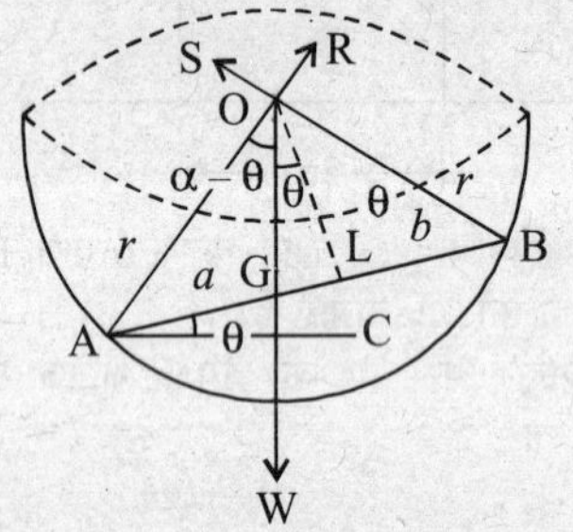

माना दण्ड AB का गुरुत्व केन्द्र G है, जहाँ दण्ड का भार W कार्य करता है।
चूँकि R और S की क्रिया रेखाएँ बिन्दु O से होकर जाती हैं, इसलिए सन्तुलन की अवस्था में भार W की क्रिया-रेखा भी बिन्दु O से होकर जाएगी।

प्रश्नानुसार, ∠ BAC = θ

और AG : GB = a : b

O से AB पर लम्ब OL डाला, तो Δ AOL = ΔBOL

∴ ∠ AOL = ∠BOL = α (माना)

और ∠ GOL = ∠ BAC = θ

∵ AB = AG = GB $= a + b$

$$\therefore \quad AL = LB = \frac{1}{2}AB = \frac{1}{2}(a+b)$$

$$\therefore \quad GL = AL - AG = \frac{1}{2}(a+b) - a = \frac{1}{2}(b-a)$$

और समकोण Δ OLA में,

$$OL^2 = OA^2 - AL^2 = r^2 - \frac{1}{4}(a+b)^2$$

∴ समकोण Δ OLG में,

$$OG^2 = OL^2 + GL^2$$

$$\Rightarrow \quad OG^2 = \left[r^2 - \frac{1}{4}(a+b)^2\right] + \frac{1}{4}(b-a)^2 = r^2 - ab$$

$\therefore$ OLG में $\sin\theta = \dfrac{GL}{OG} = \dfrac{\frac{1}{2}(b-a)}{\sqrt{(r^2-ab)}}$

$= \dfrac{b-a}{2\sqrt{(r^2-ab)}}$

29. (a) माना छड़ AB का गुरुत्व केन्द्र G है, जहाँ उसका भार W (माना) कार्य करता है, जबकि AG : GB = a : b अर्थात् AG = a, GB = b छड़ के A और B सिरों पर गोले की प्रतिक्रिया R और S अभिलम्ब के अनुदिश होंगी, अर्थात् गोले के केन्द्र O से होकर जाएगी।

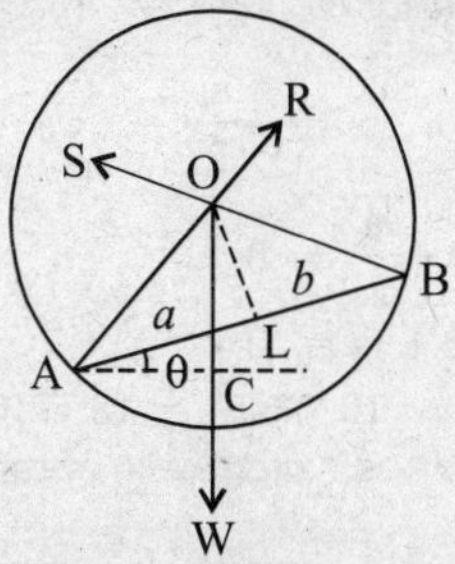

चूँकि R और S की क्रिया रेखाएँ बिन्दु O से होकर जाती हैं, इसलिए सन्तुलित अवस्था में W की क्रिया-रेखा भी O से होकर जाएगी, $\because$ सन्तुलित अवस्था में छड़, क्षैतिज से कोण θ और केन्द्र O पर कोण 2α बनाती है।

$\therefore$ $\angle CAB = \theta$ और $\angle AOB = 2\alpha$

अब $\angle BGO = \angle CGA$

$= 90° - \angle CAB = 90° - \theta$

O से AB पर लम्ब OL डाला, तो

$\Delta AOL = \Delta BOL$

$\therefore$ $\angle AOL = \angle BOL$

$= \dfrac{1}{2}\angle AOB$

$= \dfrac{1}{2}(2\alpha) = \alpha$

$\therefore$ समकोण Δ OLA में,

$\angle OAL = 90° - \angle AOL = 90° - \alpha$

इसी प्रकार समकोण ΔOLB में,

$\angle OBL = 90° - (\angle BOL) = 90° - \alpha$

Δ OAB में, m, n प्रमेय से,

(AG + GB) cot BGO

= GB cot OAL − AG cot OBL

$\Rightarrow$ $(a+b)\cot(90° - \theta)$

$= b\ \text{oct}\,(90° - \alpha) - a\cot(90° - \alpha)$

$\Rightarrow$ $(a+b)\tan\theta$

$= b\tan\alpha - a\tan\alpha$

$= (b-a)\tan\alpha$

$\therefore$ $\tan\theta = \dfrac{b-a}{b+a}\tan\alpha$

30. (c) ΔACD में,

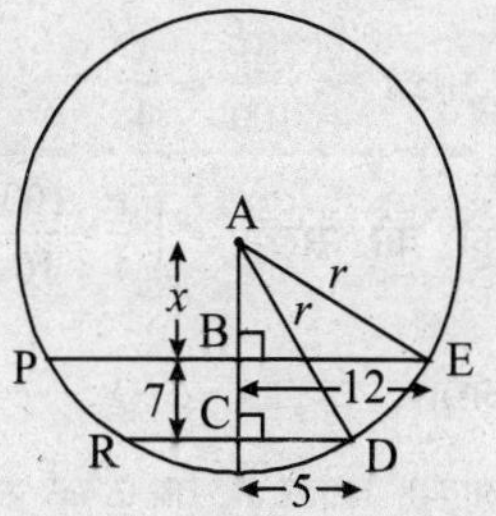

$r^2 = (x+7)^2 + (5)^2$ ....(i)

ΔABE में, $r^2 = x^2 + (12)^2$ ....(ii)

समी. (i) और (ii) से

$(x+7)^2 + (5)^2 = x^2 + (12)^2$

$\Rightarrow$ $x^2 + 49 + 14x + 25 = x^2 + 144$

$\Rightarrow$ $14x + 74 = 144$

$\Rightarrow$ $x = 5$

समी. (i) में x का मान रखने पर,

$r^2 = (5+7)^2 + 25$

$= 144 + 25$

$\Rightarrow$ $r = \sqrt{169} = 13$ मी.

31. (a) $\angle ODB = \angle OBD = 50°$

$\therefore$ $\angle BOD = 180° - (50° + 50°) = 80°$

$\therefore$ $\angle AOC = \angle BOD = 80°$(शीर्षाभिमुख कोण)

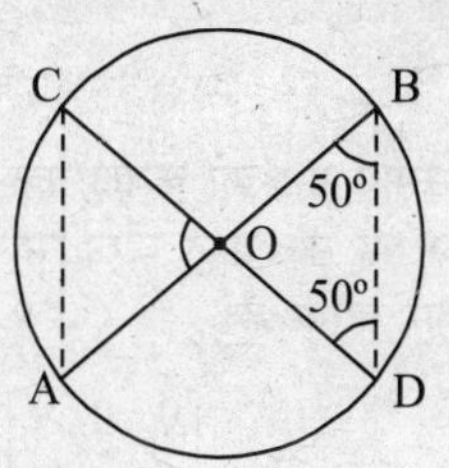

32. (b) माना तीसरा कोण ϕ है, तब

अब Δ ABC में

$\tan^{-1}2 + \tan^{-1}3 + \phi = 180°$

$[\because \angle A + B + \angle C = 180°]$

$\tan^{-1}\dfrac{2+3}{1-2\times 3} + \phi = 180°$

$\left[\tan^{-1}x + \tan^{-1}y = \tan^{-1}\dfrac{x+y}{1-xy}\right]$

$\tan^{-1}\dfrac{5}{1-6} + \phi = 180°$

$\tan^{-1}\left(\dfrac{5}{-5}\right) + \phi = 180$

$\tan^{-1}(-1) + \phi = \tan^{-1}(0)$

$\phi = \tan^{-1}(0) - \tan^{-1}(-1) = 0 + \tan^{-1}1$

$\phi = \dfrac{\pi}{4}$

33. (b) माना लड़कियों की संख्या = x

$\because$ लड़कों की संख्या $\times \frac{10}{100} = \frac{x}{4}$

$\therefore$ लड़कों की संख्या $= \left(\frac{x}{4}\times\frac{100}{10}\right) = \frac{5}{2}x$

$\therefore$ अभीष्ट अनुपात $= \frac{5}{2}x : x = 5:2$

34. (b) यदि दो आव्यूह बराबर हैं, तब उनके संगत अवयव बराबर होते हैं, अतः x तथा y के मान प्राप्त करने के लिए हम अवयवों को बराबर करके समीकरण स्थापित करते हैं और फिर उनको सरल करते हैं।

प्रश्नानुसार,

$$\begin{bmatrix} 3x+7 & 5 \\ y+1 & 2-3x \end{bmatrix} = \begin{bmatrix} 0 & y-2 \\ 8 & 4 \end{bmatrix}$$

समान आव्यूह की परिभाषा से,

$$3x+7=0 \quad ...(i)$$
$$5=y-2 \quad ...(ii)$$
$$y+1=8 \quad ...(iii)$$
$$2-3x=4 \quad ...(iv)$$

समी. (ii) से, $y = 7$

समी. (i) से, $3x+7=0 \Rightarrow x = \frac{-7}{2}$

समी (iv) से, $2-3x=4 \Rightarrow x = \frac{-2}{3}$

चूँकि एक समय में x का केवल एक मान हो सकता है। अतः x तथा y का वह मान प्राप्त करना सम्भव नहीं है, जिसके लिए प्रदत्त आव्यूह बराबर है।

35. (c) $A = \begin{bmatrix} 0 & 0 & 1 \\ 0 & 1 & 0 \\ 1 & 0 & 0 \end{bmatrix}, |A| = -1$

$\therefore$ adj (a) $= \begin{bmatrix} 0 & 0 & -1 \\ 0 & -1 & 0 \\ -1 & 0 & 0 \end{bmatrix}$

अतः $A^{-1} = A$

36. (a) दिया हुआ आव्यूह, $P = \begin{bmatrix} 0 & 0 & 4 \\ 0 & 4 & 0 \\ 4 & 0 & 0 \end{bmatrix}$ एक अदिश वर्ग आव्यूह है।

37. (a) **38.** (c) **39.** (c)

40. (a)

$$36 = 2\times2\times3\times3$$
$$84 = 2\times2\times3\times7$$

$\therefore$ महत्तम समापवर्तक $= 2\times2\times3 = 12$

41. (c) हम जानते हैं, कि त्रिभुज के दो अन्य शीर्ष $Q\left(-\frac{m}{2}, \frac{\sqrt{3}m}{2}\right)$ तथा $R\left(-\frac{m}{2}, \frac{\sqrt{3}m}{2}\right)$ हैं।

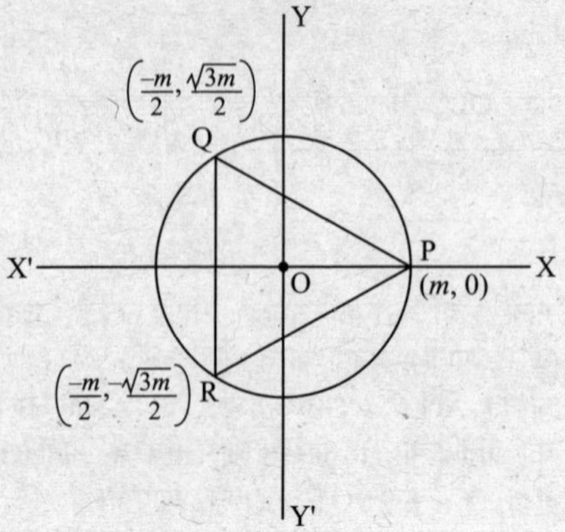

अतः रेखा का समीकरण निम्न है :

$$x = -\frac{m}{2}$$

$$\Rightarrow \quad x + \frac{m}{2} = 0$$

$$\Rightarrow \quad 2x + m = 0$$

42. (a) $\because$ 10 आदमी = 18 लड़के

5 आदमी = 9 लड़के

$\therefore$ 1 आदमी $= \frac{9}{5}$ लड़के

$\therefore$ (15 आदमी + 33 लड़के)

$= \left(15\times\frac{9}{5}\text{ लड़के} + 33\text{ लड़के}\right) = 60$ लड़के

$\because$ 18 लड़के किसी काम को पूरा कर सकते हैं = 15 दिन में

$\therefore$ 60 लड़कों द्वारा दोगुना काम पूरा करने में लगा समय

$= \left(\frac{15\times18\times2}{60}\right)$ दिन = 9 दिन

43. (d) शेष दिनों की संख्या = (37 − 27) = 4

शेष सैनिकों की संख्या = (200 − 120) = 80

सैनिकों की संख्या	दिनों की संख्या
200	4
80	x

$\Rightarrow$ 80 : 200 : : 4 : x

$\Rightarrow \quad x = \left(\frac{200\times4}{80}\right) = 10$

$\therefore$ अधिक दिनों की संख्या = (10 − 4) = 6 दिन

44. (b) अभीष्ट क्षेत्रफल $= \int_0^1 xe^x\,dx = [xe^x - \int e^x\,dx]_0^1$

$= \left[xe^x - e^x\right]_0^1 = (e-e)-(0-1) = 1$ वर्ग इकाई

45. (d) 30 दिन के अन्त में संख्या = 84 लाख

$\therefore$ 29 दिन के अन्त में संख्या = 42 लाख

$\therefore$ 28 दिन के अन्त में संख्या = 21 लाख

अर्थात् 28 दिन के अन्त में का अर्थ है 29वाँ दिन

46. (d) विकल्प में से संख्या 24 लेने पर

इकाई का अंक – दहाई का अंक = 4 – 2 = 2

संख्या के अंकों का योग = 2 + 4 = 6

दोनों का गुणनफल = 24 × 6 = 144

47. (c) माना $f(x) = [x(x-1)+1]^{1/3}$

$= (x^2 - x + 1)^{1/3}, 0 \le x \le 1$

x के सापेक्ष अवकलन करने पर,

$$f'(x) = \frac{1}{3}(x^2 - x + 1)^{\frac{1}{2}-1}(2x-1)$$

$$= \frac{1(2x-1)}{3(x^2 - x + 1)^{2/3}}$$

अब, $f'(x)$ 0 रखने पर, 1 = 0

$\Rightarrow$ $x = \frac{1}{2} \in [0, 1]$

इसलिए, $x = \frac{1}{2}$ क्रान्तिक बिन्दु है।

अब बिन्दु $x = \frac{1}{2}$ और अन्तराल [0, 1] के अन्त बिन्दुओं पर f का मान ज्ञात करते हैं।

$x = 0$ पर, $f(0) = (0 - 0 + 1)^{1/3} = 1$

$x = 1$ पर, $f(1) = (1 - 1 + 1)^{1/3} = 1$

$x = \frac{1}{2}$ पर, $f\left(\frac{1}{2}\right) = \left(\frac{1}{4} - \frac{1}{2} + 1\right)^{1/3}$

$$= \left(\frac{3}{4}\right)^{1/3}$$

$\therefore f(x)$ का उच्चतम मान 1, $x = 0, 1$ पर है।

48. (c) वक्रों $x^2 = 4(y+1)$ व $x^2 = -4(y+1)$ का प्रतिच्छेदन बिन्दु (0, – 1) पर दोनों वक्रों की प्रवणताएँ क्रमश: निम्न हैं–

$$m_1 = \frac{2x}{4} = 0 \text{ तथा } m_2 = -\frac{2x}{4} = 0$$

$\because$ $m_1 = m_2$

दोनों वक्रों के बीच का कोण = 0°

49. (c) $\because A + B + C = \pi$ [त्रिभुज के कोणों का योग]

$\therefore$ $\frac{A}{2} + \frac{B}{2} + \frac{C}{2} = \frac{\pi}{2} = \infty$

$$\tan\left(\frac{A}{2} + \frac{B}{2} + \frac{C}{2}\right) = \tan\frac{\pi}{2}$$

or $\frac{S_1 - S_2}{1 - S_3} = \infty$

$\therefore$ $1 - S_2 = \theta$ or $S_2 = 1$

$\Rightarrow$ $\tan\frac{A}{2} \cdot \tan\frac{B}{2} + \tan\frac{B}{2} \cdot \tan\frac{C}{2} + \tan\frac{C}{2} \quad \tan\frac{A}{2}$ $= 1$

50. (b) उभयनिष्ठ स्पर्श रेखा की लम्बाई :

$= \sqrt{(\text{केन्द्रों के बीच की दूरी})^2 - (R-r)^2}$

$= \sqrt{(15)^2 - (12-3)^2}$

$= \sqrt{225 - 81} = \sqrt{144} = 12$ सेमी.

51. (c) बस की अभीष्ट औसत गति

$$= \frac{(3+3+3+3)}{\left(\frac{3}{10} + \frac{3}{20} + \frac{3}{30} + \frac{3}{60}\right)} \text{ किमी/घण्टा}$$

$$= \frac{3 \times 4}{\frac{3}{10}\left(1 + \frac{1}{2} + \frac{1}{3} + \frac{1}{6}\right)} \text{ किमी/घण्टा}$$

$$= \left(\frac{4 \times 10}{12} \times 6\right) \text{ किमी/घण्टा}$$

= 20 किमी/घण्टा

52. (d) माना अभीष्ट योगफल S_n है।

श्रेणी का n वाँ वद $= 1^2 + 2^2 + 3^2 + \ldots\ldots\ldots\ldots n^2$

$$= \frac{1}{6}n(n+1)(2n+1)$$

$$= \frac{1}{3}n^3 + \frac{1}{2}n^2 + \frac{1}{6^n}$$

अभीष्ट योगफल $S_n = \frac{1}{3}\Sigma n^3 + \frac{1}{2}\Sigma n^2 + \frac{1}{6}\Sigma n$

$$= \frac{1}{12}n(n+1)^2(n+2)$$

53. (d) माना $I = \int \sec x^{o} dx$

$$= \int \sec \frac{\pi x}{180^{o}} dx \qquad \left[\because 1^{o} = \frac{\pi}{180^{o}}\right]$$

$\frac{\pi x}{180^{o}} = t$ रखने पर,

$$\Rightarrow \quad dx = \frac{180^{o}}{\pi} dt$$

$$\therefore \quad I = \int \sec t \, dt \cdot \frac{180}{\pi}$$

$$= \frac{180^{o}}{\pi} \cdot \log \tan\left(\frac{\pi}{4} + \frac{t}{2}\right) + C$$

$$= \frac{180^{o}}{\pi} \log \tan\left(\frac{\pi}{4} + \frac{\pi x}{360^{o}}\right) + C$$

54. (b) माना अतिपरवलय की स्पर्श रेखा का समीकरण $\frac{x^2}{a^2} - \frac{y^2}{b^2} = 1$ है।

$$y = mx + \sqrt{a^2 m^2 - b^2}$$

अर्थात् $\quad mx - y + \sqrt{a^2 m^2 - b^2} = 0$

$\therefore$ अभीष्ट गुणनफल

$$= \left|\frac{mae + \sqrt{a^2 m^2 - b^2}}{\sqrt{m^2 + 1}}\right| \left|\frac{-mae + \sqrt{a^2 m^2 - b^2}}{\sqrt{m^2 + 1}}\right|$$

$$= \left|\frac{a^2 m^2 - b^2 - m^2 a^2 e^2}{m^2 + 1}\right|$$

$$= \left|\frac{m^2 a^2 (1 - e^2) - b^2}{m^2 + 1}\right| = \left|\frac{-m^2 b^2 - b^2}{m^2 + 1}\right|$$

$$[\because b^2 = a^2 (e^2 - 1)]$$

$$= b^2$$

55. (a) $\because$ α तथा β समीकरण $y^2 + by + c = 0$ के मूल हैं

मूलों का गुणनफल $= \alpha + \beta = \frac{-b}{1} = -b$

मूलों का योगफल $= \alpha.\beta = \frac{c}{1} = c$

$$\alpha^{-1} + \beta^{-1} = \frac{1}{\alpha} + \frac{1}{\beta}$$

$$= \frac{\alpha + \beta}{\alpha\beta} = \frac{-b}{c}$$

56. (c) माना, $I = \int_0^{\pi/4} x(\sec^2 x - 1) dx$

$$= \int_0^{\pi} x \sec^2 x dx - \int_0^{\pi/4} x \, dx$$

$$= [x \tan x - \log \sec x]_0^{\pi/4} - \left[\frac{x^2}{2}\right]_0^{\pi/4}$$

$$= \left[\frac{\pi}{4} - \frac{1}{2}\log 2\right] - \left[\frac{\pi}{32}\right]$$

$$= \frac{\pi}{4} - \frac{1}{2}\log 2 - \frac{\pi^2}{32}$$

57. (a) माना संख्या $= x$

तब $x \times \frac{20}{100} + 40 = x$

$$\Rightarrow \quad \frac{x}{5} = x - 40$$

$$\Rightarrow \quad \frac{4}{5}x = 40$$

$$\Rightarrow \quad x = \frac{200}{4} = 50$$

58. (d) $10^{10} = 10000000000$

$\therefore$ 10^{10} में 1001 से भाग देने पर शेषफल $= 999$

59. (b) यदि $(a\cos\alpha, b\sin\alpha)$ व $(a\cos\beta, b\sin\beta)$ एक जीवा के सिरे हैं, तब इस जीवा का समीकरण निम्न है,

$$\frac{x}{a}\cos\left(\frac{\alpha+\beta}{2}\right) + \frac{y}{b}\sin\left(\frac{\alpha+\beta}{2}\right) = \cos\left(\frac{\alpha-\beta}{2}\right)$$

यदि यह नाभीय जीवा है, तब यह $(ae, 0)$ से होकर जाएगी।

$$e\cos\left(\frac{\alpha+\beta}{2}\right) = \cos\left(\frac{\alpha-\beta}{2}\right)$$

$$e = \frac{\cos\left(\frac{\alpha-\beta}{2}\right)}{\cos\left(\frac{\alpha+\beta}{2}\right)}$$

60. (c) छः अंकों से बनने वाली संख्या $= \lfloor 6 \; 720$

पाँच अंकों से बनने वाली संख्या $= \lfloor 5 = 120$

इकाई के अंकों का योग

$$= 1 \times 120 + 2 \times 120 + 3 \times 120 + 4 \times 120 + 5 \times 120 + 6 \times 120$$

$$= 120(1 + 2 + 3 + 4 + 5 + 6) = 120 \times 21 = 2520$$

61. (b) माना $(r + 1)$वाँ पद y से स्वतंत्र है।

$$T_{r+1} = {}^{10}C_r \left(\sqrt{y/3}\right)^{10-r} \cdot \left(\frac{3}{2y^2}\right)^r$$

$$= {}^{10}C_r\,(y/3)^{5-\frac{r}{2}}\left(\frac{3}{2}\right)^r y^{-2r}$$

यह पद y से स्वतंत्र है।

$$= 5-\frac{1}{2}r-2r=0$$

$$\Rightarrow \quad r=2$$

अतः x से स्वतंत्र पद $= {}^{10}C\left(\frac{1}{3}\right)^4\left(\frac{3}{2}\right)^2$

$$= \frac{10\times 9}{2\times 1}\times\frac{1}{3^4}\times\frac{3^2}{2^2}=\frac{5}{4}$$

62. (b) अभीष्ट क्षेत्रफल

$$= \int_0^1 x\,dx+\int_0^1 (x-1)\,dx$$

$$= \int_0^1 x\,dx-\int_0^1 (x-1)dx$$

$$= \left[\frac{x^2}{2}\right]_0^1-\left[\frac{x^2}{2}-x\right]_0^1$$

$$= \frac{1}{2}-\left(\frac{1}{2}-1\right)-0$$

$$= \frac{1}{2}-\frac{1}{2}+1=1 \text{ वर्ग इकाई}$$

63. (b) दिया गया अवकल समीकरण है

$$\frac{dy}{dx}=\frac{1+y^2}{xy(1+x^2)}$$

$$\Rightarrow \frac{y}{1+y^2}dy=\frac{1}{x(1+x^2)}dx$$

दोनों पक्षों का समाकलन करने पर,

$$\frac{1}{2}\int\frac{2y}{1+y^2}dy=\int\frac{1}{x(1+x^2)}dx$$

$$\Rightarrow \frac{1}{2}\log(1+y^2)=\int\frac{1}{x}dx-\int\frac{x}{1+x^2}$$

(आंशिक भिन्नों द्वारा)

दोनों पक्षों का समाकलन करने पर,

$$\Rightarrow \frac{1}{2}\log(1+y^2)=\log x-\frac{1}{2}\log(1+x^2)+\log C$$

$$\Rightarrow \log(1+x^2)(1+y^2)=\log Cx^2$$

$$\Rightarrow (1+x^2)(1+y^2)=Cx^2$$

64. (b) $\because \log\left(\frac{1+x}{1-x}\right)=2\left(x+\frac{x^3}{3}+\frac{x^5}{5}+\frac{x^3}{7}+\ldots\ldots\right)$

$\therefore$ दोनों पक्षों में $x=\frac{1}{3}$ रखने पर

$$\log\left(\frac{\frac{4}{3}}{\frac{2}{3}}\right)=2\left[\frac{1}{3}+\frac{1}{3}\left(\frac{1}{3}\right)^3+\frac{1}{5}\left(\frac{1}{3}\right)^5+\frac{1}{7}\left(\frac{1}{3}\right)^7+\ldots\right]$$

$$\Rightarrow \frac{1}{2}\log 2=\frac{1}{3}+\frac{1}{3.3^3}+\frac{1}{5.3^5}+\frac{1}{7.3^7}+\ldots\ldots$$

65. (c) रेखा के दिक् अनुपात

$[4-(-2)], [3-1], [-5-(-8)] \Rightarrow 6, 2, 3$

66. (b) $\because \cos\theta, \cos\phi$ और $\cos^2\delta$ दिक्कोज्यायें हैं

$\therefore \cos^2\theta+\cos^2\phi+\cos^2\delta=1$

$\Rightarrow 1-\sin^2\theta+1-\cos^2\phi+1-\sin^2\delta=1$

$\therefore \sin^2\theta+\sin^2\phi+\sin^2\delta=2$

67. (d) कार्तीय गुणन की कुल संख्या को निम्न प्रकार से प्रदर्शित किया जाता है–

A × B = {(1, 2), (1, 4), (1, 6), (1, 8), (3, 2), (3, 4) (3, 6), (3, 8), (5, 2), (5, 4), (5, 6), (5, 8), (7, 2), (7,4), (7, 6), (7, 8), (9, 2), (9, 4), (9, 6), (9, 8)}

$\therefore \quad n(5)=20$

कार्तीय गुणन जो $a+b=9$ को सन्तुष्ट करता है।

$n(E)=\{(1, 8), (3, 6), (5, 4), (7, 2)\}=4$

$$\therefore \quad P(E)=\frac{n(E)}{n(S)}=\frac{4}{20}=\frac{1}{5}$$

68. (b)

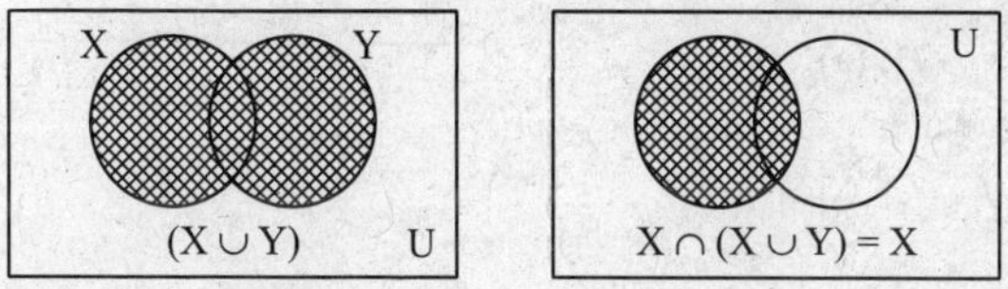

69. (c) दिया गया व्यंजक $=(1+x-2x^2)(1-x)^{-3}$

माना $(1+x-2x^2)(1-x)^{-3}$

$= (1+x-2x^2)(1+a_1x+a_2x^2+\ldots$
$\ldots+a_n x^n+\ldots.)$ ...(i)

गुणा करने पर, x^n का गुणांक

$= a_n+a_{n-1}-2\,.\,a_{n-2}$

अब, $ar=(1-x)^{-3}$ के प्रसार में $(r+1)$वें पद का गुणांक

$$=\frac{(-3)(-3-1)(-3-2)\ldots[-3-(r-1)]}{r!}(-1)^r$$

$$=(-1)^{2r}\frac{3.4.5\ldots(r+2)}{r!}$$

$$=\frac{3.4.5\ldots r(r+1)(r+2)}{1.2.3.4.5\ldots.r} \qquad [\because (-1)^{2r}=1]$$

$$=\frac{(r+1)(r+2)}{1.2}=\frac{(r+1)(r+2)}{2} \quad \ldots(ii)$$

$\therefore$ समीकरण (ii) से

$$a_n=\frac{(n+1)(n+2)}{2} \qquad (r=n \text{ रखने पर})$$

तथा $a_{n-1}=\dfrac{n(n+1)}{2}$

$a_{n-2}=\dfrac{(n+1)n}{2}$

($r=n-1$ तथा $n-2$ रखने पर)

x^n का अभीष्ट गुणांक

$$= \frac{(n+1)(n+2)}{2} + \frac{n(n+1)}{2} - 2\frac{(n-1)n}{2}$$

$$= \frac{1}{2}(n+1)[(n+2)+n] - (n-1)n$$

$$= 3n + 1$$

70. (b) $\because$ $$x + iy = \sqrt{\frac{a+ib}{c+id^2}}$$

$\therefore$ $$x - iy = \sqrt{\frac{a-ib}{c-id}}$$

$\therefore$ $$(x+iy)(x-iy) = \sqrt{\frac{a+ib}{c+id}} \times \sqrt{\frac{a-ib}{c-id}}$$

$\Rightarrow$ $$x^2 + y^2 = \sqrt{\frac{a^2+b^2}{c^2+d^2}}$$

$\Rightarrow$ $$(x^2+y^2)^2 = \frac{a^2+b^2}{c^2+d^2}$$

71. (a) $$\frac{2+5i}{4-3i} = \frac{(2+5i)(4+3i)}{(4-3i)(4+3i)}$$

$$= \frac{-7+26i}{25}$$

लेकिन $\frac{-7-26i}{25}$ का संयुग्मी $= \frac{-7-26i}{25}$

$\therefore$ $\frac{2+5i}{4-3i}$ का संयुग्मी $= \frac{-7-26i}{25}$

72. (a) प्रश्नानुसार,

$$\frac{1}{q} = a + (p-1)d \quad ...(i)$$

$$\frac{1}{p} = a + (q-1)d \quad ...(ii)$$

घटाने पर,

$$\frac{1}{q} - \frac{1}{p} = (p-1-q+1)d$$

$\therefore$ $$d = \frac{1}{pq}$$

और $\frac{1}{q} = a + (p-1) \times \frac{1}{pq}$

$\therefore$ $$a = \frac{1}{pq}$$

(pq) वाँ पद $= a + (pq-1)d$

$$= \frac{1}{pq} + (pq-1) \times \frac{1}{pq}$$

$$= \frac{pq}{pq} = 1$$

73. (c) (i) चूँकि कोई भी सीधी रेखा स्वयं पर लम्ब नहीं है। अत: R स्वतुल्य नहीं है।

(ii) यदि एक सीधी रेखा a, सीधी रेखा b पर लम्ब है, तब b भी a पर लम्ब होती है। अत: R सममित है।

(iii) यदि a, b पर लम्ब है, तथा b, c पर लम्ब है, तब a, c पर लम्ब नहीं होगी। (a, b) के समानान्तर भी नहीं होगी)। अत: R संक्रामक नहीं है।

$\therefore$ इस प्रकार R सममित है।

74. (c) $5x^2 + 6x + 7$ में $x = 1$ रखने पर
तब हमें प्राप्त होता है $5 + 6 + 7 = 18$

75. (d) $\therefore$ G, a और b के बीच गुणोत्तर माध्य है।

$\therefore$ $$G^2 = ab \quad ...(i)$$

a और b के बीच p और q दो समान्तर माध्य हैं,

$\therefore$ a, p, q, b गुणोत्तर श्रेणी में होंगे, अत:

$$p - a = q - p = b - q$$

तब $$p - a = q - p$$

$\Rightarrow$ $2p - q = a$

$\Rightarrow$ $q - p = b - q$

$\Rightarrow$ $2q - p = b$

गुणा करने पर,

$$(2p-q)(2q-p) = ab = G^2$$

76. (d) $\lim_{x\to 0} \sin\frac{1}{x}$ विद्यमान नहीं है, क्योंकि $\sin\frac{1}{x}, -1$ और 1 पर दोलन करता है, जबकि $x \to 0$

77. (b) $$y = \log_e e^x \left(\frac{x-2}{x+2}\right)^{3/4}$$

$$= \log_e e^x + \frac{3}{4}\log\left(\frac{x-2}{x+2}\right)$$

$$= x + \frac{3}{4}[\log(x-2) - \log(x+2)]$$

$\therefore$ $$\frac{dy}{dx} = 1 + \frac{3}{4}\left[\frac{1}{x-2} - \frac{1}{x+2}\right]$$

$$= 1 + \frac{3}{4}\left[\frac{(x+2)-(x-2)}{x^2-4}\right]$$

$$= \frac{x^2-1}{x^2-4}$$

78. (a) $$y = \tan^{-1}\frac{2x}{1+4x^2} + \tan^{-1}\frac{1+4x^2}{2x}$$

$$= \tan^{-1}\frac{2x}{1+4x^2} + \cot^{-1}\frac{2x}{1+4x^2}$$

$$\left[\because \tan^{-1}\frac{1}{\theta} = \cot^{-1}\theta\right]$$

$$= \frac{\pi}{2}\left[\because \tan^{-1}\theta + \cot^{-1}\theta = \frac{\pi}{2}\right]$$

$\therefore$ $$\frac{dy}{dx} = 0$$

79. (c) A के कर्मचारी की कुल आमदनी

$= 250 \times 2.00$

$= ₹\ 500.00$

B के कर्मचारी की कुल आमदनी

$= 200 \times 2.50$

$= ₹\ 500.00$

$\therefore$ A और B दोनों की कुल आमदनी

$= ₹\ 500 + ₹\ 500$

$= ₹\ 1000$

$\therefore$ A और B दोनों की औसत आमदनी

$$= \frac{1000}{2.50 + 200}$$

$= ₹\ 2.22$

80. (b)

वर्ग	मध्यमान (x)	बारंबारता	fx.
0-20	10	17	170
20-40	30	f_2	$30f_2$
40-60	50	32	1600
60-80	70	f_4	$70f_4$
80-100	90	19	1710
कुल		120	$3480 + 30f_2 + 70f_4$

$68 + f_2 + f_4 = 120$

$f_2 + f_4 = 120 - 68$

$= 52$

और $3480 + 30f_2 + 70f_4 = 120 \times 50$

$= 6000$

$\therefore$ $30 f_2 + 70f_4 = 6000 - 3480$

$= 2520$

$\Rightarrow$ $3f_2 + 7f_4 = 252$

और $7f_2 + 7f_4 = 364$

$-4f_2 = -112$

$$f_2 = \frac{-112}{-4}$$

$f = 28$

$f_4 = 52 - 28 = 24$

81. (c) एक परीक्षण में घटना के होने की प्रायिकता = 0.6

$\therefore$ एक परीक्षण में घटना के होने की प्रायिकता = 1 – 0.6 = 0.4

अत: घटना पहले, दूसरे या तीसरे परीक्षण में हो सकती है।

$\therefore$ अभीष्ट प्रायिकता

$= {}^3C_1 \times 0.6 \times (0.4)^2 = 0.288$

82. (d) यहाँ, $p = 3/4$, $q = 1 - p = 1 - (3/4) = 1/4$, $n = 5$

$\therefore$ द्विपद वितरण से,

अभीष्ट प्रायिकता

$$= {}^5C_3\left(\frac{3}{4}\right)^3\left(\frac{1}{4}\right)^2 + {}^5C_4\left(\frac{3}{4}\right)^4\left(\frac{1}{4}\right) + {}^5C_5\left(\frac{3}{5}\right)^5$$

$$= \frac{270}{1024} + \frac{405}{1024} + \frac{243}{1024} = \frac{459}{512}$$

83. (d) बिन्दु (1, 2) से दीर्घवृत्त $3x^2 + 2y^2 = 5$ पर खींची गई स्पर्शी युग्म का समीकरण होगा–

$(3x^2 + 2y^2 - 5)(3.1^2 + 2.2^2 - 5)$

$= (3x.1 + 2.y.2 - 5)^2$

(सूत्र से $S.S_1 = T^2$)

$\Rightarrow$ $(3x^2 + 2y^2 - 5) \times 6 = (3x + 4y - 5)^2$

$\Rightarrow$ $18x^2 + 12y^2 - 30 = 9x^2 + 16y^2 + 25 + 24xy - 30x - 40y$

$\Rightarrow$ $9x^2 - 24xy - 4y^2 + 30x + 40y - 55 = 0$

यदि इन स्पर्शी युग्म के बीच का कोण θ हो, तो

$$\theta = \tan^{-1}\left(\frac{2.\sqrt{(12)^2 - 9 \times (-4)}}{9 - 4}\right)$$

$$= \tan^{-1}\frac{2\sqrt{144 + 36}}{5} = \tan^{-1}\frac{12\sqrt{5}}{5}$$

$$= \tan^{-1}\frac{12}{\sqrt{5}}$$

84. (c) $8 = \sqrt{(\alpha - 3)^2 + (2 - 4)^2}$

$\Rightarrow$ $64 = \alpha^2 - 6\alpha + 9 + 4$

$\Rightarrow$ $\alpha^2 - 6\alpha - 51 = 0$

$$\Rightarrow \quad \alpha = \frac{6 \pm \sqrt{36 + 4 \times 1 \times 51}}{2}$$

$$= \frac{6 \pm \sqrt{36 + 204}}{2}$$

$= 3 \pm \sqrt{60}$

85. (c) $2 \sin^2 \theta = 3 \cos \theta$

$\Rightarrow$ $2(1 - \cos^2 \theta) = 3 \cos \theta$

$\Rightarrow$ $2 - 2 \cos^2 \theta = 3 \cos \theta$

$\Rightarrow$ $2 \cos^2 \theta + 3 \cos \theta - 2 = 0$

$\Rightarrow$ $2 \cos^2 \theta + 4 \cos - \cos \theta - 2 = 0$

$\Rightarrow$ $2 \cos \theta (\cos \theta + 2) - 1(\cos \theta + 2) = 0$

$\Rightarrow$ $(\cos \theta + 2)(2 \cos \theta - 1) = 0$

$\therefore$ $\cos \theta = -2 \Rightarrow \frac{1}{2}$

लेकिन, $\cos \theta = -2$ सम्भव नहीं है।

$\therefore$ $\cos \theta = \frac{1}{2}$

$\therefore$ $\theta = 60^o$

86. (b) $\because$ $x + \frac{1}{x} = 2 \cos \theta$

$$\therefore \quad \left(x + \frac{1}{x}\right)^3 = 8 \cos^3\theta$$

$$\Rightarrow \quad x^3 + \frac{1}{x^3} + 3\left(x + \frac{1}{x}\right) = 8 \cos^3\theta$$

$$x^3 + \frac{1}{x^3} + 3 \times 2 \cos \theta = 8 \cos^3\theta$$

$$\Rightarrow \quad x^3 + \frac{1}{x^3} = 8\cos^3\theta - 6\cos\theta$$
$$= 2(4\cos^3\theta - 3\cos\theta)$$
$$= 2\cos 3\theta$$

87. (c) वृत्त $x^2 + y^2 + 3x - 3y + 2 = 0$ के केन्द्र के निर्देशांक $\left(-\frac{3}{2}, \frac{3}{2}\right)$ हैं और त्रिज्या $= \sqrt{\frac{9}{4}+\frac{9}{4}-2} = \sqrt{2.5}$

बिन्दु (–2, 1) की $\left(-\frac{3}{2}, \frac{3}{2}\right)$ से दूरी

$$= \sqrt{\left(-2+\frac{3}{2}\right)^2 + \left(1-\frac{3}{2}\right)^2}$$
$$= \sqrt{\frac{1}{4}+\frac{1}{4}} = \sqrt{0.5}$$
$$\therefore \quad \sqrt{2.5} > \sqrt{0.5}$$

अत: बिन्दु (–2, 1) वृत्त के अन्दर हैं।

88. (c)
$$\Delta_1 = \begin{vmatrix} x & b & b \\ a & x & b \\ a & a & x \end{vmatrix}$$
$$= x(x^2 - ab) - b(ax - ab) + b(a^2 - ax)$$
$$= x^3 - 3abx + ab^2 + a^2b$$
$$\therefore \quad \frac{d\Delta_1}{dx} = 3x^2 - 3ab = 3(x^2 - ab)$$

लेकिन $\Delta_2 = \begin{vmatrix} x & b \\ a & x \end{vmatrix}$
$$\therefore \quad = x^2 - ab$$
$$\frac{d\Delta_1}{dx} = 3\Delta_2$$

89. (d) $\int_{-\infty}^{\infty} \frac{1}{1+x^2}dx = 2\int_{-\infty}^{\infty} \frac{1}{1+x^2}dx \; [\because f(-x) = f(x)]$
$$= 2\left[\tan^{-1}\right]_0^{\infty} = 2\tan^{-1}\infty = 2.\frac{\pi}{2} = \pi$$

90. (d) मान लो $\cot^{-1}x = 0$

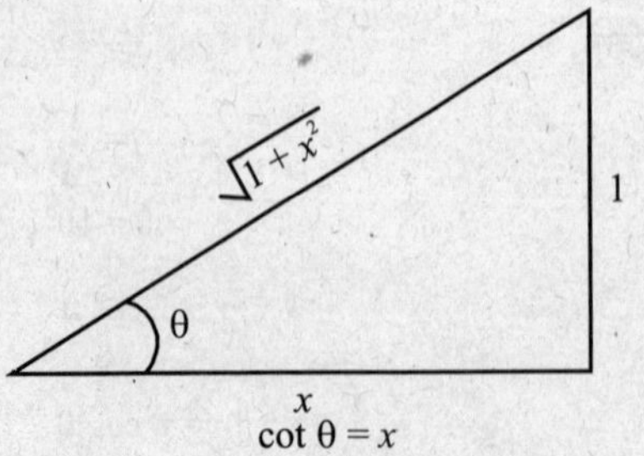

$$\cot\theta = x$$
$$\sin\theta = \frac{1}{\sqrt{1+x^2}}$$
$$\sin(\cot^{-1}x) = \frac{1}{\sqrt{1+x^2}}$$

91. (b) अतिपरवलय का समीकरण है
$$4x^2 - 9y^2 = 36$$
या, $$\frac{x^2}{9} - \frac{y^2}{4} = 1$$
$$a^2 = 9 \Rightarrow 2a = 6$$
किसी बिन्दु का ध्रुवों से दूरियों का अन्तर $= 2a$

$\therefore$ अभीष्ट दूरी $= 6$

92. (b) $\because \quad C = 90^o$
$$\therefore \quad C = 2R\sin C = 2R\sin 90^o$$
$$= 2R \Rightarrow R = \frac{1}{2}C$$
तथा $r = (s-c)\tan\frac{C}{2} = (s-c)\tan 45^o = (s-c)$
$$\therefore \quad R + r = \frac{1}{2}c + (s-c)$$
$$= \frac{1}{2}(2s + c - 2c) = \frac{1}{2}(2s - c)$$
$$= \frac{1}{2}[(a+b+c) - c] = \frac{1}{2}(a+b)$$

93. (b) दिए हुए समीकरण का वर्ग करने पर
$$3\frac{d^2y}{dx^2} = \left[1+\left(\frac{dy}{dx}\right)^2\right]^{3/2}$$
$$9\left(\frac{d^2y}{dx^2}\right)^2 = \left[1+\left(\frac{dy}{dx}\right)^2\right]^3$$
इसमें उच्चतम अवकलन $\frac{d^2y}{dx^2}$ है। इसकी घात 2 है।

94. (d) अंश $\quad rr_1 = \frac{\Delta}{s}.\frac{\Delta}{s-a} = \frac{\Delta^2}{s(s-a)}$

तथा हर $\quad r_2r_3 = \frac{\Delta}{s-b}.\frac{\Delta}{s-c} = \frac{\Delta^2}{(s-b)(s-c)}$
$$\therefore \quad \frac{rr_1}{r_2r_3} = \frac{\Delta^2}{s(s-a)}.\frac{(s-b)(s-c)}{\Delta^2}$$
$$= \frac{(s-b)(s-c)}{s(s-a)} = \tan^2\frac{A}{2}$$
$$= \tan^2\frac{90^o}{2} = 1$$

95. (a) $$y = q\cos(x+p) \quad \text{...(i)}$$
$$\therefore \quad \frac{dy}{dx} = -q\sin(x+p)$$
और $$\frac{d^2y}{dx^2} = -q\cos(x+p) \quad \text{...(ii)}$$
समीकरण (i) और (ii) को जोड़ने पर हमें प्राप्त होता है।
$$\frac{d^2y}{dx^2} + y = 0$$

96. (c) ∴ तीनों के आधार तथा ऊँचाई समान है। अत: $h = r$

शंकु, अर्द्धगोला तथा बेलन के आयतनों का अनुपात क्रमश:

$$= \frac{1}{3}\pi r^2 \times r : \frac{2}{3}\pi r^3 : \pi r^2 \times r$$

$$= \frac{1}{3}\pi r^3 : \frac{2}{3}\pi r^3 : \pi r^3 = 1 : 2 : 3$$

97. (b) $\dfrac{\text{वर्ग का क्षेत्रफल}}{\text{विकर्ण पर खींचे गए वर्ग का क्षेत्रफल}} = \dfrac{a^2}{(\sqrt{2}a)^2}$

$$= \frac{a^2}{2a^2} = \frac{1}{2} = 1 : 2$$

98. (a)

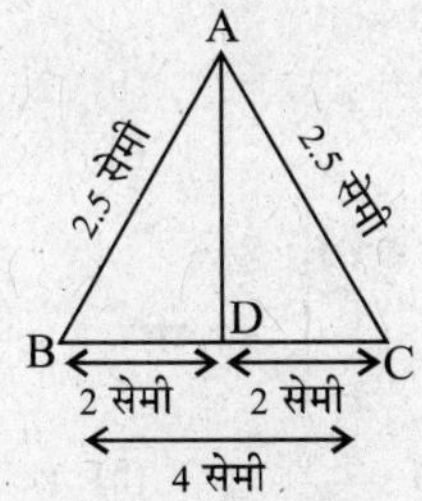

दिया गया है, कि त्रिभुज ABC में,

$AB = AC = 2.5$ सेमी.

तथा $BC = 4$ सेमी.

मान लिया कि शीर्ष A से AD आधार BC पर लंब है।

∵ समद्विबाहु त्रिभुज के आधार पर $\angle B = \angle C$ के कोण बराबर होते हैं।

∴ ΔABC और ΔADC में,

$AB = AC$

AD उभयनिष्ठ है।

$\angle ABC = \angle ACD$

∴ ΔABC और ΔADC सर्वंगसम है।

∴ $BD = DC = 2$ सेमी.

∴ $AD^2 = AB^2 - BD^2$

$= (2.5)^2 - (2)^2$

$= 6.25 - 4 = 2.25$

$AD = \sqrt{2.25} = 1.5$ सेमी.

लम्ब की लम्बाई $AD = 1.5$ सेमी.।

99. (d) ∵ किसी कोण और उसके सम्पूरक का योग 180° होगा।

∴ प्रश्नानुसार,

$x + 4x = 180°$

$5x = 180°$

∴ $x = 36°$

∴ अभीष्ट कोण $= 4 \times 36° = 144°$.

100. (b) त्रिभुज के तीनों कोणों का योग 180°

प्रश्नानुसार,

∴ $70 + 40 + \angle x = 180°$

$110 + \angle x = 180°$

$\angle x = (180 - 110°)$

∴ $\angle x = 70°$.

❑❑❑

9 गणित
प्रैक्टिस पेपर

1. यदि एक धनराशि पर दो वर्ष का 12% वार्षिक दर से चक्रवृद्धि ब्याज ₹ 2544 हो, तो उसी दर पर 2 वर्ष का साधारण ब्याज कितना होगा?
(a) ₹ 2,400 (b) ₹ 2,500
(c) ₹ 2,480 (d) ₹ 2,440

2. ABCDEF एक समषट्भुज है जिसकी प्रत्येक भुजा a है। इस समषद्भुज के विकर्ण AC की लम्बाई होगी–
(a) 2a (b) $a\sqrt{2}$
(c) $\frac{a}{2}$ (d) $a\sqrt{3}$

3. यदि $\tan\alpha = \frac{m}{m+1}$, $\tan\beta = \frac{1}{2m+1}$ हो, तो $\alpha + \beta$ का मान होगा–
(a) $\frac{\pi}{3}$ (b) $\frac{\pi}{6}$
(c) $\frac{\pi}{8}$ (d) $\frac{\pi}{4}$

4. यदि गए व्यंजक $\cot B = \frac{\sin A - \sin C}{\cos C - \cos A}$ में तीन कोण A, B, C समान्तर माध्य श्रेणी (A.P.) में हों, तो निम्न में सही विकल्प होगा–
(a) $B = \frac{A+C}{2}$ (b) A = B + C
(c) $B = \frac{A-C}{2}$ (d) A = B − C

5. यदि बिन्दु $(a_1, b_1), (a_2, b_2)$ व (a_3, b_3) समरेखीय हैं, तब रेखा $a_i x + b_i y + 1 = 0, \forall i = 1, 2, 3$ है।
(a) संगामी (b) समान
(c) समान्तर (d) इनमें से कोई नहीं

6. बिन्दु (0, 0), (8, 0), (4, 6) से बनने वाले त्रिभुज का लम्बकेन्द्र है–
(a) $\left(4, \frac{8}{3}\right)$ (b) (3, 4)
(c) (4, 3) (d) (–3, 4)

7. $\begin{vmatrix} x+4 & 2x & 2x \\ 2x & x+4 & 2x \\ 2x & 2x & x+4 \end{vmatrix}$ का मान है–
(a) $(5x-4)(4+x)^2$ (b) $(5x+4)(4-x)^2$
(c) $(5x-4)^2(4+x)$ (d) $(5x+4)^2(4-x)$

8. यदि $\begin{vmatrix} x+y+2z & x & y \\ z & y+z+2x & y \\ z & x & z+x+2y \end{vmatrix} = k(x+y+z)^3$, तब k का मान होगा–
(a) 1 (b) 2
(c) 4 (d) 8

9. $\begin{vmatrix} x & y & x+y \\ y & x+y & x \\ x+y & x & y \end{vmatrix}$ का मान है–
(a) $-(x^3+y^3)$ (b) (x^3+y^3)
(c) $-3(x^3+y^3)$ (d) $-2(x^3+y^3)$

10. यदि U = {1, 2, 3, 4, 5, 6, 7, 8} तथा A = {2, 4, 6, 7, 8}, तो A' का मान होगा–
(a) $\{x : x$ एक विषम संख्या है $\cap x < B\}$
(b) $\{x : x$ एक सम संख्या है $\cap x \le 8\}$
(c) $\{x : x$ एक विषम संख्या है $\cap x < 7\}$
(d) उपरोक्त में से कोई नहीं

11. a, 20 एवं 70 के बीच सभी पूर्णांकों का, दोनों को सम्मिलित करते हुए, एक समुच्चय है–
$b = \{x : x \in A, x$ एक पूर्ण वर्ग$\}$
$c = \{x : x \in A, x$ एक अभाज्य पूर्णांक है$\}$
$d = \{x : x \in A, x$ का प्रथम अंक > दूसरा अंक$\}$
समुच्चय $(B \cap C \cap D)$ होगा
(a) {25, 49} (b) ϕ
(c) {64} (d) इनमें से कोई नहीं

12. यदि $\cos y = x\cos(a+y)$, जहाँ $\cos a \ne 1$, तब dy/dx का मान है–
(a) $\frac{\sin a}{\cos^2(a+y)}$ (b) $\frac{\sin^2(a+y)}{\sin a}$
(c) $\frac{\cos^2(a+y)}{\sin a}$ (d) $\frac{\cos^2(a+y)}{\cos a}$

13. यदि $x\sin(a+y) + \sin a \cos(a+y) = 0$, तब $\frac{dy}{dx}$ का मान है
(a) $\frac{\sin^2(a+y)}{\sin a}$ (b) $\frac{\cos^2(a+y)}{\cos a}$
(c) $\frac{\sin^2(a+y)}{\cos a}$ (d) $\frac{\cos^2(a+y)}{\sin a}$

14. यदि $y=\sqrt{\sin x+y}$, तब $\frac{dy}{dx}$ का मान है

(a) $\frac{\cos x}{2y-1}$ (b) $\frac{\cos x}{1-2y}$

(c) $\frac{\sin x}{1-2y}$ (d) $\frac{\sin x}{2y-1}$

15. एक पिण्ड किसी वेग से ऊर्ध्वाधर दिशा में ऊपर को फेंका जाता है, ऊपर जाते समय जब वह भूमि से 30g सेमी ऊँचाई पर होता है, तो उसे उसी बिन्दु पर पुनः वापस आने में 4 सेकण्ड लगते हैं, जिस वेग से पिण्ड फेंका गया था वह वेग है–

(a) 4g सेमी/सेकण्ड (b) 8g सेमी/सेकण्ड

(c) 2g सेमी/सेकण्ड (d) 5g सेमी/सेकण्ड

16. कोई गिरता हुआ कण अपनी यात्रा से अन्तिम सेकण्ड में 7g सेमी गिरता है, तो वह कितनी ऊँचाई से गिरा?

(a) $28\frac{1}{8}g$ सेमी (b) $28\frac{1}{6}g$ सेमी

(c) $28\frac{1}{7}g$ सेमी (d) $28\frac{1}{9}g$ सेमी

17. स्वतन्त्रतापूर्वक गिरता हुआ कोई पिण्ड गति के अन्तिम, सेकण्ड में और उससे पहले सेकण्ड में जो दूरियाँ तय करता है, उनकी निष्पति 4 : 2 है, पृथ्वी तक पहुँचने में उसका वेग क्या होगा?

(a) $\frac{5}{2}g$ सेमी/सेकण्ड (b) $\frac{3}{2}g$ सेमी/सेकण्ड

(c) $\frac{1}{2}g$ सेमी/सेकण्ड (d) $\frac{7}{2}g$ सेमी/सेकण्ड

18. किसी भी सदिश a के लिए $(a\times\hat{i})^2+(a\times\hat{j})^2+(a\times\hat{k})^2$ का मान है–

(a) a^2 (b) $3a^2$

(c) $4a^2$ (d) $2a^2$

19. यदि $|a|=10$, $|b|=2$ और $a\cdot b=12$ हो, तो $|a\times b|$ का मान है–

(a) 5 (b) 10

(c) 14 (d) 16

20. सदिश $\lambda\hat{i}+\hat{j}+2\hat{k}, \hat{i}+\lambda\hat{j}-k$ और $2\hat{i}-\hat{j}+\lambda\hat{k}$ समतलीय हैं यदि–

(a) $\lambda=-2$ (b) $\lambda=0$

(c) $\lambda=1$ (d) $\lambda=-1$

21. सदिशों $a=2\hat{i}+\hat{j}+2\hat{k}$ और $b=\hat{i}+\hat{j}$ दोनों ही मात्रक लम्ब सदिशों की संख्या है–

(a) एक (b) दो

(c) तीन (d) असंख्य

22. कोई तीन सदिश abc, $[a+bb+cc+a]$ का मान है–

(a) $[a\ b\ c]$ (b) $2[a\ b\ c]$

(c) $3[a\ b\ c]$ (d) इनमें से कोई नहीं

23. यदि a व b असमरेखीय सदिश है तथा $xa+yb=$

(a) $x=0$ परन्तु y आवश्यक रूप से शून्य नहीं है

(b) $y=0$ परन्तु x आवश्यक रूप से शून्य नहीं है

(c) $x=0, y=0$

(d) उपरोक्त में से कोई नहीं

24. वक्र $(1+x^2)y=2-x$ जिस बिन्दु पर x-अक्ष को काटता है, पर स्पर्श रेखा का समीकरण है–

(a) $x+5y=2$ (b) $x-5y=2$

(c) $5x-y=2$ (d) $5x+y-2=0$

25. वक्र के किसी बिन्दु पर खीचीं गई अधोस्पर्शी तथा अधो अभिलम्ब की लम्बाई का गुणनफल है–

(a) भुजा अक्ष का वर्ग (b) कोटि अक्ष का वर्ग

(c) अचर (d) इनमें से कोई नहीं

26. 6 दुकानों का मासिक किराया दिया गया है–
75, 83, 125, 100, 95, 130 इनका माध्य ज्ञात करें–

(a) 102 (b) 101

(c) 100 (d) 101.33

27. 11 वीं कक्षा के 'A' सेक्शन के 60 विद्यार्थियों के अर्थशास्त्र के पर्चे में 40 माध्य अंक हैं तथा 'B' सेक्शन के 40 विद्यार्थियों के अर्थशास्त्र के पर्चे में 35 माध्य अंक हैं। 11 वीं कक्षा के सभी 100 विद्यार्थियों के अर्थशास्त्र के पर्चे में सामूहिक माध्य अंक निकालिए।

(a) 38 (b) 39

(c) 40 (d) 37

28. यदि 7, 8, 11, 16, x, 15 व 13 का समान्तर माध्य 12 है, तो x का मान बराबर होता है–

(a) 10 (b) 11

(c) 12 (d) 14

29. यदि $a=\frac{\sqrt{3}-\sqrt{2}}{\sqrt{3}+\sqrt{2}}, b=\frac{\sqrt{3}+\sqrt{2}}{\sqrt{3}-\sqrt{2}}$ हो, तो $\frac{a^2}{b}+\frac{b^2}{a}$ का मान कितना होगा?

(a) 970 (b) 1030

(c) 930 (d) 900

30. एक दण्ड जिसका गुरुत्व केन्द्र उसे 1 : 2 के अनुपात में विभाजित करता है, एक चिकने गोले के भीतर रखा हुआ है और गोले के केन्द्र पर समकोण बनाता है, उसका क्षैतिज से झुकाव है–

(a) $\sin^{-1}\left(\frac{1}{3}\right)$ (b) $\cos^{-1}\left(\frac{1}{3}\right)$

(c) $\tan^{-1}\left(\frac{1}{3}\right)$ (d) $\cot^{-1}\left(\frac{1}{3}\right)$

31. एक चिकने अर्द्ध गोलाकार प्याले में एक भारी दण्ड रखा है, जिसकी लम्बाई प्याले की त्रिज्या के बराबर है और जिसका गुरुत्व केन्द्र उसके सिरे से लम्बाई की एक तिहाई दूरी पर है, दण्ड का क्षैतिज के साथ कोण होगा–

(a) $\tan^{-1}(3\sqrt{3})$ (b) $\cot^{-1}(3\sqrt{3})$

(c) $\sin^{-1}(3\sqrt{3})$ (d) $\cos^{-1}(3\sqrt{3})$

32. एक भारी एक समान छड़, जिसकी लम्बाई 15 सेमी है, एक स्थिर बिन्दु से 9 और 12 सेमी लम्बी दो डोरियों द्वारा, जो उसके सिरों से बँधी हुई है, लटका हुआ है, यदि छड़ ऊर्ध्वाधर से कोण θ बनाता है, तो–

(a) $25\sin\theta=24$ (b) $24\sin\theta=24$

(c) $25\cos\theta=24$ (d) $25\tan\theta=24$

33. निम्न चित्र में, O वृत्त का केन्द्र है। ∠ACB का मान होगा–

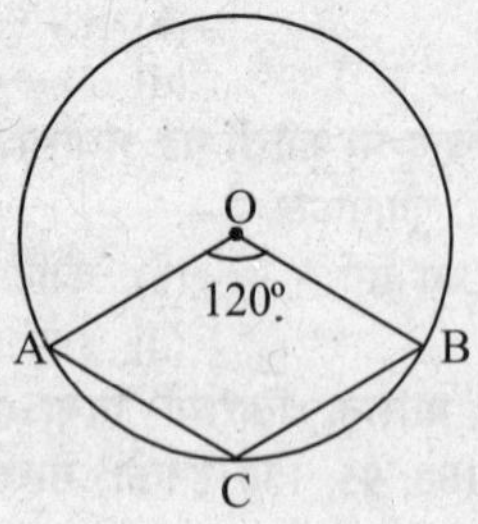

(a) 240° (b) 140°
(c) 100° (d) 120°

34. $\sin^{-1}\left(\frac{2m}{1+m^2}\right)+\sin^{-1}\left(\frac{2n}{1+n^2}\right)=2\tan^{-1}\theta$ **हो, तो θ का मान क्या होगा?**

(a) $\frac{m-n}{1+mn}$ (b) $\frac{m-n}{1-mn}$

(c) $\frac{2mn}{m+n}$ (d) $\frac{m+n}{1-mn}$

35. यदि C का 0.6 = *B* का 75% = *A* का $\frac{1}{3}$ हो, तो *A* : *B* : C का मान क्या है?

(a) 9 : 5 : 4 (b) 9 : 4 : 5
(c) 4 : 5 : 9 (d) 5 : 9 : 4

36. 3 × 3 कोटि के सभी सम्भावित आव्यूहों की संख्या जिनमें अवयव 2 या 0 है–

(a) 9 (b) 27
(c) 81 (d) 512

37. यदि A एक $m \times n$ कोटि का आव्यूह है तथा B एक आव्यूह इस प्रकार है कि AB' तथा B'A दोनों परिभाषित हैं, तब आव्यूह B की कोटि है–

(a) $m \times m$ (b) $n \times n$
(c) $n \times m$ (d) $m \times n$

38. यदि A तथा B समान कोटि के आव्यूह हैं, तब (AB' – BA') है–

(a) विषम सममित आव्यूह (b) शून्य आव्यूह
(c) सममित आव्यूह (d) ऐकिक आव्यूह

39. यदि एक फलन *f* वृद्धिमान फलन है, तब–

(a) $-f$ एक वृद्धिमान फलन है
(b) $-f$ एक ह्रासमान फलन है
(c) $-f$ एक स्थिरांक फलन है
(d) इनमें से कोई नहीं

40. फलन $f(x)=\begin{cases}\frac{\sin x}{x}, & x\neq 0\\ 0 & x=0\end{cases}$ **रखता है–**

(a) $x = 0$ पर प्रथम प्रकार की असांतत्यता
(b) $x = 0$ पर द्वितीय प्रकार की असांतत्यता
(c) $x = 0$ पर संततता
(d) इनमें से कोई नहीं

41. यदि X एक पूर्ण दूरीक समष्टि है E, X का अरिक्त विवृत उपसमुच्चय है, तब–

(a) E प्रथम स्तर का है (b) E द्वितीय स्तर का है
(c) E रिक्त समुच्चय है (d) इनमें से कोई नहीं

42. $6x^2y\,(x-y)\,(x^2+xy+y^2)$ **तथा** $18xy^2\,(x-y)^2$ **और** $12x\,(x-8-y)^3$ **का महत्तम समापवर्तक है–**

(a) $6\,(x-y)$ (b) $6x\,(x-y)$
(c) $6x$ (d) $x\,(x-y)$

43. तीन सरेख बिन्दुओं से समदूरस्थ किसी बिन्दु का बिन्दु पथ क्या है?

(a) सरल रेखा (b) बिन्दु युग्म
(c) बिन्दु (d) रिक्त समुच्चय

44. A और B मिलकर एक काम 20 दिन में पूरा कर सकते हैं। B और C मिलकर यही काम 30 दिन में पूरा कर सकते हैं। A और C मिलकर यही काम 40 दिन में पूरा कर सकते हैं। यह काम अकेले पूरा करने में A को लगे दिनों की संख्या का यही काम अकेले पूरा करने में C को लगे दिनों की संख्या से क्रमशः अनुपात क्या है?

(a) 2 : 5 (b) 2 : 7
(c) 3 : 7 (d) 1 : 5

45. एक ठेकेदार ने एक काम को 92 दिनों में पूरा करने का ठेका लिया और 110 व्यक्ति नियुक्त किए। 48 दिन के बाद उसने देखा कि $\frac{3}{5}$ काम हो चुका है। वह कितने व्यक्तियों को हटा सकता है कि काम समय से पूरा हो जाए?

(a) 30 (b) 45
(c) 40 (d) 35

46. यदि $3^{x+y}=81$ तथा $81^{x-y}=3$ हो, तो x का मान होगा–

(a) 42 (b) $\frac{15}{8}$

(c) $\frac{17}{8}$ (d) 39

47. दो संख्याओं के वर्गों का योग 80 है और उनके अन्तर का वर्ग 36 है, दोनों संख्याओं का गुणनफल है–

(a) 22 (b) 44
(c) 58 (d) 116

48. दीर्घवृत्त $\frac{x^2}{a^2}+\frac{y^2}{b^2}=1$ के अन्तर्गत उस समद्विबाहु त्रिभुज का महत्तम क्षेत्रफल ज्ञात कीजिए जिसका शीर्ष दीर्घ अक्ष का एक सिरा है—

(a) $\frac{3}{4}ab$ वर्ग इकाई (b) $\frac{3}{4}\sqrt{3}\,ab$ वर्ग इकाई

(c) $\frac{\sqrt{3}}{4}ab$ वर्ग इकाई (d) इनमें से कोई नहीं

49. यदि रेखा $x\cos\alpha+y\sin\alpha=p$ परवलय $y^2=4ax$ को स्पर्श करती है, तब बिन्दु है–

(a) $(a\tan^2\alpha, -2a\tan\alpha)$ (b) $(a\tan^2\alpha, 2a\tan\alpha)$
(c) $(a\tan\alpha, 2a\tan\alpha)$ (d) इनमें से कोई नहीं

50. परवलय $y^2 = 4ax$ की दो लम्बवत् स्पर्श, रेखाएँ सदैव एक रेखा पर प्रतिच्छेद करेंगी, यदि–

(a) $x = a$ (b) $x + a = 0$

(c) $x + 2a = 0$ (d) $x + 4a = 0$

51. यदि समीकरण $\tan^2\theta + \cot^2\theta = 2$ हो, तो θ का व्यापक हल होगा–

(a) $\theta = 2n\pi \pm \alpha$ (b) $\theta = n\pi + \alpha$

(c) $\theta = 2n\pi \pm \frac{\pi}{4}$ (d) $\theta = n\pi \pm \frac{\pi}{4}$

52. किसी त्रिभुज की भुजाएं समान्तर श्रेणी में हैं तथा सबसे बड़े कोण और सबसे छोटे कोणों का अन्तर 90° है उनकी भुजाओं में अनुपात होगा–

(a) $\sqrt{5} : \sqrt{2} : 3$

(b) $(\sqrt{5}+1) : \sqrt{7} : (\sqrt{5}-1)$

(c) $(\sqrt{3}+1) : \sqrt{7} : (\sqrt{3}-1)$

(d) $(\sqrt{7}+1) : \sqrt{7} : (\sqrt{7}-1)$

53. दो वृत्त, जिनकी त्रिज्याएँ 6 सेमी. एवं 3 सेमी. हैं, के केन्द्र P तथा Q हैं। उन पर एक उभयनिष्ठ तिर्यक स्पर्श रेखा वृत्तों को क्रमशः A तथा C पर मिलती है और PQ को B पर इस प्रकार काटती है कि AB = 10 सेमी.। केन्द्रों के बीच की दूरी PQ है–

(a) 15.40 सेमी. (b) 16 सेमी.

(c) 17.49 सेमी. (d) 17 सेमी.

54. एक मोटर चालक ने अपनी यात्रा के पहले 20 किमी 30 मिनट में पूरे कर लिए तथा शेष 29 किमी 40 मिनट में पूरे किए। तद्नुसार, उसकी औसत गति कितने किमी/घण्टा थी?

(a) $41\frac{3}{4}$ (b) 42

(c) 49 (d) $37\frac{1}{6}$

55. मैं यदि 5 किमी/घण्टा की गति से चलता हूँ, तो मेरी गाड़ी 7 मिनट पहले छूट चुकी होती है, किन्तु यदि मैं 6 किमी/घण्टा की गति से चलूँ, तो मैं स्टेशन पर गाड़ी छूटने से 5 मिनट पहले पहुँच जाता हूँ। तद्नुसार, मेरे घर से स्टेशन के बीच की दूरी कितनी है?

(a) 4 किमी (b) 6 किमी

(c) 5 किमी (d) 3 किमी

56. उस श्रेणी के n पदों का योगफल क्या होगा जिसका n वाँ पद $3(4^n + 2n^2) - 4n^3$ है?

(a) $4(4^n - 1) + n(n+1)(1 + n - n^2)$

(b) $3(4^n - 1) + n(n+1)(1 + n - n^2)$

(c) $2(4^n - 1) + n(n+1)(1 + n - n^2)$

(d) $3(4^n + 1) + n(n-1)(1 + n - n^2)$

57. $\int \frac{x+1}{2x^2+6x+5}dx$ का मान होगा–

(a) $\frac{1}{4}\log|2x^2+6x+5| + \frac{1}{2}\tan^{-1}(2x+3) + C$

(b) $\frac{1}{4}\log|2x+3| - \frac{1}{2}\tan^{-1}(2x^2+6x+5) + C$

(c) $\frac{1}{2}\log|2x^2+6x+5| - \frac{1}{4}\tan^{-1}(2x+3) + C$

(d) $-\frac{1}{2}\log|2x^2+6x+5| + \frac{1}{2}\tan^{-1}(2x+3) + C$

58. अतिपरवलय जिसकी नाभियाँ (6, 4) व (–4, 4) हैं तथा उत्केन्द्रता 2 है, का समीकरण है :

(a) $\frac{4(x-1)^2}{25} + \frac{4(y-4)^2}{25} = 1$

(b) $\frac{4(x+1)^2}{25} + \frac{4(y+4)^2}{75} = 1$

(c) $\frac{4(x-1)^2}{75} + \frac{4(y-4)^2}{25} = 1$

(d) $\frac{4(x-1)^2}{25} - \frac{4(y-4)^2}{75} = 1$

59. यदि m, वास्तविक मान हो, तो समीकरण $m^2 - 6m + 18$ का न्यूनतम मान होगा–

(a) 1 (b) 2

(c) –3 (d) –1

60. $\int_0^{\pi/4} \frac{\sin x + \cos x}{3 + \sin 2x}dx$ का मान होगा–

(a) $\frac{1}{4}\log 3$ (b) $-\frac{1}{4}\log 3$

(c) $\frac{1}{3}\log 4$ (d) $-\frac{1}{3}\log 4$

61. 100 × 10 – 100 + 2000 ÷ 100 किसके बराबर होगा?

(a) 29 (b) 920

(c) 980 (d) 1000

62. यदि n एक पूर्णांक हो, तो $(n^3 - n)$ निम्नलिखित में से किस संख्या से सदैव विभाजित होगा?

(a) 4 (b) 5

(c) 6 (d) 7

63. रेखा $x = at^2$ दीर्घवृत्त $\frac{x^2}{a^2} + \frac{y^2}{b^2} = 1$ को वास्तविक बिन्दु पर मिलती हो, यदि

(a) $|t| < 2$ (b) $|t| \le 1$

(c) $|t| > 1$ (d) इनमें से कोई नहीं

64. दीर्घवृत्त $3x^2 + 4y^2 = 5$ की स्पर्श रेखाएँ जो x-अक्ष पर 30° का कोण बनाती हैं, के समीकरण हैं :

(a) $y = \sqrt{3}x \pm \frac{5}{2}$ (b) $y = \frac{1}{\sqrt{3}}x \pm \frac{5}{2}$

(a) $y = \sqrt{3}x \pm \frac{5}{2}$ (b) इनमें से कोई नहीं

65. किसी वृत्त पर स्थित 6 बिन्दुओं से खींची जाने वाली रेखाओं की संख्या है?
(a) 18 (b) 15
(c) 13 (d) 22

66. $(\sqrt{m}-\sqrt{n})^{19}$ के प्रसार में अन्त से 15वाँ पद होगा–
(a) ${}^{19}C_4(m)^{15/2}n^2$ (b) ${}^{19}C_5 m^{15/2} n$
(c) ${}^{19}C_4(m)^{15/2}n^4$ (d) इनमें से कोई नहीं

67. रेखा $y = 1$ द्वारा परिबद्ध परवलय $x^2 = y$ का क्षेत्रफल क्या है?
(a) $\frac{1}{3}$ वर्ग इकाई (b) $\frac{2}{3}$ वर्ग इकाई
(c) $\frac{4}{3}$ वर्ग इकाई (d) $\frac{5}{3}$ वर्ग इकाई

68. अवकल समीकरण $\frac{dy}{dx}+\frac{1+x^2}{x}=0$ का हल है–
(a) $y=-\frac{1}{2}\tan^{-1}x+C$ (b) $y+\log x+\frac{x^2}{2}+C=0$
(c) $y=\frac{1}{2}\tan^{-1}x+C$ (d) $y-\log x-\frac{x^2}{2}=C$

69. $\frac{x-1}{x+1}+\frac{1}{2}\frac{x^2-1}{(x+1)^2}+\frac{1}{3}\frac{x^3-1}{(x+1)^3}+.....$ का मान होगा–
(a) $\log(x-1)$ (b) $\log(x+1)$
(c) $\log x$ (d) $2\log x = \log x$

70. यदि (l_1, m_1, n_1) और (l_1, m_1, n_1) दो ऐसी रेखाओं की दिक्कोज्यायें हों तथा θ उनके बीच का कोण हो, तो θ का मान होगा–
(a) $\cos^{-1}(l_1l_2+m_1n_1+n_1n_2)$
(b) $(l_1l_2+m_1m_2+n_1n_2)$
(c) $\cos^{-1}\left(\frac{l_1m_1n_1}{l_2m_2n_2}\right)$
(d) $\cos^{-1}\left(\frac{l_1+m_1+n_1}{l_2+m_2+n_2}\right)$

71. उन दो रेखाओं के बीच का कोण क्या होगा जिनकी दिक्कोज्याओं में सम्बन्ध $l+m+n=0$ और $2l+2m-mn=0$ हैं?
(a) 60º (b) 90º
(c) समानान्तर (d) इनमें से कोई नहीं

72. प्रथम 120 प्राक्त्त संख्याओं में से एक संख्या का यादृच्छिक चयन किया जाता है। चुनी गई संख्या का 5 या 15 के गुणज होने की प्रायिकता है–
(a) $\frac{1}{5}$ (b) $\frac{1}{8}$
(c) $\frac{1}{24}$ (d) $\frac{1}{6}$

73. निम्न दिए गए समीकरणों में से कौन-सा विकल्प सही है?
I. $X = (X \cap Y) \cup (X - Y)$
II. $X - Y = X - (X \cap Y)$
III $X - (Y \cup Z) = (X - Y) \cup (X - Z)$
(a) केवल I (b) I और II
(c) III और I (d) II और III

74. समुच्चय X और Y में दिया गया है कि $X = \{5, 6, 7, 8\}$ $Y = \{6, 8, 10, 12\}$ तथा सार्वनिक समुच्चय $U = \{5, 6, 7, 8, 9, 10, 11, 12, 13, 14, 15\}$ हो, तो $\{X \cup Y\}^1$ है–
(a) {9, 11, 13} (b) {9, 11, 13, 14, 15}
(c) U (d) इनमें से कोई नहीं

75. यदि (2, 0) शीर्ष व y-अक्ष परवलय की नियता हो, तो ध्रुव है–
(a) (1, 0) (b) (3, 0)
(c) (4, 0) (d) (–2, 0)

76. यदि एक परिमित समुच्चय S में 'n' अवयव हैं, तो स्वयं और रिक्त समुच्चय के अतिरिक्त उसमें कुल कितने उचित उपसमुच्चय हैं?
(a) $2^n - 2$ (b) 2.2^{n-1}
(c) $2(2^n - 1)$ (d) $2^{n-1} - 1$

77. $(1 + x + x^2 + x^3 + ...\infty)^5$ के प्रसार में x^{11} का गुणांक का मान होगा–
(a) 1364 (b) 1365
(c) 1366 (d) 1367

78. यदि 1, ω और ω^2 इकाई के घनमूल हैं, तब $(1 + \omega - \omega^2)(1 - \omega + \omega^2)$ बराबर है–
(a) 2 (b) –2
(c) 4 (d) –4

79. यदि $\frac{a^{n+1}+b^{n+1}}{a^n+b^n}$, a और b के मध्य समान्तर माध्य है, तो n का मान होगा–
(a) 0 (b) 1
(c) –1 (d) –2

80. माना $A = N \times N$ और R, A पर एक सम्बन्ध इस प्रकार है कि (a, b) R (c, d), यदि $a + d = b + c$, तो निम्नलिखित में से कौन-सा सत्य नहीं है?
(a) R स्वतुल्य नहीं है
(b) R सममित है
(c) R संक्रामक है
(d) R तुल्य है

81. यदि समीकरण $x^2 - 4x + k = 0$ का एक मूल $2 + i$ है, तब k का मान होगा–
(a) 4 (b) 5
(c) 6 (d) 7

82. श्रेणी 18 – 12 + 8 – .... का कौन-सा पद $\frac{512}{729}$ है?
(a) 8वाँ (b) 9वाँ
(c) 7वाँ (d) 10वाँ

83. $\lim_{n\to 0}\frac{1}{e^{n\log h}}$ बराबर है?

(a) 1 (b) 0
(c) ∞ (d) विद्यमान नही हैं

84. $\lim_{n\to 2+}\frac{|x-2|}{x-2}$ बराबर है–

(a) 1 (b) –1
(c) 0 (d) सीमा विद्यमान नहीं है

85. यदि $y=\log(2x+5)$, तब y_{17} का मान बराबर होगा–

(a) $\frac{(-1)^{16}\lfloor 16\ 2^{17}}{(2x+5)^{17}}$ (b) $\frac{(-1)^{17}\lfloor 17\ 2^{17}}{(2x+5)^{17}}$

(c) $\frac{(-1)^{17}\lfloor 17\ 2^{16}}{(2x+5)^{18}}$ (d) इनमें से कोई नहीं

86. बारंबारता बंटन में, दो वर्गों की बारंबारता नहीं हैं; जबकि बारंबारता का योगफल और सम्पूर्ण आँकड़ों की माध्यिका ज्ञात है, आँकड़ें इस प्रकार हैं–

वर्ग अन्तराल	बारंबारता
0-10	6
10-20	—
20-30	30
30-40	28
40-50	—

कुल बारंबारता 80 है और माध्यिका 28 है, तो 40-50 वर्ग की बारंबारता होगी–

(a) 9 (b) 6
(c) 7 (d) 8

87. निम्न का बहुलक क्या है?

चर	बारंबारता
0-10	3
10-20	21
20-30	39
30-40	19
40-50	5

(a) 25.2 (b) 24.74
(c) 25.00 (d) 30.26

88. P(A∪B) = P(A∪B), यदि और केवल यदि, सम्बन्ध P(a) और P(B) है।

(a) P(a) + P(b) = P(a) P(b)
(b) P(a) + P(b) = 2P(a) P(A/B)
(c) P(a) + P(b) = 2P(a) P(B/A)
(d) इनमें से कोई नहीं

89. दीर्घवृत्त का समीकरण, जिसका नामिलम्ब 8 है और उत्केन्द्रता $\frac{1}{\sqrt{2}}$ है, होगा–

(a) $\frac{x^2}{18}+\frac{y^2}{32}=1$ (b) $\frac{x^2}{8}+\frac{y^2}{9}=1$
(c) $\frac{x^2}{64}+\frac{y^2}{32}=1$ (d) $\frac{x^2}{16}+\frac{y^2}{24}=1$

90. एक रेखा बिन्दुओं (3, 4) और (5, 6) को मिलाने से बनी है। यदि वह रेखा बढ़ा दी जाती है एक बिन्दु तक जिसकी भुजा –1 है, तो उसकी कोटि होगी–

(a) 0 (b) 1
(c) –1 (d) 2

91. यदि रेखाएं $y=x+1$, $2x-3y+5=0$ और $3x-y+m=0$ एक बिन्दु पर मिले, तो m का मान होगा–

(a) –1 (b) –3
(c) –2 (d) –4

92. दो वृत्त जिनके केन्द्र पर समान लम्बाई के दो चाप $\frac{\pi}{3}$ और $\frac{\pi}{4}$ कोण अन्तरित करते हैं, तो उन वृत्तों की त्रिज्याओं का अनुपात होगा–

(a) 4 : 3 (b) 3 : 4
(c) 3 : 2 (d) 2 : 3

93. यदि $\sec A-\tan A=t$, तब $\cos A$ = ?

(a) $\frac{2t}{1+t^2}$ (b) $\frac{1+t^2}{2t}$
(c) $\frac{1-t^2}{1+t^2}$ (d) $\frac{t}{\sqrt{1+t^2}}$

94. $\int_{-1}^{1}\frac{\sin x-x^2}{3-|x|}dx$ का मान होगा–

(a) 0 (b) $2\int_0^1\frac{\sin x}{3-|x|}dx$
(c) $2\int_0^1\frac{-x^2}{3-|x|}dx$ (d) $2\int_0^1\frac{\sin x-x^2}{3-|x|}dx$

95. यदि $\sin^{-1}x+\sin^{-1}y=\frac{\pi}{2}$, तो $\sin^{-1}x$ बराबर है–

(a) $\sin^{-1}y$ (b) $\cos^{-1}y$
(c) $\tan^{-1}y$ (d) इनमें से कोई नहीं

96. यदि सरल रेखा $x\cos\alpha+y\sin\alpha=p$, अतिपरवलय $\frac{x^2}{a^2}-\frac{y^2}{b^2}=1$ को स्पर्श करती है, तो–

(a) $p^2=a^2\cos^2\alpha+b^2\sin^2\alpha$
(b) $p^2=a^2\cos^2\alpha-b^2\sin^2\alpha$
(c) $p^2=a^2\sin^2\alpha+b^2\cos^2\alpha$
(d) $p^2=a^2\sin^2\alpha-b^2\cos^2\alpha$

97. यदि किसी त्रिभुज में $r_1=r_2+r_3+r$, तब त्रिभुज होगा–

(a) समद्विबाहु (b) समबाहु
(c) समकोणिक (d) न्यूनकोणिक

98. अवकल समीकरण की घात क्या होगी जिसका हल $(e^x-1)^3=c\tan y$ है?

(a) 2 (b) 1
(c) 3 (d) इनमें से कोई नहीं

99. **एक आयत की लम्बाई उसकी चौड़ाई से 2 सेमी. अधिक है और उसकी परिसीमा 44 सेमी. है, तो आयत का क्षेत्रफल क्या है?**
(a) 180 वर्ग सेमी. (b) 160 वर्ग समी.
(c) 120 वर्ग सेमी. (d) 88 वर्ग सेमी.

100. **एक त्रिभुज का एक कोण 82° है। अन्य दो कोण 2 : 5 के अनुपात में है। त्रिभुज का सबसे छोटा कोण है–**
(a) 14° (b) 25°
(c) 28° (d) 32°

उत्तर (हल/संकेत)

1. (a) चक्रवृद्धि ब्याज = मूलधन $\left[\left(1+\frac{\text{दर}}{100}\right)^{\text{समय}}-1\right]$

$$2544 = P\left[\left(1+\frac{12}{100}\right)^2-1\right]$$

$$\Rightarrow \quad 2544 = P\left(\frac{159}{625}\right)$$

$$\Rightarrow \quad P = \left(\frac{2544\times625}{159}\right) = ₹\ 10,000$$

$\therefore$ साधारण ब्याज = $\frac{10000\times12\times2}{100}$ = ₹ 2,400

2. (d) $\angle ABC = 120^o$ ($\because$ समषट्भुज का प्रत्येक कोण 120° होता है)

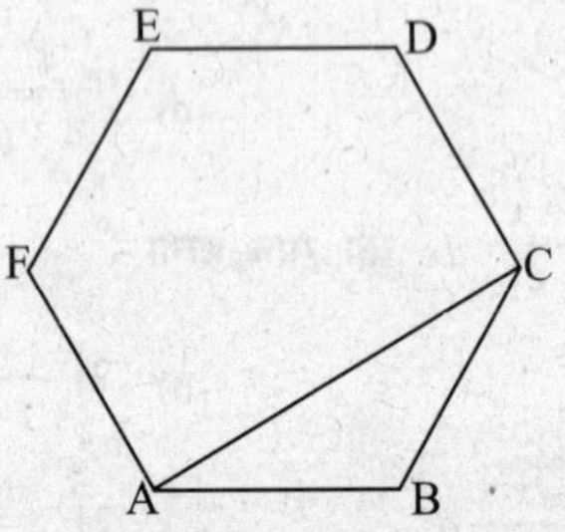

$$\therefore \quad AC^2 = AB^2 + BC^2 - 2\,AB\cdot BC\cos B$$
$$= a^2 + a^2 - 2a\times a\cos 120^o$$
$$= a^2 + a^2 - 2a\times a\times\left(-\frac{1}{2}\right)$$
$$= 3a^2$$
$$\Rightarrow \quad AC = a\sqrt{3}$$

3. (d) $\tan(\alpha+\beta) = \frac{\tan\alpha+\tan\beta}{1-\tan a.\tan\beta}$

$$= \frac{\frac{m}{m+1}+\frac{1}{2m+1}}{1-\frac{m}{m+1}\times\frac{1}{2m+1}}$$

$$\tan(\alpha+\beta) = \frac{2m^2+2m+1}{2m^2+3m+1-m} = 1 = \tan 45^o$$

$$\alpha+\beta = 45^o = \frac{\pi}{4}$$

4. (a) $\cot B = \frac{\sin A - \sin C}{\cos C - \cos A}$

$$= \frac{2\sin\frac{A-C}{2}\cos\frac{A+C}{2}}{2\sin\frac{C+A}{2}\sin\frac{A+C}{2}}$$

$$\cot B = \frac{\cos\frac{A+C}{2}}{\sin\frac{A+C}{2}} = \cot\frac{A+C}{2}$$

$$\therefore \quad B = \frac{A+C}{2}$$

5. (a) समरेख होने के लिए

$$\begin{vmatrix} a_1 & b_1 & 1 \\ a_2 & b_2 & 1 \\ a_3 & b_3 & 1 \end{vmatrix} = 0$$

रेखाएँ $a_ix + b_iy + 1 = 0, \forall i = 1, 2, 3$ समरेख होने के लिए,

$$\begin{vmatrix} a_1 & b_1 & 1 \\ a_2 & b_2 & 1 \\ a_3 & b_3 & 1 \end{vmatrix} = 0$$

अत: रेखाएँ संगामी हैं।

6. (a) B से जाने वाली OA के लम्बवत् रेखा $x = 4$ है।

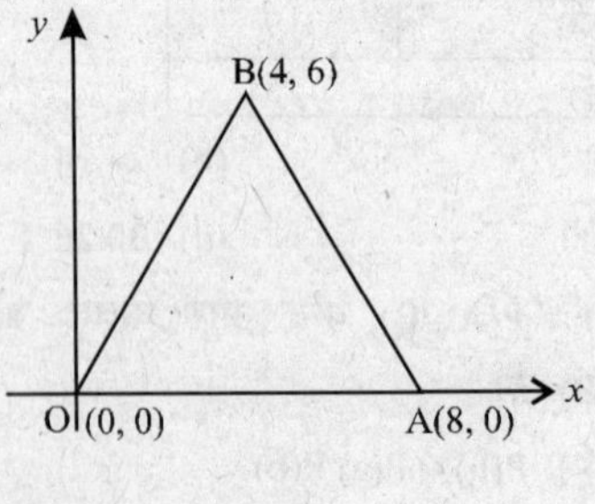

AB की प्रवणता = $-\frac{3}{2}$

मूलबिन्दु से जाने वाली AB के लम्बवत् रेखा $y = \frac{2}{3}x$ है।

$\therefore$ $x = 4$ व $y = \frac{2}{3}x$ के प्रतिच्छेद बिन्दु के निर्देशांक $\left(4, \frac{8}{3}\right)$ हैं।

7. (b) $\begin{vmatrix} x+4 & 2x & 2x \\ 2x & x+4 & 2x \\ 2x & 2x & x+4 \end{vmatrix}$

$$= \begin{vmatrix} 5x+4 & 2x & 2x \\ 5x+4 & x+4 & 2x \\ 5x+4 & 2x & x+4 \end{vmatrix}$$

($C_1 \to C_1 + C_2 + C_3$ से)

$$= (5x = 4) \begin{vmatrix} 1 & 2x & 2x \\ 1 & x+4 & 2x \\ 1 & 2x & x+4 \end{vmatrix}$$

[C_1 से $(5x + 4)$ उभयनिष्ठ लेने पर]

$$= (5x+4) \begin{vmatrix} 1 & 2x & 2x \\ 0 & -x+4 & 0 \\ 0 & 0 & -x+4 \end{vmatrix}$$

($R_2 \to R_2 - R_1$ तथा $R_3 \to R_3 - R_1$ से)

C_1 के संगत विस्तार करने पर,

$= (5x+4) \{ 1(4-x)\ (4-x) \}$

$= (5x + 4)\ (4-x)^2$

8. (b) $\begin{vmatrix} x+y+2z & x & y \\ z & y+z+2x & y \\ z & x & z+x+2y \end{vmatrix}$

$$= \begin{vmatrix} 2(x+y+z) & x & y \\ 2(x+y+z) & y+z+2x & y \\ 2(x+y+z) & x & z+x+2x \end{vmatrix}$$

($C_1 \to C_1 + C_2 + C_3$ से)

C_1 से $2\ (x+y+z)$ उभयनिष्ठ लेने पर,

$$= 2\ (x+y+z) \begin{vmatrix} 1 & x & y \\ 1 & y+z+2x & y \\ 1 & x & z+x+2y \end{vmatrix}$$

$$= 2\ (x + y + z) \begin{vmatrix} 1 & x & y \\ 0 & y+z+x & 0 \\ 0 & 0 & z+x+y \end{vmatrix}$$

($R_2 \to R_2 - R_1$ तथा $R_3 \to R_3 - R_1$ से)

$$2\ (x + y + z)\ (x + y + z)\ (x + y + z) \begin{vmatrix} 1 & x & y \\ 0 & 1 & 0 \\ 0 & 0 & 1 \end{vmatrix}$$

[R_1 तथा R_2 से $(x + y + z)$ उभयनिष्ठ लेने पर]

R_3 के संगत विस्तार करने पर,

$= 2(x + y + z)^3\ [\ (1)\ (1-0)]$

$= 2\ (x+y+z)^3 \therefore k = 2$

9. (d) माना $A = \begin{vmatrix} x & y & x+y \\ y & x+y & x \\ x+y & x & y \end{vmatrix}$

$$= \begin{vmatrix} 2(x+y) & y & x+y \\ 2(x+y) & x+y & x \\ 2(x+y) & x & y \end{vmatrix}$$

($C_1 \to C_1 + C_2 + C_3$ से)

$$= 2\ (x + y) \begin{vmatrix} 1 & y & x+y \\ 1 & x+y & x \\ 1 & x & y \end{vmatrix}$$

[C_1 से $2\ (x + y)$ उभयनिष्ठ लेने पर]

$$= 2\ (x + y) \begin{vmatrix} 1 & y & x+y \\ 0 & x & -y \\ 0 & x-y & -x \end{vmatrix}$$

($R_2 \to R_2 - R_1 \to R_3 \to R_3 - R_1$ से)

प्रथम पंक्ति के अवयवों के संगत विस्तार करने पर,

$A = 2\ (x + y) \times 1\ \{ x^2 + y\ (x - y)\}$

$= 2(x + y)\ (-x^2 + xy - y^2)$

$= 2(x + y)\ (x^2 - xy - y^2) = -2(x^3 + y^3)$

10. (c) $A' = \{1, 3, 5\} = \{x : x$ एक विषम संख्या है $\cap\, x < 7\}$

11. (b) $A = \{20, 21, 22, ..., 70\}$

$B = \{25, 36, 49, 64\}$

$C = \{23, 29, 31, 37, 41, 43, 47, 53, 59, 61, 67\}$

$D = \{20, 21, 30, 31, 32, 40, 41, 42, 43, 50, 51, 52, 53, 54, 60, 61, 62, 64, 65, 70\}$

$\therefore$ B, C, D में कोई भी संख्या उभयनिष्ठ नहीं है।

अत: $\{B \cap C \cap D\} = \phi$

12. (c) दिया है, $\cos y = x \cos (a + y)$

$$\Rightarrow \qquad x = \frac{y}{\cos(a+y)}$$

दोनों पक्षों का y के सापेक्ष अवकलन करने पर,

$$= \frac{\cos (a+y)(-\sin y) - \cos y\ (-\sin(a+y).1]}{\cos^2 (a+y)}$$

$$\left[\frac{d}{dy}\left(\frac{u}{v}\right) = \frac{v\frac{d}{dy}u - u\frac{d}{dy}v}{v^2}, \text{भागफल नियम से} \right]$$

$$= \frac{\sin(a+y)\cos y - \cos (a+y)\sin y}{\cos^2 (a+y)}$$

$$= \frac{\sin (a+y-y)}{\cos^2 (a+y)} = \frac{\sin a}{\cos^2 (a+y)}$$

$[\because \sin (A - B) = \sin A \cos B - \cos A \sin B]$

$$\therefore \quad \frac{dy}{dx} = \frac{1}{\frac{dx}{dy}} = \frac{\cos^2(a+y)}{\sin a}$$

13. (a) यहाँ $x \sin(a+y) + \sin a \cos(a+y) = 0$ ...(i)

x के सापेक्ष अवकलन करने पर,

$$\frac{d}{dx}[x\sin(a+y] + \frac{d}{dx}[\sin a\cos(a+y)] = 0$$

$$\Rightarrow \left[x\frac{d}{dx}\{\sin(a+y)\} + \sin(a+y)\frac{d}{dx}(x)\right]$$

$$+\sin a\frac{d}{dx}\cos(a+y) = 0$$

(गुणनफल तथा श्रृंखला नियम के प्रयोग से)

$$\Rightarrow \left[x\cos(a+y)\frac{d}{dx}(a+y) + \sin(a+y).1\right]$$

$$+\sin a\left[-\sin(a+y)\frac{d}{dx}(a+y)\right] = 0$$

$$\Rightarrow \left[x\cos(a+y)\left(0+\frac{dy}{dx}\right) + \sin(a+y)\right]$$

$$-\sin a\sin(a+y)\left(0+\frac{dy}{dx}\right) = 0$$

$$\Rightarrow x\cos(a+y)\frac{dy}{dx} + \sin(a+y)$$

$$-\sin a\sin(a+y)\frac{dy}{dx} = 0$$

$$\Rightarrow \frac{d}{dx}[x\cos(a+y) - \sin a\sin(a+y)] = -\sin(a+y)$$

[समी (i) से, $x = -\sin a\dfrac{\cos(a+y)}{\sin(a+y)}$ रखने पर]

$$\Rightarrow \frac{dy}{dx}\left[-\sin a\frac{\cos^2(a+y)}{\sin(a+y)} - \sin a\sin(a+y)\right]$$

$$= -\sin(a+y)$$

$$-\frac{dy}{dx}\left[\frac{\sin a\cos^2(a+y) + \sin a\sin^2(a+y)}{\sin(a+y)}\right]$$

$$= -\sin(a+y)$$

$$\Rightarrow \frac{dy}{dx} = \sin(a+y)$$

$$\left[\frac{\sin(a+y)}{\sin a\{\cos^2(a+y) + \sin^2(a+y)\}}\right]$$

$$\Rightarrow \frac{dy}{dx} = \frac{\sin^2(a+y)}{\sin a} \quad (\because \sin^2\theta + \cos^2\theta = 1)$$

14. (a) दिया है, $y = \sqrt{\sin x + y}$

दोनों पक्षों का वर्ग करने पर,

$$y^2 = \sin x + y$$

अब, x के सापेक्ष अवकलन करने पर,

$$\Rightarrow \quad 2y.\frac{dy}{dx} = \cos x + \frac{dy}{dx}$$

$$\Rightarrow \quad (2y-1)\frac{dy}{dx} = \cos x$$

$$\Rightarrow \quad \frac{dy}{dx} = \frac{\cos x}{2y-1}$$

15. (b) माना पिण्ड को भूमि के किसी बिन्दु O से u सेमी/सेकण्ड के वेग से ऊर्ध्वाधरतः ऊपर की ओर फेंकने पर वह बिन्दु B तक जाता है, तो स्पष्टतः B महत्तम ऊँचाई का बिन्दु होगा।

माना O से 30 g सेमी ऊँचे किसी बिन्दु A को पिण्ड v सेकण्ड लेगते हैं।

$\because$ बिन्दु A से पुनः A तक लौटकर आने में पिण्ड को 4 सेकण्ड लगते हैं।

$\therefore$ A से B तक जाने में उसे आधा समय, अर्थात् 2 सेकण्ड लगेंगे।

माना AB = H सेमी

A से B तक पिण्ड की ऊर्ध्वाधर गति के लिए,

$u = v$, $v = 0$, $t = 2$ सेकण्ड, $f = -g$, $h = \text{H}$ $v = u + ft$ से

$$0 = v - g \times 2$$

$\therefore$ $v = 2g$ सेमी/सेमण्ड

पुनः O से A तक पिण्ड की ऊर्ध्वाधर गति के लिए –

$u = u$, $v = 2g$ सेमी/सेकण्ड, $f = -g$. h = 30 g सेमी

$v^2 = u^2 + fh$ से,

$$(2g)^2 = u^2 - 2 \times g \times 30g$$

$$\Rightarrow \quad u^2 = 4g^2 + 60g^2$$

$\therefore$ $u = 8g$ सेमी/सेकण्ड

16. (a) माना H ऊँचाई से विरामावस्था से गिरकर कोई कण T सेकण्ड में पृथ्वी पर पहुँच जाता है, तो गति का अन्तिम सेकण्ड T वाँ सेकण्ड होगा।

$\therefore$ $h = ut + \frac{1}{2}ft^2$ से.

$$\text{H} = 0 + \frac{1}{2} \times g \times \text{T}^2$$

$$\text{H} = \frac{1}{2}g\text{T}^2 \quad \text{....(i)}$$

और सूत्र $h = u + \frac{1}{2}f(2t-1)$ से,

$$7g = 0 + \frac{1}{2}g(2\text{T}-1)$$

$$7 = \frac{1}{2}(2\text{T}-1)$$

$$\Rightarrow \quad 14 = 2\text{T} - 1$$

$$\Rightarrow \quad 2\text{T} = 15$$

$\therefore$ $\text{T} = \frac{15}{2}$ सेकण्ड

$\therefore$ समी. (i) से,

$$\text{H} = \frac{1}{2}g \cdot \left(\frac{15}{2}\right)^2$$

$$= \frac{225}{8} g$$

$$= 28\frac{1}{8} g \text{ सेन्टीमीटर}$$

अत: कण $28\frac{1}{8}g$ सेमी की ऊँचाई से गिरता है और पृथ्वी तक आने में उसे $\frac{15}{2}$ सेकण्ड लगते हैं।

17. (d) T वें सेकण्ड में तय की दूरी

$$= 0 + \frac{1}{2} g\,(2T - 1))$$

$$= \frac{1}{2} g\,(2T - 1))$$

और (T – 1)वें सेकण्ड में तय की दूरी

$$= 0 + \frac{1}{2} g\,\{2\,(T - 1) - 1\}$$

$$= \frac{1}{2} g\,(2T - 3)$$

$$\frac{\text{T वें सेकण्ड में तय की दूरी}}{\text{(T − 1) वें सेकण्ड में तय की दूरी}} = \frac{\frac{1}{2} g\,.(2T - 1)}{\frac{1}{2} g\,(2T - 3)} = \frac{3}{2}$$

$\Rightarrow$ $2(2T - 1) = 3\,(2\,T - 3)$

$\Rightarrow$ $2T = 7$

$\therefore$ $T = \frac{7}{2}$ सेकण्ड

माना कि पिण्ड पृथ्वी से v सेमी/सेकण्ड के वेग से टकराता है, तो

$v = u + ft$ से

$$v = 0 + g\,\frac{7}{2}$$

$\therefore$ $v = \frac{7}{2} g$ सेमी/सेकण्ड

18. (d) माना $a = a_1\hat{i} + a_2\,\hat{j} + a_3\hat{k}$

अब, $(a \times \hat{i}) = (a_1\hat{i} + a_2\hat{j} + a_3\hat{k}) \times \hat{i}$

$$= \begin{vmatrix} \hat{i} & \hat{j} & \hat{k} \\ a_1 & a_2 & a_3 \\ 1 & 0 & 0 \end{vmatrix}$$

$$= -\hat{j}\,(-a_3) + \hat{k}\,(-a_2) = a_3\hat{j} - a_2\hat{k}$$

इसी प्रकार, $(a \times \hat{j}) = (a_1\hat{i} + a_2\hat{j} + a_3\hat{k}) \times \hat{j}$

$$= a_1\hat{k} + a_3\hat{i}$$

तथा $(a \times \hat{k}) = (a_1\hat{i} + a_2\hat{j} + a_3\hat{k}) \times \hat{k}$

$$= -a_1\hat{j} + a_2\hat{i}$$

अब, $(a \times \hat{i})^2 = (a \times \hat{i}) \cdot (a \times \hat{i})$

$$= (a_3\hat{j} - a_2\hat{k}) \cdot (a_3\hat{j} - a_2\hat{k}) = a_3^2 + a_2^2$$

$(a \times \hat{j})^2 = a_1^2 + a_3^2$ तथा $(a \times \hat{k})^2 = a_1^2 + a_2^2$

$\therefore$ $(a \times \hat{i})^2 + (a \times \hat{j})^2 + (a \times \hat{k})^2$

$$= a_3^2 + a_2^2 + a_1^2 + a_3^2 + a_1^2 + a_2^2$$

$$= 2(a_1^2 + a_2^2 + a_3^2)$$

$$= 2(a_1\hat{i} + a_2\hat{j} + a_3\hat{k}) \cdot (a_1\hat{i} + a_2\hat{j} + a_3\hat{k})$$

$$= 2a \cdot a = 2a^2$$

19. (d) दिया है, $|a| = 10, |b| = 2$ तथा $a \cdot b = 12$

$\because$ $a \cdot b = |a||b|\cos\theta$

$\Rightarrow$ $12 = 10 \times 2 \cdot \cos\theta$

$\Rightarrow$ $\cos\theta = \frac{3}{5}$ ... (i)

$\Rightarrow$ $a \times b = |a||b|\sin\theta\,.\,\hat{n}$

$\Rightarrow$ $|a \times b| = |a||b||\sin\theta|.|\hat{n}|$ $(\because |\hat{n}| = 1)$

$\Rightarrow$ $|a \times b| = 10 \times 2\left|\sqrt{1 - \cos^2\theta}\right|1$

$$= 20 \cdot \left|\sqrt{1 - 9/25}\right|$$

$$= 20 \times \left|\sqrt{\frac{16}{25}}\right| = 20 \times \frac{4}{5}$$

$\Rightarrow$ $|a \times b| = 16$

20. (a) दिया गया सदिश $\lambda\hat{i} + \hat{j} + 2\hat{k}, \hat{i} + \lambda\hat{j} - \hat{k}$ तथा

$2\hat{i} - \hat{j} + \lambda\hat{k}$ समतलीय है, तब $\begin{vmatrix} \lambda & 1 & 2 \\ 1 & \lambda & -1 \\ 2 & -1 & \lambda \end{vmatrix} = 0$

$\Rightarrow$ $\lambda(\lambda^2 - 1) - (\lambda + 2) + (-1 - 2\lambda) = 0$

$\Rightarrow$ $\lambda^3 - \lambda - \lambda - 2 - 2 - 4\lambda = 0$

$\Rightarrow$ $\lambda^3 - 6\lambda - 4 = 0$

$\Rightarrow$ $\lambda^2(\lambda + 2) - 2\lambda(\lambda + 2) - 2(\lambda + 2) = 0$

$\Rightarrow$ $(\lambda + 2)(\lambda^2 - 2\lambda - 2) = 0, \lambda = -2$

21. (b) इकाई लम्बाई के सदिश a तथा b के लम्बवत् है।

$$= \pm \frac{a \times b}{|a \times b|}$$

$$= \pm \frac{(2\hat{i} + \hat{j} + 2\hat{k}) \times (\hat{j} + \hat{k})}{|(2\hat{i} + \hat{j} + 2\hat{k}) \times (\hat{j} + \hat{k})|}$$

$$= \pm \frac{(2\hat{k} - 2\hat{i} - 2\hat{j} + \hat{i})}{|-\hat{i} - 2\hat{j} + 2\hat{k}|}$$

$$= \pm \frac{(-\hat{i} - 2\hat{j} + 2\hat{k})}{\sqrt{1 + 4 + 4}} = \pm \frac{(-\hat{i} - 2\hat{j} + 2\hat{k})}{\sqrt{9}}$$

$= \pm\frac{1}{3}(-\hat{i}-2\hat{j}+2\hat{k})$

$\therefore$ अभिष्ट सदिशों की संख्या 2 है

22. (b) हमें दिया है, $[\,a+b\;b+c\;c+a]$

$= \{(a+b)\times(b\times c)\}\cdot(c\times a)$

$=(a\times b+a\times c+b\times b+b\times c)\cdot(c+a)$

$=(a\times b+a\times c+b\times c)\cdot(c+a)\;(\because b\times b=0)$

$=(a\times b).c+(a+c).c+(b+c).c$

$+(a\times b)\cdot a+(a\times c)\cdot a+(b\times c)\cdot a$

$=[(a\,b\,c]+0+0+0+0+[b\,c\,a]$

$(\because [(a\,c\,c]=0, [b\,c\,c]=0, [a\,b\,a]=0, [a\,c\,a]=0)$

$=[a\,b\,c]+[a\,b\,c]=2[a\,b\,c]$

23. (c) यदि a व b दो अशून्य असमरेखीय सदिश है तथा x व y दो अदिश इस प्रकार हैं कि, $xa+yb=0$, तब $x=0, y=0$ चूँकि अन्यथा एक अदिश गुणन दूसरे के बराबर होगा, तब समरेखीय होंगे जोकि विरोधाभास है।

24. (a) $\because \quad (1+x^2)y=2-x \quad$ ...(i)

$\therefore$ यह वक्र x-अक्ष पर मिलता है।

$\therefore \quad y=0\Rightarrow 0=2-x\Rightarrow x=2$

$\therefore$ दिए गए वक्र का x-अक्ष पर प्रतिच्छेदन बिन्दु (2, 0) है।

समी (i) से, $\quad y=\frac{2-x}{1+x^2}$

x के सापेक्ष अवकलन करने पर,

$$\frac{dy}{dx}=\frac{(1+x^2)(-1)-(2-x)(2x)}{(1+x^2)^2}\Rightarrow$$

$$\frac{dy}{dx}=\frac{x^2-4x-1}{(1+x^2)^2}$$

$\therefore$ (2, 0) पर स्पर्श रेखा की प्रवणता

$$=\frac{2^2-4(2)-1}{(1+2^2)^2}$$

$$=\frac{4-8-1}{(1+4)^2}=\frac{-5}{25}=\frac{-1}{5}$$

$\therefore$ बिन्दु (2, 0) पर स्पर्श रेखा का समीकरण निम्न है।

$$y-0=-\frac{1}{5}(x-2)$$

$$5y=-x+2\Rightarrow x+5y=2$$

25. (b) अधोस्पर्शी की लम्बाई $\quad = y\cdot\frac{dx}{dy}$

अधो अभिलम्ब की लम्बाई $\quad = y\frac{dy}{dx}$

$\therefore$ गुणनफल $= y^2 =$ कोटि अक्ष का वर्ग

26. (d) $\bar{x}=\frac{75+83+125+100+95+130}{6}$

$$=\frac{608}{6}=101.33$$

27. (a) $n_1=60,\ \bar{x}_1=40,\ n_2=40,\ \bar{x}_2=35$

$$\bar{x}_{12}=\frac{\bar{x}_1 n_1+\bar{x}_2 n_2}{n_1+n_2}$$

$$\therefore \quad \bar{x}_{12}=\frac{40\times 60+35\times 40}{60+40}$$

$$=\frac{3800}{100}=38$$

28. (d)

29. (a) व्यंजक $=\frac{a^2}{b}+\frac{b^2}{a}$

$$=\frac{(\sqrt{3}-\sqrt{2})^2}{(\sqrt{3}+\sqrt{2})^2}\times\frac{(\sqrt{3}-\sqrt{2})}{(\sqrt{3}+\sqrt{2})}$$

$$+\frac{(\sqrt{3}+\sqrt{2})^2}{(\sqrt{3}-\sqrt{2})^2}\times\frac{(\sqrt{3}+\sqrt{2})}{(\sqrt{3}-\sqrt{2})}$$

$$=\frac{(\sqrt{3}-\sqrt{2})^3}{(\sqrt{3}+\sqrt{2})^3}+\frac{(\sqrt{3}+\sqrt{2})^3}{(\sqrt{3}-\sqrt{2})^3}$$

$$=\frac{(\sqrt{3}-\sqrt{2})^6+(\sqrt{3}+\sqrt{2})^6}{(3-2)^3}$$

$$=\frac{(3+2-2\sqrt{6})^3+(3+2+2\sqrt{6})^3}{1}$$

$$=(5-2\sqrt{6})^3+(5+2\sqrt{6})^3$$

$$=125-48\sqrt{6}-30\sqrt{6}\,(5-2\sqrt{6})$$

$$+125+48\sqrt{6}+30\sqrt{6}\,(5+2\sqrt{6})$$

$$=(250-150\sqrt{6}+360+150\sqrt{6}+360)$$

$$=970$$

30. (c) माना दण्ड AB का गुरुत्व केन्द्र G है, जबकि

AG : GB = 1 : 2

माना $\quad$ AG = a, तो GB = $2a$

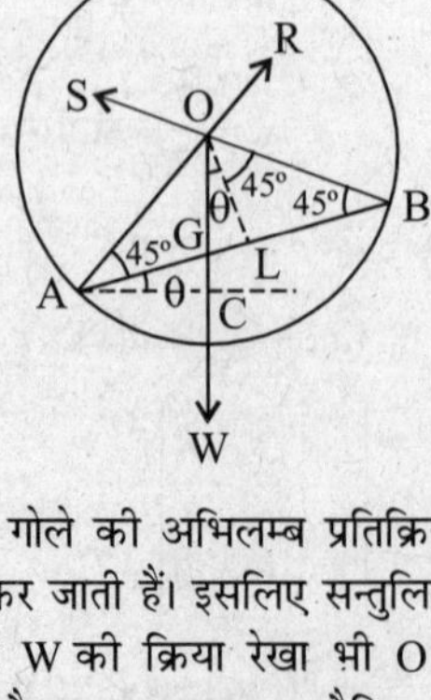

A और B पर गोले की अभिलम्ब प्रतिक्रियाएँ R और S गोले के केन्द्र O से होकर जाती हैं। इसलिए सन्तुलित अवस्था में G पर कार्य करते हुए भार W की क्रिया रेखा भी O से होकर जाएगी, अर्थात् OG ऊर्ध्वाधर है। माना दण्ड का क्षैतिज से झुकाव θ है, तो–

$$\angle CAB=\theta$$

$\therefore \quad \angle BGO = \angle CGA$

$= 90° - \angle CAB$

$= 90° - \theta$

पुनः दण्ड AB, केन्द्र O पर समकोण बनाता है,

$\therefore \quad \angle AOB = 90°$

O से AB पर लम्ब OL डाला, तो

$\Delta OAL = \Delta OBL$

$\therefore \quad \angle AOL = \angle BOL$

$= \frac{1}{2} . \angle AOB$

$= \frac{1}{2} . (90°) = 45°$

$\therefore$ समकोण त्रिभुज OLA और OLB में,

$\angle OAL = \angle OBL = 45°$

$\angle OAB$ में m, n प्रमेय से,

$(AG + GB) \cot BGO$

$= GB \cot 45° - AG \cot 45°$

$\Rightarrow (a + 2a) \cot (90° - \theta)$

$= 2a \cot 45° - a \cot 45°$

या, $3a \tan \theta = a$

$\Rightarrow \quad \tan \theta = \frac{1}{3}$

$\therefore \quad \theta = \tan^{-1} \left(\frac{1}{3}\right)$

31. (b) माना दण्ड AB का गुरुत्व केन्द्र G है, जबकि

$AG : AB = 1 : 3$

$\therefore$ यदि $\quad AB = 3a$

तो $\quad AG = a$

$GB = 2a$

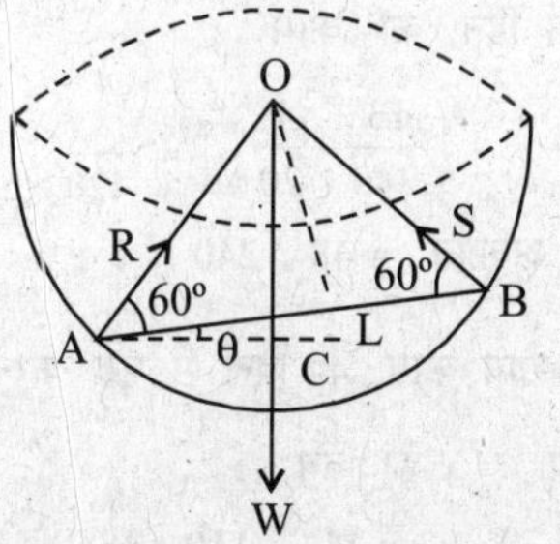

A और B सिरों पर प्याले की अभिलम्ब प्रतिक्रियाएँ R और S प्याले के केन्द्र O से होकर जाती है। इसलिए सन्तुलित अवस्था में दण्ड के भार W की क्रिया-रेखा भी O से होकर जाएगी।

माना सन्तुलित अवस्था में दण्ड क्षैतिज के साथ कोण θ बनता है, तो

$\angle CAG = \theta$

$\therefore \quad \angle BGO = \angle CGA = 90° - \theta$

पुनः $\quad OA = OB = AB \quad$ (दिया है)

$\therefore \Delta OAB$ समबाहु हुआ।

$\therefore \quad \angle OAB = \angle OBA$

$\Rightarrow \quad = \angle AOB = 60°$

अब ΔOAB में m, n प्रमेय से,

$(AG + GB) \cot (90° - \theta)$

$= GB \cot 60° - AG \cot 60°$

$\Rightarrow (a + 2a) \tan \theta$

$= 2a \cot 60° - a$ cat $60°$

$= a \cot 60°$

$\Rightarrow \quad 3a \tan \theta = a \cot 60°$

$\Rightarrow \quad \tan \theta = \frac{1}{3} . \frac{1}{\sqrt{3}} = \frac{1}{3\sqrt{3}}$

$\therefore \quad \theta = \tan^{-1} \left(\frac{1}{3\sqrt{3}}\right)$

$= \cot^{-1} \left(3\sqrt{3}\right)$

32. (a) माना AB, 15 सेमी लम्बी छड़ और AC तथा BC क्रमशः 12 सेमी और 9 सेमी लम्बी दो डोरियाँ हैं।

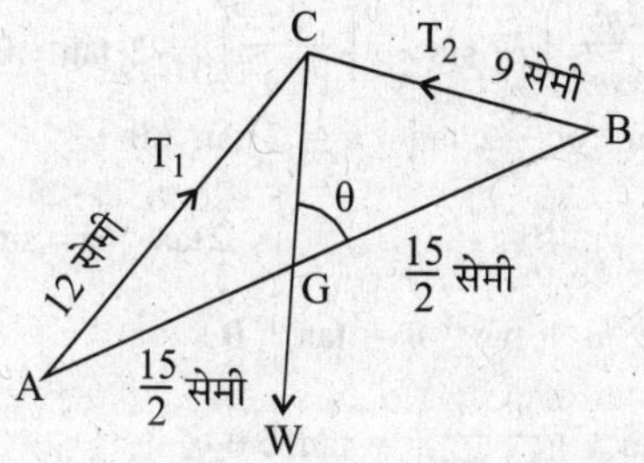

माना छड़ का भार W है तो उसके मध्य बिन्दु G पर कार्य करता है,

माना डोरी AC में तनाव T_1 और BC में तनाव T_2 है।

चूँकि T_1 और T_2 बलों की क्रिया-रेखाएँ बिन्दु C पर मिलती हैं, इसलिए सन्तुलित अवस्था में भार W की क्रिया-रेखा भी C से होकर जाएगी, अर्थात् CG ऊर्ध्वाधर है।

प्रश्नानुसार, AB, ऊर्ध्वाधर से θ कोण बनाती है।

$\therefore \quad 0\angle BGC = \theta$

$\because \quad 12^2 + 9^2 = 15^2$

अर्थात $\quad AC^2 + BC^2 = AB^2$

$\therefore \quad \Delta ABC$ समकोणिक है जिसका $\angle ACB = 90°$

अब समकोण ΔACB में,

$\cot BAC = \frac{AC}{BC} = \frac{12}{9}$

और $\quad \cot ABC = \frac{BC}{AC} = \frac{9}{12}$

$\therefore \Delta ABC$ में, m, n प्रमेय से,

$(AG + GB) \cot BGC$

$= GB \cot BAC - AG \cot ABC$

$\Rightarrow \left(\frac{15}{2} + \frac{15}{2}\right) \cot \theta$

$= \frac{15}{2} \cdot \frac{12}{9} - \frac{15}{2} \cdot \frac{9}{12}$

$\Rightarrow \quad 2\cot \theta = \left(\frac{12}{9}\right) - \left(\frac{9}{12}\right)$

$\Rightarrow \quad 2\cot\theta = \left(\frac{7}{12}\right)$

$\Rightarrow \quad \cot\theta = \frac{7}{24}$

$\Rightarrow \quad \sin\theta = \frac{24}{25}$

$\Rightarrow \quad 25\sin\theta = 24$

33. (d) बाह्य कोण $\angle AOB = 360^\circ - \angle AOB$
$= 360^\circ - 120^\circ = 240^\circ$

तथा $\angle ACB = \frac{1}{2}$

बाह्य $\angle AOB = \frac{1}{2} \times 240^\circ = 120^\circ$

34. (d) दिया है–

$\sin^{-1}\left(\frac{2m}{1+m^2}\right) + \sin^{-1}\left(\frac{2n}{1+n^2}\right) = 2\tan^{-1}\theta$

$2\tan^{-1} n + 2\tan^{-1} n = 2\tan^{-1}\theta$

$\left[\because 2\tan^{-1} m = \sin^{-1}\left(\frac{2\theta}{1+\theta^2}\right)\right]$

$\Rightarrow \tan^{-1} m + \tan^{-1} n = \tan^{-1}\theta$

$\tan^{-1}\left(\frac{m+n}{1+mn}\right) = \tan^{-1}\theta$

$\theta = \frac{m+n}{1-mn}$ जहाँ, $m > 0, n > 0$

35. (b) $\because$ C का 0.6 = B का 75% = A का $\frac{1}{3}$

$\Rightarrow \quad \frac{1}{3} A = 75\% \times B = 0.6 \times C$

$\Rightarrow \quad \frac{1}{3} A = \frac{3}{4} B = \frac{3}{5} C$

$\Rightarrow \quad A : B : C = A : \frac{4}{9} A : \frac{5}{9} A$
$= 9 : 4 : 5$

36. (d)

37. (d) दिया है, A की कोटि $= m \times n$
चूँकि AB' तथा B'A दोनों परिभाषित हैं, तब AB' के लिए B' की कोटि $n \times p$ होगी ...(i)
तथा B'A के लिए B' की कोटि $q \times m$ होगी ...(ii)
समी. (i) तथा (ii) से,
आव्यूह B' की कोटि $n \times m$ होगी।
अतः आव्यूह B की कोटि $m \times n$ है।

38. (a) माना P = AB' – BA' कोई आव्यूह है
अब, P' = (AB' – BA') = (AB')' = (BA')'
= (B')' (A') – (A')' (B')
[$\because$ (AB)' = B'A']
= (b) (A') – (a) (B')
= – [AB' – BA'] = – P
$\because$ P' = P
$\therefore$ P = एक विषम सममित आव्यूह है।

39. (a) **40.** (b) **41.** (a)

42. (b) $6x^2y\,(x-y)\,(x^2+xy+y^2)$
$= 2.3\; x.x.y\,(x-y)\,(x^2+xy+y^2)$
तथा, $18xy^2\,(x-y)^2$
$= 3 \times 3 \times 2.x.y.y\,(x-y)\,(x-y)$
$12x\,(x-y)^3$
$= 2 \times 3 \times 2.x\,(x-y)\,(x-y)\,(x-y)$
$\therefore$ महत्तम समापवर्तक $= 2 \times 3x\,(x-y)$
$= 6x\,(x-y)$

43. (d)

44. (d) (A + B) का 1 दिन का काम $= \frac{1}{20}$ ...(i)

(B + C) का 1 दिन का काम $= \frac{1}{30}$ ...(ii)

(C + A) का 1 दिन का काम $\frac{1}{40}$ ...(iii)

समी (i), (ii) व (iii) के जोड़ने पर
2 (A + B + C) का 1 दिन का काम

$\left(\frac{1}{20}+\frac{1}{30}+\frac{1}{40}\right) = \frac{13}{120}$

$\therefore$ (A + B + C) का 1 दिन का काम $\frac{13}{240}$

$\therefore$ A का 1 दिन का काम

$= \left(\frac{13}{240}-\frac{1}{30}\right) = \frac{5}{240} = \frac{1}{48}$

$\therefore$ C का 1 दिन का काम

$= \left(\frac{13}{240}-\frac{1}{20}\right) = \frac{1}{420}$

$\therefore$ अभीष्ट अनुपात = 48 : 240 = 1 : 5

45. (a) माना $\frac{2}{5}$ भाग काम, 44 दिनों में पूरा करने के लिए व्यक्तियों की संख्या $= x$ है। तब,

प्रश्नानुसार, $\frac{x \times 44}{2/5} = \frac{110 \times 48}{3/5}$

$\Rightarrow \quad 22x = 110 \times 16$

$\Rightarrow \quad x = 80$

$\therefore$ हटाए गए व्यक्तियों की संख्या
$= (110 - 80) = 30$

46. (c) $3^{x+y} = 81 \Rightarrow 3^{x+y} = 3^4$

$\Rightarrow \quad x + y = 4$ ...(i)

तथा $\quad 81^{x-y} = 3$

$\Rightarrow \quad 3^{4(x-y)} = 3$

$\Rightarrow \quad 3^{(x-y)} = 1$

$\Rightarrow \quad x - y = \frac{1}{4}$ ...(ii)

समी (i) और (ii) को जोड़ने पर,

$$2\times = \frac{17}{4}$$

$$\Rightarrow \quad x = \frac{17}{8}$$

47. (a) माना बड़ी संख्या a तथा छोटी संख्या b है।

$\because \quad a^2 + b^2 = 80$

तथा $\quad (a-b)^2 = 36$

$\Rightarrow \quad a^2 + b^2 - 2ab = 36$

$\Rightarrow \quad 80 - 2ab = 36$

$\Rightarrow \quad 2ab = 44 \Rightarrow ab = 22$

$\therefore$ संख्याओं का गुणनफल = 22

48. (b) माना दीर्घवृत्त का समीकरण $\frac{x^2}{a^2}+\frac{y^2}{b^2}=$ है, तब कोई बिन्दु P दीर्घवृत्त पर $(a\cos\theta, b\sin\theta)$ है।

P से PM $\perp$ OX खींचिए और इसे आगे बढ़ाकर दीर्घवृत्त से Q पर मिलाए, तब Δ APQ एक समद्विबाहु त्रिभुज है,

माना Δ APQ का क्षेत्रफल S है, तब

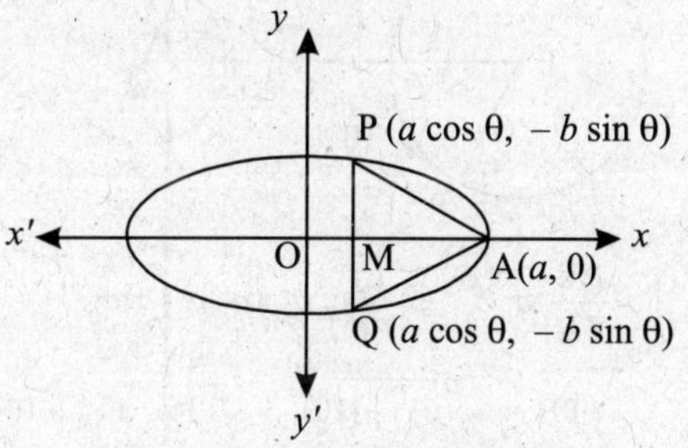

$$S = 2\times\frac{1}{2}\times AM\times MP = (OA - OM)\times MP$$

$$= (a - a\cos\theta).\, b\sin\theta$$

$$\Rightarrow \quad S = ab(\sin\theta - \sin\theta\cos\theta)$$

$$= ab\left(\sin\theta - \frac{1}{2}\sin 2\theta\right)$$

θ के सापेक्ष अवकलन करने पर,

$$\frac{dS}{d\theta} = ab(\cos\theta - \cos 2\theta)$$

पुनः θ के सापेक्ष अवकलन करने पर,

$$\frac{d^2S}{d\theta^2} = ab(-\sin\theta + 2\sin 2\theta)$$

उच्चतम और निम्नतम मान के लिए $\frac{dS}{d\theta} = 0$ रखने पर,

$$\cos\theta = \cos 2\theta$$

$$\Rightarrow \quad 2\theta = 2\pi - \theta$$

$$\Rightarrow \quad \theta = \frac{2\pi}{3}$$

$\theta = \frac{2\pi}{3}$ पर,

$$\left(\frac{d^2S}{d\theta^2}\right)_{\theta=\frac{2\pi}{3}}$$

$$= ab\left[-\sin\frac{2\pi}{3} + 2\sin\left(2\times\frac{2\pi}{3}\right)\right]$$

$$= ab\left[-\sin\left(\pi+\frac{\pi}{3}\right) + 2\sin\left(\pi+\frac{\pi}{3}\right)\right]$$

$$= ab\left(-\sin\frac{\pi}{3} - 2\sin\frac{\pi}{3}\right)$$

$$\left[\because \sin\left(\pi-\frac{\pi}{3}\right) = \sin\frac{\pi}{3} \quad \sin\left(\pi-\frac{\pi}{3}\right) = \frac{-\sin\pi}{3}\right]$$

$$= ab\left(-\frac{\sqrt{3}}{2} - \frac{2\sqrt{3}}{2}\right) = ab\left(\frac{-3\sqrt{3}}{2}\right)$$

$$= \frac{-3\sqrt{3}ab}{2} < 0$$

$\therefore$ जब $\theta = \frac{2\pi}{3}$ हो, तो S उच्चतम है

और S के उच्चतम मान,

$$S = ab\left(\sin\frac{2\pi}{3} - \frac{1}{2}.\,2\sin\frac{2\pi}{3}\cos\frac{2\pi}{3}\right)$$

$$(\because \text{isn } 2\theta = 2\sin\theta\cos\theta)$$

$$= ab\left[\sin\left(\pi-\frac{\pi}{3}\right) - \sin\left(\pi-\frac{\pi}{3}\right)\cos\left(\pi-\frac{\pi}{3}\right)\right]$$

$$= ab\left[\sin\frac{\pi}{3} - \sin\frac{\pi}{3}\times\left(-\cos\frac{\pi}{3}\right)\right]$$

$$= ab\left(\sin\frac{\pi}{3} + \sin\frac{\pi}{3}\cos\frac{\pi}{3}\right)$$

$$= ab\left(\frac{\sqrt{3}}{2} + \frac{\sqrt{3}}{2}\times\frac{1}{2}\right)$$

$$= ab\left(\frac{2\sqrt{3}+\sqrt{3}}{4}\right) = \frac{3\sqrt{3}}{4}ab \text{ वर्ग इकाई}$$

अतः समद्विबाहु त्रिभुज का उच्चतम क्षेत्रफल $\frac{3\sqrt{3}}{4}ab$ वर्ग इकाई है।

49. (a) दिया गया समीकरण स्थित है–

$$x\cos\alpha + y\sin\alpha = p$$

$$\Rightarrow \quad y = -x\cot\alpha + p\,\text{cosec}\,\alpha$$

यहाँ, $\quad m = -\cot\alpha$

हम जानते हैं, बिन्दु है $\left(\frac{a}{m^2}, \frac{2a}{m}\right)$

$$= \left\{\frac{a}{(-\cot\alpha)^2}, \frac{2a}{-\cot\alpha}\right\}$$

$$= (a\tan^2\alpha, -2a\tan\alpha)$$

50. (b) $\therefore$ परवलय के बिन्दुओं t_1 व t_2 पर स्पर्श रेखाएँ क्रमशः $t_1y = x + at_1^2$ व $t_2y = x + at_2^2$ हैं तथा स्पर्श रेखाएँ परस्पर लम्बवत् हैं।

$$\frac{1}{t_1} \cdot \frac{1}{t_2} = -1 \; t_1t_2 = -1$$

$\Rightarrow$ प्रतिच्छेदन बिन्दु के निर्देशांक $[-a, a(t + t_2)]$ होंगे।

$\therefore$ प्रतिच्छेदन बिन्दु नियता $x = -a \Rightarrow x + a = 0$ पर स्थित होंगे।

51. (d) दिया है कि $\tan^2\theta + \cot^2\theta = 2$

$$\Rightarrow \tan^2\theta + \frac{1}{\tan^2\theta} - 2 = 0$$

$$\Rightarrow \tan^4\theta - 2\tan^2\theta + 1 = 0$$

$$\Rightarrow (\tan^2\theta - 1)^2 = 0 \Rightarrow \tan^2\theta = 1$$

$$\Rightarrow \tan\theta = \pm 1 = \pm \tan\frac{\pi}{4}$$

θ का व्यापक हल $= n\pi \pm \dfrac{\pi}{4}$

52. (d) $\therefore$ त्रिभुज की भुजाएं a, b, c समान्तर श्रेणी में हैं,

$\therefore$ $2b = a + c$ ...(1)

यदि सबसे बड़ा कोण A और सबसे छोटा कोण C हो, तो

प्रश्नानुसार $A = 90° + C$ ...(ii)

$\therefore$ $B = 180° - (A + C) = 180° - (90° + 2C)$

$= 90° - 2C$ ....(iii)

$$\frac{a}{\sin A} = \frac{b}{\sin B} = \frac{c}{\sin C}$$

$$\Rightarrow \frac{a}{\sin(90° + C)} = \frac{b}{\sin(90° - 2C)} = \frac{c}{\sin C}$$

समी. (i) व (iii) से

$\Rightarrow \dfrac{a}{\cos C} = \dfrac{b}{\cos 2C} = \dfrac{c}{\sin C} = \text{K}$ (माना) ....(iv)

$\therefore$ $a = \text{K}\cos C, b = \text{K}\cos 2C, c = \text{K}\sin C$

$\therefore$ समी. (i) से, $2\text{K}\cos 2C = \text{K}\cos C + \text{K}\sin C$

$\Rightarrow$ $2(\cos^2 C - \sin^2 C) - (\cos C + \sin C) = 0$

$\Rightarrow$ $(\cos C + \sin C)(2\cos C - 2\sin C - 1) = 0$

अब, यदि $\cos C + \sin C = 0$ या $\tan C = -1$

तब $C = 135°$ जो असम्भव है,

$\therefore$ तब समीकरण (ii) से, $A = 90° + 135° = 225°$

जो सर्वथा अग्राह्य (Invalid) है। और यदि $2\cos C - 2\sin C - 1 = 0$.

तो $2\cos C = 1 + 2\sin C$

$\Rightarrow$ $4\cos^2 C = 1 + 4\sin C + 4\sin^2 C$

$\Rightarrow$ $4(1 - \sin^2 C) = 1 + 4\sin C + 4\sin^2 C$

$\Rightarrow$ $8\sin^2 C + 4\sin C - 3 = 0$

हल करने पर,

$$\sin C = \frac{1}{16}\left[-4 \pm \sqrt{\{16 - 4 \times 8(-3)\}}\right]$$

$= \dfrac{1}{4}(\sqrt{7} - 1)$ – ve चिह्न छोड़ने पर

$\therefore$ $\cos C = \sqrt{(1 - \sin^2 C)}$

$$= \sqrt{\left[1 - \frac{1}{16}(\sqrt{7} - 1)^2\right]}$$

$$= \frac{1}{4}(\sqrt{7} + 1)$$

तथा $\cos 2C = \cos^2 C - \sin^2 C$

$$= \left(\frac{(\sqrt{7}+1)}{4}\right)^2 - \left(\frac{(\sqrt{7}-1)}{4}\right)^2 = \frac{\sqrt{7}}{4}$$

अत: समी. (iv) से,

$a : b : c = \cos C : \cos 2C : \sin C$

$$= \frac{1}{4}\left(\sqrt{7}+1\right) : \frac{1}{4}\sqrt{7} : \frac{1}{4}\left(\sqrt{7}-1\right)$$

$$= \left(\sqrt{7}+1\right) : \sqrt{7} : \left(\sqrt{7}-1\right)$$

53. (c) ΔPAB तथा ΔQCB समरूप हैं।

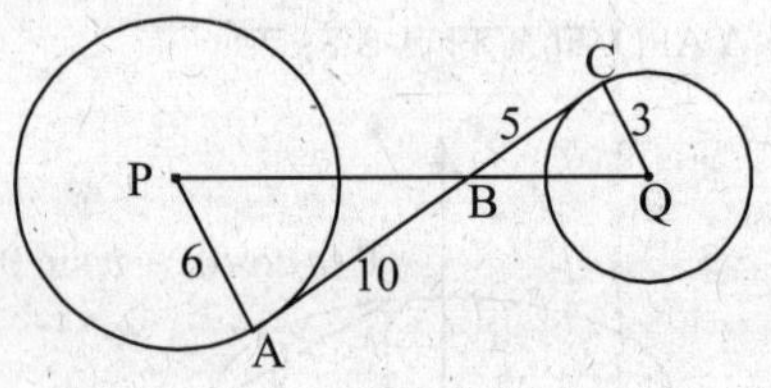

$\therefore$ $\dfrac{PA}{CQ} = \dfrac{AB}{CB}$ या $\dfrac{6}{3} = \dfrac{10}{BC}$ या BC = 5 सेमी.

$PB = \sqrt{(6)^2 + (10)^2} = \sqrt{136} = 11.66$ सेमी.

$BQ = \sqrt{(3)^2 + (5)^2} = \sqrt{34} = 5.83$ सेमी.

$\therefore$ PQ= PB + BQ = 11.66 + 5.83 = 17.49 सेमी.

54. (b) मोटर चालक की औसत गति

$$= \frac{\text{उसके द्वारा कुल तय की गई दूरी}}{\text{दूरी तय करने में लगा कुल समय}}$$

$= \left[\dfrac{(20 + 29)}{70} \times 60\right]$ किमी/घण्टा

$= 42$ किमी/घण्टा

55. (b) माना घर से स्टेशन के बीच की दूरी $= x$ किमी

तब, प्रश्नानुसार,

$$\frac{x}{5} - \frac{x}{6} = \frac{(7+5)}{60}$$

$$\Rightarrow 6x - 5x = \left(\frac{30 \times 12}{60}\right)$$

$\Rightarrow$ $x = 6$ किमी

56. (a) श्रेणी का n वाँ पद $= 3(4^n + 2n^2) - 4n^3$

$n = 1, 2, 3, ...n$ रखने पर, श्रेणी के n पदों का योगफल

$$S_n = 3(4^1 + 4^2 + 4^3 + ... 4^n) + 6(1^2 + 2^2 + 3^2 + ...n^2) - 4(1^3 + 2^3 + 3^3 + ...+ n^3)$$

$$= 3\frac{4(4^n-1)}{4-1} \times 6\frac{1}{6}n(n+1)(2n+1) - 4\left[\frac{1}{2}n(n+1)\right]^2$$

$= 4(4^n - 1) + n(n + 1)[(2n + 1) - n(n + 1)]$

$= 4(4^n - 1) + n(n + 1)(1 + n - n^2)$

57. (a) माना $I = \int \frac{x+2}{2x^2+6x+5}dx$

$$= \int \frac{A.\frac{d}{dx}(2x^2+6x+5)+B}{2x^2+6x+5}dx$$

$\Rightarrow \quad x+2 = A\cdot\frac{d}{dx}(2x^2+6x+5)+B$

$\Rightarrow \quad x+2 = A(4x+6)+B$

$\therefore \quad A = \frac{1}{4}$ तथा $B = \frac{1}{2}$

अब, $I = \int \frac{\frac{1}{4}(4x+6)+\frac{1}{2}}{2x^2+6x+5}dx$

$$= \int \frac{\frac{1}{4}(4x+6)}{2x^2+6x+5}dx + \frac{1}{2}\int\left(\frac{1}{2x^2+6x+5}\right)dx$$

$$= \frac{1}{4}\log|2x^2+6x+5| + \frac{1}{4}\int\frac{1}{x^2+3x+\frac{5}{2}}dx \quad ...(i)$$

$$I_1 = \frac{1}{4}\int\frac{1}{x^2+3x+\frac{5}{2}}dx$$

$$= \frac{1}{4}\int\frac{1}{\left(x^2+\frac{3}{2}\right)^2-\frac{9}{4}+\frac{5}{2}}dx$$

$$= \frac{1}{4}\int\frac{1}{\left(x^2+\frac{3}{2}\right)^2+\left(\frac{1}{2}\right)^2}dx$$

$$= \frac{\frac{1}{4}}{\frac{1}{2}}\tan^{-1}\frac{\left(x+\frac{3}{2}\right)}{\frac{1}{2}}+C$$

$$= \frac{1}{2}\tan^{-1}(2x+3)+C$$

समीकरण (i) से,

$$I = \frac{1}{4}\log|2x^2+6x+5| + \frac{1}{2}\tan^{-1}(2x+3)+C$$

58. (d) $\because$ S (6, 4) व S'(–4, 4) तथा $e = 2$

$\therefore \quad SS'\sqrt{(6+4)^2+(4-4)^2} = 10$

परन्तु

$SS' = 2ae$

$\therefore \quad 2a \times 2 = 10$

$\Rightarrow \quad a = \frac{5}{2}$

तथा हम जानते हैं कि,

$b^2 = a^2(e^2 - 1)$

$\Rightarrow \quad b^2 = \frac{25}{4}(4-1) = \frac{75}{4}$

तथा केन्द्र $= \left\{\frac{6+(-4)}{2}, \frac{4+4}{2}\right\} = (1, 4)$

अतः अतिपरवलय का समीकरण निम्न है,

$$\frac{(x-1)^2}{\frac{25}{4}} - \frac{(y-4)^2}{\frac{75}{4}} = 1$$

$$\Rightarrow \quad \frac{4(x-1)^2}{25} - \frac{4(y-4)^2}{75} = 1$$

59. (b) $m^2 - 8m + 18 = m^2 - 2 \times 4m + 16 + 2$

$= (m - 4)^2 + 2$

चूँकि m वास्तविक है $m - 4 \geq 0$

अतः $m^2 - 8m + 18$ का न्यूनतम मान $= 2$

60. (a) माना, $I = \int_0^{\pi/4}\frac{\sin x+\cos x}{3+\sin 2x}dx$

$$= \int_0^{\pi/4}\frac{\sin x+\cos x}{4-(\sin x-\cos x)^2}dx$$

माना, $\sin x - \cos x = t$

तब, $(\cos x + \sin x)\,dx = dt$

$$= \int_{-1}^{0}\frac{dt}{2^2-t^2} = \frac{1}{4}\log\left[\frac{2+t}{2-t}\right]_{-1}^{0}$$

$$= \frac{1}{4}\left[0-\log\frac{1}{3}\right] = \frac{1}{4}\log 3$$

61. (b) व्यंजक $= 100 \times 10 - 100 + 2000 \div 100$

$= 1000 - 100 + 20$

$= (1020 - 100) = 920$

62. (c) $n^3 - n = n(n + 1)(n - 1)$

यदि $n = 1, \quad n^3 - n = 0$

यदि $n = 2, \quad n^3 - n = 6$

यदि $n = 3, \quad n^3 - n = 24$

अतः स्पष्ट है $(n^3 - n)$ सदैव 6 से विभाजित होगा।

63. (b) $\frac{x^2}{a^2}+\frac{y^2}{b^2}=1$ में $x = at^2$ रखने पर,

$$t^4+\frac{y^2}{b^2}=1$$

अर्थात् $y^2 = b^2(1-t^4) = b^2(1+t^2)(1-t^2)$

y वास्तविक है, यदि $1 - t^2 \geq 0$

अर्थात् $|t| \leq 1$

64. (d) दीर्घवृत्त $\frac{x^2}{\frac{5}{3}}+\frac{y^2}{\frac{5}{4}}=1$

की स्पर्श रेखा का समीकरण

$$y = mx \pm \sqrt{\frac{5}{3}m^2+\frac{5}{4}}$$

है। इसकी प्रवणता $\frac{1}{\sqrt{3}}$ या $-\frac{1}{\sqrt{3}}$ है

$$\therefore \quad y = \pm\frac{1}{\sqrt{3}}x \pm \sqrt{\frac{5}{9}+\frac{5}{4}}$$

$$\Rightarrow \quad y = \pm\frac{1}{\sqrt{3}}x \pm \sqrt{\frac{65}{36}}$$

$$y = \pm\frac{1}{\sqrt{3}}x \pm \frac{\sqrt{65}}{6}$$

65. (b) अभीष्ट रेखाओं की संख्या $= {}^6C_2 = \frac{6\times5}{2\times1} = 15$

66. (a) $\left(\sqrt{m}-\sqrt{n}\right)^{19}$ के प्रसार में अन्त से 15वाँ पद प्रारम्भ से (19 – 15 + 1) वाँ अर्थात् पाँचवाँ पद होगा

$$T_5 = {}^{19}C_4 \left(\sqrt{m}\right)^{15} \left(-\sqrt{n}\right)^4$$

$$= {}^{19}C_4\ m^{15/2}\ n^2$$

67. (c) परवलय तथा रेखा के समीकरण

$x^2 = y$ ...(i)

तथा $y = 1$ ...(ii)

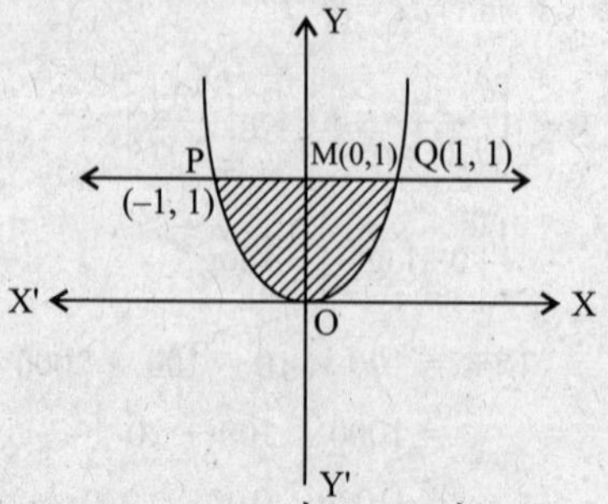

समीकरण (i) तथा (ii) को हल करने पर

$$x^2 = 1 \Rightarrow x = \pm 1$$

अभीष्ट क्षेत्रफल

$= 2 \times$ OPBO का क्षेत्रफल

$$= 2\int_0^1 x\,dy = 2\int_0^1 \sqrt{y}\,dx$$

$$= 2\left[\frac{2y^{2/3}}{3}\right]_0^1$$

$$= \frac{4}{3}(1-0) = \frac{4}{3} \text{ वर्ग इकाई}$$

68. (b) $\frac{dy}{dx}+\frac{1+x^2}{x} = 0$

$$\Rightarrow \quad dy+\left(\frac{1}{x}+x\right)dx = 0$$

समाकलन करने पर,

$$\Rightarrow \quad y+\log x+\frac{x^2}{2}+C = 0$$

69. (c) दायाँ पक्ष

$$= \left(\frac{x}{x+1}+\frac{1}{2}.\frac{x^2}{(x+1)^2}+\frac{1}{3}.\frac{x^3}{(x+1)^3}+.....\right)$$

$$-\left(\frac{1}{x+1}+\frac{1}{2}\frac{1}{(x+1)^2}+\frac{1}{3}.\frac{1}{(x+1)^3}+....\right)$$

$$= \left\{-\log\left(1-\frac{x}{x+1}\right)\right\}-\left\{-\log\left(1-\frac{1}{x+1}\right)\right\}$$

$$= \log x$$

70. (a) $\because \cos\theta = l_1l_2 + m_1m_2 + n_1n_2$

$\theta = \cos^{-1}(l_1l_2 + m_1m_2 + n_1n_2)$

71. (c) प्रथम समीकरण से $l + m = -n$

$l + m = -n$ को दूसरे समीकरण में रखने पर, हम पाते हैं–

$2(-n) - mn = 0$

$\Rightarrow \quad -n(2 + m) = 0$

$\therefore \quad n = 0$ या $m = -2$

जब $n = 0$, तो प्रथम समीकरण से

$\Rightarrow \quad l + m = 0$

$\Rightarrow \quad l = -m.$

लेकिन $l^2 + m^2 + n^2 = 1$

$\Rightarrow \quad l^2 + l^2 = 1$

$\Rightarrow \quad l = \pm\frac{1}{\sqrt{2}}$

और $m = \pm\frac{1}{\sqrt{2}}$

$\therefore$ दिक् अनुपात हैं $\left(\frac{1}{\sqrt{2}}-\frac{1}{\sqrt{2}},0\right)$

और $\left(-\frac{1}{\sqrt{2}}+\frac{1}{\sqrt{2}},0\right)$

यदि θ दोनों रेखाओं के बीच का कोण हो, तो :

$$\cos\theta = \frac{1}{\sqrt{2}}\times\left(-\frac{1}{\sqrt{2}}\right)+\left(-\frac{1}{\sqrt{2}}\right)\times\frac{1}{\sqrt{2}}$$

$$= -1$$

$\therefore \quad \theta = 180$

$\therefore$ रेखायें समान्तर हैं।

72. (a) 5 के गुणज की कुल संख्या = 24

15 के गुणज की कुल संख्या = 8

अर्थात् $n(a) = 24, n(b) = 8$ तथा $n(A \cap B) = 8$

$\therefore \quad n(A \cup B) = n(a) + n(b) - n(A \cap B)$

$= 24 + 8 - 8 = 24$ तथा $n(5) = 120$

अभीष्ट प्रायिकता $= \dfrac{n(A \cap B)}{n(5)} = \dfrac{24}{120} = \dfrac{1}{5}$

73. (b) वेन आरेख द्वारा, समी. I व समी. II सत्य हैं, क्योंकि यह स्पष्ट है।

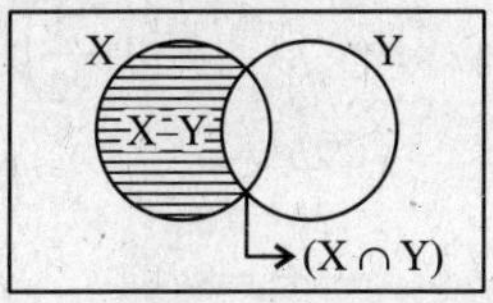

$(X \cap Y) \cup (X - Y) = X$ तथा $X - Y - (X \cap Y)$

74. (b) $(X \cup Y) = \{5, 6, 7, 8, 10, 12\}$

$(X \cup Y)^1 = U - (X \cup Y) = \{5, 6, 7, 8, 9, 10, 11, 12, 13, 14, 15\} - \{5, 6, 7, 8, 10, 12\}$

$= \{9, 11, 13, 14, 15\}$

75. (c) $\because$ परवलय का (2, 0) शीर्ष और y-अक्ष नियता है।

$\therefore$ परवलय का अक्ष x-अक्ष होगा।

मान लो ध्रुव का निर्देशांक $(x, 0)$ है।

$\therefore$ (2, 0) से नियता पर डाले गए लम्ब की लम्बाई = 2

और बिन्दु (2, 0) से $(x, 0)$ तक की दूरी $= (x - 2)$

अतः $x - 2 = 2 \Rightarrow x = 4$

76. (a) A के उपसमुच्चयों की संख्या 2^n है। यह संख्या ϕ और A सहित है। अतः A के रिक्त उचित उपसमुच्चयों की संख्या $2^n - 2 = (2^{n-1} - 1)$।

77. (b) $(1 + x + x^2 + x^3 + \ldots\infty)^5 = [(1 - x)^{-1}]^5$

$= (1 - x)^{-5}$

मान लो $(1 - x)^{-5}$ के प्रसार में $(r + 1)$ वाँ पद cx^{11} है।

$\therefore \quad cx^{11} = (r + 1)$ वाँ पद, $(1 - x)^{-5}$ के प्रसार में

$$= \frac{(-5)(-5-1)(-5-2)\ldots[-5-(r-1)}{r!}(-x)^r$$

x की घात की दोनों तरफ तुलना करने पर,

$r = 11$

$\therefore \quad x^{11}$ का गुणांक $= c$

$$= \frac{(-5)(-6)(-7)\ldots..[-5-101)}{(11)!}(-1)^{11}$$

$$= (-1)^{22}\frac{5.6.7.8.9.10.11.12.13.14.15}{(11)!} = 1365$$

78. (c) $(1 + \omega - \omega^2)(1 - \omega + \omega^2)$

$= (-\omega^2 - \omega^2)(-\omega - \omega)$

[चूँकि $1 + \omega + \omega^2 = 0$, अतः $1 + \omega = -\omega^2$ और

$1 + \omega^2 = -\omega$]

$= -2\omega^2 \times -2\omega = 4\omega^3 = 4$

79. (a) $\dfrac{a^{n+1} + b^{n+1}}{a^n + b^n} = \dfrac{a + b}{2}$

$= \dfrac{a^1 + b^1}{1 + 1}$

$= \dfrac{a^{0+1} + b^{0+1}}{a^0 + b^0}$

दोनों तरफ की तुलना करने पर $n = 0$.

80. (d) माना $(a, b), (c, d)$ और $(e, f) \in A$ और दिया है कि (a, b) R (c, d), यदि $a + d = b + c$

(i) R स्वतुल्य है क्योंकि

(a, b) R (a, b) अर्थात् $a + b = b + a$.

(ii) R सममित है क्योंकि

(a, b) R $(c, d) \Rightarrow (c, d)$ R (a, b)

अर्थात्,

$a + d = b + c$

$\Rightarrow \quad c + b = d + a$

(iii) R सममित है क्योंकि

यदि (a, b) R (c, d) और (c, d) R (e, f)

$\Rightarrow \quad (a, b)$ R (e, f)

i.e., $a + d = b + c$ और $c + f = d + e$

$\Rightarrow \quad (a + b) + (c + f) = (b + c) + (d + e)$

$\Rightarrow \quad a + f = b + e$

इस प्रकार R स्वतुल्य, सममित और संक्रामक हैं, अर्थात् R एक तुल्यता सम्बन्ध है।

81. (b) यदि एक मूल $2 + i$ हैं तथा अन्य मूल $2 - i$ है।

तब मूलों का योग = 4

तथा मूलों का गुणनफल $= 5 = k$

82. (b) माना श्रेणी का p वाँ पद $\dfrac{512}{729}$ हैं।

$a = 18,$

$r = -\dfrac{2}{3}$

$\therefore \quad \dfrac{512}{729} = ar^{p-1}$

$= 18\left(-\dfrac{2}{3}\right)^{p-1}$

$\Rightarrow \quad \left(-\dfrac{2}{3}\right)^{p-1} = \dfrac{512}{729 \times 18} = \left(-\dfrac{2}{3}\right)^8$

$\Rightarrow \quad p - 1 = 8$

$\Rightarrow \quad p = 9$

83. (b) माना $A = \lim_{n \to 0} e^{\frac{1}{n \log n}}$

$$\log_e A = \lim_{n \to 0} \frac{1}{n \log n} . \log_e e$$

$$= \lim_{n \to 0} \frac{-1/n}{\log n} \qquad \left[\text{form}\frac{\infty}{\infty}\right]$$

$$= \lim_{n\to 0} \frac{1/n^2}{1/n} = \lim_{n\to 0} -\frac{1}{n}$$

$= -\infty$

$\Rightarrow$ $A = e^{-\infty} = 0$

84. (d) $$L.\lim_{x\to 2} \frac{|x-2|}{x-2} = \lim_{h\to 0} \frac{|(2-h)-2|}{(2-h)-2}$$

$$= \lim_{h\to 0} \frac{|-h|}{-h}$$

$$= \lim_{h\to 0} \frac{h}{-h} = -1$$

$$R.\lim_{x\to 2} \frac{|x-2|}{x-2} = \lim_{h\to 0} \frac{|(2+h)-2|}{(2+h)-2}$$

$$= \lim_{h\to 0} \frac{|h|}{h} = 1$$

$\therefore$ $$L.\lim_{x\to 2} \frac{|x-2|}{x-2} \neq R.\lim_{x\to 2} \frac{|x-2|}{x-2}$$

$\therefore$ सीमा विद्यमान नहीं है।

85. (a) $y = \log(2x+5)$

$\therefore$ n^{th} अवकलन

$$y_n = \frac{(-1)^{n-1} \lfloor n-1 \, 2^n}{(2x+5)^n}$$

$$y_{17} = \frac{(-1)^{16} \lfloor 16 \; 2^{17}}{(2x+5)^{17}}$$

86. (b) $$\text{माध्यिका} = L + \frac{\frac{N}{2} - F}{f} \times i$$

$\Rightarrow$ $$28 = 20 + \frac{\frac{80}{2} - (6+f_1)}{30} \times 10$$

$$= 20 + \frac{40-6-f_1}{3}$$

$\Rightarrow$ $8 \times 3 = 34 - f_1$

$\Rightarrow$ $f_1 = 34 - 24 = 10$

$\therefore$ वर्ग 40-50 की बारंबारता

$= 80 - (6+10+30+28) = 6$

87. (b) अधिकतम बारंबारता 39 है। अत: बहुलक वर्ग होगा $= 20 - 30$.

$\therefore$ $$\text{बहुलक} = l_1 + \frac{f - f_1}{2f - f_1 - f_2}(l_2 - l_1)$$

$$= 20 + \frac{39-21}{2\times 39 - 21 - 19}(30-20)$$

$$= 20 + \frac{18}{38} \times 10 = 24.74$$

88. (c) $P(A \cup B) = P(A \cap B)$, यदि और यदि

$P(a) + P(b) - P(A \cap B) = P(A \cap B)$

अर्थात् $P(a) + P(b) = 2P(A \cap B)$

$\Rightarrow$ $P(a) + P(b) = 2P(a) . P(B/A)$

89. (c) $\therefore$ $$\text{नामिलम्ब} = \frac{2b^2}{a} = 8$$

$$e = \frac{1}{\sqrt{2}} \quad \text{...(i)}$$

लेकिन $b^2 = a^2(1-e^2)$

$\Rightarrow$ $$b^2 = a^2\left(1 - \frac{1}{2}\right) = \frac{a^2}{2}$$

$\Rightarrow$ $2b^2 = a^2$

लेकिन $2b^2 = 8a$ [(i) से]

$\Rightarrow$ $a^2 = 8a$

$\Rightarrow$ $a = 8$

$$b^2 = \frac{(8)^2}{2} = 32$$

$\therefore$ दीर्घवृत्त का समीकरण होगा।

$$\frac{x^2}{64} + \frac{y^2}{32} = 1$$

90. (a) बिन्दुओं (3, 4) और (5, 6) को मिलाने वाली रेखा का समीकरण

$$y - 4 = \frac{6-4}{5-3}(x-3)$$

$\Rightarrow$ $y - 4 = x - 3$

$x = -1$ को इसमें रखा, तो

$y - 4 = -1 - 3$

$\Rightarrow$ $y = 0$

91. (b) समीकरण $y = x + 1$ और $2x - 3y + 5 = 0$ को हल करने पर, $x = 2$ और $y = 3$.

चूँकि ये तीनों रेखायें सगामी हैं। अत: $x = 2$ और $y = 3$ समीकरण $3x - y + m = 0$ को सन्तुष्ट करेगा।

$\therefore$ $6 - 3 + m = 0$

$m = -3$

92. (b) माना त्रिज्याएँ r_1 व r_2 है।

$\therefore$ $$\frac{\pi}{3} = \frac{l}{r_1}$$

तथा $\frac{\pi}{4} = \frac{l}{r^2}$ जहाँ l चाप की लम्बाई है।

$\therefore$ $$\frac{\pi}{4} \times \frac{3}{\pi} = \frac{l}{r_2} \times \frac{r_2}{l}$$

$\Rightarrow$ $$\frac{r_1}{r_2} = \frac{3}{4}$$

93. (a) $\therefore$ $\sec^2 A - \tan^2 A = 1$

तथा $\sec A + \tan A = t$

$\therefore$ $(\sec A - \tan A)(\sec A + \tan A) = 1$

$\Rightarrow$ $(\sec A - \tan A)t = 1$

$\Rightarrow$ $$\sec A - \tan A = \frac{1}{t}$$

लेकिन, $\sec A - \tan A = t$

$$2 \sec A = t + \frac{1}{t} = \frac{t^2+1}{t}$$

$$\therefore \quad \sec A = \frac{t^2+1}{2t}$$

$$\therefore \quad \cos A = \frac{2t}{1+t^2}$$

94. (c) $\int_{-1}^{1} \frac{\sin x - x^2}{3-|x|} dx = \int_{-1}^{1} \frac{\sin x}{3-|x|} dx - \int_{-1}^{1} \frac{x^2}{3-|x|} dx$

माना $f(x) = \frac{\sin x}{3-|x|}$

$$\therefore \quad f(-x) = \frac{\sin(-x)}{3-|x|} = \frac{-\sin x}{3-|x|} = -f(x)$$

$\therefore$ $f(x)$ एक विषम फलन है।

$$\therefore \quad \int_{-1}^{1} \frac{\sin x}{3-|x|} dx = 0$$

पुन: माना $\phi(x) = \frac{x^2}{3-|x|}$

$$\therefore \quad \phi(-x) = \frac{x^2}{3-|x|} = \phi(x)$$

$\therefore$ $\phi(-x)$ एक समफलन है।

$$\therefore \quad \int_{-1}^{1} \frac{x^2}{3-|x|} dx = 2\int_{0}^{1} \frac{x^2}{3-|x|} dx$$

$$\therefore \quad \int_{-1}^{1} \frac{\sin x - x^2}{3-|x|} dx = 2\int_{0}^{1} \frac{x^2}{3-|x|} dx$$

95. (b) दिया गया है

$$\sin^{-1} x + \sin{-1}y = \frac{\pi}{2}$$

और हम जानते हैं कि

$$\cos^{-1}y + \sin^{-1}y = \frac{\pi}{2}$$

$$\therefore \quad \sin^{-1}x = \cos^{-1}y$$

96. (b) समीकरण $x \cos \alpha + y \sin \alpha = p$ से,

$$y = \frac{-x \cos\alpha}{\sin \alpha} + \frac{p}{\sin \alpha}$$

y के मान को अतिपरवलय में रखने पर,

$$\frac{x^2}{a^2} - \frac{1}{b^2}\left(\frac{-x\cos\alpha}{\sin\alpha} + \frac{p}{\sin\alpha}\right)^2 = 1$$

$$\Rightarrow \left(\frac{1}{a^2} - \frac{\cos^2\alpha}{b^2\sin^2\alpha}\right)x^2 + \frac{2p\cos\alpha\, x}{b^2\sin^2\alpha} + \left(\frac{-p^2}{b^2\sin^2\alpha} - 1\right) = 0$$

यदि रेखा $x \cos \alpha + y \sin a = p$ अतिपरवलय को स्पर्श करे, तो

$$\left(\frac{2p\cos\alpha}{b^2\sin^2\alpha}\right)^2 = 4\left(\frac{1}{a^2} - \frac{\cos^2\alpha}{b^2\sin^2\alpha}\right)\left(\frac{-p^2}{b^2\sin^2\alpha} - 1\right)$$

$$\Rightarrow \quad p^2 = a^2\cos^2\alpha - b^2\sin^2\alpha$$

97. (c) दिया है कि $r_1 = r_2 + r_3 \Rightarrow r_1 - r = r_2 + r_3$

$$\Rightarrow 4R\sin\frac{1}{2}A\cos\frac{1}{2}B\cos\frac{1}{2}C$$

$$-4R\sin\frac{1}{2}A\sin\frac{1}{2}B\sin\frac{1}{2}C$$

$$= 4R\sin\frac{1}{2}B\cos\frac{1}{2}A\cos\frac{1}{2}C$$

$$+ 4R\sin\frac{1}{2}C\cos\frac{1}{2}A\cos\frac{1}{2}B$$

$$\Rightarrow \sin\frac{1}{2}A\left(\cos\frac{1}{2}B\cos\frac{1}{2}C - \sin\frac{1}{2}B\sin\frac{1}{2}C\right)$$

$$= \cos\frac{1}{2}A\left(\sin\frac{1}{2}B\cos\frac{1}{2}C + \sin\frac{1}{2}C\cos\frac{1}{2}B\right)$$

$$\Rightarrow \sin\frac{1}{2}A\cos\frac{1}{2}(B+C) = \cos\frac{1}{2}A\sin\frac{1}{2}(B+C)$$

$$\Rightarrow \sin\frac{1}{2}A\cos\left(90^\circ - \frac{1}{2}A\right) = \cos\frac{1}{2}A\sin\left(90^\circ - \frac{1}{2}A\right)$$

$$\Rightarrow \sin^2\frac{1}{2}A = \cos^2\frac{1}{2}A$$

$$\Rightarrow \frac{1}{2}A = 45^\circ$$

$$\Rightarrow A = 90^\circ$$

98. (b) $(e^x - 1)^3 = c \tan y$ ...(i)

$$\therefore \quad 3(e^x-1)^2 e^x = c\sec^2 y\frac{dy}{dx} \quad ...(ii)$$

समीकरण (i) से, $c = \frac{(e^x-1)^3}{\tan y}$

c का मान समीकरण (ii) में रखने पर प्राप्त होता है।

$$3(e^x-1)^2 e^x = \frac{(e^x-1)^3}{\tan y}\sec^2 y\frac{dy}{dx}$$

$$\Rightarrow \quad 3e^x\tan y = (e^x-1)\sec^2 y\frac{dy}{dx}$$

$$\Rightarrow \quad 3e^x\tan y + (1-e^x)\sec^2 y\frac{dy}{dx} = 0$$

इस समीकरण की घात 1 है।

99. (c) माना कि आयतन की लम्बाई $= y$ सेमी.

इसलिए चौड़ाई $= (y-2)$ सेमी.

आयत का परिमाप $= 2(l+b)$

$$2(y+y-2) = 44$$

$$\Rightarrow 2y - 2 = 22$$

$$\Rightarrow 2y = 24$$

$$\Rightarrow y = 12$$

$\therefore$ आयत का क्षेत्रफल

$y \times (y-2) = 12 \times (12-2) = (12 \times 10) = 120$ सेमी.^{2}

100. (c) माना कि त्रिभुज के दो कोण क्रमश: $2y, 5y$ हैं। हम जानते हैं कि त्रिभुज के तीनों कोणों का योग 180° होता है।

प्रश्नानुसार,

$$\therefore \quad 2y + 5y + 82^\circ = 180^\circ$$

$$\Rightarrow \quad 7y = 180^\circ - 82^\circ$$

$$\therefore \quad y = \frac{98^\circ}{7} = 14^\circ$$

अत: त्रिभुज का सबसे छोटा कोण $= 2y$

$$= 2 \times 14^\circ = 28^\circ.$$

□□□

10 गणित
प्रैक्टिस पेपर

1. ₹ 5,000 पर 2 वर्ष के चक्रवृद्धि ब्याज और साधारण ब्याज का अंतर ₹ 32 है। तद्नुसार, ब्याज की दर कितनी है?
   (a) 5% (b) 8%
   (c) 10% (d) 12%
2. किसी भी समकोण त्रिभुज में कर्ण की माध्यिका कर्ण की होती है–
   (a) एक-तिहाई (b) दो-तिहाई
   (c) आधी (d) तीन-चौथाई
3. यदि $\tan\theta = \frac{6}{a}$ हो, तो $a\cos 2\theta + b\sin 2\theta$ का मान होगा–
   (a) a^2 (b) $2a + 1$
   (c) $a^2 + 4$ (d) a
4. 1 मी खम्बे की ऊँचाई द्वारा जमीन पर 1 किमी दूरी पर बना कोण षाष्टिक माप में क्या होगा?
   (a) $\frac{9}{50\pi}$ (b) $\frac{7}{50\pi}$
   (c) $\frac{\pi}{50\pi}$ (d) इनमें से कोई नहीं
5. यदि किसी त्रिभुज का लम्बकेन्द्र व परिकेन्द्र क्रमशः (1,1) व (3, 2) है, तब इसके केन्द्रक को निर्देशांक हैं :
   (a) $\left(\frac{7}{3}, \frac{5}{3}\right)$ (b) $\left(\frac{5}{3}, \frac{7}{3}\right)$
   (c) (7, 5) (d) इनमें से कोई नहीं
6. समीकरण $x = 0, y = 0$ तथा $3x + 4y = 12$ से बने त्रिभुज का अन्तःकेन्द्र होगा।
   (a) $\left(\frac{1}{2}, \frac{1}{2}\right)$ (b) (1, 1)
   (c) $\left(1, \frac{1}{2}\right)$ (d) $\left(\frac{1}{2}, 1\right)$
7. $\begin{vmatrix} 1 & x & y \\ 1 & x+y & y \\ 1 & x & x+y \end{vmatrix}$ का मान है–
   (a) 0 (b) 1
   (c) $x + y$ (d) xy
8. $\begin{vmatrix} \alpha & \alpha^2 & \beta+\gamma \\ \beta & \beta^2 & \gamma+\alpha \\ \gamma & \gamma^2 & \alpha+\beta \end{vmatrix}$ का मान है–
   (a) $(\beta - \gamma)(\gamma - \alpha)(\alpha - \beta)(b)$
   (b) $(\alpha + \beta)(\beta + \gamma)(\gamma + \alpha)$
   (c) $(\alpha + \beta + \gamma)(\alpha\beta + \beta\gamma + \gamma\alpha)$
   (d) इनमें से कोई नहीं
9. सारणिक $\begin{vmatrix} x & x+y & x+2y \\ x+2y & x & x+y \\ x+y & x+2y & x \end{vmatrix}$ का मान है–
   (a) $9x^2(x + y)$ (b) $9y^2(x + y)$
   (c) $3y^2(x + y)$ (d) $7x^2(x + y)$
10. यदि समष्टीय समुच्चय U = {1, 2, 3, 4, 5, 6, 7, 8, 9}, B = {6, 7, 8} तथा $A \cup C$ = {1, 2, 3, 4, 5, 6} तो समुच्चय $(A \cup B \cup C)'$ होगा–
    (a) {1, 2, 3, 4, 5} (b) {1, 2, 3, 4, 5, 6, 7, 8}
    (c) {1, 2, 3} (d) {9}
11. a तथा b एक समष्टीय U के उपसमुच्चय हैं। यदि $n(a) = 15$, $n(b) = 5$, $n(A \cap B) = 3$, $n(U) = 30$, तो $n(A \cup B)$ होगा–
    (a) 23 (b) 20
    (c) 17 (d) 10
12. $\tan^{-1}\left(\frac{\sqrt{1+x^2}-1}{x}\right)$ का $\tan^{-1}x$ के सापेक्ष अवकल गुणांक, जब $x \neq 0$ है–
    (a) 1 (b) 2
    (c) $-\frac{1}{2}$ (d) $\frac{1}{2}$
13. $\cos x . \cos 2x . \cos 3x$ का x के सापेक्ष अवकलन है–
    (a) $-\tan x - 2x \tan 2x - 3x \tan 3x$
    (b) $-\cos x . \cos 2x . \cos 3x (\tan x + 2x \tan 2x + 3x \tan 3x)$
    (c) $\cos x . \cos 2x . \cos 3x (\tan x + 2 \tan 2x + 3 \tan 3x)$
    (d) उपरोक्त में से कोई नहीं
14. यदि $y^x = x^y$, तब $\frac{dy}{dx}$ का मान है–
    (a) $\frac{y - x\log y}{x - y\log x}$ (b) $-\left(\frac{y - x\log y}{x - y\log x}\right)$
    (c) $-\frac{y}{x}\left(\frac{y - x\log y}{x - y\log x}\right)$ (d) $\frac{y}{x}\left(\frac{y - x\log y}{x - y\log x}\right)$

15. **एक मकान में कई मंजिलें हैं जिसकी सबसे नीचे की मंजिल $\frac{5}{8}g$ सेंटीमीटर ऊँची है, मकान की चोटी से छोड़ा हुआ एक पिण्ड सबसे नीचे की मंजिल को $\frac{1}{4}$ सेकण्ड में पार कर लेता है, तो मकान की ऊँचाई होगी–**

(a) $\frac{440}{127}g$ सेमी (b) $\frac{441}{128}g$ सेमी
(c) 127g सेमी (d) 37g सेमी

16. **एक पत्थर कुएँ में उसके शिखर से धीरे से गिराया जाता है और वह पानी के तल पर 3924 सेमी/सेकण्ड के वेग से पहुँचता है, यदि पत्थर के गिरने के $4\frac{109}{475}$ सेकण्ड बाद छपाके की ध्वनि सुनाई देती है, तो ध्वनि का वेग होगा–**

(a) 312 मीटर/सेकण्ड (b) 302 मीटर/सेकण्ड
(c) 321 मीटर/सेकण्ड (d) 342 मीटर/सेकण्ड

17. **एक गुब्बारा $\frac{1}{8}g$ सेमी/सेकण्ड^2 के एकसमान त्वरण से ऊपर की ओर जा रहा है, आधे मिनट बाद उसमें से एक पिण्ड छोड़ा जाता है, कितने समय बाद पिण्ड, पृथ्वी तल पर पहुँचेगा ?**

(a) 10 सेकण्ड (b) 13 सेकण्ड
(c) 15 सेकण्ड (d) 12 सेकण्ड

18. **यदि वक्र $y = f(x)$ के बिन्दु (3, 4) पर खींचा गया अभिलम्ब x-अक्ष (धनात्मक) से $3\pi/4$ कोण बनाता है, तब $f'(3)$ का मान–**

(a) –1 (b) $-\frac{3}{4}$
(c) $\frac{4}{3}$ (d) 1

19. **वक्र $y = a^x$ व $y = b^x$ कोण α पर प्रतिच्छेद करता है, तब $\tan \alpha$ का मान है–**

(a) $\frac{a-b}{1+ab}$ (b) $\frac{\log a - \log b}{1+\log a \log b}$
(c) $\frac{a+b}{1-ab}$ (d) $\frac{\log a + \log b}{1-\log a \log b}$

20. **यदि 15 विद्यार्थियों की औसत ऊँचाई 154 सेमी है। बाद में, जबकि माध्य का परिकलन कर रहे थे, तो पता लगा कि 175 सेमी गलती से 145 सेमी पढ़ा गया। औसत ऊँचाई का शुद्ध हल है–**

(a) 154 सेमी (b) 175 सेमी
(c) 156 सेमी (d) 165 सेमी

21. **यदि n संख्याओं $x_1, x_2, \ldots\ldots, x_n$ का समान्तर माध्य x हो, तो $\sum_{i=1}^{n}(x_i - x)$ बराबर होता है–**

(a) 1 (b) n
(c) 0 (d) $n(x_1 + x_2, \ldots + x_n)$

22. **एक कक्षा में 15 विद्यार्थियों की ऊँचाई (सेमी में) है– 150, 145, 147, 148, 152, 153, 155, 160, 143, 151, 142, 149, 154, 157, 158 इनकी माध्यिका (मीडियन) है–**

(a) 149 (b) 150
(c) 151 (d) 154

23. **यदि $2\sqrt{x} = \frac{\sqrt{5}+\sqrt{3}}{\sqrt{5}-\sqrt{3}} - \frac{\sqrt{5}-\sqrt{3}}{\sqrt{5}+\sqrt{3}}$ हो, तो x का मान कितना होगा?**

(a) 30 (b) $\sqrt{15}$
(c) 15 (d) 6

24. **एक चिकने अर्द्धगोलीय प्याले का एक सिरा एक चिकनी ऊर्ध्वाधर दीवार को स्पर्श करता हुआ रखा हुआ है, प्याले का व्यास a है, एक भारी एकसमान छड़ क्षैतिज से 60° का कोण बनाता हुआ साम्यावाद में रहता है, यदि उसका एक सिरा प्याले के भीतरी पृष्ठ और दूसरा दीवार पर हो तो छड़ की लम्बाई होगी–**

(a) $a+\frac{a}{\sqrt{11}}$ (b) $a+\frac{a}{\sqrt{13}}$
(c) $a+\frac{a}{\sqrt{15}}$ (d) $a+\frac{a}{\sqrt{7}}$

25. **एक भारी समदण्ड किसी स्थिर बिन्दु से दो डोरियों द्वारा, जो उसके सिरों से बँधी हुई हैं, लटका हुआ है, यदि डोरियों और दण्ड की लम्बाई में 2 : 3 : 4 के अनुपात में हों, तो डोरियों के तनाव और दण्ड के भार में अनुपात होगा–**

(a) 1 : 2 : 3 (b) $1:2:\sqrt{5}$
(c) $2:3:\sqrt{7}$ (d) $2:3:\sqrt{10}$

26. **एक सर्वत्रसम दण्ड अपने एक सिरे के चारों ओर बेरोक घूम सकता है, और एक क्षैतिज बल जो उसके दूसरे सिरे पर लगाया गया है उसे ऊर्ध्वाधर से एक ओर खींचे हुए है। यह क्षैतिज बल दण्ड के भार से आधा है, दण्ड ऊर्ध्वाधर से कोण बनाता है–**

(a) 30° (b) 45°
(c) 60° (d) 75°

27. **वृत्त O में एक जीवा AB है। B पर स्पर्श रेखा बढ़ाई गई रेखा AO से P पर मिलती है। यदि ∠BAP = 40°, तो ∠BPA होगा–**

(a) 20° (b) 10°
(c) 40° (d) इनमें से कोई नहीं

28. **एक वृत्त की दो जीवाएँ एक-दूसरे को समकोण पर काटती हैं। उनमें से एक जीवा के खण्ड 6 एवं 5 हैं जबकि दूसरी जीवा के खण्ड 10 और 3 हैं। वृत्त का व्यास है–**

(a) $\sqrt{85/2}$ (b) $\sqrt{72}$
(c) $\sqrt{170}$ (d) इनमें से कोई नहीं

29. **$\tan^{-1}\frac{\sqrt{1+x^2}-\sqrt{1-x^2}}{\sqrt{1+x^2}+\sqrt{1-x^2}} = \frac{m}{2}$ हो, तो x का मान होगा–**

(a) $\sqrt{\cos m}$ (b) $\sqrt{\sin m}$
(c) $\sqrt{\tan m}$ (d) $\sqrt{\cot m}$

30. **40 लीटर मिश्रण में एल्कोहल और जल का अनुपात 5 : 3 है। 8 लीटर मिश्रण निकालकर उसकी जगह जल डाल दिया गया है। अतः परिणामी मिश्रण में एल्कोहल और जल का अनुपात है–**

(a) 1 : 2 (b) 1 : 1
(c) 2 : 1 (d) 1 : 3

31. यदि A एक वर्ग आव्यूह इस प्रकार है कि $A^2 = I$, तब $(A - I)^3 + (A + I)^3 - 7A$ का मान है–

(a) A (b) I – A

(c) I + A (d) 3A

32. दो आव्यूह A तथा B के लिए–

(a) AB = BA (b) AB ≠ BA

(c) AB = O (d) इनमें से कोई नहीं

33. यदि A = B हो, तो a और b के मान हैं, जहाँ $A = \begin{bmatrix} a+4 & 3b \\ 8 & -6 \end{bmatrix}$ और $B = \begin{bmatrix} 2a+2 & b^2+2 \\ 8 & b^2-5b \end{bmatrix}$ है–

(a) $a = 2$ तथा $b = 1, 2$ (b) $a = 1$ तथा $b = 3$

(c) $a = -2$ तथा $b = \frac{1}{2}, -1$ (d) इनमें से कोई नहीं

34. संवृत अन्तराल [0, 1] में वास्तविक संख्याओं का समुच्चय है–

(a) गणनीय समुच्चय (b) अगणनीय समुच्चय

(c) परिमित समुच्चय (d) इनमें से कोई परिमित नहीं

35. दूरीक समष्टि (X, ρ) है–

(a) विवृत समुच्चय तथा संवृत समुच्चय दोनों

(b) न तो विवृत समुच्चय न संवृत समुच्चय

(c) रिक्त समुच्चय

(d) इनमें से कोई नहीं

36. यदि ρ एक, X पर विस्तृत दूरीक समष्टि है, तब $x, y \in X$ के लिए–

(a) $\rho(x, y) < \infty$ (b) $\rho(x, y) = +\infty$

(c) $\rho(x, y) > \infty$ (d) इनमें से कोई नहीं

37. $(4x^3 + 3x^2y - 9xy^2 + 2y^3)$ व $(x^2 + xy - 2y)$ का महत्तम समापवर्तक है–

(a) $(x + 2y)(x - y)$ (b) $(x - 2y)(x - y)$

(c) $(x - 2y)$ (d) $(x - y)$

38. एक सरल रेखा के निर्देशांक अक्षों पर अन्तः खण्ड m तथा n हैं। यदि निर्देशांक मूल बिन्दु से इस सरल रेखा पर लम्ब की लम्बाई 1 हो, तो निम्नलिखित में से कौन-सा एक सम्बन्ध सही है?

(a) $\frac{1}{n^2}+\frac{1}{n^2}=2$ (b) $\frac{1}{m^2}+\frac{1}{n^2}=\sqrt{2}$

(c) $\frac{1}{m^2}+\frac{1}{n^2}=\frac{1}{2}$ (d) $\frac{1}{m^2}+\frac{1}{n^2}=1$

39. हरि एक काम 30 दिन में कर सकता है, जबकि गिरि उसी काम को 20 दिन में कर सकता है। एक साथ काम पूरा करने पर उन्हें कुल ₹ 1,000 मिलते हैं। उसमें हरी का हिस्सा कितना है?

(a) ₹ 400 (b) ₹ 500

(c) ₹ 600 (d) ₹ 300

40. A एक काम को 4 दिन में कर सकता है, B, 12 दिन में तथा C, 6 दिनों। यदि B और C द्वारा A की सहायता हर तीसरे दिन की जाए, तो वह काम कितने दिन में पूरा हो जायेगा?

(a) 6 दिन (b) 3 दिन

(c) 5 दिन (d) 4 दिन

41. एक समतल मैदान में स्थित एक मीनार का उन्नयन कोण उसी समतल के एक स्थान से 45° है। उस स्थान से मीनार की ओर 50 मीटर बढ़ने पर उन्नयन कोण 60° हो जाता है। मीनार की ऊँचाई होगी–

(a) $25\sqrt{3}(\sqrt{3}+1)$ मीटर (b) $50\sqrt{3}(\sqrt{3}+1)$ मीटर

(c) $50\sqrt{3}(\sqrt{3}-1)$ मीटर (d) $50\sqrt{3}$ मीटर

42. यदि $x - y = 2$ तथा $x^2 + y^2 = 20$ हो, तो $(x + y)^2$ का मान होगा–

(a) 38 (b) 36

(c) 16 (d) 12

43. यदि $x^2 + x - 6 = 0$ तथा $x^2 + 6x + 9 = 0$ हो, तो x बराबर होगा–

(a) 2 (b) 3

(c) –2 (d) –3

44. एक वृत्त और एक वर्ग के परिमापों का योग k है, जहाँ k एक अचर है। उनके क्षेत्रफलों का योग निम्नतम है, जब वर्ग की भुजा है–

(a) वृत्त की त्रिज्या के बराबर

(b) वृत्त की त्रिज्या का दोगुना

(c) वृत्त की त्रिज्या का तीन गुना

(d) उपर्युक्त में से कोई नहीं

45. यदि परवलय $y^2 = ax$ पर खींची गई स्पर्श रेखा x-अक्ष के साथ 45° का कोण बनाती है, तब स्पर्श बिन्दु के निर्देशांक हैं–

(a) $\left(\frac{a}{2}, \frac{a}{2}\right)$ (b) $\left(\frac{a}{4}, \frac{a}{4}\right)$

(c) $\left(\frac{a}{2}, \frac{a}{4}\right)$ (d) $\left(\frac{a}{4}, \frac{a}{2}\right)$

46. परवलय की नियता व नाभिलम्ब के बीच की दूरी से शीर्ष पर खींची गई स्पर्श रेखा किस अनुपात में विभाजित करती है?

(a) 1 : 1 (b) 1 : 2

(c) नियता व नाभि पर निर्भर (d) इनमें से कोई नहीं

47. यदि त्रिभुज ABC में $b = \sqrt{6}$, $c = 2\sqrt{3}$ और $B = 30°$. तो निम्नलिखित में से कौन-सा कथन असत्य है?

(a) A = 105°, 15° (b) A = 45°, 135°

(c) $a = 3 + \sqrt{3}, 3 - \sqrt{3}$ (d) $a = 2 + \sqrt{3}, 2 - \sqrt{3}$

48. संदिग्ध स्थिति में यदि a, b और A दिये हों तथा c_1 और c_2 तीसरी भुजा के दो सम्भावित मान हों, तो–

(a) $c_1 - c_2 = 2\sqrt{(a^2 + b^2 \sin^2 A)}$

(b) $c_1 - c_2 = 2\sqrt{(a^2 - b^2 \sin^2 A)}$

(c) $c_1 - c_2 = 4\sqrt{(a^2 + b^2 \sin^2 A)}$

(d) $c_1 - c_2 = 3\sqrt{(a^2 - b^2 \sin^2 A)}$

49. श्रेणी 1, 2, 4, 8, ... 2^n का गुणोत्तर माध्य क्या है?

(a) $2^{n/2}$ (b) $-2^{(n+1)/2}$

(c) $2^{(n+1)} - 1$ (d) $2^{(n-1)}$

50. O वृत्त का केन्द्र है, चित्र में स्पर्श रेखाएँ AP तथा BP एक-दूसरे को P पर काटती हैं, x का मान होगा–

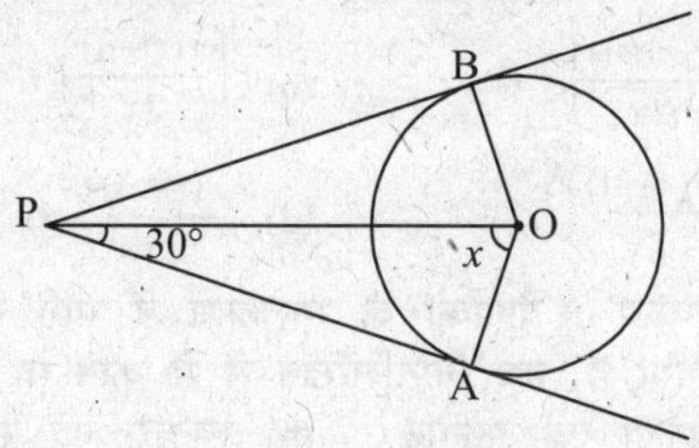

(a) 80º (b) 20º
(c) 75º (d) 60º

51. अपनी सामान्य गति के $\frac{6}{7}$ गति से चलने पर एक व्यक्ति 12 मिनट देर से पहुँच पाता है। तद्नुसार, उसे सामान्य गति से चलने पर गन्तव्य पर पहुँचने में कितना समय लगेगा?

(a) 1 घण्टा (b) 1 घण्टा 12 मिनट
(c) 1 घण्टा 15 मिनट (d) 1 घण्टा 20 मिनट

52. यदि मोहन अपने घर से कार्यालय 16 किमी/घण्टा की चाल से जाता है, तो वह 5 मिनट की देरी से कार्यालय पहुँचता है। यदि वह 20 किमी/घण्टा की चाल से जाता है, तो वह कार्यालय के समय से 10 मिनट पहले पहुँच जाता है, उसके घर से कार्यालय के बीच की दूरी है–

(a) 15 किमी (b) 16 किमी
(c) 25 किमी (d) 20 किमी

53. $1-\frac{3}{2}+\frac{5}{4}-\frac{7}{8}+\ldots\ldots$ का ∞ पदों तक योगफल होगा–

(a) $\frac{1}{9}$ (b) $\frac{1}{3}$
(c) $\frac{2}{9}$ (d) $\frac{3}{4}$

54. $\int\frac{dx}{\sqrt{2ax-x^2}}$ का मान होगा–

(a) $\sin^{-1}\left(\frac{x}{a}\right)+C$ (b) $\sin^{-1}\left(\frac{x-a}{a}\right)+C$
(c) $\cos^{-1}\left(\frac{3x}{4}\right)+C$ (d) इनमें से कोई नहीं

55. निर्देशांक अक्षों के सापेक्ष अतिपरवलय जिसकी नाभियों के बीच की दूरी 16 व उत्केन्द्रता $\sqrt{2}$ है, का समीकरण है –

(a) $x^2-y^2=32$ (b) $\frac{x^2}{4}-\frac{y^2}{9}=1$
(c) $2x-3y^2=7$ (d) इनमें से कोई नहीं

56. यदि समीकरणों $y^2+py+q=0$ और $y^2+qy+p=0$ का एक मूल उभयनिष्ठ है, तो $p+q+1$ का मान है–

(a) 0 (b) 1
(c) 2 (d) –1

57. $\int_0^{\pi/4}\sec^4 x\,dx$ का मान है–

(a) $\frac{2}{3}$ (b) $\frac{4}{3}$
(c) $\frac{1}{2}$ (d) 0

58. 400 और 800 के बीच कितनी संख्याएँ 4, 5 व 6 से विभाज्य हैं?

(a) 7 (b) 8
(c) 9 (d) 10

59. यदि दो संख्याओं का योग a तथा गुणनफल b हो, तो उनके व्युत्क्रम का योग क्या होगा?

(a) $\frac{1}{a}+\frac{1}{b}$ (b) $\frac{b}{a}$
(c) $\frac{a}{b}$ (d) $\frac{1}{ab}$

60. दीर्घवृत्त $3x^2+2y^2=5$ तथा बिन्दु (1, 2) पर खींची गई स्पर्श रेखायुग्म के बीच बना कोण है?

(a) $\tan^{-1}\left(\frac{12}{5}\right)$ (b) $\tan^{-1}\left(\frac{6}{\sqrt{5}}\right)$
(c) $\tan^{-1}\left(\frac{12}{\sqrt{5}}\right)$ (d) $\tan^{-1}\left(\frac{6}{5}\right)$

61. एक छात्र और एक छात्रा एक बस में स्कूल जाते हैं, जिसमें छः सीट खाली हैं, तो बताओ वे कितने तरीकों से सीट पर बैठ सकते हैं?

(a) 30 (b) 13
(c) 25 (d) 35

62. $(x+2y^3)^{18}$ का 14वाँ पद बताइए–

(a) $2^{14}\cdot{}^{19}C_4\cdot x^5\cdot y^{41}$ (b) $2^4\cdot{}^{18}C_7\cdot x^7\cdot y^{35}$
(c) $2^{13}\cdot{}^{18}C_3\cdot x^5\cdot y^{39}$ (d) इनमें से कोई नहीं

63. k का मान क्या है? यदि वक्रों $y=\sin kx$, $y=0$, $x=\pi/k$ तथा $\pi=\pi/(3k)$ द्वारा घिरा क्षेत्र 3 वर्ग इकाई है–

(a) $\frac{1}{2}$ (b) 1
(c) $\frac{3}{2}$ (d) 2

64. अवकल समीकरण $x^2dy=-2xy\,dx$ का व्यापक हल है–

(a) $xy^2=C$ (b) $x^2y^2=C^2$
(c) $x^2y=C$ (d) $xy=C$

65. $\frac{1^2}{2!}+\frac{2^2}{3!}+\frac{3^2}{4!}+\ldots\ldots\infty$ का योगफल होगा–

(a) $e+1$ (b) $e-1$
(c) e^2-1 (d) e^2+1

66. उस रेखा का समीकरण जो बिन्दुओं (a, b, c) और $(a-b, b-c, c-a)$ को मिलाने से बनती है–

(a) $\frac{x-a}{a-b}=\frac{y-b}{b-c}=\frac{z-c}{c-a}$

(b) $\frac{x-a}{b}=\frac{y-b}{c}=\frac{z-c}{a}$

(c) $\frac{x-a}{a}=\frac{y-b}{b}=\frac{z-c}{c}$

(d) $\frac{x-a}{2a-b}=\frac{y-b}{2b-c}=\frac{z-c}{2c-a}$

67. एक समतल अक्षों से A, B C पर मिलता हो और उसके केन्द्रक *p, q, r* हों, तो समतल का समीकरण होगा–

(a) $\frac{x}{p}+\frac{y}{q}+\frac{z}{r}=1$ (b) $\frac{x}{p}+\frac{y}{q}+\frac{z}{r}=0$

(c) $\frac{x}{p}+\frac{y}{q}+\frac{z}{r}=3$ (d) $\frac{x}{p}+\frac{y}{q}+\frac{z}{r}=2$

68. शब्द 'PROBABILITY' से एक अक्षर स्वैछिक रूप से चुना जाता है, तब चुने गए अक्षर के स्वर होने की प्रायिकता है–

(a) $\frac{2}{11}$ (b) $\frac{3}{11}$

(c) $\frac{4}{11}$ (d) 0

69. दिए गए संलग्न आरेख में छायांकित भाग दर्शाता है–

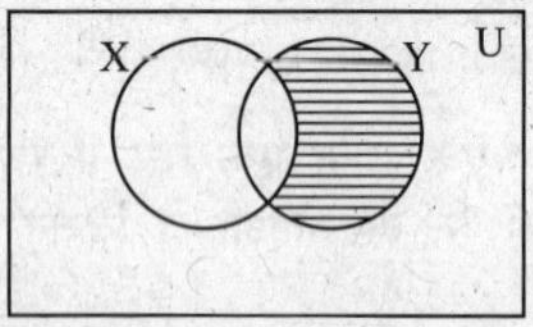

(a) Y – X (b) X – Y

(c) X ∪ Y (d) X ∩ Y

70. 100 विद्यार्थियों के एक पिकनिक समूह में 48 तेलगु बोलते हैं तथा 36 अंग्रेजी बोलते हैं और 38 विद्यार्थी न तो तेलगु और न ही अंग्रेजी बोलते हैं। कितने विद्यार्थी दोनों भाषाएँ अंग्रेजी और तेलगु बोलते हैं।

(a) 12 (b) 32

(c) 22 (d) 24

71. $(1 - 2x + 3x^2 - 4x^3 + ...\infty)^{-n}$ के प्रसार में x^n का गुणांक होगा–

(a) $\frac{(2n)!}{(n!)^2}$ (b) $\frac{n!}{(2n!)^2}$

(c) $\frac{2n!}{n^2}$ (d) $\frac{2n!}{(n+1)!^2}$

72. यदि $x = a + b$, $y = a\omega + b\omega^2$ और $z = a\omega^2 + b\omega$, तब $x^3 + y^3 + z^3$ बराबर है–

(a) $a^3 + b^3$ (b) $27(a^3 + b^3)$

(c) $3(a^3 + b^3)$ (d) इनमें से कोई नहीं

73. यदि $z = (1, 2)$, तब $z + \bar{z}$ का मान होगा–

(a) (2, 2) (b) (2, 0)

(c) (2, –2) (d) (0, 2)

74. एक श्रेणी जिसका *n*वाँ पद $\left(\frac{n}{x}\right)+y$ है, तब उस श्रेणी के *n* पदों का योग होगा–

(a) $\left\{\frac{r(r+1)}{2x}\right\}+ry$ (b) $\left(\frac{r(r-1)}{2x}\right)+ry$

(c) $\left(\frac{r(r-1)}{2x}\right)-ry$ (d) $\frac{r(r+1)}{2x}-rx$

75. एक सम्बन्ध R पूर्णांकों के समुच्चयों में भाग से परिभाषित किया गया है, तब निम्नलिखित में से कौन-सा सत्य होगा ?

(a) सवतुल्य एवं सममित (b) स्वतुल्य एवं संक्रामक

(c) सममित एवं संक्रामक (d) तुल्यता सम्बन्ध

76. $x^4 + 9x^2 + 25$ के गुणनखण्ड होंगे–

(a) $(x^2 + x + 5)(x^2 - x + 5)$

(b) $(x^2 + x - 5)(x^2 - x - 5)$

(c) $(x^2 + x + 5)(x^2 - x - 5)$

(d) इनमें से कोई नहीं

77. गुणोत्तर श्रेणी $\frac{\sqrt{2}+1}{\sqrt{2}-1}+\frac{1}{2-\sqrt{2}}+\frac{1}{2}+....$ के अनन्त पदों का योग होगा–

(a) $2+3\sqrt{2}$ (b) $4+3\sqrt{2}$

(c) $3+3\sqrt{2}$ (d) 1

78. यदि $f(x)=\frac{\sin[x]}{[x]}, [x]\neq 0$ = 0, तब [x] = 0

जहाँ [x] महत्तम पूर्णांक को प्रदर्शित करता है, जोकि *x* से कम या बराबर है, तब $\lim_{x\to 0} f(x)$ बराबर है–

(a) 1 (b) 0

(c) $\frac{1}{2}$ (d) इनमें से कोई नहीं

79. यदि $y=\cfrac{x}{a+\cfrac{x}{b+\cfrac{x}{a+\cfrac{x}{b+\cfrac{x}{a+.....}}}}}$

$\frac{dy}{dx}$ का मान होगा–

(a) $\frac{a}{b(a+2y)}$ (b) $\frac{a}{b(b+2y)}$

(c) $\frac{b}{a(b+2y)}$ (d) $\frac{b}{a(a+2y)}$

80. यदि $y = \sin x$, तब y_{10} का मान बराबर होगा।

(a) $\sin x$ (b) $-\sin x$

(c) $\cos x$ (d) $-\cos x$

81. $\int_0^{\pi/2} \sin x \sin 2x\, dx$ का मान होगा–

(a) $\frac{4}{5}$ (b) $\frac{1}{3}$

(c) $\frac{3}{4}$ (d) $\frac{2}{3}$

82. एक गुब्बारे की सतह क्षेत्रफल समतल होने के कारण समान दर से बदल रही है यदि प्रारम्भ में त्रिज्या 3 इकाई है और 2 सेकण्ड बाद यह 5 इकाई है तब t सेकण्ड बाद इसकी त्रिज्या बताइए।

(a) $\sqrt{8t+9}$ (b) $\sqrt{8t+3}$

(c) $\sqrt{8t^2+9}$ (d) $\sqrt{2t+9}$

83. संख्या 1, 4, 7, ...16, 19 का मानक विचलन होगा?

(a) 10 (b) ±6

(c) 6 (d) 36

84. छात्रों की संख्या जिन्होंने परीक्षा में अंक प्राप्त किए हैं, निम्नलिखित हैं–

अंक	बारंबारता
0-5	2
5-10	7
10-15	10
15-20	6
20-25	4

15 से कम अंक की संचयी बारंबारता क्या है?

(a) 25 (b) 19

(c) 17 (d) 29

85. छः लड़के और छः लड़कियाँ एक पंक्ति में यदृच्छया बैठते हैं, छः लड़कियाँ साथ-साथ बैठती हैं, प्रायिकता है–

(a) $\frac{1}{132}$ (b) $\frac{7}{64}$

(c) $\frac{5}{32}$ (d) इनमें से कोई नहीं

86. अवकलन समीकरण :

$$y = \left(\frac{dy}{dx}\right) = \frac{x}{\frac{dy}{dx}} + \left(\frac{dy}{dx}\right)^3$$ में कोटि होगी :

(a) 1 (b) 2

(c) 3 (d) 4

87. यदि सरल रेखा $y = mx + c$ दीर्घवृत्त $\frac{x^2}{b^2}+\frac{y^3}{a^2}=1$ को स्पर्श करती है, तो c का मान होगा–

(a) $\pm\sqrt{b^2m^2+a^2}$ (b) $\pm\sqrt{a^2m^2+b^2}$

(c) $\pm\sqrt{b^2m^2-a^2}$ (d) $\pm\sqrt{a^2m^2-b^2}$

88. उस रेखा का समीकरण जो बिन्दु (1, –2) से होकर जाता है और दोनों अक्षों से बराबर का अंतः खंण्ड काटता है, होगा–

(a) $x + y = 1$ (b) $x - y = 1$

(c) $x + y + 1 = 0$ (d) $x - y - 2 = 0$

89. दिया है कि $\sin\theta + \cos\theta = \sqrt{\frac{3}{2}}$ तथा $0<\theta<\frac{\pi}{2}$, तब 'θ' का मान है–

(a) 60° (b) 30°

(c) 45° (d) 15°

90. यदि $x = p \sec\theta$ और $y = \theta\tan\theta$ तब–

(a) $x^2 - y^2 = p^2q^2$ (b) $x^2q^2 - y^2p^2 = pq$

(c) $x^2q^2 - y^2p^2 = p^2q^2$ (d) $x^2q^2 - y^2p^2 = \frac{1}{p^2q^2}$

91. वृत्त y-अक्ष को (0, 4) पर स्पर्श करता है और x-अक्ष से जीवा 6 इकाई की काटता है, वृत्त की त्रिज्या होगी–

(a) 3 (b) 5

(c) 4 (d) 6

92. यदि $A = [x\ y\ z]$, $B = \begin{bmatrix} a & h & g \\ h & b & f \\ g & f & c \end{bmatrix}$ और $C = \begin{bmatrix} x \\ y \\ z \end{bmatrix}$, तब $[ax^2 + by^2 + cz^2 + 2hxy + 2gzx + 2fyz]$ है–

(a) (BA) C (b) (AB) C

(c) (AC) B (d) इनमें से कोई नहीं

93. $2\tan^{-1}\frac{1}{3} + \tan^{-1}\frac{1}{7}$ बराबर है–

(a) $\frac{\pi}{4}$ (b) $\frac{\pi}{6}$

(c) $\frac{\pi}{2}$ (d) $\frac{\pi}{3}$

94. यदि आयताकार अतिपरवलय $xy = c^2$ का t बिन्दु पर अभिलम्ब फिर से t_1 बिन्दु पर वक्र पर मिलता है, तब–

(a) $t^3t_1 = 1$ (b) $t^3t_1 = -1$

(c) $tt_1^3 = 1$ (d) $tt_1^3 = -1$

95. यदि 3R = 4r, तब 4(cos A + cos B + cos C) का मान होगा–

(a) 7 (b) 5

(c) 9 (d) 13

96. यदि आधार 6 इकाई वाले त्रिभुज का क्षेत्रफल, त्रिज्या 6 इकाई वाले वृत्त के क्षेत्रफल के बराबर है, तो त्रिभुज की ऊँचाई होगी–

(a) 6π (b) 8π

(c) 10π (d) 12π

97. एक बेलनाकार टैंक का $\frac{1}{3}$ भाग तेल से भरा हुआ है। यदि अतिरिक्त 30 लीटर इसमें डाला जाता है, तो टैंक आधा भर जायगा। टैंक की लीटरों में सामर्थ्य है–

(a) 150 (b) 170

(c) 180 (d) 190

98. यदि निम्न वृत्त में केन्द्र O पर का $\angle AOB = 90°$ हो, तो $\angle APB$ का मान होगा।

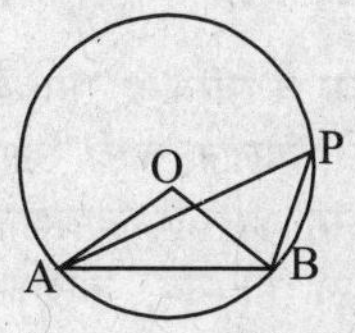

(a) 30° (b) 45°

(c) 25 (d) विवरण अपर्याप्त हैं

99. एक त्रिभुज की दो समान भुजाएँ तीसरी भुजा के तिगुने से 4 मीटर छोटी हो और यदि त्रिभुज की परिमिति 55 मीटर हो, तो भुजाओं की लंबाइयाँ होगी।

(a) 22 मी, 23 मी और 24 मी
(b) 23 मी, 23 मी और 9 मी
(c) 23 मी, 24 मी और 23 मी
(d) 20 मी, 20 मी और 7 मी

100. समकोण त्रिभुज की एक भुजा की लम्बाई 126 सेमी. है। अन्य भुजा और कर्ण के बीच अंतर 42 सेमी. है। कर्ण की लम्बाई है।

(a) 168 सेमी.
(b) 189 सेमी.
(c) 210 सेमी.
(d) 378 सेमी.

उत्तर (हल/संकेत)

1. (b) **संक्षिप्त विधि द्वारा–**

$$\text{अभीष्ट अंतर} = P\left(\frac{R}{100}\right)^2$$

(यहाँ P = ₹ 5000, अंतर = ₹ 32)

∴ चक्रवृद्धि ब्याज एवं साधारण ब्याज में अंतर = ₹ 32

$$32 = 5000\left(\frac{R}{100}\right)^2$$

$$\Rightarrow R^2 = \frac{32\times100\times100}{5000}$$

$$\Rightarrow R^2 = 64$$

$$\Rightarrow R = 8\%$$

2. (c)

3. (d) $a\cos2\theta + b.\sin2\theta$

$$= a.\frac{1-\tan^2\theta}{1+\tan^2\theta} + b.\frac{2\tan\theta}{1+\tan^2\theta}$$

$$= a.\frac{b^2-a^2}{b^2+a^2} + b.\frac{2ab}{a^2+b^2}$$

$$= a\left(\frac{a^2-b^2-2b^2}{a^2+b^2}\right) = a$$

4. (a) माना कोण BAC = θ

$$\tan\theta = \frac{BC}{AB} = \frac{1}{1000} \text{ रेडियन}$$

$\tan\theta = 0.001$ रेडियन

$\theta = \tan^{-1}(0.001)$ रेडियन

$= 9.999\times10^{-4}$ रेडियन

$$= 9.999\times10^{-4}\times\frac{180^o}{\pi} \text{ डिग्री}$$

$$= 0.057324 \text{ डिग्री} = \frac{9}{50\pi} \text{ डिग्री}$$

5. (a) ∴ लम्बकेन्द्र केन्द्रक व परिकेन्द्र समरेखीय होते हैं तथा लम्बकेन्द्र व परिकेन्द्र को मिलाने वाले रेखाखण्ड को केन्द्रक 2 : 1 में विभाजित करता है। यदि लम्बकेन्द्र व परिकेन्द्र के निर्देशांक (1, 1) व (3, 2) हैं। तब, केन्द्रक के निर्देशांक

$$= \left(\frac{2.3+1.1}{2+1}, \frac{2.2+1.1}{2+1}\right) = \left(\frac{7}{3}, \frac{5}{3}\right)$$

6. (b) दिया हुआ समीकरण

$x = 0, y = 0$ तथा $3x = 4y = 12$

अन्त: केन्द्र रेखा $y = -x$ पर स्थित है। (कोण OA तथा OB) का अर्द्धक)

$y = 0$ तथा $3x + 4y = 12$ है।

$$\pm 5y = 3x + 4y - 12$$

$$\Rightarrow 3x + 9y = 12 \text{ तथा } 3x - 4y - 12$$

यहाँ, $3x + 9y = 12$ अन्त: अर्द्धक

अत: प्रतिच्छेद बिन्दु $y + x$ तथा $3x + 9y = 12$ (1, 1) है।

अत: त्रिभुज के अन्त: केन्द्र का अभीष्ट बिन्दु (1, 1) है।

7. (d) $$\text{माना } A = \begin{vmatrix} 1 & x & y \\ 1 & x+y & y \\ 1 & x & x+y \end{vmatrix} = \begin{vmatrix} 1 & x & y \\ 0 & y & 0 \\ 0 & 0 & x \end{vmatrix}$$

($R_2 \to R_2 - R_1$ तथा $R_3 \to R_3 - R_1$ से)

C_1 के अवयवों के संगत विस्तार करने पर,

$A = 1\,(yx - 0) = xy$

8. (d) यहाँ $C_3 \to C_3 + C_1$ का प्रयोग करके C_3 से $(\alpha+\beta+\gamma)$ उभयनिष्ठ लेकर सारणिक का विस्तार करेंगे।

$$\text{माना } A = \begin{vmatrix} \alpha & \alpha^1 & \beta+\gamma \\ \beta & \beta^2 & \gamma+\alpha \\ \gamma & \gamma^2 & \alpha+\beta \end{vmatrix} = \begin{vmatrix} \alpha & \alpha^2 & \alpha+\beta+\gamma \\ \beta & \beta^2 & \alpha+\gamma+\beta \\ \gamma & \gamma^2 & \alpha+\beta+\gamma \end{vmatrix}$$

($C_3 \to C_3 + C_1$ से)

$$= (\alpha+\beta+\gamma)\begin{vmatrix} \alpha & \alpha^2 & 1 \\ \beta & \beta^2 & 1 \\ \gamma & \gamma^2 & 1 \end{vmatrix}$$

[C_1 से $(\alpha+\beta+\gamma)$ उभयनिष्ठ लेने पर]

$$= (\alpha+\beta+\gamma)\begin{vmatrix} \alpha & \alpha^2 & 1 \\ \beta-\alpha & \beta^2-\alpha^2 & 0 \\ \gamma-\alpha & \gamma^2-\alpha^2 & 0 \end{vmatrix}$$

($R_2 \to R_2 - R_1$ तथा $R_3 \to R_3 - R_1$ से)

C_3 के अवयवों के संगत विस्तार करने पर,

$$A = (\alpha+\beta+\gamma)$$
$$[(\beta-\alpha)(\gamma^2-\alpha^2) - (\gamma-\alpha)(\beta^2-\alpha^2)]$$
$$= (\alpha+\beta+\gamma)$$

$[(\beta-\alpha)(\gamma-\alpha)(\gamma+\alpha)-(\gamma-\alpha)(\beta-\alpha)(\beta+\alpha)]$
$=(\alpha+\beta+\gamma)(\beta-\alpha)(\gamma-\alpha)(\gamma+\alpha-\beta-\alpha)$
$=(\alpha+\beta+\gamma)(\beta-\alpha)(\gamma-\alpha)(\gamma-\beta)$
$=(\alpha+\beta+\gamma)(\alpha-\beta)(\beta-\gamma)(\gamma-\alpha)$
अतः उपरोक्त में से कोई सही उत्तर नहीं है।

9. (b) माना $\Delta = \begin{vmatrix} x & x+y & x+2y \\ x+2y & x & x+y \\ x+y & x+2y & x \end{vmatrix}$

संक्रिया $R_1 \to R_1 + R_2 + R_3$ लगाने पर,

$$\Delta = \begin{vmatrix} 3(x+y) & 3(x+y) & 3(x+y) \\ x+2y & x & x+y \\ x+y & x+2y & x \end{vmatrix}$$

$$\Delta = 3(x+y)\begin{vmatrix} 1 & 1 & 1 \\ x+2y & x & x+y \\ x+y & x+2y & x \end{vmatrix}$$

संक्रिया $C_2 \to C_2 - C_1$, $C_3 \to C_3 - C_1$ लगाने पर,

$$\Delta = 3(x+y)\begin{vmatrix} 1 & 0 & 0 \\ x+2y & -2y & -y \\ x+y & y & -y \end{vmatrix}$$

R_1 के सापेक्ष प्रसार करने पर,
$\Delta = 3(x+y)\{2y^2+y^2) = 3(x+y)(3y^2)$
$\Delta = 9x^2(x+y)$

10. (d) दिया है, $U = \{1, 2, 3, 4, 5, 6, 7, 8, 9\}$
$A \cup C = \{1, 2, 3, 4, 5, 6\}$
तथा $B = \{6, 7, 8\}$
$(A \cup B \cup C) = \{1, 2, 3, 4, 5, 6, 7, 8\}$
$(A \cup B \cup C)' = U$ के वे अवयव जो $A \cup B \cup C$ में नहीं हैं।
$= \{9\}$

11. (c) $n(A \cup B) = n(A) + n(B) - n(A \cap B)$
$= 15 + 5 - 3 = 17$

12. (d) माना $u = \tan^{-1}\left(\dfrac{\sqrt{1+x^2}-1}{x}\right)$ तथा $v = \tan^{-1} x$

$x = \tan\theta$ रखने पर,

$$u = \tan^{-1}\left(\frac{\sqrt{1+x^2}-1}{x}\right)$$

$$= \tan^{-1}\left(\frac{\sqrt{1+\tan^2\theta}-1}{x}\right)$$

$(\because 1+\tan^2\theta = \sec^2\theta)$

$$= \tan^{-1}\left(\frac{\sec\theta-1}{\tan\theta}\right) = \tan^{-1}\left(\frac{1-\cos\theta}{\sin\theta}\right)$$

$$\Rightarrow \quad u = \tan^{-1}\left\{\frac{2\sin^2(\theta/2)}{2\sin(\theta/2)\cos(\theta/2)}\right\}$$

$$= \tan^{-1}\left(\tan\frac{\theta}{2}\right) \quad \left(\because 1-\cos\theta = 2\sin^2\frac{\theta}{2},\ \sin\theta = 2\sin\frac{\theta}{2}\cos\frac{\theta}{2}\right)$$

$$= \frac{1}{2}\theta = \frac{1}{2}\tan^{-1} x$$

इस प्रकार $u = \frac{1}{2}\tan^{-1} x$ तथा $v = \tan^{-1} x$

x के सापेक्ष अवकलन करने पर,

$$\Rightarrow \quad \frac{du}{dx} = \frac{1}{2} \times \frac{1}{1+x^2}$$

तथा $$\frac{dv}{dx} = \frac{1}{1+x^2}$$

$$\therefore \quad \frac{du}{dv} = \frac{du/dx}{dv/dx} = \frac{1}{2(1+x^2)} \times (1+x^2) = \frac{1}{2}$$

13. (d) माना $y = \cos x \cos 2x \cos 3x$
दोनों पक्षों का लघुगणक लेने पर,
$\log y = \log(\cos x \cos 2x \cos 3x)$
$(\because \log m \times n \times l = \log m + \log n + \log l)$
या $\log y = \log(\cos x) + \log(\cos 2x) + \log(\cos 3x)$
दोनों पक्षों का x के सापेक्ष अवकलन करने पर,

$$\frac{d}{dx}\log y = \frac{d}{dx}\log(\cos x) + \frac{d}{dx}\log(\cos 2x) + \frac{d}{dx}\log(\cos 3x)$$

$$\frac{1}{y}\frac{dy}{dx} = \frac{1}{\cos x}(-\sin x) + \frac{1}{\cos 2x}\left\{-\sin 2x\frac{d}{dx}(2x)\right\} + \frac{1}{\cos 3x}\left\{-\sin 3x.\frac{d}{dx}(3x)\right\}$$

$$\Rightarrow \quad \frac{dy}{dx} = y\{-\tan x - 2\tan 2x - 3\tan 3x\}$$
$$= -y\{\tan x + 2\tan 2x + 3\tan 3x\}$$
$$= -\cos x \cos 2x \cos 3x\,\{\tan x + 2\tan 2x + 3\tan 3x\}$$

14. (d) दिया है, $y^x = x^y$
दोनों पक्षों का लघुगणक लेने पर,
$\log y^x = \log x^y \Rightarrow x\log y = y\log x$
x के सापेक्ष दोनों पक्षों का अवकलन करने पर,

$$\frac{d}{dx}(x\log y) = \frac{d}{dx}(y\log x)$$

$$\Rightarrow \quad x\left(\frac{1}{y}\right)\frac{dy}{dx} + (\log y) = y\frac{1}{x} + (\log x)\frac{dy}{dx}$$

(गुणनफल नियम के प्रयोग से)

$$\Rightarrow \quad \frac{x}{y}\frac{dy}{dx} - (\log x)\frac{dy}{dx} = \frac{y}{x} - \log y$$

$$\Rightarrow \left(\frac{x}{y}-\log x\right)\frac{dy}{dx} = \frac{y}{x}-\log y$$

$$\Rightarrow \left(\frac{x-y\log x}{y}\right)\frac{dy}{dx}= \frac{y-x\log y}{x}$$

$$\Rightarrow \frac{dy}{dx} = \frac{y}{x}\left(\frac{y-x\log y}{x-y\log x}\right)$$

15. (b) माना H सेमी ऊँचे मकान AB की चोटी A से छोड़ा गया पिण्ड सबसे नीचे की मंजिल CB की चोटी C को v वेग से पार करता है।

$$CB = \frac{5}{8}g$$

$$\therefore \quad AC = H - \frac{5}{8}g$$

C से B तक पिण्ड की गति के लिए –

$u = v, h = \frac{5}{8}$ सेमी, $t = \frac{1}{4}$ सेकण्ड, $f = g$ सेमी/सेकण्ड^2

$h = ut + \frac{1}{2}ft^2$ से,

$$\frac{5}{8}g = v.\frac{1}{4}+\frac{1}{4}.g.\left(\frac{1}{4}\right)^2$$

$$\Rightarrow \frac{1}{4}v = \frac{5}{8}g - \frac{1}{32}g$$

$$\Rightarrow \frac{1}{4}v = \frac{19}{32}g$$

$$\therefore \quad v = \frac{19}{8}g \text{ सेमी/सेकण्ड}$$

पुनः A से C तक पिण्ड की गति के लिए–

$u = 0, v = \frac{19}{8}g$ सेमी/सेकण्ड, $f = g$ सेमी/सेकण्ड,

$$h = H - \frac{5}{8}g \text{ सेमी}$$

$v^2 = u^2 + 2fh$ से,

$$\left(\frac{19}{8}g\right)^2 = 0 + 2.g.\left(H - \frac{5}{8}g\right)$$

$$\Rightarrow 2gH = \frac{361}{64}g^2 + \frac{5}{4}g^2$$

$$\Rightarrow 2gH = \frac{441}{64}g^2$$

$$\therefore \quad H = \frac{441}{128}g \text{ सेमी}$$

अतः मकान की ऊँचाई $\frac{441}{128}g$ सेमी है।

16. (d) माना कुएँ की गहराई H सेमी है और गिरने के t_1 सेकण्ड बाद पत्थर पानी के तल पर 3924 सेमी/सेकण्ड के वेग से पहुँचता है।

यदि ध्वनि को कुएँ के शिखर तक आने में t_2 सेकण्ड लगते हैं, तो प्रश्नानुसार,

$$t_1 + t_2 = 4\frac{109}{475}$$

$$= \frac{2009}{475} \quad \text{... (i)}$$

कुएँ के शिखर से पानी के तल तक पत्थर की गति के लिए $u = 0$, $v = 3924$ सेमी/सेकण्ड, $f = 981$ सेमी/सेकण्ड^2, $h = H$ सेमी

$v^2 = u^2 + 2fh$ से,

$$(3924)^2 = 0 + 2 \times 981 \times H$$

$$\Rightarrow 2 \times 981 \times H = 3924 \times 3924$$

$$H = 7848$$

$v = u + ft$ से,

$$3924 = 0 + 981 \times t_1$$

$$\therefore \quad t_1 = 4 \text{ सेकण्ड}$$

$\therefore$ समी. (i) से,

$$t_2 = \frac{2009}{475} - t_1$$

$$= \frac{2009}{475} - 4$$

$$= \frac{109}{475} \text{ सेकण्ड}$$

माना ध्वनि का वेग v सेमी/सेकण्ड है,

ध्वनि की गति के लिए, दूरी = वेग × समय से

$$7848 = v \times t_2$$

$$= v \times \frac{109}{475}$$

$$\therefore \quad v = 7848 \times \frac{475}{109}$$

$$= 34200 \text{ सेमी/सेकण्ड}$$

$$= 342 \text{ मीटर/सेकण्ड}$$

17. (c) माना पृथ्वी तल के बिन्दु O से आरम्भिक वेग O और त्वरण $\frac{1}{8}g$ से चढ़ते हुए गुब्बारे का आधे मिनट, अर्थात् 30 सेकण्ड बाद H सेमी ऊँचे किसी बिन्दु A पर ऊपर की ओर वेग v सेमी/सेकण्ड है, तो स्पष्टतः गुब्बारे में से गिराए गए पिण्ड का बिन्दु A पर नीचे की ओर वेग v सेमी/सेकण्ड होगा।

O से A तक गुब्बारे की गति के लिए –

$u = 0$, $v = V$, $f = \frac{1}{8}g$ सेमी/सेकण्ड^2, $t = 30$ सेकण्ड,

$h = H$ सेमी,

$\therefore$ $v = u + ft$ से

$$V = 0 + \frac{1}{8}g \times 30$$

$$= \frac{15}{4}g \text{ सेमी/सेकण्ड}$$

और सूत्र $h = ut + \frac{1}{2}ft^2$ से,

$$H = 0 + \frac{1}{2}\cdot\frac{1}{8}g\,(30)^2$$

$$\Rightarrow \quad H = \frac{1}{16}g \times 30 \times 30$$

$$= \frac{225}{4}g \text{ सेमी}$$

माना बिन्दु A से आरम्भिक वेग –V सेमी/सेकण्ड से गुरुत्वाकर्षण के आधीन पिण्ड पृथ्वी तल के बिन्दु O पर T सेकण्ड में पहुँच जाता है।

A से B तक पिण्ड की गति के लिए –

$u = -v = -\frac{15}{4}g$ सेमी/सेकण्ड, $h = H = \frac{225}{4}g$ सेमी, $f = g$ सेमी/सेकण्ड^2, $t = T$

$$\therefore \quad h = ut + \frac{1}{2}ft^2 \text{ से,}$$

$$\frac{225}{4}g = -\frac{15}{4}g \times T + \frac{1}{2} \times g \times T^2$$

$$\Rightarrow \quad 2T^2 - 15T = 225 = 0$$

$$\Rightarrow \quad (R - 15)\,(2T + 15) = 0$$

$\therefore$ $T = 15$ या $-\frac{15}{2}$, परन्तु समय ऋणात्मक नहीं होता।

$\therefore$ $T = 15$ सेकण्ड

18. (d) $\theta = \frac{3\pi}{4}$ पर वक्र की प्रवणता $= \frac{dy}{dx} = \tan\frac{3\pi}{4} = -1$

अभिलम्ब की प्रवणता $= \frac{-1}{dy/dx}$

$$\Rightarrow \quad \left(\frac{dy}{dx}\right)_{(3,\,4)} = 1$$

$$\Rightarrow \quad f'(3) = 1$$

19. (b) $y = a^x$ के लिए प्रवणता$= m_1 = \left(\frac{dy}{dx}\right)_{(0,\,1)} = \log a$

तथा $y = b^x$ के लिए प्रवणता

$$m^2 = \left(\frac{dy}{dx}\right)_{(0,\,1)} = \log b$$

$$\therefore \quad \alpha = \tan^{-1}\left(\frac{m_1 - m_2}{1 + m_1 m_2}\right)$$

$$\Rightarrow \quad \tan\alpha = \frac{\log a - \log b}{1 + \log a \log b}$$

20. (c)

21. (c) प्रश्नानुसार,

माध्य $= X = \frac{1}{n}\,(x_1 + x_2 + x_3 + \ldots\ldots + x_n)$

$$= \frac{1}{n}\sum_{i=1}^{n} x_i$$

व्यंजक $= \sum_{i=1}^{n}(x_i - X)$

$$= \sum_{i=1}^{n} x_i - \sum_{i=1}^{n} X$$

$$= \sum_{i=1}^{n} x_i - n\cdot X$$

$$= \sum_{i=1}^{n} x_i - n \times \frac{1}{n}\sum_{i=1}^{n} x_i = 0$$

22. (c)

23. (c) $\because \quad 2\sqrt{x} = \frac{\sqrt{5}+\sqrt{3}}{\sqrt{5}-\sqrt{3}} - \frac{\sqrt{5}-\sqrt{3}}{\sqrt{5}+\sqrt{3}}$

$$= \frac{(\sqrt{5}+\sqrt{3})^2 - (\sqrt{5}-\sqrt{3})^2}{(\sqrt{5}-\sqrt{3})(\sqrt{5}+\sqrt{3})}$$

$$= \frac{5 + 3 + 2\sqrt{15} - 5 - 3 + 2\sqrt{15}}{5 - 3}$$

$$= \frac{4\sqrt{15}}{2} = 2\sqrt{15}$$

$$\because \quad 2\sqrt{x} = 2\sqrt{15}$$

$$\Rightarrow \quad \sqrt{x} = \sqrt{15}$$

$$\Rightarrow \quad x = 15$$

24. (b) माना छड़ AB का भार W है जो उसके मध्य बिन्दु G पर कार्य करता है, तो AG = GB = l, जहाँ AB = $2l$ सन्तुलित अवस्था में B पर दीवार की प्रतिक्रिया R, A की प्याले की अभिलम्ब प्रतिक्रिया S और भार W की क्रिया रेखाएँ बिन्दु O पर मिलती हैं।

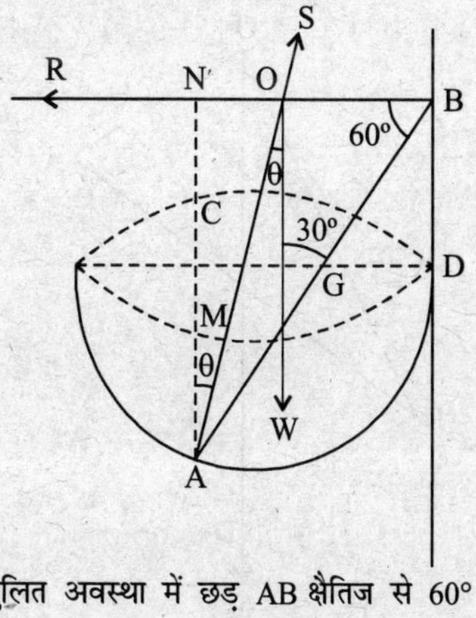

$\because$ सन्तुलित अवस्था में छड़ AB क्षैतिज से 60° का कोण बनाता है,

$\therefore$ $\angle ABO = 60°$

माना $\angle AOG = \angle OAN = \theta$ ($\because$ एकान्तर कोण है)

और $AC = CD = \frac{1}{2}a =$ प्याले की त्रिज्या

Δ OAB में, m, n प्रमेय से,

(A G + GB) cot BGO

$$= AG \cot AOG - GB \cot BOG$$

$\Rightarrow$ $(l + l) \cot 30° = l \cot \theta - l \cot 90°$

$\Rightarrow$ $2l\sqrt{3} = l \cot \theta$

$\Rightarrow$ $\cot \theta = 2\sqrt{3}$

$\therefore$ $\operatorname{cosec}^2 \theta = 1 + \cot^2 \theta = 1 + 12 = 13$

$\Rightarrow$ $\operatorname{cosec} \theta = \sqrt{13}$

$\therefore$ $\sin \theta = \left(\frac{1}{\sqrt{13}}\right)$

अब समकोण Δ ANB में,

$$BN = AB \cos 60° = BA \cdot \frac{1}{2}$$

$\Rightarrow$ $AB = 2BN = 2\ MD = 2(MC + CD) = 2\ (AC \sin \theta + CD)$

$$= 2\left[\frac{a}{2} \cdot \frac{1}{\sqrt{13}} + \frac{a}{2}\right]$$

$$= 2 \cdot \frac{a}{2}\left[1 + \frac{1}{\sqrt{13}}\right]$$

$$= a + \frac{a}{\sqrt{13}}$$

25. (d) माना W भार का समदण्ड AB, दो डोरियों AO और BO द्वारा, जिसके तनाव T_1 और T_2 हैं स्थिर बिन्दु O से लटका हुआ है।

माना समदण्ड AB का भार W है जो उसके मध्य बिन्दु G पर कार्य करता है।

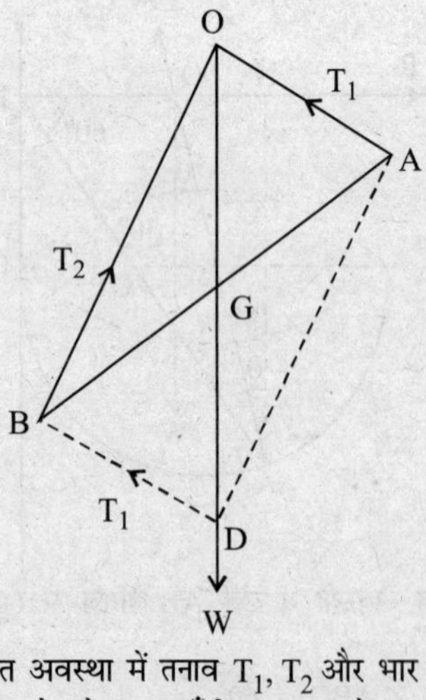

सन्तुलित अवस्था में तनाव T_1, T_2 और भार W की क्रिया-रेखाएँ बिन्दु O से होकर जाएँगी, अतएव रेखा OG ऊर्ध्वाधर होगी।

OG को D तक इतना बढ़ाया कि OG = GD

DA और DB को मिलाया, तो OADB समान्तर चतुर्भुज हुआ।

$\therefore$ DB, परिमाण और दिशा में बल T_1 को निरूपित करती है।

प्रश्नानुसार, OA : OB : AB = 2 : 3 : 4

$\therefore$ $OA = 2a$, $OB = 3a$, $AB = 4a$

अब ΔOAB में ज्यामिति से,

$$OA^2 + OB^2 = 2\ (AG^2 + OG^2)$$

$\Rightarrow$ $(2a)^2 + (3a)^2 = 2\ [(2a)^2 + OG^2]$ $\quad (\because AB = 4a, \therefore AG = 2a)$

$\Rightarrow$ $13a^2 - 8a^2 = 2\ OG^2$

$\Rightarrow$ $2\ OG^2 = 5a^2$

$\Rightarrow$ $4\ OG^2 = 10a^2$

$\Rightarrow$ $(2\ OG^2) = 10a^2$

$\Rightarrow$ $OD^2 = 10a^2$

$\therefore$ $OD = a\sqrt{10}$

अब ΔOBD को बल त्रिभुज मान सकते हैं जिसमें DB और BO तनाव T_1 और T_2 को तथा OD तथा W को निरूपित करती है। अत: बल त्रिभुज के नियम के विलोम से, बल भुजाओं के समानुपाती होंगे,

अर्थात् $= \frac{T_1}{DB} = \frac{T_2}{BO} = \frac{W}{OD}$

$\Rightarrow$ $= \frac{T_1}{AO} = \frac{T_2}{BO} = \frac{W}{OD}$

$\Rightarrow$ $= \frac{T_1}{2a} = \frac{T_2}{3a} = \frac{W}{a\sqrt{10}}$

$\Rightarrow$ $= \frac{T_1}{2} = \frac{T_2}{3} = \frac{W}{\sqrt{10}}$

अत: $T_1 : T_2 : W = 2 : 3 : \sqrt{10}$

26. (b) माना समदण्ड AB का भार W है जो उसके मध्य बिन्दु G पर कार्य करता है।

माना B पर लगे क्षैतिज बल F और W की क्रिया-रेखाएँ बिन्दु O पर मिलती हैं, तो A पर प्रतिक्रिया R की क्रिया- रेखा भी O से होकर जाएगी।

माना दण्ड की लम्बाई $2a$ है और वह ऊर्ध्वाधर से कोण θ बनाता है, तो

$$AB = 2a \text{ और } \angle BAC = \theta$$

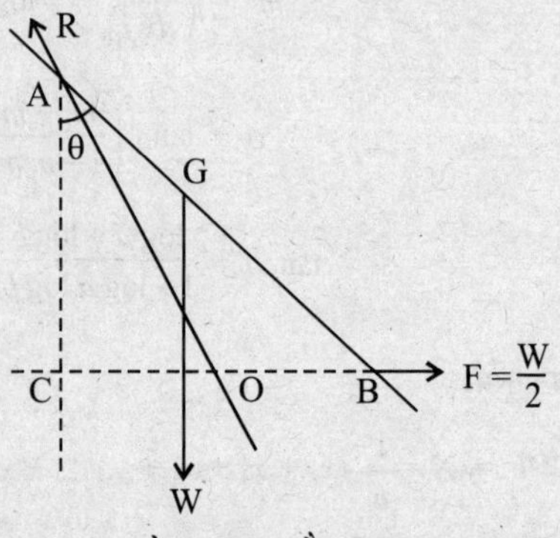

चूँकि GO, AC के समान्तर है तथा G, AB का मध्य बिन्दु है, इसलिए O, BC का मध्य बिन्दु होगा।

समकोण Δ ACB में AC

$$= AB \cos\theta = 2a\cos\theta$$

और $BC = AC \sin\theta = 2a \sin\theta$

$\therefore$ $OC = \frac{1}{2} BC = a\sin\theta$

अब Δ AOC को बल त्रिभुज मान सकते हैं जिसमें OA और CO क्रमश: R और F बलों को और AC, जो GO के समान्तर है, भार W को निरूपित करती है।

अत: बल Δ के विलोम से, बल भुजाओं के समानुपाती होंगे, अर्थात्

$$\frac{W}{AC} = \frac{F}{CO}$$

$\Rightarrow$ $$\frac{W}{AC} = \frac{\frac{1}{2}W}{CO}$$

$\because$ $F = \frac{1}{2} W$

$\Rightarrow$ $$\frac{1}{2a\cos\theta} = \frac{1}{2a\sin\theta}$$

$\Rightarrow$ $\tan\theta = \cos\theta$

$\Rightarrow$ $\sin\theta = 1$

$\therefore$ $\theta = 45°$

27. (b) ΔABO में,

OA = OB = वृत्त की त्रिज्या

$\therefore$ $\angle OAB = \angle OBA = 40^\circ$

ΔABP में,

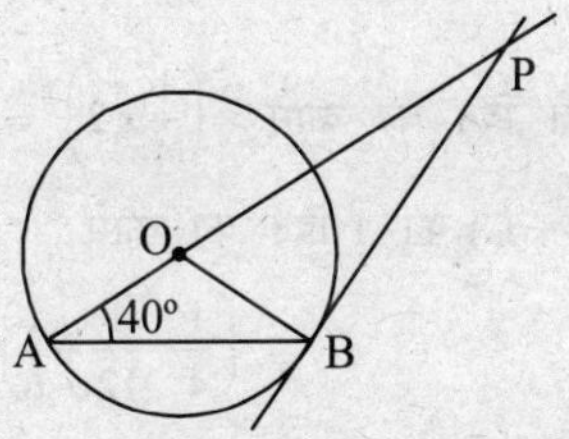

$$\angle A + \angle B + \angle P = 180^\circ$$

$\Rightarrow$ $40^\circ + (40^\circ + 90^\circ) + \angle BPA = 180^\circ$

$\Rightarrow$ $\angle BPA = 10^\circ$

28. (c)

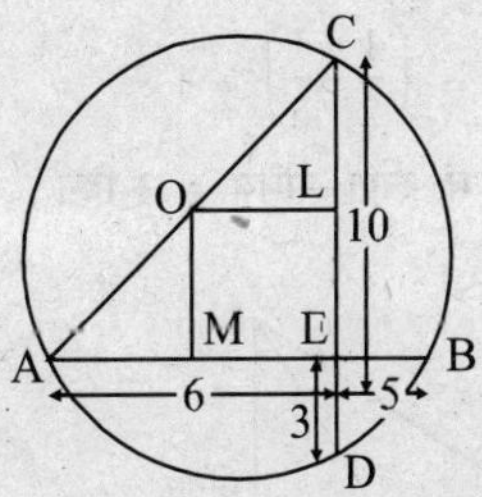

$$LC = \frac{CD}{2} = \frac{13}{2}$$

$$LE = OM = 10 - \frac{13}{2} = \frac{7}{2}$$

$$AM = \frac{AB}{2} = \frac{11}{2}$$

ΔOMA में,

$$OA^2 = OM^2 + AM^2$$

$$= \left(\frac{7}{2}\right)^2 + \left(\frac{11}{2}\right)^2$$

$$= \frac{49}{4} + \frac{121}{4} = \frac{170}{4} = \frac{85}{2}$$

$\Rightarrow$ $OA = \sqrt{\frac{85}{2}}$

$\therefore$ व्यास $= 2 \times OA = 2 \times \sqrt{\frac{85}{2}} = \sqrt{170}$

29. (b) $$\tan^{-1}\frac{\sqrt{1+x^2}-\sqrt{1-x^2}}{\sqrt{1+x^2}+\sqrt{1-x^2}} = \frac{m}{2}$$

$$\frac{\sqrt{1+x^2}-\sqrt{1-x^2}}{\sqrt{1+x^2}+\sqrt{1-x^2}} = \tan\frac{m}{2}$$

योगान्तर अनुपात विधि से–

$$\frac{\sqrt{1+x^2}}{\sqrt{1-x^2}} = \frac{1+\tan\frac{m}{2}}{1-\tan\frac{m}{2}} = \tan\left(\frac{\pi}{4}+\frac{m}{2}\right)$$

$\Rightarrow$ $$\frac{1+x^2}{1-x^2} = \tan^2\left(\frac{\pi}{4}+\frac{m}{2}\right)$$

पुन: योगान्तर अनुपात विधि से–

$$\frac{2}{2x^2} = -\left[\frac{1-\tan^2\left(\frac{\pi}{4}+\frac{m}{2}\right)}{1+\tan^2\left(\frac{\pi}{4}+\frac{m}{2}\right)}\right]$$

$$x^2 = -\cos 2\left[\frac{\pi}{4}+\frac{m}{2}\right]$$

$\Rightarrow$ $x^2 = -\cos\left(\frac{\pi}{2}+m\right)$

$\Rightarrow$ $x^2 = \sin m$

$\Rightarrow$ $x = \sqrt{\sin m}$

30. (b) 40 लीटर मिश्रण में एल्कोहल की मात्रा

$= \left(\frac{5}{8}\times 40\right)$ लीटर = 25 लीटर

40 लीटर मिश्रण में जल की मात्रा

$= \left(\frac{3}{8}\times 40\right)$ लीटर =15 लीटर

निकाले गए 8 लीटर मिश्रण में,

एल्कोहल की मात्रा = $\left(\frac{5}{8}\times 8\right)$ लीटर = 5 लीटर

निकाले गए 8 लीटर मिश्रण में जल की मात्रा

= (8 – 5) लीटर = 3 लीटर

$\therefore$ अभीष्ट अनुपात = (25 – 5) : (15 – 3) + 8

= 20 : 20 = 1 : 1

31. (a) दिया है, $A^2 = I$ ...(i)

$\therefore$ $(A - I)^3 + (A + I)^3 - 7A$

$= (a)^3 - I^3 - 3AI (A - I) + (a)^3 + I^3 + 3AI (A + I) - 7A$

$= 2(a)^3 - 3A (A - I) + 3A (A + I) - 7A$

$= 2(A^2 . A) - 3A(A - I - A - I) - 7A$

$= 2(I . A) - 3A (- 2I) - 7A$ [समी. (i) से]

$= 2A + 6A . I - 7A$

$= 2A + 6A - 7A$

$= 8A - 7A = A$

32. (d) (a) AB = BA केवल सम्भव है जब A तथा B दोनों वर्ग आव्यूह हों।

(b) AB ≠ BA हमेशा सम्भव है, क्योंकि AB = BA सम्भव है जब A तथा B दोनों वर्ग आव्यूह हों।

(c) AB = O हमेशा सत्य नहीं है। यह उस दशा में सम्भव है जब (A = O या B = O) या (A तथा B दोनों शून्य आव्यूह हों) या (A तथा B दोनों अशून्य आव्यूह हों)

33. (a) दिया है,

$$A = B$$

$$\begin{bmatrix} a+4 & 3b \\ 8 & -6 \end{bmatrix} = \begin{bmatrix} 2a+2 & b^2+2 \\ 8 & b^2-5b \end{bmatrix}$$

समान आव्यूह के संगत अवयवों को बराबर करने पर,

$a + 4 = 2a + 2$ तथा $3b = b^2 + 2$

$a = 2$ तथा $b^2 - 3b + 2 = 0$

$b^2 - 2b - b + 2 = 0$

$b(b - 2) -1 (b - 2) = 0$

$(b -2) (b - 1) = 0$

$\Rightarrow$ $b = 1, 2$

34. (b) **35.** (a) **36.** (b)

37. (a) $4x^2 + 3x^2y - 9xy^2 + 2y^3$

$= 4x^3 + 3x^2y - 7xy^2 - 2xy^2 + 2y^3$

$= 4x^3 + 7x^2y - 4x^2y - 7xy^2 - 2xy^2 + 2y^3$

$= x^2 (4x + 7y) - xy (4x + 7y) - 2y^2 (x - y)$

$= (4x + 7y) (x^2 - xy) - 2y^2 (x - y)$

$= (x - y) [(4x + 7y) x - 2y^2]$

$= (x - y) [4x^2 + 7xy - 2y^2]$

$= (x - y) [4x^2 + 8xy - xy - 2y^2]$

$= (x - y) [4x (x + 2y) - y (x + 2y)]$

$= (x - y) (x + 2y) (4x - y)$

एवं $= x^2 + xy - 2y^2 = x^2 + 2xy - xy - 2y^2$

$= x (x + 2y) - y (x + 2y) = (x + 2y) (x - y)$

$\therefore$ महत्तम समापवर्तक $= (x - y) (x + 2y)$

38. (d) P व Q से होकर जाने वाला समीकरण निम्न है,

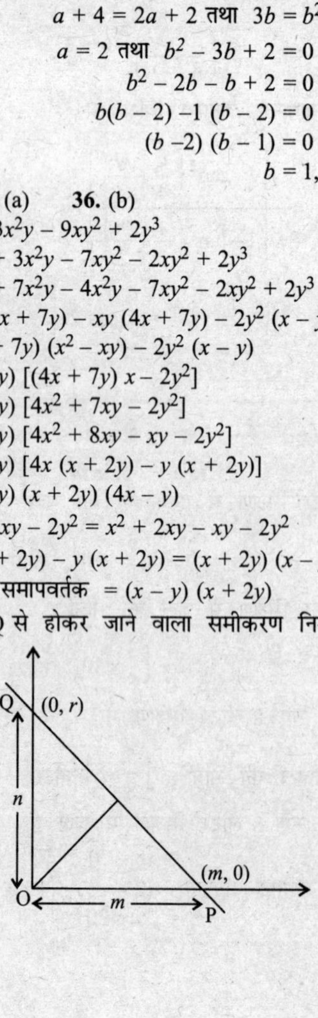

$$\frac{x}{m} + \frac{y}{n} = 1$$

$$\Rightarrow \quad \frac{x}{m} + \frac{y}{n} - 1 = 0 \quad \text{... (i)}$$

मूल बिन्दु (0, 0) से समीकरण (i) पर डाले गए लम्ब की लम्बाई

$$= \left| \frac{\frac{0}{m} + \frac{0}{n} - 1}{\sqrt{\frac{1}{m^2} + \frac{1}{n^2}}} \right|$$

दिया है– $1 = \dfrac{1}{\sqrt{\frac{1}{m^2} + \frac{1}{n^2}}}$

$$\Rightarrow \quad \frac{1}{m^2} + \frac{1}{n^2} = 1$$

39. (a) हरि व गिरि का 1 दिन का काम

$= \left(\frac{1}{30} + \frac{1}{20}\right)$ भाग $= \frac{5}{60}$ भाग $\frac{1}{12}$

$\therefore$ हरि का हिस्सा $= \dfrac{\left(\frac{1}{30}\right)}{\left(\frac{1}{12}\right)} \times ₹\ 1,000$

$= \left(\frac{12}{30} \times 100\right) = ₹\ 400$

40. (b) A का दो दिन का काम $= \left(\frac{1}{4} \times 2\right) = \frac{1}{2}$

(A + B + C) का 1 दिन का काम

$= \left(\frac{1}{4} + \frac{1}{12} + \frac{1}{6}\right)$

$= \frac{6}{12} = \frac{1}{2}$

$\therefore$ तीन दिन में किया गया कार्य

$= \left(\frac{1}{2} + \frac{1}{2}\right) = 1$

अतः पूरा काम करने में लगा समय = 3 दिन

41. (a) चित्र में AB मीनार है।

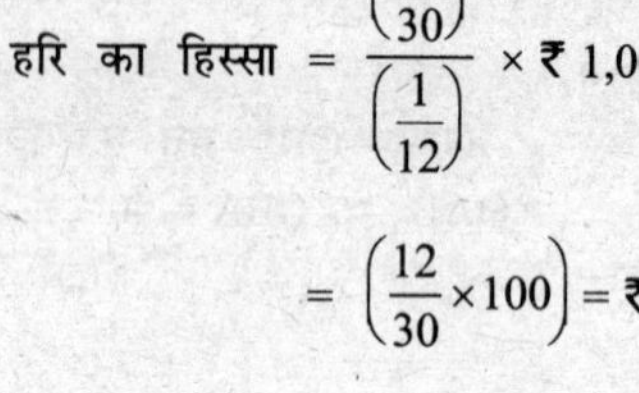

Δ ABD में,

$$\therefore \quad \tan 60 = \frac{AB}{AD}$$

$\Rightarrow \quad \frac{\sqrt{3}}{1} = \frac{AB}{AD}$

$\Rightarrow \quad AB = \sqrt{3}AD$

Δ BDC में,

अब $\quad \tan 45 = \frac{AB}{50+AD}$

$\therefore \quad \frac{1}{1} = \frac{AB}{50+\frac{AB}{\sqrt{3}}}$

$= \frac{AB}{\frac{50\sqrt{3}+AB}{\sqrt{3}}}$

$= \frac{\sqrt{3}AB}{50\sqrt{3}+AB}$

$\therefore \quad \sqrt{3}AB = 50\sqrt{3}+AB$

$\therefore \quad \sqrt{3}AB-AB = 50\sqrt{3}$

$\Rightarrow \quad AB\left(\sqrt{3}-1\right) = 50\sqrt{3}$

$\Rightarrow \quad AB = \frac{50\sqrt{3}\times\left(\sqrt{3}+1\right)}{\sqrt{3}-1\times\left(\sqrt{3}+1\right)}$

$= \frac{50\sqrt{3}\left(\sqrt{3}+1\right)}{3-1}$

$= \frac{50\sqrt{3}\left(\sqrt{3}+1\right)}{2}$

$= 25\sqrt{3}\left(\sqrt{3}+1\right)$ मीटर

$\therefore$ मीनार की ऊँचाई = AB

$= 25\sqrt{3}\left(\sqrt{3}+1\right)$ मीटर

42. (b) $\quad (x-y)^2 = x^2 + y^2 - 2xy$

$\Rightarrow \quad 2^2 = 20 - 2xy \Rightarrow xy = 8$

$(x+y)^2 = (x-y)^2 + 4xy$

$= 2^2 + 4 \times 8 = 4 + 32 = 36$

43. (d) यदि, $\quad x^2 + x - 6 = 0$

$\Rightarrow \quad x^2 + x = 6 \quad$ ...(i)

तथा $\quad x^2 + 6x + 9 = 0$

$\Rightarrow \quad x^2 + 6x = -9 \quad$ ...(ii)

समी (i) में से समी (ii) को घटाने पर,

$-5x = 15$

$x = \frac{15}{-5} = \frac{3}{-1}$

$\Rightarrow \quad x = -3$

44. (b) माना वर्ग की भुजा x भुजा और r वृत्त की त्रिज्या है।

$\therefore$ वृत्त की परिधि $= 2\pi r$ और वर्ग का परिमाप $= 4x$

दिया है, $2\pi r + 4k = k$

$\Rightarrow \quad x = \frac{k-2\pi r}{4} \quad$ ...(i)

$\therefore \quad A^2 = x^2 + \pi r^2$

$= \left(\frac{k-2\pi r}{4}\right)^2 + \pi r^2$

$= \left(\frac{1}{16}\right)(k^2 - 4k\pi r + 4\pi^2 r^2) + \pi r^2$

r के सापेक्ष अवकलन करने पर,

$\frac{dA}{dr} = \left(\frac{1}{16}\right)(-4kr + 8\pi^2 r) + 2\pi r$

पुनः r के सापेक्ष अवकलन करने पर,

$\frac{d^2A}{dr^2} = \frac{1}{16}(0 + 8\pi^2) + 2\pi$

$= 2\pi + \frac{\pi^2}{2} > 0$

उच्चतम और निम्नतम मान के लिए $\frac{dA}{dr} = 0$ रखने पर

$2\pi r - \frac{4k\pi}{16} + \frac{8\pi^2 r}{16} = 0$

$r\left(2\pi + \frac{\pi^2}{2}\right) = \frac{k\pi}{4}$

$r = \frac{\left(\frac{k\pi}{4}\right)}{2\pi + \frac{\pi^2}{2}}$

$= \frac{k}{8+2\pi} \quad$ ...(ii)

अब, $\quad \left(\frac{d^2A}{dr^2}\right)_{\left(r=\frac{k}{8+2\pi}\right)} =$ धनात्मक

$\therefore$ जब $r = \frac{k}{8+2\pi}$ हो, तो A निम्नतम होगा।

और $r = \frac{k}{8+2\pi}$ समी. (i) में रखने पर,

$x = \frac{k-2\pi r}{4}$

$= \frac{1}{4}\left(k - 2\pi \times \frac{k}{8+2\pi}\right)$

$= \frac{1}{4}\left(\frac{8k + 2\pi k - 2\pi k}{8+2\pi}\right)$

$= \frac{2k}{8+2\pi} = 2\left(\frac{k}{8+2\pi}\right)$

$= 2r \quad$ [समी. (ii) से]

इसलिए, जब वर्ग की भुजा वृत्त की त्रिज्या की दोगुनी हो तो उनके क्षेत्रफलों का योग निम्नतम होगा।

45. (d) परवलय का समीकरण निम्न है–

$$y^2 = ax$$

$$\Rightarrow \quad y^2 = 4\left(\frac{a}{4}\right)x \quad ...(i)$$

माना स्पर्श बिन्दु के निर्देशांक (x_1, y_1) हैं, तब स्पर्श रेखा का समीकरण निम्न है–

$$yy_1 = \frac{a}{2}(x + x_1)$$

यहाँ, $m = \frac{a}{2y_1} = \tan 45°$

$$\Rightarrow \quad \frac{a}{2y_1} = 1 \Rightarrow y_1 = \frac{a}{2}$$

समी. (i) से, $x_1 = \frac{a}{4}$

$\therefore$ बिन्दु के निर्देशांक $\left(\frac{a}{4}, \frac{a}{2}\right)$ हैं।

46. (a) चूँकि हम जानते हैं कि परवलय का शीर्ष, नियता व नाभि से समदूरस्थ होता है।

$\therefore$ शीर्ष पर खींची गई स्पर्श रेखा, नियता व नाभि के बीच की दूरी को 1 : 1 के अनुपात में विभाजित करती है।

47. (c) $b = \sqrt{6} = 2 \cdot 449$ तथा $C = 2\sqrt{3} = 3 \cdot 464$

$[\therefore b < c]$

तथा $c \sin B = 2\sqrt{3} \sin 30°$

$$= 2\sqrt{3} \cdot \frac{1}{2} = \sqrt{3} < b$$

अतएव स्थिति संदिग्ध (Ambiguous) है।

sine सूत्र से, $\frac{b}{\sin B} = \frac{c}{\sin C}$ या $\sin C = \frac{c \sin B}{b}$

$$= \frac{2\sqrt{3}}{\sqrt{6}} \sin 30° = \frac{1}{\sqrt{2}}$$

$\therefore$ $C = 45°$ या $180° - 45° \Rightarrow C = 45°$ या $135°$

$\angle C$ के उपर्युक्त मानों को $C_1 = 45°$ तथा $C_2 = 135°$ से प्रकट करने पर $\angle A$ के मान A_1 और A_2 निम्नलिखित हैं–

$A_1 = 180° - (B + C_1) = 180° - (30° + 45°) = 105°$

$A_2 = 180° - (B + C_2) = 180° - (30° + 135°) = 15°$

पुनः माना तीसरी भुजा A के दो मान A_1 और A_2 हैं तब sine सूत्र से

$$a_1 = \frac{b \sin A_1}{\sin B} = \frac{\sqrt{6} \sin 105°}{\sin 30°}$$

$$= \frac{\sqrt{6}\left(\sqrt{3}+1\right)}{\frac{1}{2} \times 2\sqrt{2}}$$

$$= 3 + \sqrt{3}$$

तथा $a_2 = \frac{b \sin A_2}{\sin B} = \frac{\sqrt{6} \sin 15°}{\sin 30°}$

$$= \frac{\sqrt{6}.\left(\sqrt{3}-1\right)}{\left(\frac{1}{2}\right) \times 2\sqrt{2}} = 3 - \sqrt{3}$$

अतः $A = 105°, 15°, C = 45°, 135°,$

$$a = 3 + \sqrt{3},\ 3 - \sqrt{3}$$

48. (b) $\cos A = \frac{b^2 + c^2 - a^2}{2bc}$

या, $c^2 - (2b \cos A)\ C + (b^2 - a^2) = 0$, जो C में द्विघातीय समीकरण है।

माना उपर्युक्त द्विघाती समीकरण के दो मूल C_1 और C_2 हैं तो

$c_1 + c_2 = 2b \cos A$ और $c_1 c_2 = b_2 - a^2$

$\therefore$ $c_1 - c_2 = \sqrt{\left[(c_1 + c_2)^2 - 4\, c_1 c_2\right]}$

$= \sqrt{\left[(2b \cos A)^2 - 4\,(b^2 - a^2)\right]}$

$= \sqrt{\left[4a^2 - 4b^2\,(1 - \cos^2 A)\right]}$

$= 2\sqrt{(a^2 - b^2 \sin^2 A)}$

49. (a) श्रेणी 1, 2, 4, 8, ... 2^n

$2^0, 2^1, 2^2, 2^3, ..., 2^n$

कुल पदों की संख्या $= (n + 1)$

गुणोत्तर माध्य $= \left(2^0, 2^1, 2^2, 2^3, ..., 2^n\right)^{\frac{1}{(n+1)}}$

$$= 2^{\frac{(0+1+2+....+n)}{(n+1)}}$$

$$= 2^{\frac{n(n+1)}{2(n+1)}} = 2^{\frac{n}{2}}$$

50. (d) $\angle OPA$ में,

$\angle OPA + \angle PAO + \angle AOP = 180°$

$\Rightarrow$ $30° + 90° + \angle AOP = 180°$

$\Rightarrow$ $\angle AOP = 60°$

51. (b) माना व्यक्ति की सामान्य गति x मीटर/मिनट तथा सामान्य समय t मिनट है।

प्रश्नानुसार, $x \times t = x \times \frac{6}{7}(t + 12)$

$\Rightarrow$ $7xt = 6xt + 72x$

$\Rightarrow$ $xt = 72x$

$\Rightarrow$ $t = 72$ मिनट

$= 1$ घण्टा 12 मिनट

52. (d) माना घर से कार्यालय के बीच की दूरी $= x$ किमी

तब, प्रश्नानुसार,

$$\frac{x}{16} - \frac{x}{20} = \frac{15}{60}$$

$$\Rightarrow \quad \frac{5x - 4x}{80} = \frac{1}{4}$$

$\Rightarrow$ $x = \frac{80}{4}$ किमी $= 20$ किमी

अतः घर से कार्यालय के बीच की दूरी $= 20$ किमी।

53. (c) माना $S_\infty = 1 - \frac{3}{2} + \frac{5}{4} - \frac{7}{8} + ...$

या $S_\infty = 1 + 3\left(-\frac{1}{2}\right) + 5\left(-\frac{1}{2}\right)^2 + 7\left(-\frac{1}{2}\right)^3 + ...$

दोनों ओर गुणोत्तर श्रेणी के सार्वानुपात $\left(-\frac{1}{2}\right)$ से गुणा करके पुनः लिखने पर

$$-\frac{1}{2}S_\infty = \left(-\frac{1}{2}\right) + 3\left(-\frac{1}{2}\right)^2 + 5\left(-\frac{1}{2}\right)^3 + ...$$

घटाने पर, $\left(1+\frac{1}{2}\right)S_\infty$

$$= 1 + \left[2\left(-\frac{1}{2}\right) + 2\left(-\frac{1}{2}\right)^2 + 2\left(-\frac{1}{2}\right)^3 + ...\right]$$

$$\Rightarrow \quad \frac{3}{2}S_\infty = 1 + 2 \times \frac{\left(-\frac{1}{2}\right)}{1-\left(-\frac{1}{2}\right)} = \frac{1}{3}$$

$$\therefore \Rightarrow \quad S_\infty = \frac{2}{9}$$

54. (b) दिया है कि

$$\int \frac{dx}{\sqrt{2ax - x^2}} = \int \frac{dx}{\sqrt{a^2 + 2ax - x^2 - a^2}}$$

$$= \int \frac{dx}{\sqrt{a^2 - (x^2 - 2ax + a^2)}}$$

$$= \int \frac{dx}{\sqrt{a^2 - (x-a)^2}}$$

माना $t = x - a \Rightarrow dt = dx$

$$\therefore \quad \int \frac{dt}{\sqrt{a^2 - t^2}} = \sin^{-1}\left(\frac{t}{a}\right) + C$$

$$= \sin^{-1}\left(\frac{x-a}{a}\right) + C$$

55. (a) $\because 2ac = 16$ व $e = \sqrt{2}$

$\Rightarrow \quad a = 4\sqrt{2} \because e = \sqrt{2}$

$\therefore$ यह अतिपरवलय समकोणीय अतिपरवलय है।

$\Rightarrow \quad a = b = 4\sqrt{2}$

अतः अतिपरवलय का समीकरण निम्न है :

$\Rightarrow \quad x^2 - y^2 = 32$

56. (a) माना दिए गए समीकरणों का उभयनिष्ठ मूल m है, तो

$m^2 + pm + q = 0 \quad ...(1)$

$m^2 + qm + p = 0 \quad ...(2)$

समीकरण (1) व (2) में रखने पर,

$(p - q)m + (q - p) = 0 \Rightarrow m = 1$

$m = 1$ समीकरण (1) में रखने पर,

$p + q + 1 = 0$

57. (b) $I = \int_0^{\pi/4} \sec^4 x\, dx$

$= \int_0^{\pi/4} \sec^4 x\, dx$

$= \int_0^{\pi/4} (1 + \tan^2 x)\sec^2 x dx$

$= \int_0^{\pi/4} \sec^2 x + \int_0^{\pi/4} \tan^2 x \sec^2 x\, dx$

माना, $t = \tan x \Rightarrow dt = \sec^2 dx$

$I = [\tan x]_0^{\pi/4} + \int_0^1 t^2 dt$

$= [1 - 0] + \left[\frac{t^3}{3}\right]_0^1$

$= 1 + \left[\frac{1}{3}\right] = \frac{4}{3}$

58. (a) 4, 5 व 6 का ल.स. = 60

अतः 400 और 800 के बीच पहला पद जो 60 से विभाज्य है। 420 तथा अन्तिम पद जो 60 से विभाज्य है 780 है।

$\therefore \quad Tn = a + (n-1) \times d$

$780 = 420 + (n-1) \times 60$

$\Rightarrow \quad 360 = (n-1) \times 60$

$\Rightarrow \quad (n-1) = 6$

$\Rightarrow \quad n = 7$

59. (c) माना दो संख्याएँ x व y हैं।

तब $x + y = a \quad ...(i)$

$xy = b \quad ...(ii)$

$$\therefore \quad \frac{x}{xy} + \frac{y}{xy} = \frac{a}{b}$$

$$\Rightarrow \quad \left(\frac{1}{x} + \frac{1}{y}\right) = \frac{a}{b}$$

60. (c) दीर्घवृत्त $3x^2 + 2y^2 = 5$ पर बिन्दु (1, 2) से खींची गई स्पर्श रेखायुग्म $SS' = T^2$ होता है।

$\Rightarrow \quad (3x^2 + 2y^2 - 5)\,[3(1)^2 + 2(2)^2 - 5]$

$= [3x(1) + 2y(2) - 5]^2$

$\Rightarrow \quad (3x^2 + 2y^2 - 5)(3 + 8 + -5)$

$= (3x + 4y - 5)^2$

$\Rightarrow \quad 9x^2 - 24xy - 4y^2 + 40y + 30x - 55 = 0$

जो रेखायुग्म का समीकरण है।

यहाँ, $a = 9, h = -12, b = -4$

$\therefore$ रेखाओं के बीच का कोण,

$$\Rightarrow \quad \tan\theta = \frac{2\sqrt{h^2 - ab}}{a+b}$$

$\Rightarrow \quad \tan\theta = \dfrac{2\sqrt{144+36}}{9-4} = \dfrac{2\sqrt{180}}{5}$

$= \dfrac{12}{\sqrt{5}}$

$\Rightarrow \quad \theta = \tan^{-1}\left(\dfrac{12}{\sqrt{5}}\right)$

61. (a) उनके बैठने के लिए विभिन्न तरीके $= {}^6P_2 = \dfrac{\underline{|6}}{\underline{|4}}$

$= \dfrac{6\times5\times4\times3\times2\times1}{4\times3\times2\times1} = 30$

62. (c) प्रसार का 14वाँ पद = (13 + 1)वाँ पद

$= {}^{18}C_{13} \cdot x^{18-13}\,(2y^3)^{13}$

$= {}^{18}C_3\, x^5 \,.\, 2^{13} \,.\, y^{39}$

$= {}^{18}C_3 \,.\, 2^{13}\, x^5 \,.\, y^{39}$

$= 2^{13} \,.\, {}^{18}C_3 \,.\, x^5 \,.\, y^{39}$

63. (a) क्षेत्रफल, $A = \int_{a/3k}^{\pi/k} \sin kx\, dx$

$3 = -\left[\dfrac{\cos kx}{k}\right]_{\pi/3k}^{\pi/k}$

$\Rightarrow \quad 3 = -\dfrac{1}{k}\left(\cos\pi - \cos\dfrac{\pi}{3}\right)$

$\Rightarrow \quad 3 = -\dfrac{1}{k}\left(-1-\dfrac{1}{2}\right)$

$\Rightarrow \quad 3 = \dfrac{3}{2k} \Rightarrow k = \dfrac{1}{2}$

64. (c) $x^2dy = -2xy\, dx$

$\Rightarrow \quad \int\dfrac{dy}{y} = -2\int\dfrac{dx}{x}$

$\Rightarrow \quad \log y = -2\log x + \log C$

$\Rightarrow \quad \log y = \log(Cx^{-2})$

$\Rightarrow \quad y = Cx^{-2} = \dfrac{C}{x^2}$

$\Rightarrow \quad x^2y = C$

65. (b) $T_n = \dfrac{n^2}{(n+1)!} = \dfrac{n(n+1)-n}{(n+1)!}$

$= \dfrac{n(n+1)-(n+1)+1}{(n+1)!}$

$= \dfrac{n(n+1)}{(n+1)!} - \dfrac{(n+1)}{(n+1)!} + \dfrac{1}{(n+1)!}$

$= \dfrac{1}{(n-1)!} - \dfrac{1}{n!} + \dfrac{1}{(n+1)!}$

$n = 1, 2, 3,$............रखने पर

$T_1 = \dfrac{1}{0!} - \dfrac{1}{1!} + \dfrac{1}{2!}$

$T_2 = \dfrac{1}{1!} - \dfrac{1}{2!} + \dfrac{1}{3!}$

$T_3 = \dfrac{1}{2!} - \dfrac{1}{3!} + \dfrac{1}{4!}$

....

....

स्तम्भानुसार जोड़ने पर, दी हुई श्रेणी का योगफल

$= \left[1 + \dfrac{1}{1!} + \dfrac{1}{2!} + \ldots\ldots\ldots\right]$

$-\left[\dfrac{1}{1!} + \dfrac{1}{2!} + \dfrac{1}{3!} + \ldots\right] + \left[\dfrac{1}{2!} + \dfrac{1}{3!} + \dfrac{1}{4!} + \ldots\right]$

$= (e) - (e-1) + \left[e - 1 - \left(\dfrac{1}{1!}\right)\right]$

$= (e) - (e-1) + (e-2)$

$= e - e + 1 + e - 2$

$= e - 1$

66. (b) चूँकि रेखा जो :

(x_1, y_1, z_1) और (x_2, y_2, z_2) से होकर जाती है, होगी :

$$\frac{x-x_1}{x_2-x_1} = \frac{y-y_1}{y_2-y_1} = \frac{z-z_1}{z_2-z_1}$$

∴ उस रेखा का समीकरण जो (a, b, c) और $(a-b, b-c-a)$ से होकर जाती है, होगा :

$\therefore \quad \dfrac{x-a}{a-b-a} = \dfrac{y-b}{b-c-b} = \dfrac{z-c}{c-a-c}$

$\Rightarrow \quad \dfrac{x-a}{-b} = \dfrac{y-b}{-c} = \dfrac{z-c}{-a}$

$\Rightarrow \quad \dfrac{x-a}{b} = \dfrac{y-b}{c} = \dfrac{z-c}{a}$

67. (c) मान लो समतल का समीकरण :

$$\frac{x}{\alpha} + \frac{y}{\beta} + \frac{z}{\gamma} = 1$$

चूँकि यह समतल निर्देशांक अक्षों से A, B और C पर मिलता है,

$\therefore \quad A = (\alpha, 0, 0)\ B = (0, \beta, 0)$

और $\quad C = (0, 0, \gamma)$

∴ Δ ABC का केन्द्रक होगा $\left(\dfrac{\alpha}{3}, \dfrac{\beta}{3}, \dfrac{\gamma}{3}\right)$

$\therefore \quad \dfrac{\alpha}{3} = p, \dfrac{\beta}{3} = q, \dfrac{\gamma}{3} = r$

$\therefore \quad \alpha = 3p, \beta = 3q, \gamma = 3r$

∴ समतल का समीकरण होगा :

$$\frac{x}{3p} + \frac{y}{3q} + \frac{z}{3r} = 1$$

$\Rightarrow \quad \dfrac{x}{p} + \dfrac{y}{q} + \dfrac{z}{r} = 3$

68. (c) चूँकि 'PROBABILITY' शब्दों में एक A, दो I तथा एक 0 है।

अत: अभीष्ट प्रायिकता $= \dfrac{1+2+1}{11} = \dfrac{4}{11}$

69. (a) यह आरेख Y – X दर्शाता है।

70. (c) यहाँ n (T) = 48, n (E) = 6, n (T ∪ E)^1 = 38

n (U) = 100

$\therefore n(T \cup E) = n(\cup) - n(T \cup E)^1$

$= 100 - 38 = 62$

$n(T \cup E) = n(T) + n(E) - n(T \cup E)$

$= 48 + 36 - 62$

$= 22$

71. (a) $(1 - 2x + 3x^2 - ...\infty)^{-n} = \{(1 + x)^{-2}\}^{-n}$

$= (1 + x)^{2n}$

∴ $(1 + x)^{2n}$ के प्रसार में $(n + 1)$वें पद में x^n आता है।

∴ $(n + 1)$ वाँ पद

$$= \frac{2n(2n-1)(2n-2)...(2n-n+1)}{n!}x^n$$

$$= \frac{2n(2n-1)(2n-2)...(n+1)n!}{n!n!}x^n$$

$$= \frac{(2n!)}{(n!)^2}.x^n$$ अंश और हर को $n!$ से गुणा करने पर

∴ अभीष्ट गुणांक $= \frac{2n!}{(n!)^2}$

72. (c) $x + y + z$

$= (a + b) + (a\omega + b\omega^2) + (a\omega^2 + b\omega)$

$= a(1 + \omega + \omega^2) + b(1 + \omega + \omega^2)$

$= a \times 0 + b \times 0$ $[\because 1 + \omega + \omega^2 = 0]$

$= 0$

∴ $x^3 + y^3 + z^3 - 3xyz$

$= (x + y + z)(x^2 + y^2 + z^2 - xy - yz - zx)$

∴ $x^3 + y^3 + z^3 - 3xyz = 0$

⇒ $x^3 + y^3 + z^3 = 3xyz$

$= 3(a + b)(a\omega + b\omega^2)(a\omega^2 + b\omega)$

$= 3(a + b)[a^2\omega^3 + ab\omega^2 + ab\omega^4 + b^2\omega^3]$

$= 3(a + b)[a^2 + ab(\omega^2 + \omega) + b^2]$

$= 3(a + b)(a^2 - ab + b^2)$ (क्योंकि $\omega^2 + \omega = -1$)

$= 3(a^3 + b^3)$

73. (b) $z = (1, 2) = (1 + 2i)$

∴ $\overline{z} = (1 - 2i)$

∴ $z + \overline{z} = 1 + 2i + 1 - 2i$

$= 2 + 0i = (2, 0)$

74. (a) $n = 1$ रखने पर, श्रेणी का पहला पद $a = \frac{1}{x} + y$ द्वितीय पद

$= \frac{2}{x} + y$

∴ $$d = \left(\frac{2}{x} + y\right) - \left(\frac{1}{x} + y\right) = \frac{1}{x}$$

श्रेढ़ी के r पदों का योग

$$= \frac{r}{2}\left[2\left(\frac{1}{x} + y\right) + (r-1)\frac{1}{x}\right]$$

$$= \frac{r}{2}\left[\frac{2}{x} + 2y + \frac{r}{x} - \frac{1}{x}\right]$$

$$= \frac{r}{x} + ry + \frac{r^2}{2x} - \frac{r}{2x}$$

$$= \frac{r^2 - r + 2r}{2x} + ry = \frac{r^2 + r}{2x} + ry$$

$$= \left\{\frac{r(r+1)}{2x}\right\} + ry$$

75. (b) माना Z पूर्णांक संख्याओं का समुच्चय हैं–

(i) जब, प्रत्येक पूर्णाक संख्या स्वयं से विभाज्य होती है।

v r% R स्वतुल्य है, अर्थात् $x\text{R}x, \forall x \in Z$

(ii) यदि पूर्णांक x, पूर्णांक y को भाज्य करता है, तब y, x को भाज्य नहीं करना। अत: R सममति नहीं है।

अर्थात् $x\text{R}y$ लेकिन, $y\text{R}x, \forall x,y \notin Z$

(iii) यदि x, y को विभाजित करता है और y, z को विभाजित करता है तब x, z को विभाजित करता है अत: R संक्रामक है अर्थात्

$x\text{R}y$ और $y\text{R}z \Rightarrow x\text{R}z, \forall x, y, z \in Z$

इस प्रकार, R स्वतुल्य एवं संक्रामक है।

76. (a) $x^4 + 9x^2 + 25 = (x^2 + 5)^2 - x^2$

$= (x^2 + x + 5)(x^2 - x + 5)$

77. (b) $$a = \frac{\sqrt{2}+1}{\sqrt{2}-1}, r = \frac{1}{2-\sqrt{2}} \div \frac{\sqrt{2}+1}{\sqrt{2}-1}$$

$$= \frac{1}{\sqrt{2}\left(\sqrt{2}+1\right)}$$

∴ $$S_\infty = \frac{\frac{\sqrt{2}+1}{\sqrt{2}-1}}{1 - \frac{1}{\sqrt{2}\left(\sqrt{2}+1\right)}}$$

∵ $$S_\infty = \frac{a}{1-r}$$

$$= \frac{\sqrt{2}+1}{\sqrt{2}-1} \times \frac{\sqrt{2}\left(\sqrt{2}+1\right)}{\sqrt{2}\left(\sqrt{2}+1\right)-1}$$

$$= 3\sqrt{2} + 4$$

अत: गुणोत्तर श्रेढ़ी के अनन्त पदों का योग

$= 4 + 3\sqrt{2}$

78. (d) $[x] = -1$, जब $-1 \le x < 0$

$= 0$, जब $-0 \le x < 1$

∴ $$f(x) = \frac{\sin(-1)}{-1} = \sin 1, \text{ जब } -1 \le x < 0$$

और $f(x) = 0$, जब $0 \le x < 1$

∴ L.H.L = sin 1 और R.H.L. = 0

⇒ सीमा विद्यमान नहीं है।

79. (c) $y = \dfrac{x}{a + \dfrac{x}{b+y}}$

$y = \dfrac{x(b+y)}{a(b+y)+x}$

$\Rightarrow \quad ay^2 + (ab+x)y = x(b+y)$

x के सापेक्ष अवकलन करने पर

$2ay\dfrac{dy}{dx} + (ab+x)\dfrac{dy}{dx} + y = x\dfrac{dy}{dx} + (b+y)$

$(2ay + ab + x - x)\dfrac{dy}{dx} = b$

$\dfrac{dy}{dx} = \dfrac{b}{2ay+ab} = \dfrac{b}{a(b+2y)}$

80. (b) $y = \sin x$

$y_{10} = \sin\left(x + \dfrac{10\pi}{2}\right)$

$= -\sin x \qquad \left[\because y = \sin x, \text{ यदि } y_n = \sin\left(x + \dfrac{n\pi}{2}\right)\right]$

81. (d) $\int_0^{\pi/2} \sin x \sin 2x \, dx$

$= \dfrac{1}{2}\int_0^{\pi/2} (\cos 3x - \cos x)dx$

$= \dfrac{1}{2}\left[\dfrac{-\sin 3x}{3} + \sin x\right]_0^{\pi/2}$

$= \dfrac{1}{2}\left[-\left(\dfrac{1}{3}\sin\dfrac{3\pi}{2} - 0\right) + \left(\sin\dfrac{\pi}{2} - \sin 0\right)\right]$

$= \dfrac{1}{2}\left(\dfrac{1}{3} + 1\right) = \dfrac{2}{3}$

82. (a) माना r त्रिज्या है और किसी समय t पर गुब्बारे की सतह का क्षेत्रफल S है, तब

$S = 4\pi r^2$

$\dfrac{ds}{dt} = 8\pi r.\dfrac{dr}{dt}$

$k(\text{say}) = 8\pi r.\dfrac{dr}{dt}$

$8\pi r \, dr = k dt$

दोनों तरफ समाकलन करने पर,

$4\pi r^2 = kt + C \qquad \ldots(i)$

$t = 0, r = 3$ (दिया है)

$\therefore \quad 36\pi = C, t = 2, r = 5$

$100\pi = 2k + C$

C का मान रखने पर,

$100\pi = 2k + 36\pi \backslash k = 32\pi$

समीकरण (i) में, k और C का मान रखने पर

$4\pi r^2 = 32\pi t + 36\pi$

$r = \sqrt{8t+9}$

83. (b) $d = 10$ और $i = 3$

x	$x-d$	$\dfrac{x-d}{i}$	$\left(\dfrac{x-d}{i}\right)^2$
1	–9	–3	9
4	–6	–2	4
7	–3	–1	1
10	0	0	0
13	3	1	1
16	6	2	4
19	9	3	1
योग		0	28

$\therefore \quad \text{S.D.} = i\sqrt{\dfrac{\Sigma\left(\dfrac{x-d}{i}\right)^2 - \left[\Sigma\left(\dfrac{x-d}{i}\right)\right]^2}{n}}$

$= 3\sqrt{\dfrac{28-0}{7}}$

$= 3 \times \sqrt{4} \Rightarrow \pm 6$

84. (b)

अंक	बारंबारता	संचयी बारंबारता
0-5	2	2
5-10	7	9
10-15	10	19
15-20	6	25
20-25	4	29

$\therefore$ 15 के कम अंक की संचयी बारंबारता 19 है।

85. (a) बैठने की कुल विधियों की संख्या = 12!
6 लड़कां को विभिन्न वस्तुएं एवं 6 लड़कियों को एकसाथ लेकर 1 वस्तु मान लेने पर, इस प्रकार यहाँ 7 वस्तुएँ हैं। इनको 7! विधियों से व्यवस्थित किया जा सकता है, लेकिन 6 लड़कियों को 6! विधियों से व्यवस्थित किया जा सकता है–

$\therefore$ कुल अनुकूल विधियाँ $= 6! \times 7!$

$\therefore$ अभीष्ट प्रायिकता $= \dfrac{6! \times 7!}{12!}$

$= \dfrac{1}{132}$

86. (a) दी गई समीकरण का उच्चतम अवकलन $\dfrac{dy}{dx}$ है, अतः इसकी कोटि 1 है।

87. (a) मान लो $y = mx + c$ रखा गया हो, दीर्घवृत्त $\dfrac{x^2}{b^2} + \dfrac{y^2}{a^2} = 1$,

तो हम पाते हैं $\dfrac{x^2}{b^2} + \dfrac{(mx+c)^2}{a^2} = 1$

$\Rightarrow (a^2 + b^2m^3)x^2 + 2mcb^2x + (b^2c^2 - a^2b^2) = 0$

यदि $y = mx + c$ दीर्घवृत्त को स्पर्श करे, तो

$(2mcb^{2)}2 = 4(a^2 + b^2 m^2)(b^2c^2 - a^2b^2)$

$\Rightarrow a^2 + b^2 m^2 = c^2$

$\Rightarrow \quad c = \pm \sqrt{a^2 + b^2m^2}$

88. (c) मान लो प्रत्येक खण्ड की लम्बाई 'a' है।

$\therefore$ तब रेखा का समीकरण होगा–

$$\frac{x}{a} + \frac{y}{a} = 1$$

$\Rightarrow \quad x + y = a$

चूँकि रेखा (1, –2) से होकर जाती है।

$\therefore \quad 1 - 2 = a \Rightarrow a = -1$

$\therefore$ अभीष्ट समीकरण होगा $x + y + 1 = 0$

89. (d) $\sin\theta + \cos\theta = \sqrt{\frac{3}{2}}$

$\Rightarrow \quad \frac{1}{\sqrt{2}}\sin\theta + \frac{1}{\sqrt{2}}\cos\theta = \frac{\sqrt{3}}{2}$

$\Rightarrow \quad \sin 45^\circ \sin\theta + \cos 45^\circ \cos\theta = \frac{\sqrt{3}}{2}$

$\Rightarrow \quad \cos(45^\circ - \theta) = \cos 30^\circ$

$\Rightarrow \quad 45^\circ - \theta = 30^\circ$

$\theta = 15^\circ$

90. (c) $x = p \sec\theta \sec\ \theta = \frac{x}{p}$

$y = q \tan\theta \Rightarrow \tan q\ \theta = \frac{x}{p}$

$\Rightarrow \quad \sec^2\theta - \tan^2\theta = \frac{x^2}{p^2} - \frac{y^2}{q^2}$

$1 = \frac{x^2}{p^2} - \frac{y^2}{q^2}$

$\Rightarrow \quad x^2q^2 - p^2y^2 = p^2q^2$

91. (b) $\because$ AB = 6, अत: AC = 3 और EC = OD = 4

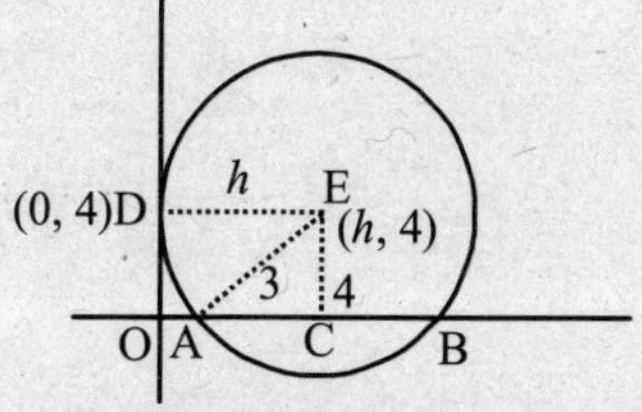

त्रिज्या = EA

$= \sqrt{3^2 + 4^2} = 5$

92. (b) $AB = [x\ y\ z].\begin{bmatrix} a & h & g \\ h & b & f \\ g & f & c \end{bmatrix}$

$= [ax + hy + gz\ .\ hx + by + fz\ .\ gx + fy + cz]$

$(AB)\ .\ C = [ax + hy + gz\ \ hx + by + fz\ \ gx + fy + cz]\begin{bmatrix} x \\ y \\ z \end{bmatrix}$

$(AB)\ .\ C = [ax^2 + by^2 + cz^2 + 2hzy + 2fyz + 2gzx]$

93. (a) $2\tan^{-1}\frac{1}{3} = \tan^{-1}\left[\frac{2 \times \frac{1}{3}}{1 - \frac{1}{9}}\right]$

$= \tan^{-1}\left(\frac{3}{4}\right)$

$\therefore \quad 2\tan^{-1}\frac{1}{3} + \tan^{-1}\frac{1}{7} = \tan^{-1}\frac{3}{4} + \tan^{-1}\frac{1}{7}$

$= \tan^{-1}\left[\frac{\frac{3}{4} + \frac{1}{7}}{1 - \frac{3}{4} \times \frac{1}{7}}\right]$

$= \tan^{-1}(1) = \frac{\pi}{4}$

94. (b) आयताकार अतिपरवलय के बिन्दु$\left(ct, \frac{c}{t}\right)$ पर अभिलम्ब है।

$t^3x - yt - ct^4 + c \quad 0$

यदि यह 't_1' (ct_1, c/t_1) से होकर जा रहा हो, तो

$t^3ct_1 - \frac{ct}{t_1} - ct^4 + c = 0$

$\Rightarrow \quad t^3t_1^2 - t - t_1^4 + t_1 = 0$

$\Rightarrow \quad t^3t_1(t_1 - t) + (t_1 - t) = 0$

$\Rightarrow \quad (t_1 - t)(t^3t_1 + 1) = 0$

चूँकि $t_1 \neq t$, अत: $\quad t^3t_1 = -1$

95. (a) 4(cos A + cos B + cos C)

$= 4\left(1 + 4\sin\frac{A}{2}\sin\frac{B}{2}\sin\frac{C}{2}\right)$

$= 4\left(1 + \frac{r}{R}\right) \quad \left[\because r = 4R\sin\frac{A}{2}.\sin\frac{B}{2}.\sin\frac{C}{2}\right]$

$= 4\left(1 + \frac{3}{4}\right)$

$= 4\left(\frac{7}{4}\right) = 7$

96. (d) प्रश्नानुसार,

त्रिभुज का क्षेत्रफल = वृत्त का क्षेत्रफल

$\Rightarrow \quad \frac{1}{2} \times$ आधार $\times$ ऊँचाई $= \pi r^2$

$\Rightarrow \quad \frac{1}{2} \times 6 \times$ ऊँचाई $= \pi \times 6^2$

$\therefore \quad$ ऊँचाई $= \frac{36\pi \times 2}{6} = 12\pi$

97. (c) प्रश्नानुसार,

$\frac{1}{3}$ भाग = 30 लीटर = $\frac{1}{2}$ भाग

$\left(\frac{1}{2}-\frac{1}{3}\right)$ भाग = 30 लीटर

$\frac{1}{6}$ भाग = 30 लीटर

1 भाग = 30 × 6 = 180 लीटर

अत: टैंक की सामर्थ्य = 180 लीटर

98. (b) दिया है कि $\angle AOB = 40°$

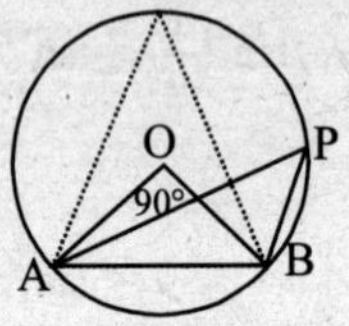

$\angle AMB = \frac{1}{2} \times 90° = 45°$

$\angle APB = \angle AMB = 45°$ (प्रत्येक)

($\because$ समान वृत्तखण्ड में कोण बराबर होते हैं)

99. (b) माना त्रिभुज की तीसरी भुजा = m मी.

तो प्रश्न से पहली भुजा = दूसरी भुजा

= $3m - 4$ मी.

$\therefore$ $55 = m + (3m - 4) + (3m - 4)$

या $55 = 7m - 8$

या $7m = 63$

या $m = 9$

$\therefore$ $3m - 4 = 27 - 4 = 23$

$\therefore$ त्रिभुज की भुजाएँ क्रमश: 23 मी., 23 मी. और 9 मी. होंगी।

100. (c)

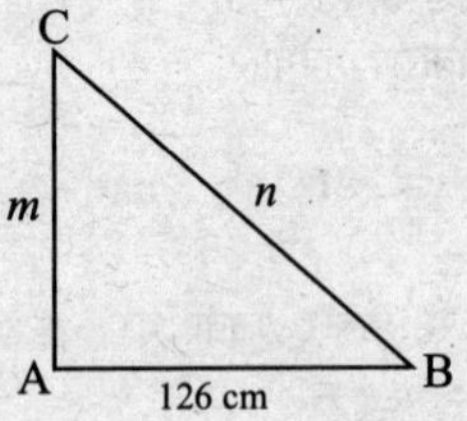

$n^2 = m^2 + (126)^2$

$\Rightarrow$ $n^2 - m^2 = (126)^2$

$\Rightarrow$ $(n + m)(n - m) = 126^2$ $[a^2 - b^2 = (a + b)(a - b)]$

$42(n + m) = 126 \times 126$ [दिया गया है $n - m = 42$]

$\Rightarrow$ $n + m = 378$

पुन: $n + m = 378$

$n - m = 42$

जोड़ने पर, $2n = 420$

$\Rightarrow$ $n = 210$ सेमी.

❑❑❑

11 गणित
प्रैक्टिस पेपर

1. ब्याज की किस प्रतिशत वार्षिक दर से ₹ 1,000 की धनराशि 2 वर्ष में चक्रवृद्धि ब्याज से ₹ 1102.50 हो जायेगी?
(a) 5% (b) 5.5%
(c) 6% (d) 6.5%

2. एक समद्विबाहु ΔABC में, यदि $AC = BC$ तथा AD, BC पर लम्ब है, तो AB^2 का मान बराबर होगा–
(a) 2BA . CD (b) 2BC . BD
(c) 2BC . CD (d) 2BC . AD

3. यदि $\cot x . \cot y = 2$ हो, तो $\cos(x+y) . \sec(x-y)$ का मान क्या होगा?
(a) $\frac{1}{3}$ (b) $\frac{2}{3}$
(c) 1 (d) – 1

4. यदि $t_1 + t_2 + t_3 = -t_1t_2t_3$, तब बिन्दुओं $[at_1t_2, a(t_1+t_2)]$, $[at_2t_3, a(t_2+t_3)]$ तथा $[at_3t_1, a(t_3+t_1)]$ शीर्षों वाले त्रिभुज का लम्बकेन्द्र होगा–
(a) $(a, 0)$ (b) $(-a, 0)$
(c) $(0, a)$ (d) $(0, a)$

5. यदि $\Delta = \begin{vmatrix} 1 & x & x^2 \\ 1 & y & y^2 \\ 1 & z & z^2 \end{vmatrix}$ तथा $\Delta_1 = \begin{vmatrix} 1 & 1 & 1 \\ yz & zx & xy \\ x & y & z \end{vmatrix}$, तब $\Delta + \Delta_1$ का मान होगा–
(a) $\Delta \cdot \Delta_1$ (b) 1
(c) 0 (d) इनमें से कोई नहीं

6. $\Delta = \begin{vmatrix} \text{cosec}^2\theta & \cot^2\theta & 1 \\ \cot^2\theta & \text{cosec}^2\theta & -1 \\ 42 & 40 & 2 \end{vmatrix}$ का मान है–
(a) 1 (b) 32
(c) $\tan\theta$ (d) 0

7. $\begin{vmatrix} x & p & q \\ p & x & q \\ q & q & x \end{vmatrix}$ का मान है–
(a) $(x+p)(x^2+px-2q^2)$
(b) $(x-p)(x^2+px-2q^2)$
(c) $(x+p)(x^2-px+2q^2)$
(d) इनमें से कोई नहीं

8. यदि A = {x : x शब्द 'owl' का अक्षर है}
B = {x : x शब्द 'low' का अक्षर है}
C = {x : x शब्द 'wol' का अक्षर है}, तो
(a) $A = B = C$ (b) $A \neq B \neq C$
(c) $B = C, A \neq B$ (d) $A = B, B \neq C$

9. एक स्कूल में 100 छात्रों ने हिन्दी वैकल्पिक विषय लिया, 70 ने फ्रेंच लिया तथा 70 ने संस्कृत लिया। इनमें से 63 ने केवल हिन्दी वैकल्पिक विषय लिया, 47 ने केवल फ्रेंच लिया, 11 ने केवल हिन्दी तथा फ्रेंच लिए तथा 6 ने केवल फ्रेंच तथा संस्कृत लिए। जिन्होंने केवल संस्कृत वैकल्पिक विषय लिया, उन छात्रों की संख्या है–
(a) 38 (b) 78
(c) 50 (d) इनमें से कोई नहीं

10. यदि $xy = e^{(x-y)}$, तब $\frac{dy}{dx}$ का मान है–
(a) $\frac{y(x-1)}{x(1+y)}$ (b) $\frac{x(x-1)}{y(1+y)}$
(c) $\frac{x(1+x)}{y(1-y)}$ (d) $\frac{y(1+x)}{x(1-y)}$

11. यदि $f(x) = (1+x)(1+x^2)(1+x^4)(1+x^8)$, तब $f'(1)$ का मान है–
(a) 0 (b) 20
(c) 93 (d) 120

12. $(\log x)^{\log x}$ का x के सापेक्ष अवकलन है–
(a) $(\log x)^{\log x}\left\{\frac{1}{x} + x\log(\log x)\right\}$
(b) $(\log x)^{\log x}\{x + x\log(\log x)\}$
(c) $(\log x)^{\log x}\left\{x + \frac{\log(\log x)}{x}\right\}$
(d) $(\log x)^{\log x}\left\{\frac{1}{x} + \frac{\log(\log x)}{x}\right\}$

13. एक पिण्ड ऊर्ध्वाधरतः ऊपर की ओर u वेग से फेंका जाता है और t सेकण्ड पश्चात् एक दूसरा पिण्ड उसी प्रकार उसी वेग से फेंका जाता है, पहले पिण्ड के फेंकने के कितने समय पश्चात् वे मिलेंगे–

(a) $\frac{1}{g}\left[u+\frac{1}{2}gt\right]$ (b) $\frac{2}{g}\left[u+\frac{1}{2}gt\right]$

(c) $\frac{3}{g}\left[u+\frac{1}{2}gt\right]$ (d) $g\left[u+\frac{1}{2}gt^2\right]$

14. एक पिण्ड 256 फुट ऊँची मीनार की चोटी से गिराया गया और उसी समय एक पिण्ड मीनार से जड़ से इस वेग से फेंका गया कि वह उसे मीनार की चोटी तक ले जाने के लिए पर्याप्त है, वे मीनार के पार से कितनी ऊँचाई पर मिलेंगे?

(a) 102 फुट (b) 137 फुट

(c) 163 फुट (d) 192 फुट

15. कोई मीनार 8829 सेमी ऊँची है, एक पिण्ड मीनार की चोटी से गिराया गया और उसी क्षण दूसरा पिण्ड मीनार के पाद से ऊर्ध्वाधर दिशा में फेंका गया और वे दोनों बीचों-बीच में मिलते हैं, ऊपर फेंके गए पिण्ड का आरम्भिक वेग होगा–

(a) 2141 सेमी/सेकण्ड (b) 2943 सेमी/सेकण्ड

(c) 2711 सेमी/सेकण्ड (d) 2509 सेमी/सेकण्ड

16. एक तल में पाँच बिन्दु A, B, C, D, E दिए हैं। तीन सदिश AC, AD व AE बिन्दु A पर कार्यरत हैं तथा तीन सदिश CB, DB व EB बिन्दु B पर कार्यरत हैं, तब इसका परिणामी है–

(a) 2AC (b) 3AB

(c) 3DB (d) 2BC

17. यदि ABCDEF समषट्भुज हो, तो AD + EB + FC का मान है–

(a) 0 (b) 2AB

(c) 3AB (d) 4AB

18. माना ABCD एक समान्तर चतुर्भुज है जिसकी भुजाएँ AC व AD के स्थिति सदिश क्रमशः $2\hat{i}+4\hat{j}+5\hat{k}$ और $\hat{i}+2\hat{j}+3\hat{k}$ है यदि AC के समान्तर इकाई सदिश a है तब a का मान है–

(a) $\frac{1}{3}(3\hat{i}-6\hat{j}-2\hat{k})$ (b) $\frac{1}{3}(3\hat{i}+6\hat{j}+2\hat{k})$

(c) $\frac{1}{7}(3\hat{i}-6\hat{j}-2\hat{k})$ (d) $\frac{1}{7}(3\hat{i}+6\hat{j}-2\hat{k})$

19. वक्र $y = be^{-x/a}$ के बिन्दु, जहाँ वक्र y-अक्ष को काटता है, पर स्पर्श रेखा का समीकरण है।

(a) $ax+by=1$ (b) $ax-by=1$

(c) $\frac{x}{a}-\frac{y}{b}=1$ (d) $\frac{x}{a}+\frac{y}{b}=1$

20. किसी आँकड़े में चर का वह मान, जोकि अधिकाधिक बारम्बारता रखता है, कहलाएगा–

(a) माध्य (मीन)

(b) बहुलक (मोड)

(c) माध्यिका (मीडियन)

(d) उपर्युक्त में से कोई नहीं

21. दिए गए बंटन का बहुलक (मोंड)

x:	10	20	30	40	50	60	70
y:	17	22	31	39	27	15	13

है–

(a) 39 (b) 40

(c) 70 (d) 13

22. दिए गए बंटन में

x:	1	2	3	4	5	6	7
y:	5	8	9	10	9	8	5

(a) माध्य $\neq$ माध्यिका

(b) माध्य $\neq$ बहुलक

(c) माध्यिका $\neq$ बहुलक

(d) माध्य = माध्यिका = बहुलक

23. दो सर्वत्रसम दण्ड AB और BC, B पर दृढ़ता से इस प्रकार जुड़े हुए हैं कि कोण ABC एक समकोण है, और ये एक बिन्दु A से सन्तुलन की स्थिति में स्वतन्त्रतापूर्वक लटके हुए हैं। दण्डों की लम्बाईयाँ क्रमशः a और b तथा भार क्रमशः aw और bw हैं, यदि AB, ऊर्ध्वाधर से कोण θ बनाती हो, तो–

(a) $\tan\theta = \frac{b^2}{a^2+2ab}$ (b) $\tan\theta = \frac{b^2}{a^2+ab}$

(c) $\sin\theta = \frac{b^2}{a^2+2ab}$ (d) $\sin\theta = \frac{a^2}{a^2+2ab}$

24. एकसमान दण्ड, जिसकी लम्बाई $2a$ है, सन्तुलित अवस्था में है, जबकि उसका एक सिरा एक चिकनी ऊर्ध्वाधर दीवार पर टिका हुआ है और उसकी लम्बाई का कोई बिन्दु एक चिकने क्षैतिज छड़ पर रखा हुआ है। छड़ दीवार के समान्तर और दीवार से b दूरी पर है दण्ड का ऊर्ध्वाधर से झुकाव होगा–

(a) $\sin^{-1}\left(\frac{a}{b}\right)^{\frac{1}{2}}$ (b) $\sin^{-1}\left(\frac{a}{b}\right)^{\frac{1}{3}}$

(c) $\sin^{-1}\left(\frac{b}{a}\right)^{\frac{2}{3}}$ (d) $\sin^{-1}\left(\frac{b}{a}\right)^{\frac{1}{3}}$

25. एक शंकु की ऊँचाई h और शीर्ष कोण 2α है,इस शंकु का शीर्ष एक चिकनी ऊर्ध्वाधर दीवार के सम्पर्क में हैं, दीवार के समान्तर C दूरी पर एक क्षैतिज पटरी है जिस पर शंकु का वक्रपृष्ठ टिका है, यदि सन्तुलन की स्थिति में शंकु का अक्ष क्षैतिज के साथ θ कोण बनाता हो, तो

(a) $3h = 4C\sec^2(\theta-\alpha)\sec\theta$

(b) $2h = C\sec^2(\theta-\alpha)\sec\theta$

(c) $h = 2C\sec^2(\theta-\alpha)\sec\theta$

(d) $4h = 3C\sec^2(\theta-\alpha)\sec\theta$

26. 17 सेमी. व्यास के वृत्त में AB तथा CD दो समान्तर जीवाएँ हैं जिनकी लम्बाई क्रमशः 15 सेमी. तथा 8 सेमी. हैं। यदि दोनों जीवाएँ केन्द्र से विपरीत दिशाओं में हैं, तो जीवाओं के बीच की दूरी है–

(a) 12.5 सेमी. (b) 10 सेमी.
(c) 11.5 सेमी. (d) इनमें से कोई नहीं

27. ΔABC के परिवृत्त का केन्द्र O है। $\angle OBC + \angle BAC$ का मान है–

(a) $90° - \angle A$ (b) $90°$
(c) $90° + \angle A$ (d) $180° - \angle A$

28. यदि $\sin^{-1} x + \tan^{-1} x = \frac{\pi}{2}$ हैं, तो x का मान होगा–

(a) $\sqrt{\frac{\sqrt{5}+1}{2}}$ (b) $\sqrt{\frac{1-\sqrt{5}}{2}}$
(c) $\sqrt{\frac{\sqrt{5}-1}{2}}$ (d) $\sqrt{\frac{1+\sqrt{5}}{3}}$

29. अनुपात $p : q$ $(p \neq q)$ प्राप्त करने के लिए $x : y$ अनुपात के प्रत्येक पद में किस संख्या को जोड़ा जाए?

(a) $\frac{px+qy}{p-q}$ (b) $\frac{qx-py}{p-q}$
(c) $\frac{px-qy}{p-q}$ (d) $\frac{py-qx}{p-q}$

30. यदि $A = \begin{bmatrix} 3 & -2 \\ 4 & -2 \end{bmatrix}$ तथा $I = \begin{bmatrix} 1 & 1 \\ 0 & 0 \end{bmatrix}$ एवं $A^2 = kA - 2I$ हो, तब k का मान है–

(a) 1 (b) –1
(c) 2 (d) इनमें से कोई नहीं

31. यदि $A = \begin{bmatrix} 1 & 0 & 2 \\ 0 & 2 & 1 \\ 2 & 0 & 3 \end{bmatrix}$, तब $A^3 - 6A^2 + 7A$ बराबर है–

(a) l (b) O
(c) –2 I (d) 2 I

32. यदि $2X + 3Y = \begin{bmatrix} 2 & 3 \\ 4 & 0 \end{bmatrix}$ तथा $3X + 2Y = \begin{bmatrix} 2 & -2 \\ -1 & 5 \end{bmatrix}$ हो, तो X तथा Y का मान है–

(a) $\begin{bmatrix} -5 & 0 \\ -1 & 4 \end{bmatrix}$ तथा $\begin{bmatrix} 2 & 0 \\ -1 & -1 \end{bmatrix}$

(b) $\begin{bmatrix} \frac{5}{2} & 0 \\ 1 & 0 \end{bmatrix}$ तथा $\begin{bmatrix} 2 & 1 \\ 0 & 1 \end{bmatrix}$

(c) $\begin{bmatrix} 4 & 1 \\ \frac{3}{2} & 2 \end{bmatrix}$ तथा $\begin{bmatrix} 1 & 1 \\ 1 & \frac{5}{2} \end{bmatrix}$

(d) $\begin{bmatrix} \frac{2}{5} & \frac{-12}{5} \\ \frac{-11}{5} & 3 \end{bmatrix}$ तथा $\begin{bmatrix} \frac{2}{5} & \frac{13}{5} \\ \frac{14}{5} & -2 \end{bmatrix}$

33. फलन $\rho : X \to R$ छद्म दूरीक समष्टि कहलाती है, यदि–

(a) $\rho(x, y) = 0$, यदि केवल $x = y$
(b) $\rho(x, y) = 0$, कुछ $x \neq y$ के लिए
(c) $\rho(x, y) = 0, x = y$ के लिए
(d) इनमें से कोई नहीं

34. यदि $\{x, \rho\}$ दूरीक समष्टि है, तब सभी $x, y, z \in X$ के लिए–

(a) $\rho(x, y) \leq \rho(x, z) + \rho(z, y)$
(b) $\rho(x, y) \geq \rho(x, z) + \rho(z, y)$
(c) $\rho(x, y) \leq 0$
(d) इनमें से कोई नहीं

35. यदि $\{x, \rho\}$ दूरीक समष्टि है, तब सभी $x, y, \in X$ के लिए–

(a) $\rho(x, y) \leq 0$
(b) $\rho(x, y) = 0$, कुछ $x \neq y$ के लिए
(c) $\rho(x, y) = 0$, यदि $x = y$ केवल
(d) इनमें से कोई नहीं

36. 270 तथा 405 का लघुत्तम समापवर्त्य तथा महत्तम समापवर्तक का अनुपात ज्ञात कीजिए।

(a) 6 : 1 (b) 2 : 3
(c) 3 : 2 (d) 1 : 6

37. रेखाओं $4x - 8y + 65 = 0$ तथा $8x - 16y - 78 = 0$ के बीच की दूरी है?

(a) $\frac{4}{\sqrt{13}}$ (b) $\frac{13}{\sqrt{5}}$
(c) $\frac{3}{\sqrt{5}}$ (d) $\frac{26}{\sqrt{5}}$

38. A, B की तुलना में तीन गुना सक्षम कारीगर है, इसलिए वह एक कार्य B की तुलना में उससे 60 दिन कम में पूरा कर लेता है। तद्नुसार वे दोनों मिलकर वह कार्य कितने दिनों में कर सकते हैं?

(a) 22 (b) $22\frac{1}{2}$
(c) 23 (d) $23\frac{1}{4}$

39. आंधी से एक पेड़ का ऊपरी हिस्सा टूटकर पृथ्वी से 30° का कोण बनाता है। पेड़ की जड़ से उस स्थान की दूरी, जहाँ पेड़ का सिरा पृथ्वी को छूता है, 15 मीटर है तो पेड़ के टूटे भाग की लम्बाई होगी–

(a) $15\sqrt{3}$ मीटर (b) $10\sqrt{3}$ मीटर
(c) $10\sqrt{2}$ मीटर (d) $15\sqrt{2}$ मीटर

40. दो अंकों वाली किसी संख्या की पुनरावृत्ति करने से (जैसे–3737 या 6363) बनी चार अंकों वाली संख्या सदैव निम्नलिखित से विभाज्य है–

(a) 11 (b) 13
(c) 101 (d) 10001

41. किसी आयत के ऊपर बने अर्द्धवृत्त के आकार वाली खिड़की है। खिड़की का सम्पूर्ण परिमाप 10 मी. है। पूर्णतया खुली खिड़की से अधिकतम प्रकाश आने के लिए खिड़की की विमाएँ हैं–

(a) लम्बाई = चौड़ाई = $\frac{1}{\pi+4}$

(b) लम्बाई = $\frac{20}{\pi+4}$ तथा चौड़ाई = $\frac{10}{\pi+4}$

(c) लम्बाई = $\frac{2}{\pi+4}$ तथा चौड़ाई = $\frac{1}{\pi+4}$

(d) उपर्युक्त में से कोई नहीं

42. परवलय $y^2 = 4ax$ पर कोई बिन्दु p पर खींचीं गई स्पर्श रेखा नियता को बिन्दु K पर मिलता है, तब KP द्वारा नाभि पर बना कोण है–

(a) 30° (b) 45°
(c) 60° (d) 90°

43. यदि परवलय के बिन्दु R व O पर खींची गई स्पर्श T पर मिलती है, तब SP, ST व SQ है–

(a) समान्तर श्रेणी में (b) गुणोत्तर श्रेणी में
(c) हरात्मक श्रेणी में (d) इनमें से कोई नहीं

44. त्रिभुज ABC में यदि a, c और कोण A दिये हुए हैं और $c \sin A < a < c$, तो–

(a) $b_1 + b_2 = 2c \cos A$ (b) $b_1 + b_2 = c \cos A$
(c) $b_1 + b_2 = 3c \cos A$ (d) $b_1 + b_2 = 4c \sin A$

45. किसी त्रिभुज में यदि a, b, A दिये हों और $b_2 = 2b_1$ जहाँ b_1, b_2 तीसरी भुजा के दो मान हैं, तो–

(a) $3a = c\sqrt{(1+8\sin^2 A)}$ (b) $2a = c\sqrt{(1+8\sin^2 A)}$
(c) $a = c\sqrt{(1+8\sin^2 A)}$ (d) $4a = c\sqrt{(1+8\sin^2 A)}$

46. श्रेणी $1 - \frac{1}{2} + \frac{1}{4} - \frac{1}{8} + ...$ के प्रथम 8 पदों का योग क्या है–

(a) $\frac{89}{128}$ (b) $\frac{57}{384}$
(c) $\frac{85}{128}$ (d) इनमें से कोई नहु

47. निम्न चित्र में, ∠BAP = 80° तथा ∠ABC = 30° हो, तो ∠AQC का मान होगा–

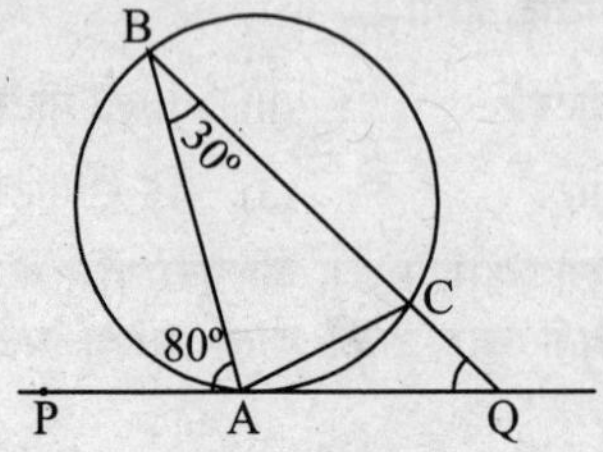

(a) 55° (b) 110°
(c) 50° (d) 65°

48. A, 4 किमी/घण्टा की चाल से पैदल चलता है। उसवेळ 4 घण्टे बाद B साइकिल द्वारा 10 किमी/घण्टे की चाल से उसके पीछे चलता है। प्रारम्भिक स्थान से कितनी दूरी पर B, A को पकड़ लेगा?

(a) 21·5 किमी (b) 26·7 किमी
(c) 26 किमी (d) 27 किमी

49. श्रेणी 2 + 4 + 3 + 8 + 4 + 12 + 5 + 16 + ... 32 पदों तक योगफल होगा–

(a) 673 (b) 696
(c) 687 (d) 688

50. $\int \cos^3 x e^{\log \sin x} dx$ का मान होगा–

(a) $\frac{1}{2}\cos^3 x + C$ (b) $\frac{1}{3}\cos^2 x + C$
(c) $-\frac{1}{4}\cos^4 x + C$ (d) $\frac{1}{5}\cos^4 x + C$

51. अतिपरवलय जिसकी उत्केन्द्रता $\frac{3}{2}$ तथा नाभियाँ $(\pm 2, 0)$ हो, का समीकरण है–

(a) $\frac{x^2}{4} - \frac{y^2}{5} = \frac{4}{9}$ (b) $\frac{x^2}{9} - \frac{y^2}{9} = \frac{4}{9}$
(c) $\frac{x^2}{4} - \frac{y^2}{9} = 1$ (d) इनमें से कोई नहीं

52. m का वह मान जिसके लिए $(m \geq 3)$ समीकरण $x^2 - (m-2)x + (m-3) = 0$ के मूलों के घनों का योग न्यूनतम होगा, है–

(a) 3 (b) 5
(c) 6 (d) 7

53. $\int_0^1 xe^{x^2} dx$ का मान होगा–

(a) $\frac{e-1}{2}$ (b) $e^2 + 1$
(c) $2(e-1)$ (d) $e^2 - 1$

54. $(4^{61} + 4^{62} + 4^{63} + 4^{64})$ निम्नलिखित में से किस संख्या से पूर्णतः विभाज्य होगी?

(a) 3 (b) 5
(c) 10 (d) 7

55. 9600 में से कौन-सी न्यूनतम संख्या घटाई जाए कि प्राप्त संख्या 78 से पूर्णतः विभाज्य होगी?

(a) 3 (b) 2
(c) 6 (d) 1

56. दीर्घवृत्त $\frac{x^2}{9} + \frac{y^2}{4} = 1$ की लम्बवत् स्पर्श रेखाओं के प्रतिच्छेदन बिन्दु का बिन्दुपथ है–

(a) $x^2 + y^2 = 9$ (b) $x^2 + y^2 = 4$
(c) $x^2 + y^2 = 13$ (d) $x^2 + y^2 = 5$

57. यदि दीर्घवृत्त $x^2+2y^2=2$ पर स्पर्श रेखाएँ खींची जाती हैं, तब निर्देशांक अक्षों के बीच स्पर्श रेखाओं द्वारा काटे गए अन्तःखण्ड के मध्य-बिन्दु का बिन्दुपथ है–

(a) $\frac{1}{2x^2}+\frac{1}{4y^2}=1$ (b) $\frac{1}{4x^2}+\frac{1}{2y^2}=1$

(c) $\frac{x^2}{2}+\frac{y^2}{4}=1$ (d) $\frac{x^2}{4}+\frac{y^2}{2}=1$

58. एक चुनाव में प्रत्याशियों की संख्या पदों से 1 अधिक है। यदि एक प्रत्याशी 254 तरीकों से मत दे सकता है, तो प्रत्याशियों की कुल संख्या है–

(a) 6 (b) 7
(c) 8 (d) 10

59. यदि $\left(y^4+\frac{1}{y^3}\right)^{18}$ के प्रसार में rवें पद में y^2 आता है, तो r का मान क्या है?

(a) 10 (b) 9
(c) 11 (d) 2

60. वक्र $f(x)=1-\frac{x^2}{4}, x\in[-2,2]$ और X-अक्ष के द्वारा परिबद्ध क्षेत्र का क्षेत्रफल क्या है?

(a) $\frac{8}{3}$ वर्ग इकाई (b) $\frac{4}{3}$ वर्ग इकाई

(c) $\frac{2}{3}$ वर्ग इकाई (d) $\frac{1}{3}$ वर्ग इकाई

61. अवकल समीकरण $\frac{dy}{dx}+\frac{y}{x.\log x}=\frac{1}{x}$ का हल है–

(a) $y=\frac{1}{2}\log x+C(\log x)^{-1}$

(b) $y=\log x+C(\log x)^{-1}$

(c) $y=\frac{1}{2}\log x+\frac{C}{(\log x)^2}$

(d) $y=\frac{1}{3}\log x-C(\log x)^{-1}$

62. $\frac{2}{1!}+\frac{6}{2!}+\frac{12}{3!}+\frac{20}{4!}+......$ का योगफल होगा–

(a) e (b) $2e$
(c) $3e$ (d) $7e$

63. संख्याओं 1, 2, 3, 4, 5, ... 99, 100 में से एक संख्या का यादृच्छिक रूप से चयन किया जाता है। इसके अभाज्य होने की संख्या होने की प्रायिकता है–

(a) 0·4 (b) 0·25
(c) 0·45 (d) 0·43

64. यदि $X=\{m\in N: 5<m<18\}$ और $Y=\{m\in N:$ सम संख्या है, $10<m<18\}$ हो, तो–

(a) $X\cap Y=\{6, 7, 8, 9, 10, 11, 12, 13, 14, 15, 16, 17\}$
(b) $X\cap Y=\{12, 14, 16\}$
(c) $(X-Y)=\{6, 8, 10, 12, 14, 16\}$
(d) इनमें से कोई नहीं

65. अवकल समीकरण $(x^2y-2xy^2)\,dx-(x^3-3x^2y)\,dy$ का समाकलन गुणांक है–

(a) $\frac{1}{xy}$ (b) xy

(c) x^2y^2 (d) $\frac{1}{x^2y^2}$

66. माना $A=\{0, 1, 3, 4\}$, $B=\{5, 6, 1, 3, 9\}$ और $C=\{1, 2, 3, 4, 9, 13\}$, तब $(A\cap B)\cup C$ है–

(a) {1, 2, 3, 4, 9, 13} (b) {0, 1, 2, 3, 4, 9, 13}
(c) {0, 1, 3} (d) {1, 3}

67. $\left(\frac{x}{2}-\frac{3}{x^2}\right)^{10}$ के प्रसार में x^4 का गुणांक होगा–

(a) $\frac{405}{256}$ (b) $\frac{504}{259}$

(c) $\frac{450}{263}$ (d) इनमें से कोई नहीं

68. यदि $e^{i\cdot\pi/2}=i$ जहाँ $i=\sqrt{-1}$, तब $e^{z+2\pi i}$ का मान बराबर है–

(a) e^{2z} (b) e^{-2z}
(c) e^{z} (d) e^{-z}

69. यदि $(p+1), 3p, (4p+2)$ समान्तर श्रेढ़ी में है, तो p का मान होगा–

(a) 1 (b) 2
(c) 3 (d) 4

70. यदि $A=\{1, 2, 3, 4\}$ और $R=\{(1, 3), (3, 4), (1, 4)\}$, तब R हैं–

(a) स्वतुल्य (b) सममित
(c) संक्रामक (d) इनमें से कोई नहीं

71. यदि समीकरण $x^2-2(k+1)x+\frac{9}{2}k=0$ के दो सर्व-समिकीय मूल हैं, तब k का मान होगा–

(a) $k=1, 2$ (b) $k=2, \frac{1}{2}$

(c) $k=3, \frac{1}{2}$ (d) इनमें से कोई नहीं

72. यदि किसी गुणोत्तर श्रेणी का $(p+q)$वाँ पद m है तथा $(p-q)$वाँ पद n है। तब उस श्रेणी का pवाँ पद क्या होगा?

(a) $\sqrt{mn}$ (b) $\sqrt{\frac{m}{n}}$

(c) $\sqrt{\frac{n}{m}}$ (d) $(mn)^{3/2}$

73. $\lim_{n\to\infty}\left(\cos\frac{x}{n}\right)^n$ का मान बराबर है–

(a) ∞ (b) 1

(c) 0 (d) इनमें से कोई नहीं

74. $\lim_{x\to\infty}\left(\sqrt{x+1}-\sqrt{x}\right)\sqrt{x}$ बराबर है–

(a) ∞ (b) 1

(c) $\frac{1}{2}$ (d) 2

75. वृत्त $x^2+y^2-13x-5y+16=0$ का केन्द्र है–

(a) (13, 5) (b) (–13, – 5)

(c) $\left(\frac{13}{2},\frac{5}{2}\right)$ (d) $\left(\frac{-13}{2},\frac{-5}{2}\right)$

76. यदि $y=\frac{\sin^{-1}x}{\sqrt{1-x^2}}$, तब $(1-x^2)y_1-xy$ का मान बराबर होगा–

(a) 0 (b) 1

(c) –1 (d) इनमें से कोई नहीं

77. यदि वृत्त $x^2+y^2-18x+12y+k=0$ की त्रिज्या 11, तो k का मान है–

(a) 347 (b) 4

(c) – 4 (d) 49

78. यदि समीकरण $\frac{k(x+1)^2}{3}+\frac{(y+2)^2}{4}=1$ किसी वृत्त को दर्शाये तो k का मान होगा–

(a) 1 (b) $\frac{4}{3}$

(c) 12 (d) $\frac{3}{4}$

79. माना कि बारिश की एक गोलीय बूँद की वाष्पित होने की दर अपनी सतह के क्षेत्रफल के अनुपातीय है। यदि इसकी त्रिज्या प्रारंभ में 4 मिमी है और 2 घंटे बाद इसकी त्रिज्या 3 मिमी हो जाती है। किसी भी समय बारिश की बूँद की त्रिज्या ज्ञात करने के लिए व्यंजक बताइए–

(a) $4-\frac{1}{3}t$ (b) $4-t$

(c) $4-\frac{1}{2}t$ (d) $2-\frac{1}{2}t$

80. किसी बंटन का माध्य और विचलन क्रमशः 10 और 8 है, तब इस विचलन का गुणांक होगा–

(a) 0·8 (b) 8

(c) 1·25 (d) 80

81. A 75% मामलों में और B 80% मामलो में सच बोलता है, उन मामलों में जिनमें वे समान रूप एक घटना पर, एक दूसरे के विरुद्ध है, का प्रतिशत है–

(a) 30 (b) 35

(c) 40 (d) 45

82. दीर्घवृत्त $4x^2+9y^2-8x-36y+4=0$, का नाभिलम्ब, क्या होगा?

(a) $\frac{4}{3}$ (b) $\frac{\sqrt{5}}{3}$

(c) $\frac{16}{3}$ (d) $\frac{8}{3}$

83. वह कोण जिसकी sine का मान $-\frac{1}{2}$ है, है–

(a) $\frac{25\pi}{3}$ रेडियन (b) -1680° (अंश)

(c) 240^2 (ग्रेड) (d) 1290° (अंश)

84. यदि tan A + tan B + tan C = tan A tan B tan C, तब (A + B + C) बराबर नहीं होगा–

(a) 0 (b) $\frac{\pi}{2}$

(c) π (d) 2π

85. यदि $A=\begin{bmatrix}1 & 0\\ 0 & 1\end{bmatrix}$, $B=\begin{bmatrix}0 & 1\\ -1 & 0\end{bmatrix}$ तथा

$C=\begin{bmatrix}\cos\theta & \sin\theta\\ -\sin\theta & \cos\theta\end{bmatrix}$, तब निम्नलिखित में से कौन-सा सत्य हैं?

(a) $C=A\cos\theta-B\sin\theta$

(b) $C=A\sin\theta+B\cos\theta$

(c) $C=A\sin\theta-B\cos\theta$

(d) $C=A\cos\theta+B\sin\theta$

86. $\int_0^\pi \cos^3 x\,dx$ का मान होगा–

(a) 0 (b) 1

(c) 2 (d) 3

87. $\cos(\sec^{-1}x)$ बराबर है–

(a) x (b) $\cos^2 x$

(c) $\frac{1}{x}$ (d) इनमें से कोई नहीं

88. अतिपरवलय $9x^2 - 16y^2 + 18x + 32y - 151 = 0$ का केन्द्र होगा–

(a) (1, 1) (b) (–1, 1)
(c) (1, – 1) (d) (1, 2)

89. $(r_2 + r_3)\sqrt{\left(\frac{rr_1}{r_2r_3}\right)}$ का मान होगा–

(a) a (b) b
(c) c (d) $\frac{a+b+c}{3}$

90. समुच्चय $\{x : x^3 - 4x = 0\}$ के समान समुच्चय है।

(a) {– 2, 0, 2} (b) {2, 0, – 3}
(c) {– 3, 0, 2} (d) {2, 0, –2}

91. यदि $p(n) : 3^n < n\,!, n \in N$, तब P(n) सत्य है।

(a) $n \geq 6$ के लिए (b) $n \geq 7$ के लिए
(c) $n \geq 3$ के लिए (d) सभी n के लिए

92. m का वह लघुत्तम, मान कितना है, जिसके लिए $f(x) = x^2 + mx + 5$ अन्तराल $1 \leq x \leq 2$ में वर्द्धमान हैं?

(a) $m = 0$ (b) $m = -1$
(c) $m = -2$ (d) $m = -3$

93. $\int \sec x^o\, dx$ के तुल्य क्या हैं?

(a) $\log(\sec x^o + \tan x^o) + C$

(b) $\frac{\pi \log \tan\left(\frac{\pi}{4}+\frac{x}{2}\right)}{180^o} + C$

(c) $\frac{180^o \log \tan\left(\frac{\pi}{4}+\frac{x}{2}\right)}{\pi} + C$

(d) $\frac{180^o \log \tan\left(\frac{\pi}{4}+\frac{\pi x}{360^o}\right)}{\pi} + C$

94. यदि किसी त्रिभुज की तीनों भुजाओं का योग $(6+2\sqrt{3})$ है तथा आधार कोण क्रमशः 30° तथा 60° हों, तो उस त्रिभुज की भुजाएँ हैं।

(a) $\sqrt{3}, 2, 4$ (b) $2, \sqrt{3}, 4$
(c) $2, 2\sqrt{3}, 4$ (d) $3, 3\sqrt{2}, 4\sqrt{3}$

95. एक रेफ्रिजरेटर में बर्फ कोष्ठ 8 सेमी गहरा, 5 सेमी ऊँचा तथा 4 सेमी चौड़ा है। इसमें कितने बर्फ घन होंगे? यदि प्रत्येक घन इसके सिर पर 2 सेमी है।

(a) 16 (b) 20
(c) 24 (d) 12

96. 1.26 मीटर व्यास का एक पहिया 500 चक्करों में कितनी दूरी तय करेगा?

(a) 650 मी. (b) 1570 मी.
(c) 1980 मी. (d) 3960 मी.

97. दस सेंटीमीटर त्रिज्या वाले गोले को गलाकर उसे 0.5 सेमी त्रिज्या की छोटी गोलियाँ बनाई जाती हैं। कुल कितनी गोलियाँ बनेंगी?

(a) 200 (b) 4000
(c) 6000 (d) 8000

98. दिये गये चित्र में $DE \parallel BC$ तथा $\frac{AD}{BD} = \frac{3}{5}$। यदि $AC = 4.8$ सेमी. है, तो AE का मान निकालें।

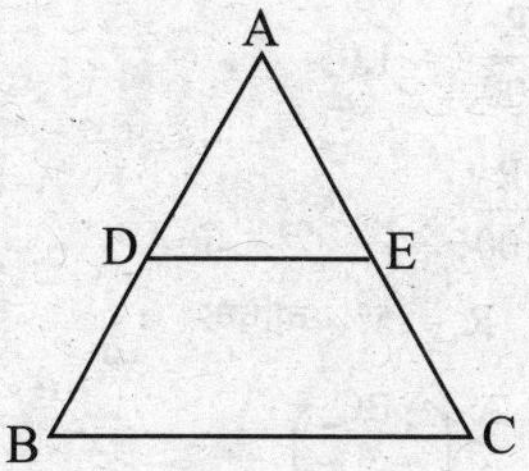

(a) 1.6 सेमी. (b) 2.0 सेमी.
(c) 1.5 सेमी. (d) 1.8 सेमी.

99. नीचे दिए गए चित्र में यदि $AP = 6$ सेमी, $AB = 2$ सेमी, $PC = 8$ सेमी है तो CD की लम्बाई है।

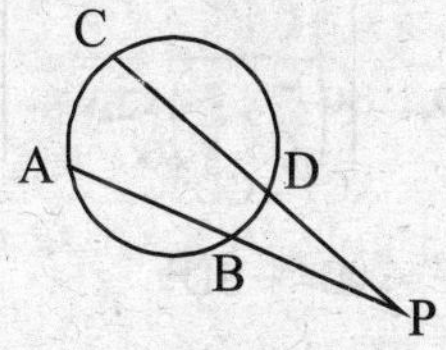

(a) 4 सेमी (b) 3 सेमी
(c) 5 सेमी (d) 6 सेमी

100. नीचे दिए गए चित्र में, ABC एक समबाहु त्रिभुज है इसलिए $\angle D$ और $\angle E$ हैं।

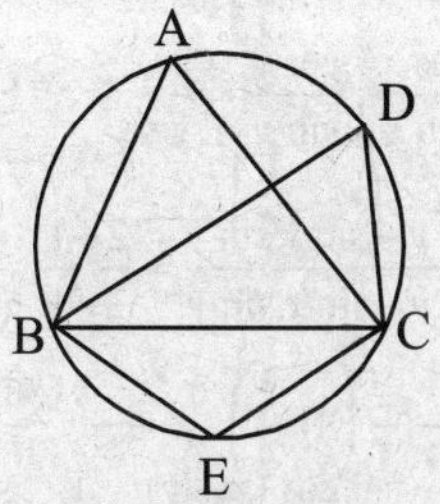

(a) 40°, 140° (b) 30°, 150°
(c) 90°, 90° (d) 60°, 120°

उत्तर (हल/संकेत)

1. (a) मिश्रधन (a) $= P\left(1+\frac{R}{100}\right)^n$

$$1102.5 = 1000\left(1+\frac{R}{100}\right)^2$$

$$\Rightarrow \left(1+\frac{R}{100}\right)^2 = \frac{1102.5}{1000}$$

$$\Rightarrow \left(1+\frac{R}{100}\right) = \sqrt{\frac{1102.5}{1000}}$$

$$\Rightarrow 1+\frac{R}{100} = 1.05$$

$$\Rightarrow \frac{R}{100} = 0.05$$

$\Rightarrow$ R = 5% वार्षिक

2. (b) दिया है, AC = BC

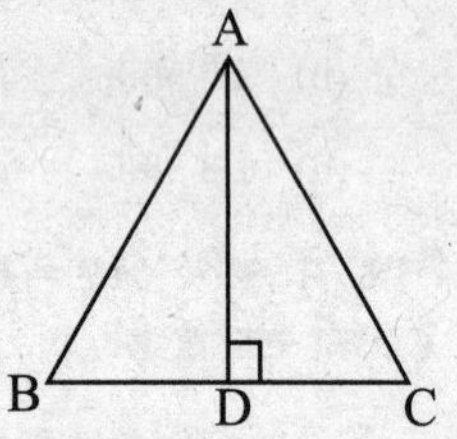

$AD \perp BC$

$AD^2 = AC^2 - CD^2$

तथा $AB^2 = AD^2 + BD^2$

$= AC^2 - CD^2 + (BC - CD)^2$

$= AC^2 - CD^2 + BC^2 + CD^2 - 2\,BC \cdot CD$

$= BC^2 + BC^2 - 2BC \cdot CD = 2\,BC\,(BC - CD)$

$= 2\,BC \cdot BD$

3. (a) दिया है, $\cot x \cot y = 2$

$$\Rightarrow \frac{\cos x}{\sin x}\cdot\frac{\cos y}{\sin y} = \frac{2}{1}$$

$$\Rightarrow \frac{\cos x.\cos y - \sin x.\sin y}{\cos x.\cos y - \sin x.\sin y} = \frac{2+1}{2-1}$$

(योगान्तरानुपात नियम से)

$$= \frac{\cos(x+y)}{\cos(x-y)} = \frac{1}{3}$$

$$= \cos(x+y)\sec(x-y) = \frac{1}{3}$$

4. (b) माना $A[at_1t_2, a(t_1+t_2)], B[at_2t_3, a(t_2+t_3)]$

तथा $C[(at_3t_1, a(t_3+t)]$

AB की प्रवणता $= \frac{a(t_3-t_1)}{at_2(t_3-t_1)} = \frac{1}{t_2}$

C से जाने वाली AB के लम्ब रेखा का समीकरण निम्न हैं,

$y - a(t_3+t_1) = -t_2(x - at_3t_1)$

$\Rightarrow y - a(t_3+t_1) = -t_2x + at_1t_2t_3$ ...(i)

इसी प्रकार, B से जाने वाली तथा CA के लम्ब रेखा का समीकरण निम्न है,

$y - a(t_2+t_3) = -t_1(x - at_2t_3)$

$\Rightarrow y - a(t_2+t_3) = -t_1x + at_1t_2t_3)$ ...(ii)

समी. (i) व समी. (ii) में,

$t_1t_2t_3 = -(t_1+t_2+t_3)$ से,

$y = -t_2x - at_2$

तथा $y = t_1x - at_1$

$\Rightarrow t_2(x+a) = t_1(x+a)$

$\Rightarrow x = -a, y = 0$

5. (c) दिया है, $\Delta_1 = \begin{vmatrix} 1 & 1 & 1 \\ yz & zx & xy \\ x & y & z \end{vmatrix}$

स्तम्भ तथा पंक्ति को परस्पर बदलने पर,

$$\Delta_1 = \begin{vmatrix} 1 & yz & x \\ 1 & zx & y \\ 1 & xy & z \end{vmatrix} = \frac{1}{xyz}\begin{vmatrix} x & xyz & x^2 \\ y & xyz & y^2 \\ z & xyz & z^2 \end{vmatrix}$$

$$= \frac{xyz}{xyz}\begin{vmatrix} x & 1 & x^2 \\ y & 1 & y^2 \\ z & 1 & z^2 \end{vmatrix}$$

C_1 तथा C_2 परस्पर बदलने पर,

$$= (-1)\begin{vmatrix} 1 & x & x^2 \\ 1 & y & y^2 \\ 1 & z & z^2 \end{vmatrix} = -\Delta$$

$$\Rightarrow \Delta_1 + \Delta = 0$$

6. (d) संक्रिया $C_1 \to C_1 - C_2 - C_3$ लगाने पर,

$$\Delta = \begin{vmatrix} \text{cosec}^2\theta - \cot^2\theta - 1 & \cot^2\theta & 1 \\ \cot^2\theta - \text{cosec}^2\theta + 1 & \text{cosec}^2\theta & -1 \\ 0 & 40 & 2 \end{vmatrix}$$

$$= \begin{vmatrix} 0 & \cot^2\theta & 1 \\ 0 & \text{cosec}^2\theta & -1 \\ 0 & 40 & 2 \end{vmatrix} = 0$$

7. (b) संक्रिया $C_1 \to C_1 - C_2$ लगाने पर,

$$\Delta = \begin{vmatrix} x-p & p & q \\ p-x & x & q \\ 0 & q & x \end{vmatrix} = (x-p)\begin{vmatrix} 1 & p & q \\ -1 & x & q \\ 0 & q & x \end{vmatrix}$$

$$= (x-p)\begin{vmatrix} 0 & p+x & 2q \\ -1 & x & q \\ 0 & q & x \end{vmatrix}$$

(संक्रिया $R_1 \to R_1 - R_2$ लगाने पर)

C_1 के सापेक्ष प्रसार करने पर,

$\Delta = (x-p)\ (px + x^2 - 2q^2)$

$= (x-p)\ (x^2 + px - 2q^2)$

8.(a) $A = \{o, w, l\}, B = \{l, o, w\}, C = \{w, o, l\}$

$\because$ A, B तथा C तीनों समुच्चयों में तीन-तीन अवयव हैं जोकि समान हैं।

$\therefore$ $A = B = C$

9.(a) $\because$ 100 छात्रों ने हिन्दी ली

$n(H) = 100$

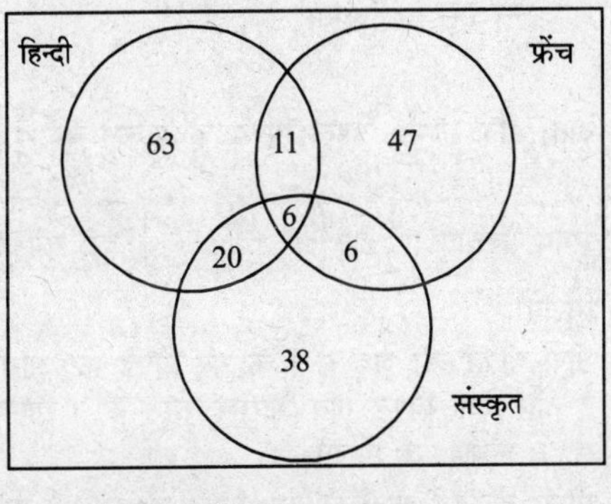

70 ने संस्कृत और 70 ने फ्रेंच ली

$\Rightarrow$ $n(S) = 70$

तथा $n(F) = 70$

n (केवल हिन्दी) = 63

n (केवल फ्रेंच) = 47

और n (केवल हिन्दी और फ्रेंच) = 11

n (केवल फ्रेंच और संस्कृत) = 6

अब, $n(F) = 70$

$\Rightarrow n$ (केवल फ्रेंच) + n (केवल हिन्दी और फ्रेंच)

+ n (केवल फ्रेंच और संस्कृत)

$+ n(H \cap F \cap S) = 70$

$\Rightarrow 47 + 11 + 6 + n(H \cap F \cap S) = 70$

$\Rightarrow n(H \cap F \cap S) = 70 - (47 + 11 + 6) = 70 - 64 = 6$

और $n(H) = 100$

$\Rightarrow 63 + 11 + 6 + n = 100$ (केवल हिन्दी और संस्कृत)

$\Rightarrow n$ (केवल हिन्दी और संस्कृत) = 20

$\Rightarrow n$ (केवल संस्कृत) $= 70 - (20 + 6 + 6) = 38$

10. (a) दिया है, $xy = e^{(x-y)}$

दोनों पक्षों का x के सापेक्ष अवकलन करने पर,

$$\frac{d}{dx}(xy) = \frac{d}{dx}(e^{x-y})$$

$$\Rightarrow x\frac{dy}{dx} + y.1 = e^{x-y}\frac{d}{dx}(x-y)$$

(बाएँ पक्ष में गुणनफल नियम तथा दाएँ पक्ष में श्रृंखला नियम का प्रयोग करने पर)

$$\Rightarrow x\frac{dy}{dx} + y = e^{x-y}\left(1 - \frac{dy}{dx}\right)$$

$$\Rightarrow x\frac{dy}{dx} + e^{x-y}\frac{dy}{dx} = e^{x-y} - y$$

$$\Rightarrow (x + e^{x-y})\frac{dy}{dx} = e^{x-y} - y$$

$$\Rightarrow \frac{dy}{dx} = \frac{e^{x-y} - y}{x + e^{x-y}} = \frac{xy - y}{x + xy}$$

($\because e^{x-y} = xy$, दिया है)

$$= \frac{y(x-1)}{x(1+y)}$$

11. (d) दिया है,

$f(x) = (1+x)(1+x^2)(1+x^4)(1+x^8)$

दोनों पक्षों का लघुगणक लेने पर,

$\log\{f(x)\} = \log\{(1+x)(1+x^2)(1+x^4)(1+x^8)\}$

$\Rightarrow \log\{f(x)\} = \log(1+x) + \log(1+x^2) + \log(1+x^4) + \log(1+x^8)$

दोनों पक्षों का x के सापेक्ष अवकलन करने पर,

$$\frac{d}{dx}\log\{f(x)\}$$

$$= \frac{d}{dx}\log(1+x) + \frac{d}{dx}\log(1+x^2) + d/dx \log(1+x^4) + d/dx \log(1+x^8)$$

$$\frac{1}{f(x)}f'(x) = \frac{1}{1+x}(1+0) + \frac{1}{1+x^2}(0+2x) + \frac{1}{1+x^4}(0+4x^3) + \frac{1}{1+x^8}(0+8x^7)$$

$\Rightarrow f'(x) = f'(x)$

$$\left\{\frac{1}{1+x}+\frac{2x}{1+x^2}+\frac{4x^3}{1+x^4}+\frac{8x^7}{1+x^8}\right\}$$

$\therefore f'(1) = (1+1)(1+1)(1+1)(1+1)$

$$\left\{\frac{1}{1+1}+\frac{2}{1+1}+\frac{4}{1+1}+\frac{8}{1+1}\right\}$$

$$= 2^4\left\{\frac{1}{2}+1+2+4\right\} = 16\left(\frac{15}{2}\right) = 120$$

12. (d) माना $y = (\log x)^{\log x}$

दोनों पक्षों का लघुगणक लेने पर,

$$\log y = \log[(\log x)^{\log x}]$$

$\Rightarrow \log y = \log x \log(\log x)$ ($\because \log m^n = n\log m$)

x के सापेक्ष दोनों पक्षों का अवकलन करने पर,

$$\frac{1}{y}\frac{dy}{dx} = (\log x)\frac{d}{dx}\log(\log x) + \log\log(x)\frac{d}{dx}\log(x)$$

$$= (\log x)\frac{1}{\log x}\frac{1}{x} + \log(\log x)\frac{1}{x}$$

$$= \frac{1}{x}\{1+\log(\log x)\}$$

$$\Rightarrow \frac{dy}{dx} = \frac{y}{x}\{1+\log(\log x)\}$$

$$= \frac{(\log x)^{\log x}}{x}\{1+\log(\log x)\}$$

$$= (\log x)^{\log x}\left[\frac{1}{x}+\frac{\log(\log x)}{x}\right]$$

13. (a) माना दोनों पिण्ड पहले पिण्ड के फेंकने के T समय बाद, प्रक्षेप बिन्दु से ऊँचाई H पर मिलते हैं, तो पहला पिण्ड T समय में तथा दूसरा पिण्ड $(T-t)$ समय में अभीष्ट दूरी H तय करेगा।

पहले पिण्ड की गति के लिए –

$u = u, h = H, t = T, f = -g$

$h = ut + \frac{1}{2}ft^2$ से,

$$H = ut - \frac{1}{2}gt^2 \quad \text{...(i)}$$

पुन: दूसरे पण्डि की गति के लिए –

$u = u, h = H, t = (T-t) . f = -g$

$h = ut + \frac{1}{2}ft^2$ से,

$$H = u(T-t) - \frac{1}{2}g(T-t)^2 \text{ ...(ii)}$$

समी. (i) व (ii) से H के मान बराबर रखने पर,

$$uT - \frac{1}{2}gT^2 = u(T-t) - \frac{1}{2}g(T-t)^2$$

$\Rightarrow \quad uT - \frac{1}{2}gt^2$

$$= uT - ut - \frac{1}{2}gT^2 - \frac{1}{2}gt^2 + gtT$$

$$\Rightarrow \quad gtT = ut + \frac{1}{2}gt^2$$

$$\therefore \quad T = \frac{ut + \frac{1}{2}gt^2}{gt}$$

$$= \frac{1}{g}\left[u + \frac{1}{2}gt\right]$$

[अब T का मान समी. (i) में रखने पर]

$$H = u\left(\frac{u}{g}+\frac{1}{2}t\right) - \frac{1}{2}g\left(\frac{u}{g}+\frac{1}{2}t\right)^2$$

$$= \left(\frac{u^2}{g}\right) + \frac{1}{2}ut - \frac{1}{2}\left(\frac{u^2}{g}\right) - \frac{1}{1}ut - \frac{1}{8}gt^2$$

$$= \frac{1}{2}\left(\frac{u^2}{g}\right) - \frac{1}{8}gt^2$$

$$= \frac{1}{2}g\left(u^2 - \frac{1}{4}g^2t^2\right)$$

अत: दोनों पिण्ड, पहले पिण्ड के फेंकने के $\frac{1}{g}\left(u+\frac{1}{2}gt\right)$ समय पश्चात् $\left(\frac{1}{2}g\right)\left(u^2 - \frac{1}{4}g^2t^2\right)$ दूरी तय करने के बाद मिलेंगे।

14. (d) माना मीनार की जड़ से फेंके गए पिण्ड का आरम्भिक वेग u है और दोनों पिण्ड गति आरम्भ करने के T सेकण्ड बाद जड़ से H ऊँचाई पर मिलते हैं।

$\because$ मीनार के जड़ से फेंका गया पिण्ड केवल 256 फुट की ऊँचाई तक जाता है।

$\therefore$ $v^2 = u^2 + 2fh$ से,

$$0 = u^2 - 2 \times 32 \times 256$$

$\therefore$ $u = 128$ फुट/सेकण्ड

गिरते हुए पिण्ड के लिए –

$$256 - H = \frac{1}{2} \times 32 \times T^2 \quad \text{...(i)}$$

ऊपर फेंके गए पिण्ड के लिए –

$$H = 128\,T - \frac{1}{2} \times 32 \times T^2 \quad \text{...(ii)}$$

समी. (i) व (i) को जोड़ने पर,

$$256 = 128\,T$$

$\therefore$ $T = 2$ सेकण्ड

अब समी. (i) में का T मान रखने पर,

$$256 - H = 16 \times (2)^2$$

$$H = 256 - 64$$

$\Rightarrow$ $= 192$ फुट

15. (b) माना मीनार के पाद से u सेमी/सेकण्ड के वेग से फेंका गया पिण्ड मीनार की चोटी से गिराए गए पिण्ड से, T सेकण्ड बाद, मीनार के मध्य बिन्दु पर मिलता है और तब उसका वेग v सेमी/सेकण्ड है, अतएव दोनों पिण्ड T सेकण्ड में $\frac{8829}{2}$ सेमी की दूरी तय करते हैं।

गिरते हुए पिण्ड की गति के लिए –

$u = 0, f = 981$ सेमी/सेकण्ड^2, $t = T$ सेकण्ड,

$$h = \frac{8829}{2} \text{ सेमी}$$

$\therefore$ $h = ut + \frac{1}{2}ft^2$ से,

$$\frac{8829}{2} = \frac{1}{2} \times 981 \times T^2$$

$\Rightarrow$ $981\ T^2 = 8829$

$\Rightarrow$ $T^2 = 9$

$\therefore$ $T = 3$ सेकण्ड

ऊपर फेंके गए पिण्ड की गति के लिए –

$u = u, f = -981$ सेमी/सेकण्ड^2, $t = T = 3$ सेकण्ड,

$$h = \frac{8829}{2} \text{ सेकण्ड}$$

$\therefore$ $h = ut + \frac{1}{2}ft^2$ से,

$$\frac{8829}{2} = u.3 - \frac{1}{2} \times 981 \times (3)^2$$

$\Rightarrow$ $3u = \frac{8829}{2} + \frac{8829}{2} = 8829$

$\therefore$ $u = 2943$ सेमी/सेकण्ड

16. (b) $\because$ सभी बिन्दु A,B,C,D व E समतलीय हैं।

$\therefore$ परिणामी $= (AC + AD + AE) + (CB + DB + EB)$

$= (AC + CB) + (AD + DB) + (AE + EB)$

$= AB + AB + AB = 3AB$

17. (d) चूँकि ABCDEF समषट्भुज है अत: AD, BC के समान्तर है

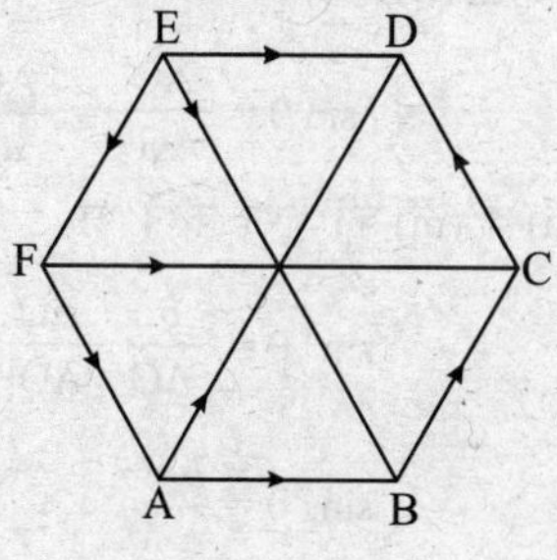

$\Rightarrow$ $AD = 2BC$

इसी प्रकार, EB, FA के समान्तर है

$\Rightarrow$ $EB = 2FA$

तथा FC, AB के समान्तर है

$\Rightarrow$ $FC = 2FA$

तथा FC, AB के समान्तर है

अत: $AD + EB + FC = 2BC + 2FA + 2AB$

$= 2(FA + AB + BC)$

$= 2(FC) = 2\,(2AB) = 4AB$

18. (d) माना $R_1 = 2\hat{i} + 4\hat{j} - 5\hat{k}$

तथा $R_2 = \hat{i} + 2\hat{j} + 3\hat{k}$

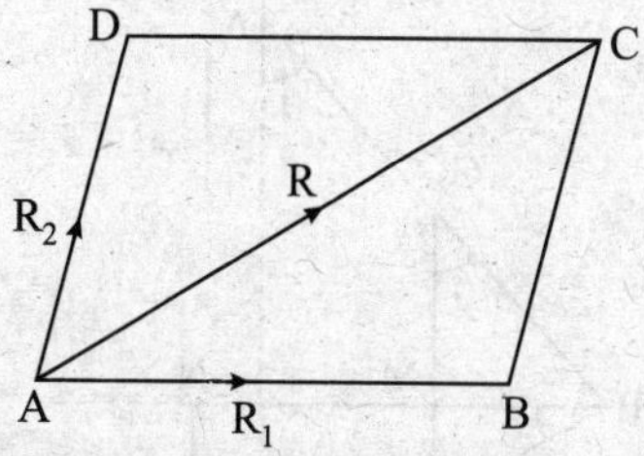

$\therefore$ R (AC के अनुदिश)

$$= R_1 + R_2 = 3i + 6j - 2k$$

$\therefore a$ (AC के अनुदिश इकाई सदिश)

$$= \frac{R}{|R|} = \frac{3\hat{i} + 6\hat{j} - 2\hat{k}}{\sqrt{9 + 36 + 4}}$$

$$= \frac{1}{7}(3\hat{i} + 6\hat{j} - 2\hat{k})$$

19. (d) $\because$ $y = be^{-x/a}$ ...(i)

तथा यह वक्र y-अक्ष को काटता है।

$\Rightarrow$ $y = b$

समी (i) का अवकलन करने पर,

$$\frac{dy}{dx} = \frac{-b}{a}e^{-x/a}$$

(0, b) पर, $\left(\frac{dy}{dx}\right)_{(0,b)} = \frac{-b}{a}e^{-0/a} = \frac{-b}{a}$

$\therefore$ स्पर्श रेखा का समीकरण निम्न है।

$$y - b = \frac{-b}{a}(x - 0)$$

$\Rightarrow$ $\frac{y}{b} - 1 = -\frac{x}{a}$

$\Rightarrow$ $\frac{x}{a} + \frac{y}{b} = 1$

20. (b) **21.** (b) **22.** (d)

23. (a) दण्ड AB और BC के भार aw और bw उनके मध्य बिन्दु क्रमशः G_1 और G_2 पर कार्य करते हैं।

चूँकि दण्ड, बिन्दु B पर दृढ़ता से जुड़े हुए हैं इसलिए B पर कोई क्रिया अथवा प्रतिक्रिया नहीं होगी।

चूँकि दण्डों भारों की क्रिया रेखाएँ ऊर्ध्वाधर हैं, इसलिए सन्तुलन के लिए A पर प्रतिक्रिया R भी उर्ध्वाधर दिशा में होगी।

B से एक क्षैतिज रेखा खींची जो R, aw और bw की क्रिया-रेखाओं से क्रमशः L, M और N बिन्दुओं पर मिलती है।

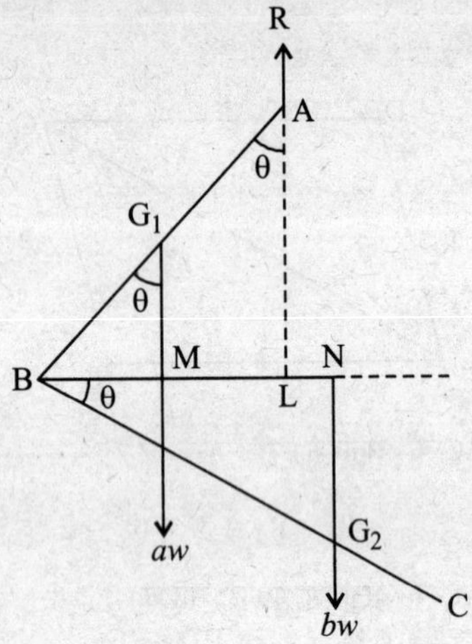

$$\angle G_2 BM = \angle B G_1 M$$
$$= \angle BAL = \theta$$

$\therefore$ $\angle ABC = 90°$ (दिया है)

समकोण Δ ALB में,

$$BL = AB \sin\theta = a \sin\theta \quad [\because AB = a]$$

और समकोण $\Delta G_1 MB$ में,

$$BM = BG_1 \sin\theta$$
$$= \frac{1}{2} AB \sin\theta$$
$$= \frac{1}{2} . a \sin\theta$$

तथा समकोण $\Delta G_2 NB$ में

$$BN = BG_2 \cos\theta$$
$$= \frac{1}{2} BC \cos\theta$$
$$= \frac{1}{2} b \cos\theta$$

$\therefore$ $LM = BL - BM$

$$= a\sin\theta - \frac{1}{2} a \sin\theta$$
$$= \frac{1}{2} a \sin\theta$$

और $LN = BN - BL$

$$= \frac{1}{2} b\cos\theta - a \sin\theta$$

अब बिन्दु L के सापेक्ष आघूर्ण लेने पर

$$aw . LM = bw. LN$$

$\Rightarrow$ $aw \left(\frac{1}{2} a \sin\theta\right) = bw \left(\frac{1}{2} b\cos\theta - a\sin\theta\right)$

$\Rightarrow$ $a^2 \sin^2\theta = b^2 \cos\theta - 2ab \sin\theta$

$\Rightarrow$ $(a^2 + 2ab) \sin\theta = b^2 \cos\theta$

$\therefore$ $\tan\theta = \dfrac{b^2}{a^2 + 2ab}$

24. (d) माना ऊर्ध्वाधर से θ कोण पर झुके हुए समदण्ड AB का भार W है जो उसके मध्य बिन्दु G पर कार्य करता है।

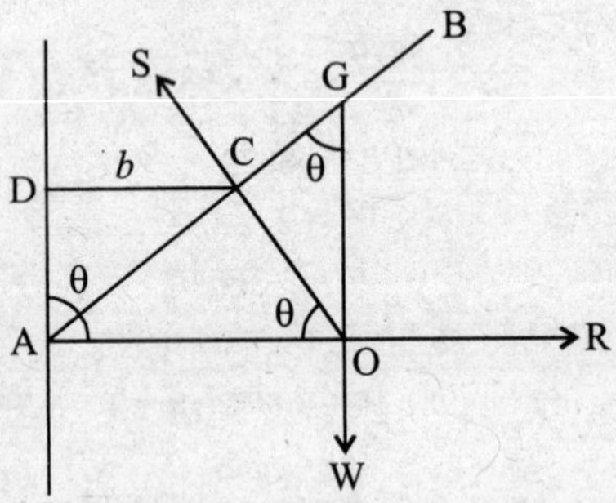

माना चिकने क्षैतिज छड़ का अनुप्रस्थ-परिच्छेद (cross-section) C है जिसकी दीवार से दूरी b है।

$\therefore$ $CD = b$

माना A पर दीवार के लम्बवत् प्रतिक्रिया R और C पर दण्ड के लम्बवत् प्रतिक्रिया S की क्रिया-रेखाएँ बिन्दु O पर मिलती हैं, तो सन्तुलन के लिए भार W की क्रिया-रेखा भी O से होकर जाएगी।

अब समकोण Δ ADC में,

$$\sin\theta = \frac{CD}{AC} = \frac{a}{AC} \quad ....(i)$$

समकोण ΔACO में,

$$\sin\theta = \frac{AC}{AO} \quad ....(ii)$$

और समकोण ΔAOG में,

$$\sin\theta = \frac{AO}{AG} = \frac{AO}{a} \quad ....(iii)$$

समी. (i), (ii) व (iii) को गुणा करने पर,

$$\sin^3\theta = \frac{b}{AC} \cdot \frac{AC}{AO} \cdot \frac{AO}{a}$$

$\Rightarrow$ $\sin^3\theta = \dfrac{b}{a}$

$\Rightarrow \quad \sin\theta = \left(\frac{b}{a}\right)^{\frac{1}{3}}$

$\therefore \quad \theta = \sin^{-1}\left(\frac{b}{a}\right)^{\frac{1}{3}}$

25. (a) माना शंकु का शीर्ष A, वक्रपृष्ठ AB तथा अक्ष AC है। माना G, शंकु का गुरुत्व केन्द्र है, तो $AG = \frac{3}{4} \times$ ऊँचाई $= \frac{3}{4}h$

माना क्षैतिज पटरी, जिस पर शंकु टिका हुआ है, का अनुप्रस्थ परिच्छेद D हैं।

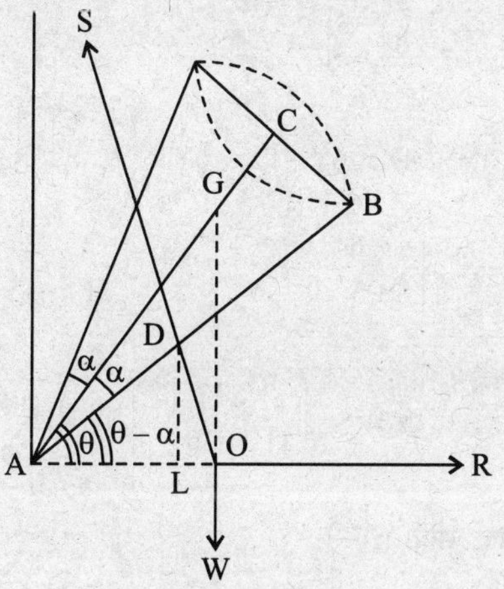

A से एक क्षैतिज रेखा खींची, और D से उस पर लम्ब DL डाला, तो

AL = दीवार से क्षैतिज पटरी की दूरी = C

माना A पर दीवार के लम्बवत् प्रतिक्रिया R और D पर पृष्ठ AB के लम्बवत् प्रक्रिया S की क्रिया-रेखाएँ बिन्दु O पर मिलती हैं, तो सन्तुलन के लिए भार W की क्रिया रेखा भी O में होकर जाएगी।

प्रश्नानुसार $\angle OAC = \theta$

$\angle BAC = \alpha$

$\therefore \quad \angle OAD = \theta - \alpha$

अब ΔAOG में $AO = AD\cos\theta$

$= \frac{3}{4}h\cos\theta \quad \ldots(i)$

पुनः ΔADO में $AO = AD\sec(\theta-\alpha) \quad \ldots(ii)$

और ΔADL में $AD = AL\sec(\theta-\alpha)$

$= C\sec(\theta-\theta) \quad \ldots(iii)$

समी, (ii) में AD और AD के मान रखने पर

$$\frac{3}{4}h.\cos\theta = C\sec(\theta-\alpha).\sec(\theta-\alpha)$$

$\Rightarrow \quad 3h = 4C\sec^2(\theta-\alpha).\sec\theta$

26. (c)

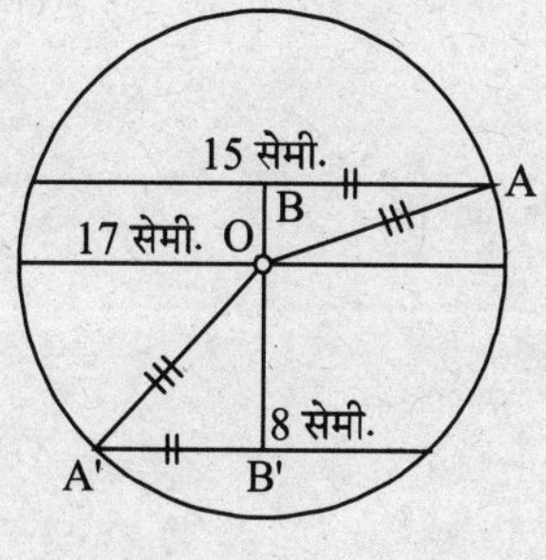

ΔOAB में,

$(OB)^2 = (OA)^2 - (AB)^2$

$= (8.5)^2 - (7.5)^2 = (8.5 + 7.5)(8.5 - 7.5)$

$\Rightarrow \quad OB = \sqrt{16} = 4$ सेमी.

अब $\Delta OAB'$ में,

$(OB')^2 = (OA')^2 - (A'B')^2 = (8.5)^2 - (4)^2 = 56.25$

$\Rightarrow \quad OB' = 7.5$ सेमी.

अतः अभीष्ट दूरी = 4 + 7.5 = 11.5 सेमी.

27. (b) $\therefore \quad \angle BOC = 2A \quad \therefore \angle BOD = A$

जहाँ D, BC का मध्य बिन्दु है।

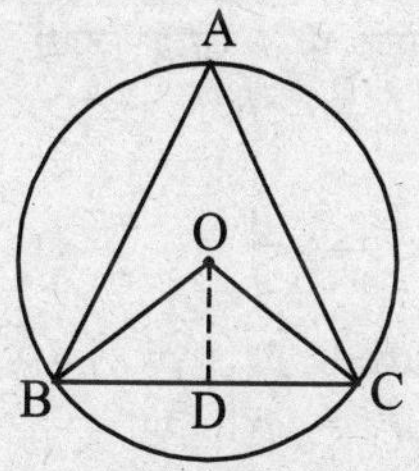

$\angle OBC = 90^\circ - \angle BOD = 90^\circ - A$

$\angle OBC + \angle BAC = 90^\circ - A + A = 90^\circ$

28. (c) दिया है $\sin^{-1}x + \tan^{-1}x = \frac{\pi}{2}$

हम जानते हैं कि $\sin^{-1}x = \tan^{-1}\frac{x}{\sqrt{1-x^2}}$

$\therefore \quad \tan^{-1}\frac{x}{\sqrt{1-x^2}} + \tan^{-1}x = \frac{\pi}{2}$

$$\left[\because \tan^{-1}x + \tan^{-1}y = \tan^{-1}\left(\frac{x+y}{1-xy}\right)\right]$$

$$\tan^{-1}\left[\frac{\frac{x}{\sqrt{1-x^2}} + x}{1 - \frac{x^2}{\sqrt{1-x^2}}}\right] = \frac{\pi}{2}$$

$$\left[\frac{\frac{x+x\sqrt{1-x^2}}{\sqrt{1-x^2}}}{\frac{\sqrt{1-x^2}-x^2}{\sqrt{1-x^2}}}\right] = \tan\left(\frac{\pi}{2}\right) = \infty$$

$$\Rightarrow \quad \frac{x+x\sqrt{1-x^2}}{\sqrt{1-x^2}-x^2} = \infty = \frac{1}{0}$$

$$\Rightarrow \quad \sqrt{1-x^2}-x^2 = 0$$

$$\left(\sqrt{1-x^2}\right)^2 = \left(x^2\right)^2$$

$$\Rightarrow \quad 1-x^2 = x^4$$

$$\Rightarrow \quad x^4+x^2-1 = 0$$

$$x^2 = \frac{-1\pm\sqrt{1+4}}{2(1)}$$

$$\Rightarrow \quad x = \frac{-1\pm\sqrt{5}}{2}$$

$$\Rightarrow \quad x = \sqrt{\frac{\sqrt{5}-1}{2}}$$

29. (b) माना प्रत्येक पद में k जोड़ा जाए।
प्रश्नानुसार,

$$\frac{x+k}{y+k} = \frac{p}{q}$$

$$\Rightarrow \quad qx+qk = py+pk$$

$$\Rightarrow \quad pk-qk = qx-py$$

$$\Rightarrow \quad k(p-q) = qx-py$$

$$\Rightarrow \quad k = \frac{qx-py}{p-q}$$

30. (a) दिया है,

$$A^2 = kA-2I$$

$$\Rightarrow \begin{bmatrix}3 & -2\\4 & -2\end{bmatrix}\begin{bmatrix}3 & -2\\4 & -2\end{bmatrix} = k\begin{bmatrix}3 & -2\\4 & -2\end{bmatrix}-2\begin{bmatrix}1 & 0\\0 & 1\end{bmatrix}$$

$$\Rightarrow \quad \begin{bmatrix}9-8 & -6+4\\12-8 & -8+4\end{bmatrix} = \begin{bmatrix}3k & -2k\\4k & -2k\end{bmatrix}-\begin{bmatrix}2 & 0\\0 & 2\end{bmatrix}$$

$$\Rightarrow \quad \begin{bmatrix}1 & -2\\4 & -4\end{bmatrix} = \begin{bmatrix}3k-2 & -2k\\4k & -2k-2\end{bmatrix}$$

समान आव्यूह के संगत अवयव को बराबर करने पर, हमें प्राप्त होता हैं।

$$3k-2=1 \quad \Rightarrow \quad k=1$$
$$-2k=-2 \quad \Rightarrow \quad k=1$$
$$4k=4 \quad \Rightarrow \quad k=1$$
$$-4=-2k-2= \quad \Rightarrow \quad k=1$$

अतः $k = 1$

31. (c)

32. (d) दिया है,

$$2X+3Y = \begin{bmatrix}2 & 3\\4 & 0\end{bmatrix} \quad ...(i)$$

$$\text{तथा} \; 3X+2Y = \begin{bmatrix}2 & -2\\-1 & 5\end{bmatrix} \quad ...(ii)$$

समी. (i) को 2 से तथा समी. (ii) को 3 से गुणा कर समी. (ii) को समी. (i) में से घटाने पर,

$$2(2X+3Y)-3(3X+2Y) = 2\begin{bmatrix}2 & 3\\4 & 0\end{bmatrix}-3\begin{bmatrix}2 & -2\\-1 & 5\end{bmatrix}$$

$$\Rightarrow \quad 4X+6Y-9X-6Y = \begin{bmatrix}4 & 6\\8 & 0\end{bmatrix}-\begin{bmatrix}4 & -6\\-3 & 15\end{bmatrix}$$

$$\Rightarrow \quad -5X = \begin{bmatrix}4-6 & 6+6\\8+3 & 0-15\end{bmatrix} = \begin{bmatrix}-2 & 12\\11 & -15\end{bmatrix}$$

$$\Rightarrow \quad X = -\frac{1}{5}\begin{bmatrix}-2 & 12\\11 & -15\end{bmatrix} = \begin{bmatrix}\frac{2}{5} & -\frac{12}{5}\\-\frac{11}{5} & 3\end{bmatrix}$$

तब, समी. (i) से,

$$3Y = \begin{bmatrix}2 & 3\\4 & 0\end{bmatrix}-2X = \begin{bmatrix}2 & 3\\4 & 0\end{bmatrix}-2\begin{bmatrix}\frac{2}{5} & -\frac{12}{5}\\-\frac{11}{5} & 3\end{bmatrix}$$

$$= \begin{bmatrix}2-\frac{4}{5} & 3+\frac{24}{5}\\4+\frac{22}{5} & 0-6\end{bmatrix} = \begin{bmatrix}\frac{6}{5} & \frac{39}{5}\\\frac{42}{5} & -6\end{bmatrix}$$

$$\therefore \quad Y = \frac{1}{3}\begin{bmatrix}\frac{6}{5} & \frac{39}{5}\\\frac{42}{5} & -6\end{bmatrix} = \begin{bmatrix}\frac{2}{5} & \frac{13}{5}\\\frac{14}{5} & -2\end{bmatrix}$$

33. (b) **34.** (a) **35.** (c)

36. (a) 270 तथा 405 का महत्तम समापवर्तक = 135
270 तथा 405 का लघुत्तम समापवर्त्य = 810
∴ अभीष्ट अनुपात = 810 : 135
= 6 : 1

37. (d) दी गई रेखाओं के बीच की दूरी

$$4x-8y+65 = 0 \quad ...(i)$$
$$8x-16y-78 = 0$$
$$4x-8y-39 = 0 \quad ...(ii)$$

चूँकि दी गई रेखाएँ समान्तर हैं। अतः

$$\text{अभीष्ट दूरी} = \frac{|c_2 - c_1|}{\sqrt{a^2+b^2}}$$

$$= \frac{|-39-65|}{\sqrt{4^2+(-8)^2}}$$

$$= \frac{|-104|}{\sqrt{16+64}} = \frac{104}{\sqrt{80}}$$

$$= \frac{104}{4\sqrt{5}} = \frac{26}{\sqrt{5}}$$

38. (b) माना A इस काम को x दिनों में पूरा करता है।

$\therefore$ B उस काम को $3x$ दिनों में पूरा करेगा।

प्रश्नानुसार, $3x - x = 60 \Rightarrow x = 30$

अतः (A + B) द्वारा काम पूरा होने में लगा समय $\left(\frac{x \times 3x}{x+3x}\right)$ दिन

$\left(\frac{30\times 90}{30\times 90}\right)$ दिन $= 22\frac{1}{2}$ दिन

39. (b) माना चित्रानुसार पेड़ AB बिन्दु C से टूटकर बिन्दु D पर जमीन से 30° कोण बनाता है।

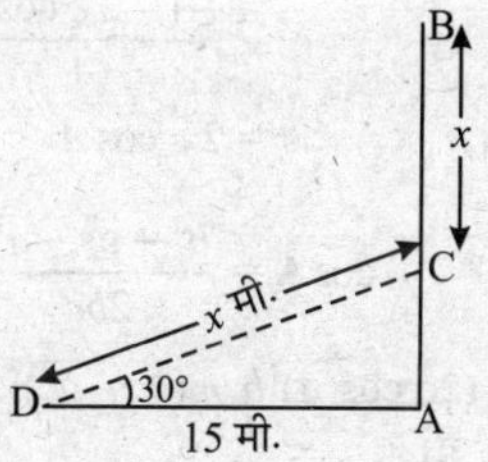

Δ ADC में,

$$\cos 30 = \frac{15}{x}$$

$$\Rightarrow \quad \frac{\sqrt{3}}{2} = \frac{15}{x}$$

$$x = \frac{30}{\sqrt{3}} = \frac{300\times\sqrt{3}}{\sqrt{3}\times\sqrt{3}}$$

$$= \frac{30\sqrt{3}}{3} = 10\sqrt{3} \text{ मीटर}$$

$\therefore$ पेड़ के टूटे भाग की लम्बाई

$$= x = 10\sqrt{3} \text{ मीटर}$$

40. (c) माना दो अंकों वाली संख्या xy है।

अंकों की पुनरावृत्ति से बनी चार अंकों की संख्या

$$= xyxy = xy\,(101)$$

अतः चार अंकों वाली संख्या $xyxy$ के दो गुणनखण्ड हुए पहला xy तथा दूसरा 101।

$\therefore$ चार अंकों वाली संख्या $xyxy$ संख्या 101 से विभाज्य है।

41. (b) माना अर्द्धवृत्त की त्रिज्या $= r$

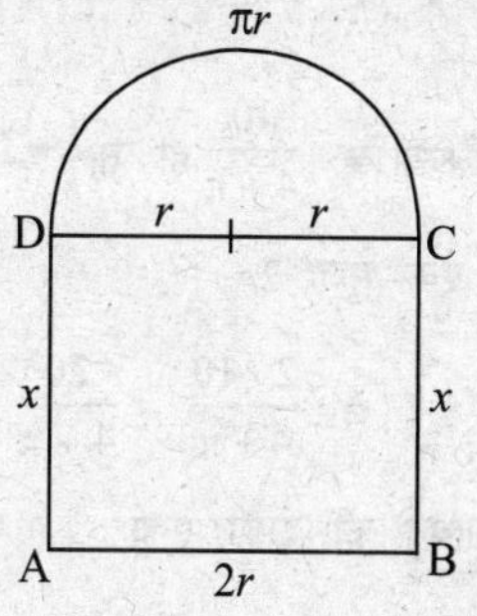

$\therefore$ आयत की एक भुजा $= 2r$ और दूसरी भुजा $= x$

$\therefore$ P = परिमाप = 10 (दिया है)

$$\Rightarrow \quad 2x + 2r + \frac{1}{2}(2\pi r) = 10$$

$$\Rightarrow \quad 2x = 10 - r(\pi + 2) \quad \text{...(i)}$$

पुनः माना A दर्शाया गया चित्र का क्षेत्रफल है।

$\therefore$ A = अर्द्धवृत्त का क्षेत्रफल + आयत का क्षेत्रफल

$$= \frac{1}{2}\pi r^2 + 2rx$$

$$\Rightarrow \quad A = \frac{1}{2}(\pi r^2) + r[10 + r(\pi+2)]$$

[समी. (i) से]

$$= \frac{1}{2}(\pi r^2) + 10r - r^2\pi - 2r^2$$

$$= 10r - \frac{\pi r^2}{2} - 2r^2$$

r के सापेक्ष दो बार अवकलन करने पर,

$$\frac{dA}{dr} = 10 - \pi r - 4r \quad \text{...(ii)}$$

$$\text{और} \quad \frac{d^2A}{dr^2} = -\pi - 4 \quad \text{...(iii)}$$

उच्चतम और निम्नतम मान के लिए

$\frac{dA}{dr} = 0$ रखने पर

$$10 - \pi r - 4r = 0 \Rightarrow 10 = (4+\pi)r$$

$$\Rightarrow \quad r = \frac{10}{4+\pi}$$

समी. (iii) में $r = \frac{10}{4+\pi}$ रखने पर

$$= \frac{d^2A}{dr^2} = \text{ऋणात्मक}$$

इसलिए, जब $r = \frac{10}{4+\pi}$ हो, तो A का स्थानीय मान उच्चतम होगा।

$\therefore$ अर्द्धवृत्त की त्रिज्या = $\frac{10}{4+\pi}$ हो, तो ...(iv)

और आयत की एक भुजा $2r$

$$= \frac{2\times 10}{4+\pi} = \frac{20}{4+\pi}$$

समी. (i) द्वारा आयत की दूसरी भुजा

$$x = \frac{1}{2}[10 - r(\pi+2)]$$

$$= \frac{1}{2}\left[10 - \left(\frac{10}{\pi+4}\right)(\pi+2)\right] \quad \text{[समी. (iv) से]}$$

$$= \frac{10\pi + 40 - 10\pi - 20}{2(\pi+4)};$$

$$x = \frac{20}{2(\pi+4)} = \frac{10}{\pi+4}$$

प्रकाश उच्चतम होगा जब क्षेत्रफल उच्चतम है। इसलिए, खिड़की की विमाएँ निम्न हैं

$$\text{लम्बाई} = 2r = \frac{20}{\pi+4}, \text{ चौड़ाई} = x = \frac{10}{\pi+4}$$

42. (d) माना परवलय पर कोई बिन्दु $p\,(at^2, 2at)$ है तथा इसकी नाभि $(a, 0)$ है।

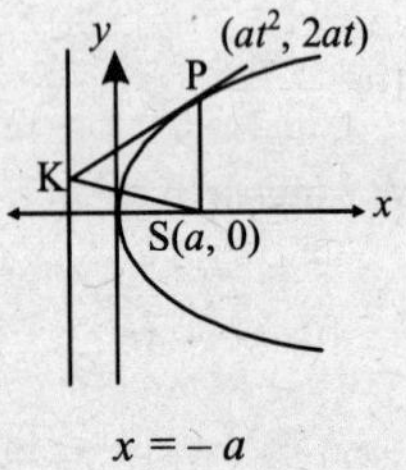

$x = -a$

बिन्दु p पर स्पर्श रेखा का समीकरण निम्न है–

$$yt = x + at^2$$

Q यह स्पर्श रेखा नियता $x = -a$ को बिन्दु K पर मिलती है।

$\therefore$ बिन्दु K के निर्देशांक $\left(-a, \frac{at^2 - a}{t}\right)$ होंगे।

अब, SP को प्रवणता $= m_1 = \frac{2at}{a(t^2-1)}$

तथा SK की प्रवणता $= m_2 = \frac{a(t^2-1)}{-2at}$

$$\Rightarrow \quad m_1 m_2 = \frac{2at}{a(t^2-1)} \cdot \frac{a(t^2-1)}{(-2at)} = -1$$

अतः $\angle PSK = 90^\circ$

43. (b) चूँकि परवलय के बिन्दुओं P व Q पर खींची गई स्पर्श रेखाएँ T पर मिलती हैं। यदि P व Q के निर्देशांक क्रमशः $(at_1^2\ 2at_1)$ व $(at_2^2, 2at_2)$ है, तब T के निर्देशांक $(at_1t_2, a\,(t_1 + t_2)$ हैं।

$$SP = a\ (1 + t_1^2)$$
$$SQ = a\ (1 + t_2^2)$$
$$ST^2 = a^2 (1 - t_1t_2)^2 + a^2 (t_1 + t_2)^2$$
$$= a^2 (1 + t_1^2 + t_2^2 + t_1^2 t_2^2)$$
$$= a (1 + t_1^2)\, a (1 + t_2^2) = SP \cdot SQ$$

$\Rightarrow$ SP, ST, SQ गुणोत्तर श्रेणी में हैं।

44. (a) cosine सूत्र से, $\cos A = \frac{b^2 + c^2 - a^2}{2bc}$

या, $b^2 - (2c\cos A)\ b + (c^2 - a^2) = 0$, जो b में द्विघाती समीकरण है।

$\therefore \quad c \sin A < a < c.$

$\therefore$ दो त्रिभुज प्राप्त होंगे, परन्तु यह तभी सम्भव है जब तीसरी भुजा b के भी दो मान हों.

स्पष्टतः तीसरी भुजा b के दो मान b_1 और b_2 (माना) उपर्युक्त द्विघातीय समीकरण के मूल होंगे।

$\therefore$ मूलों के योगफल $= b_1 + b_2$

$$= \frac{-(-2c\cos A)}{1}$$
$$= 2c\cos A$$

45. (a) $$\cos A = \frac{b^2 + c^2 - a^2}{2bc}$$

या, $b^2 - (2c \cos A)\, b + (c^2 - a^2) = 0$, जो b से द्विघातीय समीकरण है।

माना b_1 और b_2 इस समीकरण के दो मूल हैं, तो

$$b_1 + b_2 = 2c\cos A \quad ....(i)$$
$$b_1\, b_2 = c^2 - a^2 \quad ....(ii)$$

प्रश्नानुसार, $b_2 = 2b_1$

$\therefore$ समी. (i) में b_2 का मान रखने पर

$$b_1 + 2b_1 = 2c\cos A \text{ या } b_1 = \frac{2}{3}\ c\cos A \quad ...(iii)$$

पुनः b_2 का मान समी. (ii) में रखने पर

$$b_1 \cdot 2b_1 = c^2 - a^2 \text{ या } b_1^2 = \frac{1}{2}\ (c^2 - a^2) \quad ...(iv)$$

$\therefore$ समी. (iii) व (iv) से $= \left(\frac{2}{3}c\cos A\right)^2 = \frac{1}{2}(c^2 - a^2)$

$$\Rightarrow \quad \frac{4}{9}\ c^2\cos^2 A = \frac{1}{2}\ (c^2 - a^2)$$

$$\Rightarrow \quad 8c^2\cos^2 A = 9c^2 - 9c^2$$

$$\Rightarrow \quad 9a^2 = 9c^2 - 8c^2 - 8c^2\cos^2 A$$

$= 9c^2 - 8c^2(1 - \sin^2 A)$

$= 9c^2 - 8c^2 \sin^2 A$

$= c^2 + 8c^2 \sin^2 A$

$= c^2(1 + 8\sin^2 A)$

$3a = c\sqrt{(1 + 8\sin^2 A)}$

46. (c) श्रेणी में 8 पदों का योग,

$$S_8 = \frac{a(1-r^8)}{1-r}$$

$$= \frac{1\left[1-\left(-\frac{1}{2}\right)^8\right]}{1-\left(-\frac{1}{2}\right)}$$

$$= \frac{1-\frac{1}{256}}{1+\frac{1}{2}} = \frac{\frac{255}{256}}{\frac{3}{2}}$$

$$= \frac{255}{256} \times \frac{2}{3} = \frac{85}{128}$$

47. (c) $\therefore \angle BAP = \angle BCA = 80^\circ$ (एकान्तर वृत्तखण्ड के कोण हैं)

$\therefore \Delta ABC$ में,

$\angle BAC + \angle BCA + \angle ABC = 180^\circ$

$\angle BAC = 180^\circ - 110^\circ = 70^\circ$

$\Rightarrow \quad \angle CAQ = 180^\circ - 80^\circ - 70^\circ = 30^\circ$

तथा $\quad \angle ACQ = 180^\circ - 80^\circ = 100^\circ$

ΔACQ में,

$\angle ACQ + \angle CQA + \angle QAC = 180^\circ$

$\Rightarrow \quad 100^\circ + \angle AQC + 30^\circ = 180^\circ$

$\Rightarrow \quad \angle AQC = 50^\circ$

48. (b) माना T घण्टे के बाद B, A को पकड़ लेगा।

तब, $\quad 10 \times T = 4 \times 4 + 4T$

$\Rightarrow \quad 6T = 16$

$\Rightarrow \quad T = \frac{8}{3}$ घण्टे

$\therefore$ अभीष्ट दूरी $= \left(10 \times \frac{8}{3}\right)$ किमी

$= 26{\cdot}7$ किमी

49. (b) $2 + 4 + 3 + 8 + 4 + 12 + 5 + 16 + \ldots$ 32 पदों तक

योग $= (2 + 4) + (3 + 8) + (4 + 12) + (5 + 16) + \ldots\ldots.32$ पदों तक

$= 6 + 11 + 16 + 21 - \ldots\ldots\ldots.$ 16 पदों तक

$= \frac{16}{2}\ [2 \times 6 + (16 - 1) \times 5]$

$= 8[12 \times 75] = 696$

50. (c) माना $I = \int \cos^3 x e^{\log \sin x} dx$

$= \int \cos^3 x . \sin x . dx$

माना, $\cos x = t$ तब, $\sin x\, dx = dt$

$\therefore \quad I = -\int t^3 dt = -\frac{t^4}{4} + C = -\frac{1}{4}\cos^4 x + C$

51. (a) माना अतिपरवलय का समीकरण है :

$$\frac{x^2}{a^2} - \frac{y^2}{b^2} = 1$$

दिया है, $e = \frac{3}{2}$ तथा नाभियाँ $= (\pm ae, 0) = (\pm 2, 0)$

$\therefore \quad e = \frac{3}{2}$ तथा $ae = 2$

$\Rightarrow \quad a \times \frac{3}{2} = 2 \Rightarrow a^2 = \frac{16}{9}$

$\therefore \quad b^2 = a^2(e^2 - 1)$

$= \frac{16}{9}\left(\frac{9}{4} - 1\right) = \frac{16}{9} \times \frac{5}{4}$

$= \frac{20}{9}$

समी. (i) में a^2 तथा b^2 का मान रखने पर पाये गये हैं।

$$\frac{x^2}{\frac{16}{9}} - \frac{y^2}{\frac{20}{9}} = 1 \Rightarrow \frac{x^2}{4} - \frac{y^2}{5} = \frac{4}{9}$$

52. (a) माना समीकरण $x^2 - (m - 2)x + (m - 3) = 0$ के मूल α तथा β हैं, तब

$\alpha + \beta = (m - 2) \quad \ldots(i)$

$\alpha\beta = (m - 3)$

अतः $\alpha^3 + \beta^3 = (\alpha + \beta)^3 - 3\alpha\beta(\alpha + \beta)$

$= (m - 2)^3 - 3(m - 3)(m - 2)$

$= m^3 - 9m^2 + 27m - 26$

$= (m - 3)^3 + 1$

अतः $\alpha^3 + \beta^3$ का मान न्यूनतम होगा, यदि

$(m - 3)^3 = 0 \Rightarrow m = 3$

53. (a) $\int_0^1 x e^{x^2} dx$

माना, $x^2 = t \Rightarrow 2x - dx = dt$

$\Rightarrow \quad x\,dx = \frac{1}{2}dt$

$$\int_0^1 e^t \frac{dt}{2} = \frac{1}{2}\int_0^1 e^t dt = \frac{1}{2}\left[e^t\right]_0^1$$

$$= \frac{1}{2}[e^1 - e^0] = \frac{1}{2}(e - 1)$$

54. (c) $4^{61} + 4^{62} + 4^{63} + 4^{64} = 4^{61}(1 + 4 + 4^2 + 4^3)$

$= 4^{61}(1 + 4 + 16 + 64)$

$= 4^{61} \times 85 = 4^{60} \times 340$

अत: $4^{60} \times 340$, 10 से पूर्णत: विभाज्य है।

55. (c) 9600 में 78 से भाग देने पर शेषफल = 6

$\therefore$ संख्या $(9600 - 6) = 9594$

78 से पूर्णत: विभाज्य होगी।

$\therefore$ घटाई जाने वाली न्यूनतम संख्या = **6**

56. (c) दीर्घवृत्त की दो लम्बवत् स्पर्श रेखाओं के प्रतिच्छेदन बिन्दुओं का बिन्दुपथ $x^2 + y^2 = a^2 + b^2$ है जोकि एक नियामक वृत्त है।

दीर्घवृत्त का समीकरण $\frac{a^2}{9} + \frac{b^2}{4} = 1$ है।

यहाँ, $a^2 = 9, b^2 = 4$

$\therefore$ अभीष्ट बिन्दुपथ निम्न है,

$x^2 + y^2 = a^2 + b^2$

$\Rightarrow x^2 + y^2 = 9 + 4$

$\Rightarrow x^2 + y^2 = 13$

57. (a) माना $\frac{x^2}{2} + \frac{y^2}{1} = 1$ के बिन्दु $P(\sqrt{2}\cos\theta, \sin\theta)$ पर स्पर्श रेखा का समीकरण $\frac{x\sqrt{2}}{2}\cos\theta + y\sin\theta = 1$ है जो निर्देशांक अक्षों को $A(\sqrt{2}\sec\theta, 0)$ व $B(0 \operatorname{cosec}\theta)$ पर मिलती है।

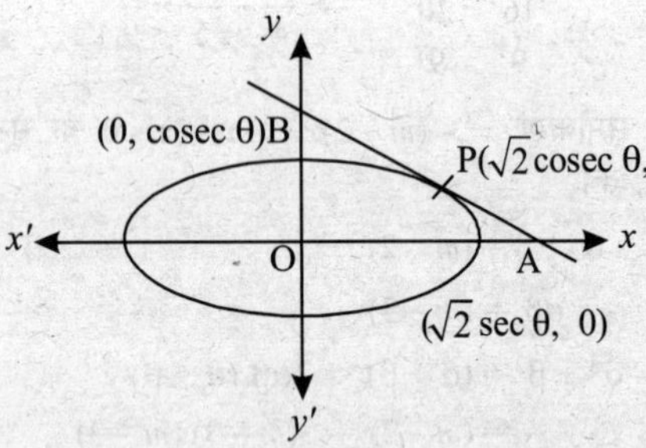

$\therefore$ अक्षों के बीच अन्त:खण्ड का मध्य-बिन्दु निम्न है,

$$\left(\frac{\sqrt{2}}{2}\sec\theta, \frac{1}{2}\operatorname{cosec}\theta\right) = (h, k)$$

$\Rightarrow \cos\theta = \frac{1}{\sqrt{2}h}$ तथा $\sin\theta = \frac{1}{2k}$

अब $\cos^2\theta + \sin^2\theta = 1$

$\Rightarrow \frac{1}{2h^2} + \frac{1}{4k^2} = 1$

मध्य-बिन्दु का बिन्दुपथ निम्न है,

$$\frac{1}{2x^2} + \frac{1}{4y^2} = 1$$

58. (c) माना m प्रत्याशी हैं तथा

$${}^mC_1 + {}^mC_2 + ... + {}^mC_{n-1} = 254$$

$\Rightarrow 2^m - 2 = 254$

$\because {}^mC_0 + {}^mC_1 + {}^mC_2 + ... + {}^mC_m = 2^m$

$\Rightarrow 2^m = 2^8$

$\Rightarrow m = 8$

59. (a) $\left(y^4 + \frac{1}{y^3}\right)^{18}$ के प्रसार में rवाँ पद निम्न है।

$T_{r+1} = {}^{18}C_r \cdot (y^4)^{18-r} \cdot (y^{-3})^r$

$= {}^{18}C_r\, y^{72-4r-3r}$

$= {}^{18}C_r\, y^{72-7r}$

y^2 की घात इस पद में आती है। y की घातों की तुलना करने पर,

$72 - 7r = 2 \Rightarrow r = 10$

60. (a) अभीष्ट क्षेत्रफल

$$= \int_{-2}^{2}\left(1 - \frac{x^2}{4}\right)dx$$

$$= 2\int_{0}^{2}\left(1 - \frac{x^2}{4}\right)dx$$

$$= 2\left(x - \frac{x^3}{12}\right)_0^2 \quad [\because f(x) \text{ एक सम फलन है}]$$

$$= 2\left(2 - \frac{8}{12}\right) = 2\left(2 - \frac{2}{3}\right) = \frac{8}{3} \text{ वर्ग इकाई}$$

61. (a) दिया गया अवकल समीकरण है–

$$\frac{dy}{dx} + \frac{y}{x\log x} = \frac{1}{x}$$

$$\text{I.F.} = e^{\int \frac{1}{x\log x}dx}$$

माना, $\log x = t, \frac{1}{x}dx = dt$

$$e^{\int \frac{dt}{t}} = e^{\log t} = t = \log x$$

अत:, I.F. $= \log x$

अभीष्ट हल निम्न हैं :

$$y\log x = \int \frac{\log x}{x}dx + C = \frac{(\log k)^2}{2} + C$$

$$y = \frac{\log x}{2} + C(\log x)^{-1}$$

62. (c) माना अनुक्रम 2, 6, 12, 20, ... का nवाँ पद t_n तथा इसके n पदों का योगफल S_n है, तब

$S_n = 2 + 6 + 12 + 20 + ... + t_n$

पुन: $S_n = 0 + 2 + 6 + 12 + ... + t_n$

घटाने पर $0 = (2 + 4 + 6 + 8 + ...n$ पदों तक$) - t_n$

या, $t_n = 2 + 4 + 6 + 8 + ...n$ पदों तक (समान्तर श्रेणी)

$$= \frac{1}{2}n(2.2 + (n-1).2] = n(n+1)$$

माना दी हुई श्रेणी का n वाँ पद T_n है, तब

$$T_n = \frac{t_n}{n!} = \frac{n(n+1)}{n!} = \frac{n+1}{(n-1)!}$$

$$= \frac{(n-1)+2}{(n-1)!}$$

$$= \frac{n-1}{(n-2)!} + \frac{2}{(n-1)!}$$

$$= \frac{1}{(n-1)!} + \frac{2}{(n-1)!}$$

अब $n = 1, 2, 3$ .... रखने पर

$$T_1 = \frac{1}{(-1)!} + \frac{2}{0!}$$

$$T_2 = \frac{1}{0!} - \frac{2}{1!}$$

$$T_3 = \frac{1}{1!} - \frac{2}{2!}$$

$$T_4 = \frac{1}{2!} + \frac{2}{3!}$$

....

....

स्तम्भानुसार जोड़ने पर, दी हुई श्रेणी का योगफल

$$= \left(1 + \frac{1}{1!} + \frac{1}{2!} + ...\right) + 2$$

$$\left(1 + \frac{1}{1!} + \frac{1}{2!} + \frac{1}{3!} + ...\right)$$

$$= e + 2(e) = 3e$$

$\because (-1)! = \infty$ तथा $0! = 1$

63. (b) माना E अभाज्य संख्याओं के चयन करने की घटना है–

E = {2, 3, 5, 7, 11, 13, 17, 19, 23, 29, 31, 37, 41, 43, 47, 53, 59, 61, 67, 71, 73, 79, 83, 89, 97}

$\therefore \quad n = 25, n(5) = 100$

$$\therefore \quad P(E) = \frac{n(E)}{n(5)} = \frac{25}{100} = \frac{1}{4} = 0{\cdot}25$$

64. (b) X = {6, 7, 8, 9, 10, 11, 12, 13, 14, 15, 16, 17}

Y = {12, 14, 16}

$X \cap Y$ = {12, 14, 16}

65. (d) $(x^2y - 2xy^2)\,dx - (x^3 - 3x^2y)dy = 0$

यह समघात है और

$$Mx + Ny = (x^3y - 2x^2y^2) - (x^3y - 3x^2y^2)$$

$$= x^2y^2 \neq 0$$

$$\therefore \quad I.F. = \frac{1}{Mx + Ny} = \frac{1}{x^2y^2}$$

66. (a) $A \cap B$ = {1, 3}, जबकि C = {1, 2, 3, 4, 9, 13}

$\therefore \quad (A \cap B) \cup C$ = {1, 2, 3, 4, 9, 13}

67. (a) प्रसार का $(r+1)$वाँ पद

$$= {}^{10}C_r \times \left(\frac{x}{2}\right)^{10-r} \times \left(-\frac{3}{x^2}\right)^r$$

$$= (-1)^r \times {}^{10}C_r \times \frac{3^r}{2^{(10-r)}} \times x^{10-3r}$$

यदि x^4 इस पद में आता है, तब $10 - 3r = 4 \Rightarrow r = 2$

$\therefore x^4$ का अभीष्ट गुणांक

$$= (-1)^2 \times {}^{10}C_2 \times \frac{3^2}{2^8}$$

$$= \frac{10 \times 9}{1 \times 2} \times \frac{9}{256} = \frac{405}{256}$$

68. (c) $e^{z+2\pi i} = e^z.e^{2\pi i}$

$= e^z.(e^{\pi i/2})^4$

$= e^z.i^4 \qquad (\because e^{i\pi/2} = i)$

$= e^z \times 1 = e^z.$

69. (c) प्रश्नानुसार, सार्व अन्तर

$d = 3p - p - 1 = 2p - 1$

तथा $\quad d = 4p + 2 - 3p = p + 2$

अत: $\quad 2p - 1 = p + 2$

$\therefore \quad p = 3$

70. (c) जब, 1R3 और 3R4 $\Rightarrow$ 1R4

$\therefore$ R संक्रामक है।

इस प्रकार R केवल संक्रामक है, R स्पष्टतया न तो स्वतुल्य है और न सममित।

71. (b) सर्वसमकीय मूलों के लिए

$$D = 0$$

$$\Rightarrow \quad 4(k+1)^2 - 4\cdot\frac{9}{2}\cdot k = 0$$

$$\Rightarrow \quad k^2 + 2k + 1 - \frac{9}{2}k = 0$$

$$\Rightarrow \quad k^2 + \left(2 - \frac{9}{2}\right)k + 1 = 0$$

$$\Rightarrow \quad k^2 + \left(-\frac{5}{2}\right)k + 1 = 0$$

$$\Rightarrow \quad 2k^2 - 5k + 2 = 0$$

$$\therefore \quad k = \frac{5 \pm \sqrt{25-16}}{4}$$

$$= \frac{5 \pm 3}{4} = 2, \frac{1}{2}$$

72. (a) प्रश्नानुसार $m = ar^{p+q-1}$ ...(i)

$n = ar^{p-q-1}$ ...(ii)

गुणा करने पर, $mn = a^2r^{2p-2}$

$$(mn)^{\frac{1}{2}} = ar^{p-1}$$

$$\therefore \quad a = \frac{\sqrt{(mn)}}{r^{p-1}}$$

pवाँ पद $= ar^{p-1}$

$$= \frac{\sqrt{(mn)}}{r^{p-1}} \cdot r^{p-1} = \sqrt{mn}$$

73. (b) माना $A = \lim_{n\to\infty}\left(\cos\frac{x}{n}\right)^n$

$$\log A = \lim_{n\to\infty} n \log\left(\cos\frac{x}{n}\right)$$

$$= \lim_{n\to\infty} \frac{\log\left(\cos\frac{x}{n}\right)}{\left(\frac{1}{n}\right)} \qquad \left[form \frac{0}{0}\right]$$

$$= \lim_{n\to\infty} \frac{\frac{1}{\cos\frac{x}{n}} \cdot \sin\frac{x}{n}\left(-\frac{x}{n^2}\right)}{\left(-\frac{1}{n^2}\right)}$$

[एल हॉस्पिटल नियम से]

$$= \lim_{n\to\infty} x \tan\frac{x}{n}$$

$$= x \tan 0 = x \times 0 = 0$$

$$\Rightarrow \quad A = e^0 = 1$$

74. (c) $\lim_{x\to\infty}\left(\sqrt{1+x} - \sqrt{x}\right)\sqrt{x}$

$$= \lim_{x\to\infty} \frac{\sqrt{x}}{\sqrt{1+x} + \sqrt{x}}$$

$$= \lim_{x\to\infty} \frac{1}{\sqrt{1+\frac{1}{x}} + 1}$$

$$= \frac{1}{\sqrt{1+0}+1} = \frac{1}{2}$$

75. (c) $x^2 + y^2 - 13x - 5y + 16 = 0$ में

$$g = \frac{-13}{2}$$

और $f = \frac{-5}{2}$

$\therefore$ केन्द्र के निर्देशांक $= (-g, -f)$

$$= \left(\frac{13}{2}, \frac{5}{2}\right)$$

76. (b) $y = \frac{\sin^{-1} x}{\sqrt{1-x^2}}$ ...(i)

वर्ग करने पर, हमें प्राप्त होता है

$$y^2(1-x^2) = (\sin^{-1} x)^2$$

x के सापेक्ष अवकलन करने पर हमें प्राप्त होता है

$$y^2(-2x) + (1-x^2)2y\frac{dy}{dx}$$

$$= 2\sin^{-1} x \cdot \frac{1}{\sqrt{1-x^2}}$$

$(1-x^2)\,2yy_1 - 2xy^2 = 2y$ [समीकरण (i) से]

$2y$ से भाग करने पर हमें प्राप्त होता है

$$(1-x^2)y_1 - xy = 1$$

77. (c) $x^2 + y^2 - 18x + 12y + k = 0$ में,

$g = -9$.

$f = 6$ और $c = k$

$\because$ त्रिज्या $= \sqrt{g^2 + f^2 - c}$

$$\therefore \quad 11 = \sqrt{81 + 36 - k}$$

$$\therefore \quad k = -4$$

78. (d) x^2 और y^2 के गुणांक, समीकरण

$\frac{k}{3}(x+1)^2 + \frac{(y+2)^2}{4} = 1$ में क्रमशः $\frac{k}{3}$ और $\frac{1}{4}$ होंगे,

लेकिन वृत्त में x^2 और y^2 के गुणक बराबर होते हैं, अत:

$$\therefore \quad \frac{k}{3} = \frac{1}{4} \Rightarrow \quad k = \frac{3}{4}$$

79. (c) माना r एक त्रिज्या है, V आयतन है और किसी समय t पर, बारिश की बूँद की सतह का क्षेत्रफल S है तब,

$$V = \frac{4}{3}\pi r^3$$

और $$S = 4\pi r^2$$

$$\frac{dV}{dt} \propto S \Rightarrow \frac{dV}{dt} = kS$$

(k एक अनुक्रमानुपाती स्थिरांक है)

$$\Rightarrow \quad \frac{d}{dt}\left(\frac{4}{3}\pi r^3\right) = k\cdot(4\pi r^2)$$

$$4\pi r^2 \frac{dr}{dt} = k\cdot(4\pi r^2) \quad \therefore \quad \frac{dr}{dt} = k$$

$$\Rightarrow \quad dr = k\cdot dt$$

दोनों तरफ समाकलन करने पर

$$\int dr = k\int dt$$

$$r = kt + C \qquad \text{...(i)}$$

$r = 4, t = 0$ पर दिया है,

$$4 = k(0) + C \Rightarrow C = 4$$

और $r = 3, t = 2$ पर

$$3 = 2k + C$$

$$3 = 2k + 4$$

$$2k = -1$$

$$\Rightarrow \quad k = -\frac{1}{2}$$

k और C का मान समीकरण (i) में रखने पर

$$r = -\frac{1}{2}t + 4$$

$$\Rightarrow \quad r = 4 - \frac{t}{2}$$

80. (a) विचलन का गुणांक $= \frac{\text{S.D.}}{\text{A.M.}}$

$$= \frac{8}{10} = 0\cdot8$$

81. (b) A के सत्य बोलने की प्रायिकता $= \frac{75}{100} = \frac{3}{4}$

B के सत्य बोलने की प्रायिकता $= \frac{80}{100} = \frac{4}{5}$

$\therefore$ इस बात की प्रायिकता कि वह समान घटना पर एक-दूसरे के विपरीत होते हैं।

$$= \frac{3}{4}\left(1-\frac{4}{5}\right) + \frac{4}{5}\left(1-\frac{3}{4}\right)$$

$$= \frac{3}{4}\cdot\frac{1}{5} + \frac{4}{5}\cdot\frac{1}{4} = \frac{7}{20} = \frac{35}{100}$$

$\therefore$ 35% मामलों में वे एकसमान घटना पर एक-दूसरे के विपरीत होते हैं.

82. (d) दीर्घवृत्त का समीकरण है–

$$4x^2 + 9y^2 - 8x - 36y + 4 = 0$$

$$\Rightarrow 4(x^2 - 2x + 1) + 9(y^2 - 4y + 4) = 36$$

$$\Rightarrow 4(x-1)^2 + 9(y-2)^2 = 36$$

$$\Rightarrow 4x^2 + 9y^2 = 36$$

$$\Rightarrow \frac{x^2}{9} + \frac{y^2}{4} = 1$$

$\therefore$ इसका अभिलम्ब $= \frac{2b^2}{a} = \frac{2\times4}{3} = \frac{8}{3}$

83. (d) $\sin 1290 = \sin(3\times360 + 210)$

$$= \sin 210^\circ$$

$$= \sin(180 + 30)$$

$$= -\sin 30$$

$$= -\frac{1}{2}$$

84. (b) $\tan A + \tan B + \tan C$

$$= \tan A \tan B \tan C$$

$$\Rightarrow \quad \tan A + \tan B = \tan A \tan B \tan C - \tan C$$

$$= -\tan C(1 - \tan A \tan B)$$

$$\Rightarrow \quad \frac{\tan A + \tan B}{1 - \tan A \tan B} = -\tan C$$

$$\Rightarrow \quad \tan(A+B) = \tan(-C)$$

$$\therefore \quad A + B = -C$$

$\Rightarrow \quad A + B + C = 0 \Rightarrow \pi \Rightarrow 2\pi$ लेकिन $\frac{\pi}{2}$ नहीं

85. (d) $A\cos\theta + B\sin\theta$

$$= \cos\theta\begin{bmatrix}1 & 0\\0 & 1\end{bmatrix} + \sin\theta\begin{bmatrix}0 & 1\\-1 & 0\end{bmatrix}$$

$$= \begin{bmatrix}\cos\theta & 0\\0 & \cos\theta\end{bmatrix} + \begin{bmatrix}0 & \sin\theta\\-\sin\theta & 0\end{bmatrix}$$

$$= \begin{bmatrix}\cos\theta & \sin\theta\\-\sin\theta & \cos\theta\end{bmatrix}$$

$\therefore \ A\cos\theta + B\sin\theta = C.$

86. (a) $\because \quad f(x) = \cos^3 x$

$$\therefore \quad f(\pi - x) = \cos^3(\pi - x)$$

$$= -\cos^3 x$$

$$= -f(x)$$

$$\therefore \quad I = \int_0^\pi \cos^3 x\, dx = 0.$$

87. (c) $\because \quad \sec^{-1} x = \cos^{-1}\left(\frac{1}{x}\right)$

$\therefore \quad \cos(\sec^{-1} x) = \cos\left(\cos^{-1}\frac{1}{x}\right) = \frac{1}{x}$

88. (b) $9x^2 - 16y^2 + 18x + 32y - 151 = 0$

$\Rightarrow 9(x^2 + 2x + 1) - 16(y^2 - 2y + 1) = 151 + 9 - 16$

$\Rightarrow \quad 9(x+1)^2 - 16(y-1)^2 = 144$

$\Rightarrow \quad \frac{(x+1)^2}{16} - \frac{(y-1)^2}{9} = 1$

$\therefore$ दीर्घवृत्त $= (-1, 1)$

89. (a) $(r_2 + r_3)\sqrt{\left(\frac{rr_1}{r_2 r_3}\right)}$

$$= \left(\frac{\Delta}{s-b} + \frac{\Delta}{s-c}\right)\sqrt{\left[\frac{\frac{\Delta}{s}\cdot\frac{\Delta}{(s-a)}}{\frac{\Delta}{(s-b)}\cdot\frac{\Delta}{(s-c)}}\right]}$$

$$= \Delta\left[\frac{s-c+s-b}{(s-b)(s-c)}\right]\sqrt{\left[\frac{(s-b)(s-c)}{s(s-a)}\right]}$$

$$= \Delta\left[\frac{2s(a+b+c)+a}{\sqrt{[(s-b)(s-c)]}}\right]\cdot\frac{1}{\sqrt{[s(s-a)]}}$$

$[\because a+b+c = 2s]$

$$= \frac{\Delta a}{\sqrt{[s(s-a)(s-b)(s-c)]}}$$

$$= \frac{\Delta a}{\Delta} = a$$

90. (a) $x^3 - 4x = 0$

$\Rightarrow \quad x(x^2 - 4) = 0$

$\Rightarrow \quad x(x-2)(x+2) = 0$

$\therefore \quad x = -2, 0, 2$

91. (b) $P(7) : 3^7 < 7!$ सत्य है।

मान लीजिए $\quad P(k)\ 3^k < k\,!$

$\therefore P(k+1) \cdot 3^{k+1} = 3 \cdot 3^k < 3 \cdot k\,! < (k+1)$

$(\because k + 1 > 3)$

$\therefore P(n)$ सत्य है, $\forall\, n \geq 7$

92. (c) $\because f(x) = x^2 + mx + 5$

$\therefore f'(x) = 2x + m$

$\because$ अन्तराल $1 \leq x \leq 2$ में $f(x)$ वर्द्धमान हैं।

$\therefore \quad f'(x) > 0 \Rightarrow 2x + m \geq 0$

$\Rightarrow \quad x \geq -\frac{m}{2}$

$\therefore m$ का न्यूनतम मान -2 है जिसके लिए $f(x)$ अन्तराल $1 \leq x \leq 2$ में वर्द्धमान हैं।

93. (d) माना $t = \int \sec x^\circ\, dx = \int \sec \frac{\pi x}{180^\circ} dx$

$\left(\because 1^\circ = \frac{\pi}{180^\circ}\right)$

$\frac{\pi x}{180^\circ} = t$ रखने पर,

$\Rightarrow \quad dx = \frac{180^\circ}{\pi} dt \qquad \therefore \quad I = \int \sec t\, dt . \frac{180^\circ}{\pi}$

$$= \frac{180^\circ}{\pi} \cdot \log \tan\left(\frac{\pi}{4} + \frac{t}{2}\right) + C$$

$$= \frac{180^\circ}{\pi} \log \tan\left(\frac{\pi}{4} + \frac{\pi x}{360^\circ}\right) + C$$

94. (c) माना $A = 30^\circ$ और $B = 60^\circ$, तब

$C = 180^\circ - (30^\circ + 60^\circ) = 90^\circ$

$\therefore$ ज्या नियम से, $\frac{a}{\sin 30^\circ} = \frac{b}{\sin 60^\circ} = \frac{c}{\sin 90^\circ}$

$$\frac{a}{\frac{1}{2}} = \frac{b}{\frac{\sqrt{3}}{2}} = \frac{c}{1}$$

$$\frac{a}{1} = \frac{b}{\sqrt{3}} = \frac{c}{2} = k$$

$\therefore \quad a = k, b = k\sqrt{3}, c = 2k$

किन्तु $\quad a + b + c = 6 + 2\sqrt{3}$

$k + k\sqrt{3} + 2k = 6 + 2\sqrt{3}$

$k(3 + \sqrt{3}) = (6 + 2\sqrt{3})$

$$k = \frac{6 + 2\sqrt{3}}{3 + \sqrt{3}} = 2$$

$\therefore \quad a = k = 2, b = k\sqrt{3} = 2\sqrt{3}$

और $\quad c = 2k = 4$

अत: त्रिभुज की भुजाएँ $2, 2\sqrt{3}, 4$ हैं।

95. (b) बर्फ कोष्ठ का आयतन = लम्बाई × चौड़ाई × ऊँचाई

$= 8 \times 5 \times 4 = 160$ घनसेमी.

तथा एक छोटे घन का आयतन = (भुजा)^3

$= 2 \times 2 \times 2 = 8$ घनसेमी.

अत: कुल बर्फ के घनों की संख्या = $\frac{\text{बर्फ कोष्ठ का आयतन}}{\text{घन का आयतन}}$

$$= \frac{160}{8} = 20$$

96. (c) पहिए की त्रिज्या $= \frac{\text{व्यास}}{2} = \frac{1.26}{2} = 0.63$ मीटर

पहिए द्वारा एक चक्कर में चली गई दूरी $= 2\pi r$

$\therefore$ पहिए द्वारा तय की गई कुल दूरी $= 2\pi r \times 500$

$= 2 \times \frac{22}{7} \times 0.63 \times 500 = 1980$ मी.

97. (d) गोलियों की कुल संख्या $= \frac{\text{बड़े गोले का आयतन}}{\text{छोटी गोली का आयतन}}$

$$= \frac{4\pi R^3}{4\pi r^3}$$

$$= \frac{\frac{4}{3} \times \pi \times 10 \times 10 \times 10}{\frac{4}{3} \times \pi \times 0.5 \times 0.5 \times 0.5} = \frac{1000}{0.125} = 8000$$

98. (d) दिया हुआ है,

$$\frac{AD}{BD} = \frac{3}{5}$$

$\therefore \quad BD = \frac{5AD}{3}$

$\therefore \quad AB = \frac{5AD}{3} + AD = \frac{8AD}{3}$

ΔADE तथा ΔABC दोनों समरूप Δ है।

अत: $\frac{AD}{AB} = \frac{AE}{AC}$

$\Rightarrow \quad \frac{AD}{\frac{8AD}{3}} = \frac{AE}{4.8}$

$\Rightarrow \quad \frac{3}{8} = \frac{AE}{4.8}$

$\therefore \quad AE = 1.8$ सेमी.

99. (c)

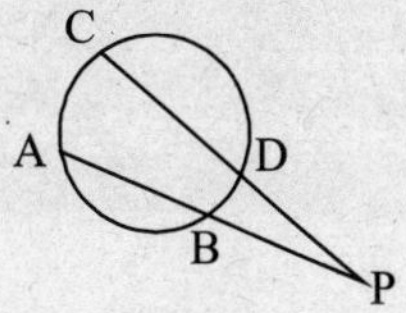

प्रश्नानुसार,

$PA \times PB = PC \times PD$

$\Rightarrow \quad 6 \times (6-2) = 8 \times PD$

$\therefore \quad \frac{6 \times 4}{8} = PD$

$PD = 3$ सेमी

$\therefore \quad CD = 8 - 3 = 5$ सेमी

100. (d) दिया गया है कि ΔABC एक समबाहु त्रिभुज है।

अत: $\angle A = \angle B = \angle C = 60°$

चूँकि $\angle A$ व $\angle D$ एक ही जीवा पर उभयनिष्ठ है।

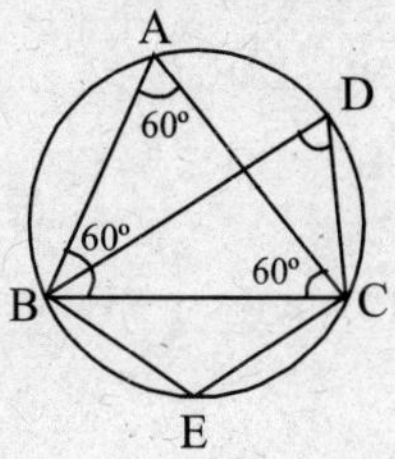

अत: $\angle D = \angle A = 60°$

$\angle E = 180° - \angle A = 120°$

□□□

12 गणित
प्रैक्टिस पेपर

1. कोई धनराशि चक्रवृद्धि ब्याज दर से 15 वर्ष में दोगुनी हो जाती है, तो वह धनराशि कितने समय में स्वयं की 8 गुनी हो जायेगी?

(a) 45 वर्ष (b) 48 वर्ष

(c) 54 वर्ष (d) 60 वर्ष

2. समबाहु ΔABC के बाहर रेखा BC पर कोई बिन्दु D है, तो AD^2 बराबर है–

(a) $BC^2 - BD^2 - BC \cdot BD$

(b) $BC^2 + BD^2 - BC \cdot BD$

(c) $BC^2 - BD^2 + BC \cdot BD$

(d) $BC^2 + BD^2 + BC \cdot BD$

3. यदि $\tan x = \frac{1}{2}$ और $\tan y = \frac{1}{3}$ हो, तो $(x + y)$ का मान होगा–

(a) π (b) $\frac{\pi}{3}$

(c) $\frac{\pi}{4}$ (d) $\frac{\pi}{8}$

4. शीर्षों (8, 6), (8 –2) व (2, –2) वाले त्रिभुज का परिकेन्द्र है–

(a) $\left(6, \frac{2}{3}\right)$ (b) (8, 2)

(c) (5, –2) (d) (5, 2)

5. यदि $\Delta = \begin{vmatrix} 0 & b-a & c-a \\ a-b & 0 & c-b \\ a-c & b-c & 0 \end{vmatrix}$, तब Δ का मान है–

(a) $a + b + c$ (b) abc

(c) $\frac{1}{2}(a + b + c)$ (d) 0

6. $\begin{vmatrix} y^2z^2 & yz & y+z \\ z^2x^2 & zx & z+x \\ x^2y^2 & xy & x+y \end{vmatrix}$ का मान है–

(a) yxz (b) $x^2y^2z^2$

(c) 0 (d) $(x + y + z)$

7. $\begin{vmatrix} a^2+2a & 2a+1 & 1 \\ 2a+1 & a+2 & 1 \\ 3 & 3 & 3 \end{vmatrix}$ का मान है–

(a) $(a-1)$ (b) $(a-1)^2$

(c) $(a-1)^3$ (d) $(a-1)^4$

8. 120 छात्रों के समूह में 100 गणित लेते हैं तथा 70 भौतिक शास्त्र लेते हैं। यदि 10 छात्र दोनों में से कोई विषय नहीं लेते, तो कितने छात्र दोनों विषय लेते हैं?

(a) 40 (b) 50

(c) 60 (d) इनमें से कोई नहीं

9. यदि $y^x = e^{y-x}$, तब $\frac{dy}{dx}$ बराबर है–

(a) $\frac{(1+\log y)}{y \log y}$ (b) $\frac{(1+\log y)^2}{y \log y}$

(c) $\frac{1+\log y}{(\log y)^2}$ (d) $\frac{(1+\log y)^2}{\log y}$

10. यदि $x = e^{x/y}$, तब $\frac{dy}{dx}$ बराबर है–

(a) $\frac{x-y}{x \log x}$ (b) $\frac{y-x}{\log x}$

(c) $\frac{y-x}{x \log x}$ (d) $\frac{x-y}{\log x}$

11. यदि $y = (\cos x)^{(\cos x)^{(\cos x)^{\dots\infty}}}$, तब $\frac{dy}{dx}$ बराबर है–

(a) $\frac{y \tan x}{y \log \cos x - 1}$ (b) $\frac{y^2 \tan x}{y \log \cos x - 1}$

(c) $\frac{y \tan x}{1 + y \log \cos x}$ (d) इनमें से कोई नहीं

12. उस चिकने नत समतल की ऊँचाई और लम्बाई में क्या अनुपात है जिस पर विराम से फिसलने में एक पिण्ड को, उससे चौगुना समय लगता है, जितना विराम से समतल की ऊँचाई से गिरने में लगता है–

(a) 1 : 2 (b) 1 : 3

(c) 1 : 4 (d) 1 : 5

13. एक कण दी हुई ऊँचाई के चिकने नत समतल पर फिसलता है, नीचे गिरने का समय, तल के ऊर्ध्वाधर रेखा के साथ बनाये गए कोण के–

(a) sec के अनुपाती होता है (b) cosec के अनुपाती होता है

(c) sin के अनुपाती होता है (d) tan के अनुपाती होता है

14. उतनी की दूरी गिरने में किसी दूसरे स्थान की अपेक्षा कोई कण किसी एक विशेष स्थान पर n सेकण्ड कम में m वेग अधिक प्राप्त करता है, दोनों स्थानों के गुरुत्व के मानों का गुणोत्तर माध्य है–

(a) $\frac{n}{m}$ (b) $\frac{m}{n}$

(c) mn (d) $\sqrt{mn}$

15. यदि $|a| = 3$, $|b| = 4$, तब λ का वह मान जिसके लिए $a + \lambda b$ व $a - \lambda b$ परस्पर लम्बवत् है, हैं–

(a) $\frac{9}{16}$ (b) $\frac{3}{4}$

(c) $\frac{3}{2}$ (d) $\frac{4}{3}$

16. $(a \cdot \hat{i})\,\hat{i} + (a \cdot \hat{j})\,\hat{j} + (a \cdot \hat{k})\,\hat{k}$ का मान है–

(a) a (b) $2a$

(c) $3a$ (d) 0

17. a व b के बीच का कोण $\frac{5\pi}{6}$ तथा b की दिशा में a का प्रक्षेप $\frac{-6}{\sqrt{3}}$ है। तब, $|a|$ का मान है–

(a) 6 (b) $\frac{\sqrt{3}}{2}$

(c) 12 (d) 4

18. किस बिन्दु पर वक्र $x^3 - 8a^2y = 0$ के अभिलम्ब की प्रवणता $-\frac{2}{3}$ है–

(a) (a, a) (b) $(2a, -a)$

(c) $(2a, a)$ (d) इनमें से कोई नहीं

19. दस प्रेक्षणों का माध्य 12·45 है। यदि प्रत्येक प्रेक्षण में 5 जोड़ दिया जाए, तो परिणामी माध्य क्या होगा?

(a) अपरिवर्तित रहेगा

(b) 5 कम हो जाएगा

(c) 5 अधिक हो जाएगा

(d) इनमें से कोई नहीं

20. यदि x, 3, 4 व 5 का माध्य 3 हो, तो x का मान क्या होगा?

(a) 4 (b) 6

(c) 10 (d) 0

21. किसी बारम्बारता बंटन में दो वर्गों की बारम्बारता लुप्त है, तो बारम्बारताओं का योग एवं माध्यिका ज्ञात है, आँकड़े निम्नवत् हैं–

वर्ग अन्तराल	बारम्बारता
0–10	6
10–20	f_1
20–30	30
30–40	28
40–50	f_2

यदि बारम्बारताओं का योग 80 तथा माध्यिका 28 है, तो 40–50 वर्ग अन्तराल की बारम्बारता क्या है?

(a) 9 (b) 8

(c) 7 (d) 6

22. $\left(3 + \frac{1}{\sqrt{3}} + \frac{1}{3+\sqrt{3}} + \frac{1}{\sqrt{3}-3}\right)$ बराबर है–

(a) 2 (b) 3

(c) 6 (d) 5

23. एक ठोस शंकु, जिसकी ऊँचाई h और अर्ध-शीर्ष कोण α है, का आधार एक चिकनी ऊर्ध्वाधर दीवार से टिका हुआ है, उसके शीर्ष और दीवार के एक बिन्दु से बँधी हुई एक डोरी उसे टिकाए हुए है, तो डोरी की महत्तम लम्बाई होगी–

(a) $h\sqrt{\left(1 + \frac{16}{9}\cot^2\alpha\right)}$ (b) $h\sqrt{\left(1 + \frac{16}{9}\tan^2\alpha\right)}$

(c) $h\sqrt{\left(1 + \frac{16}{9}\sin^2\alpha\right)}$ (d) $h\sqrt{\left(1 + \frac{16}{9}\cos^2\alpha\right)}$

24. 4 सेमी लम्बा समरूप दण्ड एक चिकने अर्द्ध गोलाकार प्याले में इस प्रकार रखा हुआ है कि उसका एक सिरा प्याले के अन्दर है और दूसरा बाहर, यदि प्याले की कोर क्षैतिज हो और उसकी त्रिज्या $\sqrt{3}$ सेमी हो, तो दण्ड का कितना भाग प्याले के बाहर निकला रहेगा–

(a) 1 सेमी (b) 1· 5 सेमी

(c) 2 सेमी (d) $\frac{4}{\sqrt{3}}$ सेमी

25. एक भारी एक समान छड़ AB, A पर किसी स्थिर बिन्दु से कब्जे द्वारा लगा हुआ है, और उसके नीचे के सिरे B पर एक क्षैतिज बल F लगाया जाता है, यदि सन्तुलित अवस्था में छड़ क्षैतिज से 60° का कोण बनाता है, तो बल F का परिणाम होगा–

(a) $\frac{W}{6}\sqrt{3}$ (b) $\frac{W}{4}\sqrt{3}$

(c) $\frac{W}{7}\sqrt{2}$ (d) $\frac{W}{4}\sqrt{5}$

26. 10 सेमी. व्यास के एक वृत्त की दो समान्तर जीवाओं की लम्बाई 4 सेमी. तथा 6 सेमी. हैं, तो दोनों जीवाओं के बीच की दूरी होगी लगभग–

(a) 0.26 सेमी. (b) 0.58 सेमी.

(c) 0.53 सेमी. (d) इनमें से कोई नहीं

27. बिन्दु P से दो वृत्तों पर, जिनके केन्द्र एक ही हैं, स्पर्श रेखा खींची गई है, जो वृत्तों को A और B पर स्पर्श करती है। वृत्तों की त्रिज्याएँ क्रमशः 4 सेमी. तथा 2 सेमी. हैं। 4 सेमी. त्रिज्या वाले वृत्त पर मिलने वाली स्पर्श रेखा PA की लम्बाई 9 सेमी. हो, तो PB की लम्बाई होगी–

(a) 7.8 सेमी. (b) 9.0 सेमी.

(c) 9.6 सेमी. (d) 9.4 सेमी.

28. यदि $\sin^{-1} 1 + \sin^{-1} \frac{4}{5} = \sin^{-1} x$ हो, तो x का मान क्या होगा?

(a) $\frac{3}{5}$ (b) $\frac{2}{3}$

(c) $\frac{3}{2}$ (d) $\frac{1}{2}$

29. यदि $(3x - 2y) : (x + 3y) = 5 : 6$ हो, तो $x : y$ का मान क्या होगा?

(a) $\frac{17}{13}$ (b) $\frac{5}{13}$

(c) $\frac{3}{13}$ (d) $\frac{27}{13}$

30. यदि $\begin{bmatrix} x+y & 2x+z \\ x-y & 2z+w \end{bmatrix} = \begin{bmatrix} 4 & 7 \\ 0 & 10 \end{bmatrix}$, तब x, y, z, w के माना हैं–

(a) 2, 2, 3, 4 (b) 2, 3, 1, 2

(c) 3, 3, 0, 1 (d) इनमें से कोई नहीं

31. यदि $A = \begin{bmatrix} 0 & 2 \\ 3 & -4 \end{bmatrix}$ तथा $kA = \begin{bmatrix} 0 & 3a \\ 2b & 24 \end{bmatrix}$, तब k, a, b के मान क्रमशः हैं–

(a) –6, –12, –18 (b) –6, 4, 9

(c) –6, –4, –9 (d) – 6, 12, 18

32. यदि A एक 3 कोटि का विषम सममति आव्यूह है, तो आव्यूह A^3 का मान है–

(a) विषम सममित आव्यूह (b) सममित आव्यूह

(c) विकर्ण आव्यूह (d) इनमें से कोई नहीं

33. यदि f, $[a, b]$ पर परिबद्ध विचलन का है, तब $[a, b]$ पर f का पूर्ण विचलन होता है–

(a) परिमित संख्या (b) अपरिमित

(c) शून्य (d) इनमें से कोई नहीं

34. यदि $f : [a.b] \rightarrow R$ एकादिष्ट है, तब–

(a) f, परिबद्ध विचलन का है

(b) f अपरिबद्ध है

(c) f की असांतत्यों का समुच्चय अगणनीय है

(d) इनमें से कोई नहीं

35. यदि f, $[a, b]$ पर परिबद्ध विचलन का है यदि–

(a) f, $[a, b]$ पर, दो एकदिष्ट वास्तविक मान वाले फलनों का अन्तर है

(b) f, $[a, b]$ पर, दो एकदिष्ट वास्तविक मान वाले फलनों का गुणन है

(c) f, $[a, b]$ पर, दो एकदिष्ट वास्तविक मान वाले फलनों का भागफल है

(d) इनमें से कोई नहीं

36. 2^3, 3^2, 4 तथा 15 का महत्तम समापवर्तक (H.C.F.) ज्ञात कीजिए।

(a) 2^3 (b) 3^2

(c) 1 (d) 360

37. उस रेखा का समीकरण क्या होगा, जो बिन्दु (4 – 5) से होकर जाती है। तथा रेखा $3x + 4y + 5 = 0$ के समान्तर है?

(a) $3x - 4y - 32 = 0$

(b) $3x + 4y + 8 = 0$

(c) $4x - 3y - 31 = 0$

(d) $3x + 4y - 8 = 0$

38. P तथा Q द्वारा एक कार्य 12 दिनों में पूरा कर लिया जाता है और Q तथा R द्वारा 15 दिनों में तथा R तथा P द्वारा 20 दिनों में तद्नुसार अकेला P उसे कितने दिनों में पूरा कर सकता है?

(a) 10 (b) 20

(c) 30 (d) 60

39. एक सीढ़ी, जिसकी लम्बाई 45 मीटर है, किसी मीनार के शीर्ष को स्पर्श करती है तथा क्षैतिज से 60° का कोण बनाती है। मीनार की ऊँचाई होगी–

(a) $\frac{15\sqrt{2}}{2}$ मीटर (b) $\frac{45\sqrt{3}}{2}$ मीटर

(c) $\frac{45\sqrt{2}}{3}$ मीटर (d) इनमें से कोई नहीं

40. मैंने एक धन पूर्णांक को 18 से गुणा किया और दूसरे को 21 से। तदोपरान्त दोनों गुणनफलों को जोड़ दिया। तद्नुसार प्राप्त योग निम्नलिखित में कौन-सा होगा?

(a) 2007 (b) 2008

(c) 2006 (d) 2002

41. फलन $f(x) = 4x^3 - 18x^2 + 27x - 7$ है–

(a) एक स्थानीय उच्चतम

(b) एक स्थानीय निम्नतम

(c) एक स्थानीय उच्चतम तथा एक स्थानीय निम्नतम है

(d) न तो उच्चतम न ही निम्नतम है

42. परवलय $y^2 = 4ax$ पर दो स्पर्श रेखाएँ AB व AC हैं। A,B व C से परवलय पर खींची गई स्पर्श रेखा पर डाले गए लम्ब की लम्बाई p_1, p_2, p_3, हैं एवं p_2, p_1, p_3, हैं–
(a) समान्तर श्रेणी में (b) गुणोत्तर श्रेणी में
(c) हरात्मक श्रेणी में (d) इनमें से कोई नहीं

43. परवलय $y^2 = 4ax$ के दो बिन्दुओं P व Q पर खींचे गए अभिलम्ब वक्र R पर मिलते हैं।, तब P व Q की कोटियों का गुणनफल है–
(a) $4a^2$ (b) $2a^2$
(c) $-4a^2$ (d) $8a^2$

44. यदि संदिग्ध स्थिति में a, b, A से बने दो त्रिभुजों के कोण क्रमशः B_1, C_1 और B_2, C_2 हों, तो $\frac{\sin C_1}{\sin B_1}+\frac{\sin C_2}{\sin B_2}$ का मान होगा–
(a) 2 sin A (b) 2 tan A
(c) 2 cos A (d) 2 cot A

45. एक समकोण त्रिभुज का परिमाप 70 सेमी है, और उसकी अन्तः त्रिज्या 6 सेमी है तो त्रिभुज की सीमाएँ सेमी में होंगी–
(a) 25, 27, 29 (b) 23, 25, 27
(c) 21, 29, 20 (d) 22, 23, 27

46. यदि a^2, b^2 तथा c^2 समान्तर श्रेणी में हैं तब $b + c, c + a$ तथा $a + b$ हैं–
(a) हरात्मक श्रेणी में (b) समान्तर श्रेणी में
(c) गुणोत्तर श्रेणी में (d) इनमें से कोई नहीं

47. चित्र में, O केन्द्र वाले वृत्त के बिन्दु R पर एक स्पर्शी PQ है। यदि $\angle TRQ = 30^\circ$ हो, तो $\angle PRS$ है?

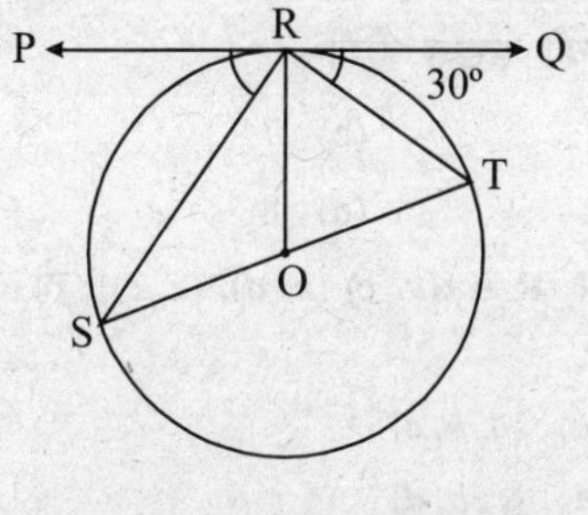

(a) 30° (b) 60°
(c) 90° (d) 120°

48. एक महामार्ग पर A तथा B बिन्दुओं के बीच की दूरी 90 किमी है। A से एक कार चलना प्रारम्भ करती है और उसी समय B से भी कार चलती है। यदि वे दोनों एक ही दिशा में चलें, तो वे 9 घण्टे बाद मिलेंगी और यदि विपरीत दिशाओं में चलें, तो $\frac{9}{7}$ घण्टे बाद मिलेंगी। तद्नुसार, A तथा B की गतियाँ (किमी/घण्टा) में कितनी हैं?
(a) 25, 45 (b) 20, 50
(c) 30, 40 (d) 35, 65

49. एक पुलिसकर्मी ने एक चोर को 200 मीटर की दूरी से देखा, तदोपरान्त चोर ने भागना शुरू कर दिया और पुलिसकर्मी ने उसका पीछा किया। उस चोर तथा पुलिसकर्मी की दौड़ने की गति क्रमशः 10 किमी तथा 11 किमी प्रति घण्टा थी। तद्नुसार, 6 मिनट बाद उन दोनों के बीच की दूरी (मीटर में) कितनी रह जाएगी?
(a) 100 (b) 150
(c) 190 (d) 200

50. यदि n प्राकृतिक संख्याओं का योग S_1, उनके वर्गों का योग S_2 और उनके घनों का योग S_3 हो, तो–
(a) $7S_2^2 = S_3(1 + 6S_1)$ (b) $8S_2^2 = S_3(1 + 7S_1)$
(c) $9S_2^2 = S_3(1 + 7S_1)$ (d) $9S_2^2 = S_3(1 + 8S_1)$

51. $\int \frac{1}{x - x^3}\,dx$
(a) $\log\left(\frac{x^2-1}{x^2+1}\right)+C$ (b) $\frac{1}{2}\log\left|\frac{x^3}{1-x^3}\right|+C$
(c) $\log\left|\frac{x^2+1}{x^2-1}\right|+C$ (d) $\frac{1}{2}\log\left|\frac{x^2}{1-x^2}\right|+C$

52. अतिपरवलय जिसके शीर्ष (± 2, 0) तथा नाभियाँ (± 3, 0) हों, का समीकरण है–
(a) $\frac{x^2}{4}-\frac{y^2}{5}=1$ (b) $\frac{x^2}{5}-\frac{y^2}{4}=1$
(c) $\frac{x^2}{4}+\frac{y^2}{5}=1$ (d) इनमें से कोई नहीं

53. यदि समीकरण $py^2 + qy + r = 0$ के मूल $\tan\alpha$ तथा $\tan\beta$ हों, तो $\tan(\alpha + \beta)$ का मान होगा–
(a) $\frac{q}{p-r}$ (b) $\frac{q}{r-p}$
(c) $\frac{p}{q-r}$ (d) $\frac{p}{r-p}$

54. $\int_0^1 \frac{dx}{\sqrt{1+x}-\sqrt{x}}$ का मान होगा–
(a) $\frac{\sqrt{2}}{3}$ (b) $\frac{3\sqrt{5}}{7}$
(c) $\frac{4\sqrt{2}}{3}$ (d) $\frac{2\sqrt{3}}{7}$

55. किसी संख्या को 5 से भाग करने पर शेष 3 रह जाता है। उसी संख्या के वर्ग को 5 से भाग करने पर शेष रहेगा–
(a) 1 (b) 3
(c) 4 (d) 9

56. यदि $a * b = a + b + ab$, तब $(3 * 4 - 2 * 3)$ का मान है–
(a) 12 (b) 10
(c) 8 (d) 6

57. दीर्घवृत्त $\frac{x^2}{27}+y^2=1$ के बिन्दु $(3\sqrt{3}\cos\theta, \sin\theta)$ $\left[\text{जहाँ}, \theta \in \left(0, \frac{\pi}{2}\right)\right]$ पर स्पर्श रेखा खींची जाती है, तब θ का वह मान जो इस प्रकार है कि इस स्पर्श रेखा द्वारा अक्षों पर काटे गए अन्तःखण्डों का योग निम्निष्ठ होगा, है–

(a) $\frac{\pi}{3}$ (b) $\frac{\pi}{6}$

(c) $\frac{\pi}{8}$ (d) $\frac{\pi}{4}$

58. यदि $^{18}C_m = {}^{18}C_{m+2}$ हो, तो $^mC_5$ का मान होगा–

(a) 40 (b) 43

(c) 52 (d) 56

59. $(1-y)^{-4}$ के विस्तार में $(r+1)$वाँ पद है–

(a) $y^r/\underline{|r}$ (b) $\frac{(r+1)(r+2)(r+3)}{6}y^r$

(c) $\frac{(r+2)(r+3)}{2}y^r$ (d) इनमें से कोई नहीं

60. समीकरण $x^2+y^2=2$ से परिबद्ध क्षेत्रफल क्या है?

(a) 4π वर्ग इकाई (b) 2π वर्ग इकाई

(c) $4\pi^2$ वर्ग इकाई (d) 4 वर्ग इकाई

61. अवकल समीकरण $\frac{dy}{dx}=(4x+y+1)^2$ का हल है–

(a) $(4x+y+1)=\tan(2x+k)$

(b) $(4x+y+1)^2=2\tan(2x+k)$

(c) $(4x+y+1)^3=3\tan(2x+k)$

(d) $(4x+y+1)=2\tan(2x+k)$

62. श्रेणी $1+\frac{1^2+2^2}{2!}+\frac{1^2+2^2+3^2}{3!}+\ldots\ldots\infty$ तक का योगफल होगा।

(a) $\frac{17}{6}e$ (b) $\frac{15}{7}e$

(c) $\frac{19}{6}e$ (d) $\frac{13}{6}e$

63. समतल का समीकरण जो बिन्दु (1, 2, 3) से होकर जाता हो तथा समतल $3x+4y-5z=0$ के समान्तर हो, होगा–

(a) $3x-4y-5z+4=0$

(b) $3x+4y+5z+4=0$

(c) $3x+4y-5z+4=0$

(d) उपर्युक्त में से कोई नहीं

64. वह समतल जो $2x+6y+6z=9$ पर लम्बवत् हो और बिन्दुओं (2, 2, 1) तथा (9, 3, 6) से होकर जाता हो, होगा–

(a) $3x+4y+5z=9$

(b) $3x+4y-5z=9$

(c) $3x+4y+5z+9=0$

(d) उपर्युक्त में से कोई नहीं

65. बिना वापस रखे एक गड्डी से दो ताश निकाले जाते हैं। निकाले गए दोनों ताशों के बादशाह होने की प्रायिकता है–

(a) $\frac{2}{13}$ (b) $\frac{1}{169}$

(c) $\frac{1}{221}$ (d) $\frac{30}{221}$

66. यदि U एक समष्टीय समुच्चय है तथा $X \subset U$, तब X के पूरक समुच्चय को X^1 या $U-X$ द्वारा निरूपित करते हैं। तो इनमें से कौन सा विकल्प सही है।

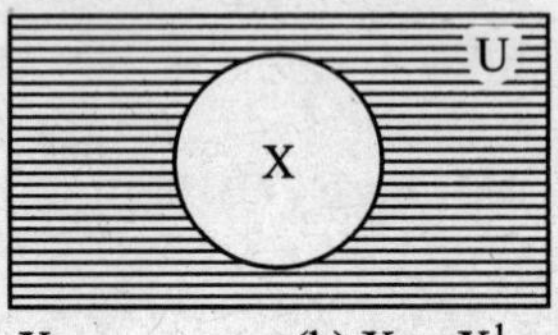

(a) $X \cup X^1 = X$ (b) $X \cup X^1 = U$

(c) $X \cap \phi = X$ (d) $X \cup \phi = \phi$

67. $C_0C_2 + C_1C_3 + C_2C_4 + \ldots\ldots + C_{n-2}C_n$ का मान होगा–

(a) $\frac{2n!}{(n+1)!(n-1)!}$ (b) $\frac{2n!}{(n+2)!(n+1)!}$

(c) $\frac{2n!}{(n+3)!(n-1)!}$ (d) $\frac{2n!}{(n-2)!(n+2)!}$

68. $\left(\frac{2i}{1+i}\right)$ बराबर है–

(a) 1 (b) $2i$

(c) $1-i$ (d) $1-2i$

69. सीधी रेखाओं से बने किसी चित्र के अन्तः कोण समान्तर श्रेणी में हैं, सबसे छोटा कोण 88° तथा सार्व अन्तर 10 है। अतः चित्र में भुजाओं की संख्या होगी–

(a) 6 (b) 7

(c) 5 (d) 8

70. यदि सम्बन्ध R = {(a, c) (b, d), (c, c)}, तो डोमेन एवं परास हैं–

(a) $\{a, b, c\}, \{a, b, c\}$

(b) $\{a, c, a\}, \{c, b, d\}$

(c) $\{a, b, c\}, \{c, d\}$

(d) $\{c, d\}, \{a, b, c\}$

71. समीकरण $mx^2+2x+1=0$ के दो भिन्न मूल होंगे, (जहाँ m एक वास्तविक संख्या है) यदि–

(a) $m \neq 0$ (b) $m \neq 0, 1$

(c) $m \neq 1, -1$ (d) $m \neq 0, 1, -1$

72. यदि गुणोत्तर श्रेणी का द्वितीय पद 2 है तथा इसके अनन्त पदों का योग 8 है, तो इसका प्रथम पद होगा–

(a) 3 (b) 2

(c) 1 (d) 4

73. $\lim_{x\to 0} x \sin\frac{1}{x}$ **बराबर है–**

(a) 0 (b) 1

(c) ∞ (d) विद्यमान नहीं है

74. $\lim_{x\to 0} (\text{cosec } x)^x$ **का मान होगा–**

(a) 1 (b) e

(c) e^{-1} (d) 0

75. $\tan^{-1}\frac{1+x}{1-x}$ **का अवकलन गुणांक है–**

(a) $\frac{1}{1+x^2}$ (b) $\frac{-1}{1+x^2}$

(c) $\frac{1}{1+x}$ (d) $\frac{1}{\sqrt{1-x^2}}$

76. एक बड़ी टंकी में 450 लीटर अम्ल 50% सान्द्रता का है, इसमें 10 लीटर प्रति मिनट की दर से पानी मिलाया जाता है, यदि समय *t* मिनट पर सान्द्रता *x*% है तो *t* के पदों में $\frac{dx}{dt}$ बताइए–

(a) $\frac{-142500}{(450+10t)^2}$ (b) $\frac{-22500}{(450+10t)^3}$

(c) $\frac{-225000}{(450+10t)}$ (d) $\frac{-225000}{(450+10t)^2}$

77. यदि एक त्रिभुज के शीर्षों A, B, C से विपरीत भुजा पर लम्ब खींचे जाते हैं, जिनके मान p_1, p_2, p_3 हैं, तब $p_1 p_2 p_3$ का मान होगा–

(a) $\frac{abc}{4R^2}$ (b) $\frac{abc}{8R^2}$

(c) $\frac{a^2b^2c^2}{4R^2}$ (d) $\frac{a^2b^2c^2}{8R^3}$

78. निम्नलिखित बंटन का माध्य है–

वर्ग	बारंबारता
0-11	9
11-22	17
22-33	28
33-44	26
44-55	15
55-66	8

(a) 31·3 (b) 32·31

(c) 43 (d) 47

79. यदि A और B ऐसी घटनाएं हैं जहाँ P(A) > 0 और P(b) ≠ 1। तब P(A/B) का मान बराबर होगा–

(a) $1 - P(A/B)$ (b) $1 - P(\bar{A}/B)$

(c) $\frac{1-P(A\cup B)}{P(\bar{B})}$ (d) $\frac{P(\bar{A})}{P(\bar{B})}$

80. यदि त्रिभुज का केन्द्रक (3, 2) और उसके दो शीर्ष क्रमशः (1, 1) और (2, 5) हैं, तो तीसरा शीर्ष है–

(a) (6, 8) (b) (6, 0)

(c) (0, – 4) (d) $\left(2, \frac{8}{3}\right)$

81. दीर्घवृत्त $9x^2 + 25y^2 = 1$ की उत्केन्द्रता क्या होगी?

(a) $\frac{3}{4}$ (b) $\frac{5}{4}$

(c) $\frac{4}{5}$ (d) $\frac{4}{3}$

82. $\sin\frac{\pi}{6}\cos\frac{\pi}{3} + \cos\frac{\pi}{6}\sin\frac{\pi}{3}$ **बराबर है–**

(a) $\tan\frac{\pi}{2}$ (b) $\cos\frac{\pi}{2}$

(c) $\sin\frac{\pi}{2}$ (d) $\sin\frac{\pi}{6}$

83. निम्नलिखित में से कौन-सी एक सर्वसमिका नहीं है?

(a) $\sin^4 A - \cos^4 A = \sin^2 A - \cos^2 A$

(b) $\frac{\tan^2 A - 1}{\tan^2 A + 1} = 2\sin^2 A - 1$

(c) $\sin^6 A + \cos^6 A = 1 + 3\sin^2 A \cos^2 A$

(d) $\tan^2 A - \sin^2 A = \tan^2 A \sin^2 A$

84. वृत्त का समीकरण जो $x = 0, y = 0$ और $3x + 4y = 4$ को स्पर्श करता है, होगा–

(a) $x^2 - 4x + y^2 + 4y + 4 = 0$

(b) $x^2 - 4x + y^2 - 4y + 4 = 0$

(c) $x^2 + 4x + y^2 + 4y + 4 = 0$

(d) $x^2 + 4x + y^2 - 4y + 4 = 0$

85. $\int_0^{\pi/2} \frac{1}{1+\sqrt{\tan x}}\,dx$ **का मान होगा–**

(a) $\frac{\pi}{2}$ (b) $\frac{\pi}{4}$

(c) $\frac{\pi}{6}$ (d) 1

86. यदि $\cos^{-1}\left(\frac{x}{a}\right)+\cos^{-1}\left(\frac{y}{b}\right)=\theta$, तो $\frac{x^2}{a^2}-\frac{2xy\cos\theta}{ab}+\frac{y^2}{b^2}$ बराबर है–

(a) $\cos^2\theta$ (b) $\tan^2\theta$

(c) $\sin^2\theta$ (d) $\sec^2\theta$

87. अतिपरवलय का समीकरण जिसकी नियता $2x + y = 1$, ध्रुव (1, 1) और उत्केन्द्रता $\sqrt{3}$ है, होगा–

(a) $7x^2 - 2y^2 - 12xy - 2x + 4y - 7 = 0$

(b) $7x^2 - 2y^2 + 12xy + 2x + 4y - 7 = 0$

(c) $7x^2 - 2y^2 + 12xy - 2x - 4y - 7 = 0$

(d) $7x^2 - 2y^2 + 12xy - 2x + 4y - 7 = 0$

88. अवकल समीकरण $(x^2 + y^2 + 2x)dx + 2y\,dy = 0$ का हल है–

(a) $e^x(x^3 + y^3) = C$ (b) $e^x(x^2 + y^2) = C$

(c) $e^{2x}(x^2 + y^2) = C$ (d) $e^x(x^2 - y^2) = C$

89. $\int \frac{e\tan^{-1}}{1+x^2}dx$ का मान बराबर है–

(a) $\tan^{-1}x$ (b) $e^{\tan^{-1}x}$

(c) $\sec^{-1}x$ (d) इनमें से कोई नहीं

90. सरल रेखा $lx + my + n = 0$ स्पर्शी है यदि परवलय $y^2 = 4bx$

(a) $mn = bl^2$ (b) $lm = bx^2$

(c) $ln = bm^2$ (d) $bm = ln^2$

91. यदि $A = \{\alpha, \beta\}$, तब A का घात समुच्चय है–

(a) $\{\alpha^\beta, \beta^\alpha\}$ (b) $\{\alpha^\alpha, \beta^\beta\}$

(c) $\{\phi, \{\alpha\}, \{\beta\}\}$ (d) इनमें से कोई नहीं

92. यदि अवकल समीकरण $\frac{dy}{dx}=\frac{ax+3}{2y+f}$ का हल एक वृत्त को निरूपित करता है, तो a का मान क्या है?

(a) 2 (b) 1

(c) – 2 (d) – 1

93. दीर्घवृत्त $9x^2 + 4y^2 = 1$ की उत्केन्द्रता है।

(a) $\frac{\sqrt{3}}{2}$ (b) $\frac{\sqrt{13}}{3}$

(c) $\frac{5}{4}$ (d) इनमें से कोई नहीं

94. उस रेखा का समीकरण ज्ञात करों, जो बिन्दु (– 1, – 2) तथा जिसकी प्रवणता $m = 4/7$ है–

(a) $7y + 10 = 4x$ (b) $y=\frac{4}{7}x+\frac{10}{7}$

(c) $x=\frac{4}{7}y+\frac{10}{7}$ (d) $4x + 7y = 10$

95. 0.001 आधार पर 0.0001 का लघुगणक होगा–

(a) 4/3 (b) 3/2

(c) 3/4 (d) 2/3

96. 12 खिलाड़ियों के किसी समूह से 8 खिलाड़ियों की एक टीम चुनी जाती है। इन आठ खिलाड़ियों में से एक को कप्तान और दूसरे को उपकप्तान चुना जाता है। ऐसा कितने प्रकार से किया जा सकता है?

(a) 27720 (b) 13860

(c) 6930 (d) 495

97. लोहे के दो टुकड़े आयतन में 469 घन सेमी और 1728 घन सेमी हैं। इन्हें पिघलाकर एक ठोस घन के रूप में ढाला जाता है। घन के किनारे की लम्बाई क्या होगी?

(a) 8 सेमी. (b) 10 सेमी.

(c) 12 सेमी. (d) इनमें से कोई नहीं

98. एक लम्ब वृत्तीय बेलन के वक्रपृष्ठ का क्षेत्रफल निकालें जिसके आधार का क्षेत्रफल πa^2 वर्ग सेमी एवं ऊँचाई b सेमी हो।

(a) πab वर्ग सेमी (b) $2\pi ab$ वर्ग सेमी

(c) $2\pi^2 ab$ वर्ग सेमी (d) $2\pi a^2 b$ वर्ग सेमी

99. दिये गये चित्र में $\angle OFR$ किसके बराबर है, अगर $PQ \parallel RT$ व $RF = RQ$

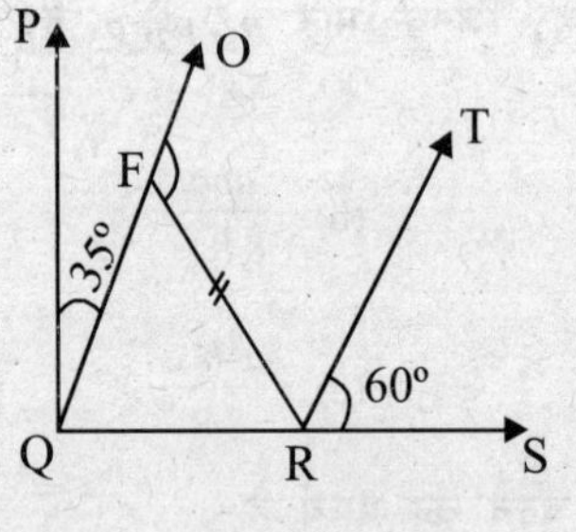

(a) 155° (b) 105°

(c) 125° (d) कोई नहीं

100. एक समबाहु त्रिभुज DEF में, $DM \perp EF$ हो, तो।

(a) $4DM^2 = 3DE^2$

(b) $3DM^2 = 4DE^2$

(c) $4DE^2 = 3DM^2$

(d) इनमें से कोई नहीं

उत्तर (हल/संकेत)

1. (a) संक्षिप्त विधि द्वारा–

$$(A)^{1/n_1} = (B)^{1/n_2}$$

$$\Rightarrow \quad (2)^{1/15} = (8)^{1/n_2}$$

$$\Rightarrow \quad \frac{1}{15} = \frac{3}{n_2} \Rightarrow n_2 = 45 \text{ वर्ष}$$

2. (b)

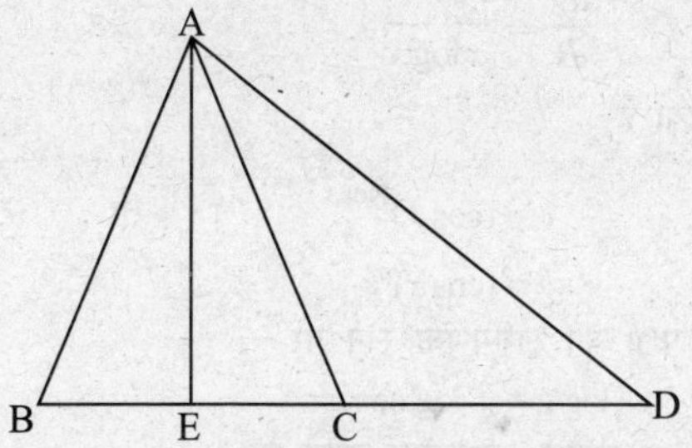

$$AD^2 = AB^2 + BD^2 - 2BD \times BE$$

$$= BC^2 + BD^2 - 2BD \times \frac{BC}{2}$$

$$= BC^2 + BD^2 - BD \times BC$$

3. (c) $\tan(x+y) = \dfrac{\tan x + \tan y}{1 - \tan x . \tan y}$

$$= \frac{\frac{1}{2}+\frac{1}{3}}{1-\frac{1}{2}.\frac{1}{3}} = \frac{\frac{5}{6}}{\frac{5}{6}}$$

$$\tan(x+y) = 1 \quad = \tan 45°$$

$$x + y = 45° = \frac{\pi}{4}$$

4. (d) $\therefore$ त्रिभुज समकोणीय है तथा समकोणीय त्रिभुज में कर्ण का मध्य-बिन्दु परिकेन्द्र होता है।

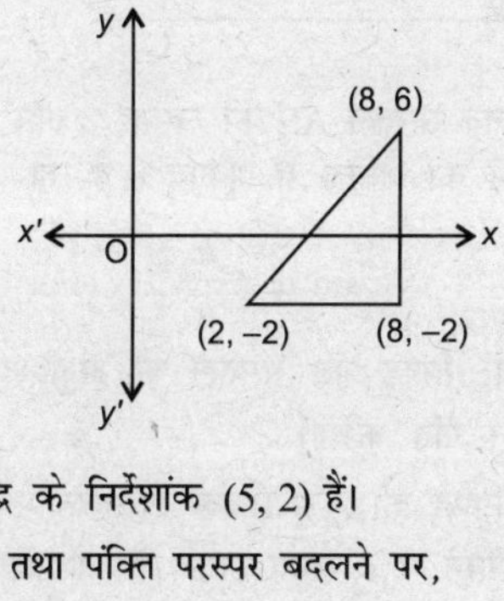

$\therefore$ परिकेन्द्र के निर्देशांक (5, 2) हैं।

5. (d) स्तम्भ तथा पंक्ति परस्पर बदलने पर,

$$\Delta = \begin{vmatrix} 0 & a-b & a-c \\ b-a & 0 & b-c \\ c-a & c-b & 0 \end{vmatrix}$$

R_1, R_2 तथा R_3 से –1 उभयनिष्ठ लेने पर,

$$\Delta = (-1)^3 \begin{vmatrix} 0 & b-a & c-a \\ a-b & 0 & c-b \\ c-a & c-b & 0 \end{vmatrix} = -\Delta$$

$$\Rightarrow 2\Delta = 0 \text{ या } \Delta = 0$$

6. (c) माना $\Delta = \begin{vmatrix} y^2z^2 & yz & y+z \\ z^2x^2 & zx & z+x \\ x^2y^2 & xy & x+y \end{vmatrix}$

$$\Delta = \frac{1}{xyz}\begin{vmatrix} xy^2z^2 & xyz & xy+xz \\ yz^2x^2 & xzx & yz+yx \\ zx^2y^2 & xyz & xz+yz \end{vmatrix}$$

(R_1, R_2 तथा R_3 को क्रमशः x, y तथा z से गुणा करके सारणिक को xyz से भाग करने पर)

$$\Rightarrow \Delta = \frac{1}{xyz}(xyz)^2 \begin{vmatrix} yz & 1 & xy+xz \\ zx & 1 & xy+yx \\ xy & 1 & xy+yz \end{vmatrix}$$

(C_1 तथा C_2 से xyz उभयनिष्ठ लेने पर)

$$\Rightarrow \Delta = xyz \begin{vmatrix} yz & 1 & xy+yz+zx \\ zx & 1 & xy+yz+zx \\ xy & 1 & xy+yz+zx \end{vmatrix}$$

($C_3 \to C_3 + C_1$ से)

$$\Rightarrow \Delta = xyz\,(xy+yz+zx) \begin{vmatrix} yz & 1 & 1 \\ zx & 1 & 1 \\ xy & 1 & 1 \end{vmatrix}$$

[C_3 से $(xy + yz + zx)$ उभयनिष्ठ लेने पर]

$$\Rightarrow \Delta = xyz\,(xy + yz + zx) . 0 = 0$$

($\because C_2$ तथा C_3 समान हैं)

7. (c) $\begin{vmatrix} a^2+2a & 2a+1 & 1 \\ 2a+1 & a+2 & 1 \\ 3 & 3 & 1 \end{vmatrix}$

$$= \begin{vmatrix} a^2+2a & 2a+1 & 1 \\ 1-a^2 & 1-a & 0 \\ 3-a^2-2a & 2-2a & 0 \end{vmatrix}$$

($R_2 \to R_2 - R_1$ तथा $R_3 \to R_3 - R_1$ से)

$$= (1-a)\begin{vmatrix} a^2+2a & 2a+1 & 1 \\ 1+a & 1 & 0 \\ -(a^2+2a-3) & -2(a-1) & 0 \end{vmatrix}$$

[R_2 से $(1-a)$ उभयनिष्ठ लेने पर]

$$= (1-a)\begin{vmatrix} a^2+2a & 2a+1 & 1 \\ 1+a & 1 & 0 \\ -(a+3)(a-1) & -2(a-1) & 0 \end{vmatrix}$$

$$= -(1-a)(a-1)\begin{vmatrix} a^2+2a & 2a+1 & 1 \\ 1+a & 1 & 0 \\ a+3 & 2 & 0 \end{vmatrix}$$

[R_3 से $-(1-a)$ उभयनिष्ठ लेने पर]

C_3 के अवयवों के संगत विस्तार करने पर,

$= (a-1)\ (a-1)$

$[1\{2(1+a)-(a+3)\}+0+0]$

$= (a-1)(a-1)(a-1) = (a-1)^3$

8. (c) जो विद्यार्थी गणित नहीं लेते = 120 – 100 = 20

जो विद्यार्थी भौतिक विज्ञान नहीं लेते = 120 – 70 = 50

10 विद्यार्थी ऐसे हैं जो दोनो विषय नहीं लेते।

अत: वे 20 तथा 50 दोनों में सम्मिलित हैं।

कोई एक अथवा दोनों विषय न लेने वाले विद्यार्थियों की संख्या

= 20 + 50 – 10 = 60

दोनों विषय लेने वाले विद्यार्थी = 120 – 60 = 60

9. (d) यहाँ, $y^x = e^{(y-x)}$

दोनों पक्षों का लघुगणक लेने पर,

$\log y^x = \log e^{y-x}$

$(\because \log a^b = b\log a$ leLee $\log e = 1)$

$x\log y = (y-x)\log e,$

$x\log y = y - x$ ...(i)

x के सापेक्ष अवकलन करने पर,

$$\frac{dy}{dx}(x\log y) = \frac{d}{dx}(y-x)$$

(गुणनफल नियम के प्रयोग से)

$$\Rightarrow \left[x\frac{d}{dx}(\log y)+\log y\frac{d}{dx}(x)\right] = \frac{dy}{dx}-1$$

$$\Rightarrow x\left(\frac{1}{y}\right)\frac{dy}{dx}+\log y(1) = \frac{dy}{dx}-1$$

$$\Rightarrow \frac{dy}{dx}\left(\frac{x}{y}-1\right) = -1-\log y$$

$$\Rightarrow \frac{dy}{dx}\left\{\frac{y}{(1+\log y)y}-1\right\} = -(1+\log y)$$

$\left[\because \text{ समी (i) से, } x = \frac{y}{(1+\log y)}\right]$

$$\frac{dy}{dx} = -\frac{(1+\log y)^2}{-\log y}$$

$$\Rightarrow \frac{dy}{dx} = \frac{(1+\log y)^2}{\log y}$$

10. (a) दिया है, $x = e^{x/y}$

दोनों पक्षों का लघुगणक लेने पर,

$$\log x = \frac{x}{y}.\log e = \frac{x}{y}.1$$

$$\Rightarrow \quad x = y\log x$$

अब, x के सापेक्ष अवकलन करने पर,

$$1 = y.\frac{1}{x}+\log x.\frac{dy}{dx}$$

$$\Rightarrow \frac{dy}{dx} = \frac{x-y}{x\log x}$$

11. (b) दिया है,

$$y = (\cos x)^{(\cos x)^{(\cos x)\ldots\ldots\infty}}$$

$$\Rightarrow \quad y = (\cos x)^y$$

दोनों पक्षों का लघुगणक लेने पर,

$$\Rightarrow \quad \log y = y.\log\cos x$$

अब x के सापेक्ष अवकलन करने पर,

$$\frac{1}{y}.\frac{dy}{dx} = y.\frac{1}{\cos x}.(-\sin x)+\log\cos x.\frac{dy}{dx}$$

$$\frac{dy}{dx} = y\left\{-y\tan x+\log\cos x.\frac{dy}{dx}\right\}$$

$$\Rightarrow (1-y\log\cos x)\frac{dy}{dx} = -y^2\tan x$$

$$\Rightarrow \frac{dy}{dx} = \frac{y^2\tan x}{(y\log\cos x-1)}$$

12. (c)

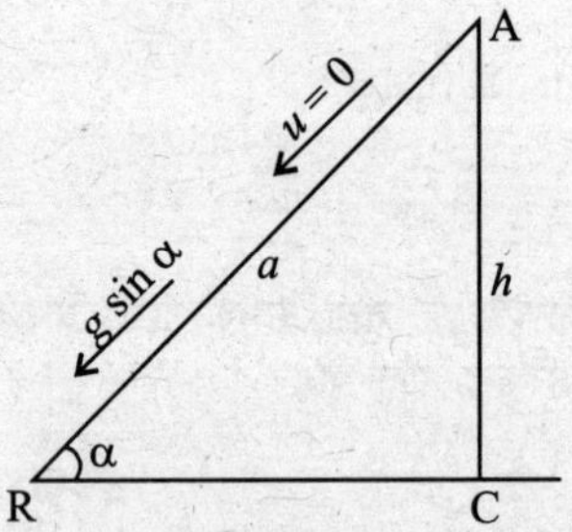

माना नत समतल AB की लम्बाई a और ऊँचाई h है तथा नत समतल का क्षैतिज से झुकाव α है, तो

$$\sin\alpha = \frac{h}{a} \quad \text{...(i)}$$

स्पष्टत: पिण्ड नत समतल के अनुदिश $g\sin\alpha$ त्वरण के आधीन गति करेगा।

माना पिण्ड को A से B तक फिसलने में t_1 समय और A से C तक गिरने में t_2 समय लगता है, तो प्रश्नानुसार,

$$t_1 = 4t_2 \quad \text{...(ii)}$$

A से B तक की गति के लिए –

$u = 0, f = g\sin\alpha, t = t_1, s = a$

$\therefore \quad s = ut + \frac{1}{2}ft^2$ से,

$$a = 0 + \frac{1}{2} g \sin\alpha . t_1^2$$

$$\therefore \quad t_1 = \sqrt{\left(\frac{2a}{g \sin\alpha}\right)}$$

A से C तक की गति के लिए –
$u = 0, f = g, t = t_2, s = h$

$\therefore \quad s = u = ut + \frac{1}{2}ft^2$ से,

$$h = 0 + \frac{1}{2} g\, t_2^2$$

$$\therefore \quad t_2 = \sqrt{\left(\frac{2h}{g}\right)}$$

t_1 व t_2 के मान समी. (ii) में रखने पर,

$$\sqrt{\left(\frac{2a}{g \sin\alpha}\right)} = 4\sqrt{\left(\frac{2h}{g}\right)}$$

$$\Rightarrow \quad \frac{2a}{g \sin\alpha} = 16 . \frac{2h}{g}$$

$$\Rightarrow \quad \frac{a}{\sin\alpha} = 16\,h$$

$$\Rightarrow \quad \frac{a}{\left(\frac{h}{a}\right)} = 16\,h$$

$$\Rightarrow \quad \frac{a^2}{h} = 16\,h$$

$$\Rightarrow \quad \frac{h^2}{a^2} = \frac{1}{16}$$

$$\Rightarrow \quad \frac{h}{a} = \frac{1}{4}$$

13. (a)

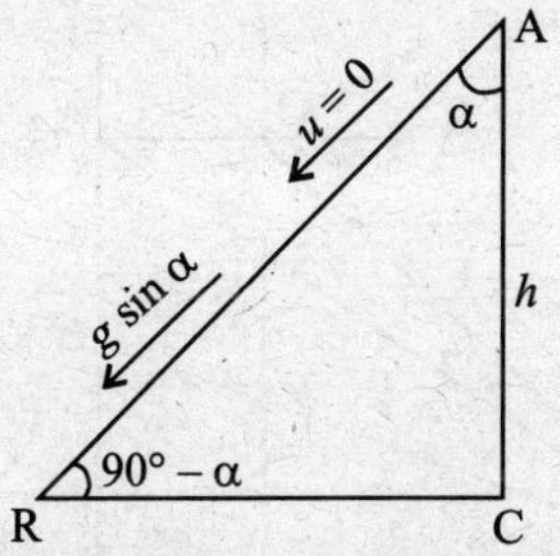

माना ऊँचाई h के नत समतल AB का ऊर्ध्वाधर से झुकाव α है, तो कण समतल के अनुदिश g cos α त्वरण से गिरेगा।
Δ ABC में,

$$AB = AC \sec\alpha$$
$$= h \sec\alpha$$

माना कण को विराम से गिरकर A से B तक पहुँचने में T समय लगता है।

$\therefore \quad s = ut + \frac{1}{2}ft^2$ से

$$h \sec\alpha = 0 + \frac{1}{2} . g \cos\alpha . T^2$$

$$\Rightarrow \quad T_2 = \left(\frac{2h}{g}\right)\sec^2\alpha$$
$$= K^2 \sec^2\alpha$$

जहाँ $\left(\frac{2h}{g}\right) = K$

$$\Rightarrow \quad T = K \sec\alpha$$
$$\Rightarrow \quad T \propto \sec\alpha$$

14. (b) माना गुरुत्व g_1 के किसी स्थान पर विराम से h दूरी गिरने में कण को t_1 समय लगता है और तब कण का वेग v_1 हो जाता है।

$\therefore \quad v = u + ft$ से,

$$v_1 = 0 + g_1 t_1$$

$$\therefore \quad t_1 = \frac{v_1}{g_1} \quad \text{...(i)}$$

समी. $v^2 = u^2 + 2fh$ से,

$$v_1^2 = 0 + 2g_1 h$$

$$\therefore \quad v_1 = \sqrt{(2g_1 h)} \quad \text{...(ii)}$$

समी. (i) व (ii) से,

$$t_1 = \sqrt{\left(\frac{2g_1 h}{g_1}\right)}$$
$$= \sqrt{\left(\frac{2h}{g_1}\right)}$$

अब माना कि गुरुत्व g_2 के एक विशेष स्थान पर विराम से h दूरी गिरने में कण को t_2 समय लगता है और तब कण का वेग v_2 हो जाता है, तो

$$v_2 = \sqrt{(2g_2 h)}$$

$$t_2 = \sqrt{\frac{2h}{g_2}}$$

प्रश्नानुसार इस विशेष स्थान पर पहले स्थान की अपेक्षा h दूरी गिरने में n सेकण्ड कम लगते हैं और तब कण का वेग m अधिक होता है।

$$\therefore \quad t_2 = t_1 - n$$
$$\Rightarrow \quad n = t_1 - t_2$$
$$= \sqrt{\frac{2h}{g_1}} - \sqrt{\left(\frac{2h}{g_2}\right)}$$

$$\Rightarrow \quad n = \sqrt{(2h)}\left[\frac{1}{\sqrt{g_1}} - \frac{1}{\sqrt{g_2}}\right]$$

$$= \sqrt{2h} \times \left[\frac{\sqrt{g_2} - \sqrt{g_1}}{\sqrt{g_1 g_2}}\right]$$

और $v_2 = v_1 + m$

$\Rightarrow$ $m = v_2 - v_1$

$= \sqrt{2 g_2 h} - \sqrt{(2 g_2 h)}$

$\Rightarrow$ $m = \sqrt{2h}\left[\sqrt{g_2} - \sqrt{g_1}\right]$

$\therefore$ $\dfrac{m}{n} = \sqrt{2h}\left[\sqrt{g_2} - \sqrt{g_1}\right]$

$\times \dfrac{1}{\sqrt{2h}}\left[\dfrac{\sqrt{g_1 g_2}}{\sqrt{g_2} - \sqrt{g_1}}\right]$

$= \sqrt{g_1 g_2}$

15. (b) $\because |a| = 3, |b| = 4$

तथा $a + \lambda b \perp a - \lambda b$

$\therefore$ $(a + \lambda b) \cdot (a - \lambda b) = 0$

$\Rightarrow$ $a \cdot a - a \cdot b\lambda + \lambda b \cdot a - \lambda^2 b \cdot b = 0$

$\Rightarrow$ $|a|^2 - \lambda^2 |b|^2 = 0$

$\Rightarrow$ $\lambda^2 = \dfrac{|a|^2}{|b|^2} \Rightarrow \lambda = \dfrac{|a|}{|b|} \Rightarrow = \dfrac{3}{4}$

16. (a) $\Rightarrow$ माना $a = x\hat{i} + y\hat{j} + z\hat{k}$

जहाँ, $x = a \cdot \hat{i}, y = a \cdot \hat{j}, z = a \cdot k$

$\therefore$ $(a \cdot \hat{i})\,\hat{i} + (a \cdot \hat{j})\,\hat{j} + (a \cdot \hat{k})\,\hat{k}$

$= x\hat{i} + y\hat{j} + z\hat{k} = a$

17. (d) $\because$ $a \cdot b = |a||b| \cos \dfrac{5\pi}{6} = -\dfrac{|a||b|\sqrt{3}}{2}$

$\therefore$ $-\dfrac{6}{\sqrt{3}} = -\dfrac{|a||b|\sqrt{3}}{2|b|}$ प्रश्नानुसार

$\Rightarrow$ $|a| = \dfrac{6 \times 2}{3} = 4$

18. (c) $\because x^3 - 8a^2 y = 0$

अवकलन करने पर,

$$3x^2 - 8a^2 \frac{dy}{dx} = 0$$

$\Rightarrow$ $\dfrac{dy}{dx} = \dfrac{3x^2}{8a^2}$

$\therefore$ अभिलम्ब की प्रवणता $= -\dfrac{1}{\left(\dfrac{dy}{dx}\right)} = -\dfrac{1}{\dfrac{3x^2}{8a^2}} = -\dfrac{8a^2}{3x^2}$

$= \dfrac{-8a^2}{3x^2} = \dfrac{-2}{3}$

$\Rightarrow$ $x^2 = 4a^2 \Rightarrow x = + 2a$

$x = \pm 2a$ पर, $x = \pm a$

$\therefore$ $(x, y) = (2a, a)$

19. (c) **20.** (d)

21. (d) $\because$ माध्यिका $= L + \dfrac{\frac{N}{2} - F}{f} \times i$

$\Rightarrow$ $28 = 20 + \dfrac{\frac{80}{2} - (6 + f_1)}{30} \times 10$

$= 20 + \dfrac{40 - 6 + f_1}{3}$

$\Rightarrow$ $8 = \dfrac{34 - f_1}{3}$

$\therefore$ $f_1 = 10$

$\therefore$ वर्ग 40–50 की बारम्बारता $= f_2$

$= 80 - (6 + 10 + 30 + 28)$

$= 6$

22. (b) व्यंजक $= 3 + \dfrac{1}{\sqrt{3}} + \dfrac{1}{3 + \sqrt{3}} + \dfrac{1}{\sqrt{3} - 3}$

$= 3 + \dfrac{1}{\sqrt{3}} + \dfrac{1}{3 + \sqrt{3}} - \dfrac{1}{3 - \sqrt{3}}$

$= 3 + \dfrac{1}{\sqrt{3}} + \left[\dfrac{3 - \sqrt{3} - (3 + \sqrt{3})}{(3 + \sqrt{3})(3 - \sqrt{3})}\right]$

$= 3 + \dfrac{1}{\sqrt{3}} + \dfrac{(-2\sqrt{3})}{9 - 3}$

$= 3 + \dfrac{1}{\sqrt{3}} - \dfrac{\sqrt{3}}{3}$

$= \left(3 + \dfrac{1}{\sqrt{3}} - \dfrac{1}{\sqrt{3}}\right) = 3$

23. (b) माना आधार AB और शीर्ष C का शंकु , डोरी CD के द्वारा टिका हुआ है।

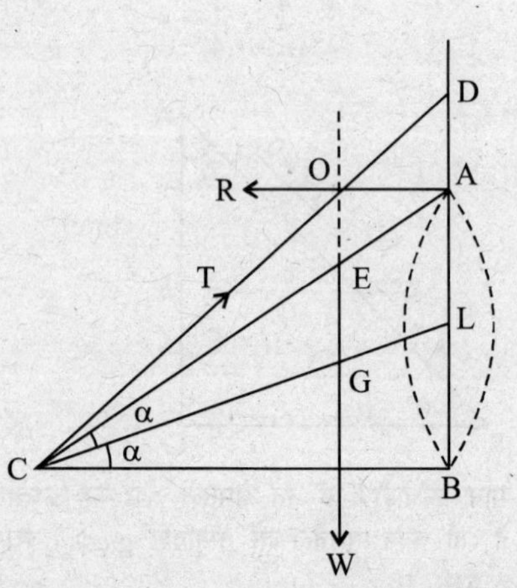

डोरी CD की लम्बाई महत्तम तब होगी जब शंकु अपने आधार के निकटतम बिन्दु A के सापेक्ष उलटने की स्थिति में होगा।

इस स्थिति में A पर प्रतिक्रिया R दीवार के लम्बवत् दिशा में होगी। G शंकु का गुरुत्व केन्द्र है।

$\therefore \quad CG = \frac{3}{4}h$

और $\quad GL = \frac{1}{4}h$

$\because \quad CL = h$

माना प्रतिक्रिया R और शंकु के भार W की क्रिया-रेखाएँ बिन्दु O पर मिलती हैं, तो सन्तुलन के लिए डोरी के तनाव T की क्रिया रेखा भी O से होकर जाएगी।

समरूप त्रिभुजों COG और CDL में।

$$\frac{CD}{CO} = \frac{CL}{CG}$$

$$= \frac{h}{\frac{3}{4}h} = \frac{4}{3}$$

$$\therefore \quad CD = \frac{4}{3}\,CO \quad ...(i)$$

Δ CLA में, $\quad AL = CL\ \tan\alpha = h\tan\alpha,$

$\therefore \quad OG = AL$

$= h\tan\alpha$

अब समकोण Δ CGO में,

$$CO^2 = CG^2 + OG^2$$

$$\Rightarrow \quad CO^2 = \left(\frac{3}{4}h\right)^2 + (h\tan\alpha)^2$$

$$= h^2\sqrt{\left(\frac{9}{16} + \tan^2\alpha\right)}$$

$$\therefore \quad CO = h\sqrt{\left(\frac{9}{16} + \tan^2\alpha\right)}$$

अत: समी. (i) से डोरी की महत्तम लम्बाई = CD

$$= \frac{4}{3}h\sqrt{\left(\frac{9}{16} + \tan^2\alpha\right)}$$

$$= h\sqrt{\left(1 + \frac{16}{9}\ \tan^2\alpha\right)}$$

24. (a) $\quad 4r\ \cos\ 2\theta = l\cos\theta$

यहाँ $\quad l = 4$ सेमी और $r = \sqrt{3}$ सेमी

$\Rightarrow \quad 4\sqrt{3}\cos 2\theta = 4\cos\theta$

(l और r के मान रखने पर)

$\Rightarrow \quad \sqrt{3}\,(2\cos^2\theta - 1) = \cos\theta$

$\Rightarrow \quad = 2\sqrt{3}\cos^2\theta - \cos\theta - \sqrt{3}$

$= 0$

$\Rightarrow \quad (2\cos\theta - \sqrt{3})(\sqrt{3}\cos\theta + 1) = 0$

जिससे $\quad 2\cos\theta - \sqrt{3} = 0$

$\Rightarrow \quad \cos\theta = \frac{1}{2}\sqrt{3}$

$= \cos 30°$

$\therefore \quad \theta = 30°$

और समकोण Δ ADO में,

$AD = AO\cos\theta$

$= 2r\cos\theta$

$\Rightarrow \quad AD = 2\sqrt{3}\cos 30^\circ$

$= 2\sqrt{3}.\left(\frac{\sqrt{3}}{2}\right) = 3$

$\therefore$ प्याले के बाहर निकला हुआ दण्ड का भाग

$= DB = AB - AD$

$= 4 - 3 = 1$ सेमी

25. (a) माना छड़ AB का भार W है जो उसके मध्यबिन्दु G कार्य करता है, माना B पर लगे क्षैतिज बल F और भार W की क्रिया-रेखाएँ बिन्दु O पर मिलती हैं, तो सन्तुलित अवस्था में A पर कब्जे की प्रतिक्रिया R की क्रिया-रेखा भी बिन्दु O से होकर जाएगी।

A से बढ़ाई हुई : BO पर लम्ब AC डाला।

माना $\quad \angle AOC = \theta$

$\because$ G, AB का मध्यबिन्दु है और GO, AC के समान्तर है।

$\therefore$ O, BC का मध्यबिन्दु होगा, अर्थात्

$OC = OB$

$= \frac{1}{2}\,BC$

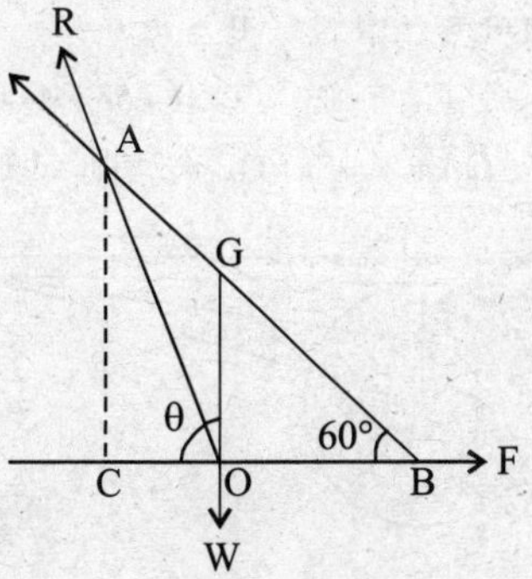

$\therefore \Delta$ ACO में, $\quad \tan\theta = \frac{AC}{OC}$

$= \frac{AC}{\frac{1}{2}BC}$

$= 2.\frac{AC}{BC}$

$= 2\tan 60°$

$= 2\sqrt{3}$

$\left[\because \Delta\ ABC \text{ में } \tan 60^\circ = \frac{AC}{BC}\right]$

अब चूँकि O पर लगे तीनों बल सन्तुलन में हैं।

$\therefore$ लामी के प्रमेय से,

$$\frac{F}{\sin WOA} = \frac{R}{\sin WOB} = \frac{R}{\sin AOB}$$

$$\Rightarrow \quad \frac{F}{\sin(90^\circ + \theta)} = \frac{R}{\sin 90^\circ} = \frac{W}{\sin(180^\circ - \theta)}$$

$$\Rightarrow \quad \frac{F}{\cos\theta} = \frac{R}{1} = \frac{W}{\sin\theta}$$

$$\therefore \quad F = W\frac{\cos\theta}{\sin\theta}$$

$$= W \, . \, \text{cost}\, \theta$$

$$= \frac{W}{2\sqrt{3}} = \frac{W}{6}\sqrt{3}$$

26. (b) वृत्त की त्रिज्या $\frac{10}{2} = 5$ सेमी.

4 सेमी. वाली जीवा की केन्द्र से दूरी,

$$d_1 = \sqrt{r^2 - \left(\frac{\text{जीवा}}{2}\right)^2} = \sqrt{(5)^2 - \left(\frac{4}{2}\right)^2}$$

$$= \sqrt{25-4} = \sqrt{21} = 4.58 \text{ सेमी.}$$

6 सेमी. वाली जीवा की केन्द्र से दूरी,

$$d_2 = \sqrt{(5)^2 - \left(\frac{6}{2}\right)^2}$$

$$= \sqrt{25-9} = \sqrt{16} = 4 \text{ सेमी.}$$

$\therefore$ जीवाओं के बीच की दूरी $= d_1 - d_2$

$$= 4.58 - 4.00 = 0.58 \text{ सेमी.}$$

27. (c) दिया है, OA = 4 सेमी., OB = 2 सेमी. तथा AP = 9 सेमी.

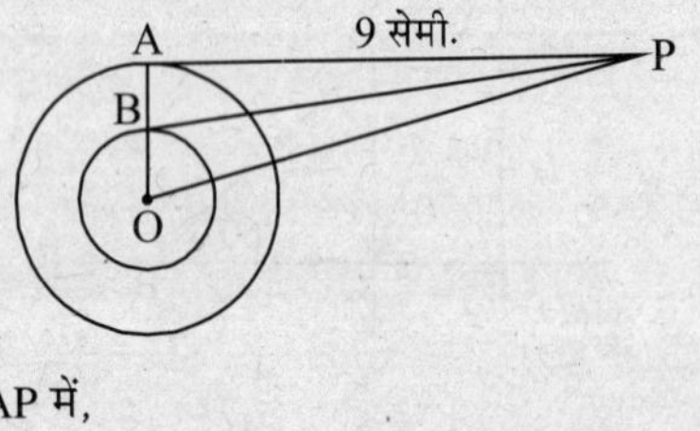

ΔOAP में,

$$OP^2 = OA^2 + AP^2 = 16 + 81 = 97$$

तथा ΔOBP में,

$$PB^2 = OP^2 - OB^2 = 97 - 4 = 93$$

$$\therefore \quad PB = \sqrt{93} = 9.6 \text{ सेमी.}$$

28. (a) $\sin^{-1} 1 + \sin^{-1} \frac{4}{5} = \sin^{-1} x$ (दिया है)

$$[\because \sin^{-1} x + \sin^{-1} y = \sin^{-1}\left[x\sqrt{1-y^2} + y\sqrt{1-x^2}\right]$$

$$\Rightarrow \quad \sin^{-1}\left[1.\sqrt{1-(4/5)^2} + \frac{4}{5}\sqrt{1-(1)^2}\right. = \sin^{-1} x$$

$$\Rightarrow \quad \sin\text{–}1 \left[.\sqrt{1-\frac{16}{25}} + \frac{4}{5}.\times 0 = \right. \sin^{-1} x$$

$$\Rightarrow \quad \sin^{-1}\sqrt{\frac{9}{25}} = \sin^{-1} x$$

$$\Rightarrow \quad \sin^{-1}\frac{3}{5} = \sin^{-1} x$$

$$\therefore \quad x = \frac{3}{5}$$

29. (d) $\because (3x - 2y) : (x + 3y) = 5 : 6$

$$\Rightarrow \quad \frac{3x-2y}{x+3y} = \frac{5}{6}$$

$$\Rightarrow \quad 18x - 12y = 5x + 15y$$

$$\Rightarrow \quad 13x = 27y$$

$$\Rightarrow \quad \frac{x}{y} = \frac{27}{13}$$

$$\Rightarrow \quad x : y = 27 : 13$$

30. (a) दिया है, $\begin{bmatrix} x+y & 2x+z \\ x-y & 2z+w \end{bmatrix} = \begin{bmatrix} 4 & 7 \\ 0 & 10 \end{bmatrix}$

$\Rightarrow \quad x + y = 4$ ...(i)

$x - y = 0$ ...(ii)

$2x + z = 7$ ...(iii)

तथा $2z + w = 10$ ...(iv)

इन समीकरणों को हल करने पर,

$x = 2, y = 2, z = 3, w = 4$

31. (c) $\because \quad kA = \begin{bmatrix} 0 & 3a \\ 2b & 24 \end{bmatrix}$

$$\Rightarrow \quad k\begin{bmatrix} 0 & 2 \\ 3 & -4 \end{bmatrix} = \begin{bmatrix} 0 & 3a \\ 2b & 24 \end{bmatrix}$$

$$\Rightarrow \quad \begin{bmatrix} 0 & 2k \\ 3k & -4k \end{bmatrix} = \begin{bmatrix} 0 & 3a \\ 2b & 24 \end{bmatrix}$$

$$\Rightarrow \quad 2k = 3a, \; 2k = 2b, \; -4k = 24$$

$$\Rightarrow \quad a = \frac{2k}{3}, \; b = \frac{3k}{2}, \; k = -6$$

$$\therefore \quad a = -4, \; b = -9, \; k = -6$$

32. (a) चूँकि $A' = -A$

$\therefore \quad A^3 = AAA$ तथा $(A^3)' = A'\,A'\,A' = -A^3$

अत: आव्यूह A^3 एक विषम सममित आव्यूह है।

33. (a) **34.** (a) **35.** (a)

36. (c)

$$2^3 = 2 \times 2 \times 2 \times 1$$
$$3^2 = 3 \times 3 \times 1$$
$$4 = 2 \times 2 \times 1$$
$$15 = 3 \times 5 \times 1$$

$\therefore$ महत्तम समापवर्तक = 1

37. (b) रेखा का समीकरण, जो रेखा

$$3x + 4y + 5 = 0$$

के समान्तर है

$3x + 4y + \lambda = 0$

चूँकि यह रेखा बिन्दु (4, – 5) से होकर जाती है।

$3(4) + 4(-5) + \lambda = 0$

$\Rightarrow \quad \lambda = 8$

λ का मान समीकरण (i) में रखने पर

$3x + 4y + 8 = 0$

38. (c) (P + Q) का 1 दिन का कार्य $= \dfrac{1}{12}$ ...(i)

(Q + R) का 1 दिन का कार्य $= \dfrac{1}{15}$ ...(ii)

(R + P) का 1 दिन का कार्य $= \dfrac{1}{20}$ ...(iii)

$\therefore$ 2 (P + Q + R) का मिलकर 1 दिन का कार्य

$= \left(\dfrac{1}{12} + \dfrac{1}{15} + \dfrac{1}{20}\right) = \dfrac{12}{60}$

$\therefore$ (P + Q + R) का मिलकर 1 दिन का कार्य

$= \dfrac{1}{5}$

$\therefore$ अकेले P का 1 दिन का कार्य

$= \left(\dfrac{1}{10} - \dfrac{1}{15}\right) = \dfrac{1}{30}$

अतः अकेले P इस कार्य को 30 दिन में पूरा कर लेगा।

39. (b) चित्र में AB मीनार और BC सीढ़ी है।

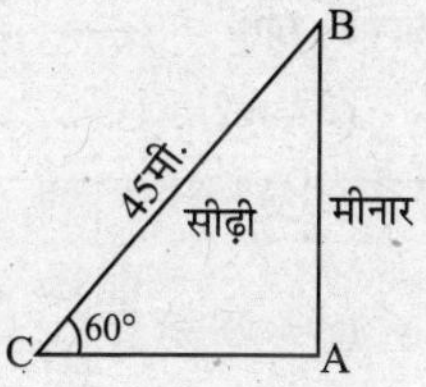

Δ ABC में,

$\therefore \quad \sin 60 = \dfrac{AB}{45}$

$\Rightarrow \quad \dfrac{\sqrt{3}}{2} = \dfrac{AB}{45}$

$\therefore \quad AB = \dfrac{45\sqrt{3}}{2}$ मीटर

$\therefore$ मीनार की ऊँचाई = AB

$= \dfrac{45\sqrt{3}}{2}$ मीटर

40. (a) माना दो धन पूर्णांक संख्याएँ क्रमशः x और y हैं।

प्रथम शर्तानुसार, $\quad x \times 18 = 18x$

द्वितीय शर्तानुसार, $\quad y \times 21 = 21y$

प्रश्नानुसार, $\quad 18x + 21y = 3(6x + 7y)$

अतः दोनों गुणनफलों का प्राप्त योग वहीं संख्या होगी जो उससे विभाजित होगी।

इसलिए 2007 वह संख्या होगी जो दोनों धन पूर्णांकों में क्रमशः 18 और 21 से गुणा करने पर प्राप्त संख्याओं का योग होगी।

41. (d) $f(x) = 4x^3 - 18x^2 + 27x - 7$

$f'(x) = 12x^2 - 36x + 27$

$= 3(4x^2 - 12x + 9) = 3(2x - 3)^2$

$f'(x) = 0$

$\Rightarrow \quad x = \dfrac{3}{2}$ (क्रान्तिक बिन्दु)

क्योंकि सभी $x < \dfrac{3}{2}$ तथा $x > \dfrac{3}{2}$ के लिए $f'(x) > 0$

अतः $x = \dfrac{3}{2}$ एक नति परिवर्तन का बिन्दु है और न तो उच्चिष्ठ का बिन्दु और न निम्नष्ठ का बिन्दु $x = \dfrac{3}{2}$ केवल एक क्रान्तिक बिन्दु है तथा f का कोई उच्चिष्ठ या निम्निष्ठ नहीं है।

42. (b) माना तीसरी स्पर्श रेखा परवलय के शीर्ष पर है, तब–

$p_1 \,|\, at_1t_2|, p_2 = at_1^2, p_3 = at_2^2$

स्पष्ट है कि p_1, p_2, p_3 गुणोंत्तर श्रेणी में हैं।

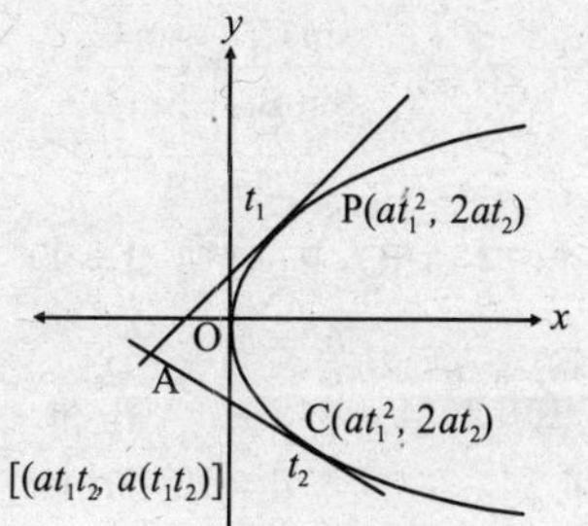

43. (d) माना बिन्दुओं P व Q के निर्देशांक $(at_1^2, 2at_1)$ व $(at_2^2, 2at_2)$ क्रमशः हैं। तब, R के निर्देशांक

$\{2a + a(t_1^2 + t_2^2 + t_1t_2), -at_1t_2(t_1 + t_2)\}$ होंगे

$\because$ बिन्दु R परवलय पर स्थित है।

$\Rightarrow \quad a^2t_1^2t_2^2(t_1 + t_2)^2 - 4a[2a + a(t_1 + t_2)^2 - t_1t_2)] = 0$

$\Rightarrow \quad (t_1 + t_2)^2 \{t_1^2t_2^2 - 4\} + 4(t_1t_2 - 2) = 0$

$t_1t_2 = 2$

$\Rightarrow \quad y_1y_2 = (2at_1)(2at_2) = 4a^2t_1t_2$

$\therefore \quad y_1y_2 = 8a^2$

44. (c) संदिग्ध स्थिति में, B_1 और B_2 एक दूसरे के सम्पूरक कोण (Supplementary angles) होंगे, $\therefore$ $B_2 = 180° - B_1$ अतएव $\sin B_2 = \sin(180° - B_1) = \sin B_1$

sin सूत्र से $\quad \dfrac{a}{\sin A} = \dfrac{c_1}{\sin C_1} = \dfrac{c_2}{\sin C_2} = \dfrac{b}{\sin B_1}$

$\sin B_1 = \sin B_2 = \dfrac{a \sin A}{a}$

और $\quad \sin C_1 = \dfrac{c_1 \sin A}{a} \quad \sin C_2 = \dfrac{c_2 \sin A}{a}$

$\dfrac{\sin C_1}{\sin B_1} + \dfrac{\sin C_2}{\sin B_2} = \dfrac{\sin C_1}{\sin B_1} + \dfrac{\sin C_2}{\sin B_1}$

$[\because \sin B_2 = \sin B_1]$

$$= \frac{1}{\sin B_1} [\sin C_1 + \sin C_2]$$

$$= \frac{a}{b \sin A}\left(\frac{c_1 \sin A}{a} + \frac{c_2 \sin A}{a}\right)$$

$$= \frac{a}{b\sin A} \cdot \frac{\sin A}{a}$$

$$(c_1 + c_2) = \frac{1}{b}(c_1 + c_2) \quad ...(i)$$

अब $\cos A = \frac{b^2 + c^2 - a^2}{2bc}$

$\Rightarrow c^2 - (2b \cos A)\, c + (b^2 - a^2) = 0.$

जो c में द्विघातीय समीकरण है, माना इसके मूल c_1 और c_2 हैं, तो

मूलों का योगफल = $c_1 + c_2 = 2b \cos A$

$\therefore$ समी. (i) से, $\frac{\sin C_1}{\text{Sin } B_1} + \frac{\sin C_2}{\text{Sin } B_2} = \frac{1}{b} \cdot 2b \cos A$

$= 2 \cos A$

45. (c) माना त्रिभुज ABC का कोण B = 90°, तब

$b^2 = a^2 + c^2$ ....(i)

प्रश्नानुसार $2s = a + b + c = 70$ या $s = 35$ ...(ii)

अथवा $b = 70 - (a + c)$ ....(iii)

तब $r = 6$ या $\frac{\Delta}{s} 6$ या $\Delta = 65 = 6 \times 35$

$\Rightarrow$ Δ का क्षेत्रफल = 210 वर्ग सेमी

$\Rightarrow$ $\frac{1}{2} ac = 210$, $\because \Delta$ ABC समकोणिक है

$\Rightarrow$ $ac = 420$ (iv)

(i) तथा (iii) से, $[70 - (a + c)]^2 = a^2 + c^2$

$\Rightarrow 4900 - 140\ (a + c) + (a + c)^2 = a^2 + c^2$

$\Rightarrow 4900 - 140\ (a + c) + (a^2 + c^2 + 2ac) = a^2 + c^2$

$\Rightarrow 4900 - 140\ (a + c) + 2\,(420) = 0$, (iv) से

$\Rightarrow 140\,(a + c) = 4900 + 840 = 5740$

$\Rightarrow$ $a + c = 41$

(iv) तथा (v) को हल करने पर $a = 21, c = 20$

$\therefore$ (iii) तथा (v) से $b = 70 - 41 = 29$

$\therefore a = 21$ सेमी, $b = 29$ सेमी, $c = 20$ सेमी

46. (b) चूँकि $2b^2 = a^2 + c^2$ विकल्पों द्वारा

(a) माना $2(c + a) = (b + c) + (a + b)$

$2c + 2a = 2b + c + a$

$\Rightarrow$ $c + a = 2b$

अतः a, b, c समान्तर श्रेणी में है।

(b) माना $b + c, c + a, a + b$ हरात्मक श्रेणी हैं। तो :

$$\Rightarrow \quad c + a = \frac{2(b + c)(a + b)}{b + c + a + b}$$

$$\Rightarrow \quad c + a = \frac{2(b + c)(a + b)}{2b + c + a}$$

$\Rightarrow 2bc + c^2 + ca + 2ab + xc + x^2$

$= 2ba + 2b^2 + 2ac + ac + a^2$

$= 2ba + 2b^2 + 2zx + 2zx + 2yz$

$= x^2 + y^2 + 2y^2$

अतः x^2, y^2 तथा z^2 समान्तर श्रेणी में हैं।

47. (b)

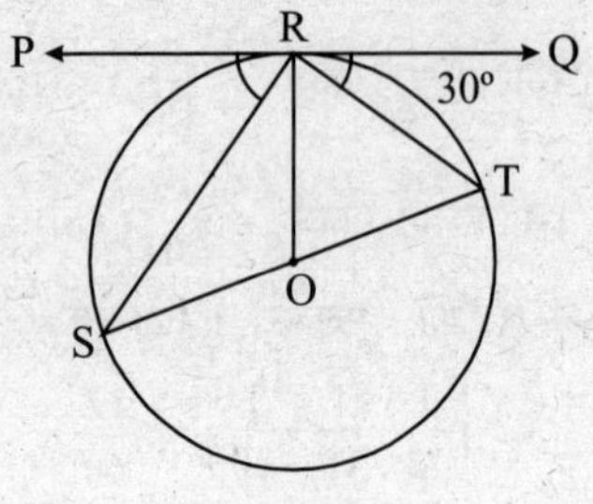

$\angle TRQ = 30°$

$\angle PRQ = 180°$

$\angle PRS = \angle PRQ - (\angle SRT + \angle TRQ)$

जहाँ $\angle SRT = 90°$ अर्द्धवृत्त पर बना कोण है।

$\angle PRS = 180° - (90° + 30°)$

$= 180° - 120° = 60°$

48. (c) माना A और B की गतियाँ क्रमशः x किमी/घण्टा व y किमी/घण्टा है। जब वे एक ही दिशा में चलती हैं, तब

सापेक्ष गति = $(x - y)$ किमी/घण्टा

$\therefore$ $(x - y) = 10$ ...(i)

जब वे विपरीत दिशा में चलती हैं, तब

$(x + y) = \frac{90 \times 7}{9} = 70$ ...(ii)

समीकरण (i) व (ii) से,

$x = 40$ किमी/घण्टा,

$y = 30$ किमी/घण्टा

49. (a) पुलिसकर्मी की चोर के सापेक्ष गति

= (11 – 10) किमी/घण्टा

= 1 किमी/घण्टा

$\therefore$ 6 मिनट में पुलिसकर्मी द्वारा चली गई दूरी

$= \left(\frac{100}{60} \times 6\right)$ मीटर

= 100 मीटर

$\therefore$ शेष दूरी = (200 – 100) मीटर

= 100 मीटर

50. (d) n प्राकृतिक संख्याओं का योग $S_1 = \frac{n(n+1)}{2}$ ...(i)

n प्राकृतिक संख्याओं के वर्गों का योग

$S_2 = \frac{1}{6} n(n+1)(2n+1)$ ...(ii)

n प्राकृतिक संख्याओं के घनों का योग

$$S_3 = \left\{\frac{n(n+1)}{2}\right\}^2 \quad ...(iii)$$

अत: $S_3(1 + 8S_1)$

$$= \frac{n^2(n+1)^2}{4}\left\{1+8.\frac{n(n+1)}{2}\right\}$$

$$= \frac{n^2(n+1)^2}{4}\left\{1+4n^2+4n\right\}$$

$$= \frac{n^2(n+1)^2\,(2n+1)^2}{4}$$

$$= 9\cdot\frac{n^2(n+1)^2\,(2n+1)^2}{4\times 9}$$

$$= 9\left[\frac{n(n+1)\,(2n+1)}{6}\right]^2 = 9{S_2}^2$$

51. (d) माना $\frac{1}{x-x^3}dx = \frac{1}{x(1+x)(1-x)}$

$$= \frac{A}{x}+\frac{B}{1+x}+\frac{C}{1-x}$$

$$1 = A(1+x)(1-x) + Bx(1-x) + Cx(1+x) \quad ...(i)$$

समीकरण (i) में, $x = 0$ रखने पर,

$$1 = A(1+0)(1-0) \Rightarrow A = 1$$

समीकरण (i) में $x = -1$ रखने पर, हम पाते हैं–

$$1 = B(-1)(1+1) \Rightarrow B = -\frac{1}{2}$$

समीकरण (i) में, $x = 1$ रखने पर

$$1 = C(1)(d+1) \Rightarrow C = \frac{1}{2}$$

$$\therefore \int\frac{1}{x-x^3}dx$$

$$= \int\frac{1}{x}dx - \int\frac{dx}{2(1+x)} + \int\frac{1dx}{2(1-x)}$$

$$= \log|x| - \frac{1}{2}\log|1+x| - \frac{1}{2}\log|1-x| + C$$

$$= \log|x| - \frac{1}{2}\log|1-x^2| + C$$

$$= \frac{1}{2}\log\left|\frac{x^2}{1-x^2}\right| + C$$

52. (a) चूँकि शीर्ष $(\pm 2, 0)$ तथा नाभियाँ $(\pm 3, 0)$, x-अक्ष पर स्थित हैं, जोकि y-अक्ष का गुणांक शून्य है।

अत: अतिपरवलय का समीकरण निम्न होगा।

$$\frac{x^2}{a^2} - \frac{y^2}{b^2} = 1 \quad ...(i)$$

दिया है, $a = 2$ तथा $c = 3$

$$\therefore \quad c^2 = a^2 + b^2 \Rightarrow 9 = 4 + b^2$$

$$\Rightarrow \quad b^2 = 5$$

$a^2 = 4$ तथा $b^2 = 5$ समी. (i) में रखने पर, हम पाते हैं।

$$\frac{x^2}{4} - \frac{y^2}{5} = 1$$

53. (b) चूँकि समीकरण $py^2 + qy + r - 0$ वेळ मूल $\tan\alpha$ व $\tan\beta$ हैं।

तब, $\tan\alpha + \tan\beta = \frac{-q}{p} \quad ...(i)$

$$\tan\beta = \frac{r}{p}$$

$$\therefore \quad \tan(\alpha+\beta) = \frac{\tan\alpha + \tan\beta}{1 - \tan\alpha.\tan\beta} = \frac{\frac{-q}{p}}{1-\frac{r}{p}} = \frac{\frac{-q}{p}}{\frac{p-r}{p}}$$

$$\Rightarrow \quad \frac{\frac{-q}{p}}{\frac{-(r-p)}{p}} = \frac{q}{r-p}$$

54. (c) $\int_0^1 \frac{dx}{\sqrt{1+x}-\sqrt{x}}$

$$= \int_0^1 \frac{dx}{\sqrt{1+x}-\sqrt{x}} = \int_0^1 (\sqrt{1+x}+\sqrt{x})dx$$

$$= \left|\frac{2}{3}(1+x)^{3/2}\right|_0^1 + \left(\frac{2}{3}x^{3/2}\right)_0^1$$

$$= \frac{2}{3}\left(2^{3/2}-1\right) + \frac{2}{3}$$

$$= \frac{2}{3}\cdot 2^{3/2} - \frac{2}{3} + \frac{2}{3}$$

$$= \frac{2}{3}\times 2\sqrt{2} = \frac{4\sqrt{2}}{3}$$

55. (c) माना संख्या a को दूसरी संख्या b से भाग देने पर भागफल q तथा शेषफल r बचता है।

तब
$$a = bq + r$$
$$= 5q + 3$$
$$\therefore \quad a^2 = (5q+3)^2$$
$$= 25q^2 + 9 + 30q$$
$$= 5q(5q+6) + 9$$
$$= 5q(5q+6) + 5 + 4$$
$$= 5[q(5q+6) + 1] + 4$$

$\therefore$ अभीष्ट शेषफल = 4

56. (c)
$$3 * 4 = (3 + 4 + 3 \times 4) = 19$$
$$2 * 3 = (2 + 3 + 2 \times 3) = 11$$
$$\therefore (3 * 4 - 2 * 3) = (19 - 11) = 8$$

57. (b) दीर्घवृत्त $\frac{x^2}{27}+y^2=1$ के बिन्दु $3(\sqrt{3}\cos\theta, \sin\theta)$ पर स्पर्श रेखा का समीकरण $\frac{x\cos\theta}{3\sqrt{3}}+y\sin\theta=1$ है।

यह निर्देशांक अक्ष पर काटता है।

$\therefore$ अक्षों पर काटे गए अन्तःखण्डों का योग निम्न है,

$3\sqrt{3}\sec\theta+\text{cosec}\,\theta = f(\theta)$

θ के सापेक्ष अवकलन करने पर,

$$f'(\theta)=\frac{3\sqrt{3}\sin^3\theta-\cos^3\theta}{\sin^2\theta\cos^2\theta}$$

अधिकतम तथा निम्नतम के लिए $f'(\theta)=0$ रखने पर,

$$3\sqrt{3}\sin^3\theta-\cos^3\theta=0$$

$$\Rightarrow \tan^3\theta=\frac{1}{3\sqrt{3}} \Rightarrow \tan\theta=\frac{1}{\sqrt{3}} \Rightarrow \theta=\frac{\pi}{6}$$

$$\theta=\frac{\pi}{6} \text{ पर, } f''>0$$

$$\therefore \quad \theta=\frac{\pi}{6} \text{ पर } f(\theta) \text{ निम्नतम है।}$$

58. (d) $^{18}C_m = {}^{18}C_{m+2}$ [$\because$ ^nC_x 2 $^nC_{n-x}$ तथा ^nC_x $^nC_y \Rightarrow x=y$]

$\Rightarrow {}^{18}C_{18-m} = {}^{18}C_{m+2}$

$\Rightarrow 18-m=m+2$

$\Rightarrow 2m=16 \Rightarrow m=18$

$$\therefore \quad {}^mC_5={}^8C_5={}^8C_3=\frac{8\times7\times6}{3\times2\times1}=\frac{336}{6}=56$$

59. (b) T_{r+1}

$$=\left[\frac{(-4)(-4-1)(-4-2).....(-4-r+3)\,(-4-r+2).(-4-r+1)}{\lfloor r}(-y)^r\right.$$

$$=\frac{4.5.6.7.........r(r+1)(r+2)(r+3)}{1.2.3.......(r-1)r}y^r$$

$$=\frac{(r+1)(r+2)(r+3)}{1.2.3}y^r=\frac{(r+1)(r+2)(r+3)}{6}y^r$$

60. (b) दिया गया वक्र एक वृत्त की समीकरण को व्यक्त करता है।

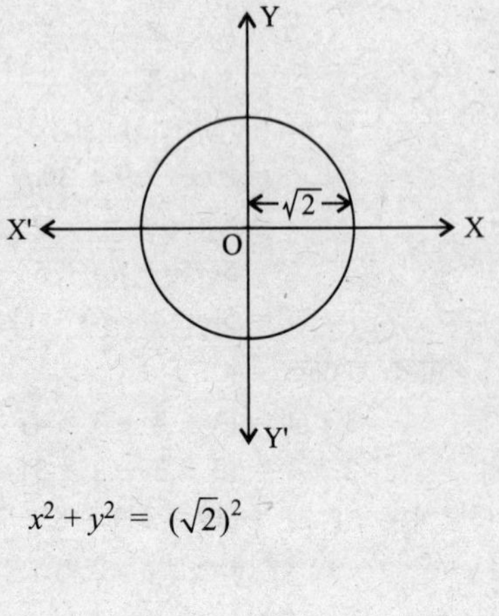

$$\because \quad x^2+y^2=(\sqrt{2})^2$$

अभीष्ट क्षेत्रफल

$$=4\int_{x=0}^{x=\sqrt{2}} y\,dx$$

$$=4\left(\frac{x}{2}\sqrt{2-x^2}\right)dx$$

$$=4\left(\frac{x}{2}\sqrt{2-x^2}+\frac{2}{2}\sin^{-1}\frac{x}{\sqrt{2}}\right)_0^{\sqrt{2}}$$

$$=4\left(\frac{\pi}{2}-0\right)=2\pi \text{ वर्ग इकाई}$$

61. (d) माना $4x+y+1=u$ रखने पर,

$$\Rightarrow \quad u+\frac{dy}{dx}=\frac{dv}{dx}$$

$$\Rightarrow \quad u+v^2=\frac{dv}{dx}$$

$$\Rightarrow \quad dx=\frac{du}{u+v^2}$$

$$\Rightarrow \quad \frac{1}{2}\tan^{-1}\frac{u}{2}=x+k$$

$$\Rightarrow \quad \frac{u}{2}=\tan(2x+k)$$

$$\Rightarrow \quad 4x+y+1=2\tan(2x+k)$$

62. (a) यहाँ $T_n=\frac{1^2+2^2+3^2+.....n^2}{n!}$

$$=\frac{\frac{1}{6}n(n+1)(2n+1)}{n!}$$

$$=\frac{n(n+1)(2n+1)}{6n!}=\frac{(n+1)(2n+1)}{6(n-1)!}$$

$$=\frac{(n-1).(2n+1)+2(2n+1)}{6.(n-1)!}$$

$$=\frac{(2n+1)}{6(n-2)!}+\frac{2(2n+1)}{6.(n-1)!}$$

$$=\frac{2(n-2)+5}{6.(n-2)!}+\frac{2(n-1)+3}{3.(n-1)!}$$

$$=\frac{1}{3(n-3)!}+\frac{5}{6.(n-2)!}+\frac{2}{3(n-2)!}+\frac{1}{(n-1)!}$$

$$=\frac{1}{3(n-3)!}+\frac{3}{2.(n-2)!}+\frac{1}{(n-1)!}$$

$n=1,2,3$ .... रखने पर

$$T_1=\frac{1}{3}(0)+\frac{3}{2}(0)+\frac{1}{0!}$$

$$T_2=\frac{1}{3}(0)+\frac{3}{2}\left(\frac{1}{0!}\right)+\frac{1}{1!}$$

$$T_3 = \frac{1}{3}\left(\frac{1}{0!}\right)+\frac{3}{2}\left(\frac{1}{1!}\right)+\frac{1}{2!}$$

....

....

स्तम्भानुसार जोड़ने पर श्रेणी का योगफल

$$= \frac{1}{3}\left[1-\frac{1}{1!}-\frac{1}{2!}+......\right]+\frac{3}{2}$$

$$\left[1+\frac{1}{1!}+\frac{1}{2!}+....\right]+\left[1+\frac{1}{1!}+\frac{1}{2!}+\frac{1}{3!}+....\right]$$

$$= \frac{1}{3}(e)+\frac{3}{2}e+(e)=\frac{17e}{6}$$

63. (c) समतल का समीकरण, जो दिए गए समतल के समान्तर है, $3x + 4y - 5z = k$ होगा।
लेकिन यह समतल (1, 2, 3) से होकर जाता है,
अत: $3 \times 1 + 4 \times 2 - 5 \times 3 = k$
या $k = -4$
∴ अभीष्ट समततल का समीकरण है–
$3x + 4y - 5z + 4 = 0$

64. (b) मान लो अभीष्ट समतल:
$Ax + By + Cz + D = 0$ है।
चूँकि, यह (2, 2, 1) से गुजर रहा है
∴ $2A + 2B + C + D = 0$ ...(1)
चूँकि, यह (9, 3, 6) से गुजर रहा है
∴ $9A + 3B + 6C + D = 0$ ...(2)
चूँकि प्राप्त समतल, समतल $2x + 6y + 6z - 9 = 0$ के लम्बवत् है–
∴ $2A + 6B + 6C = 0$
⇒ $A + 3B + 3C = 0$ ...(3)
समीकरण (1) व (2) से
$7A + B + 5C = 0$ ...(4)
समीकरण (3) व (4) से

$$\frac{A}{3\times5-3\times1}=\frac{B}{3\times7-1\times5}=\frac{C}{1\times1-3\times7}$$

$$\Rightarrow \frac{A}{12}=\frac{B}{16}=\frac{C}{-20}$$

$$\Rightarrow \frac{A}{3}=\frac{B}{4}=\frac{C}{-5}=R$$

∴ $A = 3R, B = 4R$ और $C = 5R$
और समीकरण (1) से
$D = -9R$
∴ अत: अभीष्ट समतल का समीकरण होगा।
$3Rx + 4Ry - 5Rz - 9R = 0$
$3x + 4y - 5z - 9 = 0.$

65. (c) पहले पत्ते के बादशाह होने की प्रायिकता $= \frac{4}{52}$ तथा दूसरे पत्ते के भी बादशाह होने की प्रायिकता $= \frac{3}{51}$

अत: अभीष्ट प्रायिकता $= \frac{3}{51}\times\frac{4}{52}=\frac{1}{221}$

66. (b) $X \cup Y^1 = U$

67. (d) $(1 + x)^n = C_0 + C_1x + C_2x^2 + ... + C_rx^r + ... + C_nx^n$

इसमें x के स्थान पर $\left(\frac{1}{x}\right)$ रखने पर

$$\left(1+\frac{1}{x}\right)^n = C_0+\frac{C_1}{x}+\frac{C_2}{x^2}+......+\frac{C_r}{x^r}+.........+\frac{C_n}{x^n}$$

दोनों प्रसारों का गुणा करने पर

$$\left(C_0+\frac{C_1}{x}+\frac{C_2}{x^2}+......+\frac{C_r}{x^r}+.........+\frac{C_n}{x^n}\right)$$

$$\times\left(C_0+C_1x+....+C_2x^2 .... +C_rx^r+.....+C_nx^n\right)$$

$$=\left(1+\frac{1}{x}\right)^n\times(1+x)^n=\frac{1}{x^n}(1+x)^{2n} \quad ...(i)$$

समीकरण के दोनों तरफ में x^2 के गुणांकों को बराबर रखने पर

$C_0C_2 + C_1C_3 + C_2C_4 + ... + C_{n-2}\cdot C_n$

$= \frac{1}{x^n}(1+x)^{2n}$ के प्रसार में x^2 का गुणांक

$= (1 + x)^{2n}$ के प्रसार में x^{n+2} का गुणांक

$$= {}^{2n}C_{n+2} = \frac{(2n)!}{(n-2)!.(n+2)!}$$

68. (b)

$$\left(\frac{2i}{1+i}\right)^2 = \frac{4i^2}{1+2i+i^2}$$

$$= \frac{4\times(-1)}{1+2i-1}=\frac{-4}{2i}$$

$$= \frac{4i^2}{2i}=2i \qquad [\because i^2=-1]$$

69. (c) माना बहुभुज में भुजाओं की संख्या $= n$
n अन्त: कोणों का योग $= (n - 2) \times 180^o$
प्रश्नानुसार,

$$(n-2)\times180^o = \frac{n}{2}\left[2\times88^o+(n-1)\times10^o\right]$$

⇒ $(n - 2) \times 180^o = n[88 + (n + 1) \times 5]$

⇒ $180n - 360 = 88n + 5n^2 - 5n$

⇒ $5n^2 - 97n + 360 = 0$

$$\therefore \quad n = \frac{-(-97)\pm\sqrt{(-97)^2-4\times5\times360}}{2\times5}$$

$$= \frac{97\pm\sqrt{2209}}{10} = \frac{97\pm\sqrt{47}}{10}$$

∴ $n = 144, 5$

अत: $n = 5$

70. (c) चूँकि, डोमेन क्रमिक युग्मों के प्रथम अवयवों का समुच्चय होता है और परास क्रमिक युग्मों के द्वितीय अवयवों का समुच्चय होता है।

दिया है कि $R = \{(a, c), (b, d), (c, c)\}$

$\therefore$ R की डोमेन $= \{a, b, c\}$ और

R की परास $= \{c, d\}$

71. (c) वास्तविक एवं भिन्न मूलों के लिए

$$D > 0 \Rightarrow 4 - 4m > 0$$

$$\therefore \quad m < 1$$

72. (d) प्रश्नानुसार, $ar = 2$

$$\therefore \quad a = \frac{2}{r}$$

और $\dfrac{a}{1-r} = 8 \Rightarrow \dfrac{\frac{2}{r}}{1-r} = 8$

$$\therefore \quad r = \frac{1}{2}$$

$$a \times \frac{1}{2} = 2$$

$$\therefore \quad a = 4$$

73. (a) $\lim_{x\to0} x \sin\frac{1}{x} = \lim_{x\to0} x \cdot \lim_{x\to0} \sin\frac{1}{x} = 0$

74. (a) Let $A = \lim_{x\to0}(\operatorname{cosec} x)^x$

$$\log A = \lim_{x\to0} x \log(\operatorname{cosec} x)$$

$$= \lim_{x\to0} \frac{\log(\operatorname{cosec} x)}{\frac{1}{x}} \quad \left[\text{form} \frac{\infty}{\infty}\right]$$

$$= \lim_{x\to0} \frac{\frac{1}{\operatorname{cosec} x}\cdot(-\operatorname{cosec} x \cot x)}{\left(-\frac{1}{x^2}\right)}$$

[By L' Hospital Rule]

$$= \lim_{x\to0} \frac{x^2}{\tan x} \quad \left[\text{from} \frac{0}{0}\right]$$

$$= \lim_{x\to0} \frac{2x}{\sec^2 x}$$

[एल हॉस्पिटल नियम से]

$$= \lim_{x\to0} 2x \cos^2 x$$

$$\log_e A = 0$$

$$\therefore \quad A = e^0 = 1$$

75. (a) माना $y = \tan^{-1}\dfrac{1+x}{1-x}$

$x = \tan\theta$ रखने पर

$$\therefore \quad y = \tan^{-1}\frac{1+\tan\theta}{1-\tan\theta}$$

$$= \tan^{-1}\tan\left(\frac{\pi}{4}+\theta\right) = \frac{\pi}{4}+\theta$$

$$y = \frac{\pi}{4} + \tan^{-1} x$$

$$\therefore \quad \frac{dy}{dx} = 0 + \frac{1}{1+x^2} = \frac{1}{1+x^2}$$

76. (d) $x\%$ सान्द्रता का अर्थ है कि 100 लीटर द्रव्य में, x लीटर अम्ल है और $(100 - x)$ लीटर पानी है।

दिए हुए टैंक पर 225 लीटर अम्ल है और 225 लीटर पानी है। t मिनट पश्चात्, $10t$ लीटन पानी मिलाया जाता है, अतः कुल द्रव्य $(450 + 10t)$ लीटर होगा।

$\therefore$ अम्ल की प्रतिशतता

$$= \frac{225}{(450+10t)} \times 100$$

$$\therefore \quad x = \frac{22500}{(450+10t)}$$

$$\therefore \quad \frac{dx}{dt} = \frac{22500\times(-1)\times10}{(450+10t)^2} = \frac{-225000}{(450+10t)^2}$$

77. (d) $p_1p_2p_3 = \dfrac{2\Delta}{a}\cdot\dfrac{2\Delta}{b}\cdot\dfrac{2\Delta}{c}$

$$= \frac{8\Delta^3}{abc} = 8\Delta^3\,\frac{1}{abc}$$

$$= 8\left(\frac{abc}{4R}\right)^3 \frac{1}{abc}$$

$$= \frac{8\,a^2\,b^2\,c^2}{64\,R^3} = \frac{a^2\,b^2\,c^2}{8R^3}$$

78. (b)

वर्ग	मध्यमान (x)	बारंबारता (f)	fx
0-11	5.5	9	49.5
11-22	16.5	17	280.5
22-33	27.5	28	770.0
33-44	38.5	28	1001.0
44-55	49.5	15	742.5
55-66	60.5	8	484.0
योग		**103**	**3327.5**

$$\therefore \quad \text{माध्य} = \frac{3327.5}{103} = 32.31$$

79. (c) $P\left(\overline{A/B}\right) = \dfrac{P\left(\overline{A} \cup \overline{B}\right)}{P\left(\overline{B}\right)}$

$= \dfrac{P\left(\overline{A \cup B}\right)}{P\left(\overline{B}\right)}$

$= \dfrac{1 - P\left(A \cup B\right)}{P\left(\overline{B}\right)}$

80. (b) मान लो तीसरे शीर्ष का निर्दशांक (x, y) है।

$\therefore \quad \dfrac{1+2+x}{3} = 3 \quad \Rightarrow \quad x = 6$

और $\quad \dfrac{1+5+y}{3} = 2 \quad \Rightarrow \quad y = 0$

अत:, तीसरा शीर्ष (6, 0) है।

81. (c) $9x^2 + 25y^2 = 1$

$\Rightarrow \quad \dfrac{x^2}{\frac{1}{9}} + \dfrac{y^2}{\frac{1}{25}} = 1$

$\therefore \quad a^2 = \dfrac{1}{9}$

और $\quad b^2 = \dfrac{1}{25}$

$\because \quad b^2 = a^2(1 - e^2)$

$\therefore \quad \dfrac{1}{25} = \dfrac{1}{9}(1 - e^2)$

$\Rightarrow \quad 1 - e^2 = \dfrac{9}{25}$

$\Rightarrow \quad e^2 = 1 - \dfrac{9}{25} = \dfrac{16}{25}$

$\therefore \quad e = \dfrac{4}{5}$

82. (c) $\sin\dfrac{\pi}{6}\cos\dfrac{\pi}{3} + \cos\dfrac{\pi}{6}\sin\dfrac{\pi}{3}$

$= \sin(\pi/6 + \pi/3)$

$= \sin\left(\dfrac{\pi + 2\pi}{6}\right)$

$= \sin\left(\dfrac{3\pi}{6}\right)$

$= \sin(\pi/2)$

83. (c) $\sin^6 A + \cos^6 A$

$= (\sin^2 A + \cos^2 A)$

$(\cos^4 A - \cos^2 A \sin^2 A + \sin^4 A)$

$= \cos^4 A + \sin^4 A - \cos^2 \sin^2 A$

[क्योंकि $\sin^2 A + \cos^2 A = 1$]

$= (\cos^2 A + \sin^2 A)^2 - 3\cos^2 A \sin^2 A$

$= 1 - 3\cos^2 A \sin^2 A$

$\therefore \sin^6 A + \cos^6 A$

$\neq 1 + 3\cos^2 A \sin^2 A$

84. (b) यदि वृत्त के केन्द्र के निर्देशिक (h, k) हो, तो $h = k$ और

$\dfrac{3h + 4k - 4}{5} = h$

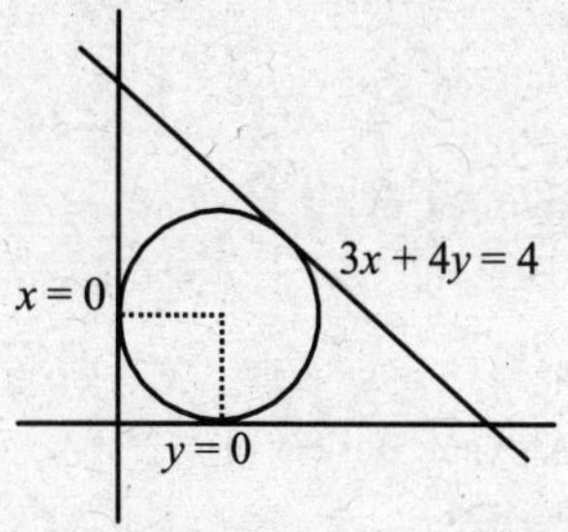

$\Rightarrow \quad 3h + 4h - 4 = 5h$

$\Rightarrow \quad h = 2 = k \quad$ (क्योंकि $h = k$)

$\therefore$ वृत्त का समीकरण होगा

$(x - 2)^2 + (k - 2)^2 = (2)^2$

$\Rightarrow \quad x^2 + y^2 - 4x - 4y + 4 = 0$

85. (b) $I = \displaystyle\int_0^{\pi/2} \frac{1}{1 + \sqrt{\tan x}}\,dx$

$= \displaystyle\int_0^{\pi/2} \frac{\sqrt{\cos x}}{\sqrt{\cos x} + \sqrt{\sin x}}\,dx$

और

$I = \displaystyle\int_0^{\pi/2} \frac{\sqrt{\cos\left(\frac{\pi}{2} - x\right)}}{\sqrt{\cos\left(\frac{\pi}{2} - x\right)} + \sqrt{\sin\left(\frac{\pi}{2} - x\right)}}\,dx$

$= \displaystyle\int_0^{\pi/2} \frac{\sqrt{\sin x}}{\sqrt{\sin x} + \sqrt{\cos x}}\,dx$

$\therefore \quad 2I = \displaystyle\int_0^{\pi/2} \frac{\sqrt{\cos x} + \sqrt{\sin x}}{\sqrt{\cos x} + \sqrt{\sin x}}\,dx$

$= \displaystyle\int_0^{\pi/2} dx = (x)_0^{\pi/2}$

$= \pi/2.$

$\therefore \quad I = \dfrac{\pi}{4}$

86. (c) $\cos^{-1}\left(\dfrac{x}{a}\right) + \cos^{-1}\left(\dfrac{y}{b}\right) = 0$

$\therefore \cos^{-1}\left[\dfrac{x}{a}\cdot\dfrac{y}{b} - \sqrt{1 - \dfrac{x^2}{b^2}}\sqrt{1 - \dfrac{y^2}{b^2}}\right] = 0$

$$\Rightarrow \sqrt{\frac{(a^2-x^2)(b^2-y^2)}{a^2b^2}}$$

$$\Rightarrow \cos\theta = \frac{xy}{ab} - \sqrt{\frac{(a^2-x^2)(b^2-y^2)}{a^2b^2}}$$

$$\Rightarrow \frac{xy}{ab} - \cos\theta$$

$$\therefore \frac{(a^2-x^2)(b^2-y^2)}{a^2b^2} = \frac{x^2y^2}{a^2b^2} + \cos^2\theta - \frac{2xy\cos\theta}{ab}$$

$$\Rightarrow a^2b^2 + x^2y^2 - a^2y^2 - b^2x^2 = x^2y^2 + a^2b^2\cos^2\theta - 2xy\cos\theta\, ab$$

$$\Rightarrow a^2b^2(1-\cos^2\theta) = b^2x^2 + a^2y^2 - 2xy\cos\theta \,.\, ab$$

$$\Rightarrow a^2b^2\sin^2\theta = b^2x^2 + a^2y^2 - 2xy\cos\theta \,.\, ab$$

$$\therefore \frac{x^2}{a^2} + \frac{y^2}{b^2} - \frac{2\,xy\cos\theta}{ab} = \sin^2\theta$$

87. (d) मान लो $P(x, y)$ अतिपरवलय पर कोई बिन्दु हैं।

$\therefore$ P की दूरी ध्रुव (1, 1) से,

$$= \sqrt{(x-1)^2 + (y-1)^2}$$

$$\text{P की दूरी नियता से} = \frac{2x+y-1}{\sqrt{2^2+(1)^2}}$$

$$\therefore \quad \sqrt{(x-1)^2+(y-1)^2} = \frac{\sqrt{3}}{\sqrt{5}}(2x+y-1)$$

$$\Rightarrow \quad (x-1)^2 + (y-1)^2 = \frac{3}{5}(2x+y-1)^2$$

$$\Rightarrow \quad 7x^2 - 2y^2 + 12xy - 2x + 4y - 7 = 0$$

88. (b) यहाँ, $M = x^2 + y^2 + 2x$, $N = 2y$

$$\therefore \quad \frac{\partial M}{\partial y} = 2y, \frac{\partial N}{\partial x} = 0$$

$$\frac{1}{N}\left(\frac{\partial M}{\partial y} - \frac{\partial N}{\partial x}\right) = \frac{1}{2y}(2y-0) = 1$$

जोकि x के फलन हैं।

$$\text{I.F.} = e^{\int 1.dx} = e^x$$

I.F. से गुणा करने पर, दी हुई समीकरण है–

$$e^x(x^2+y^2+2x)dx + e^x\,2y\,dy = 0$$

यह एक यथातथ समीकरण है और इसका हल है–

$$\int e^x\left(x^2+y^2+2x\right)dx + \int 0.\,dy = C$$

$$e^x(x^2+y^2) = C$$

89. (b) माना $\quad I = \int \frac{e^{\tan^{-1}x}}{1+x^2}dx$

$\tan^{-1}x = t$ रखने पर

$$\Rightarrow \quad \frac{1}{1+x^2}dx = dt$$

$$\therefore \quad I = \int e^t\,dt = e^t$$

$$I = e^{\tan^{-1}x}$$

90. (c) $\because \quad lx + my + n = 0$

$$\Rightarrow \quad y = (-l/m)x - (n/m)$$

$\because y = mx + c$ परवलय $y^2 = 4\,ax$ की स्पर्शी होगा यदि $c = \frac{a}{m}$.

$\therefore lx + my + n = 0$ परवलय $y^2 = 4bx$ पर स्पर्शी होगा।

$$\text{यदि} \quad \frac{-n}{m} = \frac{b}{-\frac{l}{m}}$$

$$\Rightarrow \quad -\frac{n}{m} = \frac{-bm}{l}$$

$$ln = bm^2.$$

91. (d) A का घात समुच्चय $= \{\{\}, \{\alpha\}, \{\beta\}, \{\alpha, \beta\}\}$.

92. (c) अवकल समीकरण,

$$\frac{dy}{dx} = \frac{ax+3}{2y+f}$$

$$\Rightarrow \quad (2y+f)\,dy = (ax+3)dx$$

समाकलन करने पर,

$$y^2 + fy = \frac{ax^2}{2} + 3x + C$$

$$\Rightarrow \quad \frac{ax^2}{2} - y^2 + 3x - fy + C = 0$$

$\because$ यह एक वृत्त को निरूपित करता है।

$\therefore$ वृत्त के लिए, x^2 के गुणांक $= y^2$ का गुणांक

$$\Rightarrow \quad \frac{a}{2} = -1$$

$$\Rightarrow \quad a = -2$$

93. (a) दिया है, दीर्घवृत्त $9x^2 + 4x^2 = 1 \Rightarrow \frac{x^2}{1/9} + \frac{y^2}{1/4} = 1$

यहाँ, $\quad a^2 = 1/9, b^2 = 1/4 \Rightarrow b > a$

तब उत्केन्द्र $\quad a^2 = b^2(1 - e^2)$

$$\Rightarrow \quad 1/9 = 1/4\,(1-e^2)$$

$$\Rightarrow \quad e^2 = 1 - 4/9 = 5/9 \Rightarrow e = \frac{\sqrt{5}}{3}$$

94. (a) रेखा का समीकरण

$$y - y_1 = m\,(x - x_1)$$

दिया है, $x_1 = -1, y_1 = -2$ और $m = \frac{4}{7}$

$$\therefore \quad y-(-2) = \frac{4}{7}[x-(-1)]$$

$$y+2 = \frac{4}{7}(x+1)$$

$$7y + 14 = 4x + 4$$

$$7y + 10 = 4x$$

$$4x - 7y = 10$$

95. (a) माना $y = \log_{0.001} 0.0001 \Rightarrow (0.001)^y = 0.0001$

$$\Rightarrow \left(\frac{1}{1000}\right)^y = \left(\frac{1}{10000}\right) \Rightarrow 10^{-3y} = 10^{-4} \Rightarrow -3y = -4$$

$\therefore \quad y = 4/3$

96. (a) 12 खिलाड़ियों में से 8 खिलाड़ियों चयन करने के तरीकों की संख्या $= {}^{12}C_8 = \frac{12!}{8!4!} = 495$

तथा एक कप्तानं व उपकप्तान के चयन करने के तरीकों की संख्या $= {}^8C_1 \times {}^7C_1 = 8 \times 7 = 56$

अत: कुल तरीकों की संख्या = 495 + 56 = 27720

97. (d) निर्मित ठोस घन का आयतन = टुकड़े 1 का आयतन + टुकड़े 2 का आयतन

= (469 + 1728) घन सेमी = 2197 घन सेमी

$\therefore$ घन की एक भुजा = $\sqrt[3]{2197}$

$= \sqrt[3]{13 \times 13 \times 13} = 13$ सेमी

98. (b) आधार का क्षेत्रफल $= \pi r^2 = \pi a^2$ (दिया गया है)

अत: $r = a$

$h = b$ (दिया गया है)

बेलन के वक्रपृष्ठ का क्षेत्रफल = $2\pi rh$

= $2\pi ab$ वर्ग सेमी.

99. (a) चूंकि $PQ \parallel RT$

अत: $\angle RQP = \angle SRT$ (संगत कोण)

ΔQRF में

$$QR = RF$$

अत: $\angle RQF = \angle QPR$ (समान भुजाओं के समाने के कोण बराबर होते है।)

प्रश्नानुसार,

$$\angle RQF + 35^\circ = 60^\circ \Rightarrow \angle RQF = 60 - 35 = 25$$

$$\angle OFR = 180^\circ - 25^\circ = 155^\circ$$

100. (a)

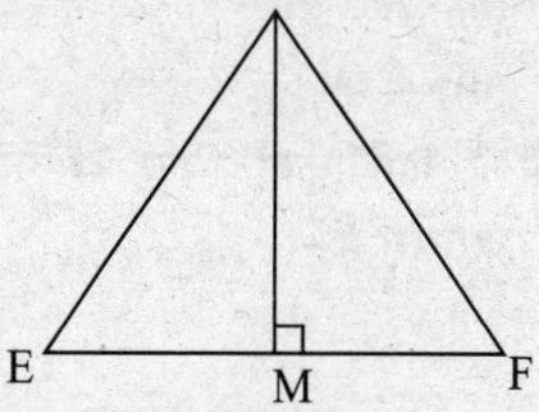

ΔDEF में $\quad DE = EF = DF$

$DM \perp EF$

$\therefore$ समबाहु Δ का क्षेत्रफल

$$= \frac{\sqrt{3}}{4} \times \text{भुजा}^2 = \frac{\sqrt{3}}{4} EF^2 \quad \text{...(i)}$$

$$\Delta \text{ DEF का क्षे.} = \frac{1}{2} EF \times DM \quad \text{...(ii)}$$

समीकरण (i) और (ii) से

$$\frac{1}{2} EF \times DM = \frac{\sqrt{3}}{4} EF^1$$

$$\Rightarrow \quad 2DM = \sqrt{3}EF$$

$$\Rightarrow \quad 4DM^2 = 3EF^2$$

$$\therefore \quad 4DM^2 = 3EF^2$$

$$\Rightarrow \quad 4DM^2 = 3DE^2 \quad [\because EF = DE = DF]$$

[$\therefore$ वृत्त में एक ही आधार पर बने कोण समान होते हैं।]

❑❑❑

13 गणित
प्रैक्टिस पेपर

1. ₹ 30,000 पर 7% प्रतिवर्ष की दर से कुछ अवधि के लिए चक्रवृद्धि ब्याज ₹ 4,347 है। अवधि है–

(a) 2 वर्ष (b) 2.5 वर्ष

(c) 3 वर्ष (d) 4 वर्ष

2. ABC एक त्रिभुज है। इसकी माध्यिकाएँ बिन्दु O पर काटती हैं। $(AB^2 + BC^2 + AC^2)$ बराबर हैं–

(a) $(OA^2 + OB^2 + OC^2)$

(b) $4(OA^2 + OB^2 + OC^2)$

(c) $(3/2)(OA^2 + OB^2 + OC^2)$

(d) $3(OA^2 + OB^2 + OC^2)$

3. (sin 50° – sin 70° + sin 10°) का कितना मान होगा?

(a) 1 (b) $\frac{1}{\sqrt{2}}$

(c) $\frac{\sqrt{3}}{2}$ (d) 0

4. एक त्रिभुज का केन्द्रक (2, 7) व दो शीर्ष (4, 8) व (–2, 6) हैं, त्रिभुज का तीसरा शीर्ष है :

(a) (0, 0) (b) (4, 7)

(c) (7, 4) (d) (7, 7)

5. 53 छात्रों की कक्षा में 26 फुटबॉल खेलते हैं, 24 क्रिकेट खेलते हैं, 20 हॉकी खेलते हैं, 10 छात्र तीनों में से कोई खेल नहीं खेलते, 8 छात्र सभी तीन खेल खेलते हैं, 4 केवल क्रिकेट तथा हॉकी खेलते हैं, 2 केवल फुटबॉल तथा हॉकी खेलते हैं, 5 छात्र केवल क्रिकेट एवं फुटबॉल खेलते हैं। छात्र जो केवल हॉकी खेलते हैं–

(a) 10 (b) 3

(c) 6 (d) इनमें से कोई नहीं

6. एक परीक्षा में कुल छात्रों के 35% छात्र हिन्दी में अनुत्तीर्ण हुए और 55% छात्र अंग्रेजी में अनुत्तीर्ण हुए तथा 20% छात्र दोनों विषयों में। कितने प्रतिशत छात्र उत्तीर्ण हुए?

(a) 70% (b) 30%

(c) 10% (d) 50%

7. यदि $x^m y^n = (x + y)^{m+n}$, तब इनमें से निम्न विकल्प सही हैं-

(a) $\frac{dy}{dx} = \frac{-x}{y}$ तथा $\frac{d^2y}{dx^2} = -x$

(b) $\frac{dy}{dx} = \frac{x}{y}$ तथा $\frac{d^2y}{dx} = -y$

(c) $\frac{dy}{dx} = \frac{y}{x}$ तथा $\frac{d^2y}{dx^2} = 0$

(d) इनमें से कोई नहीं

8. यदि $x = \exp\left\{\tan^{-1}\left(\frac{y - x^2}{x^2}\right)\right\}$, तब $\frac{dy}{dx}$ का मान है-

(a) $2x[1 + \tan(\log x)] + x\sec^2(\log x)$

(b) $x[1 + \tan(\log x)] + \sec^2(\log x)$

(c) $2x[1 + \tan(\log x)] + x^2\sec^2(\log x)$

(d) $2x[1 + \tan(\log x)] + \sec^2(\log x)$

9. यदि $\cos\frac{x}{2}\cos\frac{x}{2^2}\cos\frac{x}{2^3}....\cos\frac{x}{2^n} = f(x)$, तब $\frac{1}{2}\tan\frac{x}{2} + \frac{1}{2^2}\tan\frac{x}{2^2} + ... + \frac{1}{2^n}\tan\frac{x}{2^n}$ बराबर है

(a) $\frac{f'(x)}{f(x)}$ (b) $\frac{f(x)}{f'(x)}$

(c) $-\frac{f'(x)}{f(x)}$ (d) 0

10. एक कण ऊर्ध्वाधर दिशा में ऊपर की ओर फेंका जाता है, यदि t_1 तथा t_2 सेकण्ड पश्चात् वह h की ऊँचाई पर हो, तो आधी ऊँचाई पर उसका वेग v होगा–

(a) $v = \frac{1}{2}g\sqrt{(t_1^2 + t_2^2)}$ (b) $v = \frac{1}{2}g\sqrt{(t_1^2 - t_2^2)}$

(c) $v = \frac{1}{2}g(t_1 + t_2)$ (d) $v = \frac{1}{2}g(t_1^2 + t_2^2)$

11. कोई कण ऊर्ध्वाधर दिशा में फेंका जाता है, उन अवधियों का अनुपात, जिनके उपरान्त कण महत्तम ऊँचाई के आधे पर होगा, है–

(a) $(2 + 2\sqrt{2}):1$ (b) $(2 + \sqrt{2}):1$

(c) $(3 + 2\sqrt{2}):1$ (d) $(4 + \sqrt{3}):1$

12. किसी चिकने नत समतल पर फिसलने का समय उस समय का दोगुना हो जो उस समतल की ऊर्ध्वाधर ऊँचाई से गिरने में लगता है, तो समतल का झुकाव होगा–

(a) 45° (b) 60°

(c) 75° (d) 30°

13. यदि $a\cdot\hat{i} = a\cdot(\hat{i} + \hat{j}) = a\cdot(\hat{i} + \hat{j} + \hat{k})$, तब a मान है–

(a) $\hat{i}$ (b) $\hat{k}$

(c) $\hat{j}$ (d) $\hat{i} + \hat{j} + \hat{k}$

14. यदि $a=\hat{i}+\hat{j}+\hat{k}\,b=\hat{i}+3\hat{j}+5\hat{k}$ तथा $c=7\hat{i}+9\hat{j}+11\hat{k}$ तब समान्तर चतुर्भुज जिसके विकर्ण $a+b$ व $b+c$ हैं, का क्षेत्रफल है–

(a) $4\sqrt{6}$ (b) $\frac{1}{2}\sqrt{21}$
(c) $\frac{\sqrt{6}}{2}$ (d) $\sqrt{6}$

15. x-y तल में एक इकाई सदिश $(\hat{i}+\hat{j})$ के साथ 45° का कोण बनाता है तथा $(3\hat{i}-4\hat{j})$ के साथ 60° का कोण बनाता है, हैं–

(a) $\hat{i}$ (b) $\frac{1}{\sqrt{2}}(\hat{i}-\hat{j})$
(c) $\frac{1}{\sqrt{2}}(\hat{i}+\hat{j})$ (d) इनमें से कोई नहीं

16. वक्रों $y=\sin x$ व $y=\cos x$ के बीच का कोण है–

(a) $\tan^{-1}(2\sqrt{2})$ (b) $\tan^{-1}(3\sqrt{2})$
(c) $\tan^{-1}(3\sqrt{3})$ (d) $\tan^{-1}(5\sqrt{2})$

17. निम्न तालिका में से परास (Range) ज्ञात करें–
100, 120, 70, 75, 90, 60

(a) 50 (b) 60
(c) 80 (d) 90

18. सात विद्यार्थियों की ऊँचाई निम्नलिखित तालिका द्वारा प्रकट की गई है–
140, 142, 144, 145, 147, 149, 151

(a) 142 (b) 145
(c) 151 (d) 140

19. एक फर्म के मजदूरों की प्रति महीनें आय निम्नलिखित है–
50, 60, 225, 250, 400, 70, 85, 525,
इनकी आय का परास ज्ञात करें–

(a) 425 (b) 450
(c) 475 (d) 480

20. 7 पुरूषों और 4 महिलाओं में, 6 व्यक्तियों की एक समिति इस प्रकार बननी है कि समिति में कम-से-कम दो महिलाएँ हों, इसे कितने प्रकार से बनाया जा सकता हैं?

(a) 210 (b) 371
(c) 462 (d) 5544

21. ABCD एक वर्ग है, भुजाओं AB, BC, DC और DA के ऊपर 1, 9, 5 और 3 किलोग्राम भार के बल क्रिया करते हैं वर्ग के केन्द्र से गुजरता हुआ वह बल क्या होगा जो दिए हुए बल निकाय के तुल्य हो?

(a) $5\sqrt{2}$ किलोग्राम भार (b) $3\sqrt{2}$ किलोग्राम भार
(c) $4\sqrt{2}$ किलोग्राम भार (d) $6\sqrt{2}$ किलोग्राम भार

22. एक सीढ़ी क्षैतिज के साथ α कोण पर इस प्रकार रुकी है कि उसके सिरे एक चिकने फर्श और एक चिकनी ऊर्ध्वाधर दीवार के सहारे टिके हैं, निचला सिरा एक डोरी द्वारा दीवार और फर्श के जोड़ से बँधा है, डोरी का तनाव होगा–

(a) $W\tan\alpha$ (b) $\frac{W}{2}\tan\alpha$
(c) $W\cot\alpha$ (d) $\frac{W}{2}\cot\alpha$

23. एक एक समान दण्ड का एक सिरा एक चिकने क्षैतिज समतल पर रखा हुआ है और दूसरा सिरा, जिससे एक डोरी बँधी हुई है, एक-दूसरे चिकने समतल पर रखा हुआ है जो क्षैतिज से कोण α बनाता है, डोरी नत समतल के शिखर पर स्थित एक घिरनी के ऊपर होकर ऊर्ध्वाधर अवस्था में लटकते हुए एक भार P को टिकाए हुए हैं, दण्ड का भार W है, सिद्ध करो कि दण्ड सब स्थितियों में विरामावस्था में रहेगा यदि–

(a) $P = W\sin\alpha$ (b) $P = 2W\sin\alpha$
(c) $2P = W\sin\alpha$ (d) $2P = W\cos\alpha$

24. 5 सेमी. व्यास के एक वृत्त के अन्दर एक ΔABC इसकी परिधि को बिन्दु A, B तथा C पर स्पर्श करता है। यदि AB = 4 सेमी. तथा BC = 3 सेमी. है, तो $\angle ACB$ होगा–

(a) न्यूनकोण (b) समकोण
(c) अधिककोण (d) उपरोक्त में से कोई नहीं

25. $2\tan^{-1}\frac{1}{3}+\tan^{-1}\frac{1}{7}$ का मान क्या होगा?

(a) $\frac{\pi}{4}$ (b) $\frac{\pi}{2}$
(c) π (d) $\frac{\pi}{8}$

26. यदि $(5a + 3b) : (4a + 7b) = 3 : 4$ हो, तो $a : b$ का मान कितना होगा?

(a) 9 : 8 (b) 7 : 11
(c) 8 : 9 (d) 11 : 7

27. यदि $A=\begin{bmatrix}\alpha & 0\\ 1 & 1\end{bmatrix}$ तथा $B=\begin{bmatrix}1 & 0\\ 5 & 1\end{bmatrix}$, तब α के किस मान के लिए $A^2 = B$ है?

(a) 1
(b) –1
(c) 4
(d) किसी भी वास्तविक मान के लिए नहीं

28. x के किस मान के लिए आव्यूह $\begin{bmatrix}3-x & 2 & 2\\ 2 & 4-x & 1\\ -2 & -4 & -1-x\end{bmatrix}$ अव्युत्क्रमणीय है?

(a) $x = 1, 2$ (b) $x = 0, 2$
(c) $x = 0, 1$ (d) $x = 0, 3$

29. यदि आव्यूह $A=\begin{bmatrix}x-1 & 0 & 2 & 5\\ 3 & x^2-2 & 4 & 1\\ -1 & -2 & x-3 & 1\\ 2 & 0 & 4 & x^2-6\end{bmatrix}$ का अनुरेख शून्य है, तब x का मान है–

(a) {2, 3} (b) {–2, –3}
(c) {–3, 2} (d) {1, 2}

30. यदि f, $[a, b]$ पर संतत है, तब $[a, b]$ पर परिबद्ध विचलन का होता है यदि–

(a) f, $[a, b]$ पर, दो एकदिष्ट संतत फलनों का अन्तर है

(b) f, $[a, b]$ पर, दो एकदिष्ट संतत फलनों का गुणनफल है

(c) f, $[a, b]$ पर, दो एकदिष्ट संतत फलनों का भागफल है

(d) इनमें से कोई नहीं

31. यदि f, $[a, b]$ पर परिबद्ध विचलन है तथा $a \in (a, b)$, तब–

(a) f, $[a, b]$ तथा $[c, b]$ पर परिबद्ध विचलन है

(b) f, $[a, b]$ तथा $[c, b]$ पर परिबद्ध विचलन नहीं है

(c) f, $[a, b]$ तथा $[c, b]$ पर स्थिरांक है

(d) इनमें से कोई नहीं

32. यदि f, $[a, b]$ पर परिबद्ध विचलन है तथा $a \in (a, b)$, तब–

(a) $V_f(a, b) \le V_f(a, c) + V_f(c, b)$

(b) $V_f(a, b) \ge V_f(a, c) + V_f(c, b)$

(c) $V_f(a, b) = V_f(a, c) + V_f(c, b)$

(d) इनमें से कोई नहीं

33. दो संख्याओं का महत्तम समापवर्तक 96 तथा उनका लघुत्तम समापवर्त्य 1,296 है। यदि एक संख्या 864 है, तो दूसरी संख्या क्या है?

(a) 11,664 (b) 72

(c) 64 (d) 144

34. उस रेखा की प्रवणता ज्ञात कीजिए, जो प्रथम चतुर्थांश में y-अक्ष के साथ 30° को कोण बनाती है। तथा मूल बिन्दु से गुजरती हो–

(a) $+\sqrt{3}$ (b) $\sqrt{2}$

(c) 1 (d) ∞

35. 'x' संख्या के आदमी एक कार्य 30 दिनों में पूरा कर लेते हैं। यदि वहाँ 6 आदमी और मिल जाएँ, तो वही कार्य पहले से 10 दिन में पूरा हो जायेगा। तद्नुसार 'x' संख्या कितनी है?

(a) 6 (b) 10

(c) 12 (d) 15

36. 100 मीटर ऊँची एक मीनार की चोटी और उसके आधार से एक चट्टान की चोटी का उन्नयन कोण क्रमशः 30° तथा 45° है। चट्टान की ऊँचाई है–

(a) $50\left(\sqrt{3}+2\right)$ मीटर (b) $50\left(\sqrt{3}+3\right)$ मीटर

(c) $50\sqrt{3}$ मीटर (d) 50 मीटर

37. यदि $4b^2 + \frac{1}{b^2} = 2$ हो, तो $8b^3 + \frac{1}{b^3}$ का मान होगा–

(a) 0 (b) 1

(c) 2 (d) 5

38. फलन $f(x) = \frac{-3}{4}x^4 - 8x^3 - \frac{45}{2}x^2 + 105$ के सभी स्थानीय उच्चिष्ठ तथा स्थानीय निम्निष्ठ बिन्दु हैं–

(a) $x = 0, -5$ तथा $x - 3$

(b) $x = 1, 3$ तथा $x = -2$

(c) $x = 0, -3$ तथा $x = -2$

(d) इनमें से कोई नहीं

39. परवलय के किसी बिन्दु P पर खींचे गए स्पर्श रेखा व अभिलम्ब अक्षों को क्रमशः T व G पर मिलते हैं, तब–

(a) $ST \ne SG = SP$ (b) $ST = SG \ne SP$

(c) $ST = SG = SP$ (d) $ST = SG.SP$

40. यदि 3R = 4r, तो 4(cos A + cos B + cos C) का मान होगा–

(a) 7 (b) 5

(c) 9 (d) 13

41. यदि त्रिभुज ABC में कोण C समकोण हों, तो R + r का मान होगा–

(a) $(a+b)$ (b) $\frac{1}{2}(a+b)$

(c) $\frac{1}{3}(a+b)$ (d) $\frac{1}{4}(a+b)$

42. यदि किसी गुणोत्तर श्रेणी में $(m + n)$वाँ पद p है और $(m - n)$वाँ पद q है, तो mवाँ पद है–

(a) $\sqrt{pq}$ (b) $\sqrt{p/q}$

(c) $\sqrt{q/p}$ (d) $\sqrt{p/q^2}$

43. यदि एक चतुर्भुज ABCD की चारों भुजाएँ वृत्त की स्पर्श रेखाएँ हों, तब–

(a) AC + BD = BC + AD (b) AB + CD = AC + BC

(c) AC + AD = BD + BA (d) AB + CD = BC + AD

44. दो स्थानों A और B के बीच की दूरी 110 किमी है। एक मोटर साइकिल सवार A से अपनी यात्रा 7 बजे प्रातः आरम्भ करता है और 20 किमी/घण्टा की गति से B की दिशा में चल देता है। दूसरा मोटर साइकिल सवार B से 8 बजे प्रातः यात्रा आरम्भ करता है और 25 किमी/घण्टा की गति से A की दिशा में चल देता है। तद्नुसार, वे दोनों किस समय एक-दूसरे से मिल पाते हैं?

(a) 10 : 30 प्रातः (b) 11 प्रातः

(c) 10 प्रातः (d) 9 : 30 प्रातः

45. किसी बस टर्मिनल से बसें 10 मिनट के अन्तराल से 20 किमी/घण्टा की चाल से चलती है। विपरीत दिशा से बस टर्मिनल की ओर आने वाले एक आदमी की चाल कितनी होगी। यदि उसे बसें 8 मिनट के अन्तराल से मिलती रहें?

(a) 3 किमी/घण्टा (b) 4 किमी/घण्टा

(c) 5 किमी/घण्टा (d) 7 किमी/घण्टा

46. निम्नलिखित के द्वारा समाकलन का मान $\frac{e^{5\log x} - e^{4\log x}}{e^{3\log x} - 2^{2\log x}}$ बराबर है–

(a) $\frac{x^3}{3} + C$ (b) $\frac{x^2}{2} + 2$

(c) $\frac{x^4}{4} + \frac{x^3}{3} + C$ (d) $\frac{x^5}{4} + \frac{x^3}{6} + C$

47. अतिपरवलय $\frac{x^2}{3}-\frac{y^2}{1}=1$ की लम्बवत् स्पर्श रेखाओं के प्रतिच्छेदन बिन्दु का बिन्दुपथ है :

(a) $x^2+y^2=2$ (b) $x^2+y^2=3$

(c) $x^2-y^2=3$ (d) $x^2+y^2=4$

48. यदि द्विघात समीकरण $ay^2+by+c=0$ के मूल α, β हैं तथा a, b, c वास्तविक संख्याएँ हैं, यदि $\alpha = \sin\phi$ तथा $\beta = \cos\phi$ हो, तो–

(a) $(a-c)^2=b^2-c^2$ (b) $(a-c)^2=b^2+c^2$

(c) $(a+c)^2=b^2-c^2$ (d) $(a+c)^2=b^2+c^2$

49. $\int_0^1 \sin^{-1} x\,dx$ का मान होगा–

(a) $\frac{\pi}{2}-1$ (b) $\frac{\pi}{2}+1$

(c) $\frac{\pi}{2}$ (d) $\frac{\pi}{3}$

50. छः क्रमागत आने वाली प्राकृतिक संख्याओं में से यदि पहली तीन का योगफल 27 हो, तो दूसरी तीन संख्याओं का योगफल क्या होगा?

(a) 36 (b) 35

(c) 25 (d) 24

51. यदि 'n' कोई प्राकृत संख्या है, तो (n^3-n) सर्वदा किस बड़ी-से-बड़ी संख्या से विभाजित होगा?

(a) 3 (b) 6

(c) 12 (d) 18

52. m भिन्न वस्तुओं के 1, 2, 3, 4, ... m एक बार में लेते हुए संचयों की कुल संख्या क्या है?

(a) 2^{m+1} (b) 2^{2m+1}

(c) 2^{m-1} (d) 2^{m-1}

53. $\left(\frac{1-y}{1+y}\right)^2$ के प्रसार में y^4 का गुणांक क्या है?

(a) –16 (b) 16

(c) 8 (d) –8

54. रेखाओं $y=x, y=0$ एवं $x=4$ द्वारा परिबद्ध क्षेत्र का क्षेत्रफल क्या है?

(a) 4 वर्ग इकाई (b) 8 वर्ग इकाई

(c) 12 वर्ग इकाई (d) 16 वर्ग इकाई

55. यदि $y=e^x \mathrm{A}\cos x+e^x \mathrm{B}\sin x$ हो, तो अवकल समीकरण होगा–

(a) $\frac{d^2y}{dx^2}=2\frac{dy}{dx}-2y$ (b) $\frac{d^2y}{dx^2}=5\frac{dy}{dx}-8y$

(c) $\frac{d^2y}{dx^2}=3\frac{dy}{dx}-7y$ (d) इनमें से कोई नहीं

56. $\frac{1^2.2}{1!}+\frac{2^2.3}{2!}+\frac{3^2.4}{3!}+\frac{4^2.5}{4!}+......$ का योगफल होगा :

(a) $5e$ (b) $3e$

(c) $7e$ (d) $2e$

57. समतल का समीकरण जो (2, –3, 1) से होकर जाता हो और उस रेखा के लम्बवत् हो जो, (3, 4 –1) तथा (2, –1, 5) को मिलाने से बनती हो, होगा :

(a) $x+5y-6z+19=0$

(b) $x-5y+6z-19=0$

(c) $x+5y+6z+19=0$

(d) $x-5y-6z-19=0$

58. समतल जो (–1, 3, 2) से होकर जाता हो $x+2y+2z=8$ तथा $3x+3y+2z=8$ समतलों और पर लम्ब हो, होगा–

(a) $2x-4y+3z=8$ (b) $2x+4y+3z=8$

(c) $2x-4y+3z+8=0$ (d) उपर्युक्त में से कोई नहीं

59. तीन पत्र अलग-अलग व्यक्तियों को भेजे जाते हैं और तीनों लिफाफों पर पते भी लिखे हैं। बिना पते को देखे हुए पत्रों को ठीक लिफाफों में डालने की संभाविता है–

(a) $\frac{1}{27}$ (b) $\frac{1}{9}$

(c) $\frac{4}{27}$ (d) $\frac{1}{6}$

60. यदि X = {1, 2, 3, 4} और Y = {2, 3, 5} हो, तो X तथा Y के बीच में सही सम्बन्ध बताइए यदि $x\mathrm{R}y$ दिया है (जहाँ, $x<y$)।

(a) R = {(1, 2), (1, 3), (2, 3), (2, 5)}

(b) R = {(1, 3), (1, 5), (3, 2), (4, 2)}

(c) R = {(1, 2), (1, 3), (2, 2), (2, 3)}

(d) R = {(3, 2), (3, 4), (3, 5)}

61. समुच्चय $\{x/(x-3)(x-4)>0\}$ बराबर है–

(a) $\{x \mid 3<x>4\}$

(b) $\{x \mid x<3\} \cup \{x \mid x>4\}$

(c) $\{x \mid x>3\} \cup \{x \mid x<4\}$

(d) इनमें से कोई नहीं

62. $C_1+2.C_2+3.C_3+.........+n.\,C_n$ का मान होगा।

(a) $n2^n$ (b) 2^n

(c) $n.2^{n-1}$ (d) $n.2^{n-2}$

63. समीकरण $\frac{(1+i)x-2i}{3+i}+\frac{(2-3i)y+i}{3-i}=i$ को सन्तुष्ट करने के लिए x और y के मान हैं–

(a) $x=-1, y=3$ (b) $x=0, y=1$

(c) $x=1, y=0$ (d) $x=3, y=-1$

64. समान्तर श्रेणी 6, 10, 14, ...86 के अन्त से श्रेणी का 15वाँ पद होगा–

(a) 20 (b) 30

(c) 34 (d) 38

65. माना p/q का अर्थ है कि p, q को विभाजित करता है और माना p और q पूर्णांक जो दोनों शून्य नहीं हैं, का म.स.प. (p, q) से दर्शाया जाता है। निर्णय कीजिए कि निम्नलिखित कथनों में से कौन सा कथन सत्य है/हैं?

(I) p/q और $q/p \Rightarrow p = q$

(II) $p/q \Rightarrow p \le q$

(III) $(p,q) = (|p|, |q|)$

सही उत्तर है–

(a) केवल (I) (b) केवल (II)

(c) केवल (III) (d) (II), (III) और (III)

66. यदि x वास्तविक है, तब $x^2 + 6x - 3$ का मान अपेक्षाकृत बड़ा होगा–

(a) -6 (b) -9

(c) -12 (d) इनमें से कोई नहीं

67. श्रेणी 1.4 + 3.04 + 5.004 + 7.0004 + ... के n पदों का योग होगा–

(a) n^2 (b) $n^2 + \frac{4}{9}\left(\frac{1}{n}\right)$

(c) $n^2 + \frac{4}{9}(1 - 10^n)$ (d) $n^2 + \frac{4}{9}\left(1 - \frac{1}{10^n}\right)$

68. यदि $\lim_{x\to1} \frac{f(x)-2}{f(x)+2} = 0$, तब $\lim_{x\to1} f(x)$ बराबर होगा–

(a) 1 (b) –1

(c) –2 (d) 2

69. $x^{n-1}\log x$ का nth अवकल गुणांक है–

(a) $x^{2n}\left[\log x + \frac{n}{x} - \frac{n(n-1)}{2x^2} + \frac{n(n-1)(n-2)}{3x^3} + ... + \frac{(-1)^{n-1x!}}{nx^n}\right]$

(b) $\frac{(n-1)!}{x}$

(c) $x^n \log x + (\log x)^2 x^{n-1} + ... + (\log x)^n x$

(d) इनमें से कोई नहीं

70. यदि $f(x) = e^x$, $g(x) = \log x$, तब $(gof)'(x)$ का मान बराबर है–

(a) 0 (b) 1

(c) e (d) $e+1$

71. एक जनसंख्या में 8% की दर से प्रतिवर्ष वृद्धि होती है। जनसंख्या के दोगुना होने में कितना समय लगेगा। इसके लिए अवकल समीकरण उपयोग है–

(a) $\frac{25}{3}\log 3$ वर्ष (b) $\frac{2}{25}\log 2$ वर्ष

(c) $\log 2$ वर्ष (d) $\frac{25}{2}\log 2$ वर्ष

72. निम्न आँकड़ों के माध्य 13.5 है, तब P का मान होगा–

x	5	10	15	20	25
f	10	10	P	2	8

(a) 10 (b) 15

(c) 18 (d) 21

73. अनिल के अगले 10 साल जीवित रहने की प्रायिकता $\frac{7}{15}$ है और शशि के जीवित रहने की $\frac{7}{10}$ है। अनिल और शशि दोनों की अगले 10 साल मृत्यु हो जाने की प्रायिकता है–

(a) $\frac{21}{150}$ (b) $\frac{24}{150}$

(c) $\frac{49}{150}$ (d) $\frac{56}{150}$

74. दो पाँसे एक साथ फेंके जाते हैं। अंकों का योग 7 प्राप्त करने की प्रायिकता क्या होगी?

(a) $\frac{5}{36}$ (b) $\frac{7}{36}$

(c) $\frac{1}{6}$ (d) इनमें से कोई नहीं

75. यदि ΔABC का क्षेत्रफल 8 वर्ग इकाई है, तब $rr_1 r_2 r_3$ का मान होगा–

(a) 36 (b) 49

(c) 64 (d) 144

76. एक दीर्घवृत्त जिसकी उत्केन्द्रता $\sqrt{\left(\frac{4}{7}\right)}$ और ध्रुव $\left(\sqrt{7}, 0\right)$ और $\left(-\sqrt{7}, 0\right)$ का समीकरण होगा–

(a) $4x^2 + 5y^2 = 25$ (b) $\frac{4x^2}{49} + \frac{4y^2}{21} = 1$

(c) $2x^2 + 3y^2 = 17$ (d) $2x^2 + 2y^2 = 18$

77. यदि बिन्दु A जो रेखा $3x + 5y = 15$ पर स्थित है और निर्देशांक्षों से समान दूरी पर है, तो यह स्थित होगा–

(a) दूसरे चतुर्थांश में (b) तीसरे चतुर्थांश में

(c) प्रथम चतुर्थांश में (d) कुछ कहा नहीं जा सकता

78. एक त्रिभुज के कोण 1 : 3 : 5 के अनुपात में है, तब सबसे बड़े कोण का मान रेडियन में होगा–

(a) $\frac{7\pi}{9}$ (b) $\frac{3\pi}{5}$

(c) $\frac{5\pi}{9}$ (d) $\frac{\pi}{3}$

79. $\tan\theta - \sin\left(\frac{\pi}{2} - \theta\right)\cos\left(\frac{\pi}{2} - \theta\right)$ बराबर है–

(a) $\tan\theta \sin^2\theta$ (b) $\tan^2\theta$

(c) $\cos^2\theta$ (d) $\cot^2\theta$

80. यदि $3x - 4y + 4 = 0$ और $6x - 8y - 7 = 0$ एक ही वृत्त के स्पर्शी हैं, तो वृत्त की त्रिज्या होगी–

(a) 3 (b) $\frac{3}{2}$

(c) $\frac{3}{4}$ (d) $\frac{3}{8}$

81. सारणिक $\begin{vmatrix} 2 & e & 3 \\ 2 & \pi & 3 \\ 2 & \sqrt{2} & 3 \end{vmatrix}$ का मान होगा–

(a) π (b) e

(c) शून्य (d) $e - \pi + \sqrt{2}$

82. $\int_a^b \frac{\log x}{x} dx$ का मान होगा–

(a) $\log\left(\frac{b}{a}\right)\log(ab)$ (b) $2\log\left(\frac{b}{a}\right)\log(ab)$

(c) $\frac{1}{2}\log\left(\frac{b}{a}\right)\log(ab)$ (d) उपर्युक्त में से क़ोई नहीं

83. $\tan\left(\cos^{-1}\frac{4}{5} + \tan^{-1}\frac{2}{3}\right)$ बराबर है–

(a) $\frac{6}{17}$ (b) $\frac{7}{16}$

(c) $\frac{16}{7}$ (d) $\frac{17}{6}$

84. एक रेखा $lx + my + n = 0$ अतिपरवलय को काटे, तो–

(a) $a^2l^2 + b^2m^2 = n^2$ (b) $a^2l^2 - b^2n^2 = m^2$

(c) $a^2l^2 - b^2m^2 = n^2$ (d) $a^2m^2 - b^2x^2 = l^2$

85. अवकल समीकरण की कोटि क्या होगी जिसका हल $y = A/x + B$ है?

(a) 1 (b) 3

(c) 2 (d) इनमें से कोई नहीं

86. श्रेणी 9 + 99 + 999 + ... के 100 तक का योगफल क्या हैं–

(a) $\frac{10}{9}(10^{100} - 1) - 100$ (b) $\frac{10}{9}(10^{99} - 1) - 100$

(c) $100\,(100^{10} - 1)$ (d) $\frac{9}{100}(10^{100} - 1)$

87. यदि $x = \cos\alpha + i\sin\alpha$ तथा $y = \cos\beta + i\sin\beta$ हो, तो $\frac{x-y}{x+y}$ किसके बराबर होगा?

(a) $i\tan\frac{\alpha-\beta}{2}$ (b) $i\cos\frac{\alpha-\beta}{2}$

(c) $-i\cos\frac{\alpha-\beta}{2}$ (d) $i\sec\frac{(\alpha-\beta)^2}{2}$

88. यदि समीकरण $x^2 - 5x + k = 15$ के मूलों का गुणनफल – 3 है, तो k का मान क्या हैं?

(a) 12 (b) 15

(c) 16 (d) 18

89. यदि रेखा $y = mx + c$ वृत्त $x^2 + y^2 - 4y = 0$ को स्पर्श करती है, तो c का मान होगा।

(a) $1 + \sqrt{1+m^2}$ (b) $1 - \sqrt{1+m^2}$

(c) $2\left(1 + \sqrt{1+m^2}\right)$ (d) $2 + \sqrt{1+m^2}$

90. यदि $\begin{vmatrix} 1+x & 1 & 1 \\ 1 & 1+y & 1 \\ 1 & 1 & 1+z \end{vmatrix}$ का मान हैं।

(a) $xyz\left(1+\frac{1}{x}+\frac{1}{y}+\frac{1}{z}\right)$ (b) xyz

(c) $1+\frac{1}{x}+\frac{1}{y}+\frac{1}{z}$ (d) $\frac{1}{x}+\frac{1}{y}+\frac{1}{z}$

91. यदि $\sin^{-1}\left(\frac{2a}{1+a^2}\right) - \cos^{-1}\left(\frac{1-b^2}{1+b^2}\right) = \tan^{-1}\left(\frac{2x}{1-x^2}\right)$ है, तो x का मान क्या है?

(a) a/b (b) ab

(c) b/a (d) $\frac{a-b}{1+ab}$

92. यदि $(1 + x)^n$ के विस्तार में तीन क्रमागत पदों के गुणांक 28, 56, 70 हैं, तो n का मान हैं।

(a) 6 (b) 4

(c) 8 (d) 10

93. $\left(x^2 - \frac{1}{x^3}\right)^n$ के विस्तार में तीसरा पद x से स्वतन्त्र हो, तो n का मान होगा।

(a) 2 (b) 3

(c) 4 (d) 5

94. $\frac{2}{1!} + \frac{6}{2!} + \frac{12}{3!} + \frac{20}{4!} + ...$ का योग हैं।

(a) $\frac{3e}{3}$ (b) e

(c) $2e$ (d) $3e$

95. किसी बन्द उर्ध्व बेलन का क्षेत्रफल होगा–

(a) $2\pi rh + \pi r^2$ (b) $\pi r^2 h + 2\pi rh$

(c) $2\pi r^2 + 2\pi rh$ (d) $\pi rh + 2\pi r^2$

96. A पहिये का व्यास 30 सेमी. तथा B पहिये का व्यास 20 सेमी. है। A पहिया 240 चक्करों में कुछ निश्चित दूरी तक चलता है। कितने चक्करों में B पहिया उतनी ही दूरी तय करेगा?

(a) 160 (b) 280

(c) 360 (d) 420

97. एक टाइपिस्ट 9 सेमी. × 12 सेमी. पेपर शीट को लंबाई में प्रयुक्त करती है। वह प्रत्येक ओर 1 सेमी. ऊपर तथा नीचे $1\frac{1}{2}$ सेमी. मार्जिन छोड़ती है। टाइपिंग में प्रयुक्त कागज का खण्डित भाग होगा–

(a) $\frac{21}{22}$ (b) $\frac{7}{12}$

(c) $\frac{5}{9}$ (d) $\frac{5}{12}$

98. निम्नलिखित आकृति में कौन-सा कथन सही है?

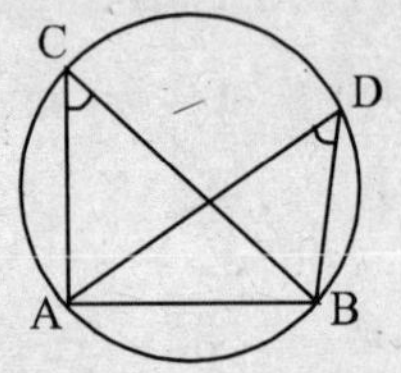

(a) $\angle C, \angle D$ से बड़ा है (b) $\angle C, \angle D$ से छोटा है

(c) $\angle C, \angle D$ के बराबर है (d) इनमें से कोई नहीं

99. x का मान ज्ञात करें।

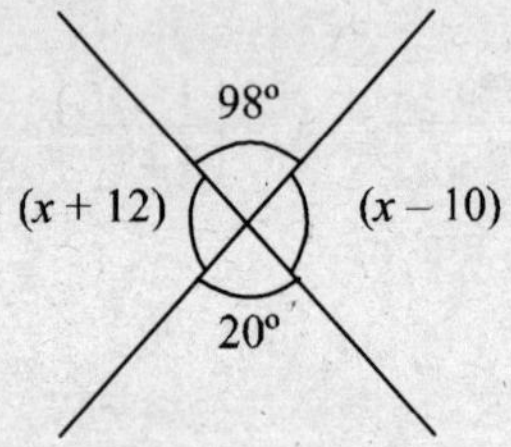

(a) 140° (b) 60°

(c) 120° (d) 90°

100. ΔABC में, खण्ड $AD \perp$ खण्ड CB तथा AE, $\angle CAB$ का कोण द्विभाजक भी है। $\angle AED$ ज्ञात कीजिये।

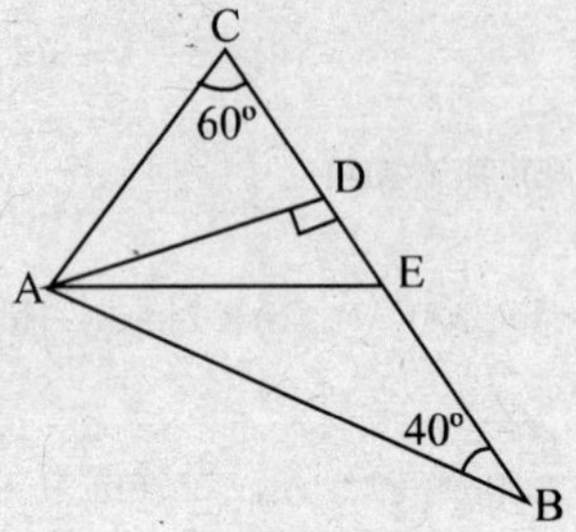

(a) 60° (b) 70°

(c) 80° (d) इनमें से कोई नहीं

उत्तर (हल/संकेत)

1. (a) चक्रवृद्धि ब्याज $= P\left[\left(1+\frac{R}{100}\right)^n - 1\right]$

$\Rightarrow \quad 4347 = 30000\left[\left(1+\frac{7}{100}\right)^n - 1\right]$

$\Rightarrow \quad \frac{4347}{30000}+1 = \left(1+\frac{7}{100}\right)^n$

$\Rightarrow \quad \left(\frac{107}{100}\right)^n = \frac{11449}{10000} = \left(\frac{107}{100}\right)^2$

$\Rightarrow \quad n = 2$ वर्ष

2. (d) D ABC में, AD, BE तथा CF माध्यिकाएँ हैं, जो O पर मिलती हैं, तब :

$$AB^2 + AC^2 = 2\,(AD^2 + BD^2)$$

$$= 2\left[\left(\frac{3}{2}AO\right)^2 + \left(\frac{BC}{2}\right)^2\right]$$

$$= \frac{9}{2}AO^2 + \frac{1}{2}BC^2 \quad ...(i)$$

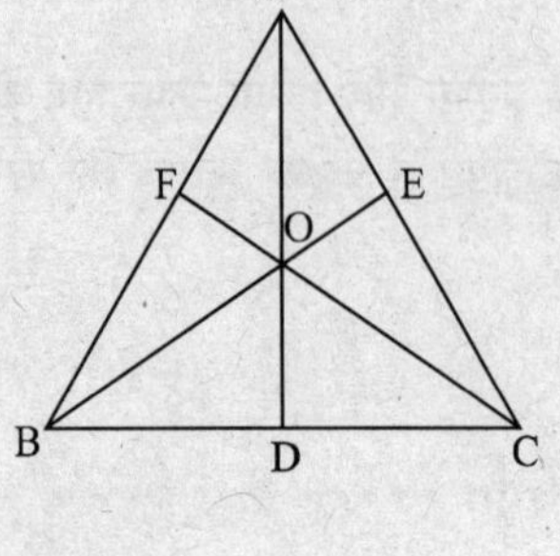

इसी प्रकार,

$$BA^2 + BC^2 = \frac{9BO^2}{2} + \frac{1}{2}CA^2 \quad ...(ii)$$

और $$AC^2 + CB^2 = \frac{9}{2}CO^2 + \frac{AB^2}{2} \quad ...(iii)$$

समी. (i), (ii) व (iii) को जोड़ने पर,

$$2(AB^2 + BC^2 + CA^2)$$

$$= \frac{9}{2}(OA^2 + OB^2 + OC^2) + \frac{1}{2}(AB^2 + BC^2 + CA^2)$$

$$\Rightarrow AB^2 + BC^2 + CA^2 = 3\,(OA^2 + OB^2 + OC^2)$$

3. (d) $\sin 50° - \sin 70° + \sin 10°$

$= 2\cos\frac{(50+70)}{2}\sin\left(\frac{50-70°}{2}\right) + \sin 10°$

$= 2\cos 60° \sin(-10°)$

$= -2 \times \frac{1}{2}\sin 10° + \sin 10°$

$= -\sin 10° + \sin 10° = 0$

4. (b) माना त्रिभुज के तीसरे शीर्ष के निर्देशांक (x, y) हैं,

तब $\frac{x+4+(-2)}{3} = 2 \Rightarrow x = 4$

तथा $\frac{y+8+6}{3} = 7 \Rightarrow y = 7$

$\therefore$ तीसरे शीर्ष के निर्देशांक (4, 7) हैं।

5. (c) केवल हॉकी खेलने वाले छात्र $= 20 - (8 + 2 + 4) = 6$

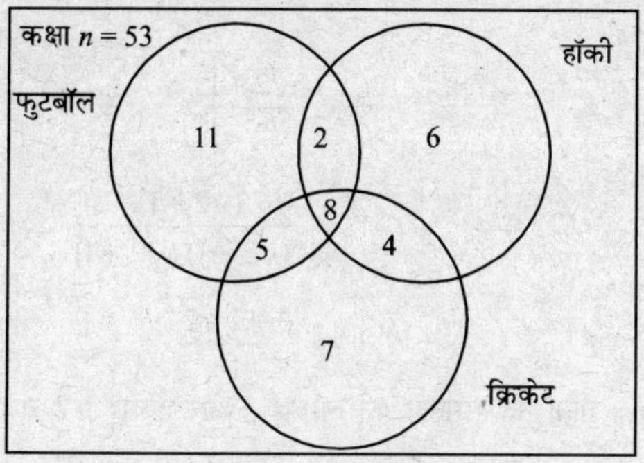

6. (b) माना परीक्षा में कुल छात्र 100 हैं।

$n(H)$ = हिन्दी में अनुत्तीर्ण छात्र $= 35\% = 35$

$n(E)$ = अंग्रेजी में अनुत्तीर्ण छात्र $= 55\% = 55$

$n(E \cap H)$ = दोनों में अनुत्तीर्ण छात्र $= 20\% = 20$

$n(E \cup H)$ = कुल अनुत्तीर्ण छात्र

$= n(H) + n(E) - n(E \cap H) = 35 + 55 - 20 = 70$

$\therefore$ उत्तीर्ण छात्र $= (100 - 70) = 30\%$

7. (c) दिया है,

$$x^m . y^n = (x+y)^{m+n}$$

दोनों पक्षों का लघुगणक लेने पर,

$$\log (x^m\ y^n) = \log (x+y)^{(m+n)}$$

$$\Rightarrow \quad \log x^m + \log y^n = (m+n) \log (x+y)$$

$$\Rightarrow \quad m \log x + n \log y = (m+n) \log (x+y)$$

अब, दोनों पक्षों का x के सापेक्ष अवकलन करने पर,

$$m.\frac{1}{x} + n.\frac{1}{y}.\frac{dy}{dx} = (m+n).\frac{1}{(x+y)}.\left(1+\frac{dy}{dx}\right)$$

$$\Rightarrow \quad \left\{\frac{m}{x} - \frac{m+n}{x+y}\right\} = \left\{\frac{m+n}{x+y} - \frac{n}{y}\right\}\frac{dy}{dx}$$

$$\Rightarrow \quad \frac{(my-nx)}{x(x+y)} = \frac{(my-nx)}{y(x+y)}.\frac{dy}{dx}$$

$$\Rightarrow \quad \left(\frac{dy}{dx}.\frac{1}{y} - \frac{1}{x}\right).\left(\frac{my-nx}{x+y}\right) = 0$$

$$\Rightarrow \quad \frac{dy}{dx} = \frac{y}{x} \qquad \left(\because \frac{my-nx}{x+y} \neq 0\right) \qquad ...(i)$$

$$\Rightarrow \quad x\frac{dy}{dx} - y = 0$$

पुनः x के सापेक्ष अवकलन करने पर,

$$x.\frac{d^2y}{dx^2} + \frac{dy}{dx}.1 - \frac{dy}{dx} = 0$$

$$\Rightarrow \quad x.\frac{d^2y}{dx^2} = 0$$

$$\Rightarrow \quad \frac{d^2y}{dx^2} = 0 \qquad (\because x \neq 0)$$

8. (a) दिया है, $x = \exp\left\{\tan^{-1}\left(\frac{y-x^2}{x^2}\right)\right\}$

दोनों पक्षों का लघुगणक लेनें पर,

$$\log x = \tan^{-1}\left(\frac{y-x^2}{x^2}\right)$$

$$\Rightarrow \quad y = x^2 \tan(\log x) + x^2$$

x के सापेक्ष अवकलन करने पर,

$$\frac{dy}{dx} = 2x \tan(\log x) + x^2\frac{\sec^2(\log x)}{x} + 2x$$

$$\Rightarrow \quad \frac{dy}{dx} = 2x \tan(\log x) + x\sec^2(\log x) + 2x$$

$$\Rightarrow \quad \frac{dy}{dx} = 2x[1 + \tan(\log x)] + x\sec^2(\log x)$$

9. (c) $f(x) = \cos\frac{x}{2}\cos\frac{x}{2^2}\cos\frac{x}{2^3}......\cos\frac{x}{2^n}$

दोनों पक्षों का लघुगणक लेने पर,

$$\log f(x) = \log\cos\frac{x}{2} + \log\cos\frac{x}{2^2} + ...\log\cos\frac{x}{2^n}$$

दोनों पक्षों का x के सापेक्ष अवकलन करने पर,

$$\frac{f'(x)}{f(x)} = -\left(\frac{1}{2}\tan\frac{x}{2} + \frac{1}{2^2}\tan\frac{x}{2^2} + ... + \frac{1}{2^n}\tan\frac{x}{2^n}\right)$$

$$\Rightarrow \quad \frac{-f'(x)}{f(x)} = \frac{1}{2}\tan\frac{x}{2} + \frac{1}{2^2}\tan\frac{x}{2^2} + ... + \frac{1}{2^n}\tan\frac{x}{2^n}$$

10. (d) माना u वेग के फेंकने पर कण को h ऊँचाई तक जाने में T सेकण्ड लगते हैं,

तो $h = ut + \frac{1}{2}ft^2$ से,

$$h = uT - \frac{1}{2}gT^2$$

$$\Rightarrow \quad gT^2 - 2uT + 2h = 0$$

यदि उपर्युक्त द्विघात समीकरण के मूल t_1 और t_2 हों, तब

$$t_1 + t_2 = -\left(-\frac{2u}{g}\right) = \frac{2u}{g}$$

$$\therefore \quad u = \frac{1}{2}g(t_1 - t_2)$$

और $t_1t_2 = \frac{2h}{g}$

$$\therefore \quad h = \frac{1}{2}gt_1t_2$$

माना आधी ऊँचाई पर पहुँचने पर कण का वेग v है, तो $v^2 = u^2 + 2fh$ से,

$$v^2 = \frac{1}{4}g^2(t_1+t_2)^2 - 2g\frac{1}{2}h$$

$$= \left[\therefore u = \frac{1}{2}g(t_1+t_2)\right]$$

$\Rightarrow \quad v^2 = \frac{1}{4}g^2(t_1+t_2)^2 - g\cdot\frac{1}{2}gt_1t_2$

h का मान रखने पर,

$$= \frac{1}{4}g^2[(t_1+t_2)^2 - 2t_1t_2]$$

$$= \frac{1}{4}g^2(t_1^2+t_2^2)$$

$$v = \frac{1}{2}g(t_1^2+t_2^2)$$

11. (c) माना वेग u से ऊर्ध्वाधरत: ऊपर की ओर फेंकने पर कण महत्तम ऊँचाई h तक जाता है।

$v^2 = u^2 + 2fh$ से,

$0 = u^2 - 2gh$

$\Rightarrow \quad u^2 = 2gh$

$\therefore \quad u = \sqrt{2gh}$

माना फेंकने के T समय पश्चात् कण महत्तम ऊँचाई के आधे, अर्थात् $\frac{h}{2}$ ऊँचाई पर होता है, तो

$u = ut + \frac{1}{2}ft^2$ से

$$\frac{1}{2}h = \sqrt{(2gh)}\,.\,T - \frac{1}{2}gT^2$$

$\Rightarrow gT^2 - 2\sqrt{(2gh)}\,.\,T + h = 0$

यदि इस समीकरण के मूल t_1 व t_2 हों, तो

$$t_1 + t_2 = 2\sqrt{\frac{(2gh)}{g}}$$

$$= 2\sqrt{\frac{2h}{g}}$$

$$t_1 t_2 = \frac{h}{g}$$

$\therefore \quad (t_1 - t_2)^2 = (t_1+t_2)^2 - 4t_1t_2$

$$= 4\left(\frac{2h}{g}\right) - 4\left(\frac{h}{g}\right)$$

$$= 4\left(\frac{h}{g}\right)$$

$\Rightarrow \quad t_1 - t_2 = 2\sqrt{\frac{h}{g}}$

$$t_1 + t_2 = 2\sqrt{\frac{(2gh)}{g}}$$

और $\quad t_1 - t_2 = 2\sqrt{\frac{h}{g}}$ को हल करने पर,

$$t_1 = (\sqrt{2}+1)\sqrt{\left(\frac{h}{g}\right)}$$

और $\quad t_2 = (\sqrt{2}-1)\sqrt{\left(\frac{h}{g}\right)}$

$\therefore \quad \frac{t_1}{t_2} = \frac{\sqrt{2}+1}{\sqrt{2}-1}$

$$= \frac{(\sqrt{2}+1)^2}{(\sqrt{2}-1)(\sqrt{2}+1)}$$

$$= \frac{3+2\sqrt{2}}{1}$$

12. (d) माना नत समतल की लम्बाई a और ऊँचाई h है तथा क्षैतिज से उसका झुकाव α है, तो $\sin\alpha = \frac{h}{a}$ ....(i)

माना समतल की ऊर्ध्वाधर ऊँचाई से गिरने में t समय लगता है, तो स्पष्टतया समतल के अनुदिश त्वरण $g\sin\alpha$ के अधीन फिसलने में $2t$ समय लगेगा।

ऊर्ध्वाधर गति $\quad h = \frac{1}{2}gt^2$ ...(ii)

समतल के अनुदिश गति

$$a = \frac{1}{2}g\,.\sin a\,.(2t)^2 \quad ...(iii)$$

समी. (ii) को (iii) से भाग देने पर,

$$\frac{h}{a} = \frac{1}{4\sin\alpha}$$

$\Rightarrow \quad \sin\alpha = \frac{1}{4\sin\alpha}$

$\Rightarrow \quad \sin^2\alpha = \frac{1}{4}$

$\Rightarrow \quad \sin\alpha = \frac{1}{2}$ [समी. (i) से]

$\Rightarrow \quad \sin\alpha = \frac{1}{2} = \sin 30^\circ$

$\therefore \quad \alpha = 30^\circ$

13. (d) माना $\quad a = x\hat{i} + y\hat{j} + z\hat{k}$

$\therefore \quad a\cdot\hat{i} = (x\hat{i} + y\hat{j} + z\hat{k})\cdot\hat{i} = x$

$$a\cdot(\hat{i}+\hat{j}) = a\cdot(x\hat{i} + y\hat{j} + z\hat{k})\cdot(\hat{i}+\hat{j}) = x + y$$

तथा

$$a\cdot(\hat{i}+\hat{j}+\hat{k}) = (x\hat{i} + y\hat{j} + z\hat{k})\cdot(\hat{i}+\hat{j}+\hat{k}) = x + y + z$$

$\because \quad a\cdot\hat{i} = a\cdot(\hat{i}+\hat{j}) = a\cdot(\hat{i}+\hat{j}+\hat{k})$

$\Rightarrow \quad x = x + y = x + y + z$

$x = x + y$ लेने पर, $\Rightarrow y = 0$

तथा $\quad x + y = x + y + z \Rightarrow z = 0$

$\Rightarrow x$ का कोई वास्तविक मान है।

माना $\quad x = 1$

$\therefore \quad a = \hat{i}$

14. (a) $\because$ $a = \hat{i} + \hat{j} + \hat{k}, b = \hat{i} + 3\hat{j} + 5\hat{k}$

तथा $c = 7\hat{i} + 9\hat{j} + 11\hat{k}$

माना $A = a + b = (\hat{i} + \hat{j} + \hat{k}) + (\hat{i} + 3\hat{j} + 5\hat{k})$

$= 2\hat{i} + 4\hat{j} + 6\hat{k}$

तथा $B = b + c = (\hat{i} + 3\hat{j} + 5\hat{k}) + (7\hat{i} + 9\hat{j} + 11\hat{k})$

$= 8\hat{i} + 12\hat{j} + 16\hat{k}$

$\because$ A व B समान्तर चतुर्भुज के विकर्ण हैं, तब समान्तर चतुर्भुज का क्षेत्रफल

$$= \frac{1}{2}|A \times B| = \frac{1}{2}\begin{vmatrix} \hat{i} & \hat{j} & \hat{k} \\ 2 & 4 & 6 \\ 8 & 12 & 16 \end{vmatrix}$$

$$= \frac{1}{2}|\hat{i}(64+72) - \hat{j}(32-48) + \hat{k}(24-32)|$$

$$= \frac{1}{2}|-8\hat{i} + 16\hat{j} - 8\hat{k}| = |-4\hat{i} + 8\hat{j} - 4\hat{k}|$$

$$= \sqrt{(-4)^2 + (8)^2 + (-4)^2} = \sqrt{16+64+16}$$

$$= \sqrt{96} = 4\sqrt{6}$$

15. (d) माना $a = x\hat{i} + y\hat{j}$

$\therefore \quad \cos 45^\circ = \dfrac{(x\hat{i} + y\hat{j}).(\hat{i} + \hat{j})}{\sqrt{x^2+y^2}\sqrt{1^2+1^2}}$

$\Rightarrow \quad \dfrac{1}{\sqrt{2}} = \dfrac{x+y}{\sqrt{2}\sqrt{x^2+y^2}}$

$\Rightarrow \quad 1 = \dfrac{x+y}{\sqrt{x^2+y^2}}$

$\Rightarrow \quad x + y = \sqrt{x^2+y^2}$

$\therefore$ a इकाई सदिश है।

$\therefore \quad |a| = \sqrt{x^2+y^2} = 1$

$\Rightarrow \quad x + y = 1$ ...(i)

पुन: $\cos 60^\circ = \dfrac{(x\hat{i} + y\hat{j}).(3\hat{i} - 4\hat{j})}{\sqrt{x^2+y^2}\sqrt{3^2+4^2}}$

$\Rightarrow \quad \dfrac{1}{2} = \dfrac{3x-4y}{1.5}$

$\Rightarrow \quad \dfrac{5}{2} = 3x - 4y$

$5 = 6x - 8y$ ...(ii)

समी. (i) व (ii) से,

$x = \dfrac{13}{14}, y = \dfrac{1}{14} \qquad \therefore a = \dfrac{1}{14}(13\hat{i} + \hat{j})$

इस सम्बन्ध को दिए गए विकल्प में से कोई मान सन्तुष्ट नहीं करता है।

16. (a) $\because$ $y = \sin x$ ... (i)

तथा $y = \cos x$ ...(ii)

समी (i) व (ii) से,

$$x = \frac{\pi}{4}$$

$\therefore$ प्रतिच्छेदन बिन्दु $\left(\dfrac{\pi}{4}, \dfrac{1}{\sqrt{2}}\right)$ है।

यदि $y = \sin x$

$\Rightarrow \quad \dfrac{dy}{dx} = \cos x$

$\Rightarrow \quad \left(\dfrac{dy}{dx}\right)_{x=\pi/4} = \dfrac{1}{2} = m_1$ (माना)

यदि $y = \cos x$

$\Rightarrow \quad \dfrac{dy}{dx} = -\sin x$

$\Rightarrow \quad \left(\dfrac{dy}{dx}\right)_{x=\pi/4} = -\dfrac{1}{\sqrt{2}} = m_2$ (माना)

$\therefore \quad \tan\theta = \dfrac{\mu_1 - \mu_2}{1 + \mu_1\mu_2} = \dfrac{\dfrac{1}{\sqrt{2}} + \dfrac{1}{\sqrt{2}}}{1 - \dfrac{1}{\sqrt{2}}\cdot\dfrac{1}{\sqrt{2}}} = \dfrac{\dfrac{2}{\sqrt{2}}}{\dfrac{1}{2}}$

$\Rightarrow \quad \tan\theta = 2\sqrt{2} \Rightarrow 0 = \tan^{-1}(2\sqrt{2})$

17. (b) (परास) R = H – L

= 120 – 60 = 60

18. (b) माध्यिका $= \left(\dfrac{n+2}{2}\right)$वाँ पद $= \left(\dfrac{7+1}{2}\right)$वाँ पद

= 4 वाँ पद = 145

19. (c) R = H – L

यहाँ, H = 525, L = 50

R = H – L

= 525 – 50 = 475

20. (b) समिति के चयन करने के प्रकार

$= {}^{11}C_6 - ({}^7C_6 \times {}^4C_0 + {}^7C_5 \times {}^4C_1)$

$= \dfrac{11 \times 10 \times 9 \times 8 \times 7}{5 \times 4 \times 3 \times 2} - \left(7 + \dfrac{7 \times 6}{2} \times 4\right)$

$= 462 - (7 + 84) = 371$

21. (d) माना वर्ग ABCD की भुजा $2a$ और केन्द्र O है।

माना O से होकर जाने वाली दो परस्पर लम्बवत् स्थिर रेखाएँ OX और OY हैं जो क्रमश: BC और CD पर लम्ब हैं।

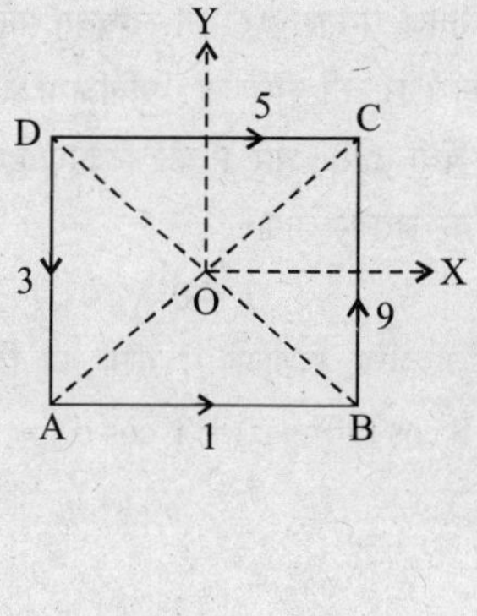

माना OX और OY के अनुदिश बलों के वियोजित भागों के योगफल क्रमशः X और Y हैं, तो

$X = 1 + 9 \cos 90° + 5 - 3 \cos 90° = 6$ किग्रा भार

$Y = 9 + 5 \cos 90° - 3 - 1 \cos 90° = 6$ किग्रा भार

यदि बलों का अभीष्ट परिणामी R है जो OX से कोण θ बनाता है,

तो $R = \sqrt{(X^2 + Y^2)} = \sqrt{(6^2 + 6^2)} = 6\sqrt{2}$ किग्रा भार

22. (d) माना सीढ़ी की लम्बाई $2a$ और डोरी AC का तनाव T है। माना A और B पर फर्श और दीवार की अभिलम्ब प्रतिक्रियाएँ क्रमशः R और S हैं।

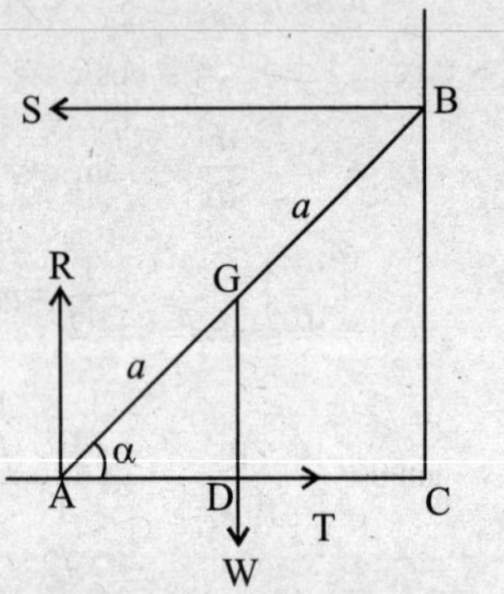

चूँकि सीढ़ी सन्तुलन में हैं। इसलिए सीढ़ी पर विपरीत दिशाओं में लगे बल परिमाण में बराबर होंगे,

अर्थात् $R = W$ ...(i)

और $S = R$ ...(ii)

पुनः G, AB का मध्यबिन्दु है तथा GD, BC के समान्तर है, इसलिए ज्यामिति से D, AC का मध्य बिन्दु हुआ।

∴ $CD = AD = a \cos \alpha$

$AC = 2a \cos \alpha$

$BC = 2a \sin \alpha$

अब B के सापेक्ष बलों के आघूर्ण लेने पर

$T.BC + W.CD = R.AC$

$\Rightarrow T.2a \sin \alpha = W.\ 2a \cos \alpha - W.a \cos \alpha$

[∵ (i) से R = W]

$\Rightarrow 2T \sin \alpha = W \cos \alpha$

$\Rightarrow T = \frac{1}{2} W \text{cost}\ \alpha$

अतः डोरी का तनाव $\frac{1}{2} W \cot \alpha$ है।

23. (c) माना $2a$ लम्बे समदण्ड AB का मध्य बिन्दु G है, जहाँ उसका भार W कार्य करता है।

माना A पर क्षैतिज समतल AC की लम्बवत् प्रतिक्रिया R और B पर आनत समतल CB की लम्बवत् प्रतिक्रिया S है।

चूँकि B पर बँधी डोरी, भार P को टिकाए हुए है। इसलिए डोरी में तनाव P के बराबर होगा।

अर्थात् $T = P$

क्षैतिज तथा ऊर्ध्वाधर दिशाओं में बलों को वियोजित करने पर

$S \cos (90° - \alpha) = T \cos \alpha$

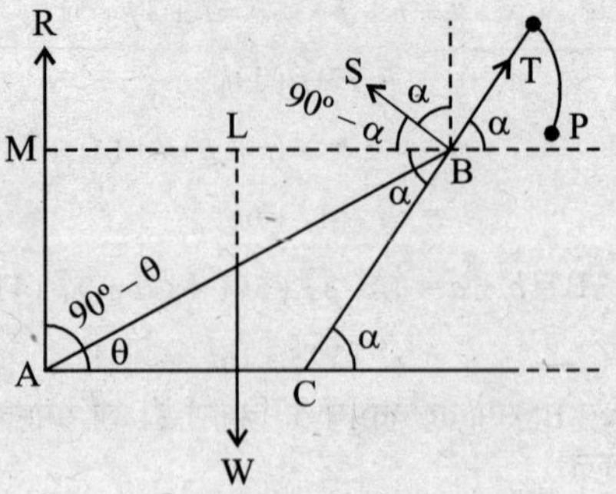

$\Rightarrow S \sin \alpha = T \cos \alpha$

$\Rightarrow S = T \cot \alpha$ ....(i)

और $R + S \cos \alpha + T \sin \alpha = W$ ...(ii)

माना साम्यावस्था में दण्ड AB, क्षैतिज समतल से θ कोण बनाता है, तो $\angle BAC = \theta = \angle LBG$

(∵ एकान्तर कोण हैं)

बिन्दु B के सापेक्ष आघूर्ण लेने पर

$R.\ BM = W.BL$

$\Rightarrow R \times AB \cos \theta = W \times BG \cos \theta$

$\Rightarrow R \times 2a \cos \theta = W \times a \cos \theta$

$\Rightarrow 2R = W$

$\Rightarrow R = \frac{1}{2} W$ ...(iii)

समी. (i) व (iii) से S और R के मानों को (ii) में रखने पर,

$\frac{1}{2} W + T \cot \alpha. \cos \alpha + T\sin \alpha = W$

$\Rightarrow T (\cot \alpha. \cos \alpha + \sin \alpha) = \frac{1}{2} W$

$\Rightarrow T\left(\frac{\cos^2 \alpha + \sin^2 \alpha}{\sin \alpha}\right) = \frac{1}{2} W$

$\Rightarrow 2T = W \sin \alpha$

$\Rightarrow 2P = W \sin \alpha$ [∵ T = P]

24. (a) ∴ $AC = 5$ सेमी.

और $AC^2 = AB^2 + BC^2$

$\Rightarrow (5)^2 = (4)^2 + (3)^2$

∴ $\angle BAC = 90°$

अतः ∠ACB न्यूनकोण होगा।

25. (a) $2 \tan^{-1} \frac{1}{3} + \tan^{-1} \frac{1}{7}$

$$\tan^{-1} \frac{2 \times \frac{1}{3}}{1 - \frac{1}{9}} + \tan^{-1} \frac{1}{7} = \tan^{-1} \frac{3}{4} + \tan^{-1} \frac{1}{7}$$

$$\tan^{-1} \left[\frac{\frac{3}{4} + \frac{1}{7}}{1 - \frac{3}{4} \times \frac{1}{7}}\right] = \tan^{-1} \left[\frac{\frac{21+4}{28}}{1 - \frac{3}{4} \times \frac{1}{7}}\right]$$

$$= \tan^{-1} \left(\frac{25/28}{25/28}\right)$$

$$= \tan^{-1} (1) = \frac{\pi}{4}$$

26. (a) $\because \quad \frac{5a+3b}{4a+7b} = \frac{3}{4}$

$\Rightarrow \quad 20a + 12b = 12a + 21b$

$\Rightarrow \quad 8a = 9b$

$\Rightarrow \quad \frac{a}{b} = \frac{9}{8}$

$\Rightarrow \quad a : b = 9 : 8$

27. (d) दिया है,

$$A = \begin{bmatrix} \alpha & 0 \\ 1 & 1 \end{bmatrix}$$

$$\Rightarrow \quad A^2 = \begin{bmatrix} \alpha & 0 \\ 1 & 1 \end{bmatrix}\begin{bmatrix} \alpha & 0 \\ 1 & 1 \end{bmatrix} = \begin{bmatrix} \alpha^2 & 0 \\ \alpha+1 & 1 \end{bmatrix}$$

साथ ही, $B = A^2$ (दिया है)

$$\Rightarrow \quad \begin{bmatrix} 1 & 0 \\ 5 & 1 \end{bmatrix} = \begin{bmatrix} \alpha^2 & 0 \\ \alpha+1 & 1 \end{bmatrix}$$

स्पष्टत: यह α के किसी भी मान के लिए सन्तुष्ट नहीं होता।

28. (d) चूँकि दिया हुआ आव्यूह अव्युत्क्रमणीय है।

$$\Rightarrow \quad \begin{vmatrix} 3-x & 2 & 2 \\ 2 & 4-x & 1 \\ -2 & -4 & -1-x \end{vmatrix} = 0$$

$R_2 \to R_2 + R_3$ के प्रयोग से,

$$\begin{vmatrix} 3-x & 2 & 2 \\ 0 & -x & -x \\ -2 & -4 & -1-x \end{vmatrix} = 0$$

$$\Rightarrow \quad x\begin{vmatrix} 3-x & 2 & 2 \\ 0 & 1 & 1 \\ 2 & 4 & 1+x \end{vmatrix} = 0$$

$$\Rightarrow \quad x(x-3)^2 = 0 \Rightarrow x = 0, 3$$

29. (c) आव्यूह का अनुरेख इस प्रकार परिभाषित है–

$$\sum_{i=1}^{n} a_{ii} = 2x^2 + 2x - 12 = 0$$

$$\Rightarrow \quad x = -3, 2$$

30. (a) **31.** (a) **32.** (c)

33. (d) पहली संख्या × दूसरी संख्या = महत्तम समापवर्तक × लघुत्तम समापवर्त्य

864 × दूसरी संख्या = 96 × 1,296

$\therefore$ दूसरी संख्या $= \frac{96 \times 1,296}{864} = 144$

34. (a) रेखा AB, Y-अक्ष के साथ 30° का कोण बनाती है। अत: X-अक्ष के साथ रेखा का झुकाव 60° होगा।

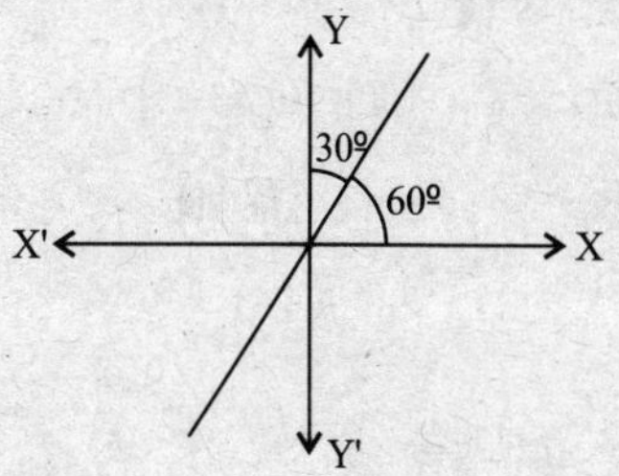

अत: प्रवणता $m = \tan 60°$

$= \sqrt{3}$

35. (c) सामान्य सूत्र $M_1D_1 = M_2D_2$ से–

$\Rightarrow \quad x \times 30 = (x + 6) \times 20$

$\Rightarrow \quad 30x = 20x + 120$

$\Rightarrow \quad 10x = 120$

$\Rightarrow \quad x = 12$ दिन

36. (b) चित्रानुसार AB मीनार और CD चट्टान है।

माना CE = x मीटर

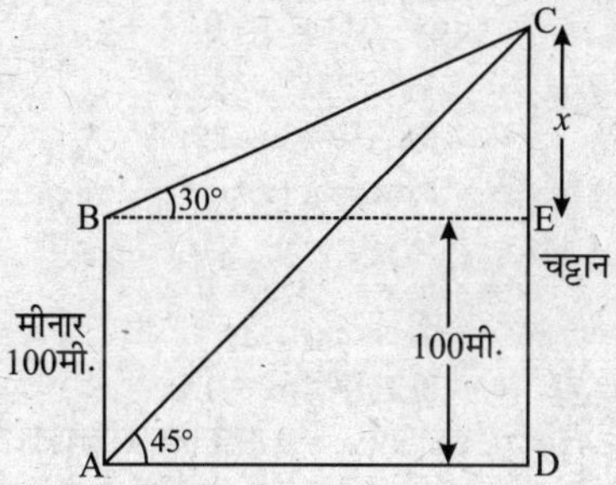

Δ BCE में

$$\tan 30 = \frac{CE}{BE}$$

$$\frac{1}{\sqrt{3}} = \frac{x}{BE}$$

$\Rightarrow \quad BE = \sqrt{3}x$

Δ ADC में,

$$\tan 45 = \frac{CD}{AD}$$

$$\frac{1}{1} = \frac{100+x}{BE}$$

$\therefore \quad BE = 100 + x$

$\Rightarrow \quad \sqrt{3}x = 100 + x$

$\Rightarrow \quad \sqrt{3}x - x = 100$

$x(\sqrt{3}-1) = 100$

$$\Rightarrow \quad x = \frac{100}{(\sqrt{3}-1)} = \frac{100 \times (\sqrt{3}+1)}{(\sqrt{3}-1)(\sqrt{3}+1)}$$

$$= \frac{100(\sqrt{3}+1)}{2}$$

$$= 50(\sqrt{3}+1)$$

∴ चट्टान की ऊँचाई

$$DE + x = 100+50(\sqrt{3}+1) \text{ मीटर}$$
$$= 50(2+\sqrt{3}+1)$$
$$= 50(\sqrt{3}+3)$$

37. (a) दिया है, $4b^2 + \frac{1}{b^2} = 2$

$$\left(2b+\frac{1}{b}\right)^2 = 4b^2 + \frac{1}{b^2} + 2\times 2b + \frac{1}{b}$$

$= 2 + 4$ ($\because 4b^2 + \frac{1}{b^2}$ का मान रखने पर) $\left(2b+\frac{1}{b}\right)^2 = 6$

$\because \quad 2b + \frac{1}{b} = \sqrt{6}$

अब, $8b^3 + \frac{1}{b^3} = \left(2b+\frac{1}{b}\right)^3 - 3\times 2b \times \frac{1}{b}\left(2b+\frac{1}{b}\right)$

$$= (\sqrt{6})^3 - 6(\sqrt{6}) = 0$$

38. (a) $f'(x) = -3x^3 - 24x^2 - 45x$
$= -3x(x^2 + 8x + 15)$
$= -3x(x+5)(x+3)$
$f'(x) = 0$
$\Rightarrow x = -5, x = -3, x = 0$
$f''(x) = -9x^2 - 48x - 45$
$= -3(3x^2 + 16x + 15)$

$f''(0) = -45 < 0$, इसलिए $x = 0$ स्थानीय उच्चिष्ठ बिन्दु है।
$f''(-3) = 18 > 0$, इसलिए $x = -3$ स्थानीय निम्निष्ठ बिन्दु है।
$f''(-5) = -30 < 0$ इसलिए $x = -5$ स्थानीय उच्चिष्ठ बिन्दु है।

39. (c) माना परवलय $y^2 = 4ax$ पर कोई बिन्दु P $(at^2, 2at)$ है तब P पर परवलय पर खींची गई स्पर्श रेखा व अभिलम्ब के समीकरण क्रमशः $ty = x + at^2$ तथा $y = -tx + 2at + at^3$ है।
∴ स्पर्श रेखा व अभिलम्ब, अक्ष पर T व G पर क्रमशः मिलते हैं।
∴ T व G के निर्देशांक क्रमशः $(-at^2, 0)$ व $(2a + at^2, 0)$ परवलय की परिभाषा से,

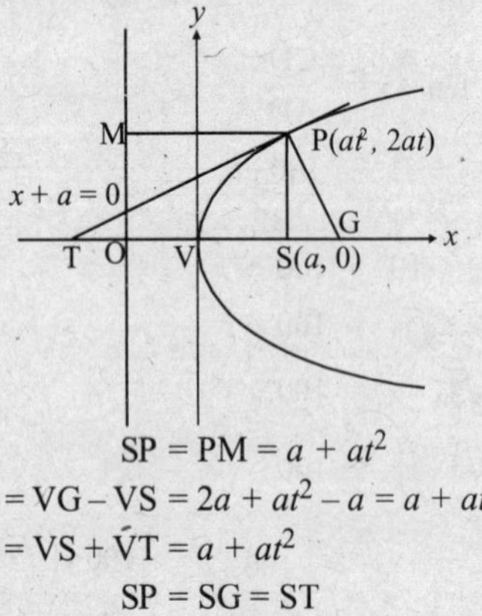

$$SP = PM = a + at^2$$

अब, $SG = VG - VS = 2a + at^2 - a = a + at^2$
तथा $ST = VS + VT = a + at^2$
अतः $SP = SG = ST$

40. (a) $4(\cos A + \cos B + \cos C) = 4\left(1 + 4\sin\frac{A}{2}\sin\frac{B}{2}\sin\frac{C}{2}\right)$

$$= 4\left(1+\frac{r}{R}\right)$$

$\left[\because r = 4R\sin\frac{A}{2}.\sin\frac{B}{2}.\sin\frac{C}{2}\right]$

$$= 4\left(1+\frac{3}{4}\right) = 4\left(\frac{7}{4}\right) = 7$$

41. (b) $\because$ C = 90°
∴ C = 2R sin C = 2R sin . 90°
$= 2R$, या $R = \frac{1}{2}$ C

और $r = (s-c)\tan\frac{C}{2}$
$= (s-c)\tan 45° = (s-c)$

∴ $R + r = \frac{1}{2}c + (s-c)$
$= \frac{1}{2}(2s + c - 2c) = \frac{1}{2}(2s - c)$
$= \frac{1}{2}[(a+b+c) - c]$
$= \frac{1}{2}(a+b)$

42. (a) $T_{m+n} = ar^{m+n-1} = p$
$T_{m-n} = ar^{m-n-1} = q$
∴ $ar^{m+n-1}.ar^{m-n-1} = pq$
$a^2r^{2m-2} = pq$
$T_m = ar^{m-1} = \sqrt{pq}$

43.(d) चूँकि बाह्य बिन्दु से खींची गई रेखाएँ समान लम्बाई की होती हैं।

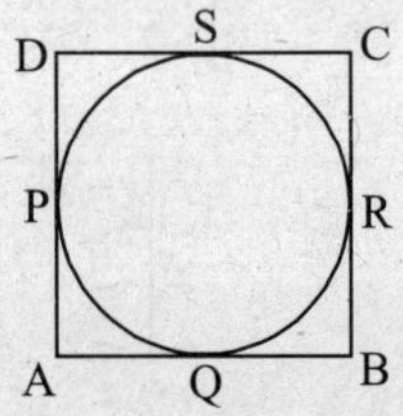

स्पष्टतः चतुर्भज एक वर्ग है।
∴ AB+ CD = BC + AD

44. (c) A द्वारा 1 घण्टे में चली गई दूरी
= (1 × 20) किमी = 20 किमी
शेष दूरी = (110 – 20) किमी
= 90 किमी
सापेक्ष गति = (25 + 20) किमी/घण्टा
= 45 किमी/घण्टा
∴ समय = $\frac{90}{45}$ घण्टे = 2 घण्टे
∴ A और B के मिलने का समय
= (7 + 2 + 1) = 10 बजे प्रातः

45. (c) माना आदमी की चाल = x किमी/घण्टा
तब प्रश्नानुसार,
$(20 + x) \times 8 = 20 \times 10$
$\Rightarrow 160 + 8x = 200$
$\Rightarrow 8x = 40$
$\Rightarrow x = 5$ किमी/घण्टा

46. (a) $I = \int \frac{e^{5\log x} - e^{4\log x}}{e^{3\log x} - 2^{2\log x}} dx$

$= \int \frac{e^{\log x^5} - e^{\log x^4}}{e^{\log x^3} - e^{\log x^2}} dx = \int \frac{x^5 - x^4}{x^3 - x^2} dx$

$= \int \frac{x^4(x-1)}{x^2(x-1)} dx = \int x^2 dx$

$= \frac{x^3}{3} + C.$

47. (a) हम जानते हैं कि अतिपरवलय $\frac{x^2}{a^2} - \frac{y^2}{b^2} = 1$ की लम्ब कोणीय स्पर्श रेखाओं के प्रतिच्छेदन बिन्दु का बिन्दुपथ एक वृत्त $x^2 + y^2 = a^2 - b^2$ है।

अत: अभीष्ट समीकरण $x^2 + y^2 = 3 - 1$ अर्थात् $x^2 + y^2 = 2$ है।

48. (d) $\because$ $\alpha + \beta = \frac{-b}{a}$

$\sin\phi + \cos\phi = \frac{-b}{a}$

तथा $\alpha\beta = \frac{c}{a}$

$\Rightarrow$ $\sin\phi\cos\phi = \frac{c}{a}$

अब $(\sin\phi + \cos\phi)^2 = 1 + 2\sin\phi.\cos\phi$

$\frac{b^2}{a} = 1 + \frac{2c}{a} = \frac{a+2c}{a}$

$\Rightarrow$ $b^2 = a^2 + 2ac$

$\Rightarrow$ $b^2 + c^2 = a^2 + c^2 + 2ac$

$b^2 + c^2 = (a+c)^2$

अत: $(a+c)^2 = b^2 + c^2$

49. (a) दिया है–

$\int_0^1 \sin^{-1} x\, dx = \int_0^1 \sin^{-1} x.1.dx$

$= \left[\sin^{-1} x.x\right]_0^1 - \int_0^1 \frac{1}{\sqrt{1-x^2}}.x\, dx$

$= \left[x\sin^{-1} x\right]_0^1 - \int \frac{x}{\sqrt{1-x^2}} dx$

$= \left[1.\sin^{-1}(1) - 0\right] + \frac{1}{2}\int \frac{-2x}{\sqrt{1-x^2}} dx$

$= \sin^{-1}\left(\sin\frac{\pi}{2}\right) + \frac{1}{2}\left[\frac{(1-x^2)^{1/2}}{\frac{1}{2}}\right]_0^1$

$= \frac{\pi}{2} + \left[\sqrt{1-x^2}\right]_0^1$

$= \frac{\pi}{2} + (0-1) = \frac{\pi}{2} - 1$

50. (a) माना क्रमागत संख्याएँ क्रमशः x, $(x+1)$, $(x+2)$, $(x+3)$, $(x+4)$ व $(x+5)$ है।

$\because$ $x + (x+1) + (x+2) = 27$

$\Rightarrow$ $3x + 3 = 27$

$\Rightarrow$ $3x = 24$

$\Rightarrow$ $x = 8$

$\therefore$ दूसरी तीन संख्याओं का योगफल

$= (11 + 12 + 13) = $ **36**

51. (b) $(n^3 - n) = n(n^2 - 1)$

$= n(n+1)(n-1)$

यदि $n = 1$ हो तो, $(n^3 - n) = 0$

यदि $n = 2$ हो तो, $(n^3 - n) = 6$

यदि $n = 3$ हो तो, $(n^3 - n) = 24$

यदि $n = 4$ हो तो, $(n^3 - n) = 60$

अत: $(n^3 - n)$ सदैव 6 से पूर्णत: विभाजित होगा।

52. (d) m विभिन्न वस्तुओं के 1, 2, 3, 4, ... m एक बार लेते हुए संचयों की कुल संख्या = ${}^mC_1 + {}^mC_2 + {}^mC_3$ ..... ${}^mC_m = 2^m - 1$

53. (b) $\left(\frac{1-y}{1+y}\right)^2 = (1-y)^2 (1+y)^2 = (1-2y+y^2)$ $(1+y)^{-2}$

$= (1 - 2y + y^2)(1 - 2y + 3y^2 - 4y^3 + 5y^4 \ldots)$

$\therefore$ $\left(\frac{1-y}{1+y}\right)^2$ में y^4 का गुणांक $= 5 + 8 + 3 = 16$

54. (b) अभीष्ट क्षेत्रफल (PQR)

$= \int_0^4 y\, dx$

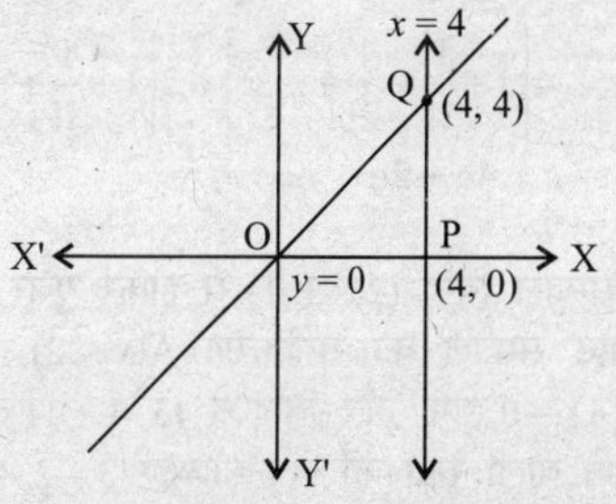

$= \int_0^4 x\, dx = \left[\frac{x^2}{2}\right]_0^4$

$= \frac{1}{2} \times 16 = 8$ वर्ग इकाई

55. (a) $y = e^x A\cos x + e^x B\sin x$

$\frac{dy}{dx} = Ae^x\cos x - Ae^x\sin x + Be^x\sin x + Be^x\cos x$

$= (A+B)e^x\cos x + (B-A)e^x\sin k$

$\frac{d^2y}{dx^2} = (A+B)e^x\cos x - e^x\sin x(A+B)$

$+ (B-A)e^x\sin x + (B-A)e^x\cos x$

$$\frac{d^2y}{dx^2} = 2Be^x \cos x - 2Ae^x \sin x$$

अतः, $\frac{d^2y}{dx^2} = 2\frac{dy}{dx} - 2y$

56. (c) $$Tn = \frac{n^2(n+1)}{n!} = \frac{n[n(n+1)]}{n!} = \frac{n(n+1)}{(n+1)!}$$

$$= \frac{(n-1)(n-2)+(4n-2)}{(n-1)!}$$

$$= \frac{(n-1)(n-2)}{(n-1)!} + \frac{4(n-1)+2}{(n-1)!}$$

$$= \frac{1}{(n-3)!} + \frac{4(n-1)}{(n-1)!} + \frac{2}{(n-1)!}$$

$$= \frac{1}{(n-3)!} + \frac{4}{(n-1)!} + \frac{2}{(n-1)!}$$

$n = 1, 2, 3$ .... रखने पर

$$T_1 = (0) + 4(0) + \frac{2}{0!}$$

$$T_2 = (0) + \frac{4}{0!} + \frac{2}{1!}$$

$$T_3 = \frac{1}{0!} + \frac{4}{1!} + \frac{2}{2!}$$

$$T_4 = \frac{1}{1!} + \frac{4}{2!} + \frac{2}{3!}$$

....

स्तम्भानुसार जोड़ने पर, दी हुई श्रेणी का योगफल

$$= 4\left[1 + \frac{1}{1!} + \frac{1}{2!} + ...\right] + 2\left[1 + \frac{1}{1!} + \frac{1}{2!} + ...\right]$$

$$= e + 4e + 2e$$

$$= 7e$$

57. (a) ∴ समतल बिन्दु (2, –3, 1) से होकर गुजर रहा है।

∵ अभीष्ट समतल का समीकरण $A(x-2) + B(y+3) + C(z-1) = 0$ होगा और बिन्दुओं (3, 4 – 1) तथा (2, –1, 5) से मिलाने वाली रेखा की दिक्कोज्याएँ 3 – 2, 4 + 1 तथा –1 –5 के समानुपाती होंगी।

∴ इन बिन्दुओं को मिलाने वाली रेखा समतल के लिए अभिलम्ब है।

$$\frac{A}{3-2} = \frac{B}{4+1} = \frac{C}{-1-5}$$

⇒ $$\frac{A}{1} = \frac{B}{5} = \frac{C}{-6} = k$$

∴ $A = k$, $B = 5k$ और $C = -6k$

∴ अतः समतल का समीकरण होगा :

∴ $$k(x-2) + 5k(y+3) - 6k(z-1) = 0$$

$$(x-2) + (5y+15) - 6z + 6 = 0$$

$$x + 5y - 6z + 19 = 0$$

58. (c) समतल का समीकरण जो बिन्दु (–1, 3, 2) से होकर गुजर रहा है, होगा :

$$A(x+1) + B(y-3) + C(z-2) = 0$$

∴ यह समतल, समतल $x + 2y + 2z = 5$ के लम्बवत् है –

$$x + 2y + 2z = 5$$

तथा $$3x + 3y + 2z = 8$$

∴ $$A \times 1 + B \times 2 + C \times 2 = 0$$

तथा $$A \times 3 + B \times 3 + C \times 2 = 0$$

⇒ $$A + 2B + 2C = 0$$

तथा $$3A + 3B + 2C = 0$$

∴ माना $$\frac{A}{4-6} = \frac{B}{6-2} = \frac{C}{3-6} = k$$

∴ $A = -2k$, $B = 4k$ और $C = -3k$

∴ अभीष्ट समतल का समीकरण होगा :

$$-2k(x+1) + 4k(y-3) - 3k(z-2) = 0$$

$$2x + 2 - 4y + 12 + 3z - 6 = 0$$

$$2x - 4y + 3z + 8 = 0$$

59. (d) 3 पत्रों को 3 लिफाफों में रखने के कुल तरीके = 13

इनमें से केवल एक तरीका सही है।

अतः अभीष्ट प्रायिकता $= \frac{1}{13} = \frac{1}{6}$

60. (a) दिया है कि X = {1, 2, 3, 4} तथा Y = {2, 3, 5}

परन्तु $x < y$, हो, तो

∴ $xRy \Rightarrow R = \{(1, 2), (1, 3), (2, 3), (2, 5)\}$

61. (b) ∴ $(x-3)(x-4) > 0$, तब

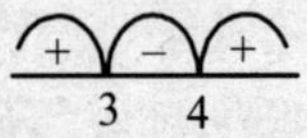

इससे हम देखते हैं कि समुच्चय $\{x|(x-3)(x-4) > 0\}$ समुच्चय $\{x|x < 3\} \cup \{x|x > 4)\}$ के बराबर है।

62. (c) $$L.H.S. = C_1 + 2.C_2 + 3.C_3 + ... + n.C_n.$$

$$= n + 2\frac{n(n-1)}{\underline{|2}} + 3\frac{n(n-1)(n-2)}{\underline{|3}} + ... + n$$

$$= n\left[1 + (n-1) + \frac{(n-1)(n-2)}{\underline{|2}} + ... + 1\right]$$

$$= n[{}^{n-1}c_0 + {}^{n-1}c_1 + {}^{n-1}c_2 + ... + {}^{n-1}c_{n-1}]$$

$$= n(1+1)^{n-1} = n.\ 2^{n-1}$$

63. (d) $$\frac{(1+i)x - 2i}{3+i} + \frac{(2-3i)y + i}{3-i} = i$$

⇒ $$\frac{(3-i)[(1+i)x - 2i] + (3+i)[(2-3i)y + i]}{(3+i)(3-i)} = i$$

⇒ $$3x + 3xi - 6i - xi - i^2x + 2i^2 + 6y - 9yi + 3i + 2yi - 3i^2y + i^2 = (9 - i^2)i$$

⇒ $$4x + 2xi + 9y - 7yi = 9i + i + 6i - 3i + 3$$

⇒ $$(4x + 9y) + (2x - 7y)i = 3 + 13i$$

∴ $$(4x + 9y) = 3 \text{ तथा } 2x - 7y = 13$$

∴ $$x = 3 \text{ तथा } y = -1$$

64. (b) अन्त से 15वाँ पद $= 86 + (15 - 1)(-4)$

[$\because$ अन्त से श्रेणी का सार्व अन्तर $= -4$]

$= 86 - 56 = 30$

65. (d) यदि p, q को विभाजित करता है, और q, p को विभाजित करता है तब p और q समान होते हैं।

अतः (I) सत्य है।

यदि p/q अर्थात् q,p से पूर्णतः विभाज्य है।

अर्थात् $p \le q$

अत (II) सत्य है।

अर्थात् $p,\ q = (|p|, q|)$.

अतः (III) सत्य है।

66. (c) $x^2 + 6x - 3 = (x+3)^2 - 12 > -12$

67. (d) $S_n = 1.4 + 3.04 + 5.004 + 7.0004 + \ldots n$ पदों तक

$= (1 + 0.4) + (3 + 0.04) + (5 + 0.004) + (7 + 0.0004) + \ldots n$ पद

$= (1 + 3 + 5 + 7 + \ldots n$ पदों तक$) + (0.4 + 0.04 + 0.004 + 0.0004 + \ldots n$ पदों तक

$$= \frac{n}{2}[2.1 + (n-1).2] + \left[\frac{4}{10} + \frac{4}{10^2} + \frac{4}{10^3} + \ldots n \text{ पदों तक}\right]$$

$$= n^2 + \frac{4}{10}\left[\frac{1-\left(\frac{1}{10}\right)^n}{1-\left(\frac{1}{10}\right)}\right]$$

$$= n^2 + \frac{4}{9}\left(1 - \frac{1}{10^n}\right)$$

68. (d) दिया है,

$$\lim_{x\to1}\frac{f(x)-2}{f(x)+2} = 0$$

$$\Rightarrow \frac{\lim_{x\to1}[f(x)-2]}{\lim_{x\to1}[f(x)+2]} = 0$$

$$\Rightarrow \lim_{x\to1}[f(x)-2] = 0$$

$$\Rightarrow \lim_{x\to1} f(x) = 2$$

69. (b) $y = x^{n-1}\log x$

$$y_1 = x^{n-1}\cdot\frac{1}{x} + \log x\,.(n-1)\,.x^{n-2}$$

$$= x^{n-2}[1 + (n-1)\log x]$$

$$y_2 = x^{n-2}\cdot\left(\frac{n-1}{x}\right) + [1 + (n-1)\log n].(n-2)x^{n-3}$$

$$= x^{n-3}[(2x-3) + (n-1)(n-2)\log x]$$

$$y_3 = x^{n-3}\frac{(n-1)(n-2)}{x} + [(2n - 3) + (n-1)(n-2)\log x](n-3)x^{n-4}$$

$$= x^{n-4}[(3n^2 - 12n + 11) + (n-1)(n-2)(n-3)\log x]$$

$y_{n-1} = x^{n-n}[(n$ में कुछ पद$) + (n-1)!\log x]$

$= (n$ में कुछ पद$) + (n-1)!\log x$

$$= 0 + \frac{(n-1)!}{x}$$

$$= \frac{(n-1)!}{x}$$

70. (b)

$$(gof)(x) = g(ex) = \log e^x = x$$

$$(gof)'(x) = 1$$

71. (d) माना P_0 प्रारम्भिक जनसंख्या है और t समय पश्चात् P हो जाती है तब

$$\frac{dP}{dt} = \frac{8P}{100} \text{ (दिया है)}$$

$$\Rightarrow \frac{dP}{P} = \frac{2}{25}dt$$

समाकलन दोनों तरफ करने पर हमें प्राप्त होती है,

$$\int\frac{1}{P}.dP = \frac{2}{25}\int 1.dt$$

$$\Rightarrow \log P = \frac{2}{25}t + C \quad \ldots\text{(i)}$$

at $t = 0$, पर $P = P_0$

$$\therefore \log P_0 = \frac{2\times0}{25} + C$$

$$\Rightarrow C = \log P_0$$

C का मान समी. (i) में रखने पर,

$$\log P = \frac{2}{25}t + \log P_0$$

$$t = \frac{25}{2}\log 2 \quad (\because P = 2P_0)$$

72. (a)

x	f	fx
5	10	50
10	10	100
15	p	$15p$
20	2	40
25	8	200

$\therefore$ $\Sigma f = 30 + p$

और $\Sigma fx = 390 + 15p$

$$\therefore 13.5 = \frac{390 + 15p}{30 + p}$$

$$\Rightarrow 405 + 13.5p = 390 + 15p$$

$$15p - 13.5p = 405 - 390$$

$$\Rightarrow 1.5p = 15$$

$$p = \frac{15}{1.5} = 10$$

73. (b) अनिल के 10 वर्ष तक जीवित रहने की प्रायिकता

$$P(a) = \frac{7}{15}$$

$\therefore$ अनिल की 10 वर्ष में मरने की प्रायिकता, इस प्रकार

$$P(\bar{A}) = 1 - P(A) = \frac{8}{15}$$

इसी प्रकार शशि के लिए P(S)

$$= \frac{7}{10} \text{ और } P(\bar{S}) = \frac{3}{15}$$

इसी प्रकार,

$$P(\bar{A} \cap \bar{S}) = P(\bar{A}).P(\bar{S})$$

$$= \frac{8}{15} \times \frac{3}{10} = \frac{24}{150}$$

74. (c) कुल 6 संख्याएं (1, 2, 3, 4, 5, 6) हैं। जो प्रत्येक पाँसे की छः फलकों पर अंकित है।

इस प्रकार प्रत्येक पाँसे पर संख्याए प्राप्त करने की 6 विधियाँ हैं।

$\therefore$ दो पाँसे फेंकने के बाद कुल विधियाँ = 6 × 6 = 36

हम यह ज्ञात करेंगे कि योगफल 7 अंक पाने के अनुकूल विधियाँ हैं–

$$E = \{(1, 6), (6, 1), (2, 5), (5, 2)\ (3, 4), (4, 3)$$

$\therefore$ $n(E) = 6$

$\therefore$ अभीष्ट प्रायिकता $= \frac{n(E)}{n(S)} = \frac{6}{36} = \frac{1}{6}$

75. (c) त्रिभुज ABC का क्षेत्रफल $s = 8$

$$\therefore rr_1\ r_2r_3 = \frac{\Delta}{s}.\frac{\Delta}{s-a}.\frac{\Delta}{s-b}.\frac{\Delta}{s-c}$$

$$= \frac{\Delta^4}{\Delta^2} = \Delta^2$$

$$= (8)^2 = 64$$

76. (b)

$$2\,ae = \sqrt{7} + \sqrt{7}$$

$$\Rightarrow \quad 2\,ae = 2\sqrt{7}$$

$$\Rightarrow \quad a\sqrt{\frac{4}{7}} = \sqrt{7}$$

$$\Rightarrow \quad a = \frac{7}{2}$$

$$\Rightarrow \quad b^2 = a^2(1 - e^2)$$

$$\Rightarrow \quad = \frac{49}{4}\left(1 - \frac{4}{7}\right) = \frac{49}{4}\left(\frac{3}{7}\right)$$

$$\Rightarrow \quad = \frac{21}{4}$$

$\therefore$ दीर्घवृत्त का समीकरण

$$\frac{x^2}{\frac{49}{4}} + \frac{y^2}{\frac{21}{4}} = 1$$

$$\Rightarrow \quad \frac{4x^2}{49} + \frac{4y^2}{21} = 1$$

77. (c) मान लो अभीष्ट बिन्दु के निर्देशांक (h, k) हैं, चूंकि यह बिन्दु $3x + 5y = 15$ पर स्थित है, अत:

$$3h + 5k = 15 \qquad ...(i)$$

चूँकि (h, k) अक्षों से समान दूरी पर है।

अत: $h = k, \quad h - k = 0 \qquad ...(ii)$

समीकरण (ii) को हल करने पर,

$$h = \frac{15}{8} \text{ और } k = \frac{15}{8}$$

$\therefore$ बिन्दु प्रथम चतुर्थांश में होगा।

78. (c) $1 + 3 + 5 = 9$

$\therefore$ महत्तम कोण $= \frac{5}{9} \times \pi$

$$= \frac{5\pi}{9} \text{ रेडियन}$$

79. (a) $\tan\theta - \sin\left(\frac{\pi}{2} - \theta\right)\cos\left(\frac{\pi}{2} - \theta\right) = \tan\theta - \cos\theta\sin\theta$

$$= \frac{\sin\theta}{\cos\theta} - \frac{\cos\theta\sin\theta}{1} = \frac{\sin\theta - \cos^2\theta\sin\theta}{\cos\theta}$$

$$= \frac{\sin\theta(1 - \cos^2\theta)}{\cos\theta} = \frac{\sin\theta\sin^2\theta}{\cos\theta}$$

$$= \tan\theta \,.\, \sin^2\theta$$

80. (c) चूँकि दिए गए स्पर्शी एक-दूसरे के समानान्तर हैं अत: वृत्त की त्रिज्या इन स्पर्शियों के बीच की दूरी का आधा होगी।

$\therefore$ (0, 0) से $3x - 4y + 4 = 0$ रेखा पर डाले गए लम्ब की लम्बाई

है $\frac{4}{\sqrt{3^2 + 4^2}} = \frac{4}{5}$

और (0, 0) से $6x - 8y - 7 = 0$ पर डाले गए लम्ब की लम्बाई

$$\frac{-7}{\sqrt{6^2 + 8^2}} = \frac{-7}{10}$$

$\therefore$ इन दो रेखाओं के बीच की दूरी $= \frac{4}{7} - \left(\frac{-7}{10}\right) = \frac{15}{10} = \frac{3}{2}$

वृत्त की त्रिज्या $= \frac{3}{4}$

81. (c)

$$\begin{vmatrix} 2 & e & 3 \\ 2 & \pi & 3 \\ 2 & \sqrt{2} & 3 \end{vmatrix} = 2 \times 3 \begin{vmatrix} 1 & e & 1 \\ 1 & \pi & 1 \\ 1 & \sqrt{2} & 1 \end{vmatrix}$$

$$= 0$$

(क्योंकि I और III स्तम्भ एकसमान हैं।)

82. (c) माना $\log x = t$

$$\therefore \quad \frac{1}{x}dx = dt$$

जब $x = a$, तब $t = \log_e a$ और जब $x = b$, तब $t = \log b$

$$\therefore \int_a^b \frac{\log x}{x}dx = \int_{\log a}^{\log b} t\,dt = \left[\frac{1}{2}t^2\right]_{\log a}^{\log b} = \frac{1}{2}[(\log b)^2 - (\log a)^2]$$

$$= \frac{1}{2}(\log b + \log a)(\log b - \log a)$$

$$= \frac{1}{2}\log ab \log\frac{b}{a}$$

83. (d) मान लो $\cos^{-1}\frac{4}{5} = x$

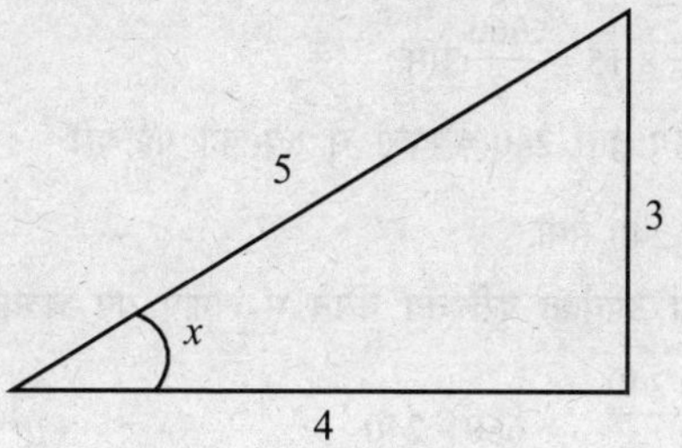

$\therefore \quad \cos x = \frac{4}{5}$

$\therefore \quad \tan x = \frac{3}{4}$

$\therefore \quad x = \tan^{-1}\frac{3}{4}$

$\therefore \quad \cos^{-1}\frac{3}{4} = \tan^{-1}\frac{3}{4}$

लेकिन $\tan^{-1}\frac{3}{4} + \tan^{-1}\frac{2}{3} = \tan^{-1}\left[\frac{\frac{3}{4}+\frac{2}{3}}{1-\frac{3}{4}\times\frac{2}{3}}\right] = \tan^{-1}\left[\frac{17}{6}\right]$

$\therefore \quad \tan\left[\cos^{-1}\frac{4}{5} + \tan^{-1}\frac{2}{3}\right] = \frac{17}{6}$

84. (c) समीकरण $lx + my + n = 0$ से,

$$y = \frac{-lx}{m} - \frac{n}{m}$$

y के मान को अतिपरवलय में रखने पर,

$$\frac{x^2}{a^2} - \frac{1}{b^2}\left(-\frac{lx}{m} - \frac{n}{m}\right)^2 = 1$$

$$\Rightarrow \quad \frac{x^2}{a^2} - \frac{l^2x^2}{m^2b^2} - \frac{n^2}{m^2b^2} - \frac{2lnx}{m^2b^2} = 1$$

$$\Rightarrow \quad \left(\frac{1}{a^2} - \frac{l^2}{m^2b^2}\right)x^2 - \left(\frac{2\,ln}{m^2b^2}\right) + \left(\frac{-n^2}{m^2b^2} - 1\right) = 0$$

यदि रेखा अतिपरवलय को स्पर्श करती हो, तो

$$\left(\frac{-2\,ln}{m^2b^2}\right) = 4\left(\frac{1}{a^2} - \frac{l^2}{m^2b^2}\right)\left(\frac{-n^2}{m^2b^2} - 1\right)$$

$$\Rightarrow \quad a^2l^2 - b^2m^2 = n^2$$

85. (c) $y = \frac{A}{x} = B$

$\therefore \quad \frac{dy}{dx} = -\frac{A}{x^2}$

$\therefore \quad A = -x^2\frac{dy}{dx}$

और $\quad \frac{d^2y}{dx^2} = \frac{2A}{x^3} \quad$ ...(i)

A का मान समीकरण (i) में रखने पर प्राप्त होता है।

$$\frac{d^2y}{dx^2} = \frac{2}{x^3}\left(-x^2\frac{dy}{dx}\right)$$

$$\Rightarrow \quad \frac{d^2y}{dx^2} + \frac{2}{x}\frac{dy}{dx} = 0$$

इसमें उच्चतम अवकलन $\frac{d^2y}{dx^2}$ है, इसकी कोटि 2 है।

86. (a) माना $5 = 9 + 99 + 999 + ... + 100$ पदों तक

$= (10^1 - 1) + (10^2 - 1) + (10^3 - 1) + ...$ 100 पदों तक

$= (10 + 10^2 + 10^3 + ...+ 100$ पदों तक)

$- (1 + 1 + 1 .... + 100$ बार)

$$= \frac{10(10^{100}-1)}{10-1} - 100 = \frac{10}{9}(10^{100}-1) - 100$$

87. (a) यदि $x = \cos\alpha - i\sin\alpha$ तथा $y = \cos\beta - i\sin\beta$

$$\therefore \quad \frac{x-x}{x+y} = \frac{\cos\alpha + i\sin\alpha - \cos\beta - i\sin\beta}{\cos\alpha + i\sin\alpha + \cos\beta + i\sin\beta}$$

$$= \frac{\cos\alpha - \cos\beta + i[\sin\alpha - \sin\beta]}{\cos\alpha + \cos\beta + i[\sin\alpha + \sin\beta]}$$

$$= \frac{-2\sin\frac{\alpha+\beta}{2}\sin\frac{\alpha-\beta}{2} + i\,2\sin\frac{\alpha+\beta}{2}\sin\frac{\alpha-\beta}{2}}{2\cos\frac{\alpha+\beta}{2}\cos\frac{\alpha-\beta}{2} + i\,.2\sin\frac{\alpha+\beta}{2}\cos\frac{\alpha-\beta}{2}}$$

$$= \frac{2\sin\frac{\alpha-\beta}{2}\left[-\sin\frac{\alpha+\beta}{2} + i\cos\frac{\alpha+\beta}{2}\right]}{2\cos\frac{\alpha-\beta}{2}\left[\cos\frac{\alpha+\beta}{2} + i\sin\frac{\alpha+\beta}{2}\right]}$$

$$= \frac{i\sin\frac{\alpha-\beta}{2}\left[\cos\frac{\alpha+\beta}{2} + \sin\frac{\alpha+\beta}{2}\right]}{\cos\frac{\alpha-\beta}{2}\left[\cos\frac{\alpha+\beta}{2} + \sin\frac{\alpha+\beta}{2}\right]}$$

$$= i\tan\frac{\alpha-\beta}{2}$$

88. (a) माना समीकरण $x^{x2} - 5x + k - 15 = 0$ के मूल α एवं β हैं।

$\therefore \quad \alpha\beta = k - 15 \quad$ (दिया है $\alpha\beta = -3$)

$\Rightarrow \quad -3 = k - 15 \Rightarrow k = 15 - 3 = 12$

89. (c) दिए हुए वृत्त $x^2 + y^2 - 4y = 0$ का केन्द्र (0, 2) और त्रिज्या $\sqrt{0+4-0}$ अर्थात् 2 है।

यदि रेखा $y = mx + c$ वृत्त को स्पर्श करती है, तो इस रेखा पर डाला गया लम्ब त्रिज्या के बराबर होगा।

$$\frac{-2+c}{\sqrt{1+m^2}} = 2 \Rightarrow \frac{-2+c}{\sqrt{1+m^2}} = 2 \Rightarrow c = 2 + 2\sqrt{1+m^2}$$

अत: $\quad c = 2\left(1 + \sqrt{1+m^2}\right)$

90. (c) $\begin{vmatrix} 1+x & 1 & 1 \\ 1 & 1+y & 1 \\ 1 & 1 & 1+z \end{vmatrix} = \begin{vmatrix} x & 0 & 1 \\ -y & y & 1 \\ 0 & -z & 1+z \end{vmatrix}$

$(C_1 \to C_1 + C_2, C_2 \to C_2 - C_3)$

$= x(y + yz + z) + 1(yz) = xyz\left(1+\frac{1}{x}+\frac{1}{y}+\frac{1}{z}\right)$

91. (d) $\because \sin^{-1}\left(\frac{2a}{1+a^2}\right) - \cos^{-1}\left(\frac{1-b^2}{1+b^2}\right) = \tan^{-1}\left(\frac{2x}{1-x^2}\right)$

$\therefore \quad 2\tan^{-1} a - 2\tan^{-1} b = 2\tan^{-1} x$

$\Rightarrow \quad \tan^{-1}\left(\frac{a-b}{a+ab}\right) = \tan^{-1} x \Rightarrow x = \frac{a-b}{1+ab}$

92. (c) माना तीन लगातार पदों के गुणांक ${}^nC_{r-1}, {}^nC_r$ और ${}^nC_{r+1}$ है तब प्रश्नानुसार,

${}^nC_{r-1} = 28, {}^nC_r = 56$ और ${}^nC_{r+1} = 70$

$\therefore \quad \frac{{}^nC_r}{{}^nC_{r-1}} = \frac{n-r+1}{r} = \frac{56}{28} = 2$

$\Rightarrow \quad n + 1 = 3r$ ...(i)

और $\quad \frac{{}^nC_{r+1}}{{}^nC_r} = \frac{n-r}{r+1} = \frac{70}{56} = \frac{5}{4}$

$\Rightarrow \quad 4n - 5 = 9r$ ...(ii)

सभी (i) व (ii) से,

$= \frac{4n-5}{n+1} = 3 \quad \therefore n = 8$

93. (d) $\left(x^2 - \frac{1}{x^3}\right)^n$ के विस्तार में तीसरा पद

$= {}^nC_2 \left(x^2\right)^{n-2}\left(\frac{-1}{x^3}\right)^2 = {}^nC_2 x^{2n-4}.\frac{1}{x^6} = {}^nC_2 x^{2n-10}$

प्रश्नानुसार, यह पद x से स्वतन्त्र है।

अत: $2n - 10 = 0 \Rightarrow n = 5$

94. (d) माना $\quad S = \frac{2}{1!}+\frac{6}{2!}+\frac{12}{3!}+\frac{20}{4!}+........$ एवं

$S_1 = 2 + 6 + 12 + 20 + ... + T_n$

$S_1 = \quad 2 + 6 + 12 + ... T_{n-1} + T_n$

(माना) $\quad 0 = 2 + 4 + 6 + 8 + ... + n$ पदों तक T_n

$T_n = 2 + 4 + 6 + 8 + ... + n$ पदों तक

$\Rightarrow T_n = \frac{n}{2}\left[2\times 2 + (n-1)2\right] = n(2 + n - 1) = n(n + 1)$

$\therefore$ दी गई श्रेणी का nवाँ पद $= T_n = \frac{n(n+1)}{n!}$

$\Rightarrow \quad T_n = \frac{n(n+1)}{n(n-1)!}$

$\Rightarrow \quad T_n = \frac{1}{n(n-2)!} + \frac{2}{(n-1)!}$

अब, योग $= \sum_{n=1}^{\infty}\frac{1}{(n-2)!} + 2\sum_{n=1}^{\infty}\frac{1}{(n-1)} = e + 2e = 3e$

95. (c) बन्द उर्ध्व बेलन का क्षेत्रफल

= बेलन के सम्पूर्ण पृष्ठ का क्षेत्रफल

$= 2\pi rh + 2\pi r^2$

96. (c) A पहिये की परिधि $= 2\pi r$

$= 2 \times \frac{22}{7} \times 15 = \frac{660}{7}$ सेमी.

$\therefore$ A पहिये द्वारा 240 चक्करों में तय की गई दूरी

$= \frac{660}{7} \times 240$ सेमी.

B पहिये द्वारा उपर्युक्त दूरी तय करने में लगाए गए चक्करों की संख्या

$= \frac{\frac{660\times 240}{7}}{\frac{2\times 22\times 10}{7}} = \frac{660\times 240}{2\times 22\times 10} = 360$

97. (b) पूरे पेपर-शीट का क्षेत्रफल $= 9 \times 12$ वर्गसेमी. $= 108$ वर्ग सेमी.

टाइपिंग में प्रयुक्त हिस्से का क्षेत्रफल

$= [(9 - 2) \times (12 - 3)]\ (7 \times 9)$ वर्ग सेमी. $= 63$ वर्ग सेमी.

$\therefore$ अभीष्ट हिस्सा $= \frac{63}{108} = \frac{7}{12}$

98. (c) $\angle C, \angle D$ क्योंकि किसी त्रिभुज में किसी जीवा द्वारा परिधि पर बना हुआ कोण बराबर होता है।

99. (c) $\because x + 12° + 98° + x - 10° + 20°$

$= 360°$

$2x = 360° - 120°$

$x = \frac{240}{2} = 120°.$

100. (c)

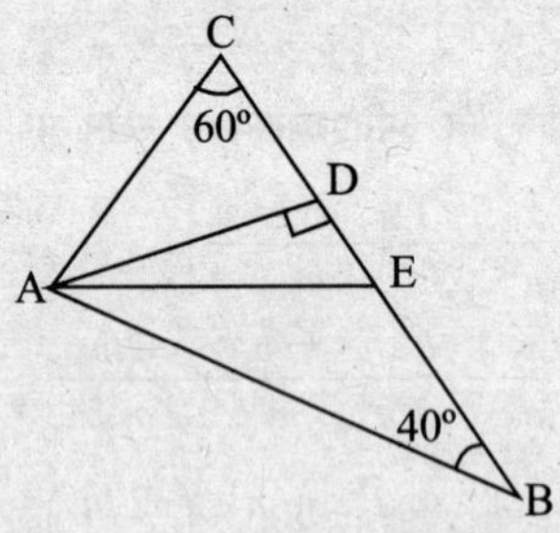

$\angle ACD$ में

$\angle C = 60°$

$\angle CDA = 90°$

$\angle CAD = 180 - (60° + 90°) = 30°$

$\angle CAB = 180° - (60° + 40°) = 80°$

$\therefore \quad \angle EAB = \angle EAC = 40°$

(क्योंकि AE, $\angle CAB$ का समद्विभाजक है)

$\therefore \quad \angle DAE = 40° - 30° = 10°$

$\therefore \quad \angle AED = 180° - (90° + 10°) = 80°.$

❑❑❑

14 गणित प्रैक्टिस पेपर

1. मूलधन की एक राशि पर 9% प्रति वर्ष की दर से 5 वर्ष में उपचित साधारण ब्याज ₹ 14400 है। इसी मूलधन पर 4 प्रतिशत प्रति वर्ष की दर से 2 वर्ष में उपचित चक्रवृद्धि ब्याज कितना होगा?

(a) ₹ 2614.60 (b) ₹ 2641.60
(c) ₹ 2611.20 (d) ₹ 2624.20

2. एक समकोण समद्विबाहु त्रिभुज की भुजा 8 सेमी. है। भुजा का कर्ण पर प्रक्षेप होगा–

(a) 8 सेमी. (b) $8\sqrt{2}$ सेमी.
(c) $4\sqrt{2}$ सेमी. (d) इनमें से कोई नहीं

3. यदि $x \sin 60^\circ \tan 30^\circ = \dfrac{\sin 45^\circ \cot 45^\circ}{\cos 30^\circ \operatorname{cosec} 60^\circ}$ तब x का मान है–

(a) 2 (b) $\dfrac{1}{2}$
(c) $\sqrt{2}$ (d) $\dfrac{1}{\sqrt{2}}$

4. बिन्दु P का बिन्दुपथ जोकि इस प्रकार गति करता है कि 2PA = 2PB, जहाँ A(0, 0) तथा B(4, –3) है :

(a) $5x^2 - 5y^2 - 72x + 54y + 225 = 0$
(b) $5x^2 - 5y^2 + 72x + 54y + 225 = 0$
(c) $5x^2 + 5y^2 + 72x + 54y + 225 = 0$
(d) $5x^2 + 5y^2 - 72x + 54y + 225 = 0$

5. यदि $a + b + c = 0$, तब समीकरण $\begin{vmatrix} a-x & c & b \\ c & b-x & a \\ b & a & c-x \end{vmatrix} = 0$ का हल है–

(a) 0
(b) $\pm\dfrac{3}{2}(a^2 + b^2 + c^2)$
(c) $0, \pm\sqrt{\dfrac{3}{2}(a^2 + b^2 + c^2)}$
(d) $0, \pm\sqrt{a^2 + b^2 + c^2}$

6. यदि a, b, c एक धनात्मक पूर्णांक है, तब सारणिक–

$$\Delta = \begin{vmatrix} a^2 + x & ab & ac \\ ab & b^2 + x & bc \\ ac & bc & c^2 + x \end{vmatrix}$$ विभाजित होगा

(a) x^3 (b) x^2
(c) $(a^2 + b^2 + c^2)$ (d) इनमें से कोई नहीं

7. यदि x, y, z शून्य से भिन्न हो तथा $\Delta = \begin{vmatrix} a & b-y & c-z \\ a-x & b & c-z \\ a-x & b-y & c \end{vmatrix} = 0$, तब व्यंजक $\dfrac{a}{x} + \dfrac{b}{y} + \dfrac{c}{z}$ का मान है–

(a) 0 (b) –1
(c) 1 (d) 2

8. परीक्षा में सम्मिलित होने वाले छात्रों के लिए तीन विषयों में से प्रत्येक में उत्तीर्ण होना आवश्यक था। फिर भी 25% छात्र पेपर I में, 30% छात्र पेपर II में तथा 40% छात्र पेपर III में, 10% छात्र पेपर I व III में, 15% छात्र I और II में, 15% छात्र II व III में तथा 5% छात्र तीनों विषयों में अनुत्तीर्ण हुए। यदि परीक्षा में 300 छात्र सम्मिलित हुए हों, तो कितने छात्र उत्तीर्ण हो पाए?

(a) 120 (b) 60
(c) 75 (d) 105

9. यदि $y = \sin^{-1}\left(\dfrac{1-x^2}{1+x^2}\right), 0 < x < 1$, तब $\dfrac{dy}{dx}$ का मान है

(a) $\dfrac{-1}{1+x^2}$ (b) $\dfrac{-2}{1+x^2}$
(c) $\dfrac{1}{1+x^2}$ (d) $\dfrac{2}{1+x^2}$

10. यदि $y = \cos^{-1}\left(\dfrac{2x}{1+x^2}\right), -1 < x < 1$, तब $\dfrac{dy}{dx}$ का मान है

(a) $\dfrac{-1}{1+x^2}$ (b) $\dfrac{1}{1+x^2}$
(c) $\dfrac{-2}{1+x^2}$ (d) $\dfrac{2}{1+x^2}$

11. 25 ग्राम द्रव्यमान के पिण्ड पर 100 डाइन का बल 3 सेकण्ड तक कार्य करने के बाद कार्य करना बन्द कर देता है, यदि पहले पिण्ड विराम में रहा हो, तो वह 4 सेकण्ड में कितनी दूरी चलेगा–

(a) 30 सेमी (b) 45 सेमी
(c) 60 सेमी (d) 12 सेमी

12. एक बन्दूक की नली 50 सेन्टीमीटर काट दी जाय, तो 49 किलोग्राम की एक गोली 441 मीटर/सेकण्ड के स्थान पर 361 मीटर/सेकण्ड के वेग से नली से निकलती है, गोली पर गैस का दबाव लगभग होगा–

(a) 317.6 मीट्रिक टन-भार (b) 318.4 मीट्रिक टन-भार
(c) 319.3 मीट्रिक टन-भार (d) 320.8 मीट्रिक टन-भार

13. 3 ग्राम द्रव्यमान का कोई पिण्ड गुरुत्वाकर्षण के अधीन 109 डेसीमीटर/सेकण्ड के वेग से गिर रहा है, वह अचर बल क्या होगा जो उसे 2 मीटर चलने पर रोक देगा–

(a) $\frac{145}{12}$ ग्राम-भार (b) $\frac{145}{7}$ ग्राम-भार
(c) 10.37 ग्राम-भार (d) 11.29 ग्राम-भार

14. माना $a, b,$ व c तीन असमतलीय सदिश हैं तथा p, q व r निम्न सम्बन्धों द्वारा परिभाषित हैं–

$p = \frac{b \times c}{[a\,b\,c]}, q = \frac{c \times a}{[a\,b\,c]}$ तथा $r = \frac{a \times b}{[a\,b\,c]}$ तब व्यंजक $(a + b) \cdot p + (b + c) \cdot q + (c + a) \cdot r$ का मान है–

(a) 0 (b) 1
(c) 2 (d) 3

15. बिन्दु M (– 2, 4, – 6) के सापेक्ष बल आघूर्ण सदिश AB द्वारा परिमाण तथा स्थिति में निरूपित किया जाता है जहाँ बिन्दु A तथा B के निर्देशांक क्रमशः (1, 2, – 3) तथा (3, – 4, 2) हैं–

(a) $8\hat{i} - 9\hat{j} - 14\hat{k}$ (b) $2\hat{i} - 6\hat{j} + 5\hat{k}$
(c) $-3\hat{i} + 2\hat{j} - 3\hat{k}$ (d) $-5\hat{i} - 8\hat{j} - 8\hat{k}$

16. यदि $x \cdot a = x \cdot b = x \cdot c = 0$, जहाँ, x अशून्य सदिश है तो $[a \times b, b \times c, c \times a]$ का मान है–

(a) $[x\,a\,b]^2$ (b) $[x\,b\,c]^2$
(c) $[x\,c\,a]^2$ (d) 0

17. वक्रों $\frac{x^2}{a^2} - \frac{y^2}{b^2} = 1$ तथा $xy = c^2$ के लम्बकोणीय प्रतिच्छेदन के लिए प्रतिबन्ध ज्ञात कीजिए।

(a) $a^2 + b^2 = 0$ (b) $a^2 - b^2 = 0$
(c) $a = b$ (d) इनमें से कोई नहीं

18. सिद्ध कीजिए कि $y = \log(1 + x) - \frac{2x}{2 + x}, x > -1$, अपने सम्पूर्ण प्रान्त में एक वृद्धिमान फलन है।

(a) $x > -1$ (b) $x > 1$
(c) $x < 0$ (d) $x > 0$

19. इस तालिका में से परास ज्ञात करें–

8, 6, 10, 12, 1, 3, 4, 4

(a) 8 (b) 9
(c) 10 (d) 11

किसी अस्पताल में एक दिन 260 रोगियों की आयु निम्नांकित थी-

आयु (वर्षों में)	10-20	20-30	30-40	40-50	योग
रोगियों की सं.	90	60	80	30	260

20. वर्ग-अंतराल 30-40 की निम्न सीमा है-

(a) 30 (b) 40
(c) 35 (d) 45

21. 8 मजदूरों की आय : 30, 36, 34, 40, 42, 46, 54, 62, है, तो इनका समांतर माध्य होगा-

(a) 40 (b) 43
(c) 47 (d) 50

22. $\sqrt[3]{2^4\sqrt{2^{-5}\sqrt{2^6}}}$ बराबर है–

(a) 2 (b) 3
(c) 4 (d) 5

23. एक एकसमान छड़ का ऊपरी सिरा एक कब्जे में लगा हुआ है और उसका दूसरा सिरा एक डोरी से बँधा हुआ है, जो उसी क्षैतिज समतल में जिसमें कब्जा है, एक स्थिर बिन्दु से बँधी हुई है, डोरी की लम्बाई स्थिर बिन्दु और कब्जे के बीच की दूरी के बराबर है, यदि डोरी का तनाव छड़ के भार के बराबर है, तो छड़ क्षैतिज से कोण बनाता है–

(a) $\tan^{-1}\left(\frac{1}{2}\right)$ (b) $\tan^{-1}\left(\frac{1}{3}\right)$
(c) $\tan^{-1}\left(\frac{1}{5}\right)$ (d) $\tan^{-1}\left(\frac{1}{\sqrt{5}}\right)$

24. 3 मीटर ऊँचा और 4 मीटर चौड़ा एक फाटक 50 किलोग्राम भार का है, ऊपर और नीचे से 50 सेमी की दूरी पर स्थित दो कब्जों पर यह टिका है, नीचे वाला कब्जा केवल क्षैतिज प्रतिक्रिया कर सकता है, यदि 30 किलोग्राम भार का यह बालक फाटक के किनारे पर बैठा हो, तो दोनों कब्जों पर प्रतिक्रिया होगी–

(a) 100 किलोग्राम भार व $5\sqrt{120}$ किग्रा भार
(b) 110 किलोग्राम भार व $10\sqrt{185}$ किग्रा भार
(c) 112 किलोग्राम भार व $11\sqrt{185}$ किग्रा भार
(d) 115 किलोग्राम भार व $13\sqrt{185}$ किग्रा भार

25. AB एक एकसमान छड़ है जिसकी लम्बाई n सेमी है और भार $(n + 1)$ W है, A से क्रमशः 1,2, 3, ... n सेमी की दूरी पर भार W, 2W, 3W........nW रखे हुए हैं, A से छड़ और भारों के गुरुत्व केन्द्र की दूरी होगी–

(a) $\frac{1}{3}n$ सेमी (b) $\frac{2}{3}n$ सेमी
(c) $\frac{1}{4}n$ सेमी (d) $\frac{1}{32}n$ सेमी

26. किसी वृत्त की दो समान्तर जीवाएँ, जो केन्द्र के एक ही ओर हैं क्रमशः 8 सेमी. व 6 सेमी. लम्बी हैं। यदि उनके बीच की दूरी 1 सेमी. है, तो वृत्त के व्यास की लम्बाई है–

(a) 6 सेमी. (b) 10 सेमी.
(c) 4 सेमी. (d) 4.5 सेमी.

27. निम्न चित्र में, यदि $\angle$ BAP = 80° तथा $\angle$ABC = 30°, तो $\angle$AQC का मान होगा–

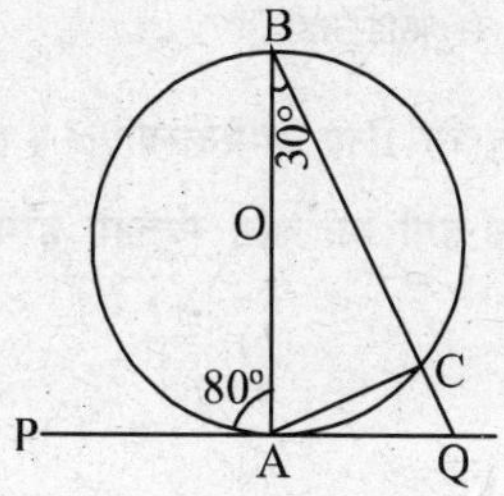

(a) 110° (b) 45°
(c) 80° (d) 50°

28. यदि $\tan^{-1}\dfrac{x+1}{x-1}+\tan^{-1}\dfrac{x-1}{x}=\tan^{-1}(-7)$ हो, तो x का मान क्या होगा?

(a) 1 (b) 3
(c) 2 (d) 4

29. ₹ 450 को *A, B* तथा *C* में इस प्रकार बाँटिए कि *A* : *B* = 2 : 3 हो और *B* : *C* = 6 : 5 हो, तो *C* का हिस्सा होगा–

(a) ₹ 150 (b) ₹ 120
(c) ₹ 90 (d) ₹ 100

30. यदि $A=\begin{bmatrix}0 & -1\\ 1 & 0\end{bmatrix}$ तथा $B=\begin{bmatrix}0 & i\\ 1 & 0\end{bmatrix}$, तब–

(a) $A^2 = I$ (b) $A^2 = -A$
(c) $B^2 = -I$ (d) $B^2 = I$

31. यदि A तथा B, 3 कोटि का वर्ग आव्यूह है, तब–

(a) adj (AB) = adj A + adj B
(b) $(A+B)^{-1} = A^{-1} + B^{-1}$
(c) AB = 0 ⇒ |A| = 0 या |B| = 0
(d) AB = 0 ⇒ |A| = 0 तथा |B| = 0

32. यदि $A+2B=\begin{bmatrix}2 & -4\\ 1 & 6\end{bmatrix}, A'+B'=\begin{bmatrix}1 & 2\\ 0 & 2\end{bmatrix}$ तब A का मान है–

(a) $\begin{bmatrix}0 & 4\\ 3 & -8\end{bmatrix}$ (b) $\begin{bmatrix}1 & -4\\ -1 & 7\end{bmatrix}$

(c) $\begin{bmatrix}0 & -4\\ 3 & 8\end{bmatrix}$ (d) $\begin{bmatrix}1 & 4\\ 1 & -7\end{bmatrix}$

33. यदि *f*, [*a*, *b*] पर एकैकी तथा संतत है, तब–

(a) *f*, दृढ़ एकदिष्ट है (b) *f*, एकादिष्ट है
(c) *f* स्थिरांक है (d) इनमें से कोई नहीं

34. यदि *f*, E ⊂ R पर दृढ़ वृद्धिमान है, तब–

(a) f^{-1} विद्यमान है
(b) f^{-1} विद्यमान नहीं है
(c) $f^{-1}, f(E)$ पर दृढ़ वृद्धिमान है
(d) इनमें से कोई नहीं

35. यदि *f*, [*a*, *b*] पर वृद्धिमान फलन है, तब–

(a) $f(a) \le f(a^+)$ तथा $f(b) \le f(b^+)$
(b) $f(a) \le f(a^+)$ तथा $f(b^-) \le f(b)$
(c) $f(a) \le f(a^-)$ तथा $f(b^+) \le f(b)$
(d) इनमें से कोई नहीं

36. 3 से और अगली दो अभाज्य संख्याओं से विभाज्य लघुत्तम पूर्णांक है–

(a) 15 (b) 21
(c) 60 (d) 105

37. सरल रेखाओं $x + y = 0$ तथा $x - y = 0$ से समदूरस्थ गतिमान बिन्दु का बिन्दुपथ होगा—

(a) $xy = 0$ (b) xy = अचर
(c) $x = 0$ (d) $y = 0$

38. A और B किसी कार्य को क्रमशः 30 व 60 दिन में पूरा कर सकते हैं। यदि वे मिलकर एक साथ कार्य करें, तो कार्य को पूरा होने में कितना समय लगेगा?

(a) 16 दिन (b) 20 दिन
(c) 25 दिन (d) 30 दिन

39. एक मकान से 60 मीटर दूरी पर खड़ा एक प्रेक्षक देखता है कि मकान पर लगे हुए एक झण्डे के सिरे का उन्नयन कोण 60° है तथा झण्डे के पाद का उन्नयन कोण 45° है। झण्डे की ऊँचाई है—

(a) $60(\sqrt{3}+1)$ मीटर (b) $60\sqrt{3}$ मीटर
(c) $60(\sqrt{3}-1)$ मीटर (d) इनमें से कोई नहीं

40. दो संख्याओं का योग 42 है तथा उनका गुणनफल 437 है, तब उन संख्याओं में अन्तर है–

(a) 3 (b) 4
(c) 5 (d) 7

41. *a* के किस मान के लिए फलन $f(x) = a\sin x + \dfrac{1}{3}\sin 3x$ का $x=\dfrac{\pi}{3}$ पर चरम बिन्दु है?

(a) 1 (b) –1
(c) 2 (d) 0

42. परवलय $y^2 = 4x$ की दो स्पर्श रेखाएँ परवलय $x^2 = 4by$ के अभिलम्ब हैं, तब–

(a) $|b| > \frac{1}{2\sqrt{2}}$ (b) $|b| < \frac{1}{2\sqrt{2}}$

(c) $|b| > \frac{1}{\sqrt{2}}$ (d) $|b| < \frac{1}{\sqrt{2}}$

43. परवलय $y^2 = 16x$ की जीवा जिसका मध्य बिन्दु (1, 1) है, का समीकरण है–

(a) $x + y = 2$ (b) $x - y = 0$

(c) $8x + y = 9$ (d) $8x - y = 7$

44. एक समबाहु त्रिभुज की प्रत्येक भुजा $2\sqrt{3}$ सेमी है. उसके बहिर्वृत्तों की त्रिज्याएँ होंगी–

(a) 3 (b) 4

(c) 7 (d) 11

45. यदि किसी त्रिभुज के एक बहिर्वृत्त का व्यास त्रिभुज के परिमाप के बराबर हो, तो त्रिभुज होगा–

(a) समद्विबाहु (b) समबाहु

(c) समकोणिक (d) न्यूनकोणिक

46. यदि m_1, m_2, m_3 .... समान्तर श्रेणी में हो तथा $m_1 + m_5 + m_{10} + m_{15} + m_{24} = 225$ हो, तो $m_1 + m_2 + m_3 + ... + m_{23} + m_{24}$ बराबर है–

(a) 909 (b) 75

(c) 750 (d) 900

47. ABCD एक चक्रीय चतुर्भुज है। वृत्त के बिन्दु A तथा C से स्पर्श रेखाएँ खींची गई हैं जो एक-दूसरे को P पर काटती हैं। यदि $\angle ABC = 100°$ हो, तो $\angle APC$ का मान होगा–

(a) 30° (b) 25°

(c) 45° (d) 20°

48. सुमित 45 किमी/घण्टा की चाल से घर से रिसॉर्ट की ओर चला। उसी रास्ते से वापस आते हुए वह ट्रैफिक में फस गया और उसे 1 घण्टा अधिक लगा एवं वह केवल 40 किमी/घण्टा की चाल से गाड़ी चला सका। उसने प्रत्येक तरफ से कितने किमी गाड़ी चलाई?

(a) 270 किमी (b) 360 किमी

(c) 280 किमी (d) 450 किमी

49. एक विद्यार्थी $2\frac{1}{2}$ किमी/घण्टा की चाल से चलकर स्कूल 6 मिनट देरी से पहुँचता है। अगले दिन अपनी चाल 1 किमी/घण्टा बढ़ा देता है और स्कूल समय से 6 मिनट पहले पहुँच जाता है, तो उसका स्कूल घर से कितनी दूर है?

(a) $\frac{2}{3}$ किमी (b) $\frac{1}{5}$ किमी

(c) $\frac{7}{4}$ किमी (d) $\frac{5}{2}$ किमी

50. $\int \tan^{-1} x\, dx$ का मान है–

(a) $x\tan^{-1} x - \frac{1}{2(1+x^2)^2} + C$

(b) $x\tan^{-1} = \int \tan^{-1} x$

(c) $x\tan^{-1} x + \frac{1}{2}\log(1+x^2) + C$

(d) उपरोक्त में से कोई नहीं

51. β के किस मान के लिए समीकरण $y^2 + (2+\beta)y - \frac{1}{2}(1+\beta) = 0$ के मूलों के वर्गों का योग न्यूनतम होगा–

(a) $\frac{3}{2}$ (b) $\frac{11}{4}$

(c) $\frac{5}{3}$ (d) $\frac{1}{2}$

52. $\int_0^{\pi} xf(\sin x)\,dx$ का मान है–

(a) 0 (b) $\pi\int_0^{\pi/2} f(\sin x)\,dx$

(c) $\frac{\pi}{2}\int_0^{\pi} f(\sin x)dx$ (d) इनमें से कोई नहीं

53. किसी संख्या को 136 से भाग देने पर शेषफल 36 प्राप्त होता है। यदि उसी संख्या को 17 से भाग दिया जाए, तो शेष प्राप्त होगा–

(a) 9 (b) 7

(c) 3 (d) 2

54. किसी दो अंकीय संख्या को दो बार साथ-साथ जैसे–1515, 3737 आदि लिखकर एक 4-अंकीय संख्या बनाई जाती है। इस रूप की कोई संख्या सर्वदा किस संख्या से विभाजित होगी?

(a) 7 (b) 11

(c) 13 (d) 101

55. दीर्घवृत्त $9x^2 + 16y^2 = 180$ के बिन्दु (2, 3) पर अभिलम्ब का समीकरण है–

(a) $3y = 8x - 10$ (b) $3y - 8x + 7 = 0$

(c) $8y + 3x + 7 = 0$ (d) $3x + 2y + 7 = 0$

56. दीर्घवृत्त $4(x-1)^2 + 9(y-2)^2 = 36$ के अभिलम्ब जोकि रेखा $3x - y = 1$ के समान्तर हैं, का समीकरण है–

(a) $3x - y = \sqrt{5}$ (b) $3x - y = \sqrt{5} - 3$

(c) $3x - y = \sqrt{5} + 2$ (d) $3x - y = \sqrt{5}(\sqrt{5}+1)$

57. स्वरों को हमेशा एक साथ रखते हुए 'UNIVERSAL' शब्द के अक्षरों द्वारा बनाए जा सकने संकेतों की संख्या क्या है?

(a) 720 (b) 1440

(c) 17280 (d) 21540

58. $(1+2y+3y^2+4y^3+....)^{\frac{1}{2}}$ के प्रसार में y^4 का गुणांक है–

(a) 4 (b) 16

(c) 1 (d) 8

59. यदि $y = \tan x, y = 0$ और $x = \frac{\pi}{4}$ द्वारा परिबद्ध क्षेत्र कितने हैं?

(a) $\log\sqrt{2}$ वर्ग इकाई (b) $\frac{\log 2}{2}$ वर्ग इकाई

(c) $\sqrt{2}\log 4$ वर्ग इकाई (d) इनमें से कोई नहीं

60. अवकल समीकरण $\left(1+4\frac{dy}{dx}\right)^{2/3} = 4\frac{d^2y}{dx^2}$ की कोटि तथा घात क्रमशः हैं–

(a) $1, \frac{2}{3}$ (b) 3, 2

(c) 2, 3 (d) $2, \frac{2}{3}$

61. $\sqrt{e}$ का मान होगा–

(a) 1.648 (b) 1.547

(c) 1.447 (d) 1.348

62. समतल जो (1, 1, 1) से होकर जाता हो तथा समतलों $2x + 3y + 4z + 3 = 0$ और $x + y + z = 6$ की प्रतिच्छेद रेखा से होकर जाता हो, होगा–

(a) $6x + 7y + 8z + 21 = 0$

(b) $6x + 7y + 8z = 21$

(c) $6x - 7y + 8z + 21 = 0$

(d) $6x - 7y + 8z - 21 = 0$

63. वही समतल जो (2, 4, 6) और (4, 6, 8) को मिलाने वाली रेखा की लम्बार्धक करता है, होगा–

(a) $x + y + z = 15$ (b) $x + y + z + 15 = 0$

(c) $x - y + z + 15$ (d) $x - y - z = 15$

64. 52 ताश की एक गड्डी से दो पत्ते निकाले गए हैं। दोनों हुक्म के पत्ते होने की प्रायिकता है–

(a) $\frac{1}{26}$ (b) $\frac{1}{4}$

(c) $\frac{1}{17}$ (d) $\frac{1}{8}$

65. यदि X, 10 से कम सम संख्याओं का समुच्चय है और Y, 10 से कम विषम संख्याओं का समुच्चय है, तो X तथा Y के सम्बन्ध में अवयवों की संख्या होगी।

(a) 2^{14} (b) 2^{16}

(c) 2^{18} (d) 2^{20}

66. खेल के मैदान में खिलाड़ियों के समूह में से 6 तेलुंगू बोल सकते हैं, 15 हिन्दी बोल सकते हैं तथा 6 अंग्रेजी बोल सकते हैं। कोई भी खिलाड़ी अतिरिक्त भाषा नहीं बोल सकता। दो खिलाड़ी दो भाषाएँ बोल सकते हैं तथा एक खिलाड़ी सभी तीन भाषाएँ बोल सकता है। कुल खिलाड़ी है।

(a) 21 (b) 23

(c) 28 (d) इनमें से कोई नहीं

67. प्रत्येक प्राकृत संख्या n के लिए $n(n + 3)$ सदैव

(a) सम है (b) विषम है

(c) 4 का गुणन है (d) 5 का गुणज है।

68. यदि $f(x) = 3x^2 + 6x - 9$ है, तो

(a) $f(x)$ वर्द्धमान है $(-1, 3)$ में

(b) $f(x)$ ह्रासमान हैं, $(3, -\infty)$ में

(c) $f(x)$ वर्द्धमान है, $(-\infty, -1)$ में

(d) $f(x)$ ह्रासमान है, $(-\infty, -1)$ में

69. वक्र $f(x) = 1 - \frac{x^2}{4}, x \in [-2, 2]$ और x-अक्ष के द्वारा परिबद्ध, क्षेत्र का क्षेत्रफल क्या है?

(a) 8/3 वर्ग इकाई (b) 4/3 वर्ग इकाई

(c) 2/3 वर्ग इकाई (d) 1/3 वर्ग इकाई

70. यदि $f(x)$ एक सम फलन है तो $\int_0^{\pi} f(\cos x)dx$ किसके बराबर है?

(a) 0 (b) $\int_0^{\pi/2} f(\cos x)dx$

(c) $2\int_0^{\pi/2} f(\cos x)dx$ (d) 1

71. $\int \sin^{-1}(\cos x)dx$ का मान क्या है?
जहां K एक समाकलन अचर है।

(a) $\frac{x\pi}{2} - \frac{x^2}{2} + k$ (b) $\frac{\pi}{2} + \frac{x^2}{2} + k$

(c) $-\frac{x\pi}{2} - \frac{x^2}{2} + k$ (d) $\frac{\pi}{2} - \frac{x^2}{2} + k$

72. Δ ABC में, यदि C = 30° और $\frac{a}{b} = \frac{2}{\sqrt{3}}$ हो, तो कोण A और B के मान क्रमशः है।

(a) 90°, 60° (b) 60°, 90°

(c) 45°, 75° (d) 30°, 120°

73. दी गई अवकल समीकरण $x^4\frac{dy}{dx} + x^3y + \operatorname{cosec}(xy) = 0$ का हल है–

(a) $2\cos(xy) + x^{-2} = C$ (b) $2\cos(xy) + y^{-2} = C$

(c) $2\sin(xy) + x^{-2} = C$ (d) $2\sin(xy) + y^{-2} = C$

74. परवलय $y^2 = 4x + 5$ की उस स्पर्श रेखा का समीकरण, जो रेखा $y = 2x + 7$ के समान्तर है, हैं–

(a) $y = 2x + 1$ (b) $y = 2x + 3$

(c) $y = 2x + 5$ (d) इनमें से कोई नहीं

75. रेखाएँ $4x + 4y = 1$, $8x - 3y = 3$ तथा $y = 0$ है।

(a) समद्विबाहु त्रिभुज की भुजाएँ

(b) समान्तर

(c) संगामी

(d) समबाहु त्रिभुज की भुजाएँ

76. यदि $\log_7 2 = m$ हो, तो $\log_{49} 28$ बराबर है–

(a) $2(1+2m)$ (b) $\frac{1+2m}{2}$

(c) $\frac{2}{1+2m}$ (d) $1+m$

77. बिन्दु $\left(5, -\frac{1}{2}\right)$, वृत्त $(x-2)^2 + y^2 = 4$ के सापेक्ष ध्रुवीय होगा, यदि

(a) $5x - 10y + 2 = 0$ (b) $6x - y - 20 = 0$

(c) $10x - y - 10 = 0$ (d) $x - 10y - 2 = 0$

78. $2^n. 1. 3. 5. 7. ...(2n-1)$ का मान है?

(a) $(2n!)$ (b) $\frac{(2n!)}{n!}$

(c) $\frac{(2n!)}{(n!)^2}$ (d) इनमें से कोई नहीं

79. यदि $\log_{10}2$, $\log_{10}(2^x - 1)$ और $\log_{10}(2^x + 3)$ लगातार आने वाले AP के पद हों, तो

(a) $x = 0$ (b) $x = 1$

(c) $x = \log_2 5$ (d) $x = \log_{10} 2$

80. $(x + iy)^{1/3} = a + ib$, तब $\frac{x}{a} + \frac{y}{b}$ बराबर है।

(a) 0 (b) 1

(c) –1 (d) इनमें से कोई नहीं

81. a का वह मान जिसके लिए $(a \geq 3)$ समीकरण $x^2 - (a-2)x + (a-3) = 0$ के मूलों के घनों का योग न्यूनतम होगा, है–

(a) 3 (b) 4

(c) 5 (d) इनमें से कोई नहीं

82. यदि $A = \begin{bmatrix} 1 & 2 \\ 5 & 6 \end{bmatrix}$, $B = \begin{bmatrix} 3 & 5 \\ x & -4 \end{bmatrix}$ और $A + B = \begin{bmatrix} 4 & 7 \\ 6 & 2 \end{bmatrix}$, तो x का मान है–

(a) 6 (b) 1

(c) 0 (d) –1

83. किस अन्तराल में x के सभी मानों के लिए सूत्र $\sin^{-1}\{2x(1-x^2)\} = 2\sin^{-1} x$ सही है?

(a) $[-1, 1]$ (b) $[0, 1]$

(c) $[-1, 0]$ (d) $-\frac{1}{\sqrt{2}}$

84. श्रेणी $1 + \frac{3}{4} + \frac{3.5}{4.8} + \frac{3.5.7}{4.8.12} + ...$ का योग है–

(a) $\sqrt{\frac{8}{21}}$ (b) $\frac{1}{\sqrt{8}}$

(c) $\sqrt{8}$ (d) इनमें से कोई नहीं

85. $\frac{2}{1!} + \frac{4}{3!} + \frac{6}{5!} + \frac{8}{7!} + ...\infty$ का मान है–

(a) $\frac{1}{e}$ (b) e

(c) $2e$ (d) $3e$

86. माना $\bar{x}, n$ प्रेक्षणों $x_1, x_2, ..., x_n$ का माध्य है। यदि प्रत्येक प्रेक्षण में $(a-b)$ जोड़ें, तो नये प्रेक्षण समुच्चय का माध्य क्या है?

(a) शून्य (b) $\bar{x}$

(c) $\bar{x} - (a-b)$ (d) $\bar{x} + (a-b)$

87. $\lim_{x \to 1} \frac{(x-1)^2}{|x-1|}$ का मान क्या है ?

(a) 0 (b) 1

(c) –1 (d) सीमा का अस्तित्व नहीं है

88. $\lim_{x \to \infty} \frac{\sqrt{n}}{\sqrt{n} + \sqrt{n+1}}$ का मान है ?

(a) 1 (b) 1/2

(c) 0 (d) ∞

89. यदि $\cot\theta = 2\cos\theta$, जहाँ $\frac{\pi}{2} < \theta < \pi$, तो θ का मान क्या है?

(a) $\frac{5\pi}{6}$ (b) $\frac{2\pi}{3}$

(c) $\frac{3\pi}{4}$ (d) $\frac{11\pi}{12}$

90. $3x^{11} \cot x$ का अवकल गुणांक होगा

(a) $33x^{10} \cot x - 3x^{11} \operatorname{cosec}^2 x$

(b) $33x^{11} \cot x - x^{10} \operatorname{cosec}^2 x$

(c) $-33x^{10} \cot x + 3x^{11} \operatorname{cosec}^2 x$

(d) $-33x^{11} \cot x - 3x^{10} \operatorname{cosec}^2 x$

91. यदि X और Y ऐसे दो समुच्चय हो कि X के 40, $X \cup Y$ के 60 तथा $X \cap Y$ के 10 अवयव हों, तो Y के अवयवों की संख्या होगी।

(a) 40 (b) 30

(c) 25 (d) 35

92. यदि $P(n) : 2 + 4 + 6 + ... + (2n), n \in N$,

तब $P(k) = k(k+1) + 2$

$\Rightarrow$ $P(k+1) = (k+1)(k+2) + 2, \forall k \in N$ के लिए सत्य है

इसलिए कथन $P(n) = n(n+1) + 2$ सत्य है

(a) $n \geq 1$ के लिए (b) $n \geq 2$ के लिए

(c) $n \geq 3$ के लिए (d) इनमें से कोई नहीं

93. फलन $\log x - x$ का अधिकतम मान क्या है?

(a) – 1 (b) 0

(c) 1 (d) ∞

94. यदि $y = \tan^{-1}\dfrac{x}{a}$ हो, तो $\dfrac{dy}{dx}$ बराबर है :

(a) $\dfrac{1}{x^2+a^2}$ (b) $\dfrac{a}{a^2+x^2}$

(c) (x^2+a^2) (d) (x^2-a^2)

95. $\int \tan^{-1}\sqrt{\dfrac{1-\cos 2x}{1+\cos 2x}}dx$ का मान है।

(a) $2x^2 + C$ (b) $x^2 + C$

(c) $\dfrac{x^2}{2} + C$ (d) $2x + C$

96. यदि Δ ABC में, $a : b : c = 15 : 7 : 13$, तो c बराबर है।

(a) 45º (b) 30º

(c) 60º (d) 120º

97. ABCD एक वर्ग है जिसका क्षेत्रफल 1 वर्गमीटर है। P तथा Q क्रमशः AB तथा BC के मध्य बिन्दु हैं। त्रिभुज PD का क्षेत्रफल कितना है?

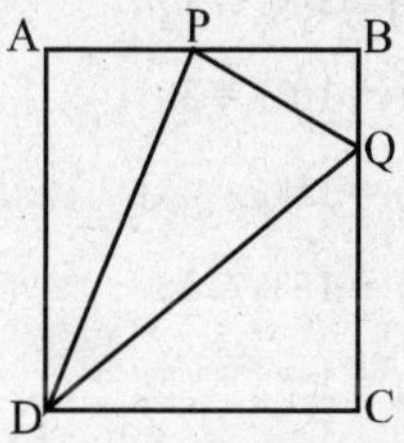

(a) $\dfrac{1}{3}$ (b) $\dfrac{1}{16}$

(c) $\dfrac{3}{8}$ (d) $\dfrac{5}{8}$

98. एक कमरा 5 मी. × 5 मी. का चौरस है। इस कमरे का फर्श बनाने के लिए 20 सेमी. × 20 सेमी. की कितनी टाइल्स लगेंगी?

(a) 625 (b) 6250

(c) 1250 (d) 1600

99. ΔABC एक समकोण त्रिभुज है, जिसमें $AB = 5$ तथा $BC = 12$ है। यदि $X = ACED$ चौकोर का क्षेत्र और $Y = BCGF$ चौकोर का क्षेत्र + $HABI$ चौकोर का क्षेत्र तब–

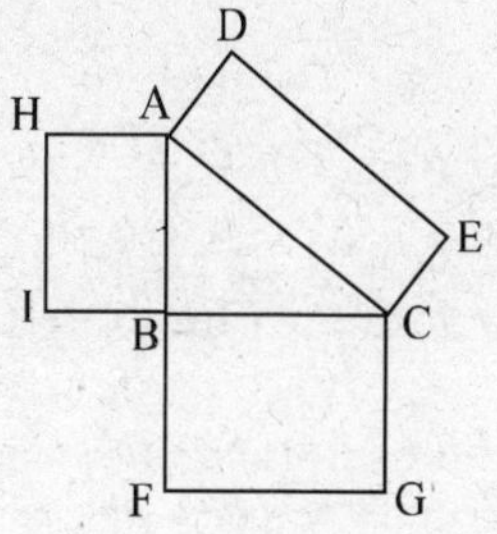

(a) $X > Y$ (b) $X < Y$

(c) $X = Y$ (d) इनमें से कोई नहीं

100. यदि एक ध्वजदंड अपने पाद स्थल से गुजरते समतल पर स्थित चार बिन्दु स्थलों A, B, C और D पर एक ही कोण बनाता है, तो A, B, C और D बनाते हैं एक–

(a) आयत

(b) चक्रीय चतुर्भुज

(c) वर्ग

(d) समचतुर्भुज

उत्तर (हल/संकेत)

1. (c) मूलधन $= \dfrac{\text{साधारण ब्याज} \times 100}{\text{दर} \times \text{समय}}$

$= \left(\dfrac{14400 \times 100}{4 \times 2}\right) = ₹\ 32000$

∴ चक्रवृद्धि ब्याज $= 32000\left[\left(1+\dfrac{4}{100}\right)^2 - 1\right]$

$= 32000\left[\dfrac{(26)^2-(25)^2}{(25)^2}\right]$

$= \left(\dfrac{32000 \times 51}{625}\right) = ₹\ 2611.20$

2. (c) समद्विबाहु समकोण त्रिभुज का कर्ण $= 8\sqrt{2}$ सेमी.

समकोण वाले शीर्ष से कर्ण पर डाला गया लम्ब कर्ण को समद्विभाजित करेगा। (∴ त्रिभुज समद्विबाहु है)

∴ प्रक्षेप $= \dfrac{\text{कर्ण}}{2} = \dfrac{8\sqrt{2}}{2} = 4\sqrt{2}$ सेमी.

3. (c) $\therefore x \sin 60^\circ \tan 30^\circ = \dfrac{\sin 45^\circ \cot 45^\circ}{\cos 30^\circ \operatorname{cosec} 60^\circ}$

$\therefore \quad x \times \dfrac{\sqrt{3}}{2} \times \dfrac{1}{\sqrt{3}} = \dfrac{1}{\sqrt{2}} \times 1 = \dfrac{\sqrt{3}}{2} \times \dfrac{2}{\sqrt{3}}$

या, $\dfrac{x}{2} = \dfrac{1}{\sqrt{2}}$

$\therefore x = \dfrac{2}{\sqrt{2}} = \sqrt{2}$

4. (d) माना $P(h, k)$ अभीष्ट बिन्दु है, तब

$4PA^2 = 9PB^2$

$\Rightarrow \quad 4(h^2+k^2) = 9(h-4)^2 + 9(k+3)^2$

$\Rightarrow \quad 4h^2 + 4k^2 = 9(h^2+16-8h) + 9(k^2+9+6k)$

$\Rightarrow \quad 5h^2 + 5k^2 - 72h + 54k + 225 = 0$

∴ P के बिन्दुपथ का समीकरण निम्न है,

$5x^2 + 5y^2 - 72x + 54y + 225 = 0$

5. (c) दिया है, $\begin{vmatrix} a-x & c & b \\ c & b-x & a \\ b & a & c-x \end{vmatrix} = 0$

संक्रिया $R_1 \to R_1 + R_2 + R_3$) लगाने पर,

$$(a+b+c-x)\begin{vmatrix} 1 & 1 & 1 \\ c & b-x & a \\ b & a & c-x \end{vmatrix} = 0$$

$$\Rightarrow (a+b+c-x)\begin{vmatrix} 1 & 0 & 0 \\ c & b-x-c & a-c \\ b & a-b & c-x-b \end{vmatrix} = 0$$

$\Rightarrow (a+b+c-x)[1(b-x-c)(c-x-b) - (a-c)(a-b)] = 0$

$\Rightarrow (a+b+c-x)[bc-xb-b^2-xc+x^2+bx - c^2+cx+bc-(a^2-ab-ac+bc)] = 0$

$\Rightarrow (a+b+c-x)$
$[x^2-a^2-b^2-c^2+ab+bc+ca] = 0$

$\Rightarrow x = a+b+c$

या $x^2 = a^2+b^2+c^2+ab+bc+ca]$

$\Rightarrow \quad x = 0$

या $x^2 = a^2+b^2+c^2 + \frac{1}{2}(a^2+b^2+c^2)$

$\Rightarrow x = 0$ या $x = \pm\sqrt{\frac{3}{2}(a^2+b^2+c^2)}$

6. (d) दिया है,

$$\Delta = abc\begin{vmatrix} a^3+ax & a^2b & a^2c \\ ab^2 & b^3+bx & b^2c \\ c^2a & c^2b & c^3+xc \end{vmatrix}$$

प्रथम, द्वितीय एवं तृतीय स्तम्भ से a, b, c बाहर निकालने पर

$$\Delta = \begin{vmatrix} a^2+x & a^2 & a^2 \\ b^2 & b^2+x & b^2 \\ c^2 & c^2 & c^2+x \end{vmatrix}$$

संक्रिया $R_1 \to R_1 + R_2 + R_3$ लगाने पर,

$$= (a^2+b^2+c^2+x)\begin{vmatrix} 1 & 1 & 1 \\ b^2 & b^2+x & b^2 \\ c^2 & c^2 & c^2+x \end{vmatrix}$$

संक्रिया $C_2 \to C_2 - C_1, C_3 \to C_3 - C_1$ लगाने पर,

$$= (a^2+b^2+c^2+x)\begin{vmatrix} 1 & 1 & 0 \\ b^2 & x & 0 \\ c^2 & 0 & x \end{vmatrix}$$

$= x(x-b^2)(a^2+b^2+c^2+x)$

अत: इनमें से कोई सही उत्तर नहीं है।

7. (d) $\begin{vmatrix} a & b-y & c-z \\ a-x & b & c-z \\ a-x & b-y & c \end{vmatrix} = 0$

संक्रिया $R_2 \to R_2 - R_1$ तथा $R_3 \to R_3 - R_2$ लगाने पर,

$$\begin{vmatrix} a & b-y & c-z \\ -x & y & 0 \\ 0 & -y & z \end{vmatrix} = 0$$

$\Rightarrow \quad a(yz) + x(bz - yz + cy - yz) = 0$

$\Rightarrow \quad ayz + bzx + cyx = 2xyz$

$\Rightarrow \quad \frac{a}{x} + \frac{b}{y} + \frac{c}{z} = 2$

8. (a) दिया है, $n(\text{I}) = 25\% = 300 \times \frac{25}{100} = 75$

$n(\text{II}) = 30\% = 90$

$n(\text{III}) = 40\% = 120$

$n(\text{I} \cap \text{III}) = 10\% = 30$

$n(\text{I} \cap \text{II}) = 15\% = 45$

$n(\text{II} \cap \text{III}) = 15\% = 45$

$n(\text{I} \cap \text{II} \cap \text{III}) = 15\% = 15$

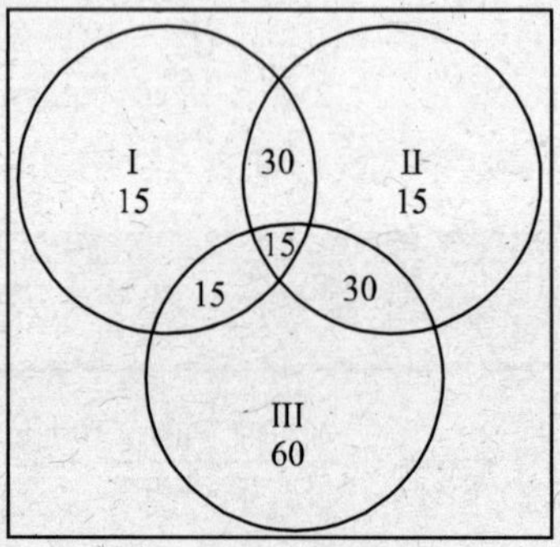

$\therefore$ कुल अनुत्तीर्ण छात्र $n(\text{I} \cup \text{II} \cup \text{III})$

$= n(\text{I}) + n(\text{II}) + n(\text{III}) - n(\text{I} \cap \text{II})$
$- n(\text{II} \cap \text{III}) - n(\text{III} \cap \text{I}) + n(\text{I} \cap \text{II} \cap \text{III})$

$= 75 + 90 + 120 - 30 - 45 - 45 + 15 = 180$

अत: उत्तीर्ण छात्र $= 300 - 180 = 120$

9. (b) $x = \tan\theta$ प्रतिस्थापित करने पर,

$\tan^{-1} x = \theta$

$\therefore y = \sin^{-1}\left(\frac{1-\tan^2\theta}{1+\tan^2\theta}\right) = \sin^{-1}(\cos 2\theta)$

$\Rightarrow y = \sin^{-1}\left[\sin\left(\frac{\pi}{2} - 2\theta\right)\right] \quad \left(\because \cos 2\theta = \frac{1-\tan^2\theta}{1+\tan^2\theta}\right)$

$$\Rightarrow y = \frac{\pi}{2} - 2\theta \left[\because \cos 2\theta = \sin\left(\frac{\pi}{2} - 2\theta\right)\right]$$

$$\Rightarrow y = \frac{\pi}{2} - 2\tan^{-1} x$$

दोनों पक्षों का x के सापेक्ष अवकलन करने पर,

$$\frac{dy}{dx} = \frac{d}{dx}\left(\frac{\pi}{2}\right) - 2\frac{d}{dx}(\tan^{-1} x)$$

$$\frac{dy}{dx} = 0 - \frac{2}{1+x^2}$$

$$\Rightarrow \frac{dy}{dx} = \frac{-2}{1+x^2} \qquad \left[\because \frac{d}{dx}(\tan^{-1} x) = \frac{1}{1+x^2}\right]$$

10. (c) $x = \tan\theta$ प्रतिस्थापन करने पर,

$$\theta = \tan^{-1} x$$

$$y = \cos^{-1}\left(\frac{2\tan\theta}{1+\tan^2\theta}\right)$$

$$\Rightarrow y = \cos^{-1}(\sin 2\theta) \qquad \left(\because \sin 2\theta = \frac{2\tan\theta}{1+\tan^2\theta}\right)$$

$$\Rightarrow y = \cos^{-1}\left[\cos\left(\frac{\pi}{2} - 2\theta\right)\right]$$

$$\left\{\because \sin 2\theta = \cos\left(\frac{\pi}{2} - 2\theta\right)\right\}$$

$$\Rightarrow y = \frac{\pi}{2} - 2\tan^{-1} x$$

$$\Rightarrow y = \frac{\pi}{2} - 2\tan^{-1} x \qquad (\because \theta = \tan^{-1} x)$$

दोनों पक्षों का x के सापेक्ष अवकलन करने पर,

$$\frac{dy}{dx} = 0 - \frac{2}{1+x^2}$$

$$\Rightarrow \frac{dy}{dx} = \frac{-2}{1+x^2} \qquad \left[\because \frac{d}{dx}(\tan^{-1} x) = \frac{1}{1+x^2}\right]$$

11. (a) माना बिन्दु O से, विराम से, त्वरण f के अधीन चलकर पिण्ड 3 सेकण्ड में बिन्दु A पर पहुँच जाता है और v सेमी/सेकण्ड का वेग प्राप्त कर लेता है।

यहाँ P = 100 डाइन, m = 25 ग्राम, $f = f$

$\therefore$ P = mg से

100 = 25 f

$\therefore$ f = 4 सेमी/सकण्ड^2

O से A तक पिण्ड की गति के लिए–

$u = 0$, $v = V$, f = 4 सेमी/से^{2}, t = 3 सेकण्ड

$\because$ $v = u + ft$ से,

V = 0 + 4 × 3

या, V = 12 सेमी/सेकण्ड

और $s = ut + \frac{1}{2}ft^2$ से,

$$OA = 0 + \frac{1}{2} \times 4 \times 9$$

= 18 सेमी

अब बिन्दु O से गति आरम्भ करने के 3 सेकण्ड बाद, अर्थात् बिन्द A पर बल कार्य करना बन्द कर देता है, अतएव A से आगे पिण्ड अपने वेग 12 सेमी/सेकण्ड से गति करेगा।

माना 1 सेकण्ड में पिण्ड A से B तक पहुँच जाता है, तो

AB = वेग × समय

= 12 × 1 = 12 सेमी

$\therefore$ 4 सेकण्ड में पिण्ड द्वारा चली दूरी

= OA + AB

= 18 + 12 = 30 सेमी

12. (d) गोली के गति के लिए u = 361 मी/से,

v = 441 मी/से, $s = \frac{1}{2}$ मीटर, $f = f$

$v^2 = u^2 + 2fs$ से,

$$(441)^2 = (361)^2 + 2f \times \frac{1}{2}$$

$$\Rightarrow f = (441)^2 - (361)^2$$

= 80 × 802 मी/से^{2}

माना गोली पर गैस का अभीष्ट दबाव F मीट्रिक टन-भार है।

$\therefore$ P = mf से,

F × 1000 × 9.8 = 49 × 80 × 802

$$\Rightarrow F = \frac{49 \times 80 \times 802}{98 \times 100}$$

= 320.8 मीट्रिक टन-भार

13. (a) $v^2 = u^2 + 2fs$ से,

$$0 = (1090)^2 - 2 \times f \times 200$$

$$\therefore f = \frac{109 \times 109}{4} \text{ सेमी/सेकण्ड}^2$$

पिण्ड को रोकने वाला परिणामी बल = (F−3)g डाइन

$\therefore$ P = mf से,

$$(F - 3)g = \frac{3 \times 109 \times 109}{4}$$

$$\Rightarrow F - 3 = \frac{3 \times 109 \times 109}{4 \times 481} = \frac{109}{12}$$

$$\therefore F = \frac{109}{12} + 3 = \frac{145}{12} \text{ ग्राम भार}$$

14. (d) $p = \dfrac{b\times c}{[a\,b\,c]}, q = \dfrac{c\times a}{[a\,b\,c]}$ तथा $r = \dfrac{a\times b}{[a\,b\,c]}$

$\therefore$ $a.p = \dfrac{a.b\times c}{[a\,b\,c]} = \dfrac{a.(b\times c)}{[a\,b\,c]} = 1$

तथा $a.q = a.\dfrac{c\times a}{[a\,b\,c]} = \dfrac{a.(c\times a)}{[a\,b\,c]} = 0$

इसी प्रकार, $b.q = c.r = 1$

तथा $a.r = b.p = c.q = c.p = b.r = 0$

$\therefore$ $(a+b).p + (b+c).q + (c+a).r$

$a.p + b.p + b.q + c.q + c.r + a.r$

$= 1 + 1 + 1 = 3$

15. (a) बल $F = AB = (3-1)\hat{i} + (-4-2)\hat{j} + (2+3)\hat{k}$

$= 2\hat{i} - 6\hat{j} + 5\hat{k}$

M के सापेक्ष बल F का आघूर्ण = MA × F

$\therefore$ $MA = (1+2)\hat{i}\,(2-4)\hat{j} + (-3+6)\hat{k}$

$= 3\hat{i} - 2\hat{j} + 3\hat{k}$

अब, $MA \times F = \begin{vmatrix} \hat{i} & \hat{j} & \hat{k} \\ 3 & -2 & 3 \\ 2 & -6 & 5 \end{vmatrix}$

$= \hat{i}(-10+18) + \hat{j}(6-15) + \hat{k}(-18+4)$

$= 8\hat{i} - 9\hat{j} - 14\hat{k}$

16. (d) $\because x.a = x.b = x.c = 0$

अशून्य सदिश x के लिए,

$[a\,b\,c] = 0$ (तीन सदिश a, b, c एक समतलीय है)

तथा $[a\times c \;\; b\times c \;\; c\times a] = [a\,b\,c]^2 = 0$

17. (b) माना वक्र (x_1, y_1) पर प्रतिच्छेद करते हैं।

$$\therefore \quad \frac{x^2}{a^2} - \frac{y^2}{b^2} = 1$$

$$\Rightarrow \quad \frac{2x}{a^2} - \frac{2y}{b^2}\frac{dy}{dx} = 0 \Rightarrow \frac{dy}{dx} = \frac{b^2x}{a^2y}$$

$\Rightarrow$ प्रतिच्छेदन बिन्दु पर स्पर्श रेखा की प्रवणता

$$(m_1) = \frac{b^2x_1}{a^2y_1}$$

पुन: $xy = c^2 \Rightarrow x\dfrac{dy}{dx} + y = 0$

$$\Rightarrow \quad \frac{dy}{dx} = \frac{-y}{x} \Rightarrow m_2 = \frac{-y_1}{x_1}$$

लम्बकोणीय प्रतिच्छेन के लिए,

$$m_1 \times m_2 = -1$$

$$\Rightarrow \quad \frac{b^2}{a^2} = 1 \text{ या } a^2 - b^2 = 0$$

18. (a) यदि सम्पूर्ण प्रान्त $y' > 0$ हो, तो y अपने सम्पूर्ण प्रान्त में एक वर्द्धमान फलन है।

दिया है; $y = \log(1+x) - \dfrac{2x}{(2+x)}$

अवकलन करने पर,

$$\frac{dy}{dx} = \frac{dy}{dx}\left[\log(1+x) - \frac{2x}{2+x}\right]$$

$$= \frac{1}{1+x} - \frac{(2+x)\frac{d}{dx}(2x) - 2x\frac{d}{dx}(2+x)}{(2+x)^2}$$

$$= \frac{1}{1+x} - \frac{4+2x-2x}{(2+x)^2} = \frac{1}{1+x} - \frac{4}{(2+x)^2}$$

$$= \frac{(2+x)^2 - 4(1+x)}{(1+x)(2+x)^2}$$

$$= \frac{4+x^2+4x-4-4x}{(1+x)(2+x)^2} = \frac{x^2}{(1+x)(2+x)^2}$$

जब $x \in (-1, \infty)$, तब $\dfrac{x^2}{(2+x)^2} > 0$ और

$(1+x) > 0$

$\therefore$ $y' > 0$ जब $x > -1$

अत: y अपने सम्पूर्ण $(x-1)$ प्रान्त में एक वृद्धिमान फलन है।

19. (d) $H = 12, L = 1$

$\therefore$ $R = H - L$

$= 12 - 1 = 11$

20. (a) वर्ग-अन्तराल 30-40 की निम्न सीमा = 30

21. (b) $\bar{X} = \dfrac{30+36+34+40+42+46+54+62}{8}$

$= \dfrac{344}{8} = 43$

22. (a) व्यंजक $= \sqrt[3]{2^4\sqrt{2^{-5}\sqrt{2^6}}}$

$= \sqrt[3]{2^4\sqrt{2^{-5}\times 2^3}}$

$= \sqrt[3]{2^4\sqrt{2^{-2}}}$

$= \sqrt[3]{2^4\times 2^{-1}} = \sqrt[3]{2^3} = 2$

23. (a) माना छड़ AB की लम्बाई $2a$ और मध्यबिन्दु G है, उसका भार W कार्य करता है।

छड़ A पर लगे कब्जे तथा B पर बँधी डोरी BC द्वारा टिकी हुई है।

माना डोरी का तनाव T है, तो प्रश्नानुसार T = W

माना W और T की क्रिया रेखाएँ बिन्दु O पर मिलती हैं, तो सन्तुलित अवस्था में A पर लगे कब्जे की प्रतिक्रिया R की क्रिया-रेखा भी O से होकर जाएगी।

माना छड़ AB का क्षैतिज से झुकाव ϕ और प्रतिक्रिया R की क्रिया-रेखा AO का क्षैतिज से झुकाव θ है।

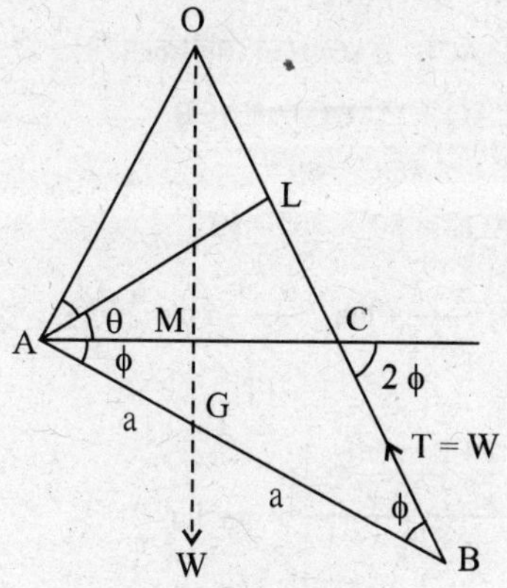

$\because \quad AC = BC$ (दिया है)

$\therefore \quad \angle ABC = \angle BC = \phi$

बिन्दु A के सापेक्ष आघूर्ण लेने पर

$$W.\,AM = T.\,AL$$

$$\Rightarrow \quad W.a\cos\phi = W.2a\sin\phi \qquad (\because T = W)$$

$$\Rightarrow \quad \tan\phi = \frac{1}{2}$$

$$\therefore \quad \phi = \tan^{-1}\left(\frac{1}{2}\right)$$

अत: छड़ का क्षैतिज से झुकाव $\tan^{-1}\left(\frac{1}{2}\right)$ है।

24. (b) माना फाटक ABCD के किनारे C पर 30 किग्रा भार का लड़का बैठा हुआ है जिसका भार ऊर्ध्वधार दिशा में CB के अनुदिश करता है।

फाटक का 50 किग्रा भार उसके गुरुत्व केन्द्र G पर कार्य करता है।

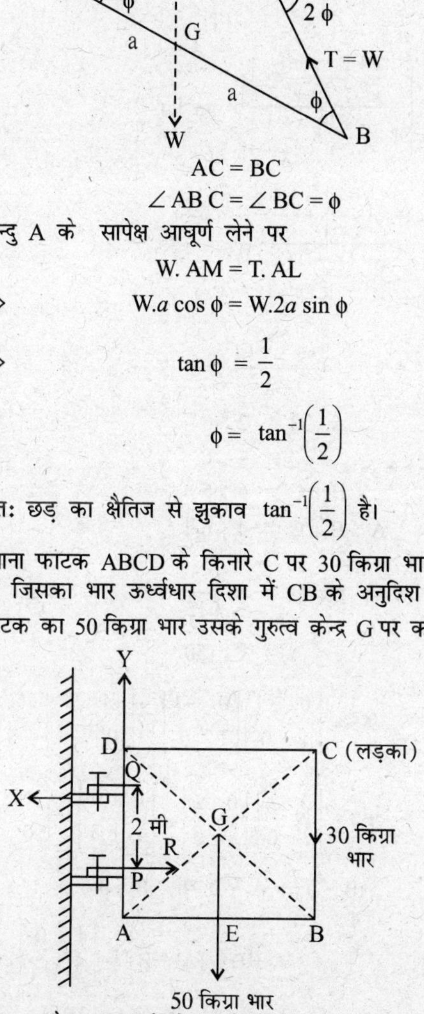

माना A और D किनारों से 50 सेमी की दूरी पर स्थित दो कब्जों P और Q पर फाटक टिका हुआ है।

माना P पर कब्जे की क्षैतिज प्रतिक्रिया R और Q पर कब्जे की प्रतिक्रिया के क्षैतिज और ऊर्ध्वाधर घटक क्रमश: X और Y हैं।

$\because \quad AD = 3$ मीटर और $AP = DQ$

$$= 50 \text{ सेमी} = \frac{1}{2} \text{ मीटर}$$

$$\therefore \quad PQ = AD - (AP + DQ)$$

$$= 3 - \left(\frac{1}{2} + \frac{1}{2}\right)$$

$$= 3 - 1 = 2 \text{ मीटर}$$

और $\quad AB = 4$ मीटर,

$$AE = EB = \frac{1}{2}AB = 2 \text{ मीटर}$$

अब बिन्दु P के सापेक्ष आघूर्ण लेने पर

$$X.\,PQ = 50.AE + 30\,.AB$$

$$\Rightarrow \quad X \times 2 = 50 \times 2 + 30 \times 4$$

$$\Rightarrow \quad 2X = 100 + 120$$

$$\Rightarrow \quad 2X = 220$$

$$\therefore \quad X = 110 \text{ किग्रा भार}$$

बिन्दु Q के सापेक्ष आघूर्ण लेने पर

$$R \times PQ = 50 \times AE + 30 \times AB$$

$$\Rightarrow \quad R \times 2 = 50 \times 2 + 30 \times 4$$

$$\Rightarrow \quad 2R = 100 + 120$$

$$\Rightarrow \quad 2R = 220$$

$$\therefore \quad R = 110 \text{ किग्रा भार}$$

बिन्दु B के सापेक्ष आघूर्ण लेने पर

$$R.AP + Y.\,AB = 50.\,EB + X.AQ$$

$$\Rightarrow \quad R \times \frac{1}{2} + Y \times 4 = 100 + 110 \times \frac{5}{2}$$

(R और X के मान रखने पर)

$$\Rightarrow \quad 4Y = 100 + 275 - 55 = 320$$

$$\therefore \quad Y = 80 \text{ किग्रा भार}$$

अत: नीचे वाले कब्जे पर क्षैतिज प्रतिक्रिया

= 110 किग्रा भार

और ऊपर वाले कब्जे पर प्रतिक्रिया

$$= \sqrt{(X^2 + Y)^2}$$

$$= \sqrt{[(100)^2 + (80)^2]}$$

$$= 10\sqrt{(185)} \text{ किग्रा भार}$$

25. (b) माना भार W, 2W, 3W, ...n W क्रमश: P_1, P_2, P_3, ...और B बिन्दुओं पर रखे हुए हैं।

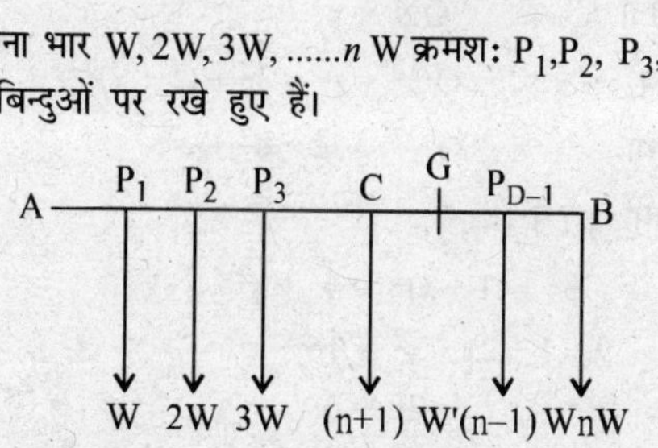

छड़ का भार $(n + 1)$ W उनके मध्य बिन्दु C पर क्रिया करता है,

जबकि $\quad AC = \frac{1}{2}AB = \frac{1}{2}n \qquad (\because AB = n)$

माना निकाय का अभीष्ट गुरुत्व केन्द्र G है, तो

$W.AP_1 + 2W.AP_2 + 3W.AP_3 + ...$

$$AG = \frac{n\,W.AB + (n+1)\,W.AC}{W + 2W + 3W + ...n\,W + (n+1)\,W}$$

$$= \frac{W[1 + 2.2 + 3.3 + ...n.n + (n+1)\frac{1}{2}n]}{W\,[1 + 2 + 3 + ...n + (n+1)]}$$

$$= \frac{(1^2 + 2^2 + 3^2 + ...n^2) + \frac{1}{2}n\,(n+1)}{(1 + 2 + 3...n) + (n+1)}$$

$$= \frac{\frac{1}{6}n\,(n+1)\,(2n+1) + \frac{1}{2}n\,(n+1)}{\frac{1}{2}n\,(n+1) + (n+1)}$$

$$= \frac{\frac{1}{2}n\,(n+1)[\frac{1}{3}\,(2n+1) + 1]}{(n+1)\ (\frac{1}{2}n + 1)}$$

$$= \frac{\frac{1}{6}n\,(2n + 1 + 3)}{\frac{1}{2}\,(n+2)}$$

$$= \frac{n\,(2n+4)}{3\,(n+2)}$$

$$= \frac{2n\,(n+2)}{3\,(n+2)} = \frac{2n}{3} \text{ सेमी}$$

26. (b) $OA = OC =$ त्रिज्या $= r$

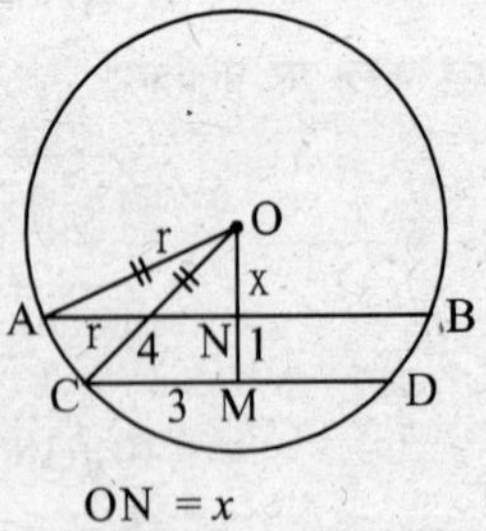

माना $ON = x$

तब, $OC^2 = r^2 = 3^2 + (1 + x)^2$ ...(i)

तथा $OA^2 = r^2 = 4^2 + x^2$ ...(ii)

समी. (i) व (ii) से,

$3^2 + (1 + x)^2 = 4^2 + x^2$

$\Rightarrow 9 + 1 + 2x + x^2 = 16 + x^2$

$\Rightarrow 2x = 6$

$\Rightarrow x = 3$ सेमी.

समी. (ii) से, $r^2 = 4^2 + 3^2 = 25$

$\Rightarrow r = 5$ सेमी.

अत: वृत्त का व्यास $= 5 \times 2 = 10$ सेमी.

27. (d) $\angle CAQ = \angle ABC = 30^\circ$ (एकान्तर वृत्तखण्ड के कोण)

$\angle ACB = \angle PAB = 80^\circ$ (एकान्तर वृत्तखण्ड के कोण)

अब, $\angle ACB$, ΔACQ का बहिष्कोण है।

$\therefore \angle CAQ + \angle AQC = \angle ACB$

$\Rightarrow 30^\circ + \angle AQC = 80^\circ$

$\Rightarrow \angle AQC = 80^\circ - 30^\circ = 50^\circ$

28. (c) $\tan^{-1}\frac{x+1}{x-1} + \tan^{-1}\frac{x-1}{x} = \tan^{-1}(-7)$

$$\tan^{-1}\left(\frac{\frac{x+1}{x-1} + \frac{x-1}{x}}{1 - \frac{x+1}{x-1} \times \frac{x-1}{x}}\right) = \tan^{-1}(-7)$$

$$\frac{\frac{x+1}{x-1} + \frac{x-1}{x}}{1 - \frac{(x-1)\,(x-1)}{x\,(x-1)}} = -7$$

$$\frac{2x^2 - x + 1}{1 - x} = -7 \Rightarrow x = 2$$

29. (a) A : B = 2 : 3

= 4 : 6

B : C = 6 : 5

$\therefore$ A : B : C = 4 : 6 : 5

$\therefore$ C का हिस्सा = ₹ $\left(\frac{5}{15} \times 450\right)$

= ₹ 150

30. (c) $A^2 = \begin{bmatrix} 0 & -1 \\ 1 & 0 \end{bmatrix}\begin{bmatrix} 0 & -1 \\ 1 & 0 \end{bmatrix} = \begin{bmatrix} -1 & 0 \\ 0 & -1 \end{bmatrix}$

$B^2 = \begin{bmatrix} 0 & i \\ i & 0 \end{bmatrix}\begin{bmatrix} 0 & i \\ i & 0 \end{bmatrix} = \begin{bmatrix} i^2 & 0 \\ 0 & i^2 \end{bmatrix} = \begin{bmatrix} -1 & 0 \\ 0 & -1 \end{bmatrix}$

31. (c) $AB = 0 \Rightarrow |A| = 0$ या $|B| = 0$

32. (a) $A + B + (A' + B)' = \begin{bmatrix} 1 & 0 \\ 2 & -1 \end{bmatrix}$

$\therefore A = 2\,(A = B) - (A + 2B)$

$= \begin{bmatrix} 2 & 0 \\ 4 & -2 \end{bmatrix} - \begin{bmatrix} 2 & -4 \\ 1 & 6 \end{bmatrix} = \begin{bmatrix} 0 & 4 \\ 3 & -8 \end{bmatrix}$

33. (a) **34.** (a) **35.** (b)

36. (d) चूँकि 3 से आगे दो अभाज्य संख्याएँ = 5, 7

$\therefore$ 3, 5, 7 से विभाज्य लघुत्तम पूर्णांक = लघुत्तम समापवर्त्य

$= 3 \times 5 \times 7 = 105$

37. (a) दी गई रेखाएँ निम्न हैं।

$x + y = 0$ ... (i)

$x - y = 0$ ... (ii)

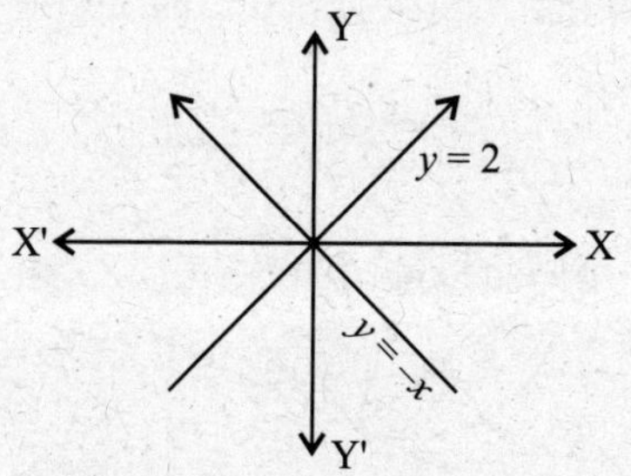

दी गई रेखाओं की संयुक्त समीकरण निम्न हैं :

$$(x - y)(x + y) = 0$$

$$\Rightarrow \quad x^2 - y^2 = 0$$

अतः इन रेखाओं के कोण समद्विभाजक का समीकरण $xy = 0$ है, जो सरल रेखाओं से समान दूरी पर गतिमान बिन्दु का बिन्दु पथ है।

38. (b) **संक्षिप्त विधि द्वारा–**

(A + B) द्वारा कार्य पूरा होने में लगा समय

$$= \left(\frac{xy}{x+y}\right) \text{ दिन}$$

$$= \left(\frac{30 \times 60}{30+60}\right) \text{ दिन}$$

$$= \frac{1800}{90} \text{ दिन} = 20 \text{ दिन}$$

39. (c) चित्रानुसार AB मकान और BC झण्डा है।

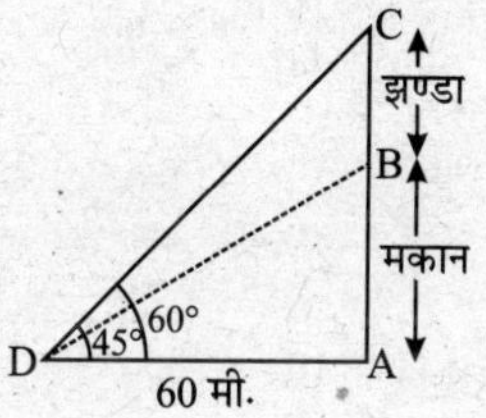

Δ ABD में,

$$\tan 45° = \frac{AB}{AD}$$

$$\Rightarrow \quad 1 = \frac{AB}{60}$$

$$\Rightarrow \quad AB = 60 \text{ मीटर}$$

ΔACD में,

अब $$\tan 60° = \frac{AC}{AD}$$

$$\Rightarrow \quad \frac{\sqrt{3}}{1} = \frac{AC}{60}$$

$$AC = 60\sqrt{3}$$

$$\Rightarrow \quad AB + BC = 60\sqrt{3}$$

$$\therefore \quad 60 + BC = 60\sqrt{3}$$

$$\Rightarrow \quad BC = 60\sqrt{3} - 60$$

$$= 60\left(\sqrt{3} - 1\right)$$

$\therefore$ झण्डे की ऊँचाई = BC

$$= 60\left(\sqrt{3} - 1\right) \text{ मीटर}$$

40. (b) माना एक संख्या x है, तब दूसरी संख्या $(42 - x)$ होगी।

तब, $\quad x \times (42 - x) = 437$ या $42x - x^2 = 437$

$$\therefore \quad x^2 - 42x + 437 = 0$$

$$\Rightarrow \quad x^2 - 23x - 19x + 437 = 0$$

$$\Rightarrow \quad x(x - 23) - 19(x - 23) = 0$$

$$\Rightarrow \quad (x - 23)(x - 19) = 0$$

$$x = 19 \text{ या } x = 23$$

अतः संख्याओं का अभीष्ट अन्तर = 23 – 19 = 4

41. (c) $\quad f(x) = a \sin x + \frac{1}{3} \sin 3x$

x के सापेक्ष अवकलन करने पर,

$$f'(x) = a \cos x + \frac{1}{3} \times 3 \cos 3x$$

$$= a \cos x + \cos 3x$$

$\therefore \quad x = \frac{\pi}{3}$ पर $f'(x) = 0$ रखने पर,

$$a \cos \frac{\pi}{3} + \cos \pi = 0$$

$$\Rightarrow \quad \frac{a}{2} - 1 = 0$$

$$\Rightarrow \quad a = 2$$

42. (b) माना परवलय $y^2 = 4x$ पर खींची गई स्पर्श रेखा

$$y = mx + \frac{1}{m} \text{ है।}$$

परवलय $x^2 = 4by$ के बिन्दु (x_1, y_1) पर खींचे गए अभिलम्ब का समीकरण निम्न है–

$$y - y_1 = -\frac{2b}{x_1}(x - x_1) \text{ तथा } {x_1}^2 = 4by_1$$

$$\Rightarrow \quad y - \frac{x_1^2}{4b} = \frac{2b}{x_1}(x - x_1)$$

$$\Rightarrow \quad y = -\frac{2b}{x_1}x + \frac{x_1^2}{4b} 2b$$

$y = mx + \frac{1}{m}$ से तुलना करने पर,

$$m = -\frac{2b}{x_1} \quad \text{...(i)}$$

$$\frac{x_1^2}{4b} + 2b = \frac{1}{m} \quad \text{...(ii)}$$

समी (i) व (ii) से,

$$\frac{4b^2}{m^2 4b} + 2b = \frac{1}{m}$$

$\Rightarrow \qquad b + 2bm^2 = m$

$\Rightarrow \qquad 2b\,m^2 \;\; m + b = 0$

m के वास्तविक मानों के लिए $D > 0$

$$1 - 8b^2 > 0$$

$\Rightarrow \qquad b^2 < \frac{1}{8}$

$\Rightarrow \qquad |b| < \frac{2}{2\sqrt{2}}$

43. (d) $\because$ परवलय का समीकरण $y^2 = 16\,x$ है। यदि जीवा का मध्य-बिन्दु (1, 1) है, तब इसका समीकरण

$$T = S_1$$

अर्थात् $\qquad 8x - y = 7$ है।

44. (a) $\qquad 2s = a + b + c = 2\sqrt{3} + 2\sqrt{3} + 2\sqrt{3} = 6\sqrt{3}$

$\therefore \qquad s = 3\sqrt{3}$

समबाहु Δ ABC में, $A = B = C = 60°$

$$r_1 = s \tan\frac{A}{2} = 3\sqrt{3}\tan\frac{60°}{2} = 3\sqrt{3} \times \frac{1}{\sqrt{3}} = 3$$

इसी प्रकार $\qquad r_2 = s\;\tan\frac{B}{2} = 3\sqrt{3}\;\tan 30° = 3$

$$r_3 = s\tan\frac{C}{2} = 3\sqrt{3} \times \frac{1}{\sqrt{3}} = 3$$

45. (c) Q किसी एक बहिर्वृत्त का व्यास = त्रिभुज का परिमाप

$\therefore 2r_1 = 2s$ या $r_1 = s$, (A के सम्मुख बहिर्वृत लेने पर)

$\Rightarrow s\tan\frac{1}{2}A = s$ या, $\tan\frac{A}{2} = 1 = \tan 45°$

$$\left[\because r_1 = s\tan\frac{A}{2}\right]$$

$\therefore \frac{1}{2}$ A 45° या A = 90°, अत: Δ समकोणिक है।

46. (d) $\qquad m_5 + m_{20} = m_1 + m_{24}$

$\qquad m_{10} + m_{15} = m_1 + m_{24}$

अत: दिया गया सम्बन्ध है।

$3(m_1 + m_{24}) = 225$

$m_1 + m_{24} = 75$

अत: $\qquad S_{24} = \frac{n}{2}(a + l)$

$$= \frac{24}{2}(m_1 + m_{24})$$

$$= 12 \times 75 = 900$$

47. (d) $\angle D = 180° - \angle ABC = 180° - 100° = 80°$

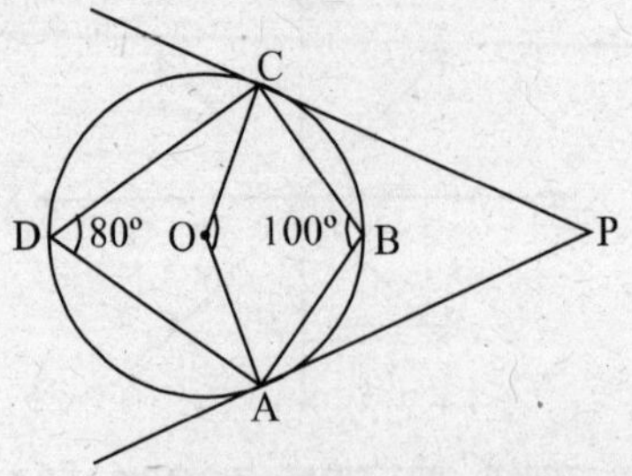

$\angle AOC = 2 \times \angle ADC = 2 \times 80° = 160°$

$\angle OAP = \angle OCP = 90°$

$\angle APC = 360° - (\angle AOC + \angle OAP + \angle OCP)$

$= 360° - (160° + 90° + 90°)$

$= (360° - 340°) = 20°$

48. (b) माना घर से रिसॉर्ट तक एक तरफ की दूरी = D किमी। माना सुमित यह दूरी तय करने में t घण्टे का समय लेता है, तब प्रश्नानुसार,

$$45 \times t = 40 \times (t + 1)$$

$\Rightarrow \qquad 45t = 40t + 40$

$\Rightarrow \qquad 5t = 40$

$\Rightarrow \qquad t = 8$ घण्टे

प्रत्येक ओर की दूरी = (45 × 8) = 360 किमी।

49. (c) माना घर से विद्यालय के बीच की दूरी = x किमी तब प्रश्नानुसार,

$$\frac{x}{\frac{5}{2}} - \frac{x}{\left(\frac{5}{2}+1\right)} = \frac{(6+6)}{60}$$

$\Rightarrow \qquad \frac{2}{5}x - \frac{2}{7}x = \frac{1}{5}$

$\Rightarrow \qquad 14x - 10x = 35 \times \frac{1}{5}$

$\Rightarrow \qquad 4x = 7$

$\therefore \qquad x = \frac{7}{4}$ किमी

50. (c) माना $I = \int \tan^{-1} x.1dx$

$$= \tan^{-1}x.x - \int\frac{x}{1+x^2}dx$$

$$= x.\tan^{-1}x - \frac{1}{2}\int\frac{2x}{1+x^2}dx$$

$$= x\tan^{-1}x - \frac{1}{2}\log(1+x^2) + C$$

51. (d) दिया गया समीकरण निम्न है–

$$y^2 + (2+\beta)\,y - \frac{1}{2}(1+\beta) = 0$$

माना समीकरण के मूल m व n हैं, तब

$$m + n = -(2+\beta)$$

तथा $mn = -\left(\frac{1+\beta}{2}\right)$

अब $m^2 + n^2 = (m+n)^2 - 2mn$

$$m^2 + n^2 = [-(2+\beta)]^2 + 2\cdot\frac{(1+\beta)}{2}$$

$\Rightarrow$ $m^2 + n^2 = \beta^2 + 4 + 4\beta + 1 + \beta$

$= \beta^2 + 5\beta + 5$

जोकि दिए गए α के मानों में से $\alpha = \frac{1}{2}$ के लिए न्यूनतम है।

52. (c) माना $I = \int_0^{\pi} x f(\sin x) dx$

$$I = \int_0^{\pi} (\pi - x) f\{\sin(\pi - x)\} dx$$

$$= \int_0^{\pi} (\pi - x) f \sin x\, dx$$

$$2I = \pi \int_0^{\pi} f(\sin x)\, dx$$

$$I = \frac{\pi}{2}\int_0^{\pi} f(\sin x)\, dx$$

53. (d) माना भागफल K है।

तब संख्या = 136 K + 36

= 17 × 8 * K + 17 × 2 + 2

= 17(8K + 2) + 2

$\therefore$ 17 से भाग देने पर प्राप्त शेषफल = 2

54. (d) माना दो अंकों की संख्या = $10x + y$

$\because$ इसे दो बार साथ-साथ लिखने से बनने वाली 4 अंकीय संख्या = $(10x + y) \times 100 + (10x + y)$

$= (10x + y)[100 + 1]$

$= (10x + y) \times (101)$

अतः इस रूप की कोई भी संख्या सदैव 101 से विभाजित होगी।

55. (b) यहाँ, $a^2 = 20$ तथा $b^2 = \frac{45}{4}$

दीर्घवृत्त के बिन्दु (x_1, y_1) पर अभिलम्ब का मानक समीकरण निम्न है,

$$\frac{x - x_1}{\frac{x_1}{a^2}} = \frac{y - y_1}{\frac{y_1}{b^2}}$$

$\therefore$ बिन्दु (2, 3) पर अभिलम्ब का समीकरण निम्न है,

$$\frac{x-2}{\frac{2}{20}} = \frac{y-3}{\left(\frac{12}{45}\right)}$$

$\Rightarrow$ $40(x-2) = 15(y-3)$

$8x - 3y = 7 \Rightarrow 3y - 8x + 7 = 0$

56. (d) दीर्घवृत्त का दिया गया समीकरण निम्न है

$$\frac{(x-1)^2}{9} + \frac{(y-2)^2}{4} = 1$$

दीर्घवृत्त $\frac{X^2}{9} + \frac{Y^2}{4} = 1$ के अभिलम्ब का समीकरण निम्न है,

$3X \sec\theta - 2Y \operatorname{cosec}\theta = 5$

$\therefore$ अभिलम्ब की प्रवणता $= \frac{3}{2}\tan\theta$

$\because$ अभिलम्ब रेखा $3x - y = 1$ के समान्तर है

$$\frac{3}{2}\tan\theta = 3$$

$\Rightarrow$ $\tan\theta = 2$

$\therefore$ $\sin\theta = \frac{2}{\sqrt{5}}, \cos\theta = \frac{1}{\sqrt{5}}$

अतः अभिलम्ब का समीकरण निम्न है,

$$3\sqrt{5}X - \sqrt{5}Y = 5$$

$\because$ $X = x - 1, Y = y - 2$

$\therefore$ $3\sqrt{5}(x-1) - \sqrt{5}(y-2) = 5$

$\Rightarrow$ $\sqrt{5}(3x - y) = 5(\sqrt{5} + 1)$

$\Rightarrow$ $3x - y = \sqrt{5}(\sqrt{5} + 1)$

57. (c) शब्द 'UNIVERSAL' में U, I, E तथा A स्वर हैं। स्वरों को एक अक्षर मानने पर,

इन्हें व्यवस्थित करने के तरीकों की संख्या = $\lfloor 6$ = 720

स्वरों को व्यवस्थित करने के तरीकों की संख्या = $\lfloor 4$ = 24

अभीष्ट तरीकों की संख्या = 720 × 24 = 17280

58. (c) $\because (1 + 2y + 3y^2 + 4y^3 + ...)^{\frac{1}{2}}$

$$= \left[(1-y)^{-2}\right]^{\frac{1}{2}} = (1-y)^{-1}$$

$= 1 + y + y^2 + y^3 + y^4 + ...$

अतः y^4 का अभीष्ट गुणांक = 1

59. (b) दिया है— $y = \tan x$ तथा $x = \frac{\pi}{4}$

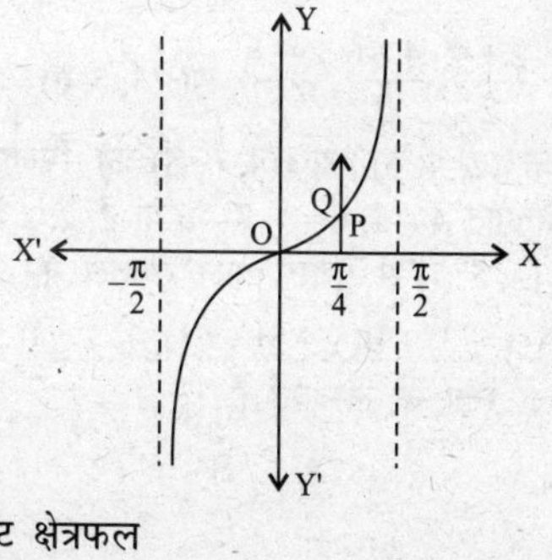

अभीष्ट क्षेत्रफल

$$= \int_0^{\pi/4} y\,dx = \int_0^{\pi/4} \tan x\, dx = \log|\sec x|_0^{\pi/4}$$

$$= \log\left|\sec\frac{\pi}{4} - \log\sec 0\right| \log|\sqrt{2} - 0| = \log\sqrt{2} = \log 2^{1/2}$$

$= \frac{1}{2}\log 2$ वर्ग इकाई

60. (c) $\left(1 + 4\frac{dy}{dx}\right)^{2/3} = 4\frac{d^2y}{dx^2}$

$\therefore$ $\left(1 + 4\frac{dy}{dx}\right)^2 = \left(4.\frac{d^2y}{dx^2}\right)^3$

$\Rightarrow$ $\left(1 + 4\frac{dy}{dx}\right)^2 = 4^3\left(\frac{d^2y}{dx^2}\right)^3$

अतः, कोटि = 2 तथा घात = 3

61. (a) $\because \quad e^x = 1 + x + \frac{x^2}{2!} + \frac{x^3}{3!} + ...$

दोनों पक्षों में $x = \frac{1}{2}$ रखने पर

$$\sqrt{e} = e^{1/2} = 1 + \frac{1}{2} + \frac{\left(\frac{1}{2}\right)^2}{2!} + \frac{\left(\frac{1}{2}\right)^3}{3!} + \frac{\left(\frac{1}{2}\right)^4}{4!} + ...$$

$$= 1 + \frac{1}{2} + \frac{1}{2^2.2} + \frac{1}{2^3.6} + \frac{1}{2^4.24} + ...$$

$= 1 + 0.5 + 0.1250 + 0.0208 + 0.0026 + ...$

$= 1.648$ लगभग

62. (b) चूँकि समतलों $x + y + z - 6 = 0$ तथा $(2x - 3y + 4z + 3) = 0$ के कटान की रेखाओं से गुजरने वाले समतल का समीकरण है :

$$(x + y + z - 6) + k(2x + 3y + 4z + 3) = 0$$

चूँकि, बिन्दु (1, 1, 1) भी इसी समतल पर हैं :

$$(1 + 1 + 1 - 6) + k(2 + 3 + 4 + 3) = 0$$

$$-3 + k(2 + 3 + 4 + 3) = 0$$

$$12k = 3$$

$$k = \frac{1}{4}$$

k का मान रखने पर, हमें प्राप्त होता है –

$$(x + y + z - 6) + \frac{1}{4}(2x + 3y + 4z + 3) = 0$$

$$6x + 7y + 8z = 21$$

63. (a) बिन्दुओं (2, 4, 6) तथा (4, 6, 8) के मिलाने पर बनी रेखा के मध्य बिन्दु के निर्देशांक हैं :

$$\frac{2+4}{2}, \frac{4+6}{2}, \frac{6+8}{2} \text{ या } (3, 5, 6)$$

बिन्दुओं (2, 4, 6) तथा (4, 6, 8) को मिलाने वाली रेखा के दिक्अनुपात $4 - 2, 6 - 4, 8 - 6$ या 2, 2, 2 हैं।

बिन्दु (3, 5, 7) से गुजरने वाले समतल का समीकरण है :

$$A(x - 3) + B(y - 5) + C(z - 7) = 0$$

$\therefore$ समतल, रेखा के लम्बवत् है :

$\therefore$ माना $\frac{A}{2} = \frac{B}{C} = \frac{C}{2} = \lambda$

$\Rightarrow$ $A = 2\lambda$, $B = 2\lambda$ और $C = 2\lambda$

A, B और C के मानों को समतल के समीकरण में रखने पर,

$$2\lambda(x - 3) + 2\lambda(y - 5) + 2\lambda(z - 7) = 0$$

$$x - 3 + y - 5 + z - 7 = 0$$

$$x + y + z = 15$$

64. (c) अभीष्ट प्रायिकता $= \frac{^{13}C_2}{^{52}C_2} = \frac{13 \cdot 12}{52 \cdot 51} = \frac{1}{17}$

65. (d) दिया है कि $X = \{2, 4, 6, 8\}$

तथा $Y = \{1, 3, 5, 7, 9\}$

हम जानते हैं कि किन्हीं दो समुच्चयों के सम्बन्ध अवयवों की संख्या = 2 (पहले के अवयव) × (दूसरे के अवयव)

$$= 2^{4 \times 5} = 2^{20}$$

66. (d) माना

A = तेलुगू बोलने वाले खिलाड़ियों का समुच्चय

B = हिन्दी बोलने वाले खिलाड़ियों का समुच्चय

C = अंग्रेजी बोलने वाले खिलाड़ियों का समुच्चय

तब, $n(A \cup B \cup C) = [n(a) + n(b) + n(c)]$

$-[n(A \cap B) + n(B \cap C) + n(A \cap C) + n(A \cap B \cap C)$

$= (6 + 15 + 6) - (2) + 1$

$= 27 - 2 + 1 - 26$

67. (a) मान लीजिए $2(n) - n(n - 3)$ तब

$p(1) = 1(4) = 4$, जो सम है तथा 4 का गुणज है।

$p(2) = 2(5) = 10$, जो सम है तथा 5 का गुणज है।

$p(3) = 3(6) = 18$, जो सम है।

अब स्पष्ट है कि $p(n)$ प्रत्येक प्राकृत संख्या n के लिए सम है।

68. (d) $\because f(x) = 3x^2 + 6x - 9$

x के सापेक्ष अवकलन करने पर,

$p(x) = 6x + 6 \Rightarrow f'(x) < (0), \forall (-\infty, -1)$

$\therefore (-\infty, -1)$ में $f(x)$ ह्रासमान है।

69. (a) अभीष्ट क्षेत्रफल

$$\int_{-2}^{2} \left(1 - \frac{x^2}{1}\right) dx = 2\int_{0}^{2} \left(1 - \frac{x^2}{4}\right) dx$$

$$= 2\left[x - \frac{x^3}{12}\right]_0^2$$

[$\because f(x)$ एक सम फलन है।]

$$2\left[2 - \frac{2^3}{12}\right] = 2\left(2 - \frac{2}{3}\right) = \frac{8}{5} \text{ वर्ग इकाई}$$

70. (c) दिया है, $f(x)$ = सम फलन

$\Rightarrow \quad f(-x) = f(x) \quad ...(i)$

$\therefore \quad \int_0^{\pi} f(\cos x)dx$

$[\therefore f\{\cos(\pi - x)\} = f(-\cos x)]$

यहाँ, $f(\cos x)$ एक सम फलन है।

$= 2\int_0^{\pi/2} f(\cos x)dx \quad [\therefore f(-\cos x) = f(\cos x)]$

71. (a) $\int \sin^{-1}(\cos x)dx = \int \sin^{-1}\left\{\sin^{-1}\left(\frac{\pi}{2} - x\right)\right\}dx$

$$= \int\left(\frac{\pi}{2} - x\right)dx = \frac{\pi}{2}x - \frac{x^2}{2} + K$$

72. (a) दिया है, $\angle C = 30^\circ$ तथा $\frac{a}{b} = \frac{2}{\sqrt{3}}$

$\tan\frac{A - B}{2} = \frac{a - b}{a + b}\cot\frac{C}{2}$ (नेपियर नियम से)

$$= \frac{(a/b) - 1}{(a/b) + 1}\cot(60^\circ - 45^\circ)$$

$$= \frac{\left(\frac{2}{\sqrt{3}}\right) - 1}{\left(\frac{2}{\sqrt{3}}\right) + 1} \cot(60° - 45°)$$

$$= \frac{2-\sqrt{3}}{2+\sqrt{3}} \times \frac{\sqrt{3}+1}{\sqrt{3}-1} = \frac{2\sqrt{3}+2-3-\sqrt{3}}{2\sqrt{3}-2+3-\sqrt{3}}$$

$$= \frac{\sqrt{3}-1}{\sqrt{3}+1} = \tan 15°$$

$$\therefore \quad \frac{A-B}{2} = 15° \Rightarrow A - B = 30° \quad ...(i)$$

और ΔABC में, $A + B = 180° - C = 180° - 30 = 150°$ (iii)
समी. (i) व (ii) को हल करने पर, $2A = 180°$ और $2B = 210°$ अत: $A = 90°$ और $B = 60$

73. (a) माना $xy = m$

$$y + x\frac{dy}{dx} = \frac{dm}{dx}$$

दिया है, $x^4 \frac{dy}{dx} + x^3 y + \text{cosec}(xy) = 0$

$$\Rightarrow \quad x^3\left(x\frac{dy}{dx} + y\right) + \text{cosec}(xy) = 0$$

$$\Rightarrow \quad x^3 \frac{dm}{dx} + \text{cosec}(xy) = 0$$

$$\Rightarrow \quad x^3 dm = -\text{cosec}(m) dx$$

$$\Rightarrow \quad -\frac{1}{\text{cosec}\, m} dm = \frac{1}{x^3} dx$$

दोनों तरफ समाकलन करने पर,

$$\Rightarrow \quad -\int \frac{1}{\text{cosec}\, m} dm = \int x^{-3} dx$$

$$\Rightarrow \quad -\int \sin m\, dm = \int x^{-3} dx$$

$$\Rightarrow \quad \cos m = \frac{x^{-2}}{-2} + C$$

$$\Rightarrow \quad 2\cos m + x^{-2} = C$$

$$\Rightarrow \quad 2\cos xy + x^{-2} = C$$

74. (b) परवलय $y^2 = 4x + 5$ अर्थात् $y^2 = 4\left(x + \frac{5}{4}\right)$ की किसी स्पर्श रेखा का समीकरण निम्न है

$$y = m\left(x + \frac{5}{4}\right) + \frac{1}{m}$$

यदि यह स्पर्श रेखा दी हुई रेखा $y = 2x + 7$ के समान्तर है, तब $m = 2$ अत: अभीष्ट स्पर्श रेखा का समीकरण निम्न है।

$$y = 2\left(x + \frac{5}{4}\right) + \frac{1}{2}$$

$$\Rightarrow \quad y = 2x + 3$$

75. (c) माना रेखाओं के बीच का कोण α है।

$$\tan\alpha = 2\left|\frac{\sqrt{h^2 - ab}}{a+b}\right|$$

$$= 2\left|\frac{\sqrt{\sec^2\theta - 1}}{1+1}\right|$$

$$\tan\alpha = \tan\theta \Rightarrow \alpha = \theta$$

दिया है,

$$4x + 4y = 1 \quad ...(i)$$

$$8x - 3y = 2 \quad ...(ii)$$

$$y = 0 \quad ...(iii)$$

समी (i) तथा (iii) से, $x = 1/4, y = 0$
समी (ii) और (iii) से, $x = 1/4, y = 0$

अत: तीनों रेखाएँ बिन्दु $\left(\frac{1}{4}, 0\right)$ से होकर जाती हैं। अत: तीनों संगामी हैं।

76. (b) दिया है, $\frac{\log 2}{\log 7} = m$

$$\therefore \quad \log_{49} 28 = \frac{\log 28}{\log 49} = \frac{\log(7\times 4)}{\log(7)^2} = \frac{\log 7 + \log 4}{2\log 7}$$

$$= \frac{1}{2} + \frac{\log 2}{\log 7}$$

$$= \frac{1}{2} + m = \frac{1+2m}{2}$$

77. (b) वृत्त का समीकरण है

$$(x-2)^2 + y^2 = 4 \Rightarrow x^2 + y^2 - 4x = 0$$

बिन्दु $\left(5, -\frac{1}{2}\right)$ उपरोक्त वृत्त के सापेक्ष ध्रुवीय है।

$$x \times 5 + y\left(-\frac{1}{2}\right) - 2(x+5) = 0$$

$$\Rightarrow \quad 5x - \frac{y}{2} - 2x - 10 = 0$$

$$\Rightarrow \quad 6x - y - 20 = 0$$

78. (b) $2^n[1.3.5.7...(2n-1).2n]$

$$= 2^n\left[\frac{1.2.3.4.5...(2n-1).2n}{2.4.6...2n}\right]$$

$$= \frac{2^n . 2(n)!}{2^n(1.2.3...n)} = \frac{(2n)!}{n!}$$

79. (c) $\because$ तीन पद AP में है।

$$\therefore \quad 2\log_{10}(2^x - 1) = \log_{10}{}^2 + \log_{10}(2^x + 3)$$

$$\Rightarrow \quad (2^x - 1)^2 = 2(2^x + 3)$$

$$\Rightarrow \quad (y-1)^2 = 2(y+3)$$

जहाँ $y = 2^x =$ धनात्मक

$\therefore \quad y = 5, -1 \Rightarrow 2^x = 5$

$\therefore \quad x = \log_2 5$

80. (d) $x + iy = (a + ib)^3$

$= a^3 + i^3b^3 + 3ai^2b^2 + 3ia^2b$

$= (a^3 - 3ab^2) + i\,(3a^2b - b^3)$

$\Rightarrow \quad x = a^3 - 3ab^2,\ y = 3a^2b - b^3$

$\Rightarrow \quad \dfrac{x}{a} + \dfrac{y}{b} = (a^2 - 3b^2) + (3a^2 - b^2)$

$= 4(a^2 - b^2)$

81. (a) माना समीकरण $x^2 - (a-2)\,x + (a-3) = 0$ के मूल α तथा β हैं।

$\therefore \quad \alpha + \beta = (a-2)$ तथा $\alpha\beta = (a-3)$

अत: $\alpha^3 + \beta^3 = (\alpha + \beta)^3 - 3\alpha\beta(\alpha + \beta)$

$= (a-2)^3 - 3(a-3)\,(a-2)$

$= a^3 - 9a^2 + 27a - 26 = (a-3)^3 + 1$

$\alpha^3 + \beta^3$ का मान न्यूनतम होगा, यदि $(a-3)^3 = 0$

$\therefore \quad a = 3$

82. (b) दिया है, $A = \begin{bmatrix} 1 & 2 \\ 5 & 6 \end{bmatrix}, B = \begin{bmatrix} 3 & 5 \\ x & -4 \end{bmatrix}$

$\therefore \quad A + B = \begin{bmatrix} 1 & 2 \\ 5 & 6 \end{bmatrix} + \begin{bmatrix} 3 & 5 \\ x & -4 \end{bmatrix} = \begin{bmatrix} 4 & 7 \\ 5+x & 2 \end{bmatrix}$

परन्तु $A + B = \begin{bmatrix} 4 & 7 \\ 6 & 2 \end{bmatrix} \therefore \begin{bmatrix} 4 & 7 \\ 6 & 2 \end{bmatrix} = \begin{bmatrix} 4 & 7 \\ 5+x & 2 \end{bmatrix}$

अत: $5 + x = 6 \Rightarrow x = 1$

83. (d) $\sin^{-1}\{2x\,(1 - x^2)\} = 2\sin^{-1}x$ सत्य होगा।

$\forall\, x \in \left[-\dfrac{1}{\sqrt{2}}, \dfrac{1}{\sqrt{2}}\right]$

$\therefore \quad \dfrac{-\pi}{2} \le 2\sin^{-1}x \le \dfrac{\pi}{2} \Rightarrow \dfrac{-\pi}{4} \le \sin^{-1}x \le \dfrac{\pi}{4}$

$\Rightarrow \quad \sin\left(\dfrac{-\pi}{4}\right) \le x \le \sin\dfrac{\pi}{4} \Rightarrow \dfrac{-1}{\sqrt{2}} \le x \le \dfrac{1}{\sqrt{2}}$

84. (c) दी हुई श्रेणी की श्रेणी $1 + nx + \dfrac{n(n-1)x^2}{2} + ...$ से तुलना करने पर

$nx = \dfrac{3}{4} \quad ...(i)$

तथा $\dfrac{n(n-1)x^2}{2} = \dfrac{15}{32} \quad ...(ii)$

सभी (ii) में सभी (i) वर्ग से भाग देने पर,

$\dfrac{\dfrac{n(n-1)}{2}x^2}{n^2x^2} = \dfrac{\dfrac{15}{32}}{\dfrac{9}{16}}$

$\dfrac{n-1}{2n} = \dfrac{15 \times 16}{9 \times 32} = \dfrac{5}{6}$

$\Rightarrow \quad 6n - 6 = 10n$

$\Rightarrow \quad 4n = -6 \Rightarrow n = -\dfrac{3}{2}$

$\therefore$ सेमी (i) से, $\dfrac{-3}{2}x = \dfrac{3}{4} \Rightarrow x = -\dfrac{1}{2}$

अत: श्रेणी का योग $= \left(1 - \dfrac{1}{2}\right)^{-3/2} = \left(\dfrac{1}{2}\right)^{-3/2}$

$= (2)^{3/2} = \sqrt{8}$

85. (b) $\dfrac{2}{1!} + \dfrac{4}{3!} + \dfrac{6}{5!} + \dfrac{8}{7!} + ...\infty$

$= \dfrac{(1+1)}{1!} + \dfrac{(1+3)}{3!} + \dfrac{(5+1)}{5!} + \dfrac{(7+1)}{7!} + ...\infty$

$= \left(\dfrac{1}{1!} + \dfrac{1}{3!} + \dfrac{1}{5!} + \dfrac{1}{7!} + ...\infty\right) + \left(1 + \dfrac{1}{2!} + \dfrac{1}{4!} + \dfrac{1}{6!} + ...\infty\right)$

$= \dfrac{e - e^{-1}}{2} + \dfrac{e + e^{-1}}{2} = e$

86. (d) $\therefore x_1, x_2 ...., x_n$ प्रेक्षणों का माध्य $\overline{x}$ है।

$\therefore \quad \overline{x} = \dfrac{x_1 + x_2 + x_3 + ... + x_n}{n}$

$(a - b)$ प्रत्येक पद में जोड़ने पर, नया माध्य

$= \dfrac{x_1 + (a-b) + x_2 + (a-b) + ... + x_n + (a-b)}{n}$

$= \dfrac{x_1 + x_2 + ... + x_n}{n} + \dfrac{n\,(a-b)}{n} = \overline{x} + (a-b)$

87. (a) माना $f(x) = \dfrac{(x-1)^2}{|x-1|} = \begin{cases} (x-1), & x \ge 1 \\ -(x-1), & x < 1 \end{cases}$

अब, $\text{LHL} = \lim\limits_{h \to 0} f(1-h) = \lim\limits_{h \to 0}[-(1-h-1)]$

$= \lim\limits_{h \to 0} h = 0$

तथा $\text{RHL} = \lim\limits_{h \to 0} f(1+h) = \lim\limits_{h \to 0}(1+h-1)$

$= \lim\limits_{h \to 0} h = 0$

$\therefore \quad \text{LHL} = \text{RHL} \Rightarrow \lim\limits_{h \to 0} \dfrac{(x-1)^2}{[x-1]} = 0$

88. (b) $\lim\limits_{n \to \infty} \dfrac{1}{1 + \sqrt{1 + \dfrac{1}{n}}} = \dfrac{1}{2}$

89. (a) दिया है, $\cot\theta = 2\cos\theta \Rightarrow \cot\theta\,(1 - 2\sin\theta) = 0$

$= \dfrac{\pi}{2} < \theta < \pi$ के लिए $\cot\theta \ne 0$

$\therefore \quad 1 - 2\sin\theta = 0 \Rightarrow \sin\theta = \dfrac{1}{2} \Rightarrow \theta = \dfrac{5\pi}{6}$

90. (a) दिया है,

$3\dfrac{d}{dx}x^{11}\cot x = 3[11x^{10}\cot x - x^{11}\operatorname{cosec}^2 x)$

$= 33x^{10}\cot x - 3x^{11}\operatorname{cosec}^2 x$

91. (b) दिया है, $n(X) = 40, n(X \cup Y) = 60$ तथा $n(X \cap Y) = 10$

$\therefore \quad n(X \cup Y) = n(X) + n(Y) - n(X \cap Y)$

$n(Y) = n(X \cup Y) - n(X) + n(X \cap Y)$

$= 60 - 40 + 10$

$= 70 - 40$

$= 30$

92. (d) $P(1) = 2$ तथा $k(K+1) + 2 = 4$

$\therefore$ P(1) सत्य नहीं है। गणितीय आगमन का सिद्धान्त लागू नहीं हो सकता है।

93. (a) माना $y = \log x - x$

$$\therefore \quad \frac{dy}{dx} = \frac{1}{x} - 1$$

और $$\frac{d^2y}{dx^2} = \frac{-1}{x^2}$$

y के महत्तम और निम्नतम मान के लिए,

$$\frac{dy}{dx} = \frac{1}{x} - 1 = 0$$

$$\frac{1}{x} = 1 \Rightarrow x = 1$$

$x = 1$ के लिए $\dfrac{d^2y}{dx^2} = -1 < 0$

अतः फलन का मान $x = 1$ के लिए महत्तम होगा।

$\therefore$ महत्तम मान $= \log(1) - 1 = -1$

94. (b) $$y = \tan^{-1}\frac{x}{a}$$

$$\frac{dy}{dx} = \frac{d}{dx}\tan^{-1}\frac{x}{a} = \frac{1}{1+\frac{x^2}{a^2}} \times \frac{1}{a}$$

$$= \frac{a^2}{a^2+x^2} \times \frac{1}{a}$$

$$= \frac{a}{a^2+x^2}$$

95. (c) $$\int \tan^{-1}\sqrt{\frac{1-\cos 2x}{1+\cos 3x}}\,dx = \int \tan^{-1}\tan x\,dx$$

$$= \int x\,dx = \frac{x^2}{2} + C$$

96. (c) माना ΔABC में, $a = 15k$, तब $b = 7k$ और $c = 13k$

$$\therefore \quad \cos C = \frac{(15k)^2 + (7k)^2 - (13k)^2}{2 \cdot 15k \cdot 7k}$$

($\because$ कोज्या के नियम से)

$$= \frac{15^2 + 7^2 - 13^2}{2 \cdot 15 \cdot 7} = \frac{225 + 49 - 169}{210}$$

$$= \frac{105}{210}$$

$$= \frac{1}{2} = \cos 60^\circ$$

अतः $C = 60^\circ$

97. (c) त्रिभुज DPQ का क्षेत्रफल = वर्ग ABCD का क्षेत्रफल – (त्रिभुज PBQ का क्षेत्रफल + Δ APD का क्षेत्रफल + Δ QDC का क्षेत्रफल)

$(1 \times 1)^2 - (\frac{1}{2} \times$ लंब $\times$ आधार$) + \frac{1}{2}$ (लंब $\times$ आधार$) + \frac{1}{2}$ (लंब $\times$ आधार)

$$= \left[1 - \left(\frac{1}{2} \times \frac{1}{2} \times \frac{1}{2}\right) + \left(\frac{1}{2} \times \frac{1}{2} \times 1\right) + \left(\frac{1}{2} \times \frac{1}{2} \times 1\right)\right]$$

$$= 1 - \left(\frac{1}{8} + \frac{1}{4} + \frac{1}{4}\right) = 1 - \left(\frac{1+2+2}{8}\right)$$

$= 1 - \dfrac{5}{8} = \dfrac{3}{8}$ वर्गमीटर

98. (a) टाइल्स की अभीष्ट कुल संख्या = कमरे का क्षेत्रफल/एक टाईल का क्षेत्रफल

$$= \frac{5 \times 5}{\frac{20}{100} \times \frac{20}{100}} = \frac{25}{\frac{1}{25}} = 25 \times 25 = 625$$

99. (c) $X < Y$

समकोण त्रिभुज ABC में,

$$AC = \sqrt{AB^2 + BC^2}$$

$$= \sqrt{25 + 144} = 13$$

$ACED$ का क्षेत्रफल $= 13 \times 13$

$= 169$ वर्ग इकाई

$=$ X का क्षेत्रफल

'Y' का क्षेत्रफल

$= BCGF$ चौकोर (वर्गाकार) का क्षेत्रफल

$+ HABI$ चौकोर (वर्गाकार) का क्षेत्रफल

$= 12 \times 12 + 5 \times 5$

$= 144 + 169 = 85$ वर्ग इकाई

$\therefore$ 'Y' का क्षेत्रफल = 'X' का क्षेत्रफल

$\therefore \quad X = Y$

100. (c) $\because$ वर्ग की प्रत्येक भुजा समान होती है तथा प्रत्येक कोण 90° का समकोण होता है।

❑❑❑

15 गणित
प्रैक्टिस पेपर

1. $x\%$ प्रति वर्ष की दर से ₹ 4,000 का 3 वर्ष का साधारण ब्याज, 12% प्रति वर्ष की दर से ₹ 5,000 पर 2 वर्ष के साधारण ब्याज के बराबर है, तो x का मान है–
(a) 9% (b) 10%
(c) 6% (d) 8%

2. यदि किसी त्रिभुज की दो भुजाएँ 16 तथा 18 सेमी. हैं तथा तीसरी भुजा की माध्यिका की लम्बाई 11सेमी. है, तो तीसरी भुजा की लम्बाई होगी–
(a) 13 सेमी. (b) 24 सेमी.
(c) 26 सेमी. (d) 28 सेमी.

3. $\sin\frac{\pi}{4}\cos\frac{\pi}{6}\tan\frac{\pi}{3}\sec\frac{\pi}{4}$ का मान है–
(a) $\frac{3}{2}$ (b) $\frac{1}{2}$
(c) $\frac{4}{3}$ (d) $\frac{2}{3}$

4. यदि बिन्दुओं (3, 0) तथा (–3, 0) के बीच की दूरी का अन्तर 4 हो, तो बिन्दु का बिन्दुपथ होगा :
(a) $\frac{x^2}{4}-\frac{y^2}{5}=1$ (b) $\frac{x^2}{5}-\frac{y^2}{4}=1$
(c) $\frac{x^2}{2}-\frac{y^2}{3}=1$ (d) $\frac{x^2}{3}-\frac{y^2}{2}=1$

5. सारणिक $\begin{vmatrix} 1 & x & y \\ 2 & \sin x + 2x & \sin y + 2y \\ 3 & \cos x + 3x & \text{co}\, y + 3y \end{vmatrix}$ का मान है–
(a) $\sin(x-y)$ (b) $\cos(x-y)$
(c) $\cos(x+y)$ (d) $xy\sin(x-y)$

6. सारणिक $\begin{vmatrix} a^2 & a & 1 \\ \cos(nx) & \cos(n+1)x & \cos(n+2)x \\ \sin(nx) & \sin(n+1)x & \sin(n+2)x \end{vmatrix}$ का मान स्वतन्त्र है–
(a) n
(b) x
(c) a
(d) इनमें से कोई नहीं

7. यदि $ax^2 + bx^3 + cx^2 + 50x + d$ $= \begin{vmatrix} x^3-14x^2 & -x & 3x+\lambda \\ 4x+1 & 3x & x-4 \\ -3 & 4 & 0 \end{vmatrix}$ है, तब λ का मान है–
(a) 0 (b) 1
(c) 2 (d) 3

8. 1000 घरों के सर्वेक्षण में वाशिंग मशीन, वैक्यूम क्लीनर तथा रेफ्रीजरेटर की गणना की गई। प्रत्येक घर में कम से कम एक उपकरण था। 400 के पास कोई रेफ्रीजरेटर नहीं था, 344 के पास कोई वैक्यूम क्लीनर नहीं था तथा 542 के पास कोई वाशिंग मशीन नहीं थी। 314 के पास वैक्यूम क्लीनर तथा वाशिंग मशीन दोनों थे। 287 के पास रेफ्रीजरेटर तथा वाशिंग मशीन दोनों थीं। 13 के पास वाशिंग मशीन, वैक्यूम क्लीनर तथा रेफ्रीजरेटर तीनों थे। कितने घरों में केवल वैक्यूम क्लीनर ही था?
(a) 51 (b) 68
(c) 101 (d) इनमें से कोई नहीं

9. यदि $y=\sin^{-1}x+\sin^{-1}\sqrt{1-x^2}, -1\le x\le 1$, तब $\frac{dy}{dx}$ है–
(a) 0 (b) $\frac{\pi}{2}$
(c) 1 (d) 4

10. $\cos^{-1}\left(\frac{\sin x+\cos x}{\sqrt{2}}\right)$ का x के सापेक्ष अवकलन है–
(a) 0 (b) –1
(c) 1 (d) इनमें से कोई नहीं

11. $\tan^{-1}\left(\frac{a\cos x-b\sin x}{b\cos x-a\sin x}\right), -\frac{\pi}{2}<x<\frac{\pi}{2}$ तथा $\frac{a}{b}\tan x > -1$, तब $\frac{dy}{dx}$ है–
(a) 0 (b) –1
(c) 1 (d) इनमें से कोई नहीं

12. 10 किलोग्राम का एक पिण्ड विरामावस्था से 13 मीटर गिरकर, रेत में 1 मीटर धँसकर फिर विरामावस्था को प्राप्त कर लेता है, पिण्ड पर रेत का औसत प्रतिरोध होगा–
(a) 120 किलोग्राम-भार
(b) 130 किलोग्राम-भार
(c) 140 किलोग्राम-भार
(d) 150 किलोग्राम-भार

13. 300 मीट्रिक टन भार की गाड़ी 150 में 1 के चढ़ाव पर खींची जाती है, यदि प्रतिरोध अचर और भार का $\frac{1}{40}$ हो और त्वरण 1 मीटर/सेकण्ड^2 हो, तो इंजन का खिंचाव होगा–

(a) $30\frac{11}{77}$ मीट्रिक टन-भार (b) $41\frac{2}{3}$ मीट्रिक टन-भार
(c) $37\frac{1}{17}$ मीट्रिक टन-भार (d) $40\frac{11}{98}$ मीट्रिक टन-भार

14. एक रेलगाड़ी 100 में 1 झुकाव वाले समतल की चोटी से विराम से उतरकर समतल की जड़ पर पहुँचती है, समतल की जड़ से लगी वैसी ही क्षैतिज पटरियों पर गाड़ी कितनी दूर चलकर विराम में आयेगी ? समतल की लम्बाई 1 किलोमीटर और पटरियों का प्रतिरोध 8 किलोग्राम भारत प्रति मीट्रिक टन है–

(a) 0.75 किलोमीटर (b) 0.50 किलोमीटर
(c) 0.25 किलोमीटर (d) 1 किलोमीटर

15. यदि इकाई सदिश a तथा b के बीच कोण 2α $(0 \le \alpha \le \pi)$ हो, तो $|a + b| < 1$ यदि–

(a) $\alpha = \frac{\pi}{2}$ (b) $\alpha < \frac{\pi}{3}$
(c) $\alpha > \frac{2\pi}{3}$ (d) $\frac{\pi}{3} < \alpha < \frac{2\pi}{3}$

16. यदि $a = \hat{i} + \hat{i} - \hat{k}, b = \hat{i} + \hat{j}, c = \hat{i}$ तथा $(a \times b) \times c = \lambda a + \mu b$ तब $\lambda + \mu$ का मान है–

(a) 0 (b) 1
(c) 2 (d) 3

17. माना a, b व c तीन सदिश इस प्रकार हैं कि $a \neq 0$ तथा $a \times b = 2a \times c$, $|a| = |c| = 1$, $|b| = 4$ तथा $|b \times c| = \sqrt{15}$ यदि $b - 2a = \lambda a$, तब λ का मान है–

(a) 1 (b) –4
(c) 3 (d) –2

18. a का वह न्यूनतम मान ज्ञात कीजिए जिसके लिए अन्तराल (1, 2) में $f(x) = x^2 + ax + 1$ से प्रदत्त फलन निरन्तर वर्द्धमान है।

(a) –2 (b) –1
(c) 0 (d) 2

19. माना $[a, b]$ पर परिभाषित एक फलन f इस प्रकार है कि सभी $x \in (a, b)$ के लिए $f'(x) > 0$ है, तो फलन f एक वर्द्धमान फलन है।

(a) (a, b) (b) $(a, b]$
(c) $[a, b]$ (d) $[a, b)$

20. रमेश ने एक महीने में 5, महेश 6, सुरेश 7, केशव 8, तथा मयंक 9 मैच खेलते हैं। उनके द्वारा खेले जाने वाले मैचों का समांतर माध्य है-

(a) 6 (b) 4
(c) 8 (d) 7

21. किसी कक्षा में 30 विद्यार्थी हैं, पहले 10 विद्यार्थियों की औसत आयु 12.5 वर्ष है, बाकी 20 विद्यार्थियों की औसत आयु 13.1 वर्ष है, पूरी कक्षा के विद्यार्थियों की औसत आयु है-

(a) 12.5 (b) 12.7
(c) 12.8 (d) 12.9

22. प्राप्तांक 8, 6, 10, 12, 1, 5, 6 तथा 6 के लिए समानान्तर माध्य होगा–

(a) 6.85 (b) 6.75
(c) 6.75 (d) 7

23. $\sqrt{5 + \sqrt{11 + \sqrt{19 + \sqrt{29 + \sqrt{49}}}}}$ का मान है–

(a) 5 (b) 6
(c) 3 (d) 4

24. एक नत समतल, जिसका झुकाव 60° है, 3 मीटर लम्बा है, उस पर एक-एक मीटर की दूरी पर क्रम से 7, 5,4 और 8 ग्राम के द्रव्यमान रखे हुए हैं, जबकि अन्तिम द्रव्यमान सबसे ऊँचा है, नत समतल के आधार से उन भारों के गुरुत्व केन्द्र की दूरी होगी–

(a) 1·225 मीटर (b) 1·315 मीटर
(c) 1·335 मीटर (d) 2·51 मीटर

25. 5, 7, 6, 8, 4 और 9 ग्राम भार के कण एक समषट्भुज के शीर्षों पर क्रम से रखे हैं, उनका गुरुत्व केन्द्र षट्भुज का–

(a) केन्द्र होगा
(b) केन्द्र से 2 सेमी दूरी पर होगा
(c) केन्द्र से 3 सेमी दूरी पर होगा
(d) केन्द्र से 4 सेमी दूरी पर होगा

26. 1, 2, 3, 4 और 5 ग्राम के भार एक वर्गाकार मेज पर रखे हुए हैं मेज के एक किनारे से इनकी दूरियाँ क्रम से 2, 4, 6, 8 और 10 सेमी हैं और संलग्न किनारे से 3, 5, 7, 9 और 11 सेमी हैं दोनों किनारों से उनके गुरुत्व केन्द्र की दूरी होगी–

(a) $\frac{22}{3}$ और $\frac{25}{3}$ सेमी (b) $\frac{21}{4}$ और $\frac{25}{4}$ सेमी
(c) $\frac{20}{3}$ और $\frac{22}{3}$ सेमी (d) $\frac{17}{5}$ और $\frac{19}{5}$ सेमी

27. एक चक्रीय समलम्ब चतुर्भुज ABCD का $\angle ABC = 52°$ है। यदि BC और AD समान्तर हैं, तो $\angle BCD$ का मान होगा–

(a) 128° (b) 64°
(c) 52° (d) 104°

28. $\sin^{-1}\frac{4}{5} + 2\tan^{-1}\frac{1}{3}$ का मान कितना है?

(a) $\frac{\pi}{3}$ (b) $\frac{\pi}{2}$
(c) $\frac{\pi}{4}$ (d) $\frac{\pi}{6}$

29. एक तरबूज को भार के अनुसार 3 : 5 के अनुपात में दो टुकड़ों में काटा गया है, उनमें से बड़े टुकड़े को भार के अनुसार 5 : 7 के अनुपात में दोबारा काटा गया है, तो उन तीनों टुकड़ों का अनुपात ज्ञात कीजिए–

(a) 15 : 25 : 26 (b) 5 : 7 : 9
(c) 3 : 5 : 7 (d) 36 : 25 : 35

30. यदि $A = \begin{bmatrix} 0 & a & b \\ -a & 0 & c \\ -b & -c & 0 \end{bmatrix}$ तथा $Q_1 = \frac{1}{2}(A + A')$, $Q_2 = \frac{1}{2}(A - A')$ तब Q_1, Q_2 का मान है–

(a) I_3 (b) Q_3
(c) A (d) A^2

31. यदि $X+Y=\begin{bmatrix}7 & 0\\2 & 5\end{bmatrix}$ तथा $X-Y=\begin{bmatrix}3 & 0\\0 & 3\end{bmatrix}$, तब आव्यूह $3X-4Y$ के अवयवों के योग का मान है–

(a) 14 (b) 16
(c) 12 (d) 25

32. यदि $\begin{bmatrix}1 & -\tan\theta\\ \tan\theta & 1\end{bmatrix}\begin{bmatrix}1 & -\tan\theta\\ \tan\theta & 1\end{bmatrix}^{-1}=\begin{bmatrix}a & -b\\ b & a\end{bmatrix}$ तब निम्न में से कौन-सा सत्य है?

(a) $a=\cos 2\theta, b=\sin 2\theta$
(b) $a=1, b=0$
(c) $a=\sin 2\theta, b=\cos 2\theta$
(d) $a=1, b=1$

33. यदि F एक संवृत है तथा वास्तविक संख्याओं का परिबद्ध समुच्चय हैं, तब F का प्रत्येक विवृत आवरण (covering) रखता है–

(a) F का परिमित उप आवरण (कवर, आच्छादन)
(b) F का अपरिमित उपआवरण
(c) कोई परिमित उपआवरण नहीं
(d) कोई अपरिमित उपआवरण नहीं

34. माना $\bar{E}$, E के संवरण के बिन्दुओं का एक समुच्चय है, तब E संवृत होता है, यदि–

(a) $\bar{E}\subset\bar{E}$ (b) $E\supset\bar{E}$
(c) $E\cap\bar{E}=\phi$ (d) $E\cup\bar{E}=\phi$

35. $O_n=\left(-\frac{1}{n},\frac{1}{n}\right)$ $n=1, 2, ...$ के रूप में सभी समुच्चयों का सर्वनिष्ठ (प्रतिच्छेन) है–

(a) विवृत समुच्चय (b) {0}
(c) एक विवृत समुच्चय नहीं (d) इनमें से कोई नहीं

36. वह न्यूनतम संख्या कौन-सी है, जो 12, 15, 20 से विभाज्य व पूर्ण वर्ग है?

(a) 400 (b) 900
(c) 1,600 (d) 3,600

37. रेखाओं $2x-3y+5=0$ और $3x+4y=0$ के प्रतिच्छेद बिन्दु की रेखा $5x-2y=0$ से दूरी हैं–

(a) $\frac{130}{17\sqrt{29}}$ (b) $\frac{125}{19\sqrt{29}}$
(c) $\frac{121}{17\sqrt{29}}$ (d) $\frac{119}{11\sqrt{3}}$

38. A, B की तुलना में दोगुना सक्षम कामगार है। वे दोनों मिलकर एक कार्य 18 दिन में कर लेते हैं, तदनुसार अकेला B वह कार्य कितने दिनों में कर सकता है?

(a) 9 दिन (b) 36 दिन
(c) 54 दिन (d) 27 दिन

39. 9 मीटर ऊँचे एक ऊर्ध्वाधर खम्भे की छाया की लम्बाई (सेमी में) कितनी होगी, यदि उस समय, सूर्य का उन्नतांश 30° हो?

(a) $3\sqrt{3}$ (b) 3
(c) $9\sqrt{3}$ (d) $18\sqrt{3}$

40. एक संख्या को 5 से गुणा करके गुणनफल के साथ 25 जोड़ा गया है। योगफल को 5 से भाग दिया जाता है एवं भागफल में से मूल संख्या को घटाया जाता है, तो शेषफल होगा–

(a) 0 (b) 2
(c) 5 (d) 10

41. परवलय $y^2=4ax$ की जीवा AB परवलय के अक्ष से C पर मिलती है। यदि $A=(at_1^2, 2at_1)$ व $B=(at_2^2, 2at_2)$ है. तथा AC : AB = 1: 3 तब

(a) $t_2=2t_1$ (b) $t_2+2t_1=0$
(c) $t_1+2t_2=0$ (d) इनमें से कोई नहीं

42. परवलय जिसकी नाभि (0, 0) व शीर्ष पर खींची गई स्पर्श रेखा $x-y+1=0$ है, का समीकरण है–

(a) $x^2+y^2-2xy+4x-4y-4=0$
(b) $x^2+y^2-2xy+4x-4y-4=0$
(c) $x^2+y^2+2xy-4x-4y-4=0$
(d) $x^2+y^2+2xy-4x-4y+4=0$

43. यदि Δ ABC का क्षेत्रफल 8 वर्ग इकाई हो, तो $r\,r_1\,r_2\,r_3$ का मान होगा–

(a) 36 (b) 49
(c) 64 (d) 144

44. यदि $\angle A=90°$, तो $\frac{rr_1}{r_2r_3}$ का मान होगा–

(a) 2 (b) 3
(c) 4 (d) 1

45. यदि समान्तर श्रेणी के m पदों के योगफल को S_m से प्रदर्शित करें और $S_{2m}=3S_m$ हो, तो $\frac{S_{3m}}{S_m}$ का मान होगा–

(a) 4 (b) 6
(c) 7 (d) 9

46. दी गई आकृति में O वृत्त का केन्द्र है। TC तथा TB वृत्त की स्पर्श रेखाएँ हैं। यदि $\angle BAC=80°$ हो, तो $\angle CTB$ होगा–

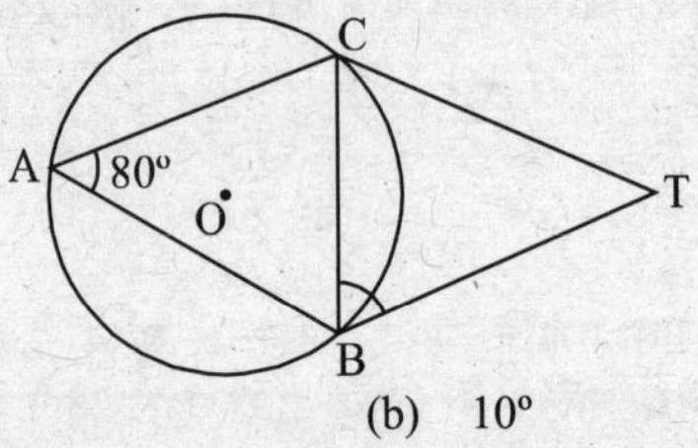

(a) 20° (b) 10°
(c) 30° (d) 40°

47. एक व्यक्ति मोटर साइकिल द्वारा एक निश्चित दूरी तय करता है। यदि वह 6 किमी/घण्टा धीरे चलता, तो उसे 8 मिनट लगते, परन्तु यदि वह 4 किमी/घण्टा तेज चलता तो, उसे $4\frac{1}{2}$ मिनट कम लगते, दूरी कितनी है ?

(a) 65 किमी (b) 72 किमी
(c) 84 किमी (d) 108 किमी

48. एक समुद्री जहाज किनारे से 40 किमी की दूरी पर है, इसमें एक छेद हो जाता है, जिससे इसमें 6 मिनट में $1\frac{7}{8}$ टन पानी अन्दर भर जाता है। 60 टन पानी इस जहाज को डुबोने के लिए पर्याप्त है, किन्तु जहाज में लगा एक निकासी नल 12 टन प्रति घण्टा की दर से पानी बाहर फेंक सकता है। जहाज की वह औसत गति क्या है जिससे वह जैसे ही डूबना आरम्भ करे, किनारे पर पहुँच जाए?

(a) 4·5 किमी/घण्टा (b) 3·5 किमी/घण्टा
(c) 5 किमी/घण्टा (d) इनमें से कोई नहीं

49. $\int \log x.(\log x + 2)\,dx$ का मान है–

(a) $x(\log x)^2 + C$ (b) $x(1+\log x)^2 + C$
(c) $x[1+(\log x)^2]+C$ (d) उपरोक्त में से कोई नहीं

50. अतिपरवलय $\frac{x^2}{a^2} - \frac{y^2}{b^2} = 1$ की दो स्पर्श रेखाओं जिनकी प्रवणताओं का गुणनफल c^2 है, का प्रतिच्छेदन बिन्दु निम्न में से किस वक्र पर स्थित है?

(a) $y^2 - b^2 = c^2\,(x^2 + a^2)$ (b) $y^2 + a^2 = c^2\,(x^2 - b^2)$
(c) $y^2 + b^2 = c^2\,(x^2 - a^2)$ (d) $y^2 - a^2 = c^2\,(x^2 + b^2)$

51. यदि $ax^2 + 6x + b = 0$ के मूल α एवं β हैं, तो $\frac{\sqrt{\alpha}}{\sqrt{\beta}} + \frac{\sqrt{\beta}}{\sqrt{\alpha}} + \frac{\sqrt{b}}{\sqrt{a}}$ किसके बराबर होगा?

(a) 1 (b) 0
(c) – 1 (d) 2

52. यदि $f(a + b - x) = f(x)$, तो $\int_a^b f(x)\,dx$ का मान होगा–

(a) $\frac{a+b}{2}\int_a^b f(b-x)\,dx$ (b) $\frac{a+b}{2}\int_a^b f(b+x)\,dx$
(c) $\frac{b-a}{2}\int_a^b f(x)\,dx$ (d) $\frac{a+b}{2}\int_a^b f(x)\,dx$

53. यदि p तथा q अंक निरुपित करते हों तो कथन $5p9 + 327 + 2q8 = 1114$ में q का सम्भव अधिकतम मान क्या होगा?

(a) 9 (b) 8
(c) 7 (d) 6

54. $(49)^{15} - 1$ किस संख्या से पूर्णतः विभाजित है?

(a) 50 (b) 51
(c) 29 (d) 48

55. यदि दीर्घवृत्त $\frac{x^2}{14} + \frac{y^2}{5} = 1$ के बिन्दु $P(\theta)$ पर खींचा गया अभिलम्ब पुनः इसे बिन्दु $Q(2\theta)$ पर मिलता है, तब $\cos\theta$ का मान है–

(a) $\frac{2}{3}$ (b) $-\frac{2}{3}$
(c) $\frac{1}{3}$ (d) $-\frac{1}{3}$

56. दीर्घवृत्त $\frac{x^2}{a^2} + \frac{y^2}{b^2} = 1$ का जीवा, जो वृत्त $x^2 + y^2 = c^2$ को स्पर्श करती है, के मध्य-बिन्दु का बिन्दुपथ है, $(c < a, c > b)$ है–

(a) $(b^2x^2 + a^2y^2)^2 = c^2(b^4x^2 + a^4y^2)$
(b) $(a^2x^2 + b^2y^2)^2 = c^2(a^4x^2 + b^2y^2)$
(c) $(b^2x^2 + a^2y^2)^2 = c^2(b^2x^4 + a^2y^4)$
(d) उपरोक्त में से कोई नहीं

57. एक स्कूल में वॉलीबॉल के 12 खिलाड़ियों में से की 9 टीम बनती है। यदि कप्तान सदैव रहे, तो टीम कितने प्रकार से बनाई जा सकती है?

(a) 36 (b) 9
(c) 108 (d) 165

58. $\sum_{r=0}^{n} C\,(n_1\,r)$ किसके तुल्य है?

(a) $2^n - 1$ (b) $3n$
(c) 2^n (d) 2^{n-1}

59. वक्र $y = \cos 3x,\ 0 \le x \le \frac{\pi}{6}$ एवं निर्देशांक अक्षों के बीच का क्षेत्रफल क्या है?

(a) 10 वर्ग इकाई (b) $\frac{1}{2}$ वर्ग इकाई
(c) $\frac{1}{3}$ वर्ग इकाई (d) $\frac{1}{4}$ वर्ग इकाई

60. अवकल समीकरण की कोटि और घात जिसका हल $Ax^2 + By^2 = 1$ है, हैं (जहाँ, A और B स्वेच्छ नियतांक हैं)

(a) कोटि 2 और घात 2 (b) कोटि 1 और घात 2
(c) कोटि 1 और घात 1 (d) कोटि 2 और घात 1

61. यदि 3 पुरुषों, 2 महिलाओं तथा 4 बच्चों के एक ग्रुप से 4 व्यक्ति यदृच्छया चुने जाते हैं, तो चुने गए व्यक्तियों में ठीक 2 बच्चे होने की प्रायिकता है–

(a) $\frac{10}{21}$ (b) $\frac{8}{63}$
(c) $\frac{5}{21}$ (d) $\frac{9}{21}$

62. ताशों की गड्डी से एक साथ 6 ताश निकाले जाते हैं। निकाले गए ताशों में 3 लाल तथा 3 काले ताश होने की प्रायिकता है–

(a) ${}^{26}C_6$ (b) $\frac{{}^{26}C_3}{{}^{52}C_6}$
(c) $\frac{{}^{26}C_3 \times {}^{26}C_3}{{}^{52}C_6}$ (d) $\frac{1}{2}$

63. बिन्दु (4, 3, 0) की लम्बवत् दूरी xy समतल से होगी–

(a) 0
(b) 5
(c) 4
(d) 3

64. रेखा जो (2, – 3, 1) और (3, – 4, –5) को मिलाने से बनती है, यदि समतल $2x + y + z = 7$ को काटे तो उस बिन्दु का निर्देशांक होगा–

(a) (1, –2, 7)
(b) (1, 2, 7)
(c) (1, 2, –7)
(d) (1, –2, –7)

65. दिए गए छायांकित भाग का मान है–

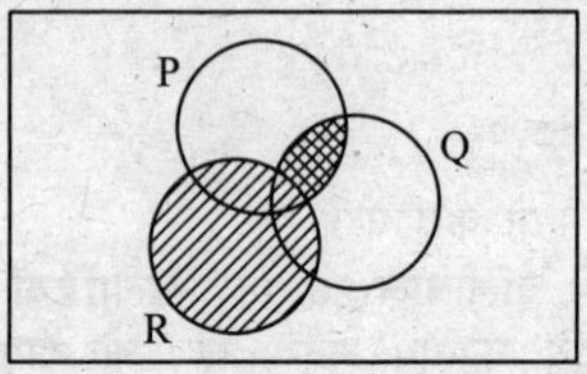

(a) $P \cup (R \cap Q)$ (b) $P \cup (R \cup Q)$
(c) $R \cup (P \cap Q)$ (d) $Q \cup (P \cap R)$

66. यदि P और Q दो समुच्चय हैं, तो $P \cap (P \cup Q)$ बराबर है।

(a) P (b) Q
(c) $P \cap Q$ (d) इनमें से कोई नहीं

67. पार्श्व वेन आरेख में समुच्चय A – B है–

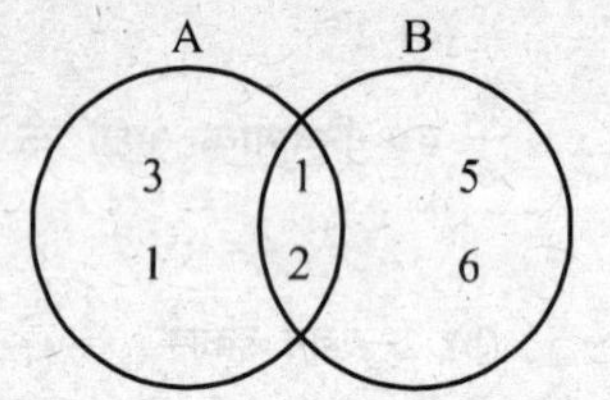

(a) {3, 4} (b) {1, 2}
(c) {5, 6} (d) इनमें से कोई नहीं

68. मान लीजिए $P(n) : n^2 + n + 1$ एक सम्पूर्णांक है। यदि $P(k)$ सत्य है $\Rightarrow P(k+1)$ सत्य है, जब $P(n)$ सत्य है–

(a) $n > 1$ (b) $n \in N$ के लिए
(c) $n > 2$ (d) इसमें से कोई नहीं

69. यदि किसी क्षण t पर, किसी गोले के लिए, r सूचित करता है अर्द्धव्यास, S सूचित करता है पृष्ठीय क्षेत्रफल और V सूचित करता है, आयतन, तो $\frac{dV}{dt}$ कितने के बराबर है?

(a) $\frac{1}{2} S \frac{dr}{dt}$ (b) $\frac{1}{2} r \frac{dS}{dt}$
(c) $r \frac{dS}{dt}$ (d) $\frac{1}{2} r^2 \frac{dS}{dt}$

70. दीर्घवृत्त $x^2 + 9y^2 = 9$ और सरल रेखा $x + 3y = 3$ के बीच बने ठोस के प्रथम चतुर्थांश में y-अक्ष के परितः घुमाने से बने ठोस का आयतन है।

(a) 3π घन इकाई (b) 4π घन इकाई
(c) 6π घन इकाई (d) 9π घन इकाई

71. यदि $\int \frac{dx}{f(x)} = \log \{f(x)\}^2 + C$ हो, तो $f(x)$ किसके बराबर हैं?

(a) $2x + \alpha$ (b) $x + \alpha$
(c) $\frac{x}{2} + \alpha$ (d) $x^2 + \alpha$

72. किसी ΔABC में, $a = 18, b = 24, c = 30$, तो इस त्रिभुज का क्षेत्रफल होगा।

(a) 196 वर्ग इकाई (b) 216 वर्ग इकाई
(c) 64 वर्ग इकाई (d) इनमें से कोई नहीं

73. $\int_0^{\pi/2} |\sin x - \cos x| \, dx$ का मान है–

(a) 0 (b) $2(\sqrt{2} - 1)$
(c) $2(\sqrt{2} + 1)$ (d) इनमें से कोई नहीं

74. अवकल समीकरण $(x + y)^2 \frac{dy}{dx} = \alpha^2$ का हल है–

(a) $y = a \tan^{-1}(x + y) + C$

(b) $y = \frac{1}{a} \tan^{-1}(x + y) + C$

(c) $y = a \tan^{-1}\left(\frac{x + y}{a}\right) + C$

(d) उपरोक्त में से कोई नहीं

75. परवलय $y^2 = 8x$ के नियता का समीकरण ज्ञात कीजिए।

(a) $x + 2 = 0$ (b) $x + 4 = 0$
(c) $x - 2 = 0$ (d) $x + 1 = 0$

76. बिन्दुओं $(a + b, a - b)$ और $(b - a, a + b)$ की समान दूरी पर स्थित किसी बिन्दु का बिन्दुपथ क्या हैं?

(a) $bx - ay = 0$ (b) $bx + ay = 0$
(c) $-ax + by = 0$ (d) $ax + by = 0$

77. $\log\left(a + \sqrt{a^2 + 1}\right) + \log\left(\frac{1}{a + \sqrt{a^2 + 1}}\right)$ का मान क्या है?

(a) 1 (b) 0
(c) 2 (d) $\frac{1}{2}$

78. यदि समीकरण $x^2 - 5x + 16 = 0$ के मूल α, β हों तथा समीकरण $x^2 + px + q = 0$ के मूल $\alpha^2 + \beta^2, \frac{\alpha\beta}{2}$ हों, तब

(a) $p = 1, q = -56$ (b) $p = -1, q = -56$
(c) $p = 1, q = 56$ (d) $p = -1, q = 56$

79. एक बहुभुज में 44 विकर्ण हैं, तो इसकी भुजाओं की संख्या होगी।

(a) 9 (b) 10
(c) 11 (d) 12

80. यदि $y = \tan^{-1} \frac{(\sin x)}{1 + \cos x}$, तो $\frac{dy}{dx}$ बराबर हैं?

(a) $\frac{x}{2}$ (b) $\frac{\pi}{2}$
(c) $-\frac{1}{2}$ (d) $\frac{1}{2}$

81. सम्मिश्र संख्या $5 + 12i$ का वर्गमूल होगा।
(a) $\pm(3+2i)$ (b) $\pm(3-2i)$
(c) $\pm(2+3i)$ (d) $\pm(2-3i)$

82. वृत्तों $x^2 + y^2 = 4$ और $x^2 + y^2 - 6x - 8y = 24$ पर खींची गई उभयनिष्ठ स्पर्श रेखाओं की संख्या है–
(a) 0 (b) 1
(c) 2 (d) 3

83. यदि सारणिक $\begin{vmatrix} x & 1 & 3 \\ 0 & 0 & 1 \\ 1 & x & 4 \end{vmatrix} = 0$, तो x का मान है–
(a) 2 अथवा – 2 (b) 3 अथवा – 3
(c) 1 अथवा –1 (d) 3 अथवा 4

84. निम्नलिखित पर विचार कीजिए।
I. $\operatorname{cosec}^{-1}\left(-\frac{2}{\sqrt{3}}\right) = -\frac{\pi}{3}$
II. $\sec^{-1}\left(\frac{2}{\sqrt{3}}\right) = \frac{\pi}{6}$
उपरोक्त में से कौन-सा/से सही है/हैं?
(a) केवल I (b) केवल II
(c) I और II दोनों (d) न तो I और न ही II

85. $C_1 + 2C_2 + 3C_3 + 4C_4 + ... + nC_n$ का मान है–
(a) 2^n (b) $n \cdot 2^n$
(c) $n \cdot 2^{n-1}$ (d) $n \cdot 2^{n+1}$

86. $\frac{4}{1\cdot3} - \frac{6}{2\cdot4} + \frac{12}{5\cdot7} - \frac{14}{6\cdot8} + ...\infty$ का मान होगा।
(a) $\log_e 3$ (b) $\log_e 2$
(c) $2\log_e 2$ (d) इनमें से कोई नहीं

87. n के किस मान के लिए, संख्याओं 1, 2, 3,.......... n का प्रसरण 2 हैं?
(a) 4 (b) 5
(c) 6 (d) 8

88. एक थैले A में 2 सफेद और 3 लाल गेंदे हैं और थैले B में 4 सफेद और 5 लाल गेंदे हैं। इन थैलों में से किसी एक में से एक गेंद यादृच्छया निकाली जाती है और यह गेंद लाल पाई गई। प्रायिकता ज्ञात कीजिए कि यह गेंद थैले B से निकाली गई थी।
(a) $\frac{18}{52}$ (b) $\frac{25}{52}$
(c) $\frac{7}{52}$ (d) $\frac{27}{52}$

89. $\lim_{x\to3}\left\{-\frac{x-3}{\sqrt{x-2}-\sqrt{4-x}}\right\}$ का मान है
(a) 1 (b) 2
(c) – 1 (d) – 2

90. निम्नलिखित में से कौन-सा एक सही है?
$\left(1+\cos 67\frac{1^\circ}{2}\right)\left(1+\cos 112\frac{1^\circ}{2}\right)$
(a) अपरिमेय संख्या है और 1 से अधिक है
(b) परिमेय संख्या है किन्तु पूर्णांक नहीं है
(c) पूर्णांक है
(d) अपरिमेय संख्या है और 1 से कम है

91. यदि $x^y = e^{x-y}$ हो, तो dy/dx निम्नलिखित में से किसके बराबर है?
(a) $\frac{(x-y)}{(1+\log x)^2}$ (b) $\frac{y}{(1+\log x)}$
(c) $\frac{(x+y)}{(1+\log x)}$ (d) $\frac{\log x}{(1+\log x)^2}$

92. $\int_0^{\pi/2} \frac{\sin^3 x}{\sin^3 x + \cos^3 x}\,dx$ का मान क्या हैं?
(a) π (b) $\frac{\pi}{2}$
(c) $\frac{\pi}{4}$ (d) 0

93. एक फलन f इस तरह से है कि $f'(x) = 6 - 4\sin 2x$ और $f(0) = 3$ है। $f(x)$ किसके बराबर है?
(a) $6x + 2\cos 2x$ (b) $6x - 2\cos 2x$
(c) $6x - 2\cos 2x + 1$ (d) $6x + 2\cos 2x + 1$

94. परवलय $4y^2 + 6x = 8y + 7$ के शीर्ष पर स्पर्श रेखा का समीकरण है।
(a) $x = 0$ (b) $3x = 4y + 7$
(c) $6x = 11$ (d) इनमें से कोई नहीं

95. बिन्दु A, बिन्दुओं (– 5, 1) तथा (3, 5) को मिलाने वाली रेखा को $k : 1$ के अनुपात में विभाजित करता है और बिन्दुओं B और C के निर्देशांक क्रमशः (1, 5) तथा (7, –2) है। यदि ΔABC का क्षेत्रफल 2 वर्ग इकाई हो, तो k का मान है–
(a) 6, 7 (b) $\frac{31}{9}$, 7
(c) 7, $\frac{31}{9}$ (d) 7, 9

96. यदि $\log p + \log q = \log(p + q)$ हो, तो–
(a) $q = \frac{p}{p-1}$ (b) $q = \frac{p-1}{p}$
(c) $q = \frac{p+1}{p}$ (d) $q = \frac{p}{p+1}$ s

97. यदि $P(5, r) = P(6, r - 1)$ है, तो r का मान क्या है।
(a) 9 (b) 5
(c) 4 (d) 2

98. यदि a, b, c AP में है और सार्वान्तर d है, तो $e^{1/c}, e^{b/ac}, e^{1/a}$ है।

(a) AP में सार्वान्तर e^d के साथ

(b) GP में सार्वानुपात $e^{1/d}$ के साथ

(c) GP में सार्वानुपात $e^{d/(b^2-d^2)}$ के साथ

(d) उपरोक्त में से कोई नहीं

99. एक वृत्ताकार और दूसरे वर्गाकार मैदान की परिमितियाँ एक-समान हैं। यदि वर्गाकार मैदान का क्षेत्रफल 121 वर्ग मीटर है, तो वृत्ताकार मैदान का क्षेत्रफल कितने वर्ग मीटर होगा?

(a) 110 (b) 154

(c) 222 (d) इनमें से कोई नहीं

100. एक कोण जो 90° से अधिक परन्तु 180° से कम हो, को कहते हैं–

(a) न्यून कोण

(b) अधिक (Obtuse) कोण

(c) सम कोण

(d) वृहत कोण

उत्तर (हल/संकेत)

1. (b) प्रश्नानुसार,

$$\frac{5000\times 12\times 2}{100} = \frac{4000\times 3\times x}{100}$$

$$\Rightarrow \quad x = \frac{5000\times 24}{4000\times 3}$$

$$\Rightarrow \quad x = 10\%$$

2. (c) तीसरी भुजा $= x$

$$2\left[\left(\frac{x}{2}\right)^2 + (11)^2\right] = (16)^2 + (18)^2$$

$$\Rightarrow \quad 2\left(\frac{x^2}{4} + 121\right) = 256 + 324$$

$$\Rightarrow \quad \frac{x^2}{4} + 121 = 290 \Rightarrow x^2 = 4\times 169$$

$$\Rightarrow \quad x = 2\times 13 = 26 \text{ सेमी.}$$

3. (a) $\sin\frac{\pi}{4}\cos\frac{\pi}{6}\tan\frac{\pi}{3}\sec\frac{\pi}{4}$

$$= \sin 45^\circ \cos 30^\circ \tan 60^\circ \sec 45^\circ$$

$$= \frac{1}{\sqrt{2}}\times\frac{\sqrt{3}}{2}\times\frac{\sqrt{3}}{1}\times\sqrt{2} = \frac{3}{2}$$

4. (a) माना P(h, k) बिन्दु है, प्रश्नानुसार PA-PB = 4

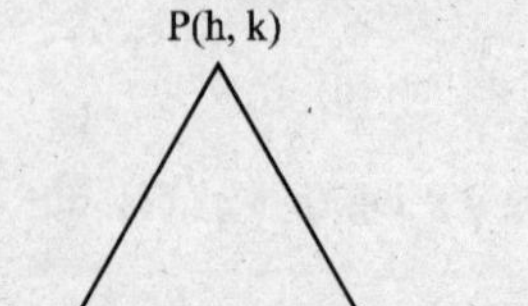

$$\Rightarrow \quad \sqrt{(h-3)^2+k^2} - \sqrt{(h+3)^2+k^2} = 4$$

$$\Rightarrow \quad \sqrt{(h-3)^2+k^2} = 4 + \sqrt{(h+3)^2+k^2}$$

दोनों पक्षों का वर्ग करने पर, $(h-3)^2 + k^2$

$$= 16 + (h+3)^2 + k^2 + 8\sqrt{(h+3)^2+k^2}$$

$$\Rightarrow \quad h^2 + 9 + 6h + k^2 = 16 + h^2 + 9 + 6h + k^2 + 8\sqrt{(h+3)^2+k^2}$$

$$\Rightarrow \quad -6h = 16 + 6h + 8\sqrt{(h+3)^2+k^2}$$

$$\Rightarrow \quad -8\sqrt{(h+3)^2+k^2} = 12h + 16$$

पुनः दोनों पक्षों का वर्ग करने पर,

$$\Rightarrow \quad 64[(h+3)^2 + k^2] = (12h+16)^2$$

$$\Rightarrow \quad 64(h^2 + 9 + 6h + k^2) = 144h^2 + 256 + 2.16.12h$$

$$\Rightarrow \quad = 16(9h^2 + 16 + 24h)$$

$$\Rightarrow \quad 64(h^2 + 9 + 6h + k^2)$$

$$4(h^2 + 9 + 6h + k^2) = (9h^2 + 16 + 24h)$$

$$\Rightarrow \quad 4h^2 + 36 + 24h + 4k^2 = 9h^2 + 16 + 24h$$

$$\Rightarrow \quad 5h^2 - 4k^2 = 20$$

$$\Rightarrow \quad \frac{x^2}{4} - \frac{y^2}{5} = 1$$

अतः P के बिन्दुपथ का समीकरण निम्न है,

$$\frac{x^2}{4} - \frac{y^2}{5} = 1$$

5. (a) माना $\Delta = \begin{vmatrix} 1 & x & y \\ 2 & \sin x + 2x & \sin y + 2y \\ 3 & \cos x + 3x & \cos y + 3y \end{vmatrix}$

$$= \begin{vmatrix} 1 & x & y \\ 0 & \sin x & \sin y \\ 0 & \cos x & \cos y \end{vmatrix}$$

$$\begin{pmatrix} R_2 \to R_2 - 2R_1 \\ R_3 \to R_3 - 3R_1 \end{pmatrix}$$

$$= \sin x \cos y - \cos x \sin y = \sin(x-y)$$

6. (a) माना

$$\Delta = \begin{vmatrix} a^2 & a & 1 \\ \cos(nx) & \cos(n+1)x & \cos(n+2)x \\ \sin(nx) & \sin(n+1)x & \sin(n+2)x \end{vmatrix}$$

चूँकि $\cos(nx) + \cos(n+2)x$

$= 2\cos(n+1)x\cos x$

तथा $\sin(nx) + \sin(n+2)x$

$= 2\sin(n+1)x\cos x$

संक्रिया $C_1 \to C_1 - 2\cos x \cdot C_2 + C_3$ लगाने पर,

$$\Delta = \begin{vmatrix} a^2 - 2a\cos x + 1 & a & 1 \\ 0 & \cos(n+1)x & \cos(n+2)x \\ 0 & \sin(n+1) & \sin(n+2)x \end{vmatrix}$$

$= (a^2 - 2\cos x + 1)[\cos(n+1)\ x\sin(n+2)x - \cos(n+2)x\sin(n+1)x]$

$= (a^2 - 2a\cos x + 1)\sin x$

अतः Δ, n से स्वतन्त्र है।

7. (c) दिया है,

$ax^4 + bx^3 + cx^2 + 50x + d$

$$= \begin{vmatrix} x^3 - 14x^2 & -x & 3x+\lambda \\ 4x+1 & 3x & x-4 \\ -3 & 4 & 0 \end{vmatrix}$$

x के सापेक्ष अवकलन करने पर,

$4ax^3 + 3bx^2 + 2cx + 50$

$$= \begin{vmatrix} 3x^3 - 28x & -1 & 3 \\ 4x+1 & 3x & x-4 \\ -3 & 4 & 0 \end{vmatrix} + \begin{vmatrix} x^3 - 14x^2 & -x & 3x+\lambda \\ 4 & 3 & 1 \\ -3 & 4 & 0 \end{vmatrix}$$

अब $x = 0$ रखने पर,

$$50 = \begin{vmatrix} 0 & -1 & 3 \\ 1 & 0 & -4 \\ -3 & 4 & 0 \end{vmatrix} + \begin{vmatrix} 0 & 0 & \lambda \\ 4 & 3 & 1 \\ -3 & 4 & 0 \end{vmatrix}$$

$\Rightarrow\ 50 = 25\lambda$

$\therefore\ \lambda = 2$

8. (d) ऐसे घर जिनमें केवल वैक्यूम क्लीनर ही था

$= n(V) - n(R \cap V) - n(V \cap W) - n(V \cap W \cap R)$

$= 656 - 314 - 287 - 13 = 42$

9. (a) दिया है,

$y = \sin^{-1} x + \sin^{-1}\sqrt{1-x^2}$

$\sin^{-1} x = \theta$ रखने पर,

$x = \sin\theta$

$\Rightarrow\ y = \theta + \sin^{-1}\sqrt{1-\sin^2\theta}$

$\Rightarrow\ y = \theta + \sin^{-1}(\cos\theta) \qquad (\because 1 - \sin^2\theta = \cos^2\theta)$

$\Rightarrow\ y = \theta + \sin^{-1}\sin\left(\frac{\pi}{2} - \theta\right)$

$\Rightarrow\ y = \theta + \frac{\pi}{2} - \theta = \frac{\pi}{2} \qquad \left\{\because \sin\left(\frac{\pi}{2} - \theta\right) = \cos\theta\right\}$

$\Rightarrow\ y = \frac{\pi}{2}$

x के सापेक्ष अवकलन करने पर, $\frac{dy}{dx} = 0$

10. (b) माना $\quad y = \cos^{-1}\left\{\frac{\cos x + \sin x}{\sqrt{2}}\right\}$

$y = \cos^{-1}\left\{\cos x\left(\frac{1}{\sqrt{2}}\right) + \sin x\left(\frac{1}{\sqrt{2}}\right)\right\}$

$= \cos^{-1}\left\{\cos x\cos\left(\frac{\pi}{4}\right) + \sin x\sin\left(\frac{\pi}{4}\right)\right\}$

$\left(\because \sin\frac{\pi}{4} = \cos\frac{\pi}{4} = \frac{1}{\sqrt{2}}\right)$

$y = \cos^{-1}\left[\cos\left(x - \frac{\pi}{4}\right)\right] \qquad$ ...(i)

$(\because \cos(A-B) = \cos A\cos B + \sin A\sin B)$

यहाँ, $\quad -\frac{\pi}{4} < x < \frac{\pi}{4}$

$\Rightarrow\ \left(-\frac{\pi}{4} - \frac{\pi}{4}\right) < \left(x - \frac{\pi}{4}\right) < \left(\frac{\pi}{4} - \frac{\pi}{4}\right)$

$\Rightarrow\ -\frac{\pi}{2} < \left(x - \frac{\pi}{4}\right) < 0$

इसलिए समी. (i) से,

$y = -\left(x - \frac{\pi}{4}\right)$

$\{\because \cos^{-1}(\cos\theta) = -\theta,$ यदि $\theta \in [-\pi, 0]\}$

$y = -x + \frac{\pi}{4}$

x के सापेक्ष अवकलन करने पर, $\frac{dy}{dx} = -1$

11. (b) माना $\ y = \tan^{-1}\left(\frac{a\cos x - b\sin x}{b\cos x + a\sin x}\right)$

$\Rightarrow\ y = \tan^{-1}\left(\frac{\frac{a}{b} - \tan x}{1 + \frac{a}{b}\tan x}\right)$

$\Rightarrow\ y = \tan^{-1}\left(\frac{a}{b}\right) - \tan^{-1}(\tan x)$

$\left\{\because \tan^{-1}(A+B) = \tan^{-1}\left(\frac{A+B}{1+AB}\right)\right\}$

$\Rightarrow\ y = \tan^{-1}\left(\frac{a}{b}\right) - x \qquad \left(\because -\frac{\pi}{2} < x < \frac{\pi}{2}\right)$

x के सापेक्ष अवकलन करने पर,

$\frac{dy}{dx} = 0 - 1 = -1$

12. (c) माना विराम से 13 मीटर गिरकर पिण्ड रेत से v वेग से टकराता है, तो

$v^2 = u^2 + 2fs$ से,

$v^2 = 0 + 2 \times g \times 13$ ...(i)

$\Rightarrow \quad v^2 = 26g$

अब यदि रेत में, आरम्भिक वेग v और मंदन f के अधीन 1 मीटर धँसकर पिण्ड विराम में आ जाता है,

तो,

$v^2 = u^2 + 2fs$ से,

$0 = v^2 - 2f \times 1$

$$\Rightarrow \quad f = \frac{1}{2}v^2$$

$$\Rightarrow \quad f = \frac{1}{2} \times 26g = 13g \text{ [समी. (i) से]}$$

माना रेत का पिण्ड पर औसत अवरोध F किलोग्राम भार है, तो पिण्ड को विराम में लाने वाला परिणामी बल

$= (F - 10)g$ न्यूटन

$\therefore$ $P = mf$ से,

$(F - 10)g = 10 \times 13g$ $[\because f = 13g]$

$\Rightarrow \quad F - 10 = 130$

$\therefore \quad F = 140$ किलोग्राम भार

13. (d) माना इंजन को खींचने वाला अभीष्ट बल F मीट्रिक टन भार है। यदि ढाल AB का क्षैतिज से झुकाव α हो, तो

$$\sin \alpha = \frac{1}{150}$$

गाड़ी पर गति की विपरीत दिशा में प्रतिरोधी बल

$$= 300 \times \frac{1}{10} \text{ मीट्रिक टन भार}$$

गाड़ी के भार का ढाल के अनुदिश घटक

$= 300 \times \sin \alpha$

$= 300 \sin \alpha$ मीट्रिक टन भार

$\therefore$ गाड़ी को खींचने वाला परिणामी बल

$$= \left(F - 300 \sin \alpha - 300 \times \frac{1}{40}\right) \text{ मीट्रिक टन भार}$$

$$= \left(F - 300 \times \frac{1}{150} - 300 \times \frac{1}{40}\right) \times 1000 \text{ किग्रा भार}$$

$$= \left(F - 2 - \frac{15}{2}\right) \times 1000 \times g \text{ न्यूटन}$$

$P = mf$ से,

$$= \left(F - 2 - \frac{15}{2}\right) \times 1000 \times g = 300 \times 1000 \times 1$$

$$\Rightarrow \quad \left(F - \frac{19}{2}\right) g = 300$$

$$\Rightarrow \quad \left(F - \frac{19}{2}\right) \times 9.8 = 300$$

($\because f = 9.8$ मी/सेकण्ड^2)

$$\Rightarrow \quad F = \frac{3000}{98} + \frac{19}{2}$$

$$= \frac{3931}{98}$$

$$= 40\frac{11}{98} \text{ मीट्रिक टन भार}$$

14. (c) माना रेलगाड़ी का द्रव्यमान m मीट्रिक टन है और क्षैतिज से कोण α पर झुके समतल की चोटी A से विराम से त्वरण f के अधीन 1 किलोमीटर चलने पर, समतल की जड़ B पर, उसका वेग v मी/से हो जाता है।

अत:

$$\sin \alpha = \frac{1}{100}$$

और AB = 1 किमी = 1000 मीटर

गाड़ी को समतल के अनुदिश नीचे की ओर चलाने वाला बल

$= (m \times 1000 \times \sin \alpha - 8m)$ किग्रा भार

$$= \left(m \times 1000 \times \frac{1}{100} - 8m\right) g \text{ न्यूटन}$$

$= (10\,m - 8m)$ न्यूटन

$= 2\,mg$ न्यूटन

$P = mf$ से,

$2mg = m \times 1000 \times f$

$$\therefore \quad f = \frac{g}{500} \text{ मी/से}^2$$

A से B तक गाड़ी की गति के लिए–

$$u = 0, v = V, f = \frac{g}{500} \text{ मी/से}^2, s = 1000 \text{ मी}$$

$\therefore \quad v^2 = u^2 + 2fs$ से

$$V^2 = 0 + 2 \times \left(\frac{g}{500}\right) \times 1000$$

$\Rightarrow \quad V^2 = 4g$ ...(i)

अब माना क्षैतिज पटरियों पर, नत समतल की जड़ B से वेग v तथा मंदन f के आधीन a मीटर चलकर गाड़ी बिन्दु C पर विराम में आ जाती है।

क्षैतिज पटरियों पर गाड़ी पर केवल प्रतिरोधी बल 8 mg न्यूटन कार्य करेगा,

$P = mf$ से

$8\,mg = m \times 1000 \times f'$

$$\therefore \quad f' = \frac{g}{125} \text{ मी/से}^2$$

अब B से C तक गाड़ी की गति की लिए –

$$u = V, v = 0, f = -f' = -\frac{g}{125} \text{ मी/से}^2, \; s = a \text{ मी}$$

$v^2 = u^2 + 2fs$ से,

$$0 = V^2 - 2 \times \left(\frac{g}{125}\right) \times a$$

$\Rightarrow \quad 2\,ag = 125\,V^2 = 125 \times 4g$

[समी. (i) से V^2 का मान रखने पर]

$\Rightarrow$ $2a = 125 \times 4$

$2a = 125 \times 4$

$\therefore$ $a = 250$ मीटर $= \frac{1}{4}$ किलीमीटर

$= 0.25$ किमी

15. (d) दिया है $|a+b|<1$

$\Rightarrow$ $\sqrt{1+1+2\cos 2\alpha}<1$

$\Rightarrow$ $\sqrt{2(1+\cos 2\alpha)}<1$

$\Rightarrow$ $\sqrt{4\cos^2\alpha}<1$

$\Rightarrow$ $|\cos\alpha|<\frac{1}{2}$

$\Rightarrow$ $\frac{\pi}{3}<\alpha<\frac{2\pi}{3}$ $(\because 0<\alpha<\pi)$

16. (a) $a.c. = (\hat{i}+\hat{j}+\hat{k}).\hat{i} = 1$

तथा $b.c = (\hat{i}+\hat{j}).\hat{i} = 1$

अब, $(a\times b)\times c = (c.a)b-(c.b)a = \mu b+\lambda a$

$\Rightarrow$ $\mu = c.a$ तथा $\lambda = -c.b$

$\Rightarrow$ $\mu = 1$ तथा $\lambda = -1$d

$\therefore$ $\mu+\lambda = 1-1 = 0$

17. (b) दिया है, $|a| = |c| = 1, |b| = 4$

माना b व c के बीच का कोण α है, तब

$|b\times c| = \sqrt{15}$ (दिया है)

$\Rightarrow$ $|b||c|\sin\alpha = \sqrt{15}$

$\Rightarrow$ $\sin\alpha = \frac{\sqrt{15}}{4\times 1} = \frac{\sqrt{15}}{4}$

$\therefore$ $\cos\alpha = \sqrt{1-\sin^2\alpha} = \frac{1}{4}$

$\therefore$ $b-2c = \lambda$a

दोनों पक्षों का वर्ग करने पर,

$(b-2c)^2 = \lambda^2 (a)^2$

$\Rightarrow$ $b^2+4c^2-4b.c = \lambda^2 a^2$

$\Rightarrow$ $16+4-4|b||c|\cos\alpha = \lambda^2$

$\Rightarrow$ $16+4-4\times 4\times 1\times \frac{1}{4} = \lambda^2$

$\Rightarrow$ $\lambda^2 = 16+4-4 = 16$

$\therefore$ $\lambda = \pm 4$

18. (a) सबसे पहले, हम $f'(x)$ ज्ञात करते हैं, तब $1<x<2$ के लिए, $f'(x)>2$ रखकर a का न्यूनतम मान ज्ञात कीजिए।

दिया है,

$f(x) = x^2+ax+1 \Rightarrow f'(x) = 2x+a$

अन्तराल (1, 2) में, $1<x<2$

$\Rightarrow$ $(2+a)<(2x+a)<(4+a)$

अतः $f(x)$ निरन्तर वर्द्धमान फलन है, तब $(2+a)>0$

$[(2x+a)>(2+a)$ के लिए, $f'(x)>0]$

$\therefore$ $(2+a)>0 \Rightarrow a>-2$, इसलिए a का न्यूनतम मान $a=-2$

19. (a) दिया है, $[a, b]$ पर, $f'(x)>0$

$\therefore$ $[a, b]$ पर, f एक अवकलनीय फलन है और प्रत्येक अवकलनीय फलन सतत् होता है । इसलिए f, $[a, b]$ पर सतत् है।

माना $x_1, x_2 \in [a, b]$ और $x_2>x_1$ तब लैगराज के औसत मान प्रमेय द्वारा एक $c\in[a, b]$ इस प्रकार है कि :

$$f'(c) = \frac{f(x_2)-f(x_1)}{x_2-x_1}$$

$\Rightarrow$ $f(x_2)-f(x_1) = (x_2-x_1)f'(c)$

$\Rightarrow$ $f(x_2)-f(x_1)>0$ जैसा कि $x_2>x_1$

और $f'(x)>0 \Rightarrow f(x_2)>f(x_1)$

$\therefore$ $x_1<x_2$ के लिए,

$f(x_1)<f(x_2)$

इसलिए (a, b) पर f वर्द्धमान फलन है।

20. (d) $\bar{X} = \frac{\Sigma X}{N}$

$= \frac{5+6+7+8+9}{5}$

$\bar{X} = \frac{35}{5} = 7$

21. (d) पूरी कक्षा के विद्यार्थियों की औसत आयु

$= \frac{10\times 12.5+20\times 13.1}{30} = \frac{125+262}{30}$

$= \frac{387}{30} = 12.9$ वर्ष

22. (b) समानान्तर माध्य

$= \frac{8+6+10+12+1+5+6+6}{8}$

$= \frac{54}{8} = 6.75$

23. (c) व्यंजक $= \sqrt{5+\sqrt{11+\sqrt{19+\sqrt{29+\sqrt{49}}}}}$

$= \sqrt{5+\sqrt{11+\sqrt{19+\sqrt{29+7}}}}$

$= \sqrt{5+\sqrt{11+\sqrt{19+6}}}$

$= \sqrt{5+\sqrt{11+4}}$

$= \sqrt{5+4} = \sqrt{9} = 3$

24. (c) माना नत समतल AD के A, B, C और D बिन्दुओं पर क्रमशः 7, 5, 4 और 8 ग्राम के द्रव्यमान रखे हैं।

जबकि AB = BC = CD = 1 मीटर

माना निकाय का अभीष्ट गुरुत्व केन्द्र G है, तो

$$AG = \frac{7.0+5.AB+4.AC+8.AD}{7+5+4+8}$$

$$= \frac{0+5.1+4.2+8.3}{24}$$

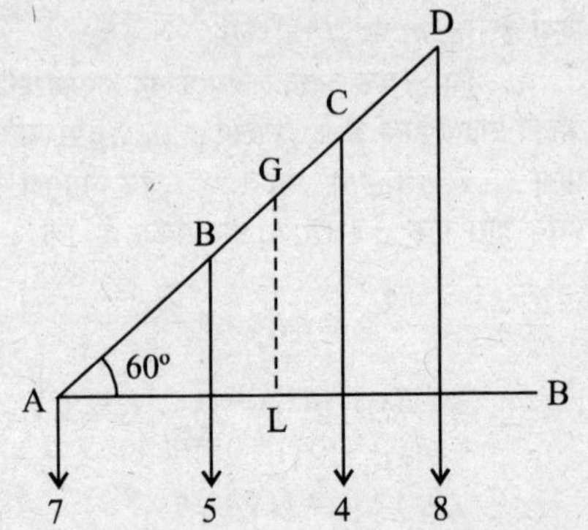

$$= \frac{5+8+24}{24} = \frac{37}{24}$$

$\therefore$ नत समतल के आधार से गुरुत्व केन्द्र G की दूरी

$$= GL$$
$$= AG \sin 60°$$
$$= \frac{37}{24} \times \frac{\sqrt{3}}{2}$$
$$= \frac{37\sqrt{3}}{48} \text{ मीटर}$$
$$= 1.335 \text{ मीटर}$$

25. (a)

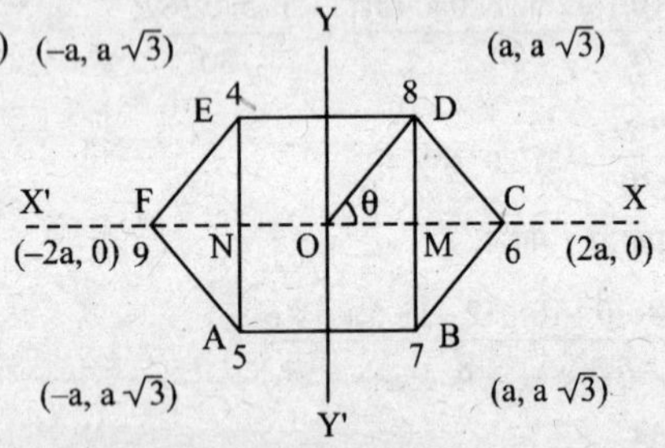

माना समषट्भुज ABCDEF के A, B, C, D, E तथा F बिन्दुओं पर क्रम से 5, 7, 6, 8, 4 तथा 9 ग्राम भार क कण रखे हैं।

माना षट्भुज का केन्द्र O तथा उससे जाने वाली क्षैतिज और ऊर्ध्वाधर रेखाएँ X' OX और YOY' क्रमशः X-अक्ष और Y-अक्ष हैं।

माना षट्भुज की प्रत्येक भुजा $2a$ है, तो

$$EL = LD = OM = MC = ON = a$$

समकोण Δ OMD में MD = OM tan 60°= $a\sqrt{3}$

$\therefore$ MB = NE = NA = MD = $a\sqrt{3}$

$\therefore$ षट्भुज के शीर्षों के निर्देशांक निम्नलिखित होंगे–

$A(-a, -a\sqrt{3})$, $B(a, -a\sqrt{3})$, $C(2a, 0)$

$D(a, a\sqrt{3})$, $E(-a, a\sqrt{3})$ तथा $F(-2a, 0)$

यदि गुरुत्व केन्द्र के निर्देशांक $(\bar{x}, \bar{y})$ हों, तो

$$\bar{x} = \frac{m_1x_1 + m_2x_2 + m_3x_3 + \ldots + m_nx_n}{m_1 + m_2 + m_3 + \ldots + m_n}$$

$$= \frac{5(-a) + 7.a + 6.2a + 8.a + 4(-a) + 9(-2a)}{5+7+6+8+4+9}$$

$$= \frac{-5a + 7a + 12a + 8a - 4a - 18a}{36}$$

$$= \frac{27a - 27a}{3} = 0$$

तथा $$\bar{y} = \frac{m_1y_1 + m_2y_2 + m_3y_3 + \ldots + m_ny_n}{m_1 + m_2 + m_3 + \ldots + m_n}$$

$$= \frac{5(-a\sqrt{3}) + 7.(-a\sqrt{3}) + 6.0 + 8.a\sqrt{3} + 4.a\sqrt{3} + 9.0}{5+7+6+8+4+9}$$

$$= \frac{-12a\sqrt{3} + 12a\sqrt{3}}{39} = 0$$

$\therefore$ $(\bar{x}, \bar{y}) = (0, 0)$ अतः मूल बिन्दु O अर्थात् षट्भुज का केन्द्र अभीष्ट गुरुत्व केन्द्र है।

26. (a) यदि गुरुत्व केन्द्र के निर्देशांक $(\bar{x}, \bar{y})$ हों, तो

$$\bar{x} = \frac{1.2 + 2.4 + 3.6 + 4.8 + 5.10}{1+2+3+4+5}$$

$$= \frac{110}{15} = \frac{22}{3} \text{ सेमी}$$

$$\bar{y} = \frac{1.3 + 2.5 + 3.7 + 4.9 + 5.11}{1+2+3+4+5}$$

$$= \frac{125}{15} = \frac{25}{3} \text{ सेमी}$$

अतः गुरुत्व केन्द्र की संलग्न किनारों से दूरियाँ $\frac{22}{3}$ सेमी और $\frac{25}{3}$ सेमी हैं।

27. (c)

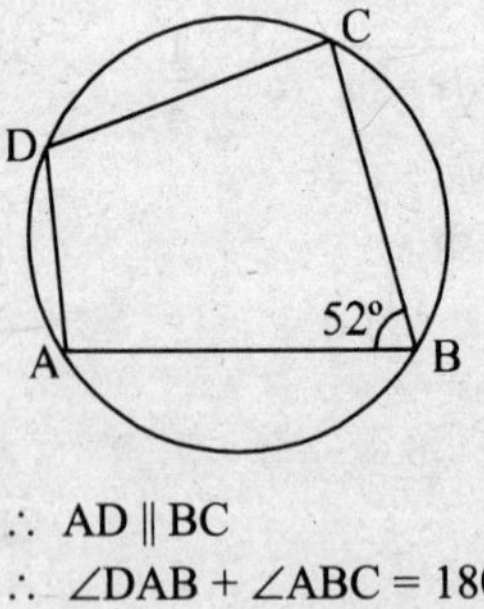

$\therefore$ AD || BC

$\therefore$ $\angle DAB + \angle ABC = 180°$

$\angle DAB = 180° - 52° = 128°$

पुनः चक्रीय चतुर्भुज के गुण से,

$$\angle BCD = 180° - 128° = 52°$$

28. (b) $\sin^{-1} \frac{4}{5} + 2 \tan^{-1} \frac{1}{3} = \tan^{-1}$

$$\left(\frac{4/5}{\sqrt{1-16/25}}\right) + \tan^{-1}\left(\frac{2/3}{1-\frac{1}{9}}\right)$$

$$\left[\because \sin^{-1} x = \tan^{-1}\left(\frac{x}{\sqrt{1-x^2}}\right)\right.$$

$$\text{और } 2\tan^{-1} x = \tan^{-1}\left(\frac{2x}{1-x^2}\right)$$

$$\therefore \quad \tan^{-1}\left(\frac{4/5}{3/5}\right) + \tan^{-1}\left(\frac{2/3}{8/9}\right) = \tan^{-1}\left(\frac{4}{3}\right) + \tan^{-1}(3/4)$$

$$= \tan^{-1}(4/3) + \cot^{-1}(4/3) = \frac{\pi}{2}$$

29. (a) माना तरबूज का भार = x किग्रा

∴ I भाग का भार = $\frac{3}{8}x$ किग्रा

II भाग का भार = $\frac{5}{8}x$ किग्रा

प्रश्नानुसार, बड़े टुकड़े $\frac{5}{8}x$ को दो भागों में काटता है।

∴ II_A टुकड़े का भार = $\left(\frac{5}{8}x \times \frac{5}{12}\right)$ किग्रा

= $\frac{25}{96}x$ किग्रा

II_B टुकड़े का भार = $\left(\frac{5x}{8} \times \frac{7}{12}\right)$ किग्रा

= $\frac{35}{96}x$ किग्रा

∴ अभीष्ट अनुपात = $\frac{3}{8}x : \frac{25}{96}x : \frac{35}{96}x$

= 36 : 25 : 35

30. (b)

$$A = \begin{bmatrix} 0 & a & b \\ -a & 0 & c \\ -b & -c & 0 \end{bmatrix}$$

$$A = \frac{1}{2}(A + A') + \frac{1}{2}(A - A')$$

$$Q_1 = \frac{1}{2}\begin{bmatrix} 0 & a & b \\ -a & 0 & c \\ -b & -c & 0 \end{bmatrix} + \begin{bmatrix} 0 & -a & -b \\ a & 0 & -c \\ b & c & 0 \end{bmatrix}$$

$$= \frac{1}{2}\begin{bmatrix} 0 & 0 & 0 \\ 0 & 0 & 0 \\ 0 & 0 & 0 \end{bmatrix} = \begin{bmatrix} 0 & 0 & 0 \\ 0 & 0 & 0 \\ 0 & 0 & 0 \end{bmatrix}$$

इसी प्रकार, $Q_2 = \frac{1}{2}(A - A') = \begin{bmatrix} 0 & a & b \\ -a & 0 & c \\ -b & -c & 0 \end{bmatrix}$

∴ $Q_1 Q_2 = Q_3$

31. (a) $X + Y + X - Y = 2X$

$$\therefore \quad 2X = (X+Y) + (X-Y) = \begin{bmatrix} 7 & 0 \\ 2 & 5 \end{bmatrix} + \begin{bmatrix} 3 & 0 \\ 0 & 3 \end{bmatrix}$$

$$= \begin{bmatrix} 7+3 & 0+0 \\ 2+0 & 5+3 \end{bmatrix} = \begin{bmatrix} 10 & 0 \\ 2 & 8 \end{bmatrix}$$

$$\therefore \quad X = \frac{1}{2}\begin{bmatrix} 10 & 0 \\ 2 & 8 \end{bmatrix} = \begin{bmatrix} 5 & 0 \\ 1 & 4 \end{bmatrix}$$

$$2Y = (X+Y) - (X-Y) = \begin{bmatrix} 7 & 0 \\ 2 & 5 \end{bmatrix} - \begin{bmatrix} 3 & 0 \\ 0 & 3 \end{bmatrix}$$

$$= \begin{bmatrix} 7-3 & 0-0 \\ 2-0 & 5-3 \end{bmatrix} = \begin{bmatrix} 4 & 0 \\ 2 & 2 \end{bmatrix}$$

$$\therefore \quad Y = \frac{1}{2}\begin{bmatrix} 4 & 0 \\ 2 & 2 \end{bmatrix} = \begin{bmatrix} 2 & 0 \\ 1 & 1 \end{bmatrix}$$

$$3X - 4Y = 3\begin{bmatrix} 5 & 0 \\ 1 & 4 \end{bmatrix} - 4\begin{bmatrix} 2 & 0 \\ 1 & 1 \end{bmatrix} = \begin{bmatrix} 7 & 0 \\ -1 & 8 \end{bmatrix}$$

$3X - 4Y$ के अवयवों का योग

$= 7 + 0 - 1 + 8 = 14$

32. (b) $AA' = I = \begin{bmatrix} 1 & 0 \\ 0 & 1 \end{bmatrix}$

∴ $a = 1, b = 0$

33. (a) **34.** (b) **35.** (b)

36. (b) 12, 15, 20 का लघुत्तम समापवर्त्य

2	12, 15, 20
2	6, 15, 10
5	3, 15, 5
3	3, 3, 1
	1, 1, 1

लघुत्तम समापवर्त्य = 2 × 2 × 5 × 3 = 60

अतः पूर्ण वर्ग संख्या

= 2 × 2 × 5 × 5 × 3 × 3 = 900

37. (a) रेखाओं

$2x - 3y + 5 = 0$

और $3x + 4y = 0$

के प्रतिच्छेद बिन्दु (x, y) के लिए

$$\frac{x}{-20} = \frac{y}{15} = \frac{1}{8+9}$$

$$\Rightarrow \quad x = \frac{-20}{17}$$

$$y = \frac{15}{17}$$

$$\text{अतः अभीष्ट दूरी} = \left|\frac{5\left(\frac{-20}{17}\right) - \frac{2 \times 15}{17}}{\sqrt{25+4}}\right|$$

$$= \frac{130}{17\sqrt{29}}$$

38. (c) माना B अकेला काम x दिन में पूरा कर सकता है।

$\therefore$ A अकेला $\frac{x}{2}$ दिन में पूरा कर सकता है, तब प्रश्नानुसार,

$$\frac{2}{x}+\frac{1}{x} = \frac{1}{18}$$

$$\Rightarrow \quad \frac{3}{x} = \frac{1}{18}$$

$$\Rightarrow \quad x = 54 \text{ दिन}$$

39. (c) $\tan 30 = \frac{\text{लम्ब}}{\text{आधार}} = \frac{9}{AC}$

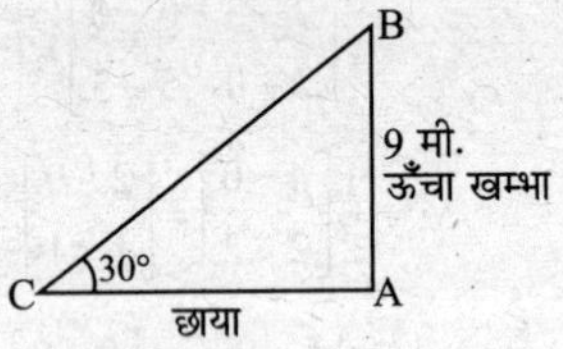

$$\therefore \quad \frac{1}{\sqrt{3}} = \frac{9}{AC}$$

$$\Rightarrow \quad AC = 9\sqrt{3} \text{ मीटर}$$

छाया की लम्बाई = $9\sqrt{3}$ मीटर

40. (c) माना संख्या a है।

$$\therefore \quad \text{शेषफल} = \frac{5a+25}{5} - a$$

$$= \frac{5a+25-5a}{5} = \frac{25}{5} = 5$$

41. (b) $\therefore$ बिन्दु A $(at_1^2, 2at_1)$ व B $(at_2^2\, 2at_2)$ इस प्रकार है कि AC : AB = 1 : 3

$\therefore$ C के निर्देशांक $\left(\frac{2at_1^2 + at_2^2}{3}, \frac{4at_1 + 2at_2}{3}\right)$ हैं।

बिन्दु C, x-अक्ष पर स्थित है।

$$\frac{4at_1 + 2at_2}{3} = 0$$

$$\Rightarrow \quad t_2 + 2t_1 = 0$$

42. (c) दिया है, कि परवलय की नाभि S (0, 0) है।

माना परवलय का शीर्ष A है तथा नियता पर कोई बिन्दु इस प्रकार है कि–

$$AS = AZ$$

$\because$ दी गई स्पर्श रेखा $x - y + 1 = 0$ नियता के समान्तर है।

$\therefore$ नियता का समीकरण $x - y + \lambda = 0$ है।

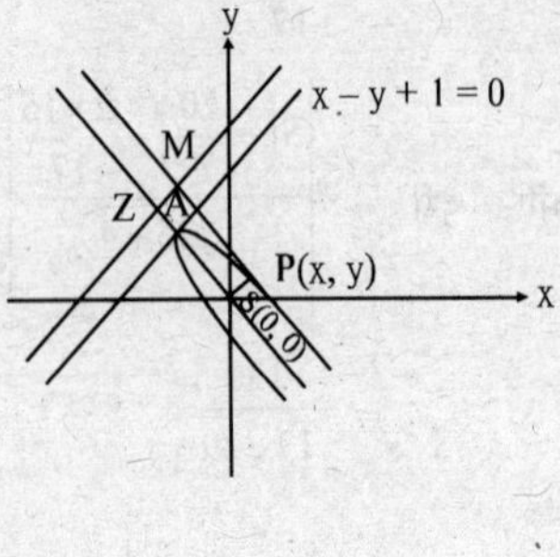

$$\therefore \quad SZ = 2SA$$

$$\Rightarrow \quad \frac{|0-0+\lambda|}{\sqrt{1^2+1^2}} = 2\times\frac{|0-0+1|}{\sqrt{1^2+1^2}}$$

$$\Rightarrow \quad |\lambda| = 2 \Rightarrow \lambda = 2$$

$\therefore$ नियता का समीकरण $x - y + 2 = 0$ है।

अब, माना परवलय पर कोई बिन्दु P है।

$$\therefore \quad SP = PM \Rightarrow SP^2 = PM^2$$

$$\Rightarrow \quad (x-0)^2 + (y-0)^2 = \left(\frac{x-y+2}{\sqrt{2}}\right)^2$$

$$\Rightarrow \quad x^2 + y^2 + 2xy - 4x - 4y - 4 = 0$$

43. (c) ΔABC का क्षेत्रफल, $s = 8$

$$\therefore \quad r\, r_1 r_2\, r_3 = \frac{\Delta}{s}.\frac{\Delta}{s-a}.\frac{\Delta}{s-b}.\frac{\Delta}{s-c} = \frac{\Delta^4}{\Delta^2}$$

$$= \Delta^2 = (8)^2 = 64$$

44. (d) अंश $rr_1 = \frac{\Delta}{s}.\frac{\Delta}{s-a} = \frac{\Delta^2}{s(s-c)}$

तथा हर $r_2 r_3 = \frac{\Delta}{s-b}.\frac{\Delta}{s-c} = \frac{\Delta^2}{(s-b)(s-c)}$

$$\therefore \quad \frac{rr_1}{r_2 r_3} = \frac{\Delta^2}{s(s-a)} \cdot \frac{(s-b)(s-c)}{\Delta^2}$$

$$= \left(\frac{(s-b)(s-c)}{s(s-a)}\right)$$

$$= \tan^2\frac{A}{2}\ \tan^2\frac{90°}{2} = 1$$

45. (b) दिया है : $S_{2m} = 3S_m$

$$\frac{2m}{2}[2a + (2m-1)d]$$

$$= 3.\frac{m}{2}[2a + (m-1)d]$$

$$\Rightarrow \quad 2a = (m+1)d$$

$$\therefore \quad \frac{S_{3m}}{S_m} = 3\left[\frac{2a+(3m-1)d}{2a+(m-1)d}\right]$$

46. (a)

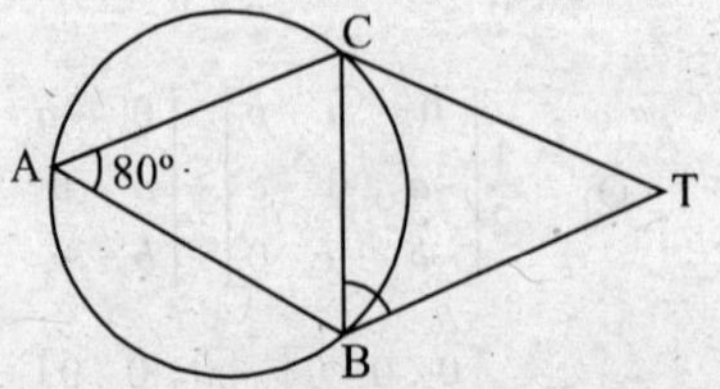

$$\angle TBC = \angle BAC = 80°$$

अब, चूँकि TB और TC बिन्दु T से खींची गई स्पर्श रेखाएँ हैं।

$$\therefore \quad TB = TC$$

$$\Rightarrow \quad \angle TBC = \angle TCB \Rightarrow \angle TCB = 80°$$

अब ΔBCT में,

$$\angle BCT + \angle BTC + \angle TBC = 180s°$$

$$80° + \angle BTC + 80° = 180°$$

$$\angle BCT + 180° - 160° = 20°$$

47. (b) माना अभीष्ट दूरी x किमी तथा वास्तविक चाल y किमी/घण्टा है। तब प्रश्नानुसार,

$$\frac{x}{(y-6)} - \frac{x}{y} = \frac{8}{60}$$

$$\frac{xy - xy + 6x}{y(y-6)} = \frac{8}{60}$$

$$\Rightarrow \quad \frac{x}{y(y-6)} = \frac{1}{45} \quad \ldots(i)$$

तथा $$\frac{x}{y} - \frac{x}{(y+4)} = \frac{9}{2 \times 60}$$

$$\Rightarrow \quad \frac{xy + 4x - xy}{y(y+4)} = \frac{3}{40}$$

$$\Rightarrow \quad \frac{x}{y(y+4)} = \frac{3}{160} \quad \ldots(ii)$$

समीकरण (i) को (ii) से भाग देने पर,

$$\frac{x}{y(y-6)} \times \frac{y(y+4)}{x} = \left(\frac{1}{45} \times \frac{160}{3}\right)$$

$$\Rightarrow \quad \frac{y+4}{y-6} = \frac{32}{27}$$

$$\Rightarrow \quad 27y + 108 = 32y - 192$$

$$\Rightarrow \quad 5y = 300$$

$$\Rightarrow \quad y = 60$$

$\therefore$ अभीष्ट दूरी $(x) = \frac{y(y-6)}{45}$

$$= \frac{60(60-6)}{45}$$

$$= \left(\frac{4}{3} \times 54\right) \text{ किमी}$$

$$= 72 \text{ किमी}$$

48. (a) 6 मिनट में पानी का भराव $= \frac{15}{8}$ टन

1 घण्टे में पानी का भराव

$$= \left(\frac{15}{8} \times \frac{1}{6} \times 60\right) \text{ टन} = \frac{75}{4} \text{ टन}$$

1 घण्टे में पानी की निकासी = 12 टन

1 घण्टे में शुद्ध भराव

$$= \left(\frac{75}{4} - 12\right) = \frac{27}{4} \text{ टन}$$

$\because$ $\frac{27}{4}$ टन शुद्ध भराव है 1 घण्टे में

$\therefore$ 60 टन शुद्ध भराव होगा

$$= \left(1 \times \frac{4}{27} \times 60\right) \text{ घण्टे में}$$

$$= \frac{80}{9} \text{ घण्टे में}$$

अतः 40 किमी दूरी तय करने में लगा अधिकतम समय

$$= \frac{80}{9} \text{ घण्टे}$$

$\therefore$ अभीष्ट औसत गति $= \frac{40}{80/9}$ किमी/घण्टा

$$= \left(\frac{40 \times 9}{80}\right) \text{ किमी/घण्टा}$$

$$= 4{\cdot}5 \text{ किमी/घण्टा}$$

49. (a) $\int \log x.(\log x + 2)\, dx$

$$= \int \{(\log x)^2 + (2 \log x)\}\, dx$$

$$\log x = t$$

$$\Rightarrow \quad \frac{1}{x} dx = dt$$

$$\Rightarrow \quad dx = x{\cdot}dt$$

$\Rightarrow \quad dx = e^t.dt$ रखने पर

$$\because \quad \int [(\log x)^2 + 2 \log x] dx$$

$$= \int e^t.(t^2 + 2t)\, dt$$

$$= e^t.t^2 + C$$

$$= x(\log x)^2 + C$$

50. (c) अतिपरवलय $\frac{x^2}{a^2} - \frac{y^2}{b^2} = 1$ की दो स्पर्श रेखाओं की प्रवणताएँ cm व $\frac{c}{m}$ हैं।

स्पर्श रेखाओं के समीकरण निम्न हैं,

$$y = cmx + \sqrt{a^2c^2m^2 - b^2} \quad \ldots(i)$$

तथा $my - cx = \sqrt{a^2c^2 - b^2m^2} \quad \ldots(ii)$

वर्ग करके समी. (i) में से समी. (ii) को घटाने पर,

$$(y - cmx)^2 - (my - cx)^2$$

$$= a^2c^2m^2 - b^2 - a^2c^2 + b^2m^2$$

$$\Rightarrow (1 - m^2)(y^2 - c^2x^2) = -(1 - m^2)(a^2c^2 + b^2)$$

$$\Rightarrow \quad y^2 + b^2 = c^2(x^2 - a^2)$$

51. (b) समीकरण से, $\alpha + \beta = \frac{-b}{a}$ तथा $\alpha\beta = \frac{b}{a}$

$$\sqrt{\frac{\alpha}{\beta}} + \sqrt{\frac{\beta}{\alpha}} + \sqrt{\frac{b}{a}} = \frac{\alpha + \beta}{\sqrt{\alpha\beta}} + \sqrt{\frac{b}{a}}$$

$$= \frac{\frac{-b}{a}}{\sqrt{\frac{b}{a}}} + \sqrt{\frac{b}{a}}$$

$$= -\sqrt{\frac{b}{a}} + \sqrt{\frac{b}{a}} = 0$$

52. (d) माना, $I = \int_a^b xf(x)dx$

$$= \int_a^b (a+b-x)f(a+b-x)dx$$

$\because \quad f(x)dx = \int_a^b (a+b-x)dx$

$$I = \int_a^b f(a+b-x)f(x)dx$$

$\because \quad f(a+b-x) = f(x)$ दिया है।

$$I = \int_a^b [(a+b)f(x) - xf(x)]dx$$

$$= (a+b)\int_a^b f(x)dx - \int_a^b xf(x)dx$$

$$I = (a+b)\int_a^b f(x)dx - I$$

$$2I = (a+b)\int_a^b f(x)$$

$$I = \frac{a+b}{2}\int_a^b f(x)$$

53. (c) $\because \quad 6p9 + 327 + 2q8 = 1114$

$\Rightarrow \quad 5P9 + 2q8 = (1114 - 327)$

$\Rightarrow \quad 5P9 + 2q8 = 787$

q के अधिकतम मान के लिए $P = 1$ तथा $q = 7$

$\therefore \quad (519 + 278) = 787$

54. (d) $(x^n - y^n)$ का एक गुणनखण्ड $(x - y)$ होता है।

$\therefore (49)^{15} - 1$ का एक गुणनखण्ड $(49 - 1) = 48$ होगा

55. (b) दीर्घवृत्त $\frac{x^2}{14} + \frac{y^2}{5} = 1$ पर कोई बिन्दु $(\sqrt{14}\cos\theta, \ \sqrt{5}\sin\theta)$ है। इस बिन्दु पर अभिलम्ब का समीकरण निम्न है।

$$\sqrt{14}x \sec\theta - \sqrt{5}y \operatorname{cosec}\theta = 9$$

यह अभिलम्ब बिन्दु $(a \cos 2\theta, b \sin 2\theta)$ से होकर जाता है।

$$\therefore \quad \sqrt{14}\sqrt{14}\cos 2\theta \sec\theta - \sqrt{5}\sqrt{5}\sin 2\theta \operatorname{cosec}\theta = 9$$

$$\Rightarrow \quad 14\frac{\cos 2\theta}{\cos\theta} - 5\frac{\sin 2\theta}{\sin\theta} = 9$$

$$\Rightarrow \quad 14(2\cos^2\theta - 1) - 10\cos^2\theta = 9\cos\theta$$

$$\Rightarrow \quad 18\cos^2\theta - 9\cos\theta - 14 = 0$$

$$\Rightarrow \quad 18\cos^2\theta - 21\cos\theta + 12\cos\theta - 14 = 0$$

$$\Rightarrow \quad (3\cos\theta + 2)(6\cos\theta - 7) = 0$$

$$\Rightarrow \quad \cos\theta = -\frac{2}{3}, \ \cos\theta \neq -\frac{7}{6}$$

56. (a) माना जीवा का मध्य बिन्दु (h, k) है, तब जीवा के समीकरण से,

$$\frac{hx^2}{a^2} + \frac{ky^2}{b^2} - 1 = \frac{h^2}{a^2} + \frac{k^2}{b^2} - 1$$

$$\Rightarrow \quad y = -\frac{b^2}{a^2}\cdot\frac{h}{k}x + \left(\frac{h^2}{a^2} + \frac{k^2}{b^2}\right)\frac{b^2}{k} \quad ...(i)$$

चूँकि समी. (i) वृत्त $x^2 + y^2 = c^2$ को स्पर्श करता है।

$$\therefore \quad \left(\frac{h^2}{a^2} + \frac{k^2}{b^2}\right)\frac{b^4}{k^2} = c^2\left(1 + \frac{b^4h^2}{a^4k^2}\right)$$

अत: अभीष्ट बिन्दुपथ

$$(b^2x^2 + a^2y^2)^2 = c^2(b^4x^2 + a^4y^2) \text{ है।}$$

57. (d) कप्तान सदैव एक खिलाड़ी रहता है। अत: हमें शेष 11 में से 8 खिलाड़ियों का चयन करना है।

अत: चयन के अभीष्ट प्रकार $= {}^{11}C_8 = {}^{11}C_3$

$$= \frac{11\times10\times9}{3\times2\times1} = \frac{990}{6} = 165$$

58. (c) दिया है कि $\sum_{r=0}^{n} C\ (n_1 r)$

$= C(n, 0) + C(n, 1) + C(n, 2) + ... + C(n, n)$

$= {}^nC_0 + {}^nC_1 + {}^nC_2 + ... + {}^nC_n = (1 + 1)^n$

$$\left[\begin{array}{c} \because (1+x)^n = {}^nC_0 + {}^nC_1x + {}^nC_2x^2 + ...{}^nC_nx^n \\ x = 1 \text{ पर रखने पर} \\ (1+1)^n = {}^nC_0 + {}^nC_1 + {}^nC_2 + ...{}^nC_n \end{array}\right]$$

$= 2^n$

59. (c) वक्र का समीकरण

$y = \cos 3x$, जहाँ, $0 \le x \le \frac{\pi}{6}$

अभीष्ट क्षेत्रफल,

$$\int_{x=0}^{x=\pi/6} y\,dx = \int_0^{\pi/6} \cos 3x\,dx$$

$$= \left[\frac{\sin 3x}{3}\right]_0^{\pi/6}$$

$$= \frac{1}{3}\left(\sin\frac{\pi}{2} - \sin 0\right)$$

$$= \frac{1}{3}\cdot 1 = \frac{1}{3} \text{ वर्ग इकाई}$$

60. (d) दिया गया समीकरण

$$Ax^2 + By^2 = 1$$

x के सापेक्ष अवकलन करने पर,

$$2Ax + 2Byy_1 = 0$$

पुन:, x के सापेक्ष अवकलन करने पर,

$$2A + 2By_1^2 + 2Byy_2 = 0$$

$$\Rightarrow \quad 2A = -(2By_1^2 + 2By_2) = 0$$

$$\Rightarrow \text{ अत:, } \quad -2B(y_1^2 + yy_1)x + 2Byy_1 = 0$$

$$\Rightarrow \quad -(y_1^2 x + yy_2)x + yy_1 = 0$$

$\Rightarrow \quad -y_1^2 x - yy_2 x + yy_1 = 0$

$\Rightarrow \quad y_1^2 x + yy_2 x - yy_1 = 0$

$\Rightarrow \quad y_1^2 x + yy_2 x = yy_1$

$$\Rightarrow \quad \left(\frac{dy}{dx}\right)^2 x + xy\frac{d^2y}{dx^2} = y.\frac{dy}{dx}$$

या $$x\left(y\frac{d^2y}{dx^2} + \left(\frac{dy}{dx}\right)^2\right) = y.\frac{dy}{dx}$$

अतः, कोटि = 2, घात = 1

61. (a) चुने जाने के कुल प्रकार = ${}^9C_4$, 2 बच्चे ${}^4C_2$ प्रकार से चुने जा सकते हैं। दो व्यक्ति ${}^5C_2$ प्रकार से चुने जा सकते हैं।

अतः अभीष्ट प्रायिकता $= \frac{{}^4C_2 \times {}^5C_2}{{}^9C_4} = \frac{10}{21}$

62. (c) अभीष्ट प्रायिकता $= \frac{{}^{26}C_3 . {}^{26}C_3}{{}^{52}C_6}$

63. (a) **64.** (a)

65. (c) $R \cup (P \cap Q)$

66. (a) $P \cap (P \cup Q) = P$

$\therefore$ माना $P = \{3, 4, 5, 7\}, Q = \{3, 5, 7, 9\}$

तब $P \cup Q = \{3, 4, 5, 7, 9\}$

$P \cap (P \cup Q) = \{3, 4, 5, 7\} = P$

67. (a) $A - B = A$ में सें B के अवयव निकाल दिए जाए।

जहाँ, $A \cap B = \{1, 2\}$

$\therefore \quad A - B = \{3, 4\}$

68. (d) $P(n) = n^2 + n + 1$ एक सम संख्या है।

$P(1) = 3$ एक सम संख्या नहीं है।

$P = n(n + 1) + 1$ एक विषम संख्या होगी।

69. (b) $\because \quad S = 4\pi r^2$

$\Rightarrow \quad \frac{dS}{dt} = 8\pi r\frac{dr}{dt}$ तथा $V = \frac{4}{3}\pi r^3$

$\Rightarrow \frac{dV}{dt} \; V = \frac{4}{3}\pi \cdot 3r^2\frac{dr}{dt}$

$= 4\pi r^2 \frac{dr}{dt}$

$= \frac{4}{8}\frac{\pi r^2}{\pi r} \cdot \frac{dS}{dt}$

$= \frac{r}{2}\frac{dS}{dt}$

70. (c) दिया है, $x^2 + 9y^2 = 9 \Rightarrow \frac{x^2}{9} + \frac{y^2}{1} = 1$

$a = 3, b = 1, V = \int_0^1 \pi x^2\, dy$

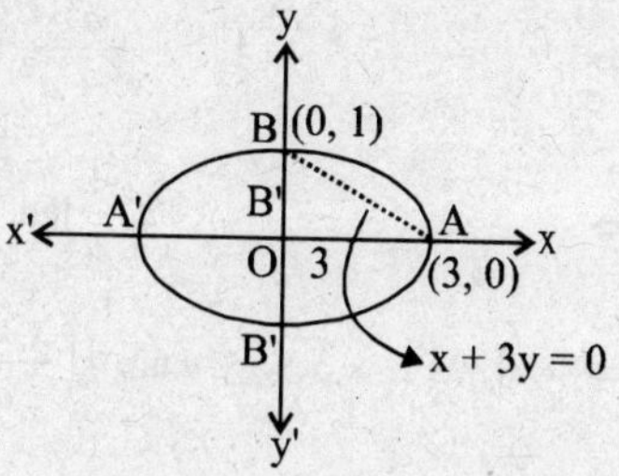

$\therefore V = \pi\int_0^1 9\left(1 - y^2\right)dy = 9\pi\left[y - \frac{y^3}{3}\right]_0^1 = 6\pi$ घन इकाई

71. (c) माना $f(x) = \frac{x}{2} + \alpha$

$$\therefore \int \frac{dr}{\frac{x}{2} + \alpha} = \int \frac{2dx}{(x + 2\alpha)} = 2\log(x + 2\alpha) + C_1$$

$= \log(x + 2\alpha)^2 + C_1$

$= \log\left(\frac{x}{2} + \alpha\right)^2 + \log 2^2 + C_1$

$= \log\left(\frac{x}{2} + \alpha\right)^2 + C \quad [\because C = C_1 + \log 2^2]$

72. (b) $s = \frac{a + b + c}{2} = \frac{18 + 24 + 30}{2} = 36$

$\therefore$ त्रिभुज का क्षेत्रफल

$= \sqrt{s(s-a)(s-b)(s-c)} = \sqrt{36 \times 18 \times 12 \times 6}$

$= 6 \times 3 \times 2 \times 6 = 216$ वर्ग इकाई

73. (b) $I = \int_0^{\pi/0} |\sin x - \cos x|\, dx$

$= \int_0^{\pi/0} -(\sin x - \cos x)\, dx + \int_{\pi/4}^{\pi/2} (\sin x - \cos x)\, dx$

$= [\cos x + \sin x]_0^{\pi/4} + [-\cos x - \sin x]_{\pi/4}^{\pi/2}$

$= \left[\frac{2}{\sqrt{2}} - 1\right] + \left[-1 + \frac{2}{\sqrt{2}}\right] = 2\left[\frac{2}{\sqrt{2}} - 1\right] = 2\left(\sqrt{2} - 1\right)$

74. (c) मान $x + y = v$ जब

$1 + \frac{dy}{dx} = \frac{dv}{dx} \cdot \frac{dy}{dx} = \frac{dv}{dx} - 1$

$\therefore$ दिया हुआ समीकरण $v^2\left(\frac{dv}{dx} - 1\right) = a^2$

$v^2\frac{dv}{dx} = v^2 + a^2$

$\Rightarrow \quad \frac{v^2}{v^2 + a^2}dV = dx$

$\Rightarrow \quad \int\left(1-\frac{a^2}{v^2+a^2}\right)dV = \int dx$

$\Rightarrow \quad v - a^2\frac{1}{a}\tan^{-1}\frac{V}{a} = x + C$

$\Rightarrow \quad x + y - a\tan^{-1}\left(\frac{x+y}{a}\right) = x + C$

$\therefore \quad y = a\tan^{-1}\left(\frac{x+y}{a}\right) + C$

75. (a) $y^2 = 8x$ की तुलना $y^2 = 4ax$ से करने पर $a = 2$

शीर्ष का नियामक $= (0, 0)$

नाभि $= (a, 0) = (2, 0)$

नियता का समीकरण $x + a = 0 \Rightarrow x + 2 = 0$

76. (c) माना उस बिन्दु के निर्देशांक (x, y) हैं।

$\therefore \quad \sqrt{\{x-(a+b)\}^2+\{y-(a-b)\}^2}$

$= \sqrt{\{x-(b-a)\}^2+\{y-(a+b)\}^2}$

दोनों पक्षों का वर्ग करने पर,

$\Rightarrow x^2 + (a+b)^2 - 2x(a+b) + y^2 + (a-b)^2 - 2y(a-b)$

$\Rightarrow x^2 + (b-a)^2 + 2x(b-a) + y^2 + (a+b)^2 - 2y(a+b)$

$\Rightarrow 2x(a+b) + 2y(a-b) = 2x(b-a) + 2y(a+b)$

$\Rightarrow x\{(a+b) - b(b-a)\} + y\{(a-b)-(a+b)\} = 0$

$\Rightarrow 2ax + (-2by) = 0 \Rightarrow ax - by = 0 \Rightarrow -ax + by = 0$

77. (b) दिया है, $\log\left(a+\sqrt{a^2+1}\right) + \log\left(\frac{1}{a+\sqrt{a^2+1}}\right)$

$= \log\left(a+\sqrt{a^2+1}\right) + \log\left(a+\sqrt{a^2+1}\right)^{-1}$

$\left(\because \log\left(\frac{1}{a}\right) = \log a^{-1} = -\log a\right)$

$= \log\left(a+\sqrt{a^2+1}\right) - \log\left(a+\sqrt{a^2+1}\right) = 0$

78. (b) चूँकि $x^2 - 5x + 16 = 0$ के मूल α, β हैं।

$\therefore \quad \alpha + \beta = 5$ तथा $\alpha\beta = 16$

समीकरण $x^2 + px + q = 0$ के मूल $\alpha^2 + \beta^2$ व $\frac{\alpha\beta}{2}$ हैं।

$\therefore$ मूलों का योगफल, $\quad \alpha^2 + \beta^2 + \frac{\alpha\beta}{2} = -p$

$\Rightarrow \quad (\alpha+\beta)^2 - 2\alpha\beta + \frac{\alpha\beta}{2} = -p$

$\Rightarrow \quad 25 - 32 + 8 = -p$

$\therefore \quad p = -1$

तथा मूलों का गुणनफल, $(\alpha^2 + \beta^2)\left(\frac{\alpha\beta}{2}\right) = q$

$\Rightarrow \quad [(\alpha+\beta)^2 - 2\alpha\beta]\left[\frac{\alpha\beta}{2}\right] = q$

$\Rightarrow \quad q = [25-32]\frac{16}{2} = -56$

अत: $\quad p = -1, q = -56$

79. (c) माना बहुभुज में भुजाओं की संख्या n है।

तब, विकर्णों की संख्या $= {}^nC_2 - n$

$= \frac{n(n-1)}{2} - n = \frac{n(n-3)}{2}$

$\therefore \quad \frac{n(n-3)}{2} = 44 \Rightarrow n(n-3) = 88$

$\Rightarrow \quad n^2 - 11n + 8n - 88 = 0$

$\Rightarrow \quad n(n-11) + 8(n-11) = 0$

$\Rightarrow \quad (n-11)(n+8) = 0 \Rightarrow n = 11 \quad (\because n + 8 \neq 0)$

अत: बहुभुज में भुजाओं की संख्या 11 हैं।

80. (d) $y = \tan^{-1}\frac{(\sin x)}{1+\cos x} = \tan^{-1}\frac{2\sin\frac{x}{2}\cos\frac{x}{2}}{1+2\cos^2\frac{x}{2}-1}$

$= \tan^{-1}\left(\tan\frac{x}{2}\right) = \frac{x}{2}$

$\therefore \quad \frac{dy}{dn} = \frac{1}{2}\cdot\frac{d}{dn}x = \frac{1}{2}\times 1 = \frac{1}{2}$

81. (a) माना $5 + 12i = a + bi \Rightarrow a = 5, b = 12 > 0$

तथा $|5 + 12i| = 13$

$\left[\because \sqrt{a+ib} = \frac{\sqrt{a^2+b^2+a}}{2} + i\frac{\sqrt{a^2+b^2-a}}{2}\right]$

$\therefore \sqrt{5+12i} = \pm\left[\frac{\sqrt{13+5}}{2} + i\frac{\sqrt{13-5}}{2}\right] = \pm(3+2i)$

82. (b) यहाँ, $C_1(0, 0), r_1 = 2$ (पहले वृत्त के लिए)

$C_2(3, 4), r_2 = \sqrt{9+16+24} = 7$ (दूसरे वृत्त के लिए)

$C_1C_2 = \sqrt{(3-0)^2+(4-0)^2} = \sqrt{25} - 5$ और $r_2 - r_1$

$= 7 - 2 = 5$

इसी प्रकार $\quad C_1C_2 = |r_2 - r_1|$

$\therefore$ वृत्त अन्त स्पर्श करते हैं।

अत: उभयनिष्ठ स्पर्श रेखाओं की अभीष्ट संख्या 1 है।

83. (c) दिया है, $\begin{vmatrix} x & 1 & 3 \\ 0 & 0 & 1 \\ 1 & x & 4 \end{vmatrix} = 0$

$\Rightarrow \quad x(0-x) - 1(0-1) + 3(0-0) = 0 \Rightarrow -x^2 + 1 = 0$

$\Rightarrow \quad x = +1$ अथवा -1

84. (c)

I. $\operatorname{cosec}^{-1}\left(\frac{-2}{\sqrt{3}}\right)=\sin^{-1}\left(-\frac{\sqrt{3}}{2}\right)=\sin^{-1}\{-\sin\left(\frac{\pi}{3}\right)\}=-\left(\frac{\pi}{3}\right)$

$\left(\because \sin^{-1}\sin(-\theta)=-\theta\forall\theta\in\left[-\frac{\pi}{2},\frac{\pi}{2}\right]\right)$

II. $\sec^{-1}\left(\frac{-2}{\sqrt{3}}\right)=\cos^{-1}\left(\frac{\sqrt{3}}{2}\right)=\cos^{-1}\{\cos\left(\frac{\pi}{6}\right)\}=\left(\frac{\pi}{6}\right)$

अतः दोनो कथन सत्य हैं।

85. (c) हम जानते हैं कि

$(1+x)^n = C_0 + C_1x + C_2x^2 + C_3x^3 + ... + C_nx^n$

दोनों पक्षों का x के सापेक्ष अवकलन करने पर,

$n(1+x)^{n-1} = C_1 + 2C_2x + 3C_3x^3 + ... + nC_nx^{n-1}$

उपरोक्त में $x = 1$ रखने पर,

$n\cdot 2^{n-1} = C_1 + 2C_2 + 3C_3 + ... + nC_n$

$[(-4)(-4-1)(-4-2).........]$

86. (b) $S=\frac{4}{1\cdot 3}-\frac{6}{2\cdot 4}+\frac{12}{5\cdot 7}-\frac{14}{6\cdot 8}+.........$

$=\frac{1+3}{1\cdot 3}-\frac{2+4}{2\cdot 4}+\frac{5+7}{5\cdot 7}-\frac{6+8}{6\cdot 8}+.........$

$=\left(\frac{1}{1}+\frac{1}{3}\right)-\left(\frac{1}{2}+\frac{1}{4}\right)+\left(\frac{1}{5}+\frac{1}{7}\right)-\left(\frac{1}{6}+\frac{1}{8}\right)+....$

$=1-\frac{1}{2}+\frac{1}{3}-\frac{1}{4}+\frac{1}{5}-\frac{1}{6}+.......=\log_e 2$

87. (b) संख्याओं का औसत $=\frac{\frac{n(n+1)}{2}}{n}=\frac{n+1}{2}$

$=\frac{\left(1-\frac{(n+1)}{2}\right)^2+\left(2-\frac{n+1}{2}\right)^2+\left(3-\frac{n+1}{2}\right)^2+....}{n}$

$2n=(1^2+2^2+3^2+....)+\frac{n(n+1)^2}{4}-2\left(\frac{n+1}{2}\right)(1+2+3+...)$

$\Rightarrow\quad 2n=\frac{1}{6}n(n+1)(2n+1)+\frac{n(n+1)^2}{4}-\frac{n(n+1)^2}{2}$

$\Rightarrow\quad 2=\frac{1}{6}(n+1)(2n+1)+\frac{(n+1)^2}{4}$

$\Rightarrow\quad 24=2(n+1)[4n+2-3(n+1)]$

$\Rightarrow\quad 24=(n+1)(n-1)\Rightarrow n^2=25\Rightarrow n=5$

88. (b) माना E_1 = थैले A से निकली गई गेंद की घटना को दर्शाता है

E_2 = थैले B से निकली गई गेंद की घटना को दर्शाता है

E = गेंद के लाल होने की घटना को दर्शाता है

$P(E_1)=P(E_2)=\frac{1}{2}$

$\therefore\ P\left(\frac{E}{E_1}\right)=\frac{3}{5}$ तथा $P\left(\frac{E}{E_1}\right)=\frac{5}{6}$

$P\left(\frac{E_2}{E_1}\right)=\frac{P(E_2)P\left(\frac{E}{E_2}\right)}{P(E_1)P\left(\frac{E}{E_1}\right)+P(E_2)P\left(\frac{E}{E_2}\right)}$

$=\frac{\frac{1}{2}\times\frac{5}{9}}{\frac{1}{2}\times\frac{3}{5}+\frac{1}{2}\times\frac{5}{9}}=\frac{25}{52}$

89. (a) दिया है, $\lim_{x\to 3}\left\{\frac{x-3}{\sqrt{x-2}-\sqrt{4-x}}\right\}$ (परिमेयीकरण करने पर)

$=\lim_{x\to 3}\frac{(x-3)\{\sqrt{x-2}+\sqrt{4-x}\}}{2(x-3)}=1$

90. (d) $\left(1+\cos 67\frac{1^\circ}{2}\right)\left(1+\cos 112\frac{1^\circ}{2}\right)$

$=\left(1+\cos 67\frac{1^\circ}{2}\right)\left\{1+\cos\left(180^\circ-67\frac{1^\circ}{2}\right)\right\}$

$=\left(1+\cos 67\frac{1^\circ}{2}\right)\left(1-\cos 67\frac{1^\circ}{2}\right)$

$=1-\cos^2 67\frac{1^\circ}{2}=\sin^2 67\frac{1^\circ}{2}=\frac{1-\cos 135^\circ}{2}$

$=\frac{\sqrt{2}+1}{2\sqrt{2}}$

जोकि एक अपरिमेय संख्या है तथा 1 से कम है।

91. (d) $x^y=e^{x-y}$

दोनों पक्षों का लघुगणक लेने पर,

$\Rightarrow\quad y\cdot\log x=x-y\Rightarrow y=\frac{x}{1+\log x}$

$\frac{dy}{dx}=\frac{(1+\log x)-x\left(0+\frac{1}{x}\right)}{(1+\log x)^2}$

$=\frac{(1+\log x)-1}{(1+\log x)^2}=\frac{\log x}{(1+\log x)^2}$

92. (c) माना $I=\int_0^{\pi/2}\frac{\sin^3 x}{\sin^3 x+\cos^3 x}dx$ ...(i)

$=\int_0^{\pi/2}\frac{\sin^3\left(\frac{\pi}{2}-x\right)}{\sin^3\left(\frac{\pi}{2}-x\right)+\cos^3\left(\frac{\pi}{2}-x\right)}dx$

$\Rightarrow \quad I = \int_0^{\pi/2} \frac{\cos^3 x}{\sin^3 x + \cos^3 x} dx \quad ...(ii)$

समी (i) व (ii) को जोड़ने पर,

$$2I = \int_0^{\pi/2} 1dx \Rightarrow 2I = [x]_0^{\pi/2} = \frac{\pi}{2} \Rightarrow I = \frac{\pi}{4}$$

93. (d) दिया है, $f'(x) = 6 - 4 \sin 2x$

x के सापेक्ष समाकलन करने पर,

$$f(x) = 6x + \frac{4 \cos 2x}{2} + C$$

$\because \quad f(0) = 3$

$\therefore \quad f(0) = 3 = 0 + 2(1) + C \Rightarrow C = 1$

$\therefore \quad f(x) = 6x + 2 \cos 2x + 1$

94. (c) दिया है, $4y^2 + 6x = 8y + 7 \Rightarrow 4(y-1)^2 = (-6x + 11)$

शीर्ष के निर्देशांक $\left(\frac{11}{6}, 1\right)$ हैं।

$\therefore$ परवलय के शीर्ष पर खींची गई स्पर्शी का समीकरण निम्न है।

$$4y(1) + 3\left(x + \frac{11}{6}\right) = 4(y+1) + 7 \Rightarrow x = \frac{11}{3} - \frac{11}{6} \Rightarrow 6x = 11$$

95. (c) बिन्दुओं (– 5, 1) तथा (3, 5) को मिलाने वाली रेखा को k : 1 के अनुपात में विभाजित करने वाला बिन्दु है

$A = \left(\frac{3k-5}{k+1}, \frac{5k+1}{k+1}\right)$ (अन: विभाजन सूत्र से)

$\therefore \quad \Delta ABC$ का क्षेत्रफल $= \pm 2$

$$\Rightarrow \frac{1}{2}\begin{vmatrix} \frac{3k-5}{k+1} & \frac{5k+1}{k+1} & 1 \\ 1 & 5 & 1 \\ 7 & -2 & 1 \end{vmatrix} = \pm 2$$

$$\Rightarrow \frac{1}{2}\left[\frac{3k-5}{k+1}(5+2) + \frac{5k+1}{k+1}(7-1) + 1(-2-35)\right] = \pm 2$$

$\Rightarrow \quad \frac{1}{2}[21k - 35 + 30k + 6 - 37k - 37] = \pm 2(k+1)$

$\Rightarrow \quad 1/2\,(14k - 66) = \pm 2(k+1)$

$\Rightarrow \quad 7k - 33 = \pm (2k + 2)$

$\Rightarrow \quad 7k - 33 = 2k + 2, -2k - 2$

$\Rightarrow \quad 7k - 2k = +35, 7k + 25k = 31$

$\Rightarrow \quad 5k = 35, 9k = 31$

$\Rightarrow \quad k = 7, 31/9$

96. (a) दिया है, $\log p + \log q = \log(p+q)$

$\log pq = \log(p+q) \Rightarrow pq = p + q$

$p = pq - q = q(p-1)$

$\therefore \quad q = \frac{p}{p-1}$

97. (c) $\therefore \quad {}^5P_r = {}^6P_{r-1}$

$\Rightarrow \quad \frac{5!}{(5-r)!} = \frac{6!}{(6-r+1)!}$

$\Rightarrow \quad \frac{5!}{(5-r)!} = \frac{5!6}{(5-r)!(7-r).(6-r)}$

$\Rightarrow \quad (7-r)(6-r) = 6$

$\Rightarrow \quad 42 - 13r + r^2 = 6$

$\Rightarrow \quad r^2 - 13r + 36 = 0$

$\Rightarrow \quad r^2 - 9r - 4r + 36 = 0$

$\Rightarrow \quad (r-9)(r-4) = 0$

$\therefore \quad r = 4 \quad (\because r \neq 9)$

98. (c) $2b = a + c$ तथा $d = b - a = c - b$

$$e^{\frac{1}{c}} \times e^{\frac{1}{a}} = e^{\frac{a+c}{ac}} = \left[e^{b/ac}\right]^2$$

$\therefore \quad e^{\frac{1}{c}}, e^{\frac{b}{ac}}, e^{\frac{1}{ea}}$ GP में हैं।

$$\text{सार्वानुपात} = \frac{e^{\frac{b}{ac}}}{e^{\frac{1}{c}}} = e^{\frac{b}{ac} - \frac{1}{c}} = e^{\frac{b-a}{ac}} = e^{\frac{d}{(b-a)(b+d)}}$$

$$= e^{\frac{d}{b^2 - d^2}}$$

99. (b) वर्गाकार मैदान का क्षेत्रफल = 121 मी^{2}

$\therefore$ वर्गाकार मैदान की एक भुजा = $\sqrt{121} = 11$ मी.

$\therefore$ वर्गाकार मैदान की परिमिति = 4 × भुजा = 4 × 11 = 44 मी.

$\therefore$ वृत्ताकार मैदान की परिमिति = 44 मी.

प्रश्नानुसार,

$\therefore \quad 2\pi r = 44$

$\Rightarrow \quad r = \frac{44 \times 7}{2 \times 22} = 7$ मी.

$\therefore$ वृत्ताकार मैदान का क्षेत्रफल $= \pi r^2$

$= \pi \times (7)^2 = \frac{22}{7} \times 7 \times 7$

$= 154$ मी^{2}

100. (b) $\theta < 90$

न्यूनकोण, $\theta = 90°$, समकोण

$90° < \theta < 180°$, अधिक कोण

❑❑❑